PORTRAITS
LITTÉRAIRES
III

Paris. — Imprimerie de P.-A. BOURDIER et Cⁱᵉ, rue Mazarine, 30.

PORTRAITS
LITTÉRAIRES

PAR

C.-A. SAINTE-BEUVE

DE L'ACADÉMIE FRANÇAISE.

Nouvelle Édition revue et corrigée.

III

THÉOCRITE, FRANÇOIS Ier POÈTE,
LE CHEVALIER DE MÉRÉ, L'ABBÉ PRÉVOST,
MADEMOISELLE AÏSSÉ, MADAME DE KRUDNER,
MADAME DE STAAL-DELAUNAY,
BENJAMIN CONSTANT, M. RODOLPHE TOPFFER,
M. DE RÉMUSAT, M. VICTOR COUSIN,
CHARLES LABITTE.

PARIS
GARNIER FRÈRES, LIBRAIRES-ÉDITEURS
6, RUE DES SAINTS-PÈRES ET PALAIS-ROYAL, 215

1864

La première édition de ce volume, qui parut d'abord en décembre 1851, avait en tête cet avertissement :

« Ce volume, que j'intitule *Derniers Portraits,* non parce que j'ai décidé de n'en plus faire, mais parce qu'il se compose des dernières études de ce genre auxquelles j'ai pris plaisir avant Février 1848, sert de complément aux six volumes de *Portraits* déjà publiés chez M. Didier. Il s'y rapporte par le ton et par les sujets : j'y touche aux Anciens, je m'arrête un instant au seizième siècle, je me complais au dix-septième, et nos contemporains ont aussi leur part. Si l'on rangeait un jour mes *Portraits* dans un ordre méthodique, ce volume fournirait son contingent à chacune des branches dans lesquelles je me suis essayé. »

Aujourd'hui, en réimprimant ce volume dans la collection acquise par MM. Garnier, j'en fais le tome III des *Portraits littéraires*, auxquels il se rapporte en effet par la plus grande partie de son contenu.

Décembre 1862.

THÉOCRITE

I

La poésie grecque, qui commence avec Homère, et qui ouvre par lui sa longue période de gloire, semble la clore avec Théocrite ; elle se trouve ainsi comme encadrée entre la grandeur et la grâce, et celle-ci, pour en être à faire les honneurs de la sortie, n'a rien perdu de son entière et suprême fraîcheur. Elle n'a jamais paru plus jeune, et a rassemblé une dernière fois tous ses dons. Après Théocrite, il y aura encore en Grèce d'agréables poëtes ; il n'y en aura plus de grands. « La lie même de la littérature des Grecs dans sa vieillesse offre un résidu délicat ; » c'est ce qu'on peut dire avec M. Joubert des poëtes d'anthologie qui suivent. Mais Théocrite appartient encore à la grande famille ; il en est par son originalité, par son éclat, par la douceur et la largeur de ses pinceaux. Les suffrages de la postérité l'ont constamment maintenu à son rang, et rien ne l'en a pu faire descendre. A un certain moment, les mêmes gens d'esprit qui s'attaquaient à Homère se sont attaqués à Théocrite. Tandis que Perrault prenait à partie l'*Iliade*, Fontenelle faisait le procès aux *Idylles* ; il n'y a pas mieux réussi. C'est toujours un étonnement pour moi, je l'avoue, de voir qu'un esprit aussi supérieur que Fontenelle n'ait pas mieux compris, tout berger normand qu'il était, qu'en ce parallèle des anciens et des modernes il y avait des genres dans lesquels les anciens devaient presque nécessairement avoir la prééminence, quelle que fût la revanche des modernes sur d'autres points. Lui qui a si ingénieusement et si justement comparé la suite des âges et des siècles à la vie d'un seul homme, lequel, existant depuis le commencement du monde jusqu'à présent, aurait eu son enfance, sa jeunesse, sa maturité, comment n'a-t-il pas reconnu que cet âge de jeunesse qu'il rejetait dans le passé était en effet le plus propre à un certain épanouissement naturel et riant, dont l'à-propos ne se retrouve plus? Un vieux poëte du seizième siècle (Pontus de Thyard), ayant à définir les Grâces, l'a fait en des termes qui reviennent singulièrement à ma pensée : « Des trois Grâces, dit-il, la pre« mière étoit nommée *Aglaé*, la seconde *Thalie*, et la tierce, « *Euphrosyne*. *Aglaé* signifie *splendeur*, qu'il faut entendre « pour celle grâce d'entendement qui consiste au lustre de « vérité et de vertu. *Thalie* signifie la *verde, agréable et gen-* « *tille beauté* : à savoir celle des linéaments bien conduits et « des traits, desquels la verde jeunesse est coutumière de « plaire. *Euphrosyne* est la *joie* que nous cause la pure délec« tation de la voix musicale et harmonieuse. » Sans insister sur les distinctions un peu platoniques du vieil auteur, il me suffit des traductions vives qu'il emploie pour éclairer la discussion même. Car cette *Thalie*, comme il l'appelle, cette *verte et agréable beauté* de la muse pastorale, à quel âge du monde ira-t-on la demander, si ce n'est à sa jeunesse? et Théocrite nous représente bien cette jeunesse finissante, qui se retourne une dernière fois et ressaisit comme d'un coup d'œil tous ses charmes avant de s'en détacher. Fontenelle a beau définir la maturité actuelle du monde une virilité *sans vieillesse*, et dans laquelle l'homme sera toujours également capable des choses auxquelles sa jeunesse était propre, il est bien clair que cette capacité s'applique peu aux sentiments, et que rien de tout ce qu'il y a de solide ou de raffiné dans l'homme moderne ne saurait lui rendre une certaine fleur. Ajoutons que, tout en faisant la guerre à Théocrite contre ceux qu'il appelait les savants, et qui, dans ce cas-ci, n'étaient pas autres que les gens de goût, Fontenelle lui-même semble reconnaître son impuissance, et il rend les armes lorsqu'il dit : « Quoi qu'il en soit, je vois que toute leur faveur est « pour Théocrite, et qu'ils ont résolu qu'il serait le prince « des poëtes bucoliques. » Ils l'ont résolu en effet, et, comme quiconque remonte sincèrement à la source est aussitôt de leur sentiment, l'arrêt toujours rajeuni ne saurait manquer de vivre (1).

L'idylle n'est pas un genre qui puisse indifféremment venir en tout temps et partout ; il y faut une part de naturel, même quand l'art doit s'en mêler. Théocrite n'était plus sans doute dans cet état d'innocence et de naïveté dont il nous a reproduit plus d'un tableau ; il venait à la fin d'une littérature très-cultivée ; il vivait, dit-on, à la cour des rois. Pourtant, dans cette Sicile heureuse, bien que tant de fois bouleversée, il avait été témoin d'une vie réellement pastorale ; il avait, dans sa jeunesse, entendu de vrais chants qu'accompagnait la flûte de vrais bergers, et il n'en fallut pas davantage à son génie inventif pour saisir l'occasion d'une poésie neuve. Théocrite était, par rapport aux choses qu'il représentait, dans cette condition de *demi-vérité* qui est peut-être la plus favorable à l'imagination. Celle-ci alors, en effet, a de quoi s'appuyer et à la fois de quoi jouer librement ; elle atteint au réel, et tour à tour se tient à distance ; elle serre de près le détail, et elle met à l'ensemble la perspective. Ainsi l'on peut se figurer le poëte syracusain copiant, inventant avec mesure, usant des beaux cadres tout trouvés que lui fournissaient le paysage et l'horizon des mers, attentif

---

(1) Voltaire, avec sa promptitude de goût, ne s'y est pas trompé, et il dit dans une lettre : « Ce Théocrite, à mon sens, était supérieur à Virgile en fait d'églogue. »

aux moindres motifs rustiques, sachant les combiner et les achever, même lorsqu'il n'a l'air que de les redire. De la sorte il put plaire diversement à ceux de Sicile et à ceux d'Alexandrie, demeurer vrai pour les uns et paraître tout nouveau aux autres. En France, l'idylle bucolique, est-il besoin de le remarquer? fut toute factice et artificielle; elle n'eut pied nulle part : nous n'avons pas de bergers, de bergers qui chantent. Les Romains eux-mêmes, si l'on excepte la grande Grèce, ne paraissent guère avoir été enclins à cette branche de poésie ; et lorsque Virgile l'importa chez eux, ce ne fut pas sans quelques-uns des inconvénients bien sensibles d'un genre déjà artificiel. Les vieux Romains étaient rustiques et amateurs de la campagne ; mais ils l'étaient en agriculteurs, non en bergers. Les Curius et les Camille tenaient la main à la charrue. Or, la charrue va mal avec la flûte; les doigts qui ont le cal ne sont pas légers. Lorsqu'il arrive une fois à Théocrite d'introduire un moissonneur amoureux, il a soin de nous montrer son camarade qui le raille d'importance; et, à la chanson langoureuse du premier, le vaillant compagnon oppose des couplets à Cérès pleins de vigueur et de préceptes, et capables de réjouir le cœur de Caton l'Ancien. Voilà quelle eût été tout au plus l'idylle naturelle des Romains. Mais, à quoi bon la chercher ailleurs? leur véritable idylle originale, nous la possédons ; ce sont proprement les *Géorgiques*. Cette admirable terminaison du chant second, qui exprime la vie des antiques Sabins, leur labeur opiniâtre durant l'année, leurs jeux aux jours de fête, jeux rudes encore et aguerrissants :

Corporaque agresti nudant prædura palæstra;

telle est la franche nature romaine primitive dans tout son contraste avec les loisirs et les passe-temps gracieux des chevriers de Sicile. Quoique Théocrite ait certainement embelli ses sujets, il travaillait en quelque sorte sur une matière plus fine, plus déliée, et qui prêtait du moins à cette mise en œuvre. Ce Daphnis qu'il célèbre sans cesse, et qui apparaît comme l'inventeur à demi divin du chant bucolique, nous figure le génie même d'une race douée de légèreté, d'allégresse et de mélodie. Il n'y eut pas ombre de Daphnis à l'entour de Cincinnatus. Il semble plutôt que l'antique esprit d'Hésiode, esprit grave, religieux, positif, tout nourri de bon sens et d'apologues, ait passé de bonne heure dans la forte Étrurie, et que de ce côté il ait fait longtemqs la seule part de poétique héritage.

On sait peu de chose de la vie de Théocrite. Il était né à Syracuse. On calcule que la date de sa naissance peut tomber vers l'année 300 ou 305 avant Jésus-Christ. Il alla, jeune, étudier dans l'île de Cos, sous l'illustre poëte Philétas, qui, tout l'indique, était dans l'élégie ce que Théocrite est devenu dans l'idylle, et qui tenait la palme entre tous. Auprès de Philétas étudiait aussi le fils de Ptolémée Lagus, qui allait régner bientôt sous le nom de Philadelphe. Il était du même âge que Théocrite, et un peu plus jeune peut-être. Y eut-il là entre le jeune prince et le poëte une de ces confraternités d'études aussi puissantes dans l'antiquité que dans les temps modernes? M. Adert, dans une thèse sur Théocrite, que j'ai sous les yeux, l'a ingénieusement conjecturé, et a fait valoir ces circonstances. Au sortir de là, on perd de vue le poëte. Alla-t-il tout d'abord à Alexandrie, comme de doctes éditeurs l'ont pensé? On voit qu'à un certain moment, revenu en Sicile, il songea pour sa fortune à se tourner vers Hiéron de Syracuse. La pièce qui porte cette adresse, très-belle, mais assez amère, et où il exprime ses plaintes encore plus que ses espérances, semble prouver qu'il n'avait guère prospéré dans l'intervalle, et que la confraternité d'études avec Ptolémée Philadelphe ne lui avait pas beaucoup profité. En tirat-il meilleur parti plus tard, lorsqu'il alla ou retourna à Alexandrie? Est-il même besoin de supposer qu'il y retourna, si l'on admet qu'il y était déjà allé au sortir de l'île de Cos?

On n'a sur tout cela que des conjectures déduites à grand'-peine de quelques passages de ses vers, et sur lesquelles les critiques sont loin de tomber d'accord. Sortons vite de ce dédale, qui n'est pas fait pour nous. Les poésies de Théocrite, qui avaient couru de son vivant, furent réunies pour la première fois, quelque temps après lui, par un grammairien du nom d'Artémidore, qui lui rendit, toute proportion gardée, le même service qu'Aristarque rendit à Homère. Cet Artémidore mit en tête de son édition un distique qui disait : « Les « Muses bucoliques étaient autrefois errantes ; les voilà main- « tenant toutes ensemble d'une même étable, d'un même « troupeau. » On est tenté de se demander déjà, d'après l'inscription, si cette première édition était tout authentique, et sans mélange de pièces étrangères à Théocrite. Quand on fait rentrer ainsi à l'étable génisses ou chèvres depuis longtemps éparses à la ronde, on court risque d'en prendre par mégarde quelques-unes au voisin. Et depuis lors le troupeau ne s'est-il pas grossi encore, selon l'habitude facile de prêter au riche et de gratifier le puissant? Ce qui frappe à une simple lecture dans le recueil des trente pièces attribuées à Théocrite (je ne parle pas des petites épigrammes de la fin), c'est qu'il n'y a guère que la première moitié qui appartienne au genre bucolique pur, et qui justifie entièrement l'idée d'originalité attachée au nom du poëte. On ne peut s'empêcher non plus de remarquer que les scholies ou commentaires qu'on possède, et qui ont été compilés d'après les plus anciens grammairiens, nous abandonnent et, en quelque sorte, expirent vers le milieu du recueil, comme si ces anciens commentateurs n'avaient cru marcher avec le vrai Théocrite que jusque-là. On a soulevé et discuté toutes ces questions, on a trouvé des réponses. Mais, dans l'état actuel de la critique, et à moins de découverte de quelque manuscrit qui soit, par rapport à Théocrite, ce que le manuscrit découvert par Villoison a été pour Homère, il n'y a guère moyen de résoudre ces doutes inévitables. Ce qui demeure certain, c'est que

, jusque dans les dernières pièces du recueil, il y en a au moins quelques-unes encore du poëte, et que la plupart ne sont pas indignes de lui. Jouissons donc, sans tant de retard, de l'œuvre elle-même. Pour plus de netteté, nous diviserons notre examen en trois parts : 1° nous parcourrons les pièces purement pastorales, celles qui nous manifestent Théocrite comme le maître incomparable du genre ; 2° nous insisterons sur quelques morceaux plus élégiaques qu'idylliques, mais d'une extrême beauté, tels que *la Magicienne*, *le Cyclope*, et dans lesquels Théocrite s'est placé au premier rang parmi les peintres de la passion ; 3° enfin, si nous voulions être complet, nous aurions à dire quelque chose des pièces de divers genres, héroïques, épiques, satiriques, dont quelques-unes (comme *les Syracusaines*), moins originales peut-être au temps de Théocrite, sont pour nous des plus neuves et nous rendent des tableaux de mœurs au naturel. Voilà un bien grand cadre que nous nous traçons. Les premières parties, faut-il l'avouer? sont celles qui nous attirent le plus et les seules qui nous semblent peut-être à notre portée : c'est par là que nous commencerons, dussions-nous faire comme les anciens scholiastes eux-mêmes et nous arrêter à moitié chemin.

Les pièces pastorales, qui se présentent les premières et les plus originales du recueil de Théocrite, sont à la fois d'une variété qui ne laisse rien à désirer. On peut dire à la lettre de la flûte du poëte, comme il le dit volontiers du syrinx de ses bergers, que c'est une flûte *à neuf voix* ; tous les tons s'y trouvent(1). La première idylle, par exemple, est du ton plein et moyen de la poésie bucolique. D'autres idylles montent ou descendent : la quatrième, par exemple, entre Battus et Corydon, n'est réellement pas un chant, et n'offre qu'une causerie fredonnée à peine, un peu maigre et agreste de propos, et très-voisine de la prose. Tout à côté, la dispute du chevrier

---

(1) Voir, dans le joli roman de *Daphnis et Chloé* (liv. II), l'endroit où le bon Philétas montre aux beaux enfants tout l'artifice du syrinx.

et du berger, Comatas et Lacon, a comme trait dominant la note aigre, stridente, que rachète aussitôt après la charmante mélodie des deux jeunes bouviers adolescents, Damœtas et Daphnis, qui semblent chanter à l'unisson. Mais ce qu'il y a de plus pur, de plus chaste et de plus suave dans cette flûte aux *neuf voix*, me paraît sans contredit l'adorable idylle entre les deux enfants, Daphnis et Ménalcas, de même que le morceau où ce ton monte, éclate et se déploie avec le plus de plénitude et de richesse, est l'admirable chant des *Thalysies* ou *Fêtes de Cérès*, et la description qui le couronne. Nous ne saurions tout parcourir en détail de ces divers tons; nous en toucherons pourtant quelques-uns.

L'idylle première pose tout d'abord la scène, et retrace vivement aux yeux l'ensemble du paysage qui va être le théâtre habituel de ces luttes pastorales. Dès le premier vers, on entend le bruissement du pin *qui chante près des sources* : le berger Thyrsis, s'adressant à un chevrier dont on ne dit pas le nom, l'engage aussi à chanter. On est au milieu du jour; Thyrsis lui montre un tertre abrité, en le lui décrivant, et l'invite à s'y asseoir, tandis que lui il aura soin du troupeau. Mais le chevrier lui explique (ce que le pasteur de brebis ne sait pas) qu'il craindrait de réveiller le dieu Pan, qui a coutume de dormir à cette heure du jour; il lui indique de préférence un autre lieu ombragé, où président des dieux plus indulgents, Priape et les Nymphes des fontaines; et à son tour il le prie de chanter. Ces images de lieux sont à la fois grandes et distinctes. On sent, même avec une oreille à demi profane, combien dans ce dialecte dorien l'ouverture des sons se prête à peindre largement les perspectives de la nature. Ce dialecte est grandiose et sonore; il est plein; il réfléchit la verdure, le calme, la fraîcheur, le vaste de l'étendue, l'éclat de la lumière. « Je ne comprends pas de peinture, « a dit un grand écrivain qui est peintre lui-même, s'il n'y a de « la lumière et du soleil. » Le dialecte dorien chez Théocrite, et dès la première idylle, répond à ce soleil, à cette lumière.

Si je voulais donner idée de l'impression que j'en reçois, je n'aurais qu'à rappeler ce vers de Virgile :

Pascitur in magna silva formosa juvenca;

et cet autre vers de Lucrèce :

Per loca pastorum deserta atque otia dia.

La première partie de cette idylle est donc toute calme et riante : pour mieux décider Thyrsis à chanter les couplets qu'il lui demande, le chevrier lui offre une coupe dont il lui fait une ravissante description, et il y complète par les paroles l'intention des ciselures ; puis il finit par cette réflexion mélancolique, qui sert comme de transition au chant funèbre de la seconde partie : « Allons, chante, ô mon bon ! car ton chant, « tu ne l'emporteras pas dans l'Érèbe, qui fait tout oublier. » — Suivent les couplets où Thyrsis déplore la mort de Daphnis, de ce premier chantre pastoral qui mourut victime, comme Hippolyte, de la vengeance de Vénus. On retrouve là tant d'images prodiguées et usées depuis, mais qui s'y rencontrent toutes fraîches et à leur source. Les imprécations du mourant contre Vénus, qui est accourue en personne pour jouir de son agonie, exhalent l'énergique passion. De même qu'Hippolyte expirant n'a recours qu'à Diane, c'est vers Pan que Daphnis se tourne à sa dernière heure, et il ne veut remettre sa flûte *à l'haleine de miel* à personne autre qu'à lui.

Hommes et poëtes, ne sommes-nous pas tous plus ou moins comme le Daphnis de l'idylle, qui, en mourant, ne veut rendre sa flûte qu'au dieu, et qui crie aux ronces de donner des violettes, au genévrier de porter le narcisse, et au monde entier d'aller sens dessus dessous, parce que lui-même il s'en va ? Après moi le déluge ! Les Grecs disaient : Après moi l'incendie ! Et si nous n'y prenons garde, non-seulement nous sommes tentés de le souhaiter, mais nous finissons presque par le croire : le monde saurait-il aller sans nous ? Plus on porte vivant au dedans de soi le sentiment de poétique immortalité, plus on est prêt à se révolter contre cette insensibilité de la nature, et contre cette immortalité suprême qui la laisse indifférente à notre départ, et aussi belle, aussi jeune après nous que devant. Bien des poëtes modernes ont rendu ce déchirant contraste : les anciens, sous d'autres formes, arrivaient aux mêmes pensées.

La première idylle, on l'entrevoit par le peu que nous avons dit, à la fois douce et grave, et composée avec art, mérite le rang qu'elle occupe en tête du recueil ; un ancien a eu raison de dire qu'elle justifie ce mot de Pindare : « A l'en- « trée de chaque œuvre, il faut placer une figure qui brille « de loin. »

Si je pouvais me donner toute carrière (1), j'aurais peine à ne pas aller droit, comme la chèvre, aux parties scabreuses et, pour ainsi dire, aux endroits escarpés de Théocrite, à cette idylle quatrième, par exemple, qui semblait si peu en être une aux yeux de Fontenelle, et dont le trait le plus saillant vers la fin est une épine que l'un des interlocuteurs s'enfonce dans le pied, et que l'autre lui retire. J'en donnerais la traduction mot à mot, en tâchant d'en faire saisir le parfum champêtre et comme l'odeur de bruyère qui court à travers ces propos familiers et simples. Puis je traduirais en regard (car ces premières idylles de Théocrite se correspondent, se corrigent et se rejoignent exactement l'une l'autre comme les tuyaux du syrinx, et c'est déjà être infidèle que d'en détacher une ou deux isolément), je traduirais, dis-je, en entier l'idylle sixième, toute poétique, et dans laquelle les deux bouviers adolescents ou pubères à peine, Damœtas et Daphnis, se mettent à chanter les agaceries de la nymphe Galatée, qui jette des pommes au troupeau et au chien de Polyphème, et les coquetteries du cyclope, qui fait semblant à son tour de ne la point voir. Ici ce n'est pas derrière les saules que fuit Galatée, comme chez Virgile, c'est dans la mer qu'elle se re-

(1) C'était pour le *Journal des Débats* que j'écrivais ces articles, et je m'y sentais un peu à l'étroit.

plonge, en nymphe qu'elle est ; et la belle vague, apaisant son bouillonnement, la laisse voir à la nage sur la grève : le chien est là qui regarde vers la mer en aboyant. Après l'idylle quatrième, qui était un peu maigre, après l'idylle cinquième, qui était surtout piquante et querelleuse, rien ne repose et n'enchante comme cette manière de symphonie aimable entre les deux chanteurs unis, dont aucun n'est vainqueur, dont aucun n'est vaincu.

J'allais dire que rien n'égale cette grâce de la sixième idylle, mais Théocrite lui-même l'a surpassée. La huitième idylle, entre les deux enfants, Daphnis et Ménalcas, est peut-être la plus caractéristique du genre pastoral pur, la plus véritablement charmante, la plus simple et la plus innocente aussi, placée aux limites de l'enfance et de l'adolescence. Nulle églogue ne respire davantage la félicité de la campagne, l'abandon et la joie facile ; il s'y mêle la plus naïve rougeur d'enfant et les premiers troubles de la pudeur. C'est l'enfance de l'Orphée des bergers que le poëte s'est complu à peindre : il y a du Raphaël dans ce tableau. Virgile en a rendu quantité de traits délicats, non pas tous cependant.

Daphnis, l'aimable bouvier (cette qualité de pasteur de *bœufs* était la plus considérée entre toutes celles des autres conducteurs de troupeaux) se rencontre avec Ménalcas, qui fait paître ses brebis aux flancs des montagnes. Tous deux en sont à leur premier blond duvet, tous deux achèvent leur enfance, tous deux habiles à la flûte, tous deux au chant. Le petit Ménalcas commence, et lance à l'autre un défi : « Daphnis, « surveillant de bœufs mugissants, veux-tu me chanter quelque « chose ? Je dis que je te vaincrai tant que je voudrai moi-même « en chantant. » Daphnis lui répond dans le même tour et sur les mêmes cadences : « Pasteur de laineuses brebis, flûteur « Ménalcas, tu ne me vaincras jamais, même quand tu chan- « terais *à en mourir.* » Remarquez bien qu'il n'y a pas ce mot de *mourir* dans le texte ; un tel mot de malheur ferait tache, et les Grecs s'en gardaient soigneusement. Je rends le sens, je presse la nuance, et j'avertis que ce n'est pas tout. Les traits qui suivent nous sont connus par Virgile, qui les a semés en plus d'une églogue ; mais ici ils se tiennent, ils se rapportent à l'ensemble des personnages, et leur donnent de la réalité jusque dans l'idéal ; c'est le caractère constant de Théocrite. Ménalcas demande quel prix on déposera pour le vainqueur : Daphnis propose un petit veau contre un agneau déjà grand. Ménalcas, qui n'est ni si libre ni si noble que son ami, répond qu'il ne déposera pas un agneau, parce qu'il a un père et une mère difficiles qui comptent tout le troupeau chaque soir. Notez encore qu'il n'est pas indifférent chez Théocrite que ce trait se trouve dans la bouche de Ménalcas ou dans celle de Daphnis : de la part de ce dernier, c'eût été un vrai contre-sens ; jamais le poëte n'aurait eu l'idée d'attribuer cette réponse naïve, mais gênée, à l'enfant à demi divin qui va devenir le premier des pasteurs. Je m'efforce de faire sentir comme tout est réel, reconnaissable et distinct là où l'on serait tenté de ne voir, d'après les imitations, que des images gracieuses et pastorales assez indifféremment semées.

Ménalcas propose alors pour prix un syrinx de sa façon, qu'il décrit. Daphnis répond en reprenant et jouant sur les mêmes termes : « Et moi aussi j'ai une flûte à neuf voix, « enduite de cire blanche en haut comme en bas ; je l'ai « construite tout dernièrement, et j'ai même encore mal à « ce doigt, parce que le roseau, s'étant fendu, m'a coupé. « Mais qui est-ce qui nous jugera ? qui est-ce qui sera notre « auditeur ? » — « Si nous appelions, répond Ménalcas, ce « chevrier dont là-bas, près des chevreaux, le chien blanc « aboie ? » Tous deux se mettent à le crier ; le chevrier arrive, et la lutte commence.

On peut dire qu'un seul et même *motif* règne à travers tout ce chant et en fait le dessin. Ménalcas, qui a provoqué, donne le thème; Daphnis le reprend, le varie, l'embellit, et en tire de nouvelles douceurs. Il tombe en cadence, non pas juste dans les mêmes traces, mais tout à côté, de manière à faire la plus gracieuse alternance. Je ne puis qu'essayer de quelques couplets. C'est Ménalcas qui parle : « Vallons et « vous, fleuves, descendance divine, si jamais le flûteur Mé- « nalcas vous a chanté quelque air agréé, faites-lui paître « de toute votre âme ses petites brebis ; et si Daphnis sur- « vient amenant ses tendres génisses, qu'il ne soit pas plus « mal traité. » Daphnis aussitôt répond sur les mêmes idées, sur le même rhythme, il renchérit gaiement ; mais ses vers enchanteurs, s'ils l'emportent sur ceux de l'autre, le doivent surtout à l'harmonie, et cette supériorité fugitive ne se saurait rendre : « Fontaines et plantes, doux jet de la terre, si « Daphnis vous joue de ses airs à l'égal des jeunes rossi- « gnols, engraissez-lui ce cher troupeau ; et si Ménalcas « amène par ici le sien, ne lui ménagez pas votre abon- « dance. » C'est ainsi entre ces aimables enfants, tant que dure le combat, un échange et un entrelacement de toute sorte de bon vouloir et de bonne grâce. Tout enfants qu'ils sont encore, ils parlent d'amour, non pour l'avoir senti autrement qu'on peut le sentir à douze ou treize ans ; ils en parlent toutefois à ravir, soit par ouï-dire et sur parole, soit par un précoce instinct. Ménalcas le premier jette ce ravissant couplet : « Partout le printemps, partout de frais pâ- « turages, partout les mamelles se gonflent de lait, et les « petits se nourrissent, là où la belle enfant porte ses pas. « Mais si elle se retire, et le berger aussitôt se sèche, et les « herbes aussi. » J'avoue qu'ici Ménalcas me paraît supérieur, et que l'autre, dans la réplique qui suit, a beau renchérir, il ne l'atteint pas. Mais bientôt Daphnis reprend l'avantage, et le seul couplet que voici serait assez pour lui assurer le triomphe : « Je ne souhaite point d'avoir la terre « de Pélops, je ne souhaite point d'avoir des talents d'or, ni « de courir plus vite que les vents ; mais, sous cette roche « que voilà, je chanterai t'ayant entre mes bras, regardant « nos deux troupeaux confondus, et devant nous la mer de « Sicile ! ». Voilà ce que j'appelle le Raphaël dans Théocrite :

trois lignes simples, et l'horizon bleu qui couronne tout.

La traduction même que j'ai donnée est bien impuissante ; car dans le dernier vers du poëte, grâce à l'heureuse liaison des mots, c'est à la fois le troupeau qui descend vers la mer de Sicile, et le regard du berger qui s'y dirige insensiblement ; tout cela est dit ensemble : tout va d'un même mouvement vers cette mer et s'y confond.

Il n'y a plus après cela qu'à glaner deux ou trois jolis passages encore. Ménalcas, qui vient de gronder son chien endormi, dit à ses brebis, avec ce naturel de langage qui anime toute chose : « Les brebis, ne soyez point paresseuses, « vous autres, à vous rassasier d'herbe tendre ; vous n'aurez « pas grand'peine pour la faire repousser de nouveau. » — Daphnis, à l'une de ses répliques d'amour, dira : « Et moi « aussi, hier, une jeune fille *aux sourcils joints*, me voyant « du bord de l'antre passer tout le long avec mes génisses, « se mit à dire : « Qu'il est beau ! qu'il est beau ! » Malgré « cela, je ne lui répondis pas une parole amère ; mais, bais- « sant les yeux à terre, j'allai mon chemin. » Ici l'enfant rentre bien dans son rôle ; il parle avec sa pudeur ingénue et encore sauvage, considérant cette parole flatteuse de la jeune fille comme une manière d'offense. Le moment où Daphnis obtient le prix, et où le chevrier le déclare vainqueur, est une fin délicieuse, et qui achève le tableau : « L'enfant bondit et battit des mains de joie d'avoir vaincu, « comme un faon de biche qui bondirait vers sa mère ; mais « l'autre se consuma et eut le cœur bouleversé de chagrin, « comme une jeune épousée s'affligerait à l'heure du ma- « riage. Et depuis ce moment Daphnis devint le premier des « pasteurs, et, à peine à la fleur de la jeunesse, il épousa « la nymphe Naïs. »

Ainsi, jusqu'au bout, est observé le ton des âges, et les couleurs pudiques terminent comme elles ont commencé. A propos de cette image du petit Ménalcas qui se dévore de honte d'avoir été vaincu, et que le poëte compare à la jeune vierge pleurant sur son hyménée, il faut se rappeler cet admirable cri de Sapho, par lequel une nouvelle mariée s'adresse à Diane, la déesse virginale : « Déesse, déesse, tu « me fuis ! pour combien de temps ? — Je ne reviendrai plus « jamais vers toi, jamais plus ! »

Pour ceux maintenant qui s'empresseraient de conclure que Théocrite n'est un poëte supérieur que quand il est aimable et riant, et qu'il excelle surtout à mettre en scène de charmants petits bergers, il est temps d'en venir à la plus riche et à la plus opulente de ses pièces, à la reine des Églogues, aux *Thalysies*.

II

Les *Thalysies*, comme qui dirait *fêtes verdoyantes*, se célébraient en l'honneur de Cérès après la récolte. L'idylle qui en est le tableau se rapporte au séjour de Théocrite dans l'île de Cos ; c'est un souvenir de ses années de jeunesse et de florissant bonheur qu'il veut consacrer, et qu'il dédie à ses amis, à ses hôtes. La plénitude de la vie, la fraîcheur des amitiés premières, l'essor des espérances poétiques qu'anime et couronne déjà le premier rayon de la gloire, ces vives sources d'inspiration s'y jouent au sein d'une nature radieuse et féconde dont l'hymne grandiose finit par tout dominer. On sait bien peu de la vie de Théocrite ; mais cette pièce en dit beaucoup sur ses impressions et ses sentiments. Elle nous le montre au plus beau moment du voyage, à son plus haut soleil du matin, au midi de l'été et de la journée, dans la fleur entière d'un talent et d'un cœur déjà épanouis. Bien des poëtes pourraient lui envier de n'être ainsi connu que dans son meilleur jour et à travers l'idéal même qu'il s'est donné. Les anciens, s'ils ont eu à subir bien des outrages du temps, lui ont dû cet avantage du moins d'échapper à l'analyse de la curiosité biographique. Ceux qu'a épargnés et laissés debout le grand naufrage ne nous apparaissent de loin qu'avec la beauté de l'attitude.

Suivons donc, autant que nous le pourrons, le poëte dans sa marche printanière, et attachons-nous, chemin faisant, à faire sentir ce que nous ne rendrons pas. — « C'était le « temps, dit-il, que moi et Eucrite nous allions de la ville « vers le fleuve Halès, et en tiers avec nous était Amyntas ; « car Phrasidame et Antigènes célébraient les fêtes de Cérès, « — deux enfants de Lycopée, de vieille et haute souche « s'il en fut jamais. » Ici le poëte entre dans quelques détails généalogiques et mythologiques en l'honneur de ses amis. Ces détails mêmes, relatifs à un ancêtre illustre qui fit jaillir de terre une fontaine, ne sortent pas du ton, et la description des ormes et peupliers, accompagnement naturel de cette fontaine, jette tout d'abord de l'ombre.—« Nous « n'avions pas encore achevé, poursuit-il, la moitié du che-« min, et le tombeau de Brasilas ne nous apparaissait pas « encore, que nous rencontrâmes un voyageur de bonne « race qui allait toujours en compagnie des Muses, Lycidas « de Crète, c'était son nom ; il était chevrier, et on ne pou-« vait s'y méprendre en le voyant. » Suit un compte minutieux de l'accoutrement du personnage ; car, comme ce chevrier cette fois n'en est pas un, et que c'est un poëte déguisé sous ce nom, Théocrite prend peine à soigner le costume et à le faire paraître vraisemblable : « De ses épaules pendait « une blonde peau de bouc à longs poils, *qui sentait encore* « *la présure* ; autour de sa poitrine un vieux manteau se ser-« rait d'un large baudrier, et de sa droite il tenait un bâton « recourbé d'olivier sauvage. Et doucement il me dit, en « montrant les dents, d'un regard souriant, et le rire jouait « sur sa lèvre. »

Au sujet de cette peau *qui sent encore la présure*, et que je n'ai pas voulu dérober par fausse bienséance, on remarquera que ce sont là des circonstances qui plaisaient aux anciens, bien loin de leur répugner ; ils les recherchaient plutôt volontiers. Ici le poëte fait allusion, comme on voit, aux fromages et à la substance aigrelette qui sert à cailler le lait : il en reste aisément une odeur au vêtement rustique où l'on s'essuie. Ces menues particularités, jetées en passant, donnent au récit un air parfait de vérité. Il est manifeste d'ailleurs que, sauf le costume, ce personnage de Lycidas n'est pas une invention, et que le poëte, en insistant sur cette physionomie à la fois avenante et railleuse, sur ce rire du coin de l'œil et sur cette lèvre fendue où siége l'enjouement, a dessiné un portrait d'après nature (1). Le ton de Lycidas répond d'abord à son air, et tout ce qu'il touche s'anime aussitôt : « Simichidas, dit-il (c'est le nom sous le« quel Théocrite s'est ici personnifié), où donc tires-tu de « ce pas par ce soleil de midi, quand le lézard lui-même « dort sur les haies et que l'alouette huppée ne vague plus? « Est-ce quelque repas où tu te hâtes comme convive? ou « bien t'en vas-tu de ton pied léger vers le pressoir de quel« que bourgeois, que tu fais ainsi en marchant chanter « sous tes clous chaque pierre du chemin? » On devine peut-être de quelle façon vive cette gaie parole doit se comporter dans l'original : qu'on y joigne les nombreux et presque continuels dactyles qui sont l'âme du vers bucolique (comme l'un de nos meilleurs hellénistes, M. Rossignol, après Valckenaer, l'a récemment démontré), et l'on aura idée de l'allégresse singulière du propos; tout cela bondit, tout cela chante. Il était bien vrai de dire que ce Lycidas ne voyage qu'avec les Muses : il sème la poésie au-devant de lui. Simichidas ou Théocrite répond. Dans sa réponse percent à la fois l'admiration sincère, l'émulation sans envie, une confiance modeste, ardente pourtant, et une espérance généreuse :

« Cher Lycidas, tout le monde te proclame de beaucoup
« le plus grand joueur de flûte entre les pasteurs et les mois« sonneurs; ce qui m'échauffe grandement le cœur, et je

(1) Dans l'*Épitaphe* de Bion par Moschus, on retrouve (vers 97) ce même Lycidas de Crète : « Lui qui toujours auparavant était brillant « à voir avec le regard souriant, maintenant il verse des pleurs. »

« me promets bien de me porter l'égal de toi. Nous allons
« de ce pas à une fête de Thalysies ; c'est chez des amis qui
« préparent un repas à l'auguste Cérès avec les prémices de
« leur opulence, car la Déesse a comblé leur grange d'une
« grasse mesure de froment. Mais allons, et puisque la route
« nous est commune et aussi l'aurore, bucolisons à l'envi ;
« peut-être nous ferons-nous plaisir l'un à l'autre. Car moi
« aussi je suis une bouche brûlante des Muses, et tous aussi
« me proclament chantre excellent ; mais moi je ne suis pas
« près de les croire. Non, par le ciel ! car, à mon sens, je
« n'en suis pas encore à vaincre ni le bon Asclépiade de Sa-
« mos, ni Philétas, avec mes chants, et je me fais plutôt l'effet
« de la grenouille qui le dispute aux sauterelles. — Ainsi je
« parlais *exprès*; et le chevrier reprit avec un doux sourire...»

Arrêtons-nous un moment à ces traits vivants de caractère ; nous savons dès l'enfance ces derniers vers par l'imitation heureuse de Virgile : *Me quoque dicunt vatem pastores...;* ils nous frappent davantage ici comme se rapportant à la personne même de Théocrite et nous donnant jour dans ses pensées. Le jeune poëte est modeste, mais il ne l'est pas tant qu'il en a l'air ; il a tressailli de joie à cette rencontre de Lycidas, et il brûle de se mesurer avec lui. Pour l'y décider, il combine la louange et les airs de discrétion, il s'humilie à dessein ; tout-à-l'heure il se relèvera, et déjà le feu dont il est plein lui échappe : *Et moi aussi je suis une bouche brûlante des Muses!*

Lycidas, en répondant, le loue d'abord de sa modestie, et il le fait en d'expressives images : « Cette houlette, dit-il en
« montrant le bâton qu'il tient à la main, je te la donnerai
« en présent, parce que tu es une pure tige de Jupiter, toute
« façonnée pour la vérité. Autant m'est odieux l'architecte
« qui chercherait à élever une maison égale à la cime du
« mont Oromédon, autant je hais, tous tant qu'ils sont, ces
« oiseaux des Muses qui s'égosillent à croasser à l'encontre
« du chantre de Chio. » — Ainsi la ligne littéraire de Théo-

crite, comme nous dirions aujourd'hui, est nettement dessinée : il vient à la suite des maîtres et n'a d'ambition que de se voir accueilli par eux ; il se sépare des *criailleurs* de son temps, c'est le mot qu'il emploie ; mais, d'autre part, il ne croit nullement que la barrière soit fermée, ni qu'il n'y ait plus rien à faire en poésie. A cette époque déjà on ne manquait pas (lui-même nous l'apprend) de gens de mauvaise humeur et occupés d'intérêts positifs, qui disaient que *c'était bien assez pour tous d'un seul Homère.* Théocrite proteste ; il les réfute, et surtout par son exemple. C'est ainsi que, tout en s'inclinant pieusement devant Homère et les grands, il a mérité de prendre place à la suite, et dans la perspective des âges il nous apparaît encore comme le dernier venu du groupe immortel.

Lycidas, gagné à son appel insinuant, se met donc pendant la route à lui chanter un petit couplet qu'il a fait l'autre jour, dit-il, sur la montagne. C'est un couplet d'amour en faveur d'un objet chéri, lequel est sur le point de s'embarquer pour Mitylène. Il souhaite à cet objet un heureux départ, moyennant certaine condition pourtant : il lui prédit une navigation heureuse, même au cœur de l'hiver ; et lorsqu'il apprendra son arrivée à bon port, ce jour-là, par réjouissance, il se promet bien le soir, auprès d'un feu où grillera la châtaigne, accoudé sur un lit de feuillage et buvant à pleine coupe, de se faire chanter par Tityre toutes sortes de belles chansons, et l'amour du bouvier Daphnis pour une étrangère, et Comatas enfermé dans un coffre. Ce Comatas, il est bon de le savoir, était un simple chevrier à gages, très-dévot aux Muses, auxquelles il faisait souvent des sacrifices avec les chèvres du troupeau qui ne lui appartenait pas. Son maître, dont ce n'était pas le compte, l'enferma vivant dans un coffre pour l'y faire mourir : « Nous al« lons voir pour le coup, disait-il, à quoi te serviront tes « Muses maintenant. » Mais quand il rouvrit le coffre, au bout d'une année, il le trouva tout rempli de rayons de

miel; c'était l'œuvre des abeilles, messagères des Muses, qui étaient venues de leur part nourrir le prisonnier. S'exaltant à ce poétique souvenir, le chanteur s'écrie : « O bienheu-
« reux Comatas, c'est bien toi qui as été l'objet de telles
« douceurs ! et tu as été reclus dans le coffre, et, toute une
« saison durant, tu as résisté, nourri des rayons des abeilles.
« Que n'étais-tu de mon temps parmi les vivants ? comme
« j'aurais aimé à te faire paître tes belles chèvres sur les
« montagnes pour ouïr ta voix ! Et toi, étendu sous les chê-
« nes ou sous les sapins, tu n'aurais qu'à chanter tes doux
« airs, divin Comatas ! » Il s'exhale de tout ce passage un sentiment de tendre respect et comme d'adoration enthousiaste pour les choses enchanteresses et désintéressées de la vie humaine ; chaque accent s'élance d'un cœur que pénètre le culte du talent, de la poésie et des grâces.

Il est une idée qui naît à ce propos et qu'on ne saurait tout à fait supprimer : c'est qu'on trouverait au Moyen-Age plus d'un fabliau qui se pourrait rapprocher sans trop d'effort de cette légende du *bienheureux* Comatas. Maintes fois, par exemple, s'il est permis de la nommer en ce voisinage profane, Notre-Dame la toute-clémente pardonna ses méfaits au pécheur qui n'était dévot qu'à elle, même aux dépens d'autrui ; elle fit des miracles pour le sauver. Il y eut là des superstitions poétiques et gracieuses aussi ; je ne fais que les indiquer ; elles seraient plutôt du ressort des malicieux peut-être qui se plairaient à sourire du rapprochement, ou des érudits qui auraient à cœur de comparer les fictions diverses. J'aime mieux ne pas me détourner de l'idéal pur, et ne pas venir mêler sans nécessité le Moyen-Age à la Grèce, Gautier de Coincy à Théocrite.

Lycidas, comme sa chanson le prouve et toute sa belle humeur, est évidemment bien plus un poëte qu'un amoureux ; il se console aisément de l'objet absent avec ses chères déesses. Théocrite m'a l'air d'être un peu de même. Je ne donnerai que le début de sa réponse. Tout à l'heure il a fait le modeste exprès, pour engager l'autre et entamer le jeu ; maintenant qu'il a réussi à le faire chanter, il se montre tel qu'il se sent, et il relève à son tour son front de poëte : « Cher Lycidas, à moi aussi pasteur sur les monta« gnes, les Nymphes m'ont appris bien d'autres belles choses « que la Renommée peut-être a portées jusques au trône de « Jupiter ; mais en voici une, entre toutes, de beaucoup su« périeure, avec quoi je prétends te récompenser. Or écoute, « puisque tu es ami des Muses. » Et après avoir touché légèrement son propre amour pour une certaine Myrto, il en vient à célébrer celui de son ami, le poëte Aratus, passion indigne et cruelle dont il le voudrait voir délivré. Dès qu'il a fini, Lycidas, avec ce rire aimable qui ne l'abandonne jamais et qui fait le trait saillant de sa physionomie, lui donne en cadeau sa houlette ; et comme ils sont arrivés, chemin faisant, à l'endroit où leurs routes se séparent, il tourne à gauche et les quitte, tandis que les trois autres amis n'ont plus qu'un pas jusqu'au lieu de leur destination. C'est là qu'il les faut suivre, et je vais traduire aussi textuellement que je le pourrai cette fin de l'églogue, dans laquelle on dirait que le poëte a voulu rivaliser avec l'abondance d'Homère dépeignant les vergers d'Alcinoüs. Tout le reste n'a été, en quelque sorte, que prélude et acheminement ; la vraie grandeur de l'idylle commence à cet endroit :

« Mais moi et Eucrite, et le bel enfant Amyntas, ayant
« poussé jusqu'à la maison de Phrasidame, nous nous cou« châmes à terre sur des lits profonds de doux lentisque
« et dans des feuilles de vigne toutes fraîches, le cœur
« joyeux. Au-dessus de nos têtes s'agitaient en grand nombre
« ormes et peupliers ; tout auprès, l'onde sacrée découlait
« de l'antre des Nymphes en résonnant. Dans la ramée om« breuse les cigales hâlées s'épuisaient à babiller ; l'oiseau
« plaintif (on ne sait pas bien duquel il s'agit) faisait de loin
« entendre son cri dans l'épais fourré des buissons ; les
« alouettes et les chardonnerets chantaient, et gémissait la

« tourterelle; les blondes abeilles voltigeaient en tour-
« noyant à l'entour des fontaines. Tout sentait en plein le
« gras été, tout sentait le naissant automne. Les poires à nos
« pieds roulaient, et les pommes de toutes parts à nos côtés.
« Les rameaux surchargés de prunes versaient jusqu'à terre.
« Les tonneaux de quatre ans lâchaient leur bonde. Nym-
« phes de Castalie, qui occupez la hauteur du Parnasse,
« dites, est-ce d'un cratère de pareil vin que le vieillard
« Chiron fit fête autrefois à Hercule dans l'antre de Pholus?
« Et ce pasteur des rives d'Anapus, le puissant Polyphème,
« qui lançait des quartiers de montagne aux vaisseaux
« d'Ulysse, dites, quand il se prit à danser à travers ses éta-
« bles, est-ce qu'il était poussé d'un nectar pareil à celui
« que vous nous versâtes ce jour-là, ô Nymphes, autour de
« l'autel de Cérès, gardienne des granges? Sur son monceau
« sacré, oh! puissé-je une autre fois planter encore le grand
« van des vanneurs, et voir la déesse sourire, tenant dans
« ses deux mains des gerbes et des pavots! »

Que vous en semble maintenant? Quelle royale et plan-
tureuse abondance! quelle plus magnifique définition de
cette saison des anciens (ὀπώρα), qui n'était pas le tardif automne comme à l'époque déjà embrumée de nos vendanges,
et qui résumait plutôt le radieux été dans la plénitude des
fruits! On se rappelle irrésistiblement, à l'aspect de cette
riche peinture, Rabelais et Rubens; mais ici on a de plus la
pureté des lignes et la sérénité des couleurs.

Certes le poëte qui a su rendre, comme nous l'avons vu,
les concerts délicats des bergers Ménalcas et Daphnis, et qui
s'élève tout à côté à ces larges et chaudes magnificences, est
un grand poëte en son genre, et ce genre, en le créant, il
lui a donné tout d'abord l'étendue la plus diverse. Il faudrait encore, si l'on voulait tout faire toucher, passer aussitôt, comme contraste, à cette idylle des deux *Pêcheurs*, si
pauvres, si souffrants, dont l'un vient de rêver qu'il avait
pêché un poisson d'or; mais toute cette richesse, comme

celle du *Pot au lait*, s'est évanouie en un clin d'œil. La sensibilité naïve et compatissante qui sait nous intéresser à cette chétive et laborieuse existence, à la pauvreté toujours en éveil dès avant l'aurore, cette expression simple du *réel* qui rappelle presque le poëte anglais Crabbe, mise surtout en regard des richesses de ton où s'est complu l'ami de Phrasidame, montrerait à quel point Théocrite eut véritablement toutes les cordes en lui.

Il eut également celle de la passion, de l'amour; il le ressentit comme le font le plus habituellement les poëtes, en se réservant après tout de le chanter. Il y a une petite églogue, la neuvième, qui a fort occupé les commentateurs, et qui me paraîtrait avoir un sens assez simple, si l'on supposait que le poëte l'a écrite en revenant au genre pastoral après quelque infidélité et quelque distraction qu'il s'était permise; un autre amour l'avait un moment séduit : c'est un retour, une sorte de réparation aux Muses bucoliques. Le poëte y parle en son nom; il commence par demander des couplets à deux bergers; il les applaudit et les récompense chacun dès qu'ils ont fini, et lui-même, s'adressant aux Muses pastorales avec une sorte de timidité, comme après une absence, comme quelqu'un qui n'est plus bien sûr de sa voix, il les supplie de lui rappeler ce qu'à son tour il chanta autrefois à ces deux pasteurs; ce couplet final, dans lequel il proteste ardemment de son intime et véritable amour, le voici :

« La cigale est chère à la cigale, la fourmi à la fourmi, et
« l'épervier aux éperviers; mais à moi la Muse et le chant!
« Que ma maison tout entière en soit pleine! car ni le som-
« meil, ni le printemps dans son apparition soudaine n'est
« aussi doux, ni les fleurs ne le sont autant aux abeilles qu'à
« moi les Muses me sont chères. Et ceux qu'elles regardent
« d'un œil de joie, ceux-là n'ont rien à craindre des breu-
« vages funestes de Circé. » Il semble indiquer par là que c'est un de ces breuvages de passion insensée qui l'a un

moment égaré dans l'intervalle, mais qui n'a pas eu puissance de le perdre, parce qu'il possédait le préservatif souverain des Muses. On reconnaît dans ce charmant couplet de Théocrite la note première du *Quem tu Melpomene semel* d'Horace.

Théocrite serait compté encore parmi les peintres de l'amour, lors même qu'il n'aurait pas composé des pièces destinées uniquement à le célébrer. Il n'est presque aucune de ses idylles qui n'offre des mouvements passionnés, et l'on est forcé d'admirer l'accent de la tendresse là où les objets sont de ceux qu'admettaient si singulièrement les Grecs, qui ne cessent de nous étonner dans l'Alexis de Virgile, et dont la seule idée fuit loin de nous. L'idylle troisième, dans laquelle un chevrier se plaint des rigueurs de la nymphe Amaryllis, et va soupirer, non pas sous le balcon, mais devant la grotte de la cruelle, est d'une grande délicatesse : « O gracieuse Ama-« ryllis, pourquoi au bord de cet antre n'avances-tu plus la « tête en m'appelant ton cher amour? Est-ce donc que tu « m'as pris en haine?... Que ne suis-je la bourdonnante « abeille? comme j'irais dans ton antre, me plongeant à travers « le lierre et la fougère dont tu te couvres!... O belle aux « yeux charmants, toute de pierre! O Nymphe aux bruns « sourcils, ouvre tes bras à moi le chevrier, pour que je te « donne un baiser : même en de vains baisers il est bien de « la douceur encore. »

L'idylle des *Moissonneurs*, où le plus vaillant raille son camarade amoureux, qui, hors de combat dès la première heure, ne coupe plus en mesure avec son voisin et *ne dévore plus le sillon,* nous donne une bien jolie chanson de ce dernier, et dont chaque trait se sent de la nature du personnage. En voici un calque aussi léger que je l'ai pu saisir; ce n'est que par de tels échantillons fidèlement offerts qu'on parvient à faire pénétrer dans les replis du talent. Le pauvre moissonneur s'est donc pris de soudaine passion pour une joueuse de flûte, un peu bohémienne, à ce qu'il semble; et, comme lui-même il a été de tout temps assez poëte, il nous la dépeint ainsi :

« Muses de Piérie, chantez avec moi la jeune élancée; car
« vous rendez beau tout ce que vous touchez, ô Déesses!

« Gracieuse Vomvyca, ils t'appellent tous Syrienne, maigre
« et brûlée du soleil; moi seul je te trouve la couleur du
« miel. Et la violette aussi est noire, et la fleur d'hyacinthe
« est gravée; mais tout de même elles sont comptées les
« premières dans les couronnes. La chèvre poursuit le cytise,
« le loup la chèvre, et la grue suit la charrue; et moi je ne
« me sens de folie que pour toi. Que n'ai-je en mon pou-
« voir tout ce qu'on dit qu'a jadis possédé Crésus! tous les
« deux en or pur nous figurerions debout, consacrés dans le
« temple de Vénus, toi tenant la flûte à la main, ou une
« rose, ou une pomme, et moi en costume d'honneur et
« avec des brodequins de Sparte aux deux pieds. Gracieuse
« Vomvyca, tes pieds à toi sont d'ivoire, ta voix est de lin;
« et quant à ta manière, je ne la puis rendre. »

On trouverait de ces traits de grâce amoureuse dans presque toutes les idylles de Théocrite, et jusqu'au milieu de la querelle injurieuse de Comatas et de Lacon (idylle V); mais les deux pièces capitales, où l'idylle proprement dite se confond ou même disparaît dans l'élégie, sont *le Cyclope* et *la Magicienne*.

Toutes deux sont célèbres; *le Cyclope* a de quoi peut-être se faire mieux goûter des modernes : le jeu de l'esprit et une sorte de malice s'y mêlent au sentiment. Le début se détache surtout par le sérieux du ton et par la connaissance morale. Le poëte s'adresse à un ami, le médecin Nicias, de Milet :

« Il n'existe, ô Nicias! aucun autre remède contre l'amour,
« ni baume ni poudre, à ce qu'il me semble, aucun autre
« que les Déesses de Piérie. Ce remède-là, doux et léger, est
« au pouvoir des hommes : ne le trouve pourtant pas qui
« veut. Et je pense que tu sais ces choses à merveille, étant
« médecin, et entre tous chéri des neuf Muses. C'est ainsi

« du moins que trouvait moyen de vivre le Cyclope notre
« compatriote, l'antique Polyphème, lorsqu'il était amou-
« reux de Galatée, à l'âge où le premier duvet lui couvrait
« à peine la lèvre et les tempes. Et il aimait non pas avec des
« roses, ni avec des pommes, ni avec des boucles de cheveux
« qu'on s'envoie, mais en proie à des fureurs funestes. Tout
« ne lui était plus que hors-d'œuvre. Bien souvent ses bre-
« bis s'en revinrent des verts pâturages toutes seules à
« l'étable, tandis que lui, chantant Galatée sur le rivage
« semé d'algues, il se consumait dès l'aurore, ayant sous le
« cœur une plaie odieuse du fait de la grande Cypris, qui
« lui avait enfoncé son trait dans le foie. Mais il sut trouver
« le remède, et, assis sur une roche élevée, les yeux tournés
« vers la mer, il chantait des choses telles que celles-ci... »

Vient alors la célèbre complainte où il apostrophe Galatée, l'appelant à la fois dans son langage « plus blanche que
« le fromage blanc, plus délicate que l'agneau, plus glo-
« rieuse que le jeune taureau, plus dure que le raisin
« vert. » Après une longue suite de traits plus ou moins naïfs
et passionnés, ou même spirituels (car le poëte se joue par
moments), l'idée du début se retrouve à la conclusion, et la
pièce finit sur ce retour : « C'est ainsi que Polyphème con-
« duisait son amour en chantant, et cela lui réussissait
« mieux que s'il avait donné de l'or pour se guérir. » Un
poëte bucolique des âges postérieurs, né en Sicile comme
Théocrite, Calpurnius, a résumé heureusement la recette du
maître dans ce vers d'une de ses églogues :

Cantet, amat quod quisque : levant et carmina curas.

Maintenant, s'il faut dire toute ma pensée, je trouverai
que la pièce, si charmante, si agréable qu'elle soit, ne répond pas entièrement à l'accent du début; elle n'est bien
souvent que gracieuse et ingénieuse; les adorables passages
où se fait jour le sentiment, et qui nous sont plus familièrement connus par les imitations exquises dispersées dans

Virgile, prennent un singulier tour dans la bouche du Cyclope amoureux, et appellent vite le sourire. Le poëte n'a pas résisté au plaisir du contraste, et ce jeu corrige par trop l'effet de la passion. Quand Polyphème, pour tenter la Nymphe, lui promet quatre petits ours, quand il lui dit qu'il l'aime mieux que son œil unique, et qu'il consentirait à ce qu'elle le lui brûlât, c'est naturel, c'est même touchant encore; mais quand il regrette que sa mère ne l'ait pas fait naître avec des branchies afin de pouvoir nager comme les poissons, quand il se montre déjà tout amaigri, et que, pour punir sa mère de ne pas lui être serviable, pour *la faire enrager* (comme dit Fontenelle), il menace de se plaindre de je ne sais quel mal à la tête et aux pieds, la mignardise décidément commence, et elle va jusqu'à la mièvrerie. Cela ressemble trop à une parodie moqueuse, de voir le pâtre colossal le prendre sur ce ton et faire l'enfant, comme l'Amour piqué qui s'en viendrait bouder sa mère. On a beau dire qu'il s'agit ici de Polyphème jeune et à son premier duvet, de Polyphème à seize ans, et qu'il n'était pas encore devenu ce monstrueux géant que nous connaissons par Homère; nous le voyons tel déjà, et Théocrite l'avait également devant les yeux. Tout en admirant donc le début de l'idylle et bien des endroits sentis, j'ai regret d'y découvrir le spirituel, d'y voir poindre l'Ovide au fond, et, pour résumer la critique d'un seul mot,

> A mon gré le *Cyclope* est joli quelquefois.

Combien *la Magicienne*, toute simple, toute franche, est supérieure ! Dans cette dernière il n'y a pas trace de divertissement poétique ni de bel esprit; rien que la passion pure. On y trouve à étudier dans un cadre peu étendu un des plus vrais et des plus vifs tableaux de l'antiquité. Racine l'admirait à ce titre. Cette *Magicienne* est dans l'ordre de l'élégie ce que la pièce des *Thalysies* nous a paru entre les églogues.

III

Si Racine admirait *la Magicienne*, La Motte n'en faisait pas de même. Cet homme d'esprit, qui manquait de plusieurs sens, se croyait fort en état de juger des diverses sortes de peintures, et en particulier de celles de l'amour : « Les an-
« ciens, dit-il dans son discours sur l'Églogue, n'ont guère
« traité l'amour que par ce qu'il a de physique et de gros-
« sier ; ils n'y ont presque vu qu'un besoin animal qu'ils
« ont daigné rarement déguiser sous les couleurs d'une ten-
« dresse délicate. Je n'impute pas aux poëtes cette grossiè-
« reté ; *les hommes apparemment n'étaient pas alors plus avancés*
« *en matière d'amour*, et les poëtes de ce temps n'auraient pas
« plu si le goût général avait été plus délicat que le leur. »
Puis, prenant à partie l'ode célèbre de Sapho, traduite par Boileau, le spirituel critique, en infirme qu'il est, n'y voit que l'image de convulsions qui ne passent pas le jeu des organes : « L'amour n'y paraît, ajoute-t-il, que comme une
« fièvre ardente dont les symptômes sont palpables ; il sem-
« ble qu'il n'y avait qu'à tâter le pouls aux amants de ce
« temps-là, comme Érasistrate fit au prince Antiochus quand
« il devina sa passion pour Stratonice. » Poussant jusqu'au bout les conséquences de son idée, La Motte en vient à déclarer sa préférence pour Ovide, qui déjà laissait bien loin derrière lui Théocrite et Virgile sur le fait de la *galanterie*; mais Ovide n'était rien encore en comparaison des modernes et de d'Urfé, qui a comme découvert le monde du cœur dans tous ses plis et replis : « C'est une espèce de prodige,
« remarque La Motte, que l'abondance de ces sortes de sen-
« timents répandus dans *Cyrus* et dans *Cléopâtre*, comparée
« à la disette où se trouvent là-dessus les anciens. » Et quant au fameux exemple de la *Phèdre* de Racine, qui remet en spectacle ce même amour reproché par lui aux anciens, le critique s'en tire habilement : « Ce qui est chez

« eux un manque de choix, dit-il, devient ici le chef-d'œu-
« vre de l'art. Comme cet amour de Phèdre la jette dans de
« grands crimes, elle ne pouvait être excusable que par
« l'ivresse de ses sens (*c'est Vénus tout entière*, etc., etc.); et
« d'ailleurs, puisque cet amour est combattu, *on regagne à*
« *la noblesse des remords ce qu'on perdait à la grossièreté des*
« *désirs.* »

Il serait fort aisé de railler La Motte, et, comme dernier terme de ce perfectionnement amoureux dont il parle, de le montrer lui-même, le soupirant platonique et perclus de la duchesse du Maine, à qui il adressait tant d'agréables fadeurs ; l'Altesse y répondait comme une bergère de vingt ans, quand elle en avait cinquante. On sait qu'en guise de houlette elle lui fit un jour cadeau d'une canne à pomme d'or ; il n'y manquait que la tabatière. Mais comme beaucoup de ceux qui seraient tentés de railler avec nous La Motte sur ce que son opinion a d'excessif pourraient bien être en partie du même avis plus qu'ils ne se l'imaginent, il est mieux de parler sérieusement et de reconnaître ce qui est. On ne peut disconvenir en effet que les différences de religion, de climat, d'habitudes sociales, si elles n'ont pas changé le fond de la nature humaine, ont du moins donné à l'amour chez les modernes une tout autre forme que chez les anciens ; et lorsque les peintures que ceux-ci en ont laissées nous apparaissent dans leur nudité énergique et naïve, il y a un certain travail à faire sur soi-même avant de s'y plaire et d'oser admirer. Heureusement ce travail de l'esprit est devenu assez facile à quiconque réfléchit et compare. Hier encore, cet amour d'Antiochus pour Stratonice, qui rebutait si fort La Motte, a été mis en tableau, et représenté physiquement aux yeux par un grand peintre : M. Ingres a su triompher de nos dégoûts. On est très-préparé, en un mot, à ne plus tant s'effaroucher aujourd'hui que du temps de La Motte et de Fontenelle. Sachons bien toutefois qu'en matière de poésie, le goût français, s'il n'y prend garde, est toujours enclin à tenir de ces deux hommes-là plus qu'il ne se l'avoue.

Cela dit par manière de précaution, j'aborderai nettement *la Magicienne*. Ce n'est pas le moins du monde une courtisane, comme on l'a dit; ce n'est pas non plus une princesse comme Médée; la Simétha de Théocrite est une jeune fille de condition moyenne et honnête, qui s'est prise violemment d'amour, qui a fait les avances et qui se voit délaissée de son amant; elle recourt aux enchantements pour le ramener; elle y recourt cette fois et sans être pour cela une magicienne de profession. L'idylle ou élégie où elle est en scène se compose de deux parties distinctes : dans la première, elle prépare et opère le sacrifice magique dans lequel elle immole symboliquement son infidèle pour tâcher de le ressaisir. Nulle part on n'a sous les yeux d'une manière plus sensible et plus détaillée la liturgie du genre et les différents temps de cette sorte de sacrifice : le rituel magique est de point en point observé. Virgile a imité cette première moitié de la pièce dans sa huitième églogue, et s'est plu à revêtir de sa poésie les mêmes détails de mystère. Je dis qu'il s'y est plu, car chez lui ils ne sortent pas, comme chez Théocrite, de la bouche du personnage intéressé; on n'y assiste pas comme à une chose présente; mais le poëte les donne d'une façon indirecte et comme une chanson de berger. En ne se prenant ainsi qu'à la portion piquante et curieuse de l'idylle grecque, et en laissant de côté la seconde moitié qui est tout un ardent récit de l'égarement, Virgile a fait preuve de goût; il n'a pas essayé de lutter contre un petit poëme accompli; il se réservait de prendre ailleurs sa revanche en fait d'amour, et, sans s'attaquer à la violente et brève Simétha, il préparait les langueurs passionnées de sa Didon.

Simétha, pour nous en tenir à elle, s'est donc rendue la nuit dans un endroit désert, aux environs de sa maison, dans quelque cour ou quelque jardin; elle est accompagnée de sa servante Thestylis, et s'est fait apporter tout l'appareil et les ingrédients nécessaires au sacrifice ; elle commence brusquement en s'adressant à la suivante :

« Où sont mes lauriers ? donne, Thestylis ; où sont mes
« philtres ? Couronne la coupe de la fleur empourprée de la
« brebis (c'est-à-dire d'une bandelette de laine rouge), afin
« que j'immole par magie l'homme aimé qui m'est si acca-
« blant. Voilà le douzième jour depuis que le malheureux
« n'est plus venu, ni qu'il ne s'est informé si nous sommes
« morte ou vivante, ni qu'il n'a frappé à la porte, l'in-
« digne ! Certes Amour, certes Vénus, possédant son cœur
« volage, s'en sont allés quelque part ailleurs. Demain j'irai
« vers la palestre de Timagète, pour le voir et lui reprocher
« comme il me traite. Quant à présent, je veux l'immoler
« par des charmes. Mais toi, ô Lune, luis de ton bel éclat,
« car c'est à toi que j'adresserai tout doucement mes chants,
« ô déité, et aussi à la terrestre Hécate, devant qui les
« chiens mêmes tremblent de terreur lorsqu'elle arrive à
« travers les tombes et dans le sang noir des morts. Salut,
« consternante Hécate, et jusqu'au bout sois-nous présente,
« faisant que ces poisons ne le cèdent en rien à ceux ni de
« Circé, ni de Médée, ni de la blonde Périmède. »

C'est aussitôt après cette invocation que le sacrifice proprement dit commence : Simétha continue de chanter, et ce chant énergique, exhalé d'une voix lente et basse, presque avec tranquillité, est d'un grand effet ; chaque couplet qui exprime quelque moment de l'opération se marque d'un même refrain mystérieux. Ce refrain est adressé à un objet magique (*iynx*), qui portait le nom d'un oiseau, mais qui vraisemblablement n'était autre qu'une sorte de toupie ou de fuseau qu'on faisait tourner durant le sacrifice, lui attribuant la vertu d'attirer les absents. J'insisterai peu sur cette première partie de la scène qui demanderait plus d'une explication technique, et qui a été d'ailleurs si bien reproduite par Virgile. Simétha, comme elle-même l'indique en son brusque monologue tout entrecoupé d'apostrophes passionnées, jette successivement dans le feu de la farine, des feuilles de laurier; elle fait fondre de la cire, et de chaque objet tour à tour elle tire quelque application à Delphis (c'est le nom de l'infidèle) : « Comme je fais fondre cette « cire sous les auspices de la déesse, puisse de même le « Myndien Delphis fondre à l'instant sous l'amour! Et « comme je fais tourner ce fuseau d'airain, qu'ainsi lui-« même il tourne devant notre seuil sous la main de Vé-« nus! » Cependant la lune s'est levée et plane au haut du ciel; Diane est dans les carrefours; les chiens la saluent au loin par la ville en rugissant; Simétha commande à Thestylis d'y répondre en sonnant au plus tôt de la cymbale. Puis le calme renaît comme par enchantement : « Voici, la « mer se tait, les haleines des vents font silence : mais mon « amertume à moi ne se tait pas également au dedans de « ma poitrine; je brûle tout entière pour celui qui, au lieu « d'épouse, a fait de moi une misérable et une déshonorée. » A ces passages d'une beauté funèbre en succèdent d'autres d'un emportement et d'une âpreté toute sauvage : « Il est « chez les Arcadiens une plante qu'on nomme hippomane : « pour elle courent tous en fureur à travers monts et jeunes « poulains et cavales rapides. Tel puissé-je voir aussi Del-« phis, et qu'il s'élance à travers cette maison, semblable « à un furieux au sortir de la brillante palestre! » Et encore : « Cette frange de son manteau que Delphis a perdue, « moi maintenant je l'effile brin à brin et je la jette dans « le feu dévorant. » Puis soudainement ici poussant un cri comme si elle ressentait une morsure : « Ah! ah! odieux « Amour, pourquoi, te collant à moi comme une sangsue « de marais, as-tu bu tout le sang noir de mon corps? » Bref, se promettant de recommencer demain, si besoin est, avec des charmes plus puissants, elle clôt pour aujourd'hui le sacrifice, en envoyant Thestylis broyer des herbes à la porte de Delphis, sur ce seuil auquel, malgré tout, elle se sent encore *enchaînée de cœur*. Thestylis à peine éloignée, elle reprend son chant en l'adressant à la Lune, et se met à raconter à la déesse comment sa passion lui est venue. La seconde partie de la pièce commence, et c'est la plus belle. Ainsi, pour faire cette confidence qui va être si franche et si entière, la jeune femme attend que sa servante s'en soit allée, bien que celle-ci elle-même soit au fait de tout. On retrouve là une sorte de délicatesse jusque dans l'égarement.

Nous ne pouvons nous dissimuler pourtant que nous sommes en tout ceci fort loin de Bérénice et de ses mélodieux ennuis. Nous sommes en plein dans l'amour antique, dans celui de Phèdre, mais d'une Phèdre sans remords, dans celui que Sapho a exprimé en son ode délirante, et qu'aussi le grand poëte Lucrèce a dépeint en effrayants caractères, tout comme il décrit ailleurs la peste et d'autres fléaux. Hélas dirai-je toute ma pensée? nous ne sommes pourtant pas si loin encore de l'amour moderne, toutes les fois que cet amour se rencontre (ce qui est rare) dans toute son énergie et sa franchise. La nature humaine est plutôt masquée que changée. Prenez Roméo, prenez-le au début de l'admirable drame : il s'était cru jusque-là amoureux sans l'être, il était mélancolique à en mourir; il s'en allait vague et rêveur, en se disant épris de quelque Rosalinde. Tout cela n'est que nuage. Il entre au bal chez les Capulets, il voit Juliette : « Quelle est cette dame, demande-t-il aussitôt, qui est « comme un bijou à la main de ce cavalier?... Oh! elle ap- « prendrait aux flambeaux eux-mêmes à luire brillamment! « Sa beauté pend sur la joue de la nuit comme un riche « joyau à l'oreille d'une Éthiopienne!... La danse finie, « j'observerai la place où elle se tient, et je ferai ma rude « main bien heureuse en touchant la sienne. Mon cœur a- « t-il aimé jusqu'ici? Jurez que non, mes yeux! car je ne « vis jamais jusqu'à cette nuit la beauté véritable. » Et à travers les Capulets qui l'ont reconnu, il va droit à Juliette;

il lui demande sa main à baiser, en bon pèlerin, puis ses lèvres tout d'emblée : ce gentil pèlerin ne marchande pas. — Et Juliette, dès qu'il s'est éloigné, que dit-elle ? « Viens « ici, nourrice. Quel est ce gentilhomme ? »—« Je ne le con- « nais pas. » — « Va, demande son nom ; s'il est marié, ma « tombe pourra bien être mon lit nuptial ! » Pour elle tout comme pour Simétha, on va le voir, le coup de foudre ne fait pas long feu. Osons donc revenir à l'antique par Roméo.

« Maintenant que je suis seule, poursuit Simétha, par où « viendrai-je à pleurer mon amour ? par où commence- « rai-je ? Qui est-ce qui m'a apporté un tel mal ? Pour mon « malheur, la fille d'Eubule, Anaxo, alla comme canéphore « dans le bois de Diane : autour d'elle marchaient en « pompe toutes sortes de bêtes sauvages, parmi lesquelles « une lionne.

« Écoute mon amour, d'où il m'est venu, auguste Diane !

« Et Theucharile, la nourrice de Thrace, maintenant dé- « funte, qui logeait à ma porte, souhaita de voir cette « pompe, et me pria d'y aller : mais moi, poussée à ma « perte, je l'accompagnai, portant une belle robe de lin à « longs plis et enveloppée du manteau de Cléariste.

« Écoute mon amour, etc. » (C'est le refrain de cette seconde partie.)

Remarquons pourtant comme elle n'oublie pas sa toilette ni cette parure empruntée à une amie, et qui apparemment lui seyait bien ; elle n'oublie pas non plus les circonstances singulières de cette procession qui est devenue l'événement fatal de sa vie ; *et même il y avait une lionne !* Tel est l'effet de la passion : elle grave en nous les moindres détails du moment et du lieu où elle est née.

On me permettra de continuer à traduire textuellement un récit que toute analyse affaiblirait. Je ne puis donner à de la simple prose la richesse de rhythme et la splendeur d'expression qui relèvent sans doute la nudité du tableau original ; mais qu'on sache bien qu'elles la relèvent et qu'elles l'accusent plutôt encore davantage, bien loin de la corriger. — Simétha est donc allée voir cette procession de Diane avec une amie :

« Déjà j'étais à moitié de la route, en face de chez Lycon, quand je vis Delphis et Eudamippe allant ensemble. Le duvet de leur menton était plus blond que la fleur d'hélichryse, leurs poitrines étaient bien plus luisantes que toi-même, ô Lune! car ils quittaient à l'instant le beau travail du gymnase.

« Écoute mon amour, d'où il m'est venu, auguste Diane!

« Sitôt que je le vis, aussitôt je devins folle, aussitôt mon âme prit feu, misérable! ma beauté commença à fondre, je ne pensai plus à cette pompe, et je n'ai pas même su comment je revins à la maison ; mais une maladie brûlante me ravagea, et je restai dans le lit gisante dix jours et dix nuits.

« Écoute mon amour, etc.

« Et mon corps devenait par moments de la couleur du thapse ; tous les cheveux me coulaient de la tête, et il ne restait plus que les os mêmes et la peau. A qui n'ai-je point eu recours alors? De quelle vieille ai-je négligé le seuil, de celles qui faisaient des charmes? Mais rien ne m'allégeait, et cependant le temps allait toujours.

« Écoute mon amour, etc.

« C'est ainsi que j'ai dit à la servante le véritable mot : Allons, allons, Thestylis, trouve-moi quelque remède à ma dure maladie. Le Myndien me tient tout entière possédée ; mais va guetter vers la palestre de Timagète, car c'est là qu'il fréquente, c'est là qu'il lui est doux de passer le temps.

« Écoute mon amour, etc.

« Et quand tu l'apercevras seul, tout doucement fais-lui signe et dis : « Simétha t'appelle, » et mène-le par ici. — Ainsi je parlai, et elle alla et amena dans ma demeure le brillant Delphis ; mais moi, du plus tôt que je l'aperçus franchissant le seuil d'un pied léger,

« (Écoute mon amour, d'où il m'est venu, auguste Diane!)

« Tout entière je devins plus froide que la neige ; du front la sueur me découlait à l'égal des rosées humides ; je ne pouvais plus parler, pas même autant que dans le sommeil les petits enfants bégaient en vagissant vers leur mère. Mais je restai comme figée, de tout point pareille en mon beau corps à une image de cire.

« Écoute mon amour, etc.

« Et m'ayant regardée, l'homme sans tendresse fixa ses regards à terre, il s'assit sur le lit et là il dit cette parole... »

Arrêtons-nous, reposons-nous un instant ici après de si fortes images : tel apparaît l'antique quand on l'envisage sans aucun fard et dans toute sa vérité. J'ai parlé du tableau de Stratonice ; chez Théocrite c'est la femme, c'est la Stratonice qui se sent atteinte du mal d'Antiochus ; c'est elle qui reste gisante sur ce lit, elle qu'une sueur glacée inonde, et qui fait ce mouvement convulsif lorsqu'elle a vu entrer l'objet pour qui elle se meurt. Les deux tableaux se font exactement pendant l'un à l'autre. Le Delphis de Théocrite va nous offrir à sa manière et d'un air dégagé, comme un homme qu'il est, quelque chose du contraste qui brille sur le front animé et sur le visage presque souriant de Stratonice.

Il est dans le chant précédent un détail d'un effet heureux et que Fontenelle (faut-il s'en étonner?) a méconnu. Au moment où elle montre Delphis franchissant le seuil d'un pied léger, Simétha qui, à cette fin de couplet, n'a pas terminé sa phrase, jette le refrain comme entre parenthèses, et le sens se continue après cette suspension d'un instant. En un mot, le sens passe à travers le refrain comme sous l'arche d'un pont. Fontenelle a trouvé une occasion de raillerie dans cette irrégularité qui est une grâce.

Nous en sommes au moment où Delphis prend la parole ; et quoique ce soit Simétha qui nous le traduise, quoiqu'en nous rendant son discours elle continue certainement de le trouver plein de séduction et tout fait pour persuader, il nous est impossible, à nous qui sommes de sang-froid, de ne pas juger que ce beau Delphis était passablement fat et qu'il ne s'est guère donné la peine de paraître amoureux. Une de ses victoires lui en rappelle aussitôt une autre : « Oui, « certes, Simétha, dit-il, tu m'as prévenu juste autant qu'il

« m'est arrivé l'autre jour de devancer à la course le gracieux « Philinus. » Par là pourtant il veut dire (car il est galant) qu'elle ne l'a devancé que de très-peu. Il donne presque sa parole d'honneur que, si elle ne l'eût mandé, il venait de lui-même à sa porte et pas plus tard que cette nuit; il y venait avec trois ou quatre amis, dans tout l'appareil d'un vacarme nocturne ou d'une sérénade; et si on l'avait reçu, c'était bien, il n'aurait demandé que peu pour cette première fois; mais si on l'avait repoussé et si la porte avait été fermée au verrou, oh! c'est alors que les haches et les torches auraient fait rage. Quant à présent, poursuit-il, il n'a que des actions de grâces à rendre à Cypris d'abord, et puis à celle qui, en l'envoyant appeler, l'a tiré véritablement du feu où il était déjà à demi consumé. Les paroles avec lesquelles il termine rentrent dans le sérieux, et trahissent tout haut sa réflexion secrète : « A ce qu'il « semble, dit-il, Amour brûle souvent d'une flamme plus « ardente que Vulcain de Lipare. Avec ses méchantes fu- « reurs il met en fuite la vierge elle-même hors de la cham- « bre virginale, et il arrache l'épousée à la couche encore « tiède de l'époux. » — Cela dit, Simétha reprend en son nom et raconté comment, la crédule! elle lui a pris la main pour toute réponse; elle sent d'ailleurs qu'il n'y a guère à insister sur ce qui suit, et elle semble craindre d'en parler trop longuement à la *chère Lune* elle-même. Depuis ce jour tout était bien entre eux, jusqu'à ce que l'infidélité ait éclaté par l'absence et que le propos d'une vieille soit venu déchaîner la jalousie. Simétha termine ce solennel et lugubre monologue par des menaces et des serments de vengeance si les premiers philtres sont impuissants; et disant adieu à la Lune brillante, qui lui a tenu jusqu'à la fin compagnie fidèle, elle congédie en même temps la foule des autres astres qui font cortége au char paisible de la nuit.

Telle est dans sa réalité et sans aucun déguisement cette

Simétha qu'il ne faut comparer ni à la Didon de Virgile ni à la Médée d'Apollonius, si riches toutes deux de développements et de nuances, mais qui a sa place entre l'ode de Sapho et l'Ariane de Catulle. Chaque trait en est de feu, et l'ensemble offre cette beauté fixe qui vit dans le marbre.

Qu'on n'aille pas trop se hâter de conclure d'après cela ni croire que toutes les femmes de l'antiquité se ressemblaient. A côté d'Hélène il y avait Pénélope, et Alceste à côté de Phèdre. Ici même, sans sortir de Théocrite, en regard de l'ardente Simétha, il faut mettre sans tarder la douce, la pure et chaste Theugénis.

Cette dernière était une belle Ionienne, femme du médecin Nicias de Milet, de celui à qui Théocrite a dédié *le Cyclope*. Il lui adresse à elle en particulier une ravissante petite pièce, pleine de calme et de suavité, intitulée *la Quenouille*. L'estimable auteur des *Soirées littéraires* (1) raconte qu'il a eu entre les mains une traduction de Théocrite, en vers, laquelle avait appartenu à Louis XIV : cette idylle y était notée comme un modèle de galanterie honnête et délicate. Si c'est bien Louis XIV qui laissa tomber en effet cette remarque, ce dut être un jour que Mme de Maintenon lui faisait la lecture. Quoi qu'il en soit, je ne saurais dérober aux lecteurs le délicieux petit tableau de Théocrite, et je m'imagine même que je le leur dois comme un adoucissement après les violences passionnées de tout à l'heure.

LA QUENOUILLE.

« O Quenouille, amie de la laine, don de Minerve aux yeux bleus, ton travail sied bien aux femmes qui vaquent aux soins de la maison. Suis-nous avec confiance dans la ville brillante de Nélée, où le temple de Vénus verdoie du milieu des roseaux ; car c'est de ce côté que je demande à Jupiter un bon vent qui me conduise, afin de me

---

(1) Coupé, *Soirées littéraires*, tome XIII, pages 3 et 183.

réjouir en voyant mon hôte Nicias et d'en être fêté en retour, — Nicias, rejeton sacré des Grâces à la voix aimable ; et toi, ô Quenouille, toute d'un ivoire savamment façonné, nous te donnerons en présent aux mains de l'épouse de Nicias. Avec elle tu exécuteras toutes sortes de travaux pour les manteaux de l'époux, et nombre de ces robes ondoyantes comme en portent les femmes. Car il faudrait que deux fois l'an, par les prairies, les mères des agneaux donnassent à tondre leurs molles toisons en faveur de Theugénis aux pieds fins, tant elle est une active travailleuse ! et elle aime tout ce qu'aiment les femmes sages. Aussi bien je ne voudrais pas te donner dans des maisons chétives et oisives, toi qui es issue de noble terre et qui as pour patrie cette cité qu'Archias de Corinthe fonda jadis, qui est comme la moelle de la Sicile et la nourrice d'hommes excellents. Désormais pourtant, entrée dans une maison dont le maître connaît tant de sages remèdes pour repousser les maladies funestes des mortels, tu habiteras dans l'aimable Milet parmi les Ioniens, afin que Theugénis soit signalée entre les femmes de son pays pour sa belle quenouille, et que toujours tu lui représentes le souvenir de l'hôte ami des chansons ! car on se dira l'un à l'autre en te voyant : « Certes il y a bien « de la grâce, même dans un petit présent ; et tout est précieux, ve- « nant des amis. »

Comme variété de femmes chez Théocrite, et aussi éloignées du caractère pur de Theugénis que de la nature passionnée de Simétha, il faut placer *les Syracusaines*, qui sont le sujet de tout un petit drame piquant et satirique. Ces femmes de Syracuse sont venues à Alexandrie pour assister aux fêtes d'Adonis : on les voit au début qui s'apprêtent à sortir ensemble pour aller au palais ; elles jasent entre elles de leur logement, de leur toilette ; elles disent du mal de leurs maris. Il y a là un enfant *terrible* qui entend tout et qui pourra bien tout redire. Puis elles se mettent en route à travers la foule, à travers les chevaux. Au moment d'entrer au palais, elles sont en danger d'étouffer. Un *monsieur* les aide, et elles le remercient ; un autre se raille de leur accent dorien, et elles lui répondent de la bonne sorte. L'auteur de *la Panhypocrisiade*, voulant rendre le mouvement d'une foule sur le passage de François I*er*, s'est ressouvenu de Théocrite :

> Rangez-vous ! place ! place ! — Holà ! ciel ! — Je rends l'âme !
> Au voleur !... — Insolent, respectez une femme !...
> — On m'étouffe ! — Poussons ! enfonçons ! — Je le voi !
> Vivat ! — Je suis rompu, mais j'ai bien vu le roi.

Nos Syracusaines finissent aussi par bien voir, par entendre le chant en l'honneur d'Adonis. L'une d'elles alors s'avise qu'il est tard, que son mari n'a pas dîné ; et là-dessus elles s'en retournent au logis. Ce tableau de mœurs mériterait une étude à part. Un critique allemand a eu raison de dire que, lors même qu'on n'aurait aujourd'hui que cette seule pièce de Théocrite, on serait encore fondé à le placer au rang des maîtres qui ont excellé à peindre la vie.

Parmi les morceaux dont il me resterait à parler, et qui ne se rapportent ni au genre bucolique ni au genre élégiaque, le plus remarquable à mon sens, et qui appartient bien certainement à Théocrite encore, est intitulé *les Grâces* ou *Hiéron*. Cette expression de *Grâces* était très-générale et très-large chez les Grecs ; elle signifiait à la fois les actions de grâces qu'on rend, les bienfaits qu'on reçoit, et aussi ces autres Grâces aimables qui ne sont pas séparables des Muses. D'après la plainte amère qu'il exhale, on voit que Théocrite n'a pas échappé au destin commun des poëtes, à cette souffrance des natures idéales et délicates aux prises avec la race dure et sordide.

> Ils habitaient un bourg plein de gens dont le cœur
> Joignait aux duretés un sentiment moqueur,

a dit La Fontaine dans *Philémon et Baucis*. Il semble que le contemporain d'Hiéron et de Ptolémée, l'hôte d'Alexandrie et l'enfant de Syracuse, malgré tous ces noms qui brillent à distance, a souvent lui-même habité dans l'ingrate bourgade. Oui, bien souvent, comme il le dit, ses *Grâces*, qu'il envoyait dès l'aurore tenter fortune le long des portiques, s'en revinrent à lui le soir nu-pieds, l'indignation dans le cœur, lui reprochant d'avoir fait une route inutile, et elles s'assirent sur le fond du coffre vide, *laissant tomber leur tête entre leurs genoux glacés* : « A quoi bon ces chanteurs? di-« sait-on déjà de son temps. C'est l'affaire des dieux de les « honorer. Homère suffit pour tous. Le meilleur des chan-« tres est celui qui n'emportera rien de moi. » — Les malheureux! s'écrie le poëte; et, dans un élan plein de grandeur, il revendique le privilége immortel de la Muse; il montre aux riches que sans elle leur orgueil d'un jour est frappé d'un long, d'un éternel oubli. Il énumère les puissants d'autrefois, qui ne doivent de survivre qu'au souffle harmonieux qui les a touchés : car autrement, une fois morts, et *dès qu'ils ont versé leur âme si chère dans le large radeau de l'Achéron*, en quoi le plus superbe différerait-il du plus gueux, de celui dont la main calleuse se sent encore du hoyau? Et les héros de Troie, et Ulysse lui-même qui a tant erré parmi les hommes, et le bon porcher Eumée, et le bouvier Philœtius, et le sensible Laërte aux entrailles de père, en dirait-on mot aujourd'hui si les chants du vieillard d'Ionie n'étaient venus à leur secours?

On a reconnu là le sentiment du beau passage d'Horace... *carent quia vate sacro.* Déjà Sapho, s'adressant à une riche ignorante, l'avait pris sur ce ton, et Pindare a merveilleusement comparé un homme qui a beaucoup travaillé et qui meurt sans gloire, c'est-à-dire sans le chant du poëte, à un riche qui meurt sans la tendresse suprême d'un fils, et qui est obligé dans son amertume de prendre un étranger pour héritier. Ce même sentiment qui est celui de la puissance et du triomphe définitif du talent, je le retrouve chez quelques modernes qui sont de la grande famille aussi. Lamartine, alors qu'il ne croyait encore qu'à la seule gloire des beaux vers, parlait à Elvire avec cet intime accent :

> Vois d'un œil de pitié la vulgaire jeunesse, etc., etc.

Et Chateaubriand, qui n'a cessé d'avoir le grand culte présent, a dit en s'adressant à un ami qu'il voulait enflammer : « C'est une vérité indubitable qu'il n'y a qu'un seul talent « dans le monde : vous le possédez cet art qui s'assied sur « les ruines des empires, et qui seul sort tout entier du vaste « tombeau qui dévore les peuples et les temps. » On aime à entendre à travers les âges ces échos qui se répondent et qui attestent que tout l'héritage n'a pas péri.

Je terminerai ici avec Théocrite : cette gloire qu'il proclamait la seule durable ne l'a point trompé ; c'est, après tant de siècles, un honneur en même temps qu'un charme de l'aborder de près et de venir s'occuper de lui. Il ne me reste qu'à demander indulgence pour les essais de traduction que j'ai risqués. Ceux qui ont le texte présent avec ses délicatesses savent où j'ai échoué, et à quoi aussi j'aspirais. Traduire de cette sorte Théocrite, c'est un peu comme si l'on allait puiser à une source vive dans le creux de la main, ou encore comme si l'on essayait d'emporter de la neige oubliée l'été dans une fente de rocher de l'Etna : on a fait trois pas à peine, que cette neige déjà est fondue et que cette eau fuit de toutes parts. On est heureux s'il en reste assez du moins pour donner le vif sentiment de la fraîcheur.

Novembre-décembre 1846.

VIRGILE ET CONSTANTIN LE GRAND

PAR M. J.-P. ROSSIGNOL.

Ce titre demande tout d'abord une explication. Tout le monde connaît la IV⁰ églogue de Virgile adressée à Pollion : *Sicelides Musæ...* Le poëte y célèbre la naissance d'un divin enfant qui doit ramener l'âge d'or. Or il existe, parmi les œuvres de l'historien ecclésiastique Eusèbe, un discours grec qui passe pour la traduction d'un discours latin attribué à Constantin, et dans ce discours, qui n'est qu'une démonstration du Christianisme, l'Empereur s'appuie sur le témoignage des Sibylles, et particulièrement sur la IV⁰ églogue qu'il produit et commente. Cette églogue se lit aujourd'hui en vers grecs dans le discours. Mais la traduction diffère notablement de l'églogue latine, et en altère plus d'une fois le sens en le tirant vers le but nouveau qu'on se propose. De qui peuvent venir ces altérations? M. Rossignol, qui se pose cette question et plusieurs autres encore, est ainsi amené de point en point à douter de l'authenticité du discours attribué à l'Empereur, et, rassemblant tous les indices qu'une critique sagace lui fournit, il n'hésite pas à conclure que c'est Eusèbe lui-même qui l'a fabriqué. Telle est l'idée générale de ce volume qui se compose d'une suite de petits Mémoires, et dans lequel l'auteur semble n'avoir pris son sujet principal que comme un prétexte à quantité de remarques nouvelles, à des dissertations curieuses, et, ainsi qu'on aurait dit autrefois, à des *aménités* de la critique.

Par exemple, il débutera par se poser et par traiter les trois questions suivantes :

1° Pourquoi les *Bucoliques* de Virgile ont-elles été si souvent traduites en vers français, et pourquoi ne peuvent-elles pas l'être d'une manière satisfaisante ?

2° Quel est, d'après les événements de l'histoire et les détails que nous avons sur la vie de Virgile, l'ordre de ces petits poëmes ?

3° Quel est le véritable sens allégorique de l'églogue adressée à Pollion ? — Et quand il est arrivé sur ces divers points à des résultats nets et précis ; quand, ayant franchi les préliminaires, et s'étant pris au texte même de la traduction en vers grecs, il l'a restitué et expliqué, ne croyez pas que l'auteur s'enferme dans les limites trop étroites d'un sujet qui pourrait sembler aride. Les questions continuent, en quelque sorte, de naître sous ses pas, et ici elles retardent bien moins la marche qu'elles ne fertilisent le chemin. « A mesure qu'on a plus d'esprit, a dit Pascal, on trouve qu'il y a plus d'hommes originaux. » A mesure qu'on a plus de science et de sagacité dans l'érudition, on trouve qu'il y a plus de questions à se faire, et, là où un autre aurait passé outre sans se douter qu'il y a lieu à difficulté, on insiste, on creuse, et parfois on fait jaillir une source imprévue. C'est ainsi qu'au sortir de l'étude toute grammaticale du texte qu'il a restitué, M. Rossignol en vient à l'appréciation littéraire, et le coup d'œil qu'il jette sur la composition d'une seule églogue le mène aux considérations les plus intéressantes sur ce genre même de poésie, sur ce qu'étaient sa forme distincte et son rhythme particulier chez les Grecs, sur ce qu'il devint chez les Romains, déjà moins délicats d'oreille, et qui se contentèrent d'un à peu près d'harmonie. Si j'avais à choisir dans le volume de M. Rossignol et à en tirer la matière d'une étude un peu développée, ce serait sur cette première partie, relative à la belle époque et antérieure à la portion byzantine du sujet, que je m'arrêterais le plus volontiers et que je m'oublierais comme en chemin.

M. Rossignol établit, avant tout, ce soin scrupuleux et presque religieux que mirent les Grecs à distinguer les genres divers de poésie, et à maintenir ces distinctions premières durant des siècles, tant que chez eux la délicatesse dans l'art subsista :

> La nature dicta vingt genres opposés
> D'un fil léger entre eux chez les Grecs divisés ;
> Nul genre, s'échappant de ses bornes prescrites,
> N'aurait osé d'un autre envahir les limites...

André Chénier s'est fait, dans ces vers, l'interprète fidèle de la poétique de l'antiquité. « C'est ainsi, dit à son tour M. Ros-« signol, que depuis la majestueuse épopée jusqu'à la vive « épigramme aiguisée en un simple distique, chaque poëme « eut son style et son harmonie, ses mots, ses locutions, son « dialecte propre, son rhythme particulier ; et quoique la « limite qui séparait deux genres fût quelquefois légère et « peu sensible, il n'en fallait pas moins la respecter, sous « peine d'encourir l'anathème d'un goût difficile et ombra- « geux. » L'auteur donne ici de piquants exemples tirés de la métrique des anciens ; le déplacement d'un seul pied suffisait pour changer tout à fait le caractère et l'effet d'un chant. Ces races héroïques et musicales qui faisaient de si grandes choses, restaient sensibles jusqu'au plus fort de leurs passions publiques à la moindre note du poëte ou de l'orateur, et l'applaudissement soudain n'éclatait que là où la pensée tombait d'accord avec le nombre, là où l'oreille était satisfaite comme le cœur.

Théocrite le bucolique n'usait donc point du même dialecte qu'Apollonius de Rhodes et que les autres épiques de la descendance d'Homère. Mais du moins, direz-vous, la me-

sure du grand vers qu'ils emploient leur est commune... Non pas. Dans l'églogue, le vers hexamètre différait essentiellement, par plusieurs endroits, du même vers hexamètre appliqué à l'épopée : « On a déjà décrit avec assez d'exacti-
« tude, dit M. Rossignol, les caractères généraux de la poé-
« sic pastorale ; on a déterminé avec assez de précision quels
« devaient être le lieu de la scène, le rôle des acteurs, le
« ton du discours, les qualités du style ; mais l'organisation
« intérieure, le mécanisme secret, la structure savante et
« ingénieuse de cette poésie, ont été jusqu'ici peu étudiés.
« Je ne suis pas un si fervent adorateur de Théocrite que
« l'était Huet, qui nous apprend lui-même que, dans sa
« jeunesse, chaque année au printemps, il relisait le poëte
« de Sicile ; j'ai pourtant fait plus d'une fois le charmant
« pèlerinage, et chaque fois, après avoir admiré la vivacité
« spirituelle et ingénue des personnages, la grâce piquante et
« naïve du dialogue, la vérité des peintures, je me suis pré-
« occupé de la construction du vers, de ces ressorts cachés
« que le poëte met en jeu pour produire plusieurs de ses
« effets. » Le résultat de ces observations multipliées et patientes, c'est que le dactyle peut s'appeler *l'âme de la poésie bucolique*, et que, sans parler du cinquième pied où il est de rigueur, les deux autres places qu'il affectionne dans le vers pastoral sont le troisième pied et le quatrième, avec cette circonstance que le dactyle du quatrième pied termine ordinairement un mot, comme pour être plus saillant et pour mieux détacher sa cadence. Théocrite, dans le très-grand nombre de ses vers, fait sentir le mouvement de légèreté et d'allégresse que rend, par exemple, ce vers de Virgile :

Huc ades, o Melibœe! caper tibi salvus et hœdi.

Les anciens grammairiens avaient déjà fait en partie ces remarques, et l'illustre critique Valckenaer les avait confirmées. M. Rossignol y a ajouté quelque chose, et l'observation du dactyle au *troisième* pied est de lui. Sur neuf cent quatre-vingt-dix-sept vers de Théocrite, il y en a sept cent quatre-vingt-six qui offrent cette circonstance métrique ; et pour quiconque a pénétré la délicatesse habile et même subtile des anciens en telle matière, ce ne saurait être l'effet du hasard. Ceux qui seraient tentés d'accueillir avec sourire ce genre de recherches intimes, poursuivies par un homme de goût, peuvent être de bons et d'excellents esprits, mais ils ne sont pas entrés fort avant dans le secret du langage antique, et nous les renverrions pour se convaincre, s'ils en avaient le temps, à Denys d'Halicarnasse et aux traités de rhétorique de Cicéron.

Ces observations techniques, que nous ne pouvons qu'effleurer, et dans lesquelles M. Rossignol nous a rappelé un critique bien délicat aussi d'oreille et de goût, feu M. Mablin, ces curiosités d'un dilettantisme studieux mènent à l'intelligence vive et entière des modèles qu'il s'agit d'apprécier. De même qu'on est disposé à mieux sentir Théocrite au sortir de ces pages, on mesure avec plus de certitude le degré précis dans lequel Virgile s'est approché du maître : car c'était bien un maître que Théocrite pour Virgile dans la poésie pastorale ; et M. Rossignol, qu'on n'accusera pas d'irrévérence envers aucun génie antique, établit la différence et la distance de l'un à l'autre par des caractères incontestables. Virgile, jeune, amoureux de la campagne, mais non moins amoureux des poésies qui la célébraient, s'est évidemment, à son début, proposé Théocrite pour modèle presque autant que la nature elle-même. Il semble véritablement avoir lu Théocrite plume en main, et avoir voulu bientôt en imiter et en *placer* les beautés, assez indifférent d'ailleurs sur le lieu. La forme dans laquelle il a reproduit et comme enchâssé à plaisir ces images, ces comparaisons pastorales, est sans doute ravissante de douceur et d'harmonie, et c'est là ce qui a fait la fortune des *Bucoliques*. Mais, ajoute M. Rossignol, ne séparez pas cette forme du fond ; ou, si vous l'oubliez un instant, si vous parvenez à écarter cette molle et suave mélodie pour ne vous attacher qu'à la pensée, vous serez frappé du défaut d'unité dans le lieu et dans le sujet, du vague de la scène, et du caractère bien plus littéraire que réel de ces bergeries. C'est une des causes, entre tant d'autres, qui rend la traduction des *Bucoliques* impossible et presque nécessairement insipide ; car ce charme de la forme s'évanouissant, il ne reste rien de nettement dessiné et qui marque du moins les lignes du tableau. Jusque dans les *Bucoliques* pourtant, Virgile, ce génie naturellement grave, sérieux et mélancolique, présage déjà son originalité sur deux points : la Xe églogue, si passionnée, en mémoire de Gallus, laisse déjà éclater les accents du chantre de Didon, et la IVe églogue à Pollion, toute religieuse et sibylline, toute *digne d'un consul*, fait entrevoir dans le lointain les beautés sévères et sacrées du VIe livre de l'*Énéide*.

Je ne redirai pas ici comment l'amour si profond et si vrai qu'avaient les Romains pour la campagne ne les inclinait pourtant point à l'églogue pastorale ; c'était un amour mâle et pratique, tout adonné à la culture, et dont les loisirs mêmes, si bien décrits dans les *Géorgiques*, se ressentaient encore des rudes travaux de chaque jour. Lorsque Tibulle, le plus affectueux après Virgile, et le plus doux des Romains, dit à sa Délie, en des vers pleins de tendresse, qu'il ne demande avec elle qu'une chaumière et la pauvreté, il mêle encore à l'idéal de son bonheur ces images du labour :

Ipse boves, mea, sim tecum modo, Delia, possim
Jungere, et in solo pascere monte pecus;
Et te dum liceat teneris retinere lacertis,
Mollis et inculta sit mihi somnus humo.

Le vœu ici est le même que dans la VIIIe idylle de Théocrite, quand le berger Daphnis chante ce couplet qu'on ne saurait oublier, et où il ne souhaite ni *la terre de Pélops*, ni les richesses, ni la gloire, mais de tenir entre ses bras l'objet aimé, en contemplant *la mer de Sicile*. Le tableau de l'élégiaque romain est touchant dans sa réalité, mais on sent aussitôt la différence : il y manque, pour égaler le rêve sicilien, je ne sais quoi d'un loisir tout facile, je ne sais quel horizon plus céleste.

S'attachant particulièrement à la IVe églogue, et après en avoir déterminé le sens, selon lui, tout mystique, tout relatif aux traditions de l'oracle, après avoir assez bien démontré, ce me semble, que le poëte n'a fait qu'y prendre un thème, un prétexte à la description de l'âge d'or vers l'époque de la paix de Brindes, et que le mystérieux enfant promis n'était pas tel ou tel enfant des hommes, mais un de ces dieux *épiphanes* ou *manifestés* (*præsentes divos*) très-connus de l'antiquité entière, M. Rossignol nous fait bien comprendre la transformation que subit peu à peu dans l'imagination des peuples cette sorte de vague prédiction virgilienne, portée sur l'aile des beaux vers et revêtue d'une magique harmonie. La superstition populaire, qui allait cherchant dans les derniers souffles de la Sibylle la promesse du Sauveur nouveau, n'eut garde, parmi ses autorités, d'oublier Virgile. Dès le second siècle du Christianisme, des esprits plus fervents qu'éclairés se complurent à cette confusion bizarre qui, au moyen de quelques centons alambiqués, à la faveur même de misérables acrostiches, mariait ensemble les deux cultes, et contre laquelle devait tonner saint Jérôme. « Reproches inutiles ! dit M. Rossignol ; la fureur « de ces jeux d'esprit redoublera, entretenue par la super- « stition et le faux goût ; et l'écrivain sur qui ce zèle extra- « vagant s'exercera de prédilection, c'est Virgile. » Le critique suit dans tout son cours la nouvelle destinée que fit au poëte l'illusion superstitieuse. La IVe églogue, il faut en convenir, y prêtait assez naturellement, et le sujet s'en trouva bientôt travesti au point d'être donné sans détour pour une prédiction de l'avénement du Christ. Mais on prend, en quelque sorte, ce travestissement sur le fait, dans la traduction grecque produite par Eusèbe. Le divorce, ou plutôt la confusion insensible commence dès le début même. Tandis que Virgile invitait les Muses de la Sicile à élever un peu le ton accoutumé de l'églogue, le traducteur les exhorte nettement à célébrer *la grande prédiction*. Là où Virgile annonçait le retour d'Astrée et de Saturne, le traducteur ne parle que de *la Vierge amenant le Roi bien-aimé*. Lucine, toute chaste que l'appelait le poëte (*casta, fave, Lucina*), n'est pas plus heureuse qu'Astrée ; elle disparaît pour devenir simplement *la lune qui nous éclaire* ; et si, dans le texte primitif, on la suppliait de présider, comme déesse, à la naissance de l'enfant, le traducteur lui ordonnera d'*adorer le nourrisson qui vient de naître*. C'est ainsi que les noms des divinités mythologiques se trouvent l'un après l'autre éliminés au moyen de synonymes adroits ou de périphrases complaisantes. Il serait curieux de suivre en détail avec le critique cette traduction habilement infidèle et toute calculée, dans laquelle l'églogue païenne de Virgile est devenue un poëme chrétien, et qui transforme définitivement le dieu épiphane de la Sibylle en la personne même du Rédempteur. Grâce à ce rôle nouveau qu'une semblable interprétation créait à Virgile, et que la vague tradition favorisa, on comprend mieux comment le divin et pieux poëte (le poëte pourtant de Corydon et de Didon) a pu être pris sous le patronage de deux religions si différentes et si contraires, comment le Christianisme du moyen-âge s'est accoutumé peu à peu à l'accepter pour magicien et pour devin, et comment Dante, le poëte théologien, n'hésitera point à se le choisir pour guide dans les sphères de la foi chrétienne. Il n'est pas jusqu'à Sannazar enfin, qui, aux heures de la Renaissance, dans un poëme dévot d'un style païen, ne fasse chanter l'églogue prophétique aux bergers adorateurs de Jésus enfant.

Au reste, ce n'est pas une certaine allusion générale et toute d'imagination qui pourrait ici étonner et choquer, si l'on s'y était tenu. Virgile est un poëte véritablement religieux ; il y a dans l'inspiration de sa muse un souffle doux, puissant, pacifique, qui lui fait adorer et invoquer en toute rencontre les divinités clémentes. En lui s'est rassemblé, comme dans un harmonieux et suprême organe, l'écho mourant de cette voix sacrée qu'entendirent, à l'origine de la fondation romaine, les Évandre et les Numa. Il n'y avait donc rien que de simple et plutôt d'heureux à un rapprochement et à un sentiment de tendre sympathie, tel qu'en pouvait éprouver pour lui un Dante touché du mystique rayon, ou encore un saint Augustin à travers ses larmes. A une certaine hauteur toutes les piétés se tiennent et communiquent aisément par l'imagination et par la poésie. Ce qui devient bizarre, ce qui devient mensonger et adultère, c'est l'appropriation prétendue littérale, c'est le détournement frauduleux de l'Églogue à un avénement qui n'avait pas besoin d'un tel précurseur.

J'en ai dit assez pour signaler aux curieux l'espèce d'intérêt philosophique et historique qui s'attache aux recherches philologiques de M. Rossignol. Sa méthode m'a rappelé plus d'une fois, par sa direction circonscrite et sa rigueur, l'ingénieux procédé que M. Letronne a si souvent appliqué à des points d'histoire, de géographie ou d'archéologie. J'oserai ajouter que M. Rossignol est de cette école, de même qu'il est aussi de celle du digne et fin M. Boissonade en philologie. Esprit tout à fait français pour la netteté et la fermeté, M. Rossignol a le mérite de combiner en lui les traditions et quelques-unes des qualités essentielles de ces hommes qui sont nos maîtres, et à la fois de s'être formé lui-même avec originalité, avec indépendance, dans une étude approfondie et solitaire qui devient de plus en plus rare. Le jour où sa modestie lui permettra de sortir des questions trop particulières et de se porter avec toutes les ressources de son investigation et de sa science sur des sujets d'un intérêt plus ouvert, il est fait pour marquer avec nouveauté son rang dans la critique et pour se classer en vue de tous. Ce volume, qui doit être suivi d'une seconde partie, est un premier pas dans cette voie d'application où nos vœux l'appellent et où de plus compétents le jugeront.

J'ai oublié de dire que le volume est dédié à M. le comte Arthur Beugnot ; il y a des noms qui portent avec eux des garanties de bon esprit, de critique exacte et saine, exempte de toute déclamation.

28 décembre 1847.

FRANÇOIS Iᵉʳ POËTE

POÉSIES ET CORRESPONDANCE RECUEILLIES ET PUBLIÉES PAR M. AIMÉ CHAMPOLLION-FIGEAC, 1 VOL. IN-4°, PARIS, 1847.

C'est une chose grave assurément pour un roi que de faire des vers. Il n'est point permis aux poëtes d'être médiocres ; Horace le leur défend au nom du ciel et de la terre, au nom des colonnes et des murailles mêmes qui retentissent de leurs vers ; et, d'autre part, la devise d'un roi, telle qu'elle se lit en lettres d'or chez Homère, et telle qu'Achille la dictait par avance à Alexandre, consiste *à toujours exceller, à être en tout au-dessus des autres* (1). Voilà deux obligations bien hautes, deux royautés difficiles à réunir, et dont la dernière exclut absolument, chez celui qui en est investi, toute prétention incomplète et vaine. Hors de l'Orient sacré, je ne sais si l'on trouverait un grand exemple de ce double idéal confondu sur un même front, et si, pour se figurer dans sa pleine majesté un roi poëte, il ne faudrait pas remonter au Roi-Prophète ou à son fils. Il y a eu des degrés toutefois ; ce même Homère, de qui nous tenons l'adieu du vieux Pélée donnant à son fils cette royale leçon de prééminence et d'excellence généreuse, nous représente Achille dans sa tente, au moment où les envoyés des Grecs arrivent pour le fléchir, surpris par eux une lyre à la main et tandis qu'il s'enchante le cœur à célébrer la gloire des anciens

(1) *Iliade*, XI, 783.

héros. Le moyen âge, comme l'antiquité héroïque, nous offrirait çà et là de ces heureuses surprises, depuis Alfred pénétrant en ménestrel dans le camp des Danois, jusqu'à Richard Cœur-de-Lion appuyant à la fenêtre de sa prison la harpe du trouvère. Le siècle de saint Louis applaudissait aux chansons de Thibaut, roi de Navarre. En un mot, tant que la poésie a été un chant, tant que la harpe et la lyre n'ont pas été de pures métaphores, on conçoit cet accident poétique comme une sorte de grâce et d'accompagnement assorti jusque dans le rang suprême. Mais, du moment que les vers, ramenés à l'état de simple composition littéraire, devinrent un art plus précis, du moment que les rimes durent se coucher *par écriture*, et qu'il fallut, bon gré mal gré, et nonobstant toutes métaphores, noircir du papier, comme on dit, pour arriver à l'indispensable correction et à l'élégance, dès lors il fut à peu près impossible d'être à la fois roi et poëte avec bienséance. Que gagne la gloire du grand Frédéric à tant de mauvais vers (même quand ils seraient un peu moins mauvais), griffonnés la veille ou le soir d'une bataille, à chaque étape de ses rudes guerres? La force d'âme du monarque et du capitaine, en plus d'une conjoncture terrible, ne serait pas moins prouvée, pour n'être point consignée dans des pièces soi-disant légères, signées *Sans-Souci* et adressées à d'Argens. L'opiniâtre rimeur n'a réussi, par cette dépense de bel esprit, qu'à introduire, on l'a très-bien remarqué, un peu de Trissotin dans le héros. On sait qu'un jour Louis XIV aussi s'était avisé de rimer; c'était sans doute dans le court instant où il se laissait tenter à cette gloire des ballets et des carrousels, dont un passage de *Britannicus* le guérit. Cette fois la leçon lui vint de Boileau, à qui il montra ses vers en demandant un avis. « Sire, répondit le poëte, rien n'est impossible à Votre Majesté; elle a voulu faire de mauvais vers, et elle y a réussi. » Louis XIV, avec son grand sens, se le tint pour dit. Richelieu, qui était presque un roi, s'est donné un ridicule avec ses prétentions d'auteur. A de tels personnages, chefs et gardiens des États, il est aussi beau d'aimer, de favoriser les arts et la poésie, que périlleux de s'y essayer directement ; et, plus ils sont capables de grandeur, plus il y a raison de répéter pour eux la magnifique parole que le poëte adressait au peuple romain lui-même :

> Tu regere imperio populos, Romane, memento.
> Hæ tibi erunt artes.....

On aurait tort pourtant et l'on serait injuste d'appliquer trop rigoureusement aux *Poésies* de François Ier ce que les précédentes observations semblent avoir aujourd'hui d'incontestable. Les vers d'amateur ne sont plus guère de mise en français depuis Malherbe; mais Malherbe n'était pas venu. Sans doute si François Ier avait pu lire à un Despréaux n'importe lesquelles de ses épîtres ou même de ses rondeaux, il aurait couru grand risque de recevoir la même réponse que s'attira Louis XIV; mais il n'y avait pas alors de Despréaux. Les meilleurs poëtes du temps, à commencer par Marot, faisaient bien souvent des vers détestables, de même que les moins bons rimeurs rencontraient quelquefois des hasards assez jolis. Tout le XVIe siècle, à cet égard, nous présente comme un continuel et confus effort de débrouillement. François Ier, dès le jour où il monta sur le trône, donna le signal à ce puissant travail qui devait contribuer à répandre et à polir en définitive la langue française. Grâce à l'impulsion qu'il communiqua d'en haut, ce fut bientôt de toutes parts autour de lui un défrichement universel. Lui-même on le vit des premiers mettre la main à l'instrument. Ce qui eût été, en d'autres temps, une prétention petite, était donc ici une noble erreur, ou plutôt simplement un bon exemple. Qu'on me permette une comparaison qui rendra nettement ma pensée. Il y eut un jour dans la Révolution française où l'on voulut remuer tout d'un coup le

Champ de Mars et le dresser en amphithéâtre pour une solennité immense : les bras ne suffisaient pas ; chacun s'y mit, et l'on vit de belles dames elles-mêmes, de très-grandes dames de la veille, manier la pelle et la bêche. Je pense bien que ces mains délicates firent assez peu d'ouvrage; mais combien elles durent exciter autour d'elles ! Ce fut là en partie le rôle de François Ier poëte, et celui des Valois, y compris plus d'une princesse.

Ce qu'on appelle la *Renaissance* dans notre Occident constitue véritablement un des âges par lesquels avait à passer le monde moderne ; cet âge ou cette saison régnait depuis longtemps déjà en Italie, quand la France retardait encore. Les expéditions de Charles VIII et de Louis XII avaient rapporté les germes et sourdement mûri les esprits ; mais rien jusque-là n'éclatait. La gloire de François Ier est d'avoir, à peine sur le trône, senti avant tous ce grand souffle d'un printemps nouveau qui voulait éclore, et d'en avoir inauguré la venue. Rien ne saurait donner une plus juste idée du brusque changement qui se fit d'un règne à l'autre que ces phrases naïves de la mère de François Ier, Louise de Savoie, écrivant en son *Journal* : « Le 22 septembre 1514, le roi Louis XII, fort antique et débile, sortit de Paris pour aller au-devant de sa jeune femme la reine Marie. » Et quelques lignes plus bas : « Le premier jour de janvier 1515, mon fils fut roi de France. » Son fils, son *César pacifique*, ou encore son *glorieux et triomphant César, subjugateur des Helvétiens*, comme elle le nomme tour à tour. Ainsi, succédant à ce bon roi *antique et débile*, et dont les rajeunissements mêmes semblaient un peu surannés de galanterie et de goût, l'ardent monarque de vingt ans solennisa son entrée comme au bruit des fanfares et de la trompette. La victoire lui paya la bienvenue à Marignan, et les poëtes firent écho de toutes parts. Une vive et facile école débutait justement avec le règne, et saluait pour chef et pour prince le jeune Clément Marot. Le même roi, qui avait demandé à

Bayard de l'armer chevalier, aurait presque demandé au gentil maître Clément de le couronner poëte. Mais ce n'était point dans de simples rimes que François Ier faisait consister l'idée et l'honneur des lettres; il embrassa la Renaissance dans toute son étendue. Épris de toute noble culture des arts et de l'esprit, admirateur, appréciateur d'Érasme comme de Léonard de Vinci et du Primatice, et jaloux de décorer d'eux *sa nation*, comme il disait, et son règne, propagateur de la langue vulgaire dans les actes de l'État, et fondateur d'un haut enseignement libre en dehors de l'Université et de la Sorbonne, il justifie, malgré bien des déviations et des écarts, le titre que la reconnaissance des contemporains lui décerna. Son bienfait essentiel consiste moins dans telle ou telle fondation particulière, que dans l'esprit même dont il était animé et qu'il versa abondamment autour de lui. S'il restaurait dans Avignon le tombeau de Laure, il semblait en tout s'être inspiré de la passion de Pétrarque, le grand précurseur, pour le triomphe des sciences illustres. Les imaginations s'enflammèrent à voir cette flamme en si haut lieu. Montaigne, qui était de la génération suivante, nous a montré son digne père, homme de plus de zèle que de savoir, « eschauffé de cette ardeur nouvelle, de quoy le roy François premier embrassa les lettres et les mit en crédit, » et l'imitant de son mieux dans sa maison, toujours ouverte aux hommes doctes, qu'il accueillait chez lui *comme personnes saintes*. « Moy, s'empresse d'ajouter le malin, je les aime bien, mais je ne les adore pas. » Ce fut cette sorte de culte que François Ier naturalisa en France, et si un peu de superstition s'y mêla d'abord (comme cela est inévitable pour tous les cultes), dans le cas présent elle ne nuisit pas. On aime à voir, à quelque retour de Fontainebleau ou de Chambord, le royal promoteur de toute belle et docte nouveauté, et de la nouveauté surtout qui servait la cause antique, s'en aller à cheval en la rue Saint-Jean-de-Beauvais jusqu'à l'imprimerie de Robert Estienne, et là attendre sans impatience que le maître ait achevé de corriger l'*épreuve*, cette chose avant tout pressante et sacrée. Bien des erreurs et des rigueurs suivirent sans doute de si favorables commencements et compromirent les destinées finales du règne; mais l'élan, une fois donné, suffisait à produire de merveilleux effets; les semences jetées au vent pénétrèrent et firent leur chemin en mille sens dans les esprits; la politesse greffée sur la science s'essaya, et l'on en eut, sous cette race des Valois, une première fleur. Voilà de quoi excuser d'avance bien des mauvais vers, si nous en rencontrons chez le roi poëte; et, comme circonstance atténuante, il convient de noter aussi qu'un grand nombre furent écrits dans les ennuis d'une longue captivité, ce qui, au besoin, les explique et les absout encore. Car *que faire en un gîte, à moins que l'on ne songe?* et que devenir dans une prison à moins que d'y soupirer et rimer sa plainte? Le bon René d'Anjou, captif en sa jeunesse, avait usé ainsi de musique et de vers, en même temps qu'il peignait aux murailles de sa tour diverses sortes de compositions mélancoliques et d'emblèmes. Le grand-oncle de François Ier, Charles d'Orléans, en pareille disgrâce, avait également demandé consolation à la poésie et l'avait fait avec un rare bonheur de talent. Si François Ier fut loin d'y réussir aussi bien, l'idée, l'intention du moins était délicate et noble. En toutes choses, il faut surtout demander à ce prince généreux de nature le premier mouvement et l'intention.

Le recueil des *Poésies* de François Ier, que vient de publier M. Aimé Champollion, est tiré de trois manuscrits que possède la Bibliothèque du Roi; l'éditeur en mentionne trois autres qui se trouvent dans le même dépôt, mais qui ne sont que des copies. Un amateur éclairé, M. Cigongne, possède aussi dans sa riche collection un manuscrit qui correspond, pour le contenu, à l'un des trois premiers, et qui paraît en être l'original. Ce manuscrit commence tout simplement par une lettre en prose que le roi prisonnier écrit à une maîtresse dont on ignore le nom :

« Ayant perdu, dit-il, l'occasion de plaisante escripture et acquis l'oubliance de tout contentement, n'est demeuré riens vivant en ma mémoire, que la souvenance de vostre heureuse bonne grace, qui en moy a la seulle puissance de tenir vif le reste de mon ingrate fortune. Et pour ce que l'occasion, le lieu, le temps et commodité me sont rudes par triste prison, vous plaira excuser le fruict qu'a meury mon esperit en ce penible lieu... »

Cette lettre, avec la pièce de vers qui l'accompagne, se trouve aux pages 42 et 43 de la présente édition; mais, en la lisant au début, on comprend mieux comment François Ier devint décidément poëte ou rimeur, et comment l'ennui l'amena à développer sinon un talent, du moins une facilité qu'il n'avait guère eu le loisir d'exercer jusqu'alors. Il redit la même chose dans la longue épître où il raconte son *partement de France et sa prise devant Pavie* :

> Car tu sçaiz bien qu'en grande adversité
> Le recorder donne commodité
> D'aulcun repoz, comptant à ses amys
> Le desplaisir en quoy l'on est soubmys.

On ne lui reprochera point d'ailleurs de surfaire le mérite de son œuvre; dans cette même épître, il commence en parlant bien modestement de son *escript* et de cette idée qu'il a eue de

> Cuider coucher en finy vers et mectre
> Ung infiny vouloir soubz maulvais mettre.

L'aveu modeste n'est ici que l'expression d'une rigoureuse vérité : il serait difficile, en effet, de *coucher* ses pensées en plus *mauvais mètre*. L'épître se peut dire une gazette en vers de la force de tant de chroniques rimées qui avaient cours alors, et dont, au siècle suivant, la *Muse historique* de Loret a été la dernière. A titre de témoignage officiel, elle a du prix. M. A. Champollion, dans le volume qu'il a publié sur la *Captivité de François I*er (1), s'en est utilement servi pour rétablir le vrai sur quelques particularités contestées ; mais, au point de vue littéraire, que pourrait-on dire en présence d'une enfilade de vers comme ceux-ci :

> De toutes pars lors despouillé je fuz,
> Mays deffendre n'y servit ne reffuz ;
> Et la manche de moy tant estimée
> Par lourde main fut toute despecée.
> Las ! quel regret en mon cueur fut bouté !

On se rappelle involontairement la belle lettre, de dix ans antérieure, que le roi écrivait à sa mère au lendemain de Marignan, et dans laquelle respire l'ardeur de la mêlée. La teneur en est simple et toute militaire ; les traits mâles, énergiques, rapides, y naissent du récit :

« Et tout bien debattu, depuis deux mille ans en ça n'a point été vue une si fière ni si cruelle bataille, ainsi que disent ceux de Ravennes, que ce ne fut au prix qu'un tiercelet. Madame, le sénéchal d'Armagnac avec son artillerie ose bien dire qu'il a été cause en partie du gain de la bataille, car jamais homme n'en servit mieux..... Le prince de Talmond est fort blessé, et vous veux encore assurer que mon frère le connétable et M. de Saint-Pol ont aussi bien rompu bois que gentilshommes de la compagnie, quels qu'ils soient ; et de ce j'en parle comme celui qui l'a vu, car ils ne s'épargnoient non plus que sangliers échauffés. »

Marignan était plus fait, sans doute, pour inspirer la verve que Pavie avec ses fers. Mais, dans le dernier cas, l'extrême infériorité du ton tient surtout à une autre espèce d'en-

---

(1) Collection des Documents historiques.

traves. Toujours, comme on sait, la prose française eut le pas sur les vers, et il y a entre les deux épîtres de François Ier précisément la même distance qu'entre une page de Villehardouin et n'importe quelle chronique rimée du même temps.

Il ne suffirait pas de se rejeter sur l'état de la poésie française, à cette date du règne de François Ier, pour expliquer uniquement par cette imperfection générale les singulières faiblesses et le rocailleux plus qu'ordinaire de la veine royale. Sans doute, la poésie alors était fort mêlée et confuse ; pourtant, dès qu'un vrai talent se rencontre, il sait se faire sentir, et lorsqu'à travers les pièces de François Ier il s'en glisse quelqu'une de Marot, de Mellin de Saint-Gelais, ou même de la reine Marguerite, le ton change notablement, le courant vous porte, et l'on est à l'instant averti. Une grande part du mauvais appartient donc bien en propre à la facture du maître, lequel n'était ici qu'un écolier. Ce ne serait certes pas sa sœur Marguerite qui, au milieu d'une prière en vers adressée au Crucifix, s'aviserait de dire :

O seur ! oyez que respond ce pendu !

Le XVIe siècle, même chez les poëtes en renom, est trop habituellement sujet à ces accidents fâcheux qui gâtent et, pour ainsi dire, salissent les intentions les meilleures ; mais là encore il y a des degrés, et les vers de François restent trop souvent hors de toutes limites. Si on n'avait de ce prince que les longues épîtres et les pièces de quelque étendue ou même les rondeaux, on serait forcé, sur ce point, de donner raison contre lui à Rœderer, qui s'est attaché à le dénigrer en tout.

Hâtons-nous de reconnaître qu'il y a dans le *Recueil* quelques agréables exceptions ; il y en a même d'assez heureuses pour faire naître une idée qu'on ne saurait tout à fait dissimuler. Quand on lit de suite et tout d'une haleine cette série d'épîtres plates, de rondeaux alambiqués et amphigouriques, et qu'on tombe sur quelque dizain vif et bien tourné, on est surpris, on est réjoui ; mais il arrive le plus souvent que l'éditeur est obligé de nous avertir qu'il se rencontre quelque chose de pareil dans les œuvres de Marot ou de Saint-Gelais. On est induit alors, même quand le dizain en question ne se retrouve pas chez ces poètes, à soupçonner que ceux-ci pourraient bien n'y pas être étrangers. En un mot, on est tenté de mettre le petit nombre de bons vers du roi sur le compte du valet de chambre favori, ou plutôt encore sur la conscience de l'aumônier-bibliothécaire (Saint-Gelais), qui s'y trouve mêlé si fréquemment.

Il m'a toujours semblé que ce serait le sujet intéressant d'un petit mémoire que d'examiner à part le groupe des *poëtes rois et princes au* xvie *siècle* : François Ier et sa sœur Marguerite, les deux autres Marguerite, Jeanne d'Albret, Marie Stuart, Charles IX, Henri IV enfin ; car tous ont fait des vers, au moins des chansons. Mais il y aurait à discuter de près, à démêler le degré d'authenticité de certaines pièces qui ont couru sous leur nom. Brantôme, qui parle avec de grands éloges du talent poétique de la reine d'Écosse, nous apprend qu'on lui attribuait déjà, dans le temps, des vers qui ne ressemblaient nullement à ceux de l'aimable auteur, et qui, selon lui, ne les valaient pas. « Ils sont trop grossiers et mal polis, disait-il, pour estre sortis de sa belle boutique. » Depuis lors on a paré à ce genre d'objection, et c'est plutôt le trop de poli qui rend aujourd'hui suspecte la prétendue relique d'autrefois. Au xviiie siècle, il se glissa plus d'un pastiche dans ces recueils et *Annales poétiques* dont les rédacteurs étaient eux-mêmes faiseurs et peu scrupuleux. M. de Querlon assurait l'abbé de Saint-Léger que la chanson de Marie Stuart à bord du vaisseau (*Adieu, plaisant pays de France*) était de lui. Les beaux vers de Charles IX à Ronsard qui sont partout (*L'art de faire des vers, dût-on s'en indigner...*), où se trouvent-ils cités pour la première fois ? Où voit-on apparaître d'abord les couplets d'Henri IV sur *Gabrielle* et sa chanson à *l'Aurore* (1)? On a là toute une série de petites questions en perspective. Les autographes imprévus et tardifs (ils semblent sortir de dessous terre aujourd'hui), s'il s'en produisait à l'appui des imprimés, devraient être eux-mêmes soumis à examen. Puis, quand la source originale serait sûrement atteinte, on aurait à discuter encore le degré de confiance qu'on peut accorder en pareil cas aux royales signatures; car ces princes et princesses avaient tout le long du jour à leur côté, entendant à demi-mot, valets de chambre, aumôniers et secrétaires, tous gens d'esprit et du métier. Les Bonaventure des Periers, les Marot, les Saint-Gelais, les Amyot, étaient en mesure de prêter plus d'un trait à un canevas auguste, et de mettre la main à la demande en même temps qu'à la réponse. Je ne sais plus quelle dame de la Cour d'Henri III disait à Des Portes, en lui demandant de la faire parler en vers, *qu'elle envoyait ses pensées au rimeur*. On sait positivement que c'était là l'usage de la spirituelle Marguerite, femme d'Henri IV. Son secrétaire Maynard la faisait parler en vers tendres et passionnés, et lui-même, dans sa vieillesse, a trahi le secret lorsqu'il a dit :

> L'âge affoiblit mon discours,
> Et cette fougue me quitte,
> Dont je chantois les amours
> De la reine Marguerite.

Au xviiie siècle, n'est-ce pas ainsi encore qu'on voit la du-

---

(1) Dans une *Notice sur un Recueil* manuscrit *d'anciennes Chansons françaises*, M. Willems de Gand indique qu'il y a trouvé le fameux couplet :

> Cruelle départie,
> Malheureux jour! etc., etc.

Il en conclut que Henri IV avait pris ce refrain à quelque chanson déjà en vogue (voir le tome XI, n° 6, des Bulletins de l'Académie royale de Bruxelles).

4.

chesse du Maine, dans ses joutes de bel esprit avec La Motte, lui lancer à l'occasion quelque madrigal qu'elle s'était fait rimer par Sainte-Aulaire, par Mlle de Launay ou tel autre poëte ordinaire de sa petite Cour? On conçoit donc qu'il y aurait dans ce sujet matière à une discussion délicate, et qu'on en pourrait faire un piquant chapitre qui traverserait l'histoire littéraire du xvie siècle. Mais, dans aucun cas, il n'y aurait à en tirer de conclusion sévère et maussade contre les charmants esprits de ces rois et reines, amateurs des Muses. L'honneur de leur suzeraineté, de leur coopération intelligente et gracieuse, resterait hors de cause; seulement la part du métier reviendrait à qui de droit.

Tant que François Ier fut prisonnier en Espagne, il composa incontestablement sans secours et sans aide de longues épîtres non moins ennuyeuses qu'ennuyées; à sa rentrée en France, ses vers prirent plus de vivacité, et la joie du retour, sans doute aussi le voisinage des bons poëtes, l'inspira mieux. Gaillard, qui avait feuilleté en manuscrit les *Poésies* du prince, a noté avec sens les meilleurs vers qu'on y distingue. Je ne rappellerai que ce couplet d'une ballade, qui gagne à être isolé des couplets suivants; pris à part, c'est un dizain des plus frais et des plus vifs; on dirait que le rayon matinal y a touché :

> Estant seullet auprès d'une fenestre
> Par ung matin, comme le jour poignoit,
> Je regarday Aurore, à main senestre,
> Qui à Phebus le chemyn enseignoit.
> Et d'autre part m'amye qui peignoit
> Son chef doré, et viz sez luysans yeulx,
> Dont me gecta ung traict si graciculx,
> Qu'à haulte voix je fuz contrainct de dire :
> Dieux immortelz! rentrez dedans vos cieulx,
> Car la beaulté de ceste vous empire.

Je retourne le feuillet, et je lis à la page suivante cet autre dizain, non moins égayé, mais qui est de Marot :

> May bien vestu d'habit reverdissant,
> Semé de fleurs, ung jour se mist en place,
> Et quant m'amye il vit tant florissant,
> De grand despit rougist sa verte face,
> En me disant : Tu cuydes qu'elle efface
> A mon advis les fleurs qui de moy yssent?
> Je lui respond : Toutes tes fleurs périssent
> Incontinant que yver les vient toucher;
> Mais en tout temps de ma Dame florissent
> Les grans vertuz, que mort ne peult secher.

Le dizain du prince a certainement de quoi lutter en grâce avec celui de Marot; on ne peut toutefois s'empêcher de remarquer que, dans le *Recueil*, l'un est bien voisin de l'autre; et, en général, quand on trouve réunis un certain nombre de morceaux qu'il faut rapporter à Saint-Gelais ou à Marot, c'est presque toujours aux environs de ces endroits-là que se rencontrent aussi les petites pièces du roi qui peuvent passer pour les meilleures. On n'est jamais sûr que la ligne de démarcation tombe exactement, et qu'il ne se soit pas introduit quelque confusion sur ces points limitrophes : *Lucanus an Appulus anceps* (1).

Pour ce qui est du joli dizain de l'*Aurore* en particulier, il paraîtra piquant d'avoir encore à le rapprocher d'une épigramme de Q. Lutatius Catulus, que rapporte Cicéron dans le traité *de la Nature des Dieux*. C'est une épigramme

---

(1) Ainsi l'éditeur a soin d'indiquer que les pièces de la page 96 sont de Saint-Gelais : mais, en y regardant bien, il se trouve que le huitain : *Cessez, mes yeulx*, etc., de la page 94, est également de l'aumônier-poëte.

tout à fait *à la grecque*, mais la similitude de l'image reste frappante :

> Constiteram exorientem Auroram forte salutans,
>   Quum subito a læva Roscius exoritur.
> Pace mihi liceat, Cœlestes, dicere vestra,
>   Mortalis visus pulchrior esse deo.

Rien de plus naturel à supposer qu'une rencontre d'idées en semblable veine : ce qui ne laisse pas ici de donner à penser, c'est cette petite circonstance qui se retrouve dans les deux pièces, *a læva, à main senestre*. Est-ce pur hasard? Serait-ce qu'un roi a pu avoir de ces réminiscences d'érudit?

Au reste, ce n'est pas nous qui refuserons à François Ier des traits d'emprunt ou de rencontre, des saillies heureuses, des maximes galantes et un peu subtiles, quand il suffit d'un petit nombre de vers pour les exprimer; il n'y a rien là qui excède la portée de talent qu'on est en droit d'attendre d'un prince spirituel et qui avait eu de tristes loisirs pour s'exercer. On regrette plutôt de n'avoir pas à noter plus souvent chez lui des bagatelles aussi bien tournées que celle-ci par exemple :

> Elle jura par ses yeulx et les miens,
> Ayant pitié de ma longue entreprise,
> Que mes malheurs se tourneroient en biens ;
> Et pour cela me fut heure promise.
> Je crois que Dieu les femmes favorise :
> Car de quatre yeulx qui furent parjurez,
> Rouges les miens devindrent, sans faintise ;
> Les siens en sont plus beaulx et azurez.

Sachons seulement que ce n'est là qu'une très-agréable paraphrase, mais cette fois une paraphrase évidente de ces vers d'Ovide en ses *Amours* (liv. III, élég. 3) :

> Perque suos illam nuper jurasse recordor,
>   Perque meos oculos; et doluere mei.

Voici encore un sixain délicat, où le doux nenny est aux prises avec le sourire ; nous le donnons ici dans toute sa correction :

> Le desir est hardy, mais le parler a honte ;
> Son parler tramble et fuyt, l'aultre en fureur se monte ;
> L'ung fainct vouloir ung gaing, dont il souhaite perte ;
> L'ung veult chose cacher que l'aultre fait apperte ;
> L'ung s'offre et va courant, l'autre mentant refuse :
> Voyez la pauvre femme en son esprit confuse.

L'épitaphe d'Agnès Sorel est connue ; rien n'empêche de croire à cette improvisation de cinq vers, et de nouveaux témoignages recueillis par M. Vallet de Viriville doivent, nous dit-on, en confirmer l'authenticité. Mais M. Champollion a conjecturé judicieusement, selon moi, que la pièce en tercets : *Doulce, plaisante, heureuse et agréable nuict* (page 150), est trop compliquée pour être du monarque. J'ajouterai, comme raison à l'appui, que cette espèce de chanson est traduite de l'Arioste (1), et elle l'a été depuis encore par d'autres poëtes du xvie siècle, par Olivier de Magny et Gilles Durant. Le chanteur remercie la nuit d'avoir favorisé son entreprise amoureuse, et il part de là pour dénombrer et décrire avec complaisance chaque détail de son aventure. Mellin de Saint-Gelais, qui le premier a donné en français d'autres imitations en vers de l'Arioste, a dû tremper dans celle-ci. Un tel travail de traduction suppose en effet une application littéraire qui tient au métier. Un roi peut rimer et fredonner ses propres saillies, mais il ne s'amuse guère à traduire celles des autres (2).

(1) Voir dans les *Rime* de l'Arioste le *capitolo* :

> O piu che'l giorno a me lucida e chiara,
> Dolce, gioconda, avventurosa notte, etc.

(2) Le manuscrit de M. Cigongne contient aux dernières pages une

Et on me permettra d'indiquer ici une observation qui s'étend à toute la poésie française du xviᵉ siècle, et qui en détermine un caractère. Ce qui arrive lorsque, lisant des vers de roi et de prince et les trouvant agréables, on se dit involontairement : « Mais n'y a-t-il point là un secrétaire-poëte caché derrière? » on peut le répéter avec variante en lisant tout autre poëte du même siècle; toujours on peut se demander, quand il s'y présente quelque chose de frappant ou de charmant : « Mais n'y a-t-il point là-dessous quelque auteur traduit, un ancien ou un italien? » Prenez garde en effet, cherchez bien, rappelez vos souvenirs, et tantôt ce sera l'Arioste ou Pétrarque, tantôt Théocrite, ou tel auteur de l'*Anthologie*, ou tel italien-latin du xvᵉ siècle. Enfin, avec les écrivains français de cette époque, on est sans cesse exposé à les croire originaux, si on n'est pas tout plein des anciens ou des modernes d'au delà des monts. Ils traduisent sans avertir, comme, aux âges précédents, on copiait les textes latins des anciens sans avertir non plus et sans citer. Abélard ramassait, chemin faisant, dans son texte, des lambeaux de saint Augustin. On était bien loin d'agir ainsi dans une pensée de plagiat; mais la lecture, la science, semblait alors une si grande chose, qu'elle se confondait avec l'invention; tout ce qui arrivait par là était de bonne prise. Quand, au lieu de copier, on en vint à traduire, on se sentit encore plus autorisé, et l'on prit de toutes mains, en disant les noms des auteurs ou en les taisant, indifféremment.

---

pièce qui rappelle un peu, pour le motif, la chanson de l'Arioste, mais qui va fort au delà ; elle trouverait sa vraie place dans un *Parnasse satyrique*. Si cette espèce de blason du corps féminin était de François Iᵉʳ, on devrait lui reconnaître une vigueur et une haleine dont il n'a fait preuve nulle part ailleurs; mais tout y décèle une verve exercée qui se sera mise au service de ses plaisirs. — Cette pièce, au reste, n'est pas inédite ; elle a été insérée dans le Recueil des *Blasons* par Méon (Blason du corps); mais, sauf une ou deux corrections qui sont heureuses, le texte de Méon est peu correct, et même à la fin il y a de l'inintelligible.

L'imitation et la traduction, par voie ouverte ou dérobée, sont des procédés inhérents à toutes les phases de la Renaissance. On les pourrait signaler jusque chez les troubadours provençaux, et Bernard de Ventadour, par exemple, ne se fait faute de traduire Ovide ou Tibulle. Mais, à cet égard, le xvie siècle en France dépasse tout. Dans l'estime du temps, traduction en langue vulgaire équivalait, ou peu s'en faut, à invention. Montaigne a résumé avec originalité cette habitude d'appropriation savante dans son style tout tissu, en quelque sorte, de textes anciens : « Il fault musser, dit-il, sa foiblesse soubz ces grands crédits. » Quant aux poëtes d'alors, ils n'y entendent point malice à beaucoup près autant que Montaigne, et ils sont aussi bien moins créateurs que lui ; ils y mettent moins de pensées de leur cru ; mais souvent, quand le fonds les porte, ils ont l'expression heureuse, forte ou naïve, et une véritable originalité se retrouve par là. On y est trompé, on se met à les applaudir et à les louer précisément pour ce qu'ils ont emprunté d'autrui. Ils ne méritent qu'une part de l'éloge, qui doit presque toujours remonter plus haut. Je noterai seulement trois ou quatre points de détail, qui donneront à mon observation son vrai sens et toute sa portée.

On vient de voir dans les *Poésies* de François Ier qu'une des pièces qu'on y distingue pour la chaleur de ton et le mouvement se trouve être une traduction de l'Arioste. La jolie chanson de Des Portes si connue de toute la fin du siècle, *O nuit, jalouse nuit,* qui est la contre-partie de cette première chanson, et dans laquelle le poëte maudit la nuit pour avoir contrarié par son *trop de clarté* les entreprises de l'amant, est de même une traduction de l'Arioste, et rien dans les éditions du temps n'en avertit. Peu importait en effet. Les hommes instruits d'alors savaient cela sans qu'on le leur dît, et ils n'en admiraient que plus le traducteur.

Vous ouvrez Baïf, le plus infatigable translateur en vers et qui ne laisse rien passer des anciens sans le reproduire bien ou mal ; mais quelquefois il vous semble se reposer, il parle en son nom ; il a ses gaietés gauloises, on le jurerait, et ses propres gaillardises. Il nous dira dans une épigramme qui a pour titre : *De son amour* :

> Je n'aime ny la pucelle,
> Elle est trop verte...

Je renvoie au feuillet 15 des *Passe-temps*. Pour le coup, on croit avoir saisi chez le savant un aveu, une pointe de naturel, un grain de Rabelais. Mais non : ce n'est là qu'une traduction encore d'une épigramme d'Onestes qu'on peut lire dans l'*Anthologie* (1), et que Grotius a aussi traduite. Il est vrai que, si l'on compare, Grotius a bien moins réussi que Baïf.

Dans un tout autre genre, on connaît et l'on estime les comédies de Larivey. Il les donne pour les avoir faites à *l'imitation des anciens grecs, latins et modernes italiens ;* voilà qui est franc ; mais, en ces termes généraux, l'indication reste bien vague. Que sera-ce si l'on regarde de près? Grosley a déjà très-bien remarqué que ce *Larivey*, sous son air champenois, fils naturel d'un des *Giunti*, fameux imprimeurs italiens, avait tourné et comme parodié en français le nom de son père (*l'arrivé, advena*). Eh bien, ce qu'il a fait dans son nom, il l'a fait dans ses œuvres ; il a traduit les pièces de théâtre que publiaient à Florence ou ailleurs ses parents les Giunti. Il les a rendues avec esprit, avec liberté et naturel, mais textuellement. Grosley avait noté le fait pour la comédie des *Tromperies*, littéralement traduite des *Inganni* de Nicolo Secchi. Il en est de même de la pièce qui a pour titre *la Veuve*; il l'a prise tout entière, sauf quelques suppressions, de *la Vedova* de Nicolo Buonaparte, bourgeois florentin et l'un des ancêtres, dit-on, des Bonaparte : cette

---

(1) *Anthol. palat.*, V, 20.

Vedova originale avait paru chez les Giunti de Florence, en 1568. *Les Jaloux* encore sont traduits de *i Gelosi*, comédie de Vincenzo Gabiani, gentilhomme de Brescia. De plus érudits, en y regardant, diraient sans doute la source des autres pièces, qui doivent être le produit facile d'une seule et même méthode (1). Voilà certes Larivey fort rabaissé comme ancêtre de Molière ; il lui reste l'honneur d'avoir été l'un des bons artisans du franc et naïf langage.

Mais, dira-t-on, c'est surtout l'école érudite, celle de la seconde moitié du xvie siècle, qui procède ainsi ; la génération antérieure, qui se rattache à Marot et à l'époque de François Ier, est moins sujette à cette préoccupation constante et à cet artifice. Je l'accorderai sans peine ; et pourtant, là aussi, on marche à chaque pas sur des traductions et des imitations indiquées ou sous-entendues. Je prends le petit recueil des *Poésies* de Bonaventure dès Periers, le poëte valet de chambre de Marguerite de Navarre (2) ; j'y cherche et j'y glane à grand'peine quelques bons vers ou du moins quelques vers passables ; mais tout d'un coup une jolie pièce m'arrête et me réjouit : *les Roses*, dédiées à Jeanne, princesse de Navarre, qui sera la mère d'Henri IV. De prime abord, c'est d'un coloris neuf et charmant.

> Un jour de may, que l'aube retournée
> Refraischissoit la claire matinée
> D'un vent tant doulx.....

un matin donc, le poëte se promène *au grand verger, le long du pourpris* ; il y voit sur les feuilles les gouttes de rosée

---

(1) C'est dans les comédies de Laurent de Médicis, de François Grazzini, de Jérôme Razzi, de Louis Dolce, dont les noms se trouvent mentionnés dans la dédicace de Larivey à M. d'Amboise, qu'on aurait le plus de chances de rencontrer les imitations et traductions qui restent encore à déterminer.

(2) A Lyon, Jean de Tournes, 1544.

toutes fraîches, *rondelettes,* et il les décrit à ravir. Il nous rend en vers gracieux les nuances et les parfums d'un beau jour naissant :

> L'aube duquel avoit couleur vermeille
> Et vous estoit aux roses tant pareille
> Qu'eussiez doubté si la belle prenoit
> Des fleurs le tainct, ou si elle donnoit
> Le sien aux fleurs, plus beau que nulles choses :
> Un mesme tainat avoient l'aube et les roses.

Une réminiscence nous vient ; mais c'est Ausone, ce sont ses *Roses* elles-mêmes, cette délicieuse idylle qu'il nous a léguée, lui, le dernier des anciens :

> Ambigeres, raperetne rosis Aurora ruborem,
>   An daret, et flores tingeret orta dies.

Le vieux rimeur n'a pas indiqué son larcin, il l'a même recouvert assez ingénument quand il traduit le

> Vidi *Pæstano* gaudere *rosaria* cultu,

par

> . . . . Là veis semblablement
> Un beau laurier accoustré noblement
> Par art subtil, non vulgaire ou commun,
> Et le rosier de maistre Jean de Meun.

Les rosiers de Pæstum traduits par celui de Jean de Meun, c'est ce qu'on peut appeler greffer la fleur antique sur la tige gauloise. La Fontaine usait heureusement de ce procédé-là.

Les derniers vers de la pièce ont été cités une fois par M. Nodier (1), qui s'est complu à y voir un caractère origi-

(1) Article sur Bonaventure des Periers (*Revue des Deux Mondes,* 1ᵉʳ novembre 1839).

nal; ils rappellent naturellement ceux de Ronsard : *Mignonne, allons voir si la rose...* L'un et l'autre poëte avaient chance de se rencontrer, puisqu'ils avaient en mémoire le même modèle. Bonaventure des Periers, après avoir décrit, mais bien moins distinctement qu'Ausone, les vicissitudes rapides de chaque âge des roses, conclut comme lui :

> . . . . Vous donc, jeunes fillettes,
> Cueillez bien tost les roses vermeillettes
> A la rosée, ains que le temps les vienne
> A deseicher : et tandis vous souvienne
> Que ceste vie, à la mort exposée,
> Se passe ainsi que roses ou rosée.

> Collige, virgo, rosas, dum flos novus et nova pubes,
> Et memor esto ævum sic properare tuum.

La *rosée* ajoutée aux *roses* par le vieux poëte français est une grâce de plus, que la rime seule peut-être lui a suggérée. Bonaventure des Periers était moins heureux tout à côté, lorsque, essayant de traduire en vers blancs la première satire d'Horace : *Qui fit, Mœcenas...*, il disait, en la dédiant à son ami Pierre de Bourg : « D'où vient cela, mon amy Pierre, que jamais nul ne se contente de son estat? » L'imitation de l'antique, au XVIᵉ siècle, ne saurait durer bien longtemps sans détonner; et, bon gré mal gré, on se reprend à dire avec Voltaire : « Nous ne sommes que des violons de village auprès des anciens. »

Revenons à nos poésies. La protectrice de Bonaventure des Periers, la reine de Navarre, y tient une grande place. A tout instant elle adresse épîtres ou rondeaux à son frère, et celui-ci lui répond. Le talent de l'illustre sœur est incomparablement d'un autre ordre que celui du roi, et, chaque fois que c'est elle qui prend la plume, le lecteur le sent à la fermeté du ton et à une certaine élévation de pensée. Il ne faut pourtant pas s'attendre, même de sa part, à une délicatesse de goût qui n'existait pas alors, ni à une longue suite de bons vers, tels qu'il n'était donné d'en produire, à cette date, qu'à la seule veine fluide de Marot. Écrivant au roi pendant une grossesse, Marguerite débutera en ces mots :

> Le groz ventre trop pesant et massif
> Ne veult souffrir au vray le cueur naïf
> Vous obeyr, complaire et satisfaire...

Dans les désastres et les rudes épreuves qu'eut à supporter son frère, elle le comparera tantôt à Énéas et tantôt à Jésus-Christ, de même qu'elle s'écriera, en parlant de Madame d'Angoulême, leur mère, qui est restée courageusement au timon de l'État :

> A-t-elle eu peur de mal, de mort, de guerre,
> Comme Anchises qui délaissa sa terre ?

Elle se dira elle-même aussi infortunée que Créuse dans l'incendie troyen, puisqu'elle s'est trouvée impuissante à suivre et à servir ceux qu'elle aime. D'heureux vers rachètent ces associations bizarres et ces images tirées de si loin. Toujours c'est aux meilleurs et aux plus généreux sentiments de son frère qu'elle s'adresse ; c'est le culte de l'honneur qu'elle échauffe et qu'elle entretient en lui :

> Mais toy, qui as toujours foy conservée
> Et envers tous ta constance observée,
> Rendant content Dieu et ta conscience
> Par ta vertu, doulceur, foy, pacience,
> Tenant à tous parole et vérité,
> Honneur tu as, non ennuy mérité.

Elle le loue de sa clémence envers les révoltés de La Rochelle ; elle l'admire avec exaltation surtout pour sa loyale conduite et ses chevaleresques représailles envers Charles-

Quint, son grand ennemi, lorsqu'il le fêta si royalement durant ce hasardeux passage à travers la France :

> L'Ytalien a grand peine l'a creu,
> Car la bonté, qui de Dieu est venue,
> De l'infidelle est tousjours incongnue.
> Celluy qui est de la foy devestu
> Ne peult louer en aultre sa vertu.
> Or, dites-moi, qu'esse que Dieu demande?
> Qu'esse que tant il loue et recommande?
> C'est rendre bien pour mal, voire et aymer
> Son ennemy : qui est le plus amer
> Et dur morceau qui soit en l'Escripture,
> D'autant qu'il est contre nostre nature.
> Le Roy l'a faict, et si l'a accomply :
> Ce dont le cueur, s'il n'est de Dieu remply,
> Plustost mourroit que de s'y accorder.
> Je me tairay du surplus recorder.
> Qui faict le plus, il fera bien le moings :
> Son cueur est pur et nettes sont ses mains.

François Ier répondait d'avance à ces dignes éloges, lorsque, de sa prison d'Espagne, il lui écrivait dans une chanson :

> Cuer resolu d'aultre chose n'a cure
>   Que de l'honneur.
> Le corps vaincu, le cueur reste vainqueur (1).

A défaut de beaux vers, ce sont là de hauts sentiments, et

---

(1) Est-il besoin de faire remarquer l'intention de ces allitérations, assonances et consonnances : *cuer, cure, corps, cueur, vainqueur* ? La poésie du xvie siècle est pleine de ces vestiges d'une versification antérieure. On lit à la page 12 du présent *Recueil* :

> Ne nul plaisir que nature nous *donne*
> Ne nous est riens, si bientost ne *retourne*.

La rime n'y est pas, mais il y a assonance comme chez les anciens trouvères, ils se font écho dans cette correspondance rimée entre le roi et sa sœur.

On s'est fort occupé de Marguerite dans ces derniers temps, et les publications réitérées dont elle a fourni le sujet l'ont de plus en plus mise en lumière. Les railleries à la Brantôme et les demi-sourires, dont on pouvait jusqu'alors s'accorder la fantaisie en prononçant le nom de l'auteur de l'*Heptaméron*, ont fait place peu à peu à une appréciation plus sérieuse et plus fondée. A travers les conversations galantes et libres qui étaient le bon ton du temps et où elle tenait le dé, on ne saurait méconnaître désormais en elle ce caractère élevé, religieux, de plus en plus mystique en avançant, cette faculté d'exaltation et de sacrifice pour son frère, qui éclate à tous les instants décisifs et qui fait comme l'étoile de sa vie. La duchesse d'Angoulême et ses enfants, Marguerite et François, s'aimaient tous les trois passionnément; c'était, comme le dit Marguerite, un parfait *triangle* et une vraie *trinité*. Les expressions triomphantes dont est rempli le *Journal* de la mère du roi, et qui rappellent le *Latonæ pertentant gaudia pectus*, se reproduisent dans les lettres et dans les vers de sa sœur. Ces deux femmes idolâtrent ce roi de leur sang dont elles sont glorieuses; elles débordent sitôt qu'elles parlent de lui. La mère écrit à son fils captif comme madame de Sévigné à sa fille absente : « A ceste heure... je cuyde sentir en moy-mesme que vous seuffrez. » Marguerite se représente aussi comme une autre mère pour ce frère bien-aimé, quoiqu'elle n'ait que deux ans plus que lui; et, le revoyant après une séparation, elle croit lire dans son seul regard toute une tendre allocution, qu'elle se traduit de la sorte à elle-même :

. . . . « C'est celluy que d'enfance
Tu as veu tien, tu le voys et verras;
Ainsy l'a creu et le croys et croirras.
Ne crains donc, sœur, par crainte ne diffère;
Je suis ton roy, aussy je suis ton frère.

> Frère et petit n'as craint de me tenir
> Entre tes bras; ne crains donc de venir
> Entre les miens, qui suis grand et ton roy :
> Car en croissant croist mon amour en moy. »
>
> Ainsy parla l'œil plain de charité,
> Et voz deux bras dirent : C'est veritlé (1).

Un éditeur instruit (2), qui, dans un premier travail, avait jugé fort sainement, selon nous, de Marguerite, a cru devoir revenir sur ce jugement dans une seconde publication, et il a été conduit par une interprétation laborieuse à dénoncer dans le cœur de cette princesse je ne sais quel sentiment fatal et mystérieux, dont son frère aurait été l'objet. Mais la lettre qui, par ses termes obscurs, avait fourni matière à l'équivoque, a été depuis lors éclaircie, rapportée à sa vraie date, et une explication naturelle l'a replacée au nombre des témoignages de dévouement que Marguerite prodigua à son frère durant sa captivité. Cette lettre n'offre rien d'ailleurs de plus expressif que ce qu'on lit en maint endroit du présent *Recueil* :

> O quelle amour! et qui jamais l'eust creue !
> Qui en absence est augmentée et creue ;
> Là où jamais changement n'ay trouvé ;
> Tel vous ay creu, tel vous ay éprouvé (3)!

Dans un voyage qu'elle faisait en litière durant la semaine sainte de 1547, accourant en toute hâte auprès de son frère malade, Marguerite accusait la lenteur du transport, et, dans une chanson composée le long du chemin, elle s'écriait d'un bond de cœur impétueux :

> Avancés-vous, hommes, chevaulx,
> Asseurés-moi, je vous supplye,

(1) Page 183.
(2) M. Génin. Il faut ajouter qu'il porta dans ses tergiversations et toute sa discussion sur Marguerite une passion singulière et cette humeur acariâtre qui lui était habituelle.
(3) Page 185.

> Que nostre Roy, pour ses grauds maulx,
> A receu santé accomplie :
> Lors seray de joye remplye.
> Las ! Seigneur Dieu, esveillés-vous,
> Et vostre œil sa doulceur desplye,
> Saulvant vostre Christ et nous tous (1) !

De telles expressions de mysticité se mêlent perpétuellement à la profession de sa tendresse pour son frère. Il faut y faire la part du goût, et puis reconnaître aussi que, pour Marguerite, c'était une dévotion réellement que l'affection fraternelle. Comme mouvement bien sincère de piété non moins que de poésie, je signalerai un très-bel et très-vif élan de prière à Dieu, père de Christ (page 181); le jet de l'oraison s'y soutient d'un bout à l'autre; c'est un curieux exemple de verve puritaine à cette époque.

Après cela, si l'on s'étonnait, si l'on souriait encore de voir cette Marguerite si fort en contraste avec la première idée qu'on se fait de l'auteur des *Contes et nouvelles*, nous répondrions que notre impression ne s'est formée que sur la lecture des pièces qui attestent la suite sérieuse de ses pensées. Nous n'ignorons pas que les plus confidentielles même de ces pièces écrites ne disent jamais tout; nous savons que le xvie siècle particulièrement avait ses grossièretés, et que le cœur humain a, de tout temps, allié bien des contraires. Il serait donc téméraire et presque ridicule de venir répondre de l'ensemble d'une vie et d'en garantir après coup les accidents. Qu'il suffise d'avoir saisi la teneur et l'habitude élevée d'une âme durant les longues et définitives années (2).

Le *Recueil* publié par M. Champollion donne, à la suite des vers, une soixantaine de lettres en prose, écrites par

---

(1) Page 58.
(2) Parmi les publications de date postérieure concernant Marguerite, je veux au moins indiquer celle du comte H. de La Ferrière-

François Ier ou à lui adressées, et presque toutes de galanterie. Une note en marge d'un manuscrit attribue plusieurs de ces lettres à Diane de Poitiers. M. Champollion, en reproduisant ce nom de Diane, est le premier à faire remarquer que la supposition offre peu de certitude et de vraisemblance. Il n'y en a aucune en effet; Diane n'a jamais passé pour être avec François Ier dans de telles relations. De plus, les lettres de la maîtresse anonyme trahissent une situation menacée; il y est question de haines, de calomnies. On sent une favorite dont l'astre baisse, et celui de Diane montait au contraire. Ces lettres contiennent, au reste, assez d'indications indirectes pour qu'en s'y appliquant on ait le moyen peut-être d'en déterminer la source. Mais en valent-elles la peine ? Comme échantillon du style bizarre et alambiqué, je citerai une lettre de François Ier, que le *Recueil* met à l'adresse de la duchesse d'Alençon, c'est-à-dire de Marguerite. Comprenne qui pourra ce jargon. L'hôtel Rambouillet n'a pas inventé, comme on va le voir, le style des précieuses :

« Un chascun se scait esjouir, ma mignonne, de son ayse ; mais celuy qui l'a, a tant forte querelle, qu'elle a anticippé et occuppé toute demonstration, si qu'il se peult dire le sentir parfaictement. Par quoy, puisque par celte raison je ne puis, encores moins doibs-je faire tant d'injure à ma felicité que de l'obliger et soubsmettre à la foiblesse de ma pleume. Seulement le peult sçavoir vostre esprit et amour pour estre perpetuellement escripte au pappier de vostre chair, par l'ancre de vostre sang ; commung à vous C. A. (1). »

Percy, qui nous a donné le *Livre de dépenses* de la digne reine, — dépenses des plus honorables, des plus généreuses,—et une *étude sur ses dernières années* (Paris, Aubry, 1862). Tout examen un peu approfondi tourne en l'honneur de la bonne et belle nature de cette princesse.

(1) Je donne le texte de cette lettre d'après le manuscrit de M. Cigongne, non que ce texte soit plus intelligible que celui du *Recueil* imprimé, mais parce qu'il en diffère assez notablement. Les curieux, s'il en est, pourront comparer ensemble les deux galimatias.

Les *Poésies* de François Ier, fort louées de son vivant, rentrèrent dans l'obscurité après lui ; elles y restèrent, et personne alors ne songea à les publier. M. Champollion a relevé cet oubli, qui tient à plus d'une cause. D'abord ces poésies, en général, sont décidément mauvaises, et les contemporains se doutent toujours bien un peu de ces choses-là, même quand ils ne le disent pas. Puis le goût changea brusquement à la mort de François Ier. Les beaux esprits de sa génération, les Marot, les Bonaventure des Periers, l'avaient précédé dans la tombe ; sa sœur Marguerite le suivit de près. Le seul Mellin de Saint-Gelais survécut, mais il avait assez à faire de se maintenir lui-même contre le flot des poëtes survenants. Dans les dernières années de François Ier, l'influence de Marguerite, celle même de la duchesse d'Étampes, favorisaient à la cour une sorte de poésie semi-calviniste ; les courtisans chantaient les psaumes de Marot ; Diane de Poitiers, en arrivant à la pleine puissance, désira d'autres chansons, et le cardinal de Lorraine, bon catholique, fut de son avis. La jeune école païenne de Ronsard s'offrait, et elle leur convint d'autant mieux par le contraste. Henri II personnellement aimait peu les lettres, et il est à cet égard le plus terne de tous les Valois ; mais sa sœur, la seconde Marguerite, qui devint duchesse de Savoie, se déclara hautement protectrice de la jeune bande. Le passé fut rayé d'un trait et comme non avenu. Les *Poésies* de François Ier eussent reparu assez hors de propos en cette ère nouvelle. On mit en oubli bien d'autres productions de la veille plus dignes de survivre, et dans un recueil des *Marguerites poétiques*, espèce d'Anthologie finale qui résume la fleur du XVIe siècle (1), je ne vois point qu'à l'article *Roses* on ait daigné se souvenir de cette pièce si gracieuse de Bonaventure des Periers. La seconde moitié du siècle écrasa la première.

(1) *Les Marguerites poétiques, tirées des plus fameux poëtes françois, tant anciens que modernes*, par Esprit Aubert, 1613.

Aujourd'hui on doit des remerciements à M. Aimé Champollion, pour avoir exhumé et mis au jour cet ensemble des royales poésies. Historiquement, je l'ai dit, elles ont leur intérêt et même leur importance ; au point de vue littéraire, je doute fort qu'elles ajoutent beaucoup à la réputation de François Ier. La discrétion, le choix, c'est là le secret de l'agrément en littérature, et l'esprit qui préside aux informations historiques obéit à des conditions différentes. Le moment serait pourtant venu, je le crois, de dresser une Anthologie française véritable, et d'y apporter à la fois la sévérité de l'érudition et celle du goût. Il y aurait avant tout à faire un travail philologique de révision ; car il est incroyable à quel point les textes de ces vieilles poésies se sont corrompus ; l'incorrection des copies ou des impressions s'est ajoutée à celle de la langue pour embrouiller le sens de certaines pièces, qui, bien rétablies, pourraient paraître ingénieuses. Nos *Analecta* auraient besoin par moments de la sagacité d'un Brunck ou d'un Jacobs ; mais des esprits de cette trempe ne croiraient-ils pas s'y rabaisser ? Quoi qu'il en soit, une honnête mesure d'exactitude et de finesse suffirait à l'œuvre. En ce qui est du xvie siècle, on ne saurait se flatter, dans une telle Anthologie, d'édifier un Temple du Goût, mais on y figurerait très-bien un Temple de la Grâce. Chaque auteur y entrerait, selon son rang, avec un bagage très-allégé. Pour le choix du bagage, on devrait être rigoureux, mais avec tact, et ne pas imiter ce compilateur (1) qui, en introduisant Remi Belleau, n'eut d'autre soin que d'omettre la pièce d'*Avril*, précisément la perle du vieux poëte ; il y a des faiseurs de bouquets qui ont la main heureuse ! Dans un tel Temple de la Grâce, Marot présiderait le groupe entier de ses contemporains pour le règne de François Ier ; Louise Labé, à côté de lui, tiendrait la guirlande, au-dessus même de Marguerite. Bonaventure des Periers n'y entrerait qu'avec

(1) Auguis.

une seule pièce, Gohorry, avec une seule stance (1); le bon jurisconsulte Forcadel, un peu étonné, s'y verrait admis pour avoir une seule fois, je ne sais comment, réussi dans un dialogue *rustique amoureux*, traduit de Théocrite. François Ier y serait comme roi, pour l'esprit vivifiant qu'il répandit autour de lui, pour les sourires et les rayons qu'il prodigua avec grâce ; mais, en fait de vers de sa façon, il n'en aurait guère présents qu'une vingtaine au plus, ce qu'il en pourrait écrire en se jouant sur une vitre, comme il fit une fois à Chambord.

Mai 1847.

(1) La stance bien connue : *La jeune fille est semblable à la rose,* etc., etc. Vous croyez (et moi-même je l'ai cru) que cette stance est directement imitée du latin de Catulle ? Non pas; c'est traduit de l'*Amadis*, où Gohorry, qui traduisait une partie de ce roman espagnol, l'a rencontrée.

LE

CHEVALIER DE MÉRÉ

ou

DE L'HONNÊTE HOMME AU DIX-SEPTIÈME SIÈCLE.

Connaissez-vous le chevalier de Méré? Ce n'est pas que je vous conseille de le lire; il n'est bon à connaître que par extraits. Il passait pour plus aimable qu'il ne devait être, à en juger par ses lettres et par ses discours imprimés; il faisait profession de ce qui n'est bien que si on ne le professe pas, et que si l'on en use d'un air d'aisance et de naturel. Sa politesse est compassée, et je le soupçonne fort d'avoir été de ceux qui sont *frivoles dans le sérieux et pédants dans le frivole;* mais c'était certainement un homme de beaucoup d'esprit, établi sur ce pied-là dans le monde, ayant commerce avec ce qu'il y avait de plus considérable dans les lettres et à la cour, désigné par l'opinion, à un certain moment (de 1649 à 1664), pour un arbitre ou du moins pour un maître d'élégance. Son tort fut de prendre trop à la lettre et trop au sérieux ce rôle délicat, et de pousser à bout ce qui ne doit être qu'effleuré, ce qui doit être renouvelé toujours. On a dit de Benserade que c'était un Voiture trop prolongé : ç'a été l'inconvénient aussi du chevalier de Méré. Malgré ces défauts ou à cause de ces défauts mêmes, le chevalier de Méré est un *type;* et si aujourd'hui on veut étudier un des caractères les plus en honneur au xviie siècle, on ne sauraît mieux s'adresser ni surtout plus commodément qu'à lui.

Il y eut, vers ce temps, des hommes qui nous représentent et qui réalisent en eux l'idée de l'*honnête homme*, comme on l'entendait alors, bien mieux que le chevalier de Méré ne le sut faire dans sa personne, et lui-même, parmi les gens de sa connaissance, il nous en cite qu'il propose pour d'accomplis modèles. Il n'en est aucun pourtant qui ait plus réfléchi que lui sur cet idéal, qui se soit plus appliqué à le définir, à en fixer les conditions, à disserter sur l'ensemble des qualités qui le composent, et à les enseigner en toute occasion. Un maître à danser n'est pas toujours celui (tant s'en faut) qui danse le mieux; mais si quelque ancien maître fameux en ce genre a écrit quelque chose sur son art, et que cet art soit en partie perdu, on doit recourir au traité. Le chevalier de Méré a été, à son heure, un maître de bel air et d'agrément, et il a laissé des traités.

Il ne s'exagère point d'ailleurs, autant qu'on le pourrait croire, l'effet des préceptes : « Eh! qui doute, dit-il quelque part (1), que si quelqu'un étoit aussi honnête homme que l'on dit que Pignatelle étoit bon écuyer, il ne pût faire un honnête homme comme Pignatelle un bon homme de cheval? D'où vient donc qu'il en arrive autrement? » Il va lui-même au-devant des objections que soulève le didactique en pareille matière, lorsqu'il dit : « En tous les exercices, comme la danse, faire des armes, voltiger, ou monter à cheval, on connoît les excellents maîtres du métier à je ne sais quoi de libre et d'aisé qui plaît toujours, mais qu'on ne peut guère acquérir sans une grande pratique; ce n'est pas encore assez de s'y être longtemps exercé, à moins que d'en avoir pris les meilleures voies. Les agréments aiment la justesse en tout ce que je viens de dire, mais d'une façon si naïve, qu'elle donne à penser que c'est un présent de la na-

(1) Cinquième *Conversation* avec le maréchal de Clérembaut.

ture (1). » Je ne saurais mieux comparer les écrits de Méré qu'à ceux de Castiglione, auteur du livre du *Courtisan* (*Cortegiano*). Celui-ci a fait le code de *l'homme de cour*, l'autre a fait celui de *l'honnête homme*.

Honnête homme, au xviie siècle, ne signifiait pas la chose toute simple et toute grave que le mot exprime aujourd'hui. Ce mot a eu bien des sens en français, un peu comme celui de *sage* en grec. Aux époques de loisir, on y mêlait beaucoup de superflu; nous l'avons réduit au strict nécessaire. L'honnête homme, en son large sens, c'était l'homme *comme il faut*, et le *comme il faut*, le *quod decet*, varie avec les goûts et les opinions de la société elle-même. L'abbé Prevost est peut-être le dernier écrivain qui, dans ses romans, ait employé le mot *honnête homme* précisément dans le beau sens où l'employaient, au xviie siècle, M. de La Rochefoucauld et le chevalier de Méré. Lorsque Voltaire disait en plaisantant :

> Nos voleurs sont de très-honnêtes gens,
> Gens du beau monde. . . . . . (2),

il détournait déjà un peu le sens et le parodiait, en lui ôtant l'acception solide qui, au xviie siècle, n'était pas séparable de l'acception légère. C'est ainsi que Bautru, dès longtemps, avait dit, en jouant sur le mot, qu'*honnête homme et bonnes mœurs ne s'accordoient guère ensemble*; franche saillie de libertin ! L'honnête homme alors n'était pas seulement, en effet, celui qui savait les agréments et les bienséances, mais il y entrait aussi un fonds de mérite sérieux, d'honnêteté réelle qui, sans être la grosse probité bourgeoise toute pure, avait pourtant sa part essentielle jusque sous l'agrément; le tout était de bien prendre ses mesures et de combiner les doses ; les vrais honnêtes gens n'y manquaient pas.

(1) *Discours de la Conversation*.
(2) *L'Enfant prodigue*, acte III, scène II.

Les dames surtout savaient vite à quoi s'en tenir, et quand on avait tout dit, tout expliqué, elles demandaient quelque chose encore ; ce quelque chose, dit Méré, « consiste en je ne sais quoi de noble qui relève toutes les bonnes qualités, et qui ne vient que du cœur et de l'esprit ; le reste n'en est que la suite et l'équipage. » Le chevalier recommande beaucoup cet entretien des dames ; c'est là seulement que l'esprit *se fait* et que l'honnête homme s'achève ; car, comme il le remarque très-bien, les hommes sont *tout d'une pièce* tant qu'ils restent entre eux.

En revanche, vers le même temps (et ceci complète le chevalier), Mlle de Scudery observait de son bord que « les plus honnêtes femmes du monde, quand elles sont un grand nombre ensemble (c'est-à-dire *plus de trois*), et qu'il n'y a point d'homme, ne disent presque jamais rien qui vaille, et s'ennuyent plus que si elles étoient seules. » Au contraire, « il y a je ne sais quoi, que je ne sais comment exprimer (avouait d'assez bonne grâce cette estimable fille), qui fait qu'un honnête homme réjouit et divertit plus une compagnie de dames que la plus aimable femme de la terre ne sauroit faire (1). » Quand on sent si vivement des deux côtés l'avantage d'un commerce mutuel, on est bien près de s'entendre ou plutôt on s'est déjà entendu, et la science de l'honnête homme a fait bien des pas.

On sait bien peu de chose sur la vie du chevalier de Méré ; la date de sa naissance est restée incertaine comme le fut longtemps celle de sa mort. Il était né, dit-on, vers la fin du xvie siècle ou au commencement du xviie ; mais je ne crois pas qu'il soit d'avant 1610, car il servait encore activement en 1664, et il ne mourut qu'en 1685, comme on l'apprend par hasard d'un mot échappé à la plume de Dangeau. Il était cadet d'une noble maison du Poitou. Son aîné,

---

(1) *Conversations sur divers sujets*, par Mlle de Scudery, article *de la Conversation*.

M. de Plassac-Méré, s'était aussi mêlé de bel-esprit, et il correspondait avec Balzac : c'est ce même M. de Plassac qui prétendait corriger le style de Montaigne. On a quelquefois confondu les deux frères (1). Le chevalier ne commence à poindre dans les Lettres de Balzac qu'en l'année 1646; c'est bien à lui que ce grand complimenteur écrivait : « La solitude est véritablement une belle chose; mais il y auroit plaisir d'avoir un ami fait comme vous, à qui l'on pût dire quelquefois que c'est une belle chose (2). » Et encore : « Si je vous dis que votre laquais m'a trouvé malade, et que votre lettre m'a guéri, je ne suis ni poëte qui invente, ni orateur qui exagère ; je suis moi-même mon historien qui vous rend fidèle compte de ce qui se passe dans ma chambre (3). » Le chevalier, dans cette lettre, est traité comme un *brave* et comme un *philosophe* tout ensemble ; il avait servi avec honneur sur terre et sur mer (4). Avant même de s'être

(1) Voir dans les *Éloges de quelques auteurs françois*, par Jolly, l'article qui concerne M. de Méré ; M. de Plassac y est confondu avec son frère. Le volume imprimé des *Lettres* de M. de Plassac est de 1648.
(2) Lettre du 6 juin 1646.
(3) Lettre du 24 août 1646.
(4) Il servait encore en 1664, et il fit partie de l'expédition navale contre les pirates de Barbarie, laquelle, après un assez brillant début, eut une triste fin. Dans la *Gazette* extraordinaire du 28 août 1664, qui annonce *la prise de la ville et du port de Gigérie en Barbarie par les armées du Roy, sous le commandement du duc de Beaufort, général de Sa Majesté en Afrique*, le chevalier a l'honneur d'être mentionné. Après le détail du débarquement et de la prise de la place, on y lit que, le lendemain, les Maures, qui s'étaient retirés sur les hauteurs, vinrent assaillir une garde avancée ; le duc de Beaufort, accouru au bruit de l'escarmouche, s'étant mis à la tête des Gardes, et le comte de Gadagne à la tête de Malte, repoussèrent vertement les assaillants : « Tous les officiers des Gardes qui étoient en ce poste, dit le bulletin, *et ceux qui survinrent, tant de leur corps que de celui de Malte, s'y comportèrent très-dignement... Les chevaliers de Méré et de Chastenay y furent blessés des premiers.* » On pourrait conjecturer, d'après la teneur de ce bulletin, que M. de Méré était chevalier de Malte et servait sur les galères de l'Ordre.

retiré du service et dans les intervalles des campagnes, il ne songeait qu'à vivre agréablement dans le monde, tantôt à la cour et tantôt dans sa maison du Poitou, par où il était assez voisin de Balzac. Celui-ci fut son premier modèle et son grand patron en littérature. En dédiant au chevalier ses *Observations sur la Langue françoise*, Ménage lui disait : « Quand je vins à Paris la première fois, vous étiez un des hommes de Paris le plus à la mode. Votre vertu, votre valeur, votre esprit, votre savoir, votre éloquence, votre douceur, votre bonne mine, votre naissance, vous faisoient souhaiter de tout le monde. Toutes ces belles qualités me furent un jour représentées par notre excellent ami monsieur de Balzac avec toute la pompe de son éloquence. » Cette pompe ne déplaisait pas au chevalier ; il en tenait lui-même, et, sous ses airs d'homme du monde, il avait du *collet-monté*, comme disait de lui Mme de Sévigné. Entre Balzac et Voiture, le chevalier n'hésitait pas ; il était pour le premier, et il se risqua souvent à critiquer le second, avec qui il était en commerce également. On peut conjecturer, par quelques passages des *Lettres* du chevalier, que Voiture, cet aimable badin, l'avait moins pris au sérieux que n'avait fait Balzac, et qu'il en était résulté quelque pique d'amour-propre entre eux. Balzac, dont les œuvres subsistent bien plus que celles de Voiture, avait incomparablement moins d'esprit comme homme, et peu ou point de discernement des personnes. « Cet homme, qui faisoit de si belles lettres, dit quelque part le chevalier en parlant de Voiture, voulut être de mes amis en apparence ; je voyois qu'il disoit souvent d'excellentes choses, mais je sentois qu'il étoit plus comédien qu'honnête homme ; cela me le rendoit insupportable, et j'aimois Balzac de tout mon cœur, parce qu'il étoit tendre et plein de sentiments naturels (1). » On devine, sous ces beaux mots, ce que l'amour-propre ne sait pas voir ou

(1) Lettre 128°.

ne veut pas dire. C'est, au reste, à la suite de ces deux épistolaires que vient se classer le chevalier et qu'il mérite d'avoir rang dans notre littérature. Ses *Lettres* participent de la manière de tous deux ; il a beaucoup plus de finesse d'esprit et plus d'observation morale que Balzac ; il sait par moments le monde tout autant que Voiture ; son analyse est des plus nuancées ; mais sa déduction est lente, sans légèreté, sans enjouement. Il écrivait un jour à quelqu'un :

« Vous m'écrivez de temps en temps de ces lettres qu'on lit agréablement, et surtout quand on a le goût bon ; mais elles coûtent toujours beaucoup, et je ne crois pas qu'on en puisse faire plus de deux en un jour. Balzac me dit une fois qu'avant que d'être content d'un certain billet au maire d'Angoulême, il y avoit passé plus de quatre matinées. Je ne trouve pourtant rien dans ce billet ni de beau ni de rare, et plus je le considère, moins j'en fais de cas. Voiture se plaignoit aussi de la peine que lui avoit donnée la lettre de la *carpe*, et, sans mentir, il en étoit à plaindre (1). »

Mais Voiture, quoi qu'il en dise, avait l'à-propos, la rapidité, le don du moment ; ce qui n'empêche pas aujourd'hui les *Lettres* du chevalier d'être bien plus intéressantes et plus instructives pour nous que les siennes.

Les *Lettres* du chevalier, en effet, abondent en particularités qui touchent à la fois à l'histoire de la langue et à celle des mœurs, et qui nous y font pénétrer. Littérairement, elles sont antérieures à la révolution que fit Mme de Sévigné dans ce genre jusque-là si peu familier. Après Balzac, après Voiture, qui sont des épistolaires de profession, la charmante mère de Mme de Grignan sait être parfaitement naturelle et obéir à son propre génie, à son cœur, tout en soignant le détail plus qu'il n'y paraît, et en songeant bien un peu au monde qui attachait tant de prix alors à une lettre bien faite. Le chevalier de Méré, au con-

(1) Lettre 99e.

traire, est resté un épistolaire tout de profession; et de démon familier, il n'en a pas. C'est un *précieux* qui continue de l'être alors qu'il n'y avait déjà plus de *précieuses*, ou qu'il n'y avait plus que la vieille Mlle de Scudery qui l'était encore. Les *Lettres* du chevalier offrent un continuel exemple de cette espèce de finesse et de subtilité qu'on peut retrouver dans les *Conversations* et les *Entretiens* publiés vers la même date par l'auteur suranné de *Clélie*. Comme pensée toutefois, comme coup d'œil moral, il est très-supérieur à cette respectable demoiselle, et on ne saurait se figurer, avant de l'avoir lu, ce qui se rencontre parfois chez lui de délicat comme observation et comme langue.

Le chevalier a marqué assez bien lui-même le ton de ses lettres dans un endroit où il discute la question de savoir *s'il faut écrire comme on parle et parler comme on écrit* (1). Il remarque finement que les choses qu'on ne prononce jamais et qui ne sont faites que pour être lues des yeux, comme une histoire ou quelque composition d'un genre rassis, ne doivent pas s'écrire comme l'on ferait un conte en conversation; l'histoire est plus noble et plus sévère, la conversation est plus libre et plus négligée. Et après avoir touché les harangues, il en vient aux lettres, lesquelles, dit-il, ne se prononcent point : « Car, encore qu'on en lise tout haut, ce n'est pas ce qu'on appelle prononcer; on ne les doit pas écrire tout à fait comme on parle. » Pour preuve de cela, continue-t-il, si l'on voit une personne à qui l'on vient d'écrire une lettre, fût-elle excellente, on ne lui dira pas les mêmes choses qu'on lui écrivait, ou pour le moins on ne les lui dira pas de la même façon. « Il est pourtant bon, lorsqu'on écrit, de s'imaginer en quelque sorte qu'on parle, pour ne rien mettre qui ne soit naturel et qu'on ne pût dire dans le monde; et de même quand on parle, de se persuader qu'on écrit, pour ne rien dire qui ne soit noble et qui

(1) Cinquième *Conversation* avec le maréchal de Clérembaut.

n'ait un peu de justesse. » Ainsi, premièrement, il n'écrit point ses lettres comme il cause, et de plus même quand il cause, il parle un peu comme un *livre;* on voit d'ici le renchérissement qu'en doit prendre son style. Il se plaît à citer à ce propos son ami et son modèle, le maréchal de Clérembaut, «qui cherchoit autant d'esprit avec une femme de chambre entre deux portes que lorsqu'il parloit à la reine au milieu de toute la cour (1). » De même lui, quand il écrivait à un procureur, il ajustait son style comme quand il s'adressait à une duchesse. Cette manière d'écrire et cette manière de causer étaient celles qui eurent la vogue dans le meilleur monde, sous un certain régime de goût, entre l'*Astrée* et la *Clélie;* mais à quoi songeait-il de mener cela jusqu'après Mme de La Fayette et après Boileau ?

Les *Lettres* du chevalier parurent en 1682, quand le grand siècle n'attendait plus, pour nouveauté dernière qui l'excitât, que les *Caractères* de La Bruyère. Un premier ouvrage, les *Conversations du M. de C. et du C. de M.* (du maréchal de Clérembaut et du chevalier de Méré) avait paru en 1669, l'année même des *Pensées* de Pascal. L'auteur-amateur avait fait imprimer dans l'intervalle quelques petites dissertations sur *la Justesse,* sur *l'Esprit,* sur *la Conversation,* sur *les Agréments;* tout cela venait trop tard, et l'on conçoit que Dangeau, enregistrant dans son Journal la mort du chevalier, ait dit : « C'étoit un homme de beaucoup d'esprit, qui avoit fait des livres qui ne lui faisoient pas beaucoup d'honneur. » Le goût de ces choses, et surtout de cette manière de les dire, avait passé, et, en matière légère comme bien souvent en matière plus grave, le moment est tout; on n'en *rappelle* pas. Aujourd'hui, pour nous intéresser aux œuvres du chevalier, nous n'avons qu'à les remettre à leur vraie date, et à y étudier le goût et les prétentions des gens du monde qui étaient sur le pied de beaux-esprits aux environs de la

(1) Lettre 27e.

Fronde, au temps de la jeunesse de Mme de Maintenon ou de Pascal.

Je cite ces deux noms à dessein, parce que le chevalier s'y est à jamais associé d'une manière fâcheuse et presque ridicule, et il serait trop rigoureux vraiment de le juger par là. Il y a de lui une lettre fort connue adressée à Pascal, et dans laquelle il prétend en remontrer à ce génie original, et cela ni plus ni moins que sur les mathématiques ; c'est incroyable de ton :

« Vous souvenez-vous de m'avoir dit une fois que vous n'étiez plus si persuadé de l'excellence des mathématiques ? Vous m'écrivez à cette heure que je vous en ai tout à fait désabusé, et que je vous ai découvert des choses que vous n'eussiez jamais vues si vous ne m'eussiez connu. Je ne sais pourtant, monsieur, si vous m'êtes si obligé que vous pensez. Il vous reste encore une habitude que vous avez prise en cette science, à ne juger de quoi que ce soit que par vos démonstrations, qui, le plus souvent, sont fausses. Ces longs raisonnements tirés de ligne en ligne vous empêchent d'entrer d'abord en des connoissances plus hautes qui ne trompent jamais. Je vous avertis aussi que vous perdez par là un grand avantage dans le monde... »

Et plus loin, sur la *division à l'infini* :

« Ce que vous m'en écrivez me paroît encore plus éloigné du bon sens que tout ce que vous m'en dites dans notre dispute... »

Il n'en faudrait pas plus qu'une pareille lettre pour perdre celui qui l'a pu écrire dans l'opinion de la postérité, et Leibniz a traité le chevalier avec bien du ménagement quand il a dit :

« J'ai presque ri des airs que M. le chevalier de Méré s'est donnés dans sa lettre à M. Pascal... Mais je vois que le chevalier savoit que ce grand génie avoit ses inégalités, qui le rendoient quelquefois trop susceptible aux impressions des spiritualistes outrés et qui le dégoûtoient même par intervalles des connoissances solides (1)... M. de

(1) La lettre de M. de Méré doit être antérieure à la conversion de

Méré en profitoit pour parler de haut en bas à M. Pascal. Il semble qu'il se moque un peu, comme font les gens du monde qui ont beaucoup d'esprit et un savoir médiocre. Ils voudroient nous persuader que ce qu'ils n'entendent pas assez est peu de chose. Il auroit fallu l'envoyer à l'école chez M. Roberval. Il est vrai cependant que le chevalier avoit quelque génie extraordinaire pour les mathématiques, et j'ai appris de M. des Billettes, ami de M. Pascal, excellent dans les *méchaniques*, ce que c'est que cette découverte dont ce chevalier se vante ici dans sa lettre : c'est qu'étant grand joueur, il donna les premières ouvertures sur l'estime des paris ; ce qui fit naître les belles pensées *de aleâ* de MM. Fermat, Pascal et Huyghens... »

Et Leibniz finit par conclure que le chevalier, dans ce qu'il dit contre la *division à l'infini*, se juge lui-même, et qu'un tel homme, évidemment, était beaucoup trop occupé des *agréments* du monde visible pour pénétrer fort avant dans ce monde supérieur que régit la pure intelligence (1). Si l'on cherche maintenant ce que Pascal a pu penser de ce chevalier qui le régentait si rudement, il est difficile de ne pas croire qu'il a eu en vue M. de Méré dans la définition qu'il donne des esprits *fins* par opposition aux esprits *géométriques*, de ces « esprits fins qui ne sont que fins, qui, étant accoutumés à juger les choses d'une seule et prompte vue, se rebutent vite d'un détail de définition en apparence stérile et ne peuvent avoir la patience de descendre jusqu'aux premiers principes des choses spéculatives et d'imagination, qu'ils n'ont jamais vues dans le monde et dans l'usage. » On retrouve presque en cet endroit de Pascal les termes mêmes du chevalier et sa prétention perpétuelle à dénigrer la

---

Pascal et à ce que Leibniz appelle son *spiritualisme outré*. Le chevalier de Méré, qui était du Poitou comme le duc de Roannez, avait dû connaître, par cette relation, Pascal, alors lancé dans le monde (1651-1654).—Sur ces rapports de Pascal et de Méré, M. F. Collet a écrit un ingénieux article (dans la Revue, *la Liberté de penser*, 15 février 1848); mais la conjecture qu'il émet me paraît très-sujette à contestation, et elle reste, à mes yeux, fort douteuse.

(1) *Leibnitii Opera omnia*, au tome II, page 92.

géométrie, sous prétexte qu'un coup d'œil habile suffit à tout (1).

Si le chevalier s'est fort compromis par sa manière de traiter Pascal en écolier, il ne fut guère plus d'à-propos avec Mme de Maintenon, qu'il avait plus de motifs d'ailleurs d'appeler son *écolière*. Il l'avait connue jeune, lorsqu'elle était Mlle d'Aubigné, et l'avait aussitôt estimée à son prix. Il s'était même appliqué à la former au monde, car c'était évidemment la vocation de ce galant homme et son goût dominant d'avoir toujours, comme dit Mlle de Launay, à instruire et à *documenter* quelqu'un sur les grâces. La *jeune Indienne*, comme il l'appelait, lui dut sa première réputation dans le beau monde. Plus tard, après des années, il rappelait cela un peu pédantesquement à Mme de Maintenon, déjà poussée dans les grandeurs et à la veille d'enchaîner Louis XIV :

« En vérité, madame, lui écrivait-il, il seroit bien mal aisé d'avoir tant d'amis d'importance au milieu de la cour, et d'estimer constamment ceux qui n'y sont de rien, quand ce seroit les plus honnêtes gens qu'on ait jamais vus. Il ne faut attendre que d'une vertu bien rare une faveur si extraordinaire. Mais, du temps que j'avois l'honneur de de vous approcher, je m'apercevois que vous saviez toujours distinguer le vrai mérite parmi de certaines choses brillantes qui ne dépendent que de la fortune, et cela me fait espérer que vous ne désapprouverez pas la liberté que je prends de vous écrire. Je pense avoir été le premier qui vous ai donné de bonnes leçons (2)... Je me souviens que je vous instruisois à vous rendre aimable, et que dès lors vous ne l'étiez que trop pour moi... »

---

(1) « Outre que cette méthode est lassante, et que jamais ce n'a été le langage d'aucune cour du monde, il me semble que tout ce qu'on dit de beau, de grand et de nécessaire, saute aux yeux quand on le dit bien. » (Seconde *Conversation* du chevalier de Méré avec le maréchal de Clérembaut.)

(2) Le chevalier oublie ici un de ses préceptes les plus essentiels, car il a dit : « Un jeune homme, pour apprendre à chanter, à danser, à monter à cheval, à voltiger ou à faire des armes, peut choisir

On a voulu voir dans la suite de la lettre une façon détournée de demande en mariage ; c'est infiniment trop dire : le chevalier badine là-dessus et ne veut que recommander à son ancienne amie un honnête homme qui a besoin de protection. Il faut pourtant avoir bien du contre-temps pour aller faire la leçon à Pascal sur la géométrie, et pour avoir l'air (ne fût-ce que cela) de s'offrir pour mari à Mme de Maintenon vers l'année 1680.

Quand l'abbé Nadal publia, en 1700, les *Œuvres posthumes* du chevalier, les choses étaient devenues autrement manifestes, et l'humble Esther siégeait sous le dais. Il faut voir aussi comme l'honnête éditeur se met en frais au nom du chevalier, et comme celui-ci, pour cette fois, nous apparaît tout d'un coup aux pieds de son écolière. Les rôles sont complétement renversés. Après avoir nommé les personnes les plus considérables qui étaient de l'intimité de M. de Méré, l'abbé Nadal continue en ces termes :

« C'étoit là toute sa société, si on ose y ajouter encore une personne illustre dont le nom emporte toutes les idées les plus sublimes de l'esprit, de la vertu, de la grandeur d'âme et de tant d'autres qualités qui mettent encore au-dessous d'elle tout ce que la fortune a de plus élevé et de plus éblouissant. Aussi jamais ne fit-elle naître d'admiration plus vive que la sienne. *Elle a été l'objet de ses méditations dans sa retraite ; on la retrouve partout dans ses idées.* Selon lui, ses derniers préceptes ne sont que l'éloge et l'expression de ses vertus mêmes, et c'est dans l'honneur d'approcher Mme de Maintenon qu'il a trouvé la source de ces bienséances si délicates, réduites ici en règles et en principes. »

de ces maîtres qui ne cachent pas leur science, parce que, s'ils excellent dans leur métier, ils s'en peuvent louer hardiment et sans rougir. Il n'en est pas ainsi de cette qualité si rare ; on se doit bien garder de dire qu'on est honnête homme, quand on le seroit du consentement des plus difficiles... On ne trouve que fort peu de ces excellents maîtres d'honnêteté, et l'on n'en voit point qui se vantent de l'être. » (Discours *de la vraie Honnêteté*, OEuvres posthumes.)

C'est ainsi que les choses s'accommodent avec un peu de complaisance ; cet abbé Nadal faisait le prophète après coup. Les *Lettres* publiées en 1682 montrent assez que le chevalier se posa jusqu'à la fin en maître plus disposé à donner qu'à recevoir des leçons (1).

Je n'ai pas dissimulé les torts et même les petits ridicules du chevalier, et j'ai le droit, ce me semble, d'en venir maintenant à ses mérites ; ils sont très-réels, très-fins, et ce m'a été un si sensible plaisir de les découvrir que je voudrais le faire partager. Il n'y a pour cela qu'une manière, c'est de le citer avec choix, car on ferait un délicieux recueil de ses pensées et de quelques-unes de ses lettres. N'était-ce pas, en effet, un homme de beaucoup d'esprit que celui dont on rencontre de telles pensées à chaque page ?

---

(1) Ainsi, à travers les fatuités de cette lettre qui nous paraît si étrange de ton, il savait très-bien indiquer le côté faible de Mme de Maintenon, lui dénoncer cet oubli où on l'accusait de laisser tomber insensiblement ses relations du passé : « On s'imagine que vos anciens amis ne tiennent pas en votre bienveillance une place fort assurée. » Il l'avertit qu'on lui reprochait à la cour de n'aimer à favoriser que des gens déjà élevés et par eux-mêmes en faveur. En même temps il reconnaissait son charme, qui faisait qu'on lui restait attaché malgré tout : « Si cela vous paroît peu vraisemblable à cause que vous m'avez extrêmement négligé, lui disait-il, je vous apprends qu'entre vos merveilleuses qualités qui font tant de bruit, vous en avez une que je regarde comme un enchantement : c'est que les gens de bon goût qui vous ont bien connue ne vous sauroient quitter, de quelque adresse que vous usiez pour vous en défaire, et j'en suis un fidèle témoin. » Tout cela est finement observé et n'est pas du tout ridicule. En somme, on ne connaîtrait pas bien Mme de Maintenon et surtout Mlle d'Aubigné, « belle et *d'une beauté qui plaît toujours*, douce, secrète, fidèle, modeste, intelligente..., » si on ne recourait au chevalier. (Lettres 38e, 61e, 48e, etc.) Je serais étonné si ce n'était pas d'elle aussi qu'il veut parler : « Une personne, la plus charmante que je connus de ma vie... » (Page 152 des *OEuvres posthumes*.) La Beaumelle, ce chroniqueur si peu sûr, a *romancé* selon son usage le chapitre où figure le chevalier ; il est temps qu'un noble et grave historien, M. le duc de Noailles, vienne remettre l'ordre et la justesse dans les choses de sa maison.

« On n'est plus du monde quand on commence à le bien connoître ; au moins le voyage est bien avancé devant que l'on sache le meilleur chemin. »

« Comme la voix vient en chantant, et que l'on apprend à s'en bien servir quand on l'exerce sous un bon maître, l'esprit s'insinue et se communique insensiblement parmi les personnes qui l'ont bien fait. Il ne faut point douter que l'on en puisse acquérir lorsqu'un habile homme s'en mêle. »

« Ceux qui ont le cœur droit ont le sens de même, pour peu qu'ils en aient ; et prenez garde que de certaines gens qui ont tant de plis et de replis dans le cœur n'ont jamais l'esprit juste : il y a toujours quelque faux jour qui leur donne de fausses vues. »

« On ne sauroit avoir le goût trop délicat pour remarquer les vrais et les faux agréments, et pour ne s'y pas tromper. Ce que j'entends par là, ce n'est pas être dégoûté comme un malade, mais juger bien de tout ce qui se présente, par je ne sais quel sentiment qui va plus vite et quelquefois plus droit que les réflexions. »

« Il faut, si l'on m'en croit, aller partout où mène le génie, sans autre division ni distinction que celle du bon sens. »

« Celui qui croit que le personnage qu'il joue lui sied mal ne le sauroit bien jouer, et qui se défie d'avoir de la grâce ne l'a jamais bonne. »

« Pour bien faire une chose, il ne suffit pas de la savoir, il faut s'y plaire, et ne s'en pas ennuyer. »

« Ce qui languit ne réjouit pas, et quand on n'est touché de rien, quoiqu'on ne soit pas mort, on fait toujours semblant de l'être. »

« La plupart des gens avancés en âge aiment bien à dire qu'ils ne sont plus bons à rien, pour insinuer que leur jeunesse étoit quelque chose de rare. »

Cet *honnête homme* que le chevalier veut former, et qui est comme un idéal qui le fuit (car l'ordre de société que ce soin suppose se dérobait dès lors à chaque instant), lui fournit pourtant une inépuisable matière à des observations nobles, déliées, neuves, parfois singulières et philosophiques aussi. Comme, selon lui, le propre de l'*honnête homme* est de n'avoir point de métier ni de profession, il pensait que la cour de France était surtout un théâtre favorable à le produire : « car elle est la plus grande et la plus belle qui nous soit connue, disait-il, et elle se montre souvent si tranquille que les meilleurs ouvriers n'ont rien à faire qu'à se reposer. » Ce parfait loisir constitue véritablement le climat propice : être capable de tout et n'avoir à s'appliquer à rien, c'est la plus belle condition pour le jeu complet des facultés aimables : « Il y a toujours eu de certains fainéants sans métier, mais qui n'étoient pas sans mérite, et qui ne songeoient qu'à bien vivre et qu'à se produire de bon air. » Et ce mot de *fainéants* n'a rien de défavorable dans l'acception, car « ce sont d'ordinaire, comme il les définit bien délicatement, des *esprits doux* et des *cœurs tendres*, des gens fiers et civils, hardis et modestes, qui ne sont ni avares ni ambitieux, qui ne s'empressent pas pour gouverner et pour tenir la première place auprès des rois : ils n'ont guère pour but que d'apporter la joie partout (1), et leur plus grand soin ne tend qu'à mériter de l'estime et qu'à se faire aimer. » Voilà les *fainéants* du chevalier. Être ce qu'on appelle *affairé*, c'est là proprement la mort de l'honnête homme. M. Colbert, par exemple, était affairé, et de nos jours, hélas ! chacun ne ressemble-t-il pas plus ou moins en cela à M. Colbert (2)?

(1) Et non pas une joie de plaisants et de diseurs de bons mots, comme les Boisrobert, les Marigny, les Sarasin (M. de Méré les exclut nommément), mais une joie légère et insinuante.

(2) M. Colbert était tel, occupé et le paraissant; mais le fils de Colbert, l'aimable M. de Seignelai, comme il savait tout concilier ! On se rappelle ces vers de Chaulieu parlant de son rêve d'Élysée :

> Dans un bois d'orangers qu'arrose un clair ruisseau,
> Je revois Seignelai, je retrouve Béthune,
> Esprits supérieurs en qui la volupté
> Ne déroba jamais rien à l'habileté,
> Dignes de plus de vie et de plus de fortune.

Seignelai, Béthune, M. de Lionne, on les reconnaît *honnêtes gens* jusque dans les affaires ; ils portent le poids légèrement, et, à les voir, rien ne paraît.

Pour être honnête homme (selon le chevalier toujours), il faut prendre part à tout ce qui peut rendre la vie heureuse et agréable, agréable aux autres comme à soi. De même que le chrétien veut faire du bien même à ceux qui lui veulent du mal, le vrai honnête homme ne saurait négliger de plaire, même à ses ennemis, quand il les rencontre : « car « celui qui croit se venger en déplaisant se fait plus de mal qu'il n'en fait aux autres. » — « Il y en a d'autres qui veulent bien plaire et se faire aimer; mais ni l'honneur, ni la vérité, ni le bien de ceux qui les écoutent, ne leur font jamais rien dire, s'ils n'y trouvent leur compte. » Ah ! que cette vue sordide est bien loin du cœur du véritable honnête homme ! Ne rien faire que par intérêt, même en ces choses légères, ne pas savoir être aimable, même gratuitement et en pure perte, M. de Méré appelle cela les *mauvaises mœurs*. Qu'aurait-il pensé de N., qui a tant d'esprit et qui se croit si moral, mais qui dès sa jeunesse, et jusque dans ses frais d'esprit, n'a jamais rien fait d'inutile? L'honnête homme est plus généreux ; il cherche à plaire partout et à tous, même aux moindres que lui, et sans intérêt. Qui n'a rencontré dans le monde, depuis qu'on n'a plus le loisir d'y être parfaitement *honnête homme*, de ces gens qui sont charmants avec vous le soir, à condition d'être brusques s'ils vous rencontrent le matin, et de s'arranger, du plus loin qu'ils vous avisent, pour ne vous point reconnaître ? Ces procédés-là (qui sont déjà les procédés américains) n'entrent pas dans l'idée du chevalier : au fond d'un désert comme au milieu de la cour, à l'écart, à l'improviste, à chaque heure, son honnête homme est le même, car il a son inspiration dans le cœur. Aussi la vraie honnêteté est indépendante de la fortune ; comme elle s'en passe au besoin, elle ne s'y arrête pas chez les autres ; elle n'est dépaysée nulle part : « Un honnête homme de *grande vue* est si peu sujet aux préventions que, si un Indien d'un rare mérite venoit à la cour de France et qu'il se pût expliquer, il ne perdroit pas auprès de lui le moindre de ses avantages ; car, sitôt que la vérité se montre, un esprit raisonnable se plaît à la reconnoître, et sans balancer. » Mais ici il devient évident que la vue du chevalier s'agrandit, qu'il est sorti de l'empire de la mode ; son savoir-vivre s'élève jusqu'à n'être qu'une forme du *bene beateque vivere* des sages ; son honnêteté n'est plus que la philosophie même, revêtue de tous ses charmes, et il a le droit de s'écrier : « Je ne comprends rien sous le ciel au-dessus de l'honnêteté : c'est la quintessence de toutes les vertus. »

Vous êtes-vous jamais demandé quelle nuance précise il y a entre l'*honnête homme* et le *galant homme*? Le chevalier va vous le dire. Un galant homme a de certains agréments qu'un honnête homme n'a pas toujours ; mais un honnête homme en a de bien profonds, quoiqu'il s'empresse moins dans le monde. On n'est jamais tout à fait honnête homme *que les dames ne s'en soient mêlées;* cela est encore plus vrai du galant homme. Cette dernière qualité plaît surtout dans la jeunesse ; prenez garde qu'elle ne passe avec elle aussi, comme une fleur ou comme un songe. Le véritable galant homme ne devrait être qu'un honnête homme un peu plus brillant ou plus enjoué qu'à son ordinaire, un honnête homme dans sa fleur.

On confond quelquefois le *bon air* avec l'*agrément;* il y a pourtant *beaucoup* de différence. « Le bon air, dit le chevalier, se montre d'abord, il est plus régulier et plus dans l'ordre. L'agrément est plus flatteur et plus insinuant ; il va plus droit au cœur, et par des voies plus secrètes. Le bon air donne plus d'admiration, et l'agrément plus d'amour. Les jeunes gens qui ne sont pas encore faits, pour l'ordinaire n'ont pas le bon air, ni même de certains agréments de maître. » Le chevalier revient plus d'une fois sur cette idée que « ce qu'on appelle le goût bon, il ne faut pas l'attendre des jeunes gens, à moins qu'ils n'y soient extrêmement nés ou que l'on n'ait eu grand soin de les y élever. » Les jeunes gens, par une impétuosité naturelle, vont d'abord à ce qui

leur paraît le plus nécessaire, et le reste les touche fort peu.
Il est besoin, selon une expression heureuse, de *faire l'esprit*, de faire le goût : l'étoffe un peu roide a besoin d'un certain *usé* pour acquérir toute sa souplesse et son délicat. Au reste, ceux et surtout celles qui sont dignes d'avoir du goût y arrivent assez tôt, et de bien des manières. On se rappelle cette charmante et toute jeune Mlle de Saint-Germain chez Hamilton, qui avait tout bien dans sa personne, hormis les *mains* : « Et la belle se consoloit de ce que le temps de les avoir blanches n'étoit pas encore venu. »

A cet égard, tout épicurien qu'il se montre en bien des endroits, le chevalier ne sait sans doute pas la recette aussi bien que les Grammont, les Hamilton, ces voluptueux rompus à l'art de plaire. Lui qui nous parle si souvent de Pétrone et de César, ces honnêtes gens de l'antiquité, il ne s'est peut-être jamais posé, dans toute sa portée morale, la question délicate et périlleuse : « A quel prix le goût se perfectionne-t-il ? et quel mélange secret le mûrit le mieux ? » Mais, dans sa méthode plus honnête et moins hasardée, il sait trouver de bons conseils. Avec les femmes il recommande les procédés qui servent à montrer l'esprit tout en favorisant le sentiment. Il a remarqué que celles qui ont le plus d'esprit, dit-il, préfèrent à trop d'éclat et à trop d'empressement je ne sais quoi de plus retenu. Selon lui, on est trop prompt à leur jeter son cœur à la tête, et on leur en dit plus d'abord que la vraisemblance ne leur permet d'en croire, et bien souvent qu'elles n'en veulent : « On ne leur donne pas le loisir de pouvoir souhaiter qu'on les aime, et de goûter une certaine douceur qui ne se trouve que dans le progrès de l'amour. Il faut longtemps jouir de ce plaisir-là pour aimer toujours, car on ne se plaît guère à recevoir ce qu'on n'a pas beaucoup désiré, et quand on l'a de la sorte, on s'accoutume à le négliger, et d'ordinaire on n'en revient plus. » Pour le coup, on reconnaît assez bien, ce me semble, le maître de Mme de Maintenon ; et qui donc sut mettre en pratique, comme elle, cet art de douce et puissante lenteur?

Le chevalier sait bien l'antiquité latine et grecque; il en parle très-volontiers, d'une manière qui nous paraît bien d'abord un peu étrange, car il l'accommode, bon gré mal gré, à ses façons modernes; pourtant il y a de quoi profiter à l'entendre. Comme il cherche partout des honnêtes gens, il s'est avisé de découvrir que le premier en date était Ulysse : « Il connoissoit le monde, comme Homère en parle, dit-il; mais je crois qu'il n'avoit que bien peu de lecture. » Puis vient Alcibiade, autre honnête homme selon Platon. On est tout étonné de le voir prendre sérieusement à partie Alexandre, et le morigéner en deux ou trois circonstances, comme civil et galant hors de propos (1); il essaye tout aussitôt de se justifier de l'étrange idée : « Que si l'on m'allègue que c'étoit la bienséance de ce temps-là, ce n'est rien à dire; les grâces d'un siècle sont celles de tous les temps. On s'y connoissoit alors à peu près comme aujourd'hui, tantôt plus, tantôt moins, selon les cours et les personnes; car le monde ne va ni ne vient, et ne fait que tourner. » L'erreur du chevalier se saisit bien nettement dans ce passage. Oui, le monde ne fait que *tourner*, mais les grâces, et surtout les bienséances, restent-elles les mêmes? Voilà ce qui ne saurait se soutenir, à moins d'être entiché; et, s'il est de certaines grâces naturelles et vraies qui, après des éclipses de goût, se maintiennent éternellement belles et restent jeunes toujours, sont-ce de ces grâces comme il l'entend, lui le bel-esprit et le raffiné?

Le chevalier, je le répète, était fort instruit; il avait présent à la pensée, sans doute, ce mot d'Hérodote : « Il y a longtemps que les hommes ont trouvé ce qui est bien, et ce

---

(1) De même pour Scipion, de qui il a dit : « Je trouve Scipion si formaliste et si tendu, que je ne l'eusse pas cherché pour un homme de bonne compagnie. » (*OEuvres posthumes*, page 63). Et sur Virgile, *qui écrivoit plus en poëte qu'en galant homme*, voir la lettre 22ᵉ à Costar.

qu'il importe de savoir. » Il avait assez d'étendue et de sagacité d'esprit pour deviner, chez ces hommes de l'antiquité, ceux qui réalisaient en eux quelque chose de l'idée subtile qu'il se faisait. En un sens, Pétrone et César lui paraissaient avec raison de vrais honnêtes gens, et ce Ménon le Thessalien, dont parle Xénophon dans sa *Retraite,* personnage qui avait tous les vices, surtout la fausseté, qui croyait exactement que la parole a été donnée pour déguiser sa pensée, même entre amis, et qui regardait tout net les gens vrais comme des êtres *sans éducation* (1), ce Ménon si avancé en mœurs lui eût paru un faux honnête homme et un *roué* de ce temps-là. Mais le travers était de vouloir suivre dans le détail ce qui ne se laissait entrevoir que dans un aperçu rapide. Le chevalier, en vieillissant et en devenant plus vertueux, faisait subir à son idée d'*honnête homme* une métamorphose graduelle qui le menait jusqu'à y comprendre tous les sages, Platon, Pythagore lui-même. A force d'y voir je ne sais quelle puissance de charmer et d'adoucir les cœurs farouches, peu s'en faut qu'il n'y ait fait entrer Orphée. Il était tombé évidemment dans la confusion.

Il n'y était pas encore, quand il parlait de Pétrone et de César, et quoiqu'il y ait dans le ton dont il disserte de ces fameux Romains un faux air de *Clélie,* il s'y trouve une connaissance incontestable du fond des choses et du caractère des personnages. Sur César, il sait très-bien accueillir par un éclat de rire un des faiseurs de romans d'alors qui, pour se venger de ce que le conquérant avait appelé les Gaulois des barbares, n'avait pas craint de décider que César était *peu cavalier.* Pour lui, il le juge assez au vrai, surtout son style, dont il marque ainsi la physionomie :

« On sent son mérite et sa grandeur aux plus petites choses qu'il

(1) Τῶν ἀπαιδεύτων : la noble chose que les Grecs appelaient παιδεία, et dont ils étaient si fiers, est bien en effet ce qui constituait chez eux l'*honnête homme,* pour parler le style de notre sujet.

dit, non pas à parler pompeusement, au contraire sa manière est simple et sans parure, mais à je ne sais quoi de pur et de noble qui vient de la bonne nourriture (1) et de la hauteur du génie. Ces maîtres du monde, qui sont comme au-dessus de la fortune, ne regardent qu'indifféremment la plupart des choses que nous admirons, et, parce qu'ils en sont peu touchés, ils n'en parlent que négligemment. Dans un endroit où il raconte qu'il y eut deux ou trois de ses légions qui furent quelque temps en désordre, combattant contre celles de Pompée : On croit, dit-il, que c'étoit fait de César, si Pompée eût su vaincre. Cette victoire eût décidé de l'empire romain. Et voilà bien peu de mots, et bien simples, pour une si grande chose. — César étoit né avec deux passions violentes : la gloire et l'amour, qui l'entraînoient comme deux torrents (2)... »

Quant à Pétrone, il était fort à la mode en ce moment. Les Saint-Évremond, les Ninon, les Saint-Pavin, les Mitton (3), tous gens aimables et de plaisir, avec qui correspond le chevalier, raffolaient du voluptueux Romain. Lui-même, en son bon temps, le chevalier était de cette secte ; il en était à sa manière, épicurien un peu formaliste et compassé, rédigeant le code d'Aristippe plutôt que de s'y laisser doucement aller. On entrevoit dans ses *Lettres* tout un groupe plus naturel que lui, plus hardi et plus libre, toute une délicieuse bande qui précède en date et qui présage le groupe des Du Deffand, des Hénault et des Desalleurs, de ces contemporains de la jeunesse de Voltaire. Sous les airs réguliers du grand règne, si l'on sait y lire et y pénétrer, que de petites coteries ininterrompues, du xvie siècle jusqu'au xviiie, qui ont eu ainsi pour patron Rabelais ou Pétrone !

(1) *Nourriture* pour éducation.
(2) Sixième *Conversation* avec le maréchal de Clérembaut. C'est de ces *Conversations* que j'ai tiré le plus grand nombre de mes citations, et aussi du premier des traités posthumes, qui a pour titre : *de la vraie Honnêteté*.
(3) Mitton ne se connaît bien que dans les *Lettres* de M. de Méré : c'est là qu'on apprend que cet épicurien insouciant avait écrit quelques pages *sur l'Honnêteté* qui se sont trouvées comprises dans les

Dans une lettre à la duchesse de Lesdiguières, qui était son héroïne tout comme le maréchal de Clérembaut est son héros, le chevalier traduit *la Matrone d'Éphèse*, qui amusera aussi la plume de Saint-Évremond. En traduisant Pétrone, et dans de certains détails de mœurs qui précèdent le récit de l'aventure, le chevalier l'arrange un peu : « Je le mets dans notre langue, dit-il, non pas toujours comme il est dans l'original, mais comme je crois qu'il y devroit être. » Il se trouve ainsi que Pétrone ne nous parle que de l'aimable *Phryné* et de *Climène*, au lieu de nous parler d'autre chose; mais ce n'est pas là un grave reproche que nous adresserons au chevalier; sa traduction du morceau est des plus agréables à lire en elle-même, et se peut dire dans tous les cas une *belle infidèle*.

Pétrone, livre charmant et terrible par tout ce qu'il soulève de pensées et de doutes dans une âme saine ! Ce *Satyricon* est bien l'œuvre d'un démon. Que la composition y soit absente, que l'intention générale reste énigmatique, eh! qu'importe ? chaque morceau en est exquis, chaque détail suffit pour engager. Je ne me flatte pas d'avoir rompu toute

---

OEuvres mêlées de Saint-Évremond : « *Vous savez dire des choses*, lui écrit M. de Méré, et vous devez être persuadé qu'il n'y a rien de si rare. Vous souvenez-vous que Mme la marquise de Sablé nous dit qu'elle n'en trouvoit que dans Montaigne et dans Voiture, et qu'elle n'estimoit que cela? Je m'assure que, si vous l'eussiez souvent vue, ou qu'elle eût eu de vos écrits, elle vous eût ajouté à ces deux excellents génies. »—Pascal avait fort connu Mitton, et, dans les ébauches de ses *Pensées*, il le nomme par moments et le prend à partie, quand il songe au type du libertin qu'il veut réfuter : « Le *moi* est haïssable. Vous, Mitton, le couvrez ; vous ne l'ôtez pas pour cela... » En effet, selon Mitton, « pour se rendre heureux avec moins de peine, et pour l'être avec sûreté sans craindre d'être troublé dans son bonheur, il faut faire en sorte que les autres le soient avec nous ; » car alors tous obstacles sont levés, et tout le monde nous *prête la main*. « C'est ce ménagement de bonheur pour nous et pour les autres que l'on doit appeler *honnêteté*, qui n'est, à le bien prendre, que *l'amour-propre bien réglé*. » C'est à cela que Pascal semble répondre directement dans son apostrophe à l'aimable égoïste.

l'enveloppe, et je n'y ai pas visé le moins du monde ; j'ai lu, j'ai glissé, et il m'a suffi de cet à-peu-près facile pour apprécier du moins, au milieu de tout ce qui m'échappait, la façon de dire vite et bien, la touche légère, l'élégante familiarité, cette nouveauté qui n'est pas tirée de trop loin et qui rencontre aisément ce qu'elle cherche (*curiosa felicitas*, comme Pétrone lui-même a dit d'Horace), en un mot, ce cachet qui a caractérisé de tout temps les écrivains maîtres en l'art de plaire. Quelques narrations, parmi lesquelles se détache le conte de cette *Matrone* tant célébrée, sont des pièces accomplies, et les vers que l'auteur s'est passé la fantaisie d'insérer à travers sa prose, à la différence de ce qu'offrent en français ces sortes de mélanges, ont une solidité et un brillant qui en font de vraies perles enchâssées. Pourtant cette jouissance du goût laisse après elle une impression inquiétante et soulève dans l'esprit un problème qui lui pèse. Que le goût ne soit pas la même chose que la morale, nous le savons à merveille ; mais est-il possible qu'il s'en sépare à ce point, et que la perfection de l'un se rencontre dans la ruine et la perversion de l'autre ? Quoi! se peut-il ? Combien de corruption pour cette perfection! combien de fumier pour cette fleur! De quels éléments est-elle donc pétrie, cette grâce suprême et dernière qui n'a qu'un *point* et un *moment?* Car cette délicatesse-là, qui est celle de la fin, ressemble, on l'a dit, à ces viandes faites qui ne sauraient attendre un instant de plus. Disons vite qu'il est un certain goût primitif et sain, né du cœur et de la nature, plus rude parfois, mais tout généreux, et dont la franche saveur répare et ne s'épuise pas. Il y a Lucrèce enfin tout à l'opposé de Pétrone ; il y en a quelques autres encore dans l'intervalle, et l'on n'est pas absolument tenu de choisir entre l'historien d'Encolpe et le vertueux académicien Thomas.

Il y avait, si j'ose dire, un peu de ce dernier dans M. de Méré. J'ai fait assez voir qu'il n'a jamais su triompher de sa roideur. Si Pétrone et le chevalier de Grammont étaient les deux héros de Saint-Évremond, Pétrone et le maréchal de Clérembaut étaient ceux de notre chevalier, et, si habile de conduite que pût être ce maréchal au parler bègue (1), je le soupçonne sans injure d'avoir été un modèle un peu moins ravissant que le beau-frère d'Hamilton. Pour les idées aussi bien que pour les agréments, le chevalier peut bien n'être jamais allé au delà d'une certaine surface et n'avoir point percé la glace, même en fait d'épicuréisme. Je n'en voudrais qu'une petite preuve que je jette à l'avance ici. Les anciens avaient remarqué que de toutes les écoles de philosophie on passait dans celle d'Épicure, mais qu'une fois dans celle-ci on y restait et qu'on ne passait point à d'autres. Cela est encore vrai, même des modernes; les vrais épicuriens, ceux qui sont allés une fois au fond, m'ont bien l'air de vivre tels jusqu'au bout et de mourir tels, sauf les convenances. Or le chevalier vieillissant se convertit tout de bon, et ce ne fut pas, comme La Rochefoucauld, à l'extrémité, et pour *faire une fin*; il suffit de lire les écrits de ses dernières années pour voir quel bizarre amalgame se faisait, dans son esprit, de son ancien jargon d'*honnête homme* avec ses nouveaux sentiments de dévot. J'en conclus qu'il ne fut jamais à fond de la secte de La Rochefoucauld, de Saint-Évremond et de Ninon.

Le seul ouvrage de M. de Méré qui vaille aujourd'hui la peine qu'on s'y arrête avec détail, ce sont ses *Lettres*; l'on en pourrait tirer un certain nombre de singulières et d'in-

(1) Sur le maréchal de Clérembaut (Palluau), plus adroit courtisan que grand guerrier, on peut voir les *Mémoires* de Mme de Motteville, 31 mars 1649. — Je craindrais pourtant de ne pas donner une idée assez favorable du maréchal, si je n'indiquais un passage de Saint-Évremond dans un très-agréable morceau *sur la Retraite*, et encore dans la *Conversation avec le duc de Candale*. Ninon paraît aussi avoir fait grand cas de l'esprit du maréchal. Mme Cornuel parlait de lui plus légèrement.

téressantes. J'en donnerai trois ici. La première est longue;
mais, je ne sais si je m'abuse, elle me paraît charmante, et
elle a semblé telle à de bons juges sur qui je l'ai essayée.
C'est tout un petit roman finement touché, tendre et discret, un tableau peint de couleurs du temps, qui, à demi
passées, font sourire et plaisent encore. Le chevalier écrit à la
duchesse de Lesdiguières sur son sujet favori, sur les
maîtres en fait d'usage et d'agréments. Mais où les trouver
ces maîtres accomplis? Ils sont souvent si *libertins* qu'ils
échappent et qu'on ne les a pas comme on veut:

« Le meilleur expédient, poursuit-il, pour apprendre une chose en
peu de temps et sans maître, c'est de s'imaginer qu'on n'a que cette
seule voie pour obtenir ce qu'on souhaite le plus. Les violents désirs
sont industrieux, et c'est ce qu'on dit que, lorsqu'on aime, on ne
trouve rien d'impossible.

« Un de mes amis, fort galant homme, m'étant un jour venu voir,
lisoit je ne sais quoi que j'avois écrit, et le lisoit d'une manière que
j'en fus charmé, quoique je n'eusse jamais eu de plaisir à le lire. Je
lui demandai comment il avoit acquis cette science. — « Ha! me
répondit mon ami avec un profond soupir, de quoi m'allez-vous parler? En revenant de Rome, je passai par une ville de France ; c'étoit
sur la fin de mai, et le soir, prenant le frais dans un jardin où les
dames se promenoient, j'en vis une qui me blessa dans la foule, sans
dessein de me nuire, car elle ne m'avoit pas regardé, et je ne lui
avois pu dire un seul mot. Cependant j'en devins, en moins de deux
heures, si ardemment amoureux, que je fus toute la nuit sans dormir.
Son visage et sa taille, son air à marcher et sa mine enjouée avec un
sourire flatteur me repassoient devant les yeux, et ses paroles m'avoient tant plu qu'il me sembloit que je l'entendois encore discourir, et j'en étois enchanté, de sorte que, le lendemain, je la cherchois
partout; et, comme je m'en informois, j'appris qu'il y avoit peu de
temps qu'elle étoit mariée, et que, dès le matin, elle étoit partie pour
retourner dans une maison de campagne, et que cette maison étoit
dans un désert. Je sus aussi que son mari étoit inaccessible aux gens
du monde, qu'il ne songeoit qu'à son ménage et qu'à goûter le repos
et les douceurs de la retraite. Je ne cherchois que des personnes qui
me pussent parler d'elle, et j'en trouvois assez, parce que tout le

monde l'aimoit ; et tant de choses qu'on m'en disoit augmentoient le désir que j'avois de la revoir et m'en ôtoient l'espérance. J'étois bien triste, et je ne savois par où me consoler ; car de l'ôter de mon cœur, cela me sembloit impossible ; et, quoique le peu d'apparence de pouvoir passer ma vie auprès d'elle m'eût désespéré, je me plaisois trop à m'en souvenir pour essayer de l'oublier.

« La maison où demeuroit cette dame étoit au milieu d'une grande forêt, et située entre deux collines par où passe une petite rivière dont l'eau est aussi claire et aussi pure que celle d'une source vive ; et ce qui la rend bien considérable, c'est que cette dame s'y est quelquefois baignée. La ville où j'étois est à cinq lieues de cette maison, et j'allois souvent rôder de ce côté-là, non pas en espérance de voir cette aimable personne ; mais, comme je ne me sentois malheureux que par son absence, il me sembloit que plus je m'approchois du lieu où elle étoit, moins j'étois à plaindre. Voilà, disois-je, l'endroit qui possède tout ce qui m'est cher au monde, et le seul qui m'est défendu ! Plus je le considérois, plus j'étois vivement touché, et je ne pouvois m'en éloigner sans redoubler mes soupirs et mes plaintes. Hélas ! disois-je en soupirant, que ses domestiques sont heureux qui peuvent la regarder et lui parler ! mais n'en pourrois-je pas être en me déguisant ? Je ne puis vivre en l'état où je suis, et je n'ai plus à garder ni mesure, ni bienséance. — Je savois que son mari avoit deux enfants encore jeunes, d'une première femme, et je m'allai mettre dans l'esprit de feindre que j'étois de ces précepteurs libertins qui courent le monde. Un jour que je n'en pouvois plus, un de mes gens, qui m'avoit suivi, m'avertit que la nuit s'approchoit et qu'il n'y avoit point de lune ; je m'arrêtai dans un village à l'entrée de la forêt, et là, parce que cet homme étoit secret et fidèle, je lui communiquai mon dessein qui l'étonna ; mais il fallut m'obéir. Je le fis partir tout à l'heure avec ordre de ce qu'il avoit à faire, d'envoyer mon équipage chez moi, de dire que j'avois pris une autre route, et de m'apporter un habit comme je le voulois (c'étoit lui qui m'habilloit), et je lui recommandai surtout de ne pas tarder.

« Je fus en ce lieu deux jours dans une grande impatience de commencer le rôle que j'allois jouer. Enfin mon homme revint sur le midi, et tout aussitôt je montai à cheval et perçai dans la forêt pour changer d'habit. J'avançois insensiblement du côté de la maison, et, n'en étant plus qu'à deux mille pas, je descendis de cheval dans une touffe d'arbres fort épaisse, et je fus longtemps à m'ajuster : car, encore que je me voulusse déguiser, je songeois beaucoup plus à prendre l'air et la mine d'un honnête homme. Quand je me fus mis le plus décemment que je pus, mon homme, prenant mon cheval, se retira du côté de la ville, et je demeurai seul avec un petit sac de hardes que je portai sous mon bras jusqu'à une ferme proche de la maison, et je priai la fermière de me le garder. Après, j'entrai dans la cour où il y avoit trois ou quatre dogues qui se vouloient déchaîner. Le maître vint à ce bruit, et je le saluai. C'étoit un homme avancé en âge, fort timide et d'une foible constitution ; mais il aimoit à se faire craindre, et parce qu'il avoit cru que ces dogues m'avoient épouvanté, il me dit qu'il seroit bien dangereux de se promener la nuit autour de chez lui ; et me faisant entrer dans une salle, il me demanda ce que je cherchois : Je suis, lui dis-je, un homme de lettres qui me mêle d'instruire les jeunes gens. — Vous êtes propre et leste, reprit-il ; mais n'avez-vous ni bonnet ni chemise, et marchez-vous comme cela sans hardes ? — Je lui répondis que j'avois laissé mon paquet chez une femme proche du château, pour me présenter plus respectueusement et pour offrir mon service de meilleure grâce. — C'est bien fait, me dit-il, et je me doute que vous savez chanter et faire quelques méchants vers. Tous vos confrères se mêlent de l'un et de l'autre ; ce sont des vagabonds qui ne vont de çà, de là, que pour apporter du scandale et séduire quelque innocente, et quand on les pense tenir, ils ne manquent jamais de faire un trou à la nuit. — Je lui repartis que j'étois d'un esprit plus modéré, que j'avois passé deux ans et demi chez un gentilhomme de Normandie à élever ses enfants, et que je ne les avois point quittés qu'ils ne fussent bons latins et bons philosophes ; du reste, qu'il n'avoit pas besoin d'un autre que de moi pour apprendre à messieurs ses enfants à faire des armes ni à danser, que je savois tous les exercices, parce que j'avois été cinq ans à Rome auprès d'un jeune homme de qualité qui m'aimoit et me faisoit instruire par ses maîtres ; — et pour lui montrer mon adresse, je me mis en garde avec une canne que j'avois ; j'allongeois et parois, j'avançois et reculois en maître, et puis, ayant quitté ma canne, je fis quelques pas forts de ballet et plusieurs *capriotes* qui le réjouirent ; mais ce qui lui plut encore, je ne fus pas difficile pour mes appointements.

« Il m'ordonna de me reposer, et monta dans l'appartement de madame pour lui raconter cette aventure. Elle m'envoya quérir tout aussitôt, et cette nouvelle, quoique je n'en dusse pas être surpris, m'ôta presque la respiration. Je ne pouvois vivre en l'absence de cette aimable personne, et je ne l'osois aborder ; j'avois tant d'amour et de joie, tant de respect et de crainte, que quand je me voulus lever, il me prit un tremblement comme d'un accès de fièvre. Enfin, m'étant remis le mieux que je pus, j'entrai dans un cabinet fort propre où je fis la révérence à la plus belle femme qu'on ait jamais vue ; je me baissai avec beaucoup de respect pour lui baiser la robe, mais elle m'en empêcha et me voulut bien saluer aussi civilement que si je n'eusse pas été déguisé. Elle tenoit un livre d'*Astrée* entre ses mains, et sur ses genoux la *Jérusalem* du Tasse (1), car elle savoit parfaitement la langue italienne, et faisoit cas de ces deux livres comme une personne de bon goût, de sorte qu'elle aimoit à s'en entretenir, et même à les ouïr lire d'un ton agréable. Je m'en aperçus bien vite, parce qu'en s'informant de ce que je savois, elle me demanda si je savois lire ; et comme son mari trouvoit cette question fort plaisante de s'enquérir d'un docteur s'il savoit lire, et qu'il en rioit à ne s'en pouvoir apaiser : Il y a, dit-elle, plus de mystère à lire qu'on ne pense ; — et cela me fit bien connoître qu'elle s'y plaisoit et qu'elle avoit le sentiment délicat. Aussi, pour dire le vrai, c'étoit le principal divertissement qu'elle pût avoir dans une si grande solitude.

« On le vint avertir qu'on avoit servi à souper, et monsieur me fit mettre auprès de ses enfants et me dit qu'il souhaiteroit bien de les voir savants, mais de la science du monde plutôt que de celle des docteurs. — Autrefois, continua-t-il, j'étudiai plus que je n'eusse voulu, parce que j'avois un père qui, n'ayant pas étudié, rapportoit à l'ignorance des lettres tout ce qui lui avoit mal réussi. Cela l'obligea de me laisser jusqu'à l'âge de vingt-deux ans au collége, et lorsque j'en fus sorti, je connus par expérience qu'excepté le latin que j'étois bien aise de savoir, tout ce qu'on m'avoit appris m'étoit non-seulement inutile, mais encore nuisible, à cause que je m'étois accoutumé à parler dans les disputes sans entendre ni ce qu'on me disoit, ni ce que je répondois, comme c'est l'ordinaire. J'eus beaucoup de peine à me défaire de cette mauvaise habitude quand j'allai dans le monde, et même à ne pas user de ces certains termes qui n'y sont pas bien reçus, outre que je me trouvois si neuf et si mal propre à ce que les

---

(1) La *Jérusalem* et l'*Astrée*, c'étaient les plus belles nouveautés d'alors.

autres faisoient que je ne m'osois montrer en bonne compagnie. Je m'imagine donc que tout ce qu'on doit le plus désirer pour aller dans le monde, c'est d'être honnête homme et d'en acquérir la réputation ; mais, pour y parvenir, que jugeriez-vous de plus à propos et de plus nécessaire ? — Alors je m'écriai d'une façon modeste et respectueuse : Ah ! monsieur, que vous parlez de bon sens et en habile homme ! Si vous vouliez vous-même instruire ces messieurs, ils n'auroient que faire d'un autre précepteur ni d'un autre gouverneur pour se rendre aussi aimables par leur procédé que par leur présence... »

Je supprime ici le discours de l'amoureux, dans lequel il ne manque pas de définir en détail les qualités de l'*honnête homme*, et de se faire valoir par là auprès de la dame en même temps qu'auprès du mari.

« Comme je discourois de la sorte (continue-t-il), madame m'écoutoit avec une attention qui témoignoit assez qu'elle se plaisoit à m'entendre. Monsieur, de son côté, prenant un visage riant, but à ma santé, et, me faisant goûter d'excellent vin, m'en demanda mon avis. Il aimoit la bonne chère, et sa table étoit bien servie. Madame aussi, qui plaisoit partout, étoit de bonne compagnie à la table, et nous y fûmes plus d'une heure sans qu'elle fît le moindre semblant d'en vouloir sortir. A la fin, s'étant levée, elle se retira dans son cabinet, et le maître en son appartement fort éloigné de celui de madame, où il n'alloit que bien peu, car on eût dit qu'il ne l'avoit épousée que pour l'ôter au monde. On me donna une chambre fort commode, et je m'étonnois qu'en un lieu si sauvage il y eût tant d'ordre et de propreté ; mais j'admirois principalement qu'une si rare personne y fût cachée. Que je serois heureux, disois-je en soupirant d'amour et de joie, si je me pouvois insinuer dans son cœur ! Le meilleur moyen qui s'en présente dépend de bien lire ; il faut donc que je tâche de lui plaire en tirant la quintessence de tous les agréments qui la peuvent toucher par la meilleure manière de lire ; elle consiste à bien prononcer les mots, et d'un ton conforme au sujet du discours, que ma parole la flatte sans l'endormir, qu'elle l'éveille sans la choquer, que j'use d'inflexions pour ne la pas lasser, que je prononce tendrement et d'une voix mourante les choses tendres, mais d'une façon si tempérée, qu'elle n'y sente rien d'affecté (1). Je fis en peu de jours tant de progrès en cette étude qu'elle ne se plaisoit plus qu'à me faire lire et qu'à s'entretenir avec moi. Son mari en étoit fort aise, parce que je la désennuyois et qu'elle ne lui parloit plus d'aller dans les villes. Encore, pour la divertir, je lui contois souvent quelque aventure à peu près comme la mienne, et je voyois qu'elle étoit souvent attendrie, et que, pour m'en ôter la connoissance, elle se cachoit de son éventail, car je fus longtemps sans m'oser déclarer. »

— Mon ami, après m'avoir dit ce qui l'avoit rendu si bon lecteur, se voyant quitte de ce que je lui avois demandé, se tint dans un morne silence. J'avois eu tant d'attention à son discours, que j'allois le prier de continuer, quand je vis dans ses yeux une tristesse si tendre et si profonde, que je crus qu'il étoit près de s'évanouir. Il commençoit à extravaguer, et je le remis le mieux qu'il me fut possible. Je sus depuis toute cette aventure, et je n'en fus guère moins touché que lui. Je voudrois vous la pouvoir conter tout d'une suite, car je crois que vous seriez bien aise de l'apprendre; mais, madame, outre que cela ne seroit pas si tôt fait, et que je me lasse fort aisément, il me semble qu'il y a plus de huit heures que je vous écris, et je suis accablé de sommeil. »

La suite de l'histoire ne vient pas et ne vint jamais, et n'est-ce point, en effet, sur ce propos brisé qu'il sied de finir? Ainsi coupé, l'aimable récit est plus délicat; un peu de malice s'y mêle; le conteur n'a voulu que faire valoir les avantages du *bien lire*; c'est un conseil et un encouragement qu'il donne aux jeunes gens pour s'y former : que lui demandez-vous davantage?

Ces pages, qui sont au plus tard de l'année 1656, puisqu'elles s'adressent à la duchesse de Lesdiguières (2), pré-

---

(1) C'est aussi le précepte d'Ovide :

Elige quod docili molliter ore legas.

(*Art d'aimer, liv. III.*)

(2) La duchesse mourut le 2 juillet 1656, l'année des *Provinciales* et du miracle de la *Sainte-Épine*, et elle eut même recours à cette relique, alors dans toute sa vogue, sans pouvoir guérir.

sagent déjà la réforme discrète qui va se faire dans le roman, et elles promettent madame de La Fayette. Elles sont si pures et si châtiées de ton, que Fléchier, jeune et galant, aurait pu les écrire.

La seconde lettre que je veux citer est courte, mais fort bizarre ; elle prouve, ce qu'on savait déjà beaucoup trop, combien ce raffinement de langage et ce précieux tant cherché se combinaient très-bien quelquefois avec un reste de grossièreté dans le procédé et dans les manières. La lettre est adressée à *Madame la maréchale* ***, qui est probablement Mme de Clérembaut, fille de M. de Chavigny, personne d'esprit et qui passait pour extrêmement savante :

« Puisque vous êtes si curieuse, madame, que de vouloir apprendre tout ce qui se passa au rendez-vous d'avant-hier, j'aurai tantôt l'honneur de vous voir et de vous en dire jusqu'aux moindres circonstances. Cependant vous saurez qu'il y eut un excellent concert, et qu'après que les musiciens furent las de chanter, on se mit à discourir. Il y avoit sept ou huit des plus belles personnes de la Cour, entre lesquelles la duchesse de Montbazon paroissoit fort parée et dans une grande beauté, de sorte qu'on n'avoit les yeux que sur elle. On avoit espéré que la duchesse de Lesdiguières (1) s'y trouveroit, et, comme on ne s'y attendoit plus, elle parut, et nous la vîmes poindre avec cet air fin et brillant que vous savez et qui plaît toujours. La

(1) Cette duchesse de Lesdiguières, qui revient à tout instant sous la plume du chevalier, *la Reine des Alpes*, comme il l'appelle, la même qui joua un certain rôle sous la Fronde et que Sénac de Meilhan a fort agréablement mise en jeu dans ses prétendus *Mémoires* de la Palatine, était Anne de la Magdeleine de Ragny, fille unique de Léonor de la Magdeleine, marquis de Ragny, et d'Hippolyte de Gondi. Par sa mère, elle se trouvait cousine germaine du cardinal de Retz, qui fit ce qu'il put pour qu'elle lui fût encore autre chose. Mariée en 1632, elle mourut, je l'ai dit, en 1656, laissant le chevalier de Méré dans tout son brillant d'homme à la mode. Tallemant des Réaux a consacré à la duchesse un petit article gaillard à la suite de M. de Roquelaure. Il ne faut pas confondre cette duchesse de Lesdiguières avec sa belle-fille, qui était une Gondi et nièce du cardinal de Retz.

duchesse de Montbazon, qui s'avança vers elle, lui parla tout bas et lui fit ensuite des compliments mêlés de louanges, et de la meilleure foi du monde, comme vous pouvez juger. L'autre se couvroit de temps en temps de son manchon, et, d'un air modeste et même timide en apparence, faisoit semblant de n'oser paroître auprès d'une si belle personne ; mais on sentoit bien, à la regarder, que ces façons ne tendoient qu'à vaincre plus sûrement et de meilleure grâce. Sitôt que tout le monde fut assis : La conversation, dit monsieur le maréchal, a été fort agréable ; mais, à cause de madame, il faut *renouveler* d'esprit (1) ; elle mérite qu'on n'épargne rien de galant. La belle duchesse ne répondit qu'avec un doux sourire ; mais elle parut si aimable, qu'on s'attacha plus que devant à dire de bons mots et de jolies choses. Ce dessein ne réussit pas toujours, et principalement lorsqu'on témoigne de le souhaiter, si bien que je ne laissai pas de vous trouver fort à dire. Aussi je m'en allois si l'on ne m'eût retenu, et je n'ose vous écrire combien la débauche fut grande ; vous le pouvez conjecturer par l'emportement du sage ***, qui ne se contenta pas de nous parler des secrètes beautés de sa femme, et qui vouloit encore que nous en pussions juger par nous-mêmes. Elle s'en mit fort en colère, et les autres dames, les plus sévères, ne faisoient qu'en rire. Même il y en eut une qui, pour l'apaiser, lui représenta que son mari ne lui vouloit faire autre mal que de nous montrer qu'elle avoit la peau belle, qu'on n'en usoit pas autrement parmi les dames de conséquence et d'une excellente beauté, surtout un jour de réjouissance comme celui du carnaval. Ces raisons l'adoucirent bien fort, et je vis l'heure qu'elle étoit persuadée ; mais enfin elle dit que cet homme, qui paroissoit si sage, n'étoit qu'un fou dans la débauche, et qu'elle ne désarmeroit point qu'on ne l'eût mis dehors, car elle avoit pris mon épée et menaçoit d'en tuer le premier qui s'approcheroit d'elle. On fit pourtant le traité à des conditions plus douces, et le tumulte finit agréablement. »

Ainsi voilà, en si beau monde, un sage mari qui, pour être en pointe de vin, se met à jouer un très-vilain jeu, et si au vif que la dame alarmée dégaîne l'épée de quelqu'un de

---

(1) *Renouveler d'esprit*, comme on disait *renouveler de jambes*, se remettre en train de plus belle.

la compagnie pour se défendre. Il est vrai que tout cela se passait en carnaval (1).

La dernière lettre que j'ai à produire, et qui est restée jusqu'ici enfouie dans le recueil qu'on ne lit pas, est d'un tout autre caractère que la précédente, et d'un intérêt moral tout particulier ; elle nous rend la conversation d'un des hommes qui causaient le mieux, avec le plus de douceur et d'insinuation, de ce La Rochefoucauld qui n'avait de chagrin que ses *Maximes*, mais qui, dans le commerce de la vie, savait si bien recouvrir son secret d'une enveloppe flatteuse. La lettre du chevalier nous le montre devisant et moralisant dans l'intimité ; si fidèle qu'ait voulu être le secrétaire, on sent, à le lire, qu'il n'a pu tout rendre, et l'on découvre bien par-ci par-là quelque solution de continuité dans ce qu'il rapporte : « Il y a, dit La Rochefoucauld, des tons, des airs, des manières qui font tout ce qu'il y a d'agréable ou de désagréable, de délicat ou de choquant dans la conversation. » Mais, quoique tout cela s'évanouisse dès qu'on écrit, on croit saisir dans le mouvement prolongé du discours quelque chose même de ces tons qui faisaient de ce penseur amer un si doux causeur, et qui attachaient en l'écoutant. Cette page du chevalier devrait s'ajouter, dans les éditions

(1) C'est dans un temps de carnaval aussi que le chevalier écrivait à une jeune dame une lettre incroyable (la 98e), dans laquelle il disserte à fond sur certaine syllabe que les précieuses trouvaient déshonnête. On noterait bien d'autres endroits encore où une sorte de grossièreté perce sous la quintessence et prend même le dessus ; la lettre 195e, qui contient une théorie savante sur le mariage *à trois* ; la 139e, où il fait du bel-esprit sur des choses simplement *malpropres* ; la 30e, où, à travers la gaudriole, *les Filles de la Reine* sont traitées fort lestement. Mais la 17e, qui est une lettre de rupture, ne saurait se qualifier autrement que de brutale, et elle paraîtrait aujourd'hui indigne d'un honnête homme. Ces taches fréquentes, jusque dans un homme aussi poli que l'était le chevalier, attestent les mœurs d'alentour et donnent raison à Tallemant des Réaux. C'est sur tous ces points que notre siècle, notre société moyenne, moins raffinée, se rachète pourtant et retrouve en gros ses avantages.

de La Rochefoucauld, à la suite des *Réflexions diverses* dont elle semble une application vivante. La lettre est adressée à une duchesse dont on ne dit pas le nom :

« Vous voulez que je vous écrive, madame, et vous me l'avez commandé de si bonne grâce et si galamment, que je n'ai pu vous le refuser... Et peut-être qu'il seroit encore de plus mauvais air de vous manquer de parole que de ne vous rien dire d'agréable. Quoi qu'il en soit, vous me donnez le moyen de me sauver de l'un et de l'autre, en m'ordonnant de vous rapporter la conversation que j'eus avant-hier avec M. de La Rochefoucauld, car il parla presque toujours, et vous savez comme il s'en acquitte. Nous étions dans un coin de chambre, tête à tête, à nous entretenir sincèrement de tout ce qui nous venoit dans l'esprit. Nous lisions de temps en temps quelques rondeaux où l'adresse et la délicatesse s'étoient épuisées (1). — Mon Dieu ! me dit-il, que le monde juge mal de ces sortes de beautés ! et ne m'avouerez-vous pas que nous sommes dans un temps où l'on ne se doit pas trop mêler d'écrire ? — Je lui répondis que j'en demeurois d'accord, et que je ne voyois point d'autre raison de cette injustice, si ce n'est que la plupart de ces juges n'ont ni goût ni esprit. — Ce n'est pas tant cela, ce me semble, reprit-il, que je ne sais quoi d'envieux et de malin qui fait mal prendre ce qu'on écrit de meilleur. — Ne vous l'imaginez pas, je vous prie, lui repartis-je, et soyez assuré qu'il est impossible de connoître le prix d'une chose excellente sans l'aimer, ni sans être favorable à celui qui l'a faite. Et comment peut-on mieux témoigner qu'on est stupide et sans goût, que d'être insensible aux charmes de l'esprit ? — J'ai remarqué, reprit-il, les défauts de l'esprit et du cœur de la plupart du monde, et ceux qui ne me connoissent que par là pensent que j'ai tous ces défauts, comme si j'avois fait mon portrait. C'est une chose étrange que mes actions et mon procédé ne les en désabusent pas. — Vous me faites souvenir, lui dis-je, de cet admirable génie (2) qui laissa tant de beaux ouvrages, tant de chefs-d'œuvre d'esprit et d'invention, comme une vive lumière dont les uns furent éclairés et la plupart

---

(1) Sans doute le *Recueil de Rondeaux* imprimé en 1650, celui même d'où La Bruyère a tiré les deux rondeaux qu'on lit dans l'un de ses chapitres.
(2) Épicure.

éblouis ; mais, parce qu'il étoit persuadé qu'on n'est heureux que par le plaisir, ni malheureux que par la douleur (ce qui me semble, à le bien examiner, plus clair que le jour), on l'a regardé comme l'auteur de la plus infâme et de la plus honteuse débauche, si bien que la pureté de ses mœurs ne le put exempter de cette horrible calomnie. — Je serois assez de son avis, me dit-il, et je crois qu'on pourroit faire une maxime que la vertu mal entendue n'est guère moins incommode que le vice bien ménagé n'est agréable (1). — Ah ! monsieur, m'écriai-je, il s'en faut bien garder ; ces termes sont si scandaleux, qu'ils feroient condamner la chose du monde la plus honnête et la plus sainte. — Aussi n'usé-je de ces mots, me dit-il, que pour m'accommoder au langage de certaines gens qui donnent souvent le nom de vice à la vertu, et celui de vertu au vice. Et parce que tout le monde veut être heureux, et que c'est le but où tendent toutes les actions de la vie, j'admire que ce qu'ils appellent vice soit ordinairement doux et commode, et que la vertu mal entendue soit âpre et pesante. Je ne m'étonne pas que ce grand homme (2) ait eu tant d'ennemis ; la véritable vertu se confie en elle-même, elle se montre sans artifice et d'un air simple et naturel, comme celle de Socrate. Mais les faux honnêtes gens, aussi bien que les faux dévots, ne cherchent que l'apparence, et je crois que, dans la morale, Sénèque étoit un hypocrite et qu'Épicure étoit un saint. Je ne vois rien de si beau que la noblesse du cœur et la hauteur de l'esprit ; c'est de là que procède la parfaite honnêteté que je mets au-dessus de tout, et qui me semble à préférer, pour l'heur de la vie, à la possession d'un royaume. Ainsi, j'aime la vraie vertu comme je hais le vrai vice ; mais, selon mon sens, pour être effectivement vertueux, au moins pour l'être de bonne grâce, il faut savoir pratiquer les bienséances, juger sainement de tout, et donner l'avantage aux excellentes choses par-dessus celles qui ne sont que médiocres. La règle, à mon gré, la plus certaine pour ne pas douter si une chose est en perfection, c'est d'observer si elle sied bien à toutes sortes d'égards ; et rien ne me paroît de si mauvaise grâce que d'être un sot ou une sotte, et de se laisser empiéter aux préventions. Nous devons quelque chose aux coutumes des lieux où nous vivons, pour ne pas choquer la révérence publique, quoique ces cou-

(1) Je rétablis ici deux mots omis qui sont indispensables pour le sens.
(2) Toujours Épicure.

tumes soient mauvaises ; mais nous ne leur devons que de l'apparence : il faut les en payer et se bien garder de les approuver dans son cœur (1), de peur d'offenser la raison universelle qui les condamne. Et puis, comme une vérité ne va jamais seule, il arrive aussi qu'une erreur en attire beaucoup d'autres. Sur ce principe qu'on doit souhaiter d'être heureux, les honneurs, la beauté, la valeur, l'esprit, les richesses et la vertu même, tout cela n'est à désirer que pour se rendre la vie agréable (2). Il est à remarquer qu'on ne voit rien de pur et de sincère, qu'il y a du bien et du mal en toutes les choses de la vie, qu'il faut les prendre et les dispenser à notre usage, que le bonheur de l'un seroit souvent le malheur de l'autre, et que la vertu fuit l'excès comme le défaut. Peut-être qu'Aristide et Socrate n'étoient que trop vertueux, et qu'Alcibiade et Phédon ne l'étoient pas assez ; mais je ne sais si, pour vivre content et comme un honnête homme du monde, il ne vaudroit pas mieux être Alcibiade et Phédon qu'Aristide ou Socrate. Quantité de choses sont nécessaires pour être heureux, mais une seule suffit pour être à plaindre ; et ce sont les plaisirs de l'esprit et du corps qui rendent la vie douce et plaisante, comme les douleurs de l'un et de l'autre la font trouver dure et fâcheuse. Le plus heureux homme du monde n'a jamais tous ces plaisirs à souhait. Les plus grands de l'esprit, autant que j'en puis juger, c'est la véritable gloire et les belles connoissances, et je prends garde que ces gens-là ne les ont que bien peu, qui s'attachent beaucoup aux plaisirs du corps. Je trouve aussi que ces plaisirs sensuels sont grossiers, sujets au dégoût et pas trop à rechercher, à moins que ceux de l'esprit ne s'y mêlent. Le plus sensible est celui de l'amour ; mais il passe bien vite si l'esprit n'est de la partie. Et comme les plaisirs de l'esprit surpassent de bien loin ceux du corps, il me semble aussi que les extrêmes douleurs corporelles sont beaucoup plus insupportables que celles de l'esprit. Je vois, de plus, que ce qui sert d'un côté nuit d'un autre ; que le plaisir fait souvent naître la douleur, comme la douleur cause le plaisir, et que notre félicité dépend assez de la fortune et plus encore de notre conduite. — Je l'écoutois doucement quand on nous vint interrompre, et j'étois presque d'accord de

(1) On retrouve tout à fait ici cette *pensée de derrière* dont a parlé Pascal.
(2) Je rétablis cette phrase telle qu'elle est dans l'édition de 1682 ; elle a été corrigée maladroitement dans la réimpression de Hollande.

tout ce qu'il disoit. Si vous me voulez croire, madame, vous goûterez les raisons d'un si parfaitement honnête homme, et vous ne serez pas la dupe de la fausse honnêteté. »

Dans ce curieux discours, qui semble renouvelé d'Aristippe ou d'Horace, on a pu relever au passage bon nombre de pensées toutes faites pour courir en maximes; on a dû sentir aussi par instants quelques-unes des idées familières au chevalier, qui se sont glissées comme par mégarde dans sa rédaction, mais tout aussitôt le pur et vrai La Rochefoucauld recommence. Par exemple, c'est bien La Rochefoucauld qui dit : « Nous devons quelque chose aux coutumes des lieux où nous vivons, pour ne pas choquer la révérence publique, quoique ces coutumes soient mauvaises ; mais nous ne leur devons que de l'apparence: il faut les en payer et se bien garder de les approuver dans son cœur. » Puis c'est le chevalier qui, pour arrondir sa phrase, ajoute : *de peur d'offenser la raison universelle qui les condamne.* Il ne s'est pas aperçu que cette raison universelle et tant soit peu platonicienne n'était pas compatible avec les idées de La Rochefoucauld. Et, en général, le chevalier ne paraît pas s'être bien rendu compte de la portée de cette doctrine insinuante : il ne pense qu'à l'extérieur et à la façon de l'honnête homme ; La Rochefoucauld allait un peu plus avant et savait mieux le fin mot (1).

Cette lettre une fois connue, je n'ai plus guère longtemps affaire avec le chevalier ; il était surtout bon, lui le maître des cérémonies, à nous introduire auprès des autres, de ceux qui valent mieux que lui. Il paraît s'être retiré à une certaine époque dans son manoir des champs et n'avoir plus été du monde. Il avait été gros joueur et s'était mis sur le

---

(1) M. de La Rochefoucauld était mort depuis le mois de mars 1680, quand le chevalier fit imprimer la lettre à la fin de 1681, et il ne paraît pas que cette profession, au fond si épicurienne, ait choqué personne, ni même qu'on l'ait seulement remarquée.

corps force dettes, il en convient, et une foule de créanciers, quoiqu'il n'ait point fait entrer cette condition dans sa définition de l'honnête homme (1). La piété, dit-on, de la marquise de Sevret, sa belle-sœur, contribua à déterminer sa conversion. Un mot d'une lettre de Scarron, si on y attachait un sens sérieux, ferait croire qu'il avait été hérétique dans sa jeunesse (2). On ne sait d'ailleurs rien de précis. Ce qui reste pour nous bien certain, c'est qu'il était de ces esprits distingués d'abord, fins et déliés, mais qui se *figent* vite et qui ne se renouvellent pas. Les écrits sortis de sa plume dans ses dernières années sont insipides ; il baisse à vue d'œil, il se rouille ; il parle de la Cour en bel-esprit redevenu provincial ; il a des ressouvenirs d'épicurien qu'il amalgame comme il peut avec des visées platoniques, et, dans son type d'honnête homme qui est sa marotte éternelle, après avoir épuisé la liste des anciens philosophes, il va jusqu'à essayer en quelques endroits d'y rattacher... qui ?... je ne sais comment dire : celui qu'il appelle *le parfait modèle de toutes les vertus* et qui n'est rien moins que le Sauveur du monde. Le chevalier vieillissant, avec ses airs solennels, n'est plus qu'une ruine, le monument singulier d'une vieille mode, un de ces originaux qu'il aurait fallu voir poser devant La Bruyère.

(1) Voir la lettre 11e, où il se montre comme assiégé par les créanciers, qui l'empêchaient de sortir de chez lui et de faire des visites ; la lettre 37e, sur le triste état de ses affaires ; la lettre 8e, sur une dette de jeu. On reconnaît encore le joueur d'alors et le contemporain du chevalier de Grammont à de certaines anecdotes ; en voici une qu'il entame en ces termes : « Il y avoit à la suite de Monsieur un *fort galant homme* qui ne laissoit pourtant pas d'user de quelque industrie en jouant... » (*OEuv. posth.*, p. 150). Cette petite industrie sert de texte à un bon mot et ne le scandalise pas autrement. Que les plus honnêtes gens ont donc de peine à ne pas être de leur temps et à ne pas se sentir de la coutume !

(2) Ce qui cadrerait peu avec la conjecture précédente (page 87), qu'il aurait été chevalier de Malte. Je ne fais que poser ces petits problèmes pour les biographes futurs, s'il en vient.

Il obtint pourtant, à cette époque, une sorte de célébrité par ses écrits ; on le trouve assez souvent cité par Bouhours, par Daniel, par Bayle, par ceux qui, étant un peu de province ou de collége et arriérés par rapport au beau monde, le croyaient un modèle du dernier goût. Il eut ce que j'appelle un succès de Hollande, lui à qui les manières de Hollande déplaisaient tant. Chez nous, Mme de Sévigné l'a écrasé d'un mot, pour avoir osé critiquer Voiture : « Corbinelli, dit-elle (1), abandonne le chevalier de Méré et son *chien de style*, et la ridicule critique qu'il fait, en collet-

---

(1) Lettre du 24 novembre 1679. — Mais, à propos de Mme de Sévigné et de ses rigueurs, je m'aperçois que j'ai omis de dire, sur la foi des meilleurs biographes modernes, que le chevalier de Méré en avait été autrefois amoureux ; c'est que je n'en crois rien, et je soupçonne qu'il y a eu ici quelque méprise. Ménage, dans l'*Épître dédicatoire* de ses *Observations sur la Langue françoise*, disait à M. de Méré : « Je vous prie de vous souvenir que, lorsque nous fesions notre cour ensemble à une dame de grande qualité et de grand mérite, quelque passion que j'eusse pour cette illustre personne, je souffrois volontiers qu'elle vous aimât plus que moi, parce que je vous aimois aussi plus que moi-même. » C'est sur cette seule phrase que porte la supposition ; on n'a pas mis en doute qu'il ne fût question de Mme de Sévigné, comme si Ménage ne connaissait pas d'autres grandes dames à qui il eut l'honneur de *faire sa cour* avec *passion* (style du temps). Il dit positivement ailleurs : « Ce fut moi qui introduisis le chevalier de Méré chez Mme de Lesdiguières... Il la vit jusqu'à sa mort, et, après elle, il passa à Mme la maréchale de Clérembault. » (*Menagiana*, tome II.) Je crois tout à fait que c'est de cette duchesse, déjà morte, qu'il s'agit dans la phrase précédente. Mme de Lesdiguières, en effet, aima bientôt le chevalier plus que le bon pédant Ménage qu'il n'eut pas de peine à supplanter, et celui-ci, qui n'aurait pas si galamment proclamé sa défaite auprès de Mme de Sévigné, en prenait très-bien son parti pour ce qui était de la duchesse ; car ici il n'y avait pas moyen de se faire illusion, et la préférence était plus claire que le jour. Notez que le nom de Mme de Sévigné ne revient jamais sous la plume du chevalier, qui ne se fait pas faute de citer à tout moment les dames de ses pensées. Je soumets ces observations à la critique attentive des deux excellents biographes MM. de Monmerqué et Walckenaer, qui ont dès longtemps comme la haute main sur ce beau domaine de notre histoire littéraire.

monté, d'un esprit libre, badin et charmant comme Voiture : tant pis pour ceux qui ne l'entendent pas ! » Ceci demande quelque explication et touche à un point très-fin de notre littérature. J'ai dit que M. de Méré était bon surtout à nous initier près des autres, et j'en profite jusqu'au bout.

Dans une lettre à Saint-Pavin, le chevalier, en lui envoyant des remarques *sur la Justesse* dans lesquelles Voiture est critiqué, lui avait dit :

« Je ne sais si vous trouverez bon que j'observe des fautes contre la justesse en cet auteur. Je pense aussi que je n'en eusse rien dit sans Mme la marquise de Sablé, qui ne croit pas que jamais homme ait approché de l'éloquence de Voiture, et surtout dans la justesse qu'il avoit à s'expliquer. Et combien de fois ai-je entendu dire à cette dame : *Mon Dieu ! qu'il avoit l'esprit juste ! qu'il pensoit juste ! qu'il parloit et qu'il écrivoit juste !* jusqu'à dire *qu'il rioit si juste et si à propos, qu'à le voir rire elle devinoit ce qu'on avoit dit.* J'ai connu Voiture : on sait assez que c'étoit un génie exquis et d'une subtile et haute intelligence ; mais je vous puis assurer que dans ses discours ni dans ses écrits, ni dans ses actions, il n'avoit pas toujours cette extrême justesse, soit que cela lui vînt de distraction ou de négligence. Je fus assez étourdi pour le dire à Mme la marquise de Sablé, un soir que j'étois allé chez elle avec Mme la maréchale de Clérembaut ; je m'offris même de montrer dans ses Lettres quantité de fautes contre la justesse, et vous jugez bien que cela ne se passa pas sans dispute. Mme la maréchale prit le parti de Mme la marquise, soit par complaisance ou qu'en effet ce fût son sentiment. Quelques jours après, je fis ces observations, où je ne voulus pas insulter ; je me contentai d'apprendre à ces dames que je n'étois pas chimérique et que je n'imposois à personne. Un de mes amis fit voir à Mme la marquise les endroits que j'avois remarqués, et cette dame, que toute la Cour admire, me parut encore admirable en cela qu'elle ne les eut pas plutôt vus qu'elle se rendit sans murmurer. Je vous assure aussi que Mme de Longueville, que Voiture a tant louée, trouve que j'ai raison partout. Que si M. le Prince, comme vous dites, se montre un peu moins favorable à mes observations, c'est que, dès sa première enfance, il estime cet excellent génie, et que les héros ne reviennent pas aisément. Aussi je tiens d'un auteur grec que c'étoit un crime à la cour d'Alexandre de remarquer les moindres fautes dans les œuvres d'Homère. »

Voiture et Homère ! Mais, après avoir ri, on remarque pourtant cet accord singulier des personnes les plus spirituelles d'alors, de Mme de Sévigné, de Mme de Sablé, cette Sévigné de la génération précédente. Boileau lui-même ne parle de Voiture qu'avec égards et en toute révérence. Pour se rendre compte de la grande réputation du personnage, et, en général, pour s'expliquer ces hommes qui laissent après eux des témoignages d'eux-mêmes si inférieurs à la vogue dont ils ont joui, il faut se dire que les contemporains, surtout dans la société, s'attachent bien plus à la personne qu'aux œuvres du talent ; là où ils voient une source vive, volontiers ils l'adorent, tandis que la postérité, qui ne juge que par les effets, veut absolument, pour en faire cas, que la source soit devenue un grand fleuve.

Qu'on soit Voiture ou Bolingbroke, la postérité vous demande ce que vous aurez *laissé* plutôt que ce que vous aurez *été*, et elle se montrera même d'autant plus exigeante que aurez eu plus de nom.

Pour la réputation du chevalier, il est à regretter, que dans ses beaux jours, il n'ait pas eu une place à l'Académie française ; il en était très-digne à sa date. D'Olivet ensuite lui aurait consacré une de ses petites notices en deux ou trois pages d'un style si exact et si excellent, et qui l'aurait fixé à son rang littéraire. Si on me demandait, en effet, ce qu'était proprement et par-dessus tout le chevalier de Méré, je n'hésiterais pas à répondre : C'était un *académicien*. Ses écrits, surtout ses *Lettres* et ses *Conversations* avec le maréchal de Clérembaut, fourniraient matière à une infinité de remarques pour les définitions précises et pour les fines nuances des mots en usage dans le langage poli. Le cheva-

lier est tout à fait un écrivain. Son style a de la manière ;
mais, entre les styles maniérés d'alors, c'est un des plus distingués, des plus marqués au coin de la propriété et de la
justesse des termes. Il avait le sentiment du *mieux* et de la
perfection dans l'expression, même en causant. Il aimait les
choses *bien prises*. J'ai dit qu'il était précieux ; il se sépare
pourtant, par plus d'un endroit, des précieuses. « Quelques
dames qui ont l'esprit admirable, écrit-il, et qui s'en
devroient servir pour rendre justice à chaque chose, condamnent des mots qui sont fort bons, et dont il est presque
impossible de se passer. Les personnes qui en usent trop
souvent, et d'ordinaire pour ne rien dire, leur ont donné
cette aversion ; mais encore qu'il se faille soumettre au jugement et même à l'aversion de ces dames, je crois pourtant
que l'on ne feroit pas mal de s'en rapporter quelquefois à
tant d'excellents hommes qui jugent sainement et sans caprice, et qui sont assemblés depuis si longtemps pour décider du langage. » Il aurait eu voix au chapitre en bien des
cas, s'il avait siégé parmi ces *excellents hommes*. Encore aujourd'hui, s'il s'agissait de bien fixer le moment où le terme
d'*urbanité*, par exemple, fut introduit, non sans quelque
difficulté, dans la langue du monde, à quel témoignage
pourrait-on recourir plus sûrement qu'à celui du chevalier,
qui, dans une lettre à la maréchale de ***, écrivait : « J'espère, madame, qu'enfin vous donnerez cours à ce nouveau
mot d'*urbanité* que Balzac, avec sa grande éloquence, ne put
mettre en usage, car vous l'employez quelquefois... Il me
semble que cette urbanité n'est point ce qu'on appelle de
bons mots, et qu'elle consiste en je ne sais quoi de civil et
de poli, je ne sais quoi de railleur et de flatteur tout ensemble. » Nous avons déjà au passage noté de ces locutions
qu'il affectionne et qui avaient cours autour de lui : *dire des
choses* ; *faire l'esprit*. Ce sont des gallicismes attiques. Madame de Sablé usait volontiers de la première de ces expressions, *dire des choses*, donnant à entendre que la ma-

nière relève tout et fait tout passer; c'était sentir d'avance comme Voltaire :

> La grâce, en s'exprimant, vaut mieux que ce qu'on dit.

Quant à cet autre mot : *faire l'esprit*, il était du maréchal de Clérembaut, et le chevalier le confirme aussitôt et l'explique de la sorte : « Je me souviens de quelques bons maîtres qui montroient les exercices dans une si grande justesse qu'il n'y avoit rien de défectueux ni de superflu; pas un temps de perdu, ni le moindre mouvement qui ne servit à l'action. Ces maîtres me disoient que, si une fois on a le corps fait, le reste ne coûte plus guère. Il me semble aussi que ceux qui ont *l'esprit fait* entendent tout ce qu'on dit, et qu'il ne leur faut plus après cela que de bons avertisseurs. » Quand le Dictionnaire de l'Académie, continué par nos petits-neveux, en sera au mot *incompatible*, quel meilleur exemple aura-t-on à citer, pour le sens absolu du mot, que ce trait du chevalier contre les raffinés qui ne savent causer, dit-il, qu'avec ceux de leur cabale, et qui voudraient toujours être en particulier, comme s'ils avaient à dire quelque mystère : « Je trouve d'ailleurs que d'être comme *incompatible*, et de ne pouvoir souffrir que des gens qui nous reviennent, c'est une heureuse invention pour se rendre insupportable à la plupart des dames, parce que, d'ordinaire, elles sont bien aises d'avoir à choisir. » Je pourrais continuer ainsi et varier les détails sur ce mérite d'écrivain et presque de grammairien du chevalier, qui s'en piquait tant soit peu; mais il ne faut pas abuser. Je crois en avoir bien assez dit pour montrer qu'il ne méritait pas le mépris et l'oubli total où il est tombé, et que c'est un de ces personnages du passé qu'il n'est pas inutile ni trop ennuyeux de rencontrer une fois dans sa vie, quand on sait les prendre par le bon côté. Mme de Sablé et M. de La Rochefoucauld, en leur temps, trouvaient plaisir à s'entretenir avec lui : est-ce à nous d'être si difficiles?

Et puis, en relisant tout ceci, une pensée dernière me vient, qui remet chacun à sa place. Qu'est-ce que prétendre tirer de l'oubli ? Nous ressemblons tous à une suite de naufragés qui essaient de se sauver les uns les autres, pour périr eux-mêmes l'instant d'après.

1ᵉʳ janvier 1848.

MADEMOISELLE AÏSSÉ (1)

L'imagination humaine a sa part de romanesque; elle a besoin dans le passé de se prendre au souvenir de quelque passion célèbre; de tout temps elle s'est complu à l'histoire, cent fois redite, d'un couple chéri, et aux destinées attendrissantes des amants. Quelques noms semés çà et là, donnés d'ordinaire par la tradition et touchés par la poésie, suffisent. Les choses politiques ont leurs révolutions et leur cours; les guerres se succèdent, les règnes glorieux font place aux désastres; mais, de temps à autre, là où l'on s'y attend le moins, il arrive que sur ce fond orageux, du sein du tourbillon, une blanche figure se détache et plane : c'est Françoise de Rimini qui console de l'enfer. La Renommée, ce monstre infatigable, du même vol dont elle a touché les ruines des empires, s'arrête à cette chose aimable, s'y pose un moment; elle en revient, comme la colombe, avec le rameau.

Dans les temps modernes, si la poésie proprement dite a

---

(1) Cette Notice a paru dans la *Revue des Deux Mondes* du 15 janvier 1846 ; elle a été reproduite en tête d'une édition des *Lettres de Mademoiselle Aïssé* (1846), non sans beaucoup d'additions et de corrections qui nous sont venues de bien des côtés. Pour ne pas faire une trop grande surcharge de notes, nous avons rejeté après la Notice celles qui sont plus étendues et qui contiennent des pièces à l'appui, en nous servant pour cet ordre d'indications des lettres (A), (B), (C), etc.

fait défaut à ce genre de tradition, le roman n'a pas cessé ; sous une forme ou sous une autre, certaines douces figures ont gardé le privilége de servir d'entretien aux générations et aux jeunesses successives. Que dire d'Héloïse ? qu'ajouter à ce que réveille le nom de La Vallière ? Vers 1663, il entra dans la politique de Louis XIV de secourir le Portugal contre l'Espagne, mais de le secourir indirectement ; on fournit sous main des subsides, on favorisa des levées, une foule de volontaires y coururent. Entre cette petite armée commandée par Schomberg, et la pauvre armée espagnole qui lui disputait le terrain, il y eut là, chaque été, bien des marches et des contre-marches de peu de résultat, bien des escarmouches et de petits combats, parmi lesquels, je crois, une victoire. Qui donc s'en soucie aujourd'hui ? Mais le lecteur curieux, qui ne veut que son charme, ne peut s'empêcher de dire que tout cela a été bon puisque les *Lettres de la Religieuse portugaise* en devaient naître.

La tendre anecdote que nous avons à rappeler n'a pas eu la même célébrité ni le même éclat ; elle conserve pourtant sa gracieuse lueur, et ses pages touchantes ont mérité de survivre. A l'époque la moins poétique et la moins idéale du monde, sous la Régence et dans les années qui ont suivi, Mlle Aïssé offre l'image inattendue d'un sentiment fidèle, délicat, naïf et discret, d'un repentir sincère et d'une innocence en quelque sorte retrouvée. Entre ces deux romans si dissemblables, si comparables en plus d'un trait, qui marquent les deux extrémités du siècle, *Manon Lescaut*, *Paul et Virginie*, Mlle Aïssé et son passionné chevalier tiennent leur place, et par le vrai, par le naturel attachant de leur affection et de leur langage, ils se peuvent lire dans l'intervalle. Il est intéressant de voir, dans une histoire toute réelle et où la fiction n'a point de part, comment une personne qui semblait destinée par le sort à n'être qu'une adorable Manon Lescaut redevient une Virginie : il fallait que cette Circassienne, sortie des bazars d'Asie, fût amenée dans ce monde de France pour y relever comme la statue de l'Amour fidèle et de la Pudeur repentante.

Les Lettres de Mlle Aïssé, imprimées pour la première fois en 1787 (à la veille même de *Paul et Virginie*), ont eu depuis plusieurs éditions ; elles étaient accompagnées dès l'abord de quelques courtes notes dues à la plume de Voltaire, qui les avait parcourues en manuscrit. On les réimprimait dès 1788. En 1805, elles reparurent avec une Notice bien touchée de M. de Barante, qui avait recueilli quelques détails nouveaux (dont un pourtant très-hasardé, on le verra) dans la société de M. Suard. C'est ainsi encore qu'elles ont été reproduites en 1823. Le style avait subi de petites épurations dans ces éditions successives ; il y avait pourtant dans le texte bien d'autres points plus essentiels, ce me semble, à éclaircir, à corriger : on ne saurait imaginer la négligence avec laquelle presque tous les noms propres, cités chemin faisant dans ces Lettres, ont été défigurés ; quelques-uns étaient devenus méconnaissables. De plus, un grand nombre des dates d'envoi sont fautives et incompatibles avec les événements dont il est question ; il y a eu des transpositions en certains passages, et tel paragraphe d'une lettre est allé se joindre à une autre dont il ne faisait point d'abord partie. Enfin il est arrivé que des notes plus ou moins exactes, écrites en marge du manuscrit, sont entrées mal à propos dans le texte imprimé. A une première et rapide lecture, ces inconvénients arrêtent peu ; on ne suit que le cours des sentiments de celle qui écrit. Une édition correcte n'en était pas moins un dernier hommage que méritait et qu'attendait encore cette mémoire charmante, si peu en peine de la postérité, et n'aspirant qu'à un petit nombre de cœurs. Un érudit bien connu par sa conscience, sa rectitude et sa sagacité d'investigation en ces matières, M. Ravenel, après s'être avisé le premier de tout ce qu'avaient de défectueux les éditions antérieures, a préparé dès longtemps la sienne, qui est en voie de s'exécuter. Un ami dont le nom reviendra souvent sous notre plume, et dont le talent animé d'un pur zèle fait faute désormais en bien des endroits de la littérature, M. Charles Labitte, devait s'y associer à M. Ravenel : c'est avec les notes de l'un, c'est moyennant les renseignements continus et les directions de l'autre, qu'il m'est permis ici de venir repasser sur cette histoire et d'en fixer quelques particularités avec plus de précision qu'on n'avait fait jusqu'à présent. L'érudition ou ce qui pourrait en avoir l'air, en s'appliquant à ces sujets qui en sont si éloignés par nature, change véritablement de nom et prend quelque chose de la piété qui se met en quête vers les moindres reliques d'un mort chéri.

M. de Ferriol, ambassadeur de France à Constantinople, vit un jour, parmi les esclaves qu'on amenait vendre au marché, une petite fille qui paraissait âgée d'environ quatre ans, et dont la physionomie l'intéressa : les Turcs avaient pris et saccagé une ville de Circassie, ils en avaient tué ou emmené en esclavage les habitants ; l'enfant avait échappé au massacre de ses parents, lesquels étaient princes, dit-on, en leur pays. Du moins les souvenirs de la petite fille lui retraçaient un palais où elle était élevée, et une foule de gens empressés à la servir. M. de Ferriol acheta assez cher (1,500 livres) la petite Circassienne ; il était coutumier d'acheter de belles esclaves, et ce n'était guère dans un but désintéressé (1). Ici il ne paraît pas que son intention fût

---

(1) Voici une petite anecdote à l'appui : « M. le comte de Nogent, qui s'appelle Bautru en son nom, est lieutenant-général des armées du roi, fils et peut-être petit-fils d'officier-général, frère de Mme la duchesse de Biron. C'est un homme qui toujours l'a porté fort haut et a fait le seigneur à la cour. Sa hauteur lui a attiré une scène fort déplaisante, en insultant à sa table, à Nogent-le-Roi, pendant les vacances, un officier de son voisinage au sujet d'un mariage pour sa fille. Il a même eu la sottise de demander une réparation devant les juges de Chartres. Cela a donné occasion à cet officier de faire ou faire faire un petit mémoire que l'on a trouvé parfaitement écrit, et qui a été répandu dans tout Paris... Dans le mémoire susdit, l'offi-

beaucoup plus pure ni exempte d'arrière-pensée : il songeait
à l'avenir et à cultiver cette jeune fleur d'Asie. Étant revenu en France, il y amena l'enfant (1) et la plaça, en attendant mieux, chez sa belle-sœur Mme de Ferriol. Celle-ci,
Tencin de son nom, sœur de la célèbre chanoinesse et du
futur-cardinal, était digne de la famille à tous égards, belle,
galante et intrigante. Le mari, M. de Ferriol, receveur-général des finances du Dauphiné, et conseiller, puis président
au parlement de Metz, ne joua dans la vie de sa femme
qu'un rôle insignifiant et commode. La grande liaison
de Mme de Ferriol fut avec le maréchal d'Uxelles. Les
recueils du temps (2) donnent comme s'appliquant au

cier parle de la noblesse de la mère : on demanderait à propos de
quoi. C'est une petite allusion sur ce que M. de Ferriol, ambassadeur à Constantinople, ramena ici deux esclaves très-belles. Il en
garda une pour lui ; le comte de Nogent, qui peut-être était son ami,
prit l'autre. Non-seulement il l'a gardée, mais il l'a épousée, et c'est
d'elle que vient la fille à marier qui a fait le sujet de la dispute. »
(*Journal* de l'avocat Barbier, avril 1732.)

(1) M. de Ferriol eut plusieurs missions et fit plusieurs voyages et
séjours à Constantinople. Une première fois, en 1692, il fut envoyé
auprès de l'ambassadeur de France, qui le présenta au grand-vizir, et
celui-ci l'autorisa à le suivre à l'armée ; M. de Ferriol fit ainsi les
campagnes de 1692, 1693 et 1694, dans la guerre des Turcs et des
Hongrois mécontents contre l'Empereur. Revenu en France au printemps de 1695, il reçoit en mars 1696 une nouvelle mission, et cette
fois il est accrédité directement auprès du grand-vizir ; il fait la campagne de 1696, celle de 1697, passe l'hiver et le printemps de 1698
à Constantinople, s'embarque pour la France le 22 juin 1698, et
arrive à Marseille le 20 août. — C'est dans ce second voyage qu'il
acheta et qu'il amena en France la jeune Aïssé. — En 1699, M. de
Ferriol, qui n'avait eu jusque-là que des missions temporaires, remplaça à Constantinople, en qualité d'ambassadeur, M. Castagnères de
Chateauneuf. Parti de Toulon dans les derniers jours de juillet 1699,
il alla résider en Turquie durant plus de dix ans, ne fut remplacé
qu'en novembre 1710 par M. Desalleurs, et ne rentra en France que
le 23 mai 1711. Ces dates, que nous devons aux bienveillantes communications de M. Mignet, nous seront tout à l'heure précieuses.

(2) Bibliothèque du roi, mss., dans le *Recueil* dit *de Maurepas*
(XXX, page 279, année 1716). — Voir ci-après la note (A).

premier éclat de leurs amours l'ode de J.-B. Rousseau imitée d'Horace :

> Quel charme, Beauté dangereuse,
> Assoupit ton nouveau Paris ?
> Dans quelle oisiveté honteuse
> De tes yeux la douceur flatteuse
> A-t-elle plongé ses esprits ?

La fin de l'ode semblait menacer l'amant crédule de quelque prochaine inconstance de la perfide :

> Insensé qui sur tes promesses
> Croit pouvoir fonder son appui,
> Sans songer que mêmes tendresses,
> Mêmes serments, mêmes caresses,
> Trompèrent un autre avant lui !

Mais il ne paraît pas que le pronostic ait eu son effet : Mme de Ferriol comprit vite que son crédit dans le monde et sa considération étaient attachés à cette liaison avec le maréchal-ministre, et elle s'y tint. On voit, dans les lettres nombreuses que lord Bolingbroke adresse à Mme de Ferriol (1), qu'il n'en est aucune où il ne lui parle du maréchal comme du grand intérêt de sa vie. Il résulte du témoignage de mademoiselle Aïssé qu'il y avait dans cet état plus de montre que de fond, et que le crédit de la dame baissa fort avec l'éclat de ses yeux (2). Tant qu'elle fut jeune pourtant, Mme de Ferriol parut fort recherchée, et elle eut

---

(1) *Lettres historiques, politiques, philosophiques et littéraires* de lord Bolingbroke ; 3 vol. in-8°, 1808. Ces lettres sont une source des plus essentielles pour l'histoire d'Aïssé.

(2) « Tout le monde est excédé de ses incertitudes (il s'agissait d'un voyage à faire à Pont-de-Veyle en Bourgogne) ; le vrai de ses difficultés, c'est qu'elle ne voudrait point quitter le maréchal, qui ne s'en soucie point et ne ferait pas un pas pour elle. Mais elle croit que cela lui donne de la considération dans le monde. Personne ne s'adresse à elle pour demander des grâces au vieux maréchal... » (Lettre XI.)

rang parmi les femmes en vogue du temps. Ses deux fils, MM. de Pont-de-Veyle et d'Argental, surtout ce dernier, furent élevés avec la jeune Aïssé comme avec une sœur. Les Registres de la paroisse Saint-Eustache, à la date du 21 décembre 1700, nous montrent *damoiselle Charlotte Haïdée* (1) et le petit Antoine de Ferriol (Pont-de-Veyle), représentant tous deux le parrain et la marraine absents au baptême de d'Argental, « lesquels, est-il dit des deux enfants témoins, ont déclaré ne savoir signer. » Aïssé pouvait avoir sept ans au plus à cette date de 1700, ayant été achetée en 1697 ou 1698. L'éducation répara vite ces premiers retards. Un passage des Lettres semble indiquer qu'elle fut mise au couvent des Nouvelles Catholiques; mais c'est surtout dans le monde qu'elle se forma. Cette décadence de Louis XIV, où la corruption pour éclater n'attendait que l'heure, faisait encore une société bien spirituelle, bien riche d'agréments; cela était surtout vrai des femmes et du ton; le goût valait mieux que les mœurs; on sortait de Saint-Cyr, après tout, on venait de lire La Bruyère. On retrouverait jusque dans madame de Tencin la langue de madame de Maintenon. L'esprit d'Aïssé ne fut pas lent à s'orner de tout ce qui pouvait relever ses grâces naturelles sans leur ôter rien de leur légèreté, et la *jeune Circassienne*, la *jeune Grecque* (D), comme chacun l'appelait autour d'elle, continua d'être une créature ravissante, en même temps qu'elle devint une personne accomplie.

Une grave, une fâcheuse et tout à fait déplaisante question se présente: Quel fut le procédé de M. de Ferriol l'ambassadeur à l'égard de celle qu'il considérait comme son bien, lorsqu'il la vit ainsi ou qu'il la retrouva grandissante

---

(1) Elle s'appelait *Charlotte*, du nom de l'ambassadeur (*Charles*), qui fut sans doute son parrain. *Haïdée*, *Aïssé*, paraissent n'être que des variantes de transcription d'un même nom de femme bien connu chez les Turcs. La plus adorable entre les héroïnes du *Don Juan* de Byron est une Haïdée. — Voir ci-après les notes (B) et (C).

et mûrissante, *tempestiva viro*, comme dit Horace? Cette question semblait n'en être plus une depuis longtemps; on a cité un passage tiré d'une lettre de M. de Ferriol à Mlle Aïssé, trouvée dans les papiers de M. d'Argental, duquel il ressortait trop nettement, ce semble, qu'elle aurait été sa maîtresse; mais ce passage isolé en dit plus peut-être qu'il ne convient d'y entendre, à le lire en son lieu et en son vrai sens. Nous donnerons donc ici la lettre entière, qui n'a été publiée qu'assez récemment (1); elle ne porte avec elle aucune indication de date ni d'endroit.

Lettre de M. de Ferriol, ambassadeur à Constantinople, à mademoiselle Aïssé.

« Lorsque je vous retiray des mains des infidelles, et que je vous acheptay, mon intention n'estoit pas de me préparer des chagrins et de me rendre malheureux; au contraire, je prétendis profiter de la décision du destin sur le sort des hommes pour disposer de vous à ma volonté, et pour en faire un jour ma fille ou ma maistresse. Le mesme destin veut que vous soiés l'une et l'autre, ne m'estant pas possible de séparer l'amour de l'amitié, et des désirs ardens d'une tendresse de père; et tranquile, conformés vous au destin, et ne séparés pas ce qu'il semble que le Ciel ayt prit plaisir de joindre.

« Vous auriés esté la maistresse d'un Turc qui auroit peut estre partagé sa tendresse avec vingt autres, et je vous aime uniquement, au point que je veux que tout soit commun entre nous, et que vous disposiés de ce que j'ay comme moy mesme.

« Sur touttes choses plus de brouilleries, observés vous et ne donnés aux mauvaises langues aucune prise sur vous; soyés aussy un peu circonspecte sur le choix de vos amyes, et ne vous livrés à elles que de bonne sorte; et quand je seray content, vous trouverez en moy ce que vous ne trouveriés en nul autre, les nœuds à part qui nous lient indissolublement. Je t'embrasse, ma chère Aïssé, de tout mon cœur. »

(1) Par la *Société des Bibliophiles français*, année 1828.

Voilà une lettre qui certes est bien capable, à première lecture, de donner la chair de poule aux amis délicats de la tendre Aïssé ; M. de La Porte, qui la publia en 1828, la prend dans son sens le plus grave, sans même songer à la discuter. Si alarmante qu'elle soit, elle se trouve pourtant moins accablante à la réflexion, et, pour mon compte, je me range tout à fait à l'avis de M. Ravenel, que notre ami, M. Labitte, partageait également : cette lettre ne me fait pas rendre les armes du premier coup. Qu'y voit-on en effet ? Raisonnons un peu. On y voit qu'à un certain moment M. de Ferriol fut jaloux de quelqu'un dont on commençait à jaser auprès d'Aïssé ; qu'à cette occasion il signifia à celle-ci ses intentions, jusque-là obscures, et sa volonté, dont elle avait pu douter, se considérant plutôt comme sa fille : *Le même destin veut que vous soyez l'une et l'autre...* Cette parole, remarquez-le bien, s'applique à l'avenir bien plus naturellement qu'au passé. L'enfant est devenu une jeune fille ; elle n'a pas moins de dix-sept ou dix-huit ans, alors que M. de Ferriol (je le suppose rentré en France) a soixante ans bien sonnés, car il ne rentre qu'en mai 1711 (1). Voilà donc qu'aux premiers nœuds, en quelque sorte légitimes, qui, dit-il, les *lient déjà indissolublement*, et qu'il a soin de mettre à part, le tuteur et maître croit que le temps est venu d'en ajouter d'autres. Il se déclare pour la première fois nettement, il se propose et prétend s'imposer : reste toujours à savoir s'il fut accepté, et rien ne le prouve. J'insiste là-dessus : la phrase qui, lue isolément, semblait constater une situation établie, accomplie, et sur laquelle on s'est jusqu'ici fondé, comme sur une pièce de conviction, pour rendre l'esclave à son maître, n'indique qu'un ordre pour l'avenir, un commandement à la turque ; or, encore une ois, rien n'indique que l'aga ait été obéi.

(1) Lorsqu'il mourut en octobre 1722, il est dit dans les registres de Saint-Roch qu'il était âgé d'environ soixante-quinze ans. — Voir ci-après la note (E).

Je ne parle ici qu'en me réduisant aux termes mêmes de la lettre ; mais il y a plus, il y a mieux : le caractère d'Aïssé est connu ; sa noblesse, sa délicatesse de sentiments, sont manifestes dans ses Lettres et par tout l'ensemble de sa conduite. Il n'y avait pour elle de ce côté-là qu'un danger, c'était dans ces années obscures, indécises, où la puberté naissante de la jeune fille se confond encore dans l'ignorance de l'enfant, alors qu'on peut dire :

> Il n'est déjà plus nuit, il n'est pas encor jour.

Or, ces années-là, ces années *entre chien et loup*, elle les passa à quatre cents lieues de M. de Ferriol, et rien n'est plus probant en telle matière que l'*alibi* (1). Lorsqu'il revint dans l'été de 1711, elle avait déjà atteint à cet âge où l'on n'est plus abusée que lorsqu'on le veut bien ; elle avait de dix-sept à dix-huit ans, et M. de Ferriol en avait environ soixante-quatre. Ce sont là aussi des garanties, surtout, je le répète, quand le caractère d'ailleurs est bien connu, et qu'on a affaire à une personne d'esprit et de cœur, qui va tout à l'heure résister au Régent de France.

A quelle date la lettre qu'on a lue fut-elle écrite ? Dans quelle circonstance et à quelle occasion ? Mlle Aïssé, en ses Lettres, a raconté avec enjouement l'histoire de ce

---

(1) On a dit dans une note précédente qu'il résidait à Constantinople en qualité d'ambassadeur ; il y était arrivé le 11 janvier 1700. Tandis qu'Aïssé, en France, cessait d'être un enfant, il avait maille à partir ailleurs ; l'extrait suivant, puisé aux sources, ne laisse rien à désirer : « En 1709, des plaintes ayant été portées contre lui par divers membres de la nation française, il est rappelé le 27 mars 1710. Son rappel est fondé sur l'état de sa santé, dont il ne se plaint pas. Bien que remplacé par le comte Desalleurs, qui prend en main les affaires de l'ambassade le 2 novembre 1710, M. de Ferriol n'en continue pas moins de correspondre avec la Cour sur les affaires, se plaint vivement de M. Desalleurs, qui le lui rend bien, et enfin s'embarque le 30 mars 1711 pour la France, où il arrive le 23 mai. » — Voir ci-après la note (F).

qu'elle appelle *ses amours avec le duc de Gêvres*, amours de deux enfants de huit à dix ans, et dont elle se moquait à douze : « Comme on nous voyait toujours ensemble, les gouverneurs et les gouvernantes en firent des plaisanteries entre eux, et cela vint aux oreilles de mon *aga*, qui comme vous le jugez, fit un beau roman de tout cela. » Serait-ce à propos de ce bruit, commenté et grossi après coup, que la semonce aurait été écrite? A-t-elle pu l'être de Constantinople même et en prévision du retour, ce qui serait une grossièreté de plus? Quoi qu'il en soit, dans cette même lettre où Mlle Aïssé raconte ses amours enfantines, elle ajoute, en s'adressant à son amie, Mme de Calandrini : « Quoi! madame, vous me croiriez capable de vous tromper! Je vous ai fait l'aveu de toutes mes faiblesses; elles sont bien grandes; mais jamais je n'ai pu aimer qui je ne pouvais estimer. Si ma raison n'a pu vaincre ma passion, mon cœur ne pouvait être séduit que par la vertu ou par tout ce qui en avait l'apparence. » Un tel langage dans une bouche si sincère, et de la part d'une conscience si droite, n'exclut-il pas toute liaison d'un certain genre avec M. de Ferriol? Il n'y en a pas trace dans la suite de ces lettres à Mme de Calandrini. Chaque fois qu'Aïssé, dans cette confidence touchante, se reproche ses fautes, ce n'est que par rapport à une seule personne trop chère, et il n'y paraît aucune allusion à une autre faiblesse, plus ou moins volontaire, qui aurait précédé et qu'elle aurait dû considérer, d'après ses idées acquises depuis, comme une mortelle flétrissure. Lorsqu'elle résiste aux instances de mariage que lui fait son passionné chevalier, parmi les raisons qu'elle oppose, on ne voit pas que la pensée d'une telle objection se soit présentée à elle; elle ne se trouve point digne de lui par la fortune, par la situation, et non point du tout parce qu'elle a été la victime d'un autre. Lorsqu'elle parle de l'ambassadeur défunt, elle le fait en des termes d'affection qui n'impliquent aucun ressentiment, tel qu'un pareil acte aurait dû lui en laisser. « Pour parler de la vie que je mène, et dont vous avez la bonté, écrit-elle à son amie (1), de me demander des détails, je vous dirai que la maîtresse de cette maison est bien plus difficile à vivre que le *pauvre ambassadeur.* » Parlerait-elle sur ce ton de quelqu'un qui lui rappellerait décidément une faute odieuse, avilissante ? Pourquoi ne pas admettre que ce *pauvre* ambassadeur, déjà vieux et *vaincu du temps*, comme dit le poëte, finit par se décourager et par devenir bon homme ?

Et en effet, jusqu'à la publication du fragment malencontreux, on avait cru dans la société que si M. de Ferriol avait eu à un moment quelque dessein sur elle, Mlle Aïssé avait dû à la protection des fils de Mme de Ferriol, et particulièrement à celle de d'Argental, de s'être soustraite aux persécutions de l'oncle. C'était le sentiment des premiers éditeurs, héritiers des traditions et des souvenirs de la famille Calandrini ; personne alors ne le contesta (2). L'*Année littéraire*, parlant d'Aïssé au sujet de cette publication, disait : « Elle se fit aimer de tout le monde ; malheureusement tout autour d'elle respirait la volupté. Cette éducation dangereuse ne la séduisit cependant pas au point de la faire céder aux vues de M. de Ferriol, qui, peu généreux, exigeait d'elle trop de reconnaissance, et d'un grand prince qui voulait en faire sa maîtresse ; mais elle la disposa à la tendresse, et le chevalier d'Aydie en profita (3). » Le récit de M. Craufurd (4) rentre tout à fait dans cette opinion

---

(1) Lettre XIV.
(2) On trouve dans le *Journal de Paris*, du 28 novembre 1787, une lettre signée *Villars* qui reproche à l'éditeur d'avoir mêlé à sa publication des anecdotes défavorables à la famille Ferriol ; le témoignage de M. d'Argental, encore vivant, y est invoqué. Cette lettre, écrite dans un intérêt de famille, prouve une seule chose, c'est qu'on était loin de croire alors et qu'on n'avait jamais admis jusque-là qu'Aïssé eût été sacrifiée à l'ambassadeur. — Voir ci-après la note (G).
(3) *Année littéraire*, 1788. tome VI, page 209.
(4) *Essais de Littérature française*, tome 1er, page 188 (3e édition).

qu'on avait généralement, et on sent qu'il ne change d'avis que sur la prétendue preuve écrite. Nous croyons avoir réduit cette preuve à sa juste valeur.

Le fait est qu'à dater d'un certain moment, qui pourrait bien n'être autre que celui de la tentative avortée, Mlle Aïssé eut son domicile habituel chez Mme de Ferriol, et ce ne fut plus ensuite que dans les deux dernières années de la vie de l'ambassadeur qu'elle retourna près de lui pour lui rendre les soins de la reconnaissance. Il mourut le 26 octobre 1722, à l'âge d'environ soixante-quinze ans. Est-il besoin d'ajouter que, durant ce dernier séjour (1), elle était plus que préservée par toutes les bonnes raisons et par l'amour même du chevalier d'Aydie, qui l'aimait dès lors, comme on le voit d'après certains passages des Lettres de lord Bolingbroke? Je transcrirai ici quelques-uns de ces endroits qui ont de l'intérêt à travers leur obscurité et malgré le sous-entendu des allusions.

Bolingbroke écrivait à Mme de Ferriol, le 17 novembre 1721, en l'invitant à venir passer les fêtes de Noël à sa campagne de *la Source*, près d'Orléans : « Nous avons été fort agréablement surpris de voir que Mlle Aïssé veuille être de la partie et renoncer pendant quelque temps aux plaisirs de Paris. Peut-être ne fait-elle pas mal de visiter ses amis au fond d'une province, comme d'autres y vont visiter leurs mères. Quel que soit le motif qui nous attire ce plaisir, nous lui en sommes très-obligés... » Et sur une autre page de la même lettre, dans une apostille pour M. d'Argental : « N'auriez-vous pas contribué à nous procurer le plaisir d'y voir Mlle Aïssé? Je soupçonne fort que vos conseils, et peut-être le procédé d'une autre personne,

(1) Mme de Ferriol, qui avait habité d'abord rue des Fossés-Montmartre, logeait en dernier lieu rue Neuve-Saint-Augustin, et l'ambassadeur demeurait dans le même hôtel ; ainsi ces diverses installations pour Aïssé se réduisaient au plus à un changement d'appartement.

lui ont inspiré un goût pour la campagne, que je tâcherais de cultiver, si j'avais quelques années de moins. »
— Quel est ce procédé? et de quelle autre personne s'agit-il? Nous chercherons tout à l'heure. — Un mois après, Bolingbroke écrivait encore à Mme de Ferriol (30 décembre 1721) : «Je compte que vous viendrez ; je me flatte même de l'espérance d'y voir Mme du Deffand ; mais, pour Mlle Aïssé, je ne l'attends pas. Le Turc sera son excuse, et un certain chrétien de ma connaissance, sa raison. » Ainsi, dès lors, Mlle Aïssé était aimée du chevalier d'Aydie (car c'est bien lui qui se trouve ici désigné); et si elle restait à Paris, sous prétexte de ne pas quitter M. de Ferriol, elle avait sa raison secrète, plus voisine du cœur.

A une date antérieure, le 4 février 1719, il est question, dans un autre billet de Bolingbroke à d'Argental, de je ne sais quel événement plus ou moins fâcheux survenu à l'aimable Circassienne ; je donne les termes mêmes sans me flatter de les pénétrer : « Je vous suis très-obligé, mon cher monsieur, de votre apostille ; mais la nouvelle que vous m'y envoyez me fâche extrêmement. Mademoiselle Aïssé était si charmante, que toute métamorphose lui sera désavantageuse. Comme vous êtes *de tous ses secrets le grand dépositaire* (1), je ne doute point que vous ne sachiez ce qui peut lui avoir attiré ce malheur : est-elle la victime de la jalousie de quelque déesse, ou de la perfidie de quelque dieu? Faites-lui mes très-humbles compliments, je vous supplie. J'aimerais mieux avoir trouvé le secret de lui plaire que celui de la quadrature du cercle ou de fixer la longitude. » Comme ce billet à d'Argental est écrit en apostille d'une

---

(1)   Tu seras de mon cœur l'unique secrétaire,
    Et de tous nos secrets le grand dépositaire.

C'est Dorante qui dit cela dans *le Menteur* (acte II, scène VI). Bolingbroke savait sa littérature française par le menu.

lettre à Mme de Ferriol et à la suite de la même page, on ne doit pas y chercher un bien grand mystère. Cette métamorphose, qui ne saurait être que *désavantageuse*, pourrait bien n'avoir été autre chose que la petite vérole qu'aurait envoyée à ce charmant visage quelque divinité jalouse ; dans tous les cas, il ne paraît point qu'elle ait laissé beaucoup de traces, et le don de plaire fut après ce qu'il était avant.

La phrase qu'on a lue plus haut sur le *procédé* d'une certaine personne, lequel était de nature, selon Bolingbroke, à faire désirer à Mlle Aïssé un éloignement momentané de Paris, pourrait bien s'appliquer à ce qu'on sait d'une tentative du Régent auprès d'elle. Ce prince, en effet, l'ayant rencontrée chez Mme de Parabère, la trouva tout aussitôt à son gré et ne douta point de réussir ; il chercha à plaire de sa personne, en même temps qu'il fit faire sous main des offres séduisantes, capables de réduire la plus rebelle des Danaë ; finalement il mit en jeu Mme de Ferriol elle-même, peu scrupuleuse et propre à toutes sortes d'emplois. Rien n'y put faire, et Mlle Aïssé, décidée à ne point séparer le don de son cœur d'avec son estime, déclara que si on continuait de l'obséder, elle se jetterait dans un couvent. Une telle conduite semble assez répondre de celle qu'elle tint envers M. de Ferriol ; les deux sultans eurent le même sort ; seulement elle y mit avec l'un toute la façon désirable, tout le dédommagement du respect filial et de la reconnaissance.

L'ambassadeur mort (octobre 1722), Mlle Aïssé revint loger chez Mme de Ferriol, qui manqua de délicatesse jusqu'à lui reprocher les bienfaits du défunt. Indépendamment d'un contrat de 4,000 livres de rentes viagères, ce Turc, qui avait du bon, et dont l'affection pour celle qu'il nommait sa fille était réelle, bien que mélangée, lui avait laissé en dernier lieu un billet d'une somme assez forte, payable par ses héritiers. Cette somme à débourser tenait surtout à cœur à Mme de Ferriol, et elle le fit sentir à Mlle Aïssé, qui se leva, alla prendre le billet et le jeta au feu en sa présence.

Ce dut être en 1721 ou 1720 au plus tôt, que les relations de Mlle Aïssé et du chevalier d'Aydie commencèrent : elle le vit pour la première fois chez Mme du Deffand, jeune alors, mariée depuis 1718, et qui était citée pour ses beaux yeux et sa conduite légère, non moins que pour son imagination vive et féconde, comme elle le fut plus tard pour sa cécité patiente, sa fidélité en amitié et son inexorable justesse de raison. Le chevalier Blaise-Marie d'Aydie, né vers 1690, fils de François d'Aydie et de Marie de Sainte-Aulaire, était propre neveu par sa mère du marquis de Sainte-Aulaire de l'Académie française (1). Ses parents eurent neuf enfants et peu de biens; trois filles entrèrent au couvent, trois cadets suivirent l'état ecclésiastique. Blaise, le second des garçons, qui avait titre *clerc tonsuré du diocèse de Périgueux, chevalier non profés de l'Ordre de Saint-Jean de Jérusalem*, fut présenté à la Cour du Palais-Royal par son cousin le comte de Rions, lequel était l'amant avoué et le mari secret de la duchesse de Berry, fille du Régent. Rions avait la haute main au Luxembourg ; il introduisit son jeune cousin, dont la bonne mine réussit d'emblée assez bien pour attirer un caprice passager de cette princesse, qui ne se les refusait guère. Le chevalier était donc dans le monde sur le pied d'un homme à la mode, lorsqu'il rencontra Mlle Aïssé, et, de ce jour-là, il ne fut plus qu'un homme passionné, délicat et sensible. Les premiers temps de leur liaison paraissent avoir été traversés ; la résistance de la jeune femme, la concurrence peut-être du Régent, quelques restes de

---

(1) J'emprunterai beaucoup, dans tout ce que j'aurai à dire du chevalier d'Aydie, à une Notice manuscrite dont je dois communication à la bienveillance de M. le comte de Sainte-Aulaire.

jalousie sans doute de M. de Ferriol, compliquèrent cette passion naissante. Le chevalier fit un long voyage, et on le voit au bout de la Pologne, à Wilna, en juin 1723 ; mais, à son retour, Mlle Aïssé était vaincue, et on n'en pourrait douter, lors même qu'on n'en aurait d'autre preuve que ce passage d'une lettre de Bolingbroke à d'Argental (de Londres, 28 décembre 1725) : « Parlons, en premier lieu, mon respectable magistrat, de l'objet de nos amours. Je viens d'en recevoir une lettre : vous y avez donné occasion, et je vous en remercie. En vous voyant, elle se souvient de moi ; et je meurs de peur qu'en me voyant elle ne se souvienne de vous. Hélas ! en voyant le *Sarmate*, elle ne songe ni à l'un ni à l'autre. Devineriez-vous bien la raison de ceci ? Faites-lui mes tendres compliments. J'aurai l'honneur de lui répondre au premier jour... Mille compliments à M. votre frère. J'adore mon aimable gouvernante (1) ; mandez-moi des nouvelles de son cœur, c'est devant vous qu'il s'épanche. »

Ce passage en sous-entendait beaucoup plus qu'il n'en exprimait, et l'année précédente il s'était passé un événement dont bien peu de personnes avaient eu le secret. Mlle Aïssé, sentant qu'elle allait devenir mère, n'avait pu prendre sur elle de se confier à Mme de Ferriol, qui aurait trop triomphé de voir le naufrage d'une vertu naguère si assurée, et qui n'était pas femme à comprendre ce qui sépare une tendre faiblesse d'une séduction par intérêt ou par vanité. Dans son anxiété croissante, et les moments du péril approchant, la jeune femme recourut à Mme de Villette, qui, depuis un an ou deux ans, avait pris nom lady Bolingbroke. Cette dame aimable et spirituelle avait épousé en premières noces le marquis de Villette, proche parent de

---

(1) Toujours Mlle Aïssé ; il la désigne ainsi par suite de quelque plaisanterie de société et par allusion probablement au rôle où il l'avait vue dans les derniers temps de M. de Ferriol.

Mme de Maintenon (1), veuf et père déjà de plusieurs enfants, du nombre desquels était cette charmante madame de Caylus. Mme de Villette, à peu près du même âge que sa belle-fille et sortie également de Saint-Cyr, avait, dans son veuvage, contracté une union fort intime, fort effective, avec lord Bolingbroke, alors réfugié en France : tantôt il passait le temps chez elle, à sa campagne de Marsilly, près de Nogent-sur-Seine ; tantôt elle habitait chez lui, à sa jolie retraite de la Source, près d'Orléans, où Voltaire les visitait. Dans un voyage qu'elle fit à Londres pour les intérêts de l'homme illustre et orageux dont elle avait su fixer le cœur, elle avait paru comme sa femme et elle en garda le nom, quoique de malins amis aient voulu douter que le sacrement ait jamais consacré entre eux le lien. Peu nous importe ici : elle était bonne, elle était indulgente ; elle entra vivement dans les tourments de la pauvre Aïssé et n'épargna rien pour pourvoir à ses embarras. Elle fit semblant de l'emmener en Angleterre vers la fin de mai 1724 : pendant ce temps, Bolingbroke, resté en France, écrivait de la Source à Mme de Ferriol, pour mieux déjouer tous soupçons (2 juin 1724) : « Avez-vous eu des nouvelles d'Aïssé ? La marquise (Mme de Villette) m'écrit de Douvres : elle y est arrivée vendredi au soir, après le passage du monde le plus favorable. La mer ne lui a causé qu'un peu de tourment de tête ; mais pour sa compagne de voyage, elle a rendu son dîner aux poissons. »

On conjecture que ce fut à cette époque même qu'Aïssé, retirée dans un faubourg de Paris, entourée des soins du chevalier et assistée de la fidèle Sophie, sa femme de chambre, donna le jour à une fille, qui fut baptisée sous le nom de *Célénie Léblond*. On retrouve lady Bolingbroke de retour en France dès septembre 1724 ; probablement elle

---

(1) Philippe Le Valois, marquis de Villette, chef d'escadre, dont M. de Monmerqué vient de publier les *Mémoires* (1844).

fut censée ramener sa compagne ; les détails du stratagème nous échappent. Il est certain d'ailleurs qu'elle se chargea d'abord de l'enfant ; elle put l'emmener en Angleterre, où elle retournait à la fin d'octobre, même année ; quelque temps après, la petite fille reparut pour être placée au couvent de Notre-Dame à Sens, sous le nom de miss *Black*(1) et à titre de nièce de lord Bolingbroke. L'abbesse de ce couvent était une fille même de Mme de Villette, née du premier mariage. Tout cela, on le voit, concorde et s'explique à merveille ; on a le cadre et le canevas du roman ; mais c'est de la physionomie des personnages et de la nature des sentiments qu'il tire son véritable et durable intérêt.

Le chevalier d'Aydie, dans sa jeunesse, offrait plus d'un de ces traits qui s'adaptent d'eux-mêmes à un héros de roman ; Voltaire, écrivant à Thieriot et lui parlant de sa tragédie d'*Adélaïde du Guesclin* à laquelle il travaillait alors, disait (24 février 1733) : « C'est un sujet tout français et tout de mon invention, où j'ai fourré le plus que j'ai pu d'amour, de jalousie, de fureur, de bienséance, de probité et de grandeur d'âme. J'ai imaginé un sire de Couci, qui est un très-digne homme, comme on n'en voit guère à la Cour ; un très-loyal chevalier, comme qui dirait le chevalier d'Aydie, ou le chevalier de Froulay. » Il avait dans le moment à se louer des bons offices de tous deux près du garde des sceaux ; il y revient dans une lettre du 13 janvier 1736, à Thieriot encore : « Si vous revoyez les deux chevaliers sans peur et sans reproche, joignez, je vous en prie, votre reconnaissance à la mienne. Je leur ai écrit ; mais il me semble que je ne leur ai pas dit assez avec quelle sensibilité je suis touché de leurs bontés, et combien je suis orgueilleux d'avoir pour mes protecteurs les deux plus ver-

---

(1) Ce nom de fantaisie, *miss Black*, semble avoir été donné pour faire contraste et contre-vérité à celui de *Célénie Leblond*.

tueux hommes du royaume. » — La *Correspondance* de Mme du Deffand (1) nous donne également à connaître le chevalier par le dehors et tel qu'il était aux yeux du monde et dans l'habitude de l'amitié. Plusieurs lettres de lui nous le font voir après la jeunesse et bonnement retiré en famille dans sa province. Nous donnerons ici au long son portrait tracé par Mme du Deffand ; elle soupçonnait, mais elle ne marque pas assez profondément (car le monde ne sait pas tout) ce qui était le trait distinctif de son être, la sensibilité, la passion et surtout la tendre fidélité dont il se montra capable : ce sera à Mlle Aïssé de compléter Mme du Deffand sur ces points-là.

Portrait de M. le Chevalier d'Aydie par madame la marquise du Deffand (2).

« L'esprit de M. le Chevalier d'Aydie est chaud, ferme et vigoureux ; tout en lui a la force et la vérité du sentiment. On dit de M. de Fontenelle qu'à la place du cœur il a un second cerveau ; on pourrait croire que la tête du Chevalier contient un second cœur. Il prouve la vérité de ce que dit Rousseau, que c'est dans notre cœur que notre esprit réside (3).

---

(1) Les deux volumes in-8° publiés en 1809.
(2) Grâce à une copie manuscrite qui provient des papiers mêmes du Chevalier, nous pouvons donner ce portrait, un peu différent de ce qu'il est dans la *Correspondance* de Mme du Deffand ; on a fait subir à celui-ci, comme il arrive trop souvent, de prétendues petites corrections qui l'ont écourté.
(3) Dans le portrait tel qu'il a été imprimé en 1809, cette phrase sur Rousseau est supprimée, et l'on y a mis l'observation sur Fontenelle au passé : On *a* dit de M. de Fontenelle qu'il *avait*... Il résulte, au contraire, de notre version plus exacte et plus complète, que Fontenelle vivait encore quand Mme du Deffand traçait ce portrait. Quant à Rousseau, il s'agit ici de Jean-Baptiste, qui a dit dans son Épître à M. de Breteuil :

> Votre cœur seul doit être votre guide :
> Ce n'est qu'en lui que notre esprit réside.

« Jamais les idées du Chevalier ne sont affaiblies, subtilisées ni refroidies par une vaine métaphysique. Tout est premier mouvement en lui : il se laisse aller à l'impression que lui font les sujets qu'il traite. Souvent il en devient plus affecté, à mesure qu'il parle ; souvent il est embarrassé au choix du mot le plus propre à rendre sa pensée, et l'effort qu'il fait alors donne plus de ressort et d'énergie à ses paroles. Il n'emprunte les idées ni les expressions de personne ; ce qu'il voit, ce qu'il dit, il le voit et il le dit pour la première fois. Ses définitions, ses images sont justes, fortes et vives ; enfin le Chevalier nous démontre que le langage du sentiment et de la passion est la sublime et véritable éloquence.

« Mais le cœur n'a pas la faculté de toujours sentir, il a des temps de repos ; alors le Chevalier paraît ne plus exister. Enveloppé de ténèbres, ce n'est plus le même homme, et l'ont croirait que, gouverné par un Génie, le Génie le reprend et l'abandonne suivant son caprice (1). Quoique le Chevalier pense et agisse par sentiment, ce n'est peut-être pas néanmoins l'homme du monde le plus passionné ni le plus tendre ; il est affecté par trop de divers objets pour pouvoir l'être fortement par aucun en particulier. Sa sensibilité est, pour ainsi dire, distribuée à toutes les différentes facultés de son âme, et cette diversion pourrait bien défendre son cœur et lui assurer une liberté d'autant plus douce et d'autant plus solide qu'elle est également éloignée de l'indifférence et de la tendresse. Cependant il croit aimer ; mais ne s'abuse-t-il point ? Il se passionne pour les vertus qui se trouvent en ses amis ; il s'échauffe en parlant de ce qu'il leur doit, mais il se sépare d'eux sans peine, et l'on serait tenté de croire que personne n'est absolument nécessaire à son bonheur. En un mot, le Chevalier paraît plus sensible que tendre.

« Plus une âme est libre, plus elle est aisée à remuer. Aussi qui-

(1) L'imprimé de 1809 donne ici une version différente et qui mérite d'être reproduite, parce qu'elle ne laisse pas d'être heureuse et qu'elle semble de la plume même de l'auteur : « ... Alors le Chevalier n'est plus le même homme : toutes ses lumières s'éteignent ; enveloppé de ténèbres, s'il parle, ce n'est plus avec la même éloquence ; ses idées n'ont plus la même justesse, ni ses expressions la même énergie, elles ne sont qu'exagérées ; on voit qu'il se recherche sans se trouver : l'original a disparu, il ne reste plus que la copie. » Cette expression : *il se recherche sans se trouver*, nous paraît d'une trop bonne langue pour ne pas provenir de Mme du Deffand.

conque a du mérite peut attendre du Chevalier quelques moments de sensibilité. L'on jouit avec lui du plaisir d'apprendre ce qu'on vaut par les sentiments qu'il vous marque, et cette sorte de louanges et d'approbation est bien plus flatteuse que celle que l'esprit seul accorde et où le cœur ne prend point de part.

« Le discernement du Chevalier est éclairé et fin, son goût très-juste ; il ne peut rester simple spectateur des sottises et des fautes du genre humain. Tout ce qui blesse la probité et la vérité devient sa querelle particulière. Sans miséricorde pour les vices et sans indulgence pour les ridicules, il est la terreur des méchants et des sots ; ils croient se venger de lui en l'accusant de sévérité outrée et de vertus romanesques ; mais l'estime et l'amour des gens d'esprit et de mérite le défendent bien de pareils ennemis.

« Le Chevalier est trop souvent affecté et remué pour que son humeur soit égale ; mais cette inégalité est plutôt agréable que fâcheuse. Chagrin sans être triste, misanthrope sans être sauvage, toujours vrai et naturel dans ses différents changements, il plaît par ses propres défauts, et l'on serait bien fâché qu'il fût plus parfait. »

Sans être un bel-esprit, comme cela devenait de mode à cette date, le chevalier d'Aydie avait de la lecture et du jugement ; il savait *écouter et goûter* ; son suffrage était de ceux qu'on ne négligeait pas. Lorsque d'Alembert publia en 1753 ses deux premiers volumes de *Mélanges*, Mme du Deffand consulta les diverses personnes de sa société ; elle alla, pour ainsi dire, aux voix dans son salon, et mit à part les avis divers pour que l'auteur en pût faire ensuite son profit ; c'est sans doute ce qui a procuré l'opinion du chevalier d'Aydie qu'on trouve recueillie dans les OEuvres de d'Alembert (1). Très-lié avec Montesquieu, il écrivait de lui avec une effusion dont on ne croirait pas qu'un si grave génie pût être l'objet, et qui de loin devient le plus piquant comme le plus touchant des éloges : « Je vous félicite, madame, du plaisir que vous avez de revoir M. de Formont et

(1) *OEuvres posthumes*, an VII, tom Ier, page 117

M. de Montesquieu; vous avez sans doute beaucoup de part à leur retour, car je sais l'attachement que le premier a pour vous, et l'autre m'a souvent dit avec sa naïveté et sa sincérité ordinaire : « J'aime cette femme de tout mon cœur ; elle me plaît, elle me divertit ; il n'est pas possible de s'ennuyer un moment avec elle. » S'il vous aime donc, madame, si vous le divertissez, il y a apparence qu'il vous divertit aussi, et que vous l'aimez et le voyez souvent. Eh ! qui n'aimerait pas cet homme, ce bon homme, ce grand homme, original dans ses ouvrages, dans son caractère, dans ses manières, et toujours ou digne d'admiration ou aimable ! »
— Sans donc nous étendre davantage ni anticiper sur les années moins brillantes, on saisit bien, ce me semble, la physionomie du chevalier à cet âge où il est donné de plaire : brave, loyal, plein d'honneur, homme d'épée sans se faire de la gloire une idole, homme de goût sans viser à l'esprit, cœur naturel, il était de ceux qui ne sont tout entiers eux-mêmes et qui ne trouvent toute leur ambition et tout leur prix que dans l'amour.

On ne possède aucune des lettres qu'Aïssé lui adressa ; nous n'avons l'image de cette passion, à la fois violente et délicate, que réfléchie dans le sein de l'amitié et déjà voilée par les larmes de la religion et du repentir. La fille d'Aïssé et du chevalier avait deux ans ; leur liaison continuait avec des redoublements de tendresse de la part du chevalier, qui bien souvent pensait à se faire relever de ses vœux pour épouser l'amie à laquelle il aurait voulu assurer une position avouée et la paix de l'âme. Il semblait, en effet, qu'une inquiétude secrète se fût logée au cœur de la tendre Aïssé, et qu'elle n'osât jouir de son bonheur. Les attendrissements mêmes que lui causaient les témoignages du chevalier étaient trop vifs pour elle et la consumaient. Elle n'aurait rien voulu accepter qui fût contre l'intérêt et contre l'honneur de famille de celui qu'elle aimait. Une sorte de langueur passionnée la minait en silence. C'est alors que, dans l'été de 1726, Mme de Calandrini vint de Genève passer quelques mois à Paris, et se lia d'amitié avec elle. Cette dame, qui, par son mariage, tenait à l'une des premières familles de Genève, était Française et Parisienne, fille de M. Pellissary, trésorier général de la marine ; elle avait eu l'honneur d'être célébrée, dans son enfance, par le poëte galant Pavillon (1). Une sœur de Mme de Calandrini avait épousé le vicomte de Saint-John, père de lord Bolingbroke, qu'il avait eu d'un premier lit : de là l'étroite liaison des Calandrin avec les Bolingbroke, les Villette et les Ferriol. Genève ainsi tenait son coin chez les torics et dans la Régence. Mme de Calandrini était à la fois une femme aimable et une personne vertueuse ; elle s'attacha à l'intéressante Aïssé, gagna sa confiance, reçut son secret, et lui donna des conseils qui peuvent paraître sévères, et qu'Aïssé ne trouvait que justes. Celle-ci, née pour les affections, et qui les avait dû refouler jusque-là, orpheline dès l'enfance, n'ayant pas eu de mère et l'étant à son tour sans oser le paraître, amante heureuse mais troublée dans son aveu, du moment qu'elle rencontra un cœur de femme digne de l'entendre, s'y abandonna pleinement, elle éclata : « Je vous aime comme ma mère, ma sœur, ma fille, enfin comme tout ce qu'on doit aimer. » De vifs regrets aussitôt, des retours presque douloureux s'y mêlèrent : « Hélas ! que n'étiez-vous madame de Ferriol ? vous m'auriez appris à connaître la vertu ! » Et encore : « Hélas ! madame, je vous ai vue malheureusement beaucoup trop tard. Ce que je vous ai dit cent fois, je vous le répéterai : dès le moment que je vous ai connue, j'ai senti pour vous la confiance et l'amitié la plus forte. J'ai un sincère plaisir à vous ouvrir mon

---

(1) Voir dans les *OEuvres* d'Étienne Pavillon (1750, tome Ier, page 169) la lettre, moitié vers et moitié prose, adressée à Mlle Julie de Pellissary, âgée de *huit ans*. Dans l'une des lettres suivantes (page 175), *sur le mariage de mademoiselle de Pellissary avec M. Warthon*, il faut lire *Saint-John* et non pas *Warthon*.

cœur ; je n'ai point rougi de vous confier toutes mes faiblesses ; vous seule avez développé mon âme ; elle était née pour être vertueuse. Sans pédanterie, connaissant le monde, ne le haïssant point, et sachant pardonner suivant les circonstances, vous sûtes mes fautes sans me mésestimer. Je vous parus un objet qui méritait de la compassion, et qui était coupable sans trop le savoir. Heureusement c'était aux délicatesses mêmes d'une passion que je devais l'envie de connaître la vertu. Je suis remplie de défauts, mais je respecte et j'aime la vertu... » Cette idée de vertu entra donc distinctement pour la première fois dans ce cœur qui était fait pour elle, qui y aspirait d'instinct, qui était malade de son absence, mais qui n'en avait encore rencontré jusque-là aucun vrai modèle. Cette pensée se trouve exprimée avec ingénuité, avec énergie, en maint endroit des lettres ; elles suivirent de près le départ de Mme de Calandrini, à dater d'octobre 1726. Mlle Aïssé cause avec son amie de ses regrets d'être loin d'elle, du monde qu'elle a sous les yeux et qu'elle commence à trouver étrange, et aussi elle touche en passant l'état de ses propres sentiments et de ceux du chevalier ; c'est un courant peu développé qui glisse d'abord et peu à peu grossit. Après bien des retards, bien des projets déjoués, il y a un voyage qu'elle fait à Genève ; il y en a un à Sens où elle voit au couvent sa fille chérie. Sa santé décroît, ses scrupules de conscience augmentent, la passion du chevalier ne diminue pas ; tout cela mène au triomphe des conseils austères et à une réconciliation chrétienne en vue de la mort, conclusion douce et haute, pleine de consolations et de larmes.

Ce qui fait le charme de ces lettres, c'est qu'elles sont toutes simples et naturelles, écrites avec abandon et une sincérité parfaite. « Il y règne un ton de mollesse et de grâce, et cette vérité de sentiment si difficile à contrefaire (1). » Je ne les conseillerais pas à de beaux-esprits qui

(1) Article du *Mercure de France*, août 1788, page 181.

ne prisent que le compliqué, ni aux fastueux qui ne se dressent que pour de grandes choses ; mais les bons esprits, *et qui connaissent les entrailles* (pour parler comme Aïssé elle-même), y trouveront leur compte, c'est-à-dire de l'agrément et une émotion saine. Voltaire, qui avait eu communication du manuscrit pendant son séjour en Suisse, écrivait à d'Argental (de Lausanne, 12 mars 1758): « Mon cher ange, je viens de lire un volume de lettres de Mlle Aïssé, écrites à une madame Calandrin de Genève. Cette Circassienne était plus naïve qu'une Champenoise. Ce qui me plaît de ses lettres, c'est qu'elle vous aimait comme vous méritez d'être aimé. Elle parle souvent de vous comme j'en parle et comme j'en pense. » La naïveté de Mlle Aïssé n'était pourtant pas si champenoise que le malin veut bien le dire, ce n'était pas la naïveté d'Agnès ; elle savait le mal, elle le voyait partout autour d'elle, elle se reprochait d'y avoir trempé ; mais du moins sa nature généreuse et décente s'en détachait avec aversion, avec ressort. Elle commence par nous raconter des historiettes assez légères, les nouvelles des théâtres, les grandes luttes de la Pellissier et de la Le Maure, la chronique de la Comédie-Italienne et de l'Opéra (son ami d'Argental était très-initié parmi ces demoiselles); puis viennent de menus tracas de société, les petits scandales, que la bonne madame de Parabère a été quittée par M. le Premier (1), et qu'on lui donne déjà M. d'Alincourt. C'est une petite gazette courante, comme on en a trop peu en cette première partie du siècle. Mais que de certains éclats surviennent et réveillent en elle une surprise dont elle ne se croyait plus capable, comme le ton s'élève alors ! comme un accent indigné échappe ! « A propos, il y a une vilaine affaire qui fait dresser les cheveux à la tête : elle est trop infâme pour l'écrire ; mais tout ce qui arrive dans cette monarchie annonce bien sa destruction.

---

(1) Le premier écuyer, M. de Beringhen.

Que vous êtes sages, vous autres, de maintenir les lois et d'être sévères ! il s'ensuit de là l'innocence. » N'en déplaise à Voltaire, cette petite Champenoise a des pronostics perçants ; et ceci encore, à propos d'un revers de fortune qu'avait éprouvé Mme de Calandrini : « Quelque grands que soient les malheurs du hasard, ceux qu'on s'attire sont cent fois plus cruels. Trouvez-vous qu'une religieuse défroquée, qu'un cadet cardinal, soient heureux, comblés de richesses ? Ils changeraient bien leur prétendu bonheur contre vos infortunes. »

Un trait bien honorable pour Mlle Aïssé, c'est l'antipathie violente et comme instinctive qu'elle inspirait à Mme de Tencin. Je ne veux pas faire de morale exagérée ; c'est la mode aujourd'hui de parler légèrement des femmes du XVIIIe siècle ; j'en pense tout bas bien moins de mal qu'on n'en dit. Tant qu'elles furent jeunes, je les livre à vos anathèmes, elles ont fait assez pour les mériter ; mais, une fois qu'elles avaient passé quarante ans, ces personnes-là avaient toute leur valeur d'expérience, de raison, de tact social accompli ; elles avaient de la bonté même et des amitiés solides, bien qu'elles sussent à fond leur La Bruyère. Mme de Parabère, une des plus compromises de ces femmes de la Régence, joue un rôle charmant dans les Lettres d'Aïssé, et, comme dit celle-ci, « elle a pour moi des façons touchantes. » C'est elle et Mme du Deffand qui, lorsque la malade désire un confesseur, se chargent de lui en trouver un ; car il faut avant tout se cacher de Mme de Ferriol qui est entichée de molinisme, et qui aime mieux qu'on meure sans confession que de ne pas en passer par la Bulle. Mme du Deffand indique le Père Boursault, Mme de Parabère prête son carrosse pour l'envoyer chercher, et elle a soin pendant ce temps d'emmener hors du logis Mme de Ferriol. Il a dû être beaucoup pardonné à Mme de Parabère pour cette conduite tendre ; dévouée, compatissante, pour cette œuvre de Samaritaine. Mais Mme de Tencin, c'est autre chose, et je suis un peu de l'avis de cet amant qui se tua chez elle dans sa chambre, et qui par testament la dénonça au monde comme une scélérate. Cupide, rapace, intrigante, elle détestait en Mlle Aïssé un témoin modeste et silencieux; la vue seule de cette créature d'élite, et douée d'un sens moral droit, lui était comme un reproche; elle cherchait à se venger par des affronts, elle lui faisait fermer sa porte; chez sa sœur, elle prenait ses précautions pour ne la point rencontrer. Ennemie naturelle du chevalier, par cela même qu'elle l'est de sa noble amie, elle leur invente des torts, ils n'en ont d'autre que de la pénétrer et de la juger. Le cardinal, tout dépravé qu'il est, vaut mieux; il évite les tracasseries inutiles, il a des attentions et des complaisances pour Aïssé. Quelques passages des Lettres le donnent à connaître pour un de ces hommes qui (tel que nous avons vu Fouché) ne font pas du moins le mal quand il ne leur est d'aucun profit, et qui de près se font pardonner leurs vices par une certaine facilité et indulgence (1).

Mme du Deffand, malgré le beau rôle de confidente qu'elle partage avec Mme de Parabère et les louanges reconnaissantes de la fin, est jugée sévèrement dans cette correspondance d'Aïssé; rien ne peut compenser l'effet de la lettre xvi, où se trouve racontée cette étrange histoire du raccommodement de la dame avec son mari, cette reprise de six semaines, puis le dégoût, l'ennui, le départ forcé du pauvre homme, et l'in-

---

(1) Les lettres qu'on a publiées de Mme de Tencin au duc de Richelieu ne sont pas faites pour diminuer l'idée qu'on a de son ambition effrénée et de ses manéges, mais elles sont propres à donner une assez grande idée de la fermeté de son esprit. Le caractère apathique et *nul* de Louis XV ne paraît jamais plus méprisable que lorsqu'il lui mérite le mépris de Mme de Tencin. Parlant du relâchement et de l'anarchie croissante au sein du pouvoir, elle prédit la ruine aussi nettement qu'Aïssé l'a fait tout à l'heure : « A moins que Dieu n'y mette visiblement la main, il est physiquement impossible que l'État ne culbute. » (Lettre de Mme de Tencin au duc de Richelieu, du 18 novembre 1743.)

conséquente délaissée qui demeure à la fois sans mari et sans amant. Toute cette avant-scène de la vie de Mme du Deffand serait restée inconnue sans le récit d'Aïssé. Je sais quelqu'un qui a écrit : « Ce qu'était l'abîme qu'on disait que Pascal voyait toujours près de lui, *l'ennui* l'était à Mme du Deffand; *la crainte de l'ennui* était son abîme à elle, que son imagination voyait constamment et contre lequel elle cherchait des préservatifs et, comme elle disait, *des parapets* dans la présence des personnes qui la pouvaient désennuyer. » Jamais on n'a mieux compris cet effrayant empire de l'ennui sur un esprit bien fait, que le jour où, malgré les plus belles résolutions du monde, l'ennui que lui cause son mari se peint si en plein sur sa figure, — où, sans le brusquer, sans lui faire querelle, elle a un air si naturellement triste et désespéré, que l'ennuyeux lui-même n'y tient pas et prend le parti de déguerpir. Mme du Deffand, on l'apprend aussi par là, eut beaucoup à faire pour réparer, pour regagner la considération qu'elle avait su perdre même dans ce monde si peu rebelle. Elle y travailla, elle y réussit complétement avec les années; dix ou douze ans après cette vilaine aventure, elle avait la meilleure maison de Paris, la compagnie la plus choisie, les amis les plus illustres, les plus délicats ou les plus austères, Hénault, Montesquieu, d'Alembert lui-même. Plus les yeux qu'elle avait eus si beaux se fermèrent, et plus son règne s'assura. On le conçoit même aujourd'hui encore quand on la lit. Toute cette justesse, cet à-propos de raison, cette netteté d'imagination qu'elle n'avait pas su garder dans sa conduite, elle l'eut dans sa parole; et du moment qu'elle ne quitta guère son fauteuil, tout fut bien (1).

(1) Le genre de précision dans le bien-dire, que je trouve chez Mme du Deffand et chez les femmes d'esprit de la première moitié du XVIIIe siècle, me semble ne pouvoir être mieux défini en général que par ce que Mlle De Launay dit de la duchesse du Maine : « Personne, dit-elle, n'a jamais parlé avec plus de justesse, de netteté et de rapidité, ni d'une manière plus noble et plus naturelle. Son esprit n'em-

Mais ce qui intéresse avant tout dans ce petit volume, c'est Aïssé elle-même et son tendre chevalier ; la noble et discrète personne suit tout d'abord, en parlant d'elle et de ses sentiments, la règle qu'elle a posée en parlant du jeu de certaine *prima donna* : « Il me semble que, dans le rôle d'amoureuse, quelque violente que soit la situation, la modestie et la retenue sont choses nécessaires ; toute passion doit être dans les inflexions de la voix et dans les accents. Il faut laisser aux hommes et aux magiciens les gestes violents et hors de mesure ; une jeune princesse doit être plus modeste. Voilà mes réflexions. » L'aimable princesse circassienne fait de la sorte en ce qui la touche, sans trop s'en douter ; elle se contient, elle se diminue plutôt. A la manière dont elle parle d'elle et de sa personne, on serait par moments tenté de lui croire des charmes médiocres et de chétifs agréments. Écoutez-la, elle prend *de la limaille*, elle est *maigre* ; à force d'aller à la chasse aux petits oiseaux dans ses voyages d'Ablon, elle est hâlée et *noire comme un corbeau*. Peu s'en faut qu'elle ne dise d'elle comme la spirituelle Mlle De Launay en commençant son portrait : « De Launay est maigre, sèche et désagréable... » Oh ! non pas ! et n'allez pas vous fier à ces façons de dire, encore moins pour l'aimable Aïssé ; elle était quelque chose de léger, de ravissant, de tout fait pour prendre les cœurs ; ses portraits le disent, la voix des contemporains l'atteste, et le sans-façon même dont elle accom-

ploie ni tours, ni figures, ni rien de tout ce qui s'appelle invention. Frappé vivement des objets, il les rend comme la glace d'un miroir les réfléchit, sans ajouter, sans omettre, sans rien changer. » Voilà l'idéal primitif du bien-dire parmi les femmes du xvIII^e siècle, au moment où elles se détachent du pur genre de Louis XIV. Il y a eu des variations sans doute, des degrés et des nuances, mais on a le type et le fond. Mme du Deffand portait plus de feu, plus d'imagination dans le propos ; pourtant chez elle, comme chez Mlle De Launay, comme chez d'autres encore, ce qui frappe avant tout, c'est le tour précis, l'observation rigoureuse, la perfection juste, ni plus ni moins. L'écueil est un peu de sécheresse.

mode ses diminutions de santé ressemble à une grâce (1).

Au moral on la connaît déjà : de ce qu'elle a des scrupules, de ce que des considérations de vertu et de devoir la tourmentent, ne pensez pas qu'elle soit difficile à vivre pour ceux qui l'aiment ; on sent, à des traits légèrement touchés, de quel enchantement devait être ce commerce habituel pour le mortel unique qu'elle s'était choisi ; ainsi dans cette lettre xvie (celle même où il était question de Mme du Deffand) : « J'ai lieu d'être très-contente du chevalier ; il a la même tendresse et les mêmes craintes de me perdre. Je ne mésuse point de son attachement. C'est un mouvement naturel chez les hommes de se prévaloir de la faiblesse des autres : je ne saurais me servir de cette sorte d'art ; je ne connais que celui de rendre la vie si douce à ce que j'aime, qu'il ne trouve rien de préférable ; je veux le retenir à moi par la seule douceur de vivre avec moi. Ce projet le rend aimable ; je le vois si content, que toute son ambition est de passer sa vie de même (2). » Elle ne le voyait pas toujours aussi souvent qu'ils auraient voulu. Sa santé, à lui aussi, devenait parfois une inquiétude, et sa poitrine délicate alarmait. Ses affaires le forçaient à des voyages en Périgord ; son service, comme officier des gardes, le retenait à Versailles près du roi ; il accourait dès qu'il avait une heure, et surprenait bien agréablement, jouissant du bonheur visible qu'il causait. Le joli chien *Patie*, comme s'il comprenait la pensée de sa maîtresse, se tenait toujours en sentinelle à la porte pour attendre les gens du chevalier. — Cependant Aïssé était une de ces natures qui

---

(1) Ce négligé qui se retrouve dans son langage et sous sa plume la distingue encore des autres femmes d'esprit du moment, dont le style, avec tant de qualités parfaites de netteté et de précision, ne se sauvait pas de quelque sécheresse. Le tour d'Aïssé a gardé davantage du xviie siècle ; elle court, elle voltige, elle n'appuie pas.

(2) C'est le même sentiment, le même vœu enchanteur, à jamais consacré par Virgile :

. . . . Hic ipso tecum consumerer ævo !

n'ont besoin que d'être laissées à elles-mêmes pour se purifier : elle allait toute seule dans le sens des conseils de Mme de Calandrini. Le chevalier, dans son dévouement, n'y résistait pas. Sans partager les vues religieuses de son amie, et pensant au fond comme son siècle, il consentait à tout, il se résignait d'avance à tous les termes où l'on jugerait bon de le réduire, pourvu qu'il gardât sa place dans le cœur de sa chère *Sylvie*, c'est ainsi qu'il la nommait. La *pauvre petite*, placée au couvent de Sens, faisait désormais leur nœud innocent, leur principal devoir à tous deux ; ils se consacraient à lui ménager un avenir. Tout ce qu'on racontait de cet enfant était merveille, tellement qu'il n'y avait pas moyen de se repentir de sa naissance. Lors de la visite qu'Aïssé lui fit à son retour de Bourgogne, dans l'automne de 1729, on trouve de délicieux témoignages d'une tendresse à demi étouffée, le cri des entrailles de celle qui n'ose paraître mère. Enfin les tristes années arrivent, les heures du mal croissant et de la séparation suprême. Le chevalier ne se dément pas un moment ; ce sont des inquiétudes si vraies, des agitations si touchantes, *que cela fait venir les larmes aux yeux à tous ceux qui en sont témoins.* Moins il espère désormais, et plus il donne ; à celle qui voudrait le modérer et qui trouve encore un sourire pour lui dire que c'est trop, il semble répondre comme dans *Adélaïde du Guesclin* :

    C'est moi qui te dois tout, puisque c'est moi qui t'aime !

« Il faut pourtant que je vous dise que rien n'approche de l'état de douleur et de crainte où l'on est : cela vous ferait pitié ; tout le monde en est si touché, que l'on n'est occupé qu'à le rassurer. Il croit qu'à force de libéralités il rachètera ma vie ; il donne à toute la maison, jusqu'à ma vache, à qui il a acheté du foin ; il donne à l'un de quoi faire apprendre un métier à son enfant ; à l'autre, pour avoir des palatines et des rubans, à tout ce qui se rencontre et se présente devant lui : cela vise quasi à la folie. Quand je lui ai demandé à quoi tout cela était bon, il m'a répondu : « A obliger tout ce qui vous environne à avoir soin de vous. » — C'est assez repasser sur ce que tout le monde a pu lire dans les lettres mêmes. Mlle Aïssé mourut le 13 mars 1733 ; elle fut inhumée à Saint-Roch, dans le caveau de la famille Ferriol. Elle approchait de l'âge de quarante ans (1).

La fidèle Sophie, qui est aussi essentielle dans l'histoire de sa maîtresse que l'est la bonne Rondel dans celle de Mlle De Launay, ne tarda pas, pour la mieux pleurer, à entrer dans un couvent.

Mais le chevalier ! sa douleur fut ce qu'on peut imaginer ; il se consacra tout entier à cette tendre mémoire et à la jeune enfant qui désormais la faisait revivre à ses yeux. Dès qu'elle fut en âge, il la retira du couvent de Sens, il l'adopta ouvertement pour sa fille, la dota et la maria (1740) à un bon gentilhomme de sa province, le vicomte de Nanthia (J). « Ma mère m'a souvent raconté, écrit M. de Sainte-Aulaire (2), que, lors de l'arrivée en Périgord du chevalier d'Aydie avec sa fille, l'admiration fut générale ; il la présenta à sa famille, et, suivant la coutume du temps, il allait chevauchant avec elle de château en château ; leur cortége grossissait chaque jour, parce que la fille d'Aïssé emmenait à sa suite et les hôtes de la maison qu'elle quittait et tous les convives qu'elle y avait rencontrés. » Ainsi allait, héritière des grâces de sa mère, cette jeune reine des cœurs. Nous retrouvons le che-

(1) Nous voulons pourtant rappeler ici en note (ne trouvant pas moyen de le faire autrement) que dans cette dernière maladie (1732), Voltaire avait envoyé à Mlle Aïssé un *ratafia pour l'estomac*, accompagné d'un quatrain galant qui s'est conservé dans ses œuvres. De loin (ô vanité de la douleur même !), tout cela s'ajoute, se mêle, l'angoisse unique et déchirante, l'intérêt aimable et léger, un trait gracieux de bel-esprit célèbre, et un cœur d'amant qui se brise. Même pour ceux qui ne restent pas indifférents, c'est devoir, dans cet inventaire final, de tenir compte de tout. — Voir ci-après les notes (H) et (I).

(2) Dans la Notice manuscrite sur le chevalier d'Aydie, dont nous lui devons communication.

valier à Paris l'année suivante (décembre 1741), adressant à sa *chère petite*, comme il l'appelle, toutes sortes de recommandations sur sa prochaine maternité (K), et il ajoutait : « M. de Boisseuil, qui doit retourner en Périgord au mois de janvier, m'a promis de se charger du portrait de votre mère. Je ne doute pas qu'il ne vous fasse grand plaisir. Vous verrez les traits de son visage ; que ne peut-on de même peindre les qualités de son âme ! » Cependant, l'âge venant, pour ne plus quitter sa fille, il dit adieu à Paris et se fixa au château de Mayac, chez sa sœur la marquise d'Abzac. Vingt années déjà s'étaient écoulées depuis la perte irréparable. Les lettres qu'on a de lui, écrites à Mme du Deffand (1753-1754), nous le montrent établi dans la vie domestique, à la fois fidèle et consolé. La main souveraine du temps apaise ceux même qu'elle ne parvient point à glacer. C'est bien au fond le même homme encore, non plus du tout brillant, devenu un peu brusque, un peu marqué d'humeur, mais bon, affectueux, tout aux siens et à ses amis, c'est le même cœur : « Car vous qui devez me connaître, vous savez bien, madame, que personne ne m'a jamais aimé que je ne le lui aie bien rendu. » Que fait-il à Mayac ? il mène la vie de campagne, surtout il ne lit guère : « Le brave Julien, dit-il, m'a totalement abandonné : il ne m'envoie ni livres, ni nouvelles, et il faut avouer qu'il me traite assez comme je le mérite, car je ne lis aujourd'hui que comme d'Ussé, qui disait qu'il n'avait le temps de lire que pendant que son laquais attachait les boucles de ses souliers. J'ai vraiment bien mieux à faire, madame ; je chasse, je joue, je me divertis du matin jusqu'au soir avec mes frères et nos enfants, et je vous avouerai tout naïvement que je n'ai jamais été plus heureux, et dans une compagnie qui me plaise davantage. » Il a toutefois des regrets pour celle de Paris ; il envoie de loin en loin des retours de pensée à Mmes de Mirepoix et du Châtel, aux présidents Hénault et de Montesquieu, à Formont, à d'Alembert : « J'enrage, écrit-il (à Mme du Deffand toujours), d'être à cent lieues de vous, car je n'ai ni l'ambition ni la vanité de César : j'aime mieux être le dernier, et seulement souffert dans la plus excellente compagnie, que d'être le premier et le plus considéré dans la mauvaise, et même dans la commune; mais si je n'ose dire que je suis ici dans le premier cas, je puis au moins vous assurer que je ne suis pas dans le second : j'y trouve avec qui parler, rire et raisonner autant et plus que ne s'étendent les pauvres facultés de mon entendement, et l'exercice que je prétends lui donner. » Ces regrets, on le sent bien, sont sincères, mais tempérés; il n'a pas honte d'être provincial et de s'enfoncer de plus en plus dans la vie obscure : il envoie à Mme du Deffand des pâtés de Périgord, il en mange lui-même (1); il va à la chasse malgré son asthme; il a des procès; quand ce ne sont pas les siens, ce sont ceux de ses frères et de sa famille. Ainsi s'use la vie; ainsi finissent, quand ils ne meurent pas le jour d'avant la quarantaine, les meilleurs même des chevaliers et des amants.

Il mourut non pas en 1758, comme le disent les biographies, mais bien deux ans plus tard. Un mot d'une lettre de

(1) Voir, dans le premier des deux volumes déjà indiqués (*Correspondance* de Mme du Deffand, 1809), pages 334 et 347, des passages de lettres du comte Desalleurs, ambassadeur à Constantinople ; en envoyant ses amitiés au chevalier, il le peint très-bien et nous le rend en quelques traits dans sa seconde forme non romanesque, qui ne laisse pas d'être piquante et de rester très-aimable. — Il ne faudrait pas d'ailleurs prendre tout à fait au mot le chevalier (on nous en avertit) sur cette vie de Mayac et sur le bon marché qu'il a l'air d'en faire. Le château de Mayac était, durant les mois d'été, le rendez-vous de la haute noblesse de la province et de très-grands seigneurs de la Cour ; on y venait même de Versailles en poste, et la vie était loin d'y être aussi simple que le dit le chevalier. Notre vénérable et agréable confrère, M. de Féletz, nous apprend là-dessus des choses intéressantes qui sont pour lui des souvenirs. Jeune, partant pour Paris en 1784, il fut conduit par son père à Mayac, où vivait encore l'abbé d'Aydie, frère du chevalier, et plus qu'octogénaire ; il reçut du spirituel vieillard des conseils. Un jeune homme de qualité ne quittait point, en ce temps-là, le Périgord sans avoir été présenté à Mayac ; c'était le petit Versailles de la province. — Voir ci-après la note (L).

Voltaire à d'Argental, qu'on range à la date du 2 février 1761, indique que sa mort n'eut lieu en effet que sur la fin de 1760. Voltaire parle avec sa vivacité ordinaire des calomniateurs et des délateurs qu'il faut pourchasser, et il ajoute en courant : « Le chevalier d'Aydie vient de mourir en revenant de la chasse : on mourra volontiers après avoir tiré sur les bêtes puantes. » C'est ainsi que la mort toute fraîche d'un ami, ou, si c'est trop dire, d'une connaissance si anciennement appréciée, de celui qu'on avait comparé une fois à Couci, ne vient là que pour servir de trait à la petite passion du moment. Celui qui vit ne voit qu'un prétexte et qu'un à-propos d'esprit dans celui qui meurt (M).

Cependant la postérité féminine d'Aïssé prospérait en beauté et en grâce ; je ne sais quel signe de la fine race circassienne continuait de se transmettre et de se refléter à de jeunes fronts. Mme de Nanthia n'eut qu'une fille unique qui fut mariée au comte de Bonneval, de l'une des premières familles du Limousin (N); mais ici la tige discrète, qui n'avait par deux fois porté qu'une fleur, sembla s'enhardir et se multiplia. Il s'était glissé dans mon premier travail une bien grave erreur que je suis trop heureux de pouvoir réparer : j'avais dit que la race d'Aïssé était éteinte, elle ne l'est pas. Deux filles et un fils issus de Mme de Bonneval, à savoir, la vicomtesse d'Abzac, la comtesse de Calignon et le marquis de Bonneval, qu'on appelait *le beau Bonneval* à la Cour de Berlin pendant l'émigration, continuèrent les traditions d'une famille en qui les dons de la grâce et de l'esprit sont reconnus comme héréditaires ; la vicomtesse d'Abzac fut la seule qui mourut sans enfants, et les autres branches n'ont pas cessé de fleurir. Mme d'Abzac (O), au rapport de tous, était une merveille de beauté. Parlant d'elle et de sa mère, ainsi que de son aïeule, un témoin bien bon juge des élégances, M. de Sainte-Aulaire, nous dit : « Un de mes souvenirs d'enfance
« les plus vifs, c'est d'avoir vu ces trois dames ensemble : les
« deux dernières (Mmes d'Abzac et de Bonneval), dans tout

« l'éclat de leur beauté, semblaient être des sœurs, et Mme de
« Nanthia, malgré son âge de plus de soixante ans, ne dépa-
« rait pas le groupe. » Un autre témoin bien digne d'être
écouté, une femme qui se rattache à ces souvenirs d'enfance
par la mémoire du cœur, nous dit encore : « Mme de Nanthia
« était très-belle, fort spirituelle et d'un aspect très-fier. Sa
« fille, la marquise de Bonneval, qui n'était que jolie, était
« l'une des femmes les plus délicieuses de son temps. Sa
« grâce était incomparable; à soixante-dix ans, elle en met-
« tait encore dans ses moindres actions, dans ses moindres
« paroles. Elle contait à ravir, et sa conversation était si
« attrayante, son esprit si charmant, que je quittais tous les
« jeux de mon âge pour l'aller entendre quand elle venait
« chez ma mère. Quoique j'aie bien peu de mémoire, j'ai
« encore sous mes yeux ce type de femme aussi présent que
« si je l'avais quittée hier. Je l'ai cherché partout depuis,
« mais sans jamais le retrouver. Elle était à la fois si majes-
« tueuse et si affable, si bonne et si gracieuse à tous!...
« Aussi, petits et grands, tous l'adoraient. Mlle Aïssé devait
« lui ressembler. Mme de Calignon était peut-être plus capa-
« ble de dévouement, car sa nature était plus exaltée. Elle
« avait autant d'esprit, beaucoup plus d'instruction, des qua-
« lités aussi solides. C'était aussi une *très-grande dame dans*
« *toute sa personne.* Dans toute autre famille elle eût passé
« pour fort jolie, et je l'ai vue encore charmante. Mais ce
« n'était plus ce *je ne sais quoi* de sa mère, qui captivait au
« premier instant et gagnait aussitôt les cœurs. Elle avait
« traversé la Révolution encore fort jeune; elle était moins
« femme de cour. Mme d'Abzac, sa sœur aînée, morte à qua-
« rante ans dans notre petit Saint-Yrieix, vers l'époque, je
« crois, du Consulat, était d'une si prodigieuse beauté, que
« bien peu de temps avant sa mort, alors qu'elle était hydro-
« pique, on s'arrêtait pour l'admirer lorsqu'on pouvait l'aper-
« cevoir. Je n'ai vu d'elle que ses portraits : c'est l'idéal de la
« beauté. » Voilà une partie des réparations que je devais à

la vérité; j'en ai d'autres à faire encore au sujet du portrait et des sentiments. « Jamais, me dit le même témoin si bien
« informé, jamais la famille de Bonneval n'a renié Mlle Aïssé...
« En recueillant mes souvenirs d'enfance, je reste persuadée
« que sa mémoire était chère à sa petite-fille. Ce fut elle qui
« prêta ses Lettres à mon père, et son portrait, bien loin
« d'être relégué au *grenier*, resta dans le salon ou la galerie
« de Bonneval, jusqu'au moment où cette belle terre fut ven-
« due à un parent d'une autre branche. Celui-ci se réserva
« les portraits des ancêtres, et les plus notables de la branche
« aînée; il eut celui du Pacha, celui même de Marguerite
« de Foix, grande alliance royale des Bonneval au xve siècle,
« tandis que la belle Aïssé, *moins historique*, suivit son
« arrière-petit-fils à Guéret où elle était, je pense, bien affli-
« gée de se trouver. » Si de Guéret le portrait passa depuis à la campagne, ce fut pour être placé, non dans un salon, il est vrai, mais dans une chambre à coucher avec d'autres tableaux précieux. Je pourrais ajouter plus d'une particularité encore, toujours dans le même sens, notamment le témoignage que je reçois de M. Tenant de Latour, père de notre ami le poëte Antoine de Latour : jeune, à l'occasion du portrait, il eut une longue conversation sur Mlle Aïssé avec Mme de Calignon, qui s'y prêta d'elle-même. Enfin les lettres de la marquise de Créquy que nous donnons au public pour la première fois, et dont nous devons communication à la parfaite obligeance de la famille de Bonneval, prouvent assez que Mme de Nanthia ne répugnait point au souvenir de sa mère, et que son cœur s'ouvrait sans effort pour s'entretenir d'elle avec les personnes qui l'avaient connue.

Cela dit, et cette justice rendue à une noble et gracieuse descendance au profit de laquelle nous sommes heureux de nous trouver en partie déshérités, on nous accordera pourtant d'oser maintenir et de répéter ici notre conclusion première; car, comme l'a dit dès longtemps le Poëte, à quoi bon tant questionner sur la race? « Telle est la génération des feuilles dans les forêts, telle aussi celle des mortels. Parmi les feuilles, le vent verse les unes à terre, et la forêt verdoyante fait pousser les autres sitôt que revient la saison du printemps : c'est ainsi que les races des hommes tantôt fleurissent, et tantôt finissent (1). » Tenons-nous à ce qui ne meurt pas.

Il en est des amants comme des poëtes, ils ont surtout une famille, tous ceux qui, venus après eux, les sentent, tous ceux qui, ne les jugeant qu'à leurs flammes, les envient. Le jeune homme à qui ses passions font trêve et donnent le goût de s'éprendre des douces histoires d'autrefois, la jeune femme dont ces fantômes adorés caressent les rêves, le sage dont ils reviennent charmer ou troubler les regrets, le studieux peut-être et le curieux que sa sensibilité aussi dirige, eux tous, sans oublier l'éditeur modeste, attentif à recueillir les vestiges et à réparer les moindres débris, voilà encore le cortége le plus véritable, voilà la postérité la plus assurée et non certes la moins légitime des poétiques amants. Elle n'a point manqué jusqu'ici à l'ombre aimable d'Aïssé, et chaque jour elle se perpétue en silence. Son petit volume est un de ceux qui ont leurs fidèles et qu'on relit de temps en temps, même avant de l'avoir oublié. C'est une de ces lectures que volontiers on conseille et l'on procure aux personnes qu'on aime, à tout ce qui est digne d'apprécier ce touchant mélange d'abandon et de pureté dans la tendresse, et de sentir le besoin d'une règle jusqu'au sein du bonheur.

(1) *Iliade*, liv. VI, 146. Ces admirables paroles d'Homère devraient s'inscrire comme devise en tête de toutes les généalogies.

NOTES

(A). Dans une lettre à M. Du Lignon, datée de Soleure, octobre 1712, Jean-Baptiste s'était justifié de l'imputation en ces termes : «... Pour l'ode qu'on a eu la méchanceté d'appliquer à Mme de Ferriol, pour me brouiller avec la meilleure amie et la plus vertueuse femme en tout sens que je connoisse dans le monde, vous savez ce que j'ai eu l'honneur de vous écrire. Toutes les calomnies dont mes ennemis m'ont chargé ne m'ont point touché en comparaison de celle-là. Cette dame, à qui j'ai des obligations infinies, sait heureusement la vérité, et je n'ai rien perdu dans son estime. Quand je fis cette ode, je ne la connoissois pas, et elle ne connoissoit pas le maréchal d'Uxelles. Cette petite pièce a couru le monde plus de dix ans avant qu'on s'avisât d'en faire aucune application. C'est une galanterie imitée d'Horace, qui avoit rapport à une aventure où j'étois intéressé ; et les personnages dont il y est question ne sont guère plus connus dans le monde que la Lydie et le Téléphe de l'original. Je l'avois fait imprimer, et j'en ai encore chez moi les feuilles, que je n'ai supprimées que depuis que j'ai su l'outrage qu'on faisoit, à l'occasion de cet ouvrage, aux deux personnes du monde que j'honore le plus. Il y a deux mille femmes dans Paris à qui elle pourroit être justement appliquée, et l'imposture a choisi celle du monde à qui elle convient le moins. » — Pour peu que ce qui concerne le sens de l'ode soit aussi exact et aussi vrai que ce qu'il dit de la *vertu* de Mme de Ferriol, on sera tenté de rabattre des assertions de Rousseau ; mais peu nous importe ! nous ne voulions que rappeler les bruits malins.

(B) Voici l'extrait de baptême, tel qu'il se trouve aux Archives de l'Hôtel de Ville de Paris :

SAINT-EUSTACHE.

(*Baptesmes.*)

« Du mardi 21ᵉ décembre 1700.

« Fut baptisé Charles-Augustin, né d'hier, fils de messire Augustin de *Ferriol*, escuyer, baron d'Argental, conseiller du Roy au Parlement de Metz, trésorier receveur général des finances du Dauphiné, et de dame Marie-Angélique de *Tencin*, son espouse, demeurant rue des Fossez-Montmartre. Le parrain, messire Charles de *Ferriol*, chevalier, conseiller du Roy en ses conseils, ambassadeur de Sa Majesté à la Porte Ottomane, représenté par Antoine de *Ferriol* (1), frère du présent baptisé : la marraine, dame Louise de *Buffevant*, femme de messire Antoine de *Tencin*, chevalier, conseiller du Roy en ses conseils, président à mortier au Parlement de Grenoble, cy-devant premier président du Sénat de Chambéry, représentée par damoiselle Charlotte *Haïdée* (2), lesquels ont déclaré ne sçavoir signer.

« *Signé* : Ferriol, J. Vallin de Sérignan. »

(C). Nous avons beaucoup interrogé les savants sur l'origine de ce nom. D'après le dernier et le plus précis renseignement que nous devons à M. Maury, de la Bibliothèque de l'Institut, *Haïdé* est un nom circassien que portent souvent les femmes qui viennent de ce pays, et qu'on leur conserve en les vendant. C'est ainsi qu'il se trouve répandu en Turquie, sans être pour cela ni turc ni arabe ; car il ne doit point se confondre avec le nom de femme *Aïsché*, dont la prononciation arabe est *Aïscha* (*Ayescha*). De ce nom circassien d'*Haïdé*, dénaturé et adouci selon la prononciation parisienne, on aura fait *Aïssé*.

---

(1) C'est Pont-de-Veyle.
(2) Mˡˡᵉ Aïssé.

(D) Le nom de Grèce se mariait volontiers à celui d'Aïssé dans l'esprit des contemporains. Lorsque l'abbé Prevost publia l'*Histoire d'une Grecque moderne*, assez agréable roman où l'on voit une jeune Grecque, d'abord vouée au sérail, puis rachetée par un seigneur français qui en veut faire sa maîtresse, résister à l'amour de son libérateur, et n'être peut-être pas aussi insensible pour un autre que lui, on crut qu'il avait songé à notre héroïne. Mme de Staal (De Launay) écrivait à M. d'Héricourt : « J'ai commencé la Grecque à cause de ce que vous m'en dites : on croit en effet que Mlle Aïssé en a donné l'idée ; mais cela est bien brodé, car elle n'avait que trois ou quatre ans quand on l'amena en France. »

Enfin, voici des vers du temps *sur mademoiselle Aïssé*, à ce même titre de Grecque :

> Aïssé de la Grèce épuisa la beauté :
> Elle a de la France emprunté
> Les charmes de l'esprit, de l'air et du langage.
> Pour le cœur je n'y comprends rien :
> Dans quel lieu s'est-elle adressée ?
> Il n'en est plus comme le sien
> Depuis l'Age d'or ou l'Astrée.

Ces vers sont placés à la fin des *Lettres* de Mlle Aïssé, dans la première édition de 1787. On les retrouve en deux endroits de la *nouvelle édition corrigée et augmentée du portrait de l'auteur* (Lausanne, J. Mourer ; et Paris, La Grange, 1788) : d'abord au bas du portrait, puis à la fin du volume. Ici l'intitulé est :

Envoi à mademoiselle Aïssé, par M. le professeur Vernet, de Genève.

(E) « Haut et puissant seigneur, messire Charles de Ferriol, baron d'Argental, conseiller du Roi en tous ses conseils, ci-devant ambassadeur extraordinaire à la Porte Ottomane, âgé d'environ 75 ans, décédé hier en son hôtel, rue Neuve-Saint-Augustin, en cette paroisse, a été inhumé en la cave de la chapelle de sa famille, en cette église, présens Antoine de Ferriol de

Pont-de-Veyle, écuyer, conseiller, lecteur de la chambre du Roi, et Charles-Augustin de Ferriol d'Argental, écuyer, conseiller du Roi en son Parlement de Paris, ses deux neveux, demeurants dit hôtel, rue Neuve-Saint-Augustin, en cette paroisse.

Signé : De Ferriol de Pont-de-Veyle, de Ferriol d'Argental, Blondel de Gagny. »

(Extrait des Archives de l'État civil.)

L'acte est du 27 octobre 1722.

(F) Voulant de plus en plus m'assurer de cette absence essentielle de M. de Ferriol durant onze années consécutives, j'ai prié M. Mignet de vouloir bien la faire vérifier encore d'après les dépêches, et j'ai reçu la réponse suivante, qui confirme pleinement nos premières conjectures et y apporte l'appui de plusieurs circonstances très-importantes. On nous excusera de donner *in extenso* ces pièces tout à fait décisives.

« Il est certain que M. de Ferriol ne fit aucun voyage en France de 1699 à 1711, car sa correspondance avec la Cour est régulière. Pourtant elle présente deux interruptions; mais, loin qu'on puisse les attribuer à l'éloignement de l'ambassadeur, elles ne font au contraire que confirmer sa présence à Constantinople.

« La première, en 1703, est de trois mois. D'une part, elle est trop courte pour qu'à cette époque M. de Ferriol pût se rendre, dans cet intervalle, de Constantinople en France; d'autre part, elle est suffisamment expliquée par l'extrait suivant d'une lettre du Roi à M. de Ferriol :

« *Extrait d'une lettre de Louis XIV à M. de Ferriol.*

« A Versailles, le 4 mai 1703.

« Monsieur de Feriol, les dernières lettres que j'ay reçues de
« vous sont du 24 décembre de l'année dernière et du 28 jan-

« vier de cette année ; je suis persuadé qu'il y en aura eu plu-
« sieurs de perdues, car il y a lieu de croire que vous m'auriez
« informé des changements arrivés à la Porte (*la déposition et la
« mort violente du grand-vizir*) depuis votre lettre du mois de
« janvier. Je ne les ay cependant appris que par les nouvelles
« d'Allemagne. On craignoit à Vienne le caractère entreprenant
« du dernier visir ; son malheur a été regardé comme une nou-
« velle asseurance de la paix, et la continuation en a paru d'au-
« tant plus certaine qu'elle est l'ouvrage du nouveau visir mis
« en sa place. »

« La seconde interruption dans la correspondance de M. de
Ferriol a lieu en 1709 ; elle est le résultat d'une maladie dont
l'ambassadeur indique lui-même la cause et les détails dans la
première lettre qu'il écrit à la suite de cette maladie :

« *M. de Ferriol à M. le marquis de Torcy.*

« A Péra, le 27 août 1709.

« Monsieur,

« J'avois résolu de me raporter au récit qui vous seroit fait
« par M. le comte de Rassa que j'envoye en France, de la ma-
« nière indigne dont j'ay été traité pendant ma maladie et ma
« prison, mais comme il s'agit de la suspression des actes inju-
« rieux à ma personne et au caractère dont j'ay l'honneur d'es-
« tre revêtu, vous me permettrés, monsieur, de vous informer
« le plus succinctement qu'il me sera possible de tout ce qui
« s'est passé dans cette malheureuse occasion.
« A la fin du mois de may dernier, je fus attaqué d'une es-
« pèce d'apoplexie dont la vapeur a occupé ma teste pendant
« quelques jours. Il n'y avoit qu'à se donner un peu de patience
« à attendre ma guérison ; mais au lieu de prendre ce parti qui
« étoit le plus sage et le plus raisonnable, le chevalier Gesson,
« mon parent, par des veues d'intérest, et le sieur Belin, mon
« chancelier, pour s'aproprier toute l'autorité, avec quelques
« domestiques qui étoient bien aises de profiter du désordre,

« firent faire une consultation par quatre médecins sur ma ma-
« ladie. Le lendemain, le sieur Belin, en qualité de chancelier,
« assembla la nation, les drogmans et quelques religieux, et fit
« signer une délibération par laquelle on me dépouilloit de mes
« fonctions pour en revêtir ledit sieur Belin, lequel, se voyant
« le maître avec le chevalier Gesson, se saisirent de ma per-
« sonne le 27e, me mirent en prison dans une chambre, chassè-
« rent mes domestiques affectionnés, et s'emparèrent de mes
« papiers et de mes effets, ne me donnant la liberté de voir
« personne que quelques religieux affidés. J'ay été dans ce triste
« estat plus d'un mois entier, d'où je crois que je ne serois pas
« sorti sans M. l'ambassadeur d'Holande, lequel m'ayant rendu
« visite et m'ayant trouvé avec ma santé et mon esprit ordi-
« naires, fit tant de bruit du traitement qu'on me faisoit, qu'il
« me fut permis, après l'attestation que j'eus des médecins du
« parfait rétablissement de ma santé, d'assembler la nation,
« laquelle, sollicitée par le sieur Belin, et pour se mettre à cou-
« vert du blâme de la première délibération qu'elle avoit signée,
« ne voulut jamais me reconnoître qu'après m'avoir forcé d'a-
« prouver ladite délibération par un acte que je fus obligé de
« signer le 1er du mois d'aoust dernier, pour obtenir ma liberté
« et reprendre les fonctions d'ambassadeur.

« Comme ces deux délibérations et la première attestation des
« médecins sont des actes injurieux non-seulement à ma per-
« sonne, mais encore à l'honneur du caractère dont je suis
« revêtu, je vous supplie très humblement, monsieur, d'avoir
« la bonté de faire ordonner par Sa Majesté qu'ils soient annulés
« et déchirés. A l'égard de la réparation qui m'est deue, je me
« remets à ce qu'il plaira à Sa Majesté d'en ordonner. Les deux
« personnes dont j'ay le plus à me plaindre sont les sieurs Mei-
« nard, premier député de la nation, et le sieur Belin, mon
« chancelier : pour le chevalier Gesson, mon parent, je sauray
« bien le mettre à la raison.

« J'avois d'abord cru que le grand visir estoit entré dans
« cette affaire ; mais j'ay appris au contraire qu'il avoit détesté
« le procédé de la nation et de mes domestiques ; et depuis que
« je suis rentré dans les fonctions d'ambassadeur, il ne m'a rien
« refusé de tout ce que je luy ay demandé, tant pour l'extrac-
« tion des bleds que pour les autres affaires que j'ay eu à traiter

« avec luy ; et s'il en avoit toujours usé de même, je n'aurois
« eu aucun lieu de m'en plaindre.

« J'ay fait une espèce de procès verbal sur tout ce qui s'est
« passé sur cette affaire, que j'ay jugé à propos d'adresser à
« mon frère, de peur de vous fatiguer par une aussy longue et
« ennuyeuse lecture.

« Je suis, avec toute sorte d'attachement et de respect,

« Monsieur,

« Votre très humble et très obéissant serviteur,

« *Signé* : FERRIOL. »

Ainsi il résulte de ces pièces que lorsque M. de Ferriol revint
en France dans l'été de 1711, âgé de soixante-quatre ans, il
avait été déjà atteint d'*apoplexie*, et assez gravement pour être
réputé *fou* et interdit pendant quelque temps : son rappel s'en-
suivit aussitôt. Même lorsqu'il fut guéri, il resta toujours un
vieillard quelque peu singulier, ayant gardé de certains *tics*
amoureux, mais, somme toute, de peu de conséquence.

Le *Journal inédit* de Galland, publié dans la *Nouvelle Revue
encyclopédique* (Firmin Didot, février 1847), rapporte de nouveaux détails sur la *frénésie* de M. de Ferriol, notamment cette
particularité inimaginable :

« Lundi, 6 octobre (1710).—J'avois oublié de marquer le jour
ci-devant, écrit le consciencieux Galland, ce que j'avois appris
de M. Brue, qui est que M. de Ferriol, ambassadeur à Constantinople, s'étoit mis en tête de devenir *cardinal*, et qu'il y avoit
douze ans qu'il avoit donné une instruction à M. Brue, son frère,
en l'envoyant à la Cour, pour passer ensuite en Italie, afin de
jeter à Rome les premières dispositions de son dessein de parvenir à la pourpre romaine. C'est pour cela que Mme de Ferriol,
qui savoit que son beau-frère étoit dans le même dessein plus
fort que jamais, et qu'au lieu de revenir en France il méditoit
d'aborder en Italie et de se rendre à Rome, étoit venue trouver
M. Brue à onze heures du soir, la veille de son départ, et le prier
de faire en sorte de se rendre maître de l'esprit de M. de Ferriol
et de le ramener en France, afin de le détourner d'aborder en
Italie. »

Il en fut de ce chapeau de cardinal comme de la beauté de Mlle Aïssé que convoitait également le malencontreux ambassadeur ; il n'eut pas plus l'un que l'autre, — ni la fleur, ni le chapeau.

(G) Nous donnerons, pour être complet, le texte même de cette lettre :

« Aux auteurs du *Journal de Paris*.

« Paris, le 22 octobre 1787.

« Messieurs,

« Les *Lettres* de Mlle Aïssé, que vous annoncez dans votre journal du 13 de ce mois, ont donné lieu à quelques réflexions qu'il n'est pas inutile de communiquer au public. Il est trop souvent abusé par des recueils de lettres ou d'anecdotes que l'on altère sans scrupule ; mais ces petites supercheries, bonnes pour amuser la malignité, ne sauraient être indifférentes à un lecteur honnête, surtout lorsqu'elles peuvent compromettre des personnages respectables et faire quelque tort aux auteurs dont on veut honorer la mémoire. Les Lettres de Mlle Aïssé se lisent avec plaisir ; les personnes dont elle parle, les sociétés célèbres qu'elle rappelle à notre souvenir, sa sensibilité, ses malheurs causés par une passion violente, et d'autant plus funeste qu'elle tue souvent ceux qui l'éprouvent sans intéresser à leur sort, tout cela, messieurs, devait sans doute exciter la curiosité de ceux qui aiment ces sortes d'ouvrages. Mais pourquoi l'éditeur de ces Lettres les a-t-il gâtées par de fausses anecdotes qui rendent Mlle Aïssé très-peu estimable ? Pourquoi lui avoir fait tenir un langage qui contraste visiblement avec son caractère ? A-t-elle pu penser de l'homme qui l'avait tirée du vil état d'esclave, et de la femme qui l'avait élevée, le mal que l'on trouve dans le recueil que l'on vient de publier ? Non, messieurs, cela est impossible, et voici mes raisons : Mme de Ferriol servait de mère à Mlle Aïssé ; elle avait mêlé son éducation à celle de ses enfants. Inquiète sur le sort de cette jeune étrangère, elle était sans cesse occupée du soin de faire son bonheur : de son côté, Mlle Aïssé, dont le cœur était aussi bon que sensible, avait pour M. et Mme de Ferriol les sentiments d'une fille tendre et respectueuse ; sa conduite envers eux la leur rendait tous les jours plus chère : elle était bonne, simple, reconnaissante. Après cela, messieurs, comment ajouter foi à des Lettres où l'on voit Mlle Aïssé évidemment ingrate et méchante, et où l'on peint Mme de Ferriol, que tout le monde estimait, comme une femme capable de donner à sa fille d'adoption des conseils pernicieux, et de la sacrifier à sa vanité ou à son ambition ?

« Je n'ajouterai, messieurs, qu'un mot pour répondre d'avance à ceux qui seraient tentés de douter des faits que je viens d'exposer : c'est que M. le comte d'Argental, dont le témoignage vaut une démonstration, et qui, comme l'on sait, a reçu dans son enfance la même éducation que Mlle Aïssé, m'a confirmé la vérité de tout ce que je viens de vous dire.

« *Signé* : VILLARS. »

(*Journal de Paris,* 28 novembre 1787, p. 1434.)

(H) A Mlle AÏSSÉ.

En lui envoyant du ratafia pour l'estomac.
1732.

Va, porte dans son sang la plus subtile flamme ;
Change en désirs ardents la glace de son cœur ;
  Et qu'elle sente la chaleur
  Du feu qui brûle dans mon âme !

Ces vers sont de Voltaire, selon Cideville.

(VOLTAIRE, éd. de M. Beuchot, XIV, 341.)

(I) *Extrait du registre des actes de décès de la Paroisse de Saint-Roch, année 1733.*

« Du 14 mars. »

« Charlotte-Élisabeth Aïssé, fille, âgée d'environ quarante ans, décédée hier, rue Neuve-Saint-Augustin, en cette paroisse, a été inhumée en cette église dans la cave de la chapelle de Saint-Augustin appartenante à M. de Ferriol. Présents messire Antoine Ferriol de Pont-de-Veyle, lecteur ordinaire de la Chambre de Sa Majesté, messire Charles-Augustin Ferriol d'Argental, conseiller au Parlement, demeurants tous deux dites rue et paroisse.

« *Signé* : Ferriol de Pont-de-Veyle, Ferriol d'Argental, Contrastin, vicaire. »

(J) Le contrat de mariage de Mlle Célénie Leblond avec le vicomte de Nanthia fut signé au château de Lanmary le 16 octobre 1740. — Voici le passage de Saint-Allais qui spécifie les titres et qualités, ainsi que la descendance :

« Pierre de Jaubert, IIe du nom, chevalier, seigneur, vicomte de Nantiac (1), etc., qualifié haut et puissant seigneur, est mort en 17.., laissant de dame Célénie le Blond, son épouse, une fille unique, qui suit :

« Marie-Denise de Jaubert épousa, par contrat du 12 mars 1760, haut et puissant seigneur messire André, comte de Bonneval, chevalier, seigneur de Langle, devenu depuis seigneur de Bonneval, Blanchefort, Pantenie, etc., lieutenant-colonel du régiment de Poitou, ensuite colonel du régiment des grenadiers royaux, et maréchal des camps et armées du Roi... »

(Saint-Allais, *Nobiliaire universel de France*, xvii, 402.)

(1) Quoiqu'on écrive communément *Nantia* ou *Nanthia*, on a adopté ici l'orthographe *Nantiac*, comme se rapprochant davantage du mot latin *de Nantiaco*.

(K) Voici la lettre tout entière, et vraiment *maternelle*, du chevalier à Mme de Nanthia ; elle est inédite et nous a été communiquée par la famille de Bonneval :

« Je souhaite, mon enfant, que vous soyez heureusement arrivée chez vous ; je crois que vous ferez prudemment de n'en plus bouger jusqu'à vos couches, et quoique le terme qu'il faudra prendre après pour vous bien rétablir doive vous paraître long, je vous conseille et vous prie, ma petite, de ne pas l'abréger. Toute impatience, toute négligence en pareil cas est déplacée et peut avoir des conséquences très-fâcheuses, au lieu que, si vous vous conduisez bien dans vos couches, non-seulement elles ne nuiront pas à votre santé, mais au contraire vous en deviendrez plus forte et plus saine.

« M. de Boisseuil, qui doit retourner en Périgord au mois de janvier, m'a promis de se charger du portrait de votre mère ; je ne doute pas qu'il ne vous fasse grand plaisir. Vous verrez les traits de son visage ; que ne peut-on de même peindre les qualités de son âme ! Le tendre souvenir que j'en conserve doit vous être un sûr garant que je vous aimerai, ma chère petite, toute ma vie.

« Mille amitiés à M. de Nanthiac.

« Le Bailli de Froullay me charge toujours de vous faire mille compliments de sa part.

« J'ai reçu hier des nouvelles de Mme de Bolingbroke ; elle m'en demande des vôtres. Mme de Villette se porte un peu mieux.

« A Paris, ce 15 décembre 1741. »

(L) Nous ne saurions donner une plus juste idée de cette grande existence de Mayac dans son mélange d'opulence et de bonhomie antique, qu'en citant la page suivante empruntée à la Notice manuscrite de M. de Sainte-Aulaire : « Après la mort du Chevalier, y est-il dit, l'abbé d'Aydie, son frère, continua à résider dans ce château où se réunissait l'élite de la bonne compagnie de la province. L'habitation n'était cependant ni spacieuse ni magnifique, et la fortune du marquis d'Abzac, seigneur de

Mayac, n'était pas très-considérable ; mais les bénéfices de l'abbé, qui ne montaient pas à moins de 40,000 livres, passaient dans la maison, et d'ailleurs nos pères en ce temps-là exerçaient une large hospitalité à peu de frais. Mes parents m'ont souvent raconté des détails curieux sur ces anciennes mœurs. Il n'était pas rare de voir arriver à l'heure du dîner douze ou quinze convives non attendus. Les hommes et les jeunes femmes venaient à cheval, chacun suivi de deux ou trois domestiques. Les gens âgés venaient en litière, les chemins ne comportant pas l'usage de la voiture. Les provisions de bouche étaient faites en vue de ces éventualités, et la cuisine de Mayac était renommée ; mais la place manquait pour loger et coucher convenablement tous ces hôtes. Les hommes s'entassaient dans les salons, dans les corridors ; les femmes couchaient plusieurs dans la même chambre et dans le même lit. Ma mère, qui avait été élevée en Bretagne, où les coutumes étaient différentes, fut fort surprise lors de ses premières visites à Mayac. La comtesse d'Abzac (née Custine), qui faisait les honneurs, lui dit : « Ma chère cousine, je te retiens pour coucher avec moi. » Quelques instants après, Mlle de Bouillien dit aussi à ma mère : « Ma chère cousine, nous coucherons ensemble. » — « Je ne peux pas, répondit ma mère, je couche avec la comtesse d'Abzac. » — « Mais et moi aussi, » reprit Mlle de Bouillien. — Ces trois dames couchèrent ensemble dans un lit médiocrement large, et pour faire honneur à ma mère on la mit au milieu. Ces habitudes subsistèrent à Mayac jusqu'en 1790. L'abbé d'Aydie se retira alors à Périgueux avec sa nièce Mme de Montcheuil, dans une jolie maison que celle-ci a laissée depuis à MM. d'Abzac de La Douze ; il était presque centenaire, et on put lui cacher les désastres qui signalèrent les premières années de la Révolution. » Mme de Montcheuil y mit un soin ingénieux, et elle masqua les pertes de son oncle avec sa propre fortune. L'abbé d'Aydie ne mourut qu'en 1792.

———

(M) La lettre suivante (inédite) de la marquise de Créquy à Jean-Jacques Rousseau vient confirmer, s'il en était besoin, celle de Voltaire à l'endroit de la date dont il s'agit :

« Ce jeudi (janvier 1761).

« On ne peut être plus sensible à l'attention et au souvenir de l'éditeur ; mais on ne peut être moins disposée à récréer son esprit. Notre cher chevalier d'Aydie est mort en Périgord. Nous avions reçu de ses nouvelles le samedi et le mercredi, il y a huit jours. Son frère manda cet événement à mon oncle (1) sans nulle préparation. Mon oncle, écrasé, me fila notre malheur une demi-heure, et s'enferma. Lundi, la fièvre lui prit, avec trois frissons en vingt-quatre heures et tous les accidents. Jugez de mon état. Enfin une sueur effroyable a éteint la fièvre sans secours ; mais il a eu cette nuit un peu d'agitation. Je suis comme un aveugle qui n'a plus son bâton.

« Je remets à un temps plus heureux à vous remercier et à vous parler de vous ; car, aujourd'hui, je n'ai que moi en tête. »

C'est J.-J. Rousseau qui a mis à la suite des mots *ce jeudi* ceux que l'on trouve ici entre parenthèses. Il est évident, d'ailleurs, que la lettre est de 1761, puisque c'est en cette année que furent publiées les lettres de *Julie* dont Rousseau ne se donnait que comme simple *éditeur*. Le chevalier d'Aydie mourut donc dans les derniers jours de 1760, ou, au plus tard, dans les premiers de 1761.

(N) Les Bonneval du Limousin sont de la plus vieille souche ; il y a un dicton dans le pays : « Noblesse Bonneval, richesse d'Escars, esprit Mortemart. » Le célèbre Pacha en était. (Voir *Moreri*.)

(O) Pierre-Marie, vicomte d'Abzac, mourut à Versailles au mois de février 1827, n'ayant pas eu d'enfants de deux mariages qu'il avait contractés, dont le premier, à la date du 10 août 1777, avec Marie-Blaise de Bonneval, décédée pendant la Révolution (Voir Courcelles, *Histoire généal. et hérald. des Pairs de*

(1) Le bailli de Froulay.

France, IX, d'Abzac, 87). Le vicomte d'Abzac était un écuyer très en renom sous Louis XV, sous Louis XVI, et depuis, sous la Restauration ; c'était lui qui avait *mis à cheval,* comme il le disait souvent, les trois frères, Louis XVI, Louis XVIII, Charles X, ainsi que le duc d'Angoulême et le duc de Berry ; si bon écuyer qu'il fût, il ne leur avait pas assez appris à s'y bien tenir.

P. S. Voici deux lettres inédites du chevalier d'Aydie à Mlle Aïssé, qui ont été recouvrées par M. Ravenel depuis notre Édition de 1846. Elles sont tout à fait inédites : ce sont les deux lettres dont parle la marquise de Créquy, page 317 de l'Édition; elles proviennent, en effet, des papiers de Mme de Créquy. Elles achèveront l'idée de cette liaison tendre, passionnée, délicate et légère. Le ton du chevalier y est pénétrant et naïf, soit qu'il se plaigne des caprices de sa scrupuleuse amie, soit qu'il jouisse du partage avoué de sa tendresse. La vraie passion y respire sans rien de violent ni de tumultueux, avec le sentiment profond d'une âme toute soumise et comme dévotieuse. Mais est-il besoin d'en expliquer le charme à ceux qui ont aimé ?

« Vous me maltraitez, ma reine. Je n'en sais pas la raison, ni n'en puis imaginer le prétexte : mais, pour en venir là, vous n'avez apparemment besoin ni de l'un ni de l'autre. Le caprice, en effet, se passe de tout secours et n'existe que par lui-même. D'ailleurs peut-être jugez-vous qu'il est à propos d'éprouver de temps en temps jusqu'où va ma patience et ma dépendance. Eh ! bien, n'êtes-vous pas contente? Voilà trois lettres que je vous écris sans que vous ayez daigné me faire réponse. Un exprès est allé de ma part savoir de vos nouvelles : vous l'avez renvoyé en me mandant sèchement que vous vous portez bien. Avouez qu'il faut avoir de la persévérance pour se présenter encore aux accords et en faire les avances. Je sens bien toute la misère de ma conduite ; mais je vous aime, et à quoi ne réduit point l'amour ! Permettez-moi de vous représenter que, pour votre gloire, vous devriez me traiter plus honorablement. Vous me rendrez si ridicule, que mon attachement n'aura plus rien qui puisse vous flatter. Laissez-moi, par politique, quelque air de raison et de liberté. On a toujours cru (et, sans doute, avec justice) que c'est par un choix très-éclairé que je vous aime plus que ma vie, et que la source de ma constance étoit beaucoup plus dans votre caractère que dans le mien. Or, si vous deveniez déraisonnable et capricieuse, l'idée qu'on a d'une Aïssé toujours juste, tendre, douce, égale, s'évanouiroit. Je ne vous en aimerois peut-être pas moins (ma passion fait partie de mon âme et je ne puis la perdre qu'en cessant de vivre), mais vous seriez moins aimable aux yeux des autres, et ce seroit dommage. Laissez au monde l'exemple d'une personne qui sait aimer avec fidélité et se faire toujours aimer sans aucun art, mais peut-être plus aimable que qui que ce soit.

« Que vous ai-je fait, ma reine? Dites-le, si vous pouvez. Rien, en vérité. Je jure que je n'ai pas cessé un moment de vous être uniquement attaché : vous n'avez pas à la tête un cheveu qui ne m'inspire plus de goût et de sentiment que toutes les femmes du monde ensemble, et je vous permets de le dire et de le lire à qui vous voudrez. »

(1726.)

« C'est aujourd'hui le sept d'octobre, et, selon ce que vous me mandez, ma chère Aïssé, vous devez être à Sens. J'y transporte toutes mes idées, mon cœur ne s'entretient plus que de Sens : c'est là que sont maintenant réunis les deux objets de toute ma tendresse. Ne m'écrivez-vous pas de longues lettres? Mandez-moi tout, ma reine : la peinture la plus naïve et la plus circonstanciée sera celle qui me plaira davantage. Faites-la-moi voir d'ici tout entière, s'il est possible : je ne veux point d'échantillon. Une réponse, un bon mot, qui doit souvent toute sa grâce à celui qui l'interprète, n'est point ce qu'il me faut : je veux le portrait de tout le caractère, de toute la personne ensemble, de la figure, de l'esprit et surtout du cœur. C'est le cœur qui nous conduit : l'instinct d'un cœur droit est mille fois plus sûr que toutes les réflexions d'un bel esprit : c'est du cœur que partent tous les premiers mouvements : c'est au cœur que nous obéissons sans cesse.

« Mais revenons. Pardonnez-moi les digressions, ma reine :

je ne m'en contrains pas ; elles ne m'éloignent jamais de vous. Je ne parle longtemps de la même chose que lorsque je la considère en vous. Alors je m'y arrête, je la tourne de tous les sens : j'oublie tout le reste, j'oublie que c'est une lettre que j'écris et qu'il est impertinent de faire des amplifications à tout propos. Mais voici qui est encore long ; mon papier se remplira, et je ne vous ai point dit encore que je vous aime. C'est pourtant ce que je veux vous dire et vous redire mille fois : je ne puis assez vous le persuader. J'espère que vous penserez un peu à moi pendant votre séjour à Sens. Baisez-la souvent, et quelquefois pour moi. La pauvre petite ! que je voudrois qu'elle fût heureuse ! Elle le sera si elle vous ressemble : c'est de notre humeur que dépend notre bonheur. N'oubliez pas qu'il faut qu'elle sache la musique : c'est un talent agréable pour soi et pour les autres. On ne sauroit commencer trop tôt : on ne la possède bien que quand on l'apprend dans la première enfance.

« Vous m'avez fait grand plaisir de m'écrire vos amusements d'Ablon : mais je ne trouve pas trop à propos que vous alliez à la chasse au soleil, surtout si les chaleurs sont aussi grandes où vous êtes qu'ici. Vos coiffes garantissent mal la tête, et les coups de soleil sont dangereux et très-fréquents dans cette saison. La brutalité du garde qui trouve mauvais que vous tiriez, et la politesse du chien qui rapporte votre gibier, prouvent clairement que les hommes ont souvent moins de discernement que les bêtes. Si la métempsychose avoit lieu, je consentirois sans répugnance à devenir comme le chien qui vous a caressée, qui vous a rendu service ; mais je serois au désespoir s'il me falloit quelque jour ressembler à cet homme farouche qui se formalise si durement et si mal à propos. Je me sens aujourd'hui plus de goût que jamais pour les chiens. J'ai beaucoup caressé tous les miens : je voudrois témoigner à toute l'espèce la reconnoissance que j'ai de l'honnêteté de leur confrère à votre égard.

« Je vous embrasse, ma très-aimable Aïssé. Vous êtes pour toujours la reine de mon cœur. »

BENJAMIN CONSTANT

ET

MADAME DE CHARRIÈRE (1)

Rien de plus intéressant que de pouvoir saisir les personnages célèbres avant leur gloire, au moment où ils se forment, où ils sont déjà formés et où ils n'ont point éclaté encore ; rien de plus instructif que de contempler à nu l'homme avant le personnage, de découvrir les fibres secrètes et premières, de les voir s'essayer sans but et d'instinct, d'étudier le caractère même dans sa nature, à la veille du rôle. C'est un plaisir et un intérêt de ce genre qu'on a pu se procurer en assistant aux premiers débuts ignorés de Joseph de Maistre ; c'est une ouverture pareille que nous venons pratiquer aujourd'hui sur un homme du camp opposé à de Maistre, sur un étranger de naissance comme lui, parti de l'autre rive du Léman, mais nationalisé de bonne heure chez nous par les sympathies et les services, sur Benjamin Constant.

Il en a déjà été parlé plus d'une fois et avec développement dans cette *Revue*. Un écrivain bien spirituel, dont la littérature regrette l'absence, M. Loève-Veimars, a donné sur l'illustre

(1) Ce morceau a paru pour la première fois dans la *Revue des Deux Mondes* du 15 avril 1844, et il a été joint depuis à une édition de *Caliste, ou Lettres écrites de Lausanne*, roman de Mme de Charrière (Paris, 1845).

publiciste (1) une de ces piquantes lettres politiques qu'on n'a pas oubliée. Un autre écrivain, un critique dont le silence s'est fait également sentir, M. Gustave Planche, a publié sur *Adolphe* (2) quelques pages d'une analyse attristée et sévère. Plus d'une fois Benjamin Constant a été touché indirectement et d'assez près, à l'occasion de notices, soit sur M*me* de Staël, soit sur M*mes* de Krüdner ou de Charrière; mais aujourd'hui c'est mieux, et nous allons l'entendre lui-même s'épanchant et se livrant sans détour, lui le plus précoce des hommes, aux années de sa première jeunesse.

Dans l'article que cette *Revue* a publié, si l'on s'en souvient, sur M*me* de Charrière (3), sur cette Hollandaise si originale et si libre de pensée, qui a passé sa vie en Suisse et a écrit une foule d'ouvrages d'un français excellent, il a été dit qu'elle connut Benjamin Constant sortant de l'enfance, qu'elle fut la première *marraine* de ce Chérubin déjà quelque peu émancipé, qu'elle contribua plus que personne à aiguiser ce jeune esprit naturellement si enhardi, que tous deux s'écrivaient beaucoup, même quand il habitait chez elle à Colombier, et que les messages ne cessaient pas d'une chambre à l'autre; mais ce n'était là qu'un aperçu, et le degré d'influence de M*me* de Charrière sur Benjamin Constant, la confiance que celui-ci mettait en elle durant ces années préparatoires, ne sauraient se soupçonner en vérité, si les preuves n'en étaient là devant nos yeux, amoncelées, authentiques, et toutes prêtes à convaincre les plus incrédules.

Un homme éclairé, sincèrement ami des lettres, comme la Suisse en nourrit un si grand nombre, M. le professeur Gaullieur, de Lausanne, se trouve possesseur, par héritage, de tous les papiers de M*me* de Charrière. En même temps qu'il sent le prix de tous ces trésors, résultats accumulés d'un com-

---

(1) *Revue des Deux Mondes*, 1er février 1833.
(2) *Revue des Deux Mondes*, 1er août 1834.
(3) 15 mars 1839; et dans mes *Portraits de Femmes*.

merce épistolaire qui a duré un demi-siècle, M. Gaullieur ne comprend pas moins les devoirs rigoureux de discrétion que cette possession délicate impose. En préparant l'intéressant travail dont il nous permet de donner un avant-goût aujourd'hui, il a dû choisir et se borner : « Il est, dit-il, dans les « papiers dont nous sommes dépositaires, des choses qui ne « verront jamais le jour; il existe tel secret que nous enten- « dons respecter. Il est d'autres pièces au contraire qui sont « acquises à l'histoire, à la langue française, comme aussi à « la philosophie du cœur humain. Si la postérité n'a que faire « des faiblesses de quelques grands noms, elle a droit de re- « vendiquer les documents qui la conduiront sur la trace de « certaines carrières étonnantes, qui lui dévoileront les vrais « éléments dont s'est formé à la longue tel caractère histo- « rique controversé. »

Au nombre de ces pièces que la curiosité publique est en droit de réclamer, on peut placer sans inconvénient (et sauf quelques endroits sujets à suppression) la correspondance de Benjamin Constant avec Mme de Charrière. Elle comprend un espace de sept années, 1787-1793; Benjamin a vingt ans au début, il est dans sa période de Werther et d'Adolphe : s'il est vrai qu'il n'en sortit jamais complétement, on accordera qu'à vingt ans il y était un peu plus naturellement que dans la suite. Pour qui veut l'étudier sous cet aspect, l'occasion est belle, elle est transparente; on a là l'épreuve *avant la lettre*, pour ainsi dire.

Tout d'abord on voit le jeune Benjamin fuyant la maison paternelle, ou plutôt s'échappant de Paris, où il passait l'été de 1787, pour courir seul, à pied, à cheval, n'importe comment, les comtés de l'Angleterre. Il est parti, pourquoi? il ne s'en rend pas lui-même très-bien compte, il est parti par ennui, par amour, par coup de tête, comme il partira bien des fois dans la suite et dans des situations plus décisives. Des pensées de suicide l'assiégent, et il ne se tuera pas; des projets d'émigration en Amérique le tentent, et il n'émigrera pas.

Tout cela vient aboutir à de jolies lettres à Mme de Charrière, à des lettres pleines déjà de saillies, de persifflage, de moquerie de soi-même et des autres. Puis, au retour en Suisse, pauvre pigeon blessé et traînant l'aile, assez mal reçu de sa famille pour son équipée, il va se refaire chez son indulgente amie à Colombier près de Neuchâtel ; il passe là six semaines ou deux mois de repos, de gaieté, de félicité presque ; il s'en souviendra longtemps, il en parlera avec reconnaissance, avec une sorte de tendresse qui ne lui est pas familière. Voilà le premier acte terminé.

Le second s'ouvre à Brunswick, à cette petite cour où sa famille l'a fait placer en qualité de gentilhomme ordinaire ou plutôt fort extraordinaire, nous dit-il ; il y arrive en mars 1788, il y réside durant ces premières années de la Révolution ; il s'y ennuie, il s'y marie, il travaille à son divorce, qu'il finit par obtenir (mars 1793) ; il s'est livré dans l'intervalle à toutes sortes de distractions et à un imbroglio d'intrigues galantes pour se dédommager de son inaction politique, qui commence à lui peser en face de si grands événements. Placé au foyer de l'émigration et de la coalition, il est réputé quelque peu aristocrate par ses amis de France qui l'ont perdu de vue, et tant soit peu jacobin par ceux qui le jugent de plus près et croient le connaître mieux ; mais il nous apparaît déjà ce qu'il sera toujours au fond, un girondin de nature, inconséquent, généreux, avec de nobles essors trop vite brisés, avec un secret mépris des hommes et une expérience anticipée qui ne lui interdisent pourtant pas de chercher encore une belle cause pour ses talents et son éloquence.

L'astre de Mme de Charrière n'a pas trop pâli durant tout ce premier séjour ; il lui écrit constamment, abondamment, et même de certains détails qu'il n'est pas absolument nécessaire de raconter à une femme. Il se reporte souvent en idée à ces deux mois de bonheur à Colombier, et il a l'air, par moments, de croire en vérité que son avenir est là. Un voyage qu'il fait en Suisse, dans l'été de 1793, dut contribuer à le détromper; quelques années de plus, quelques derniers automnes avaient achevé de ranger Mme de Charrière dans l'ombre entière et sans rayons. Il retourne encore à Brunswick au printemps de 1794, mais il n'y tient plus, il revient en Suisse, il y rencontre pour la première fois Mme de Staël, le 19 septembre de cette année. Un plus large horizon s'ouvre à ses regards, un monde d'idées se révèle; une carrière d'activité et de gloire le tente. Il arrive à Paris dans l'été de 1795, il y embrasse une cause, il s'y fait une patrie.

Le reste est connu, et l'on a raison de dire avec M. Gaullieur que « cette avant-scène de la biographie de Benjamin
« Constant est la seule dont il soit piquant aujourd'hui de s'en-
« quérir : elle forme, dit-il, comme une contre-épreuve de la
« première partie des *Confessions* de Jean-Jacques. C'est le
« même sol et le même théâtre; ce sont d'abord les mêmes
« erreurs et les mêmes agitations, presque les mêmes idées,
« mais passées à une autre filière et reçues par un monde
« différent. »

On peut se demander avant tout comment une influence aussi réelle, aussi sérieuse que l'a été celle de Mme de Charrière, n'a pas laissé plus de trace extérieure dans la carrière de Benjamin Constant; comment elle a si complétement disparu dans le tourbillon et l'éclat de ce qui a succédé, et par quel inconcevable oubli il n'a nulle part rendu témoignage à un nom qui était fait pour vivre et pour se rattacher au sien. M. Gaullieur n'hésite pas à reconnaître un portrait de Mme de Charrière dans cette page du début d'*Adolphe* :

« J'avais, à l'âge de dix-sept ans, vu mourir une femme
« âgée, dont l'esprit, d'une tournure remarquable et bizarre,
« avait commencé à développer le mien. Cette femme, comme
« tant d'autres, s'était, à l'entrée de sa carrière, lancée vers le
« monde, qu'elle ne connaissait pas, avec le sentiment d'une
« grande force d'âme et de facultés vraiment puissantes.
« Comme tant d'autres aussi, faute de s'être pliée à des con-

« venances factices, mais nécessaires, elle avait vu ses espé-
« rances trompées, sa jeunesse passer sans plaisir, et la vieil-
« lesse enfin l'avait atteinte sans la soumettre. Elle vivait
« dans un château voisin d'une de nos terres, mécontente et
« retirée, n'ayant que son esprit pour ressource, et analysant
« tout avec son esprit (1). Pendant près d'un an, dans nos con-
« versations inépuisables, nous avions envisagé la vie sous
« toutes ses faces, et la mort toujours pour terme de tout; et,
« après avoir tant causé de la mort avec elle, j'avais vu la
« mort la frapper à mes yeux. »

Quoiqu'il y ait quelque arrangement à tout ceci, que Benjamin Constant, à l'âge de vingt ans, n'ait peut-être pas trouvé d'abord Mme de Charrière une personne aussi *âgée* qu'Adolphe veut bien le dire, et qu'il ne l'ait pas vue précisément à son lit de mort, l'intention du portrait est incontestable, et on ne saurait y méconnaître celle qu'on a une fois rencontrée. —
« J'avais, dit encore Adolphe, j'avais contracté, dans mes con-
« versations avec la femme qui, la première, avait développé
« mes idées, une insurmontable aversion pour toutes les
« maximes communes et pour toutes les formules dogma-
« tiques. » On va voir, en effet, que les maximes communes n'étaient guère d'usage entre eux, et ce sont justement ces conversations inépuisables, ces excès même d'analyse, que nous sommes presque en mesure de ressaisir au complet et de prendre sur le fait aujourd'hui. Adolphe va en être mieux

---

(1) Un parent de Benjamin-Constant, M. d'Hermenches, connu par la correspondance générale de Voltaire, était moins sévère ou plutôt moins injuste quand il écrivait à Mme de Charrière, plus jeune il est vrai : « Je voudrais, aimable Agnès, qu'avec la réputation
« d'une personne d'infiniment d'esprit, on ne vous donnât pas celle
« d'une personne singulière, car vous ne l'êtes pas. Vous êtes trop
« bonne, trop honnête, trop naturelle ; faites-vous un système qui vous
« rapproche des formes reçues, et vous serez au-dessus de tous les
« beaux esprits présents et passés. C'est un conseil que j'ose don-
« ner à mon amie à l'âge de vingt-six ans. Adieu, divine personne. »
(Note de M. Gaullieur.)

connu ; ses origines morales vont s'en éclairer, hélas! jusqu'en leurs racines.

M. Gaullieur, dans son introduction, a eu le soin de s'arrêter sur quelques circonstances de la biographie de Mme de Charrière, de développer ou de rectifier plusieurs points où les renseignements antérieurs avaient fait défaut. La notice de la *Revue des Deux Mondes* avait dit d'elle qu'elle était *médiocrement jolie* ; M. Gaullieur fournit des preuves très-satisfaisantes du contraire : « Son buste par Houdon, dit-il, et son « portrait par Latour, que je possède dans ma bibliothèque, « témoignent de l'*étincelante* beauté de Mme de Charrière. « L'épithète est d'un de ses adorateurs (1). » On avait dit encore qu'elle avait eu quelque difficulté à se marier, étant *sans dot ou à peu près*. M. Gaullieur montre qu'elle reçut en dot 100,000 florins de Hollande et qu'à aucun moment les épouseurs ne manquèrent ; qu'elle en refusa même de maison souveraine, et que si elle se décida pour un précepteur suisse, c'est que sa sympathie pour le Saint-Preux l'emporta.

Mais, laissant ces minces détails, nous introduirons sans plus tarder le personnage principal. La situation est celle-ci : Mme de Charrière, auteur célèbre de *Caliste*, et qui ne doit pas avoir moins de quarante-cinq ans, est venue passer quelque temps à Paris dans la famille de M. Necker, ou du moins dans le voisinage. Benjamin Constant y est venu de son côté ; à ce moment, l'Assemblée des notables, les conflits avec le parlement, excitent un vif intérêt ; la curiosité universelle est en jeu, et celle du nouvel arrivant n'est pas en reste. Il voit le

---

(1) Oserons-nous, après cela, faire remarquer qu'il ne faut pas toujours prendre exactement au pied de la lettre ce que disent les adorateurs ? Dans un portrait d'elle par elle-même, Mme de Charrière semble être un peu moins certaine de sa beauté : « Vous me demanderez peut-être si *Zélinde* est belle, ou jolie, ou passable ? Je ne sais ; c'est selon qu'on l'aime, ou qu'elle veut se faire aimer. Elle a la gorge belle, elle le sait et s'en pare un peu trop au gré de la modestie. Elle n'a pas la main blanche, elle le sait aussi et en badine, mais elle voudrait bien n'avoir pas sujet d'en badiner... »

monde de Mme Suard, il suit les cours de La Harpe au Lycée, il dîne avec Laclos. Cette vie oisive et sans but déplaît au père de Benjamin : il veut que son fils, qui aura dans quelques mois ses vingt ans accomplis, embrasse un état; il lui enjoint de quitter Paris et de venir le retrouver sur-le-champ dans sa garnison de Bois-le-Duc (1), où le jeune homme sera sommé de choisir entre la robe ou l'épée, entre la diplomatie ou la finance. Voici quelques-unes des premières lettres, où le caractère éclate tel qu'il sera toute la vie. Quant au style, il est ce qu'il peut, il n'est pas formé encore, mais l'esprit va son train tout au travers. Nous ne faisons qu'extraire le travail de M. Gaullieur, et y emprunter notes et éclaircissements.

« Douvres, ce 26 juin 1787.

« Il y a dans le monde, sans que le monde s'en doute, un grave auteur allemand qui observe avec beaucoup de sagesse, à l'occasion d'une gouttière qu'un soldat fondit pour en faire des balles, que l'ouvrier qui l'avait posée ne se doutait point qu'elle tuerait quelqu'un de ses descendants.

« C'est ainsi, madame (car c'est comme cela qu'il faut commencer pour donner à ses phrases toute l'emphase philosophique), c'est ainsi, dis-je, que lorsque tous les jours de la semaine dernière je prenais tranquillement du thé en parlant raison avec vous, je ne me doutais pas que je ferais avec toute ma raison une énorme sottise ; que l'ennui, réveillant en moi l'amour, me ferait perdre la tête, et qu'au lieu de partir pour Bois-le-Duc, je partirais pour l'Angleterre, presque sans argent et absolument sans but.

« C'est cependant ce qui est arrivé de la façon la plus singulière. Samedi dernier, à sept heures, mon conducteur et moi nous partîmes dans une petite chaise qui nous cahota si

(1) Le père de Benjamin Constant était au service des États-Généraux de Hollande.

bien, que nous n'eûmes pas fait une demi-lieue que nous ne pouvions plus y tenir, et que nous fûmes obligés de revenir sur nos pas. A neuf, de retour à Paris, il se mit à chercher un autre véhicule pour nous traîner en Hollande ; et moi, qui me proposais de vous faire ma cour encore ce soir-là, puisque nous ne partions que le lendemain, je m'en retournai chez moi pour y chercher un habit que j'avais oublié. Je trouvai sur ma table la réponse sèche et froide de la prudente Jenny (1). Cette lettre, le regret sourd de la quitter, le dépit d'avoir manqué cette affaire, le souvenir de quelques conversations attendrissantes que nous avions eues ensemble, me jetèrent dans une mélançolie sombre.

« En fouillant dans d'autres papiers, je trouvai une autre lettre d'une de mes parentes, qui, en me parlant de mon père, me peignait son mécontentement de ce que je n'avais point d'état, ses inquiétudes sur l'avenir, et me rappelait ses soins pour mon bonheur et l'intérêt qu'il y mettait. Je me représentai, moi, pauvre diable, ayant manqué dans tous mes projets, plus ennuyé, plus malheureux, plus fatigué que jamais de ma triste vie. Je me figurai ce pauvre père trompé dans toutes ses espérances, n'ayant pour consolation dans sa vieillesse qu'un homme aux yeux duquel, à vingt ans, tout était décoloré, sans activité, sans énergie, sans désirs, ayant le morne silence de la passion concentrée sans se livrer aux élans de l'espérance qui nous raniment et nous donnent de nouvelles forces.

« J'étais abattu ; je souffrais, je pleurais. Si j'avais eu là mon consolant opium, c'eût été le bon moment pour achever en l'honneur de l'ennui le sacrifice manqué par l'amour (2).

---

(1) Il s'agissait d'une demande en mariage faite quelques jours auparavant. Mlle Jenny Pourrat, vivement recherchée par Benjamin Constant, avait répondu de manière à laisser bien peu d'espérances, où du moins sa réponse décelait beaucoup de coquetterie et de calcul.

(2) Quelque temps auparavant, Benjamin Constant, contrarié dans une inclination, avait eu quelque velléité de suicide. Il en reparlera

« Une idée folle me vint ; je me dis : Partons, vivons seul, ne faisons plus le malheur d'un père ni l'ennui de personne. Ma tête était montée : je ramasse à la hâte trois chemises et quelques bas, et je pars sans autre habit, veste, culotte ou mouchoir, que ceux que j'avais sur moi. Il était minuit. J'allai vers un de mes amis dans un hôtel. Je m'y fis donner un lit. J'y dormis d'un sommeil pesant, d'un sommeil affreux jusqu'à onze heures. L'image de Mlle P..., embellie par le désespoir, me poursuivait partout. Je me lève ; un sellier qui demeurait vis-à-vis me loue une chaise. Je fais demander des chevaux pour Amiens. Je m'enferme dans ma chaise. Je pars avec mes trois chemises et une paire de pantoufles (car je n'avais point de souliers avec moi), et trente et un louis en poche. Je vais ventre à terre ; en vingt heures je fais soixante et neuf lieues. J'arrive à Calais, je m'embarque, j'arrive à Douvres, et je me réveille comme d'un songe.

« Mon père irrité, mes amis confondus, les indifférents clabaudant à qui mieux mieux ; moi seul, avec quinze guinées, sans domestique, sans habit, sans chemises, sans recommandations, voilà ma situation, madame, au moment où je vous écris, et je n'ai de ma vie été moins inquiet.

« D'abord, pour mon père, je lui ai écrit ; je lui ai fait deux propositions très-raisonnables : l'une de me marier tout de suite ; je suis las de cette vie vagabonde ; je veux avoir un être à qui je tienne et qui tienne à moi, et avec qui j'aie

---

plus tard, il en reparlera sans cesse. C'est la même scène qui se renouvellera bien des fois dans sa vie, et qui, toujours commencée au tragique, se terminera toujours en ironie. — « Il avait l'habitude des menaces violentes sur lui-même, me dit quelqu'un qui l'a bien connu ; il menaçait de se tuer, de se couper la gorge. Il fit ainsi auprès de Mme de Staël, à l'origine de leur liaison ; il tenta ce même moyen auprès de Mme Récamier (1815) ; ou plutôt ce n'était pas chez lui calcul, mais violence fébrile et nerveuse. Une jeune enfant, qui se trouvait présente à certaines de ses visites, disait quelquefois lorsqu'il sortait : « Oh ! ma tante, comme ce monsieur-là est malade au- « jourd'hui ! »

d'autres rapports que ceux de la sociabilité passagère et de l'obéissance implicite. De la jeunesse, une figure décente, une fortune aisée, assez d'esprit pour ne pas dire des bêtises sans le savoir, assez de conduite pour ne pas faire des sottises, comme moi, en sachant bien qu'on en fait, une naissance et une éducation qui n'avilisse pas ses enfants, et qui ne me fasse pas épouser toute une famille de Cazenove, ou gens tels qu'eux (1), c'est tout ce que je demande.

« Ma seconde proposition est qu'il me donne à présent une portion de quinze ou vingt mille francs, plus ou moins, du bien de ma mère, et qu'il me laisse aller m'établir en Amérique. En cinq ans je serai naturalisé, j'aurai une patrie (2), des intérêts, une carrière, des concitoyens. Accoutumé de bonne heure à l'étude et à la méditation, possédant parfaitement la langue du pays, animé par un but fixe et une ambition réglée, jeune et peut-être plus avancé qu'un autre à mon âge, riche d'ailleurs, très-riche pour ce pays-là, voilà bien des avantages.

« Peu m'importe quelle des deux propositions il voudra choisir; mais l'une des deux est indispensable. Vivre sans patrie et sans femme, j'aime autant vivre sans chemise et sans argent, comme je fais actuellement.

« Je pars dans l'instant pour Londres; j'y ai deux ou trois amis, entre autres un à qui j'ai prêté beaucoup d'argent en

---

(1) C'est encore une tribulation matrimoniale. Benjamin Constant fait ici allusion à un mariage qu'on avait voulu lui faire contracter à Lausanne quelque temps auparavant. La famille Cazenove est aujourd'hui à peu près éteinte.

(2) Il est à remarquer que Benjamin Constant éprouva toujours une grande répugnance à s'avouer Suisse : cela tenait en partie, comme on le verra, à l'antipathie que lui inspirait le régime bernois, dont la famille Constant eut souvent à se plaindre. L'affranchissement du pays de Vaud fut une des premières idées de Benjamin. Il est vrai qu'il ne se rendait pas trop compte de la manière de l'opérer. Quand le canton de Vaud fut formé, il ne crut pas d'abord à la durée de cette création démocratique.

Suisse, et qui, j'espère, me rendra le même service ici. Si je reste en Angleterre, comptez que j'irai voir le banc de mistriss Calista à Bath (1). Aimez-moi malgré mes folies; je suis un bon diable au fond. Excusez-moi près de M. de Charrière. Ne vous inquiétez absolument pas de ma situation : moi, je m'en amuse comme si c'était celle d'un autre (2). Je ris pendant des heures de cette complication d'extravagances, et quand je me regarde dans le miroir, je me dis, non pas : « Ah! James Boswell (3)! » mais : « Ah! Benjamin, Benjamin Constant! » Ma famille me gronderait bien d'avoir oublié le *de* et le *Rebecque;* mais je les vendrais à présent *three pence a piece*. Adieu, madame.

« Constant. »

« P. S. Répondez-moi quelques mots, je vous prie. J'espère que je pourrai encore *afford to pay* le port de vos lettres. Adressez-les comme ci-dessous, mot à mot :

« H. B. CONSTANT, esq.
« LONDON.
« To be left at the post office
« till called for. »

(1) C'est une allusion à un passage du meilleur des romans de Mme de Charrière, *Caliste, ou Lettres écrites de Lausanne :* « Un jour,
« j'étais assis sur un des bancs de la promenade;... une femme que
« je me souvins d'avoir déjà vue vint s'asseoir à l'autre extrémité du
« même banc. Nous restâmes longtemps sans rien dire, etc. »
(2) Tout Benjamin Constant est déjà là; se dédoubler ainsi et avoir une moitié de soi-même qui se moque de l'autre. Cette moitié moqueuse finira par être l'homme tout entier. Le refrain habituel de Benjamin Constant, dans toutes les circonstances petites ou grandes de la vie, était : « *Je suis furieux, j'enrage, mais ça m'est bien égal.* » Nous surprenons ici la disposition fatale dans son germe déjà éclos.
(3) Mme de Charrière, enthousiaste de Paoli, avait engagé Benjamin Constant à traduire de l'anglais l'ouvrage de James Boswell, intitulé *An Account of Corsica, and Memoirs of Pascal Paoli*, qui eut une

« Chesterford, ce 22 juillet 1787.

« Vous aurez bien deviné, madame, au ton de ma précédente lettre (*elle manque*), que mon séjour à Patterdale était une plaisanterie ; mais ce qui n'en est pas une, c'est la situation où je suis actuellement, dans une petite cabane, dans un petit village, avec un chien et deux chemises. J'ai reçu des lettres de mon père, qui me presse de revenir, et je le rejoindrai dans peu. Mais je suis déterminé à voir le peuple des campagnes, ce que je ne pourrais pas faire si je voyageais dans une chaise de poste. Je voyage donc à pied et à travers champs. Je donnerais, non pas dix louis, car il ne m'en resterait guère, mais beaucoup, un sourire de Mlle Pourrat, pour n'être pas habitué à mes maudites lunettes. Cela me donne un air étrange, et l'étonnement répugne à l'intimité du moment, qui est la seule que je désire. On est si occupé à me regarder, qu'on ne se donne pas la peine de me répondre. Cela va pourtant tant bien que mal. En trois jours, j'ai fait quatre-vingt-dix milles ; j'écris le soir une petite lettre à mon père, et je travaille à un roman que je vous montrerai. J'en ai, d'écrites et de corrigées, cinquante pages in-8° ; je vous le dédierai si je l'imprime (1). — J'ai rencontré à Londres votre médecin, je l'ai trouvé bien aimable ; mais je ne suis pas bon juge et je me récuse, car nous n'avons parlé que de vous. Écrivez-moi toujours à Londres. On m'envoie les lettres à la poste de quelque grande ville par laquelle je passe.

« J'ai balancé comment je voyagerais ; je voulais prendre un costume plus commun, mais mes lunettes ont été un

---

très-grande vogue vers 1768. La traduction fut entreprise, puis abandonnée, comme tant d'autres choses, par l'*inconstant* (c'est ainsi qu'on désignait notre Benjamin dans la société de Lausanne).

(1) Ce livre n'a jamais paru. Nous avons, dit M. Gaullieur, les feuilles manuscrites qui ont été mises au net, et l'ébauche du reste. C'est un roman dans la forme épistolaire.

obstacle. Elles et mon habit, qui est beaucoup trop *gentleman-like*, me donnent l'air d'un *broken gentleman*, ce qui me nuit on ne peut pas plus. Le peuple aime ses égaux, mais il hait la pauvreté, et il hait les nobles. Ainsi, quand il voit un gentleman qui a l'air pauvre, il l'insulte ou le fuit. Mon seul échappatoire, c'est de passer, sans le dire, pour quelque *journeyman* qui s'en retourne de Londres où il a dépensé son argent, à la boutique de son maître. Je pars ordinairement à sept heures ; je vais au taux de quatre milles par heure jusqu'à neuf. Je déjeune. A dix et demie je repars jusqu'à deux ou trois. Je dîne mal et à très-bon marché. Je pars à cinq. A sept, je prends du thé, ou quelquefois, par économie ou pour me lier avec quelque voyageur qui va du même côté, un ou deux verres de *brandy*. Je marche jusqu'à neuf. Je me couche à minuit assez fatigué. Je dépense cinq à six shellings par jour. Ce qui augmente beaucoup ma dépense, c'est que je n'aime pas assez le peuple pour vouloir coucher avec lui, et qu'on me fait, surtout dans les villages, payer pour la chambre et pour la distinction. Je crois que je goûterai un peu mieux le repos, le luxe, les bons lits, les voitures et l'intimité. Jamais homme ne se donna tant de peine pour obtenir un peu de plaisir.

« Vous croirez que c'est une exagération ; mais quand je suis bien fatigué, que j'ai du linge bien sale, ce qui m'arrive quelquefois et me fait plus de peine que toute autre chose, qu'une bonne pluie me perce de tous côtés, je me dis : « Ah ! que je vais être heureux cet automne, avec du linge « blanc, une voiture et un habit sec et propre ! »

« Je réponds de mon père : il sera fâché contre moi et de mon équipée, quoiqu'il m'assure l'avoir pardonnée ; mais je suis déterminé à devenir son ami en dépit de lui. Je serai si gai, si libre et si franc, qu'il faudra bien qu'il rie et qu'il m'aime (1).

(1) C'est de son père que Benjamin Constant parle dans *Adolphe*,

« En général, mon voyage m'a fait un grand bien ou plutôt dix grands biens. En premier lieu, je me sers moi tout seul, ce qui ne m'était jamais arrivé. Secondement, j'ai vu qu'on pouvait vivre pour rien ; je puis à Londres aller tous les jours au spectacle, bien dîner, souper, déjeûner, être bien vêtu, pour douze louis par mois. Troisièmement, j'ai été convaincu qu'il ne fallait, pour être heureux, quand on a un peu vu le monde, que du repos.

« Je vous souhaite tous ces bonheurs et mets le mien dans votre indulgence. Demain je serai à Methwold, un tout petit village entre ceci et Lynn, et au delà de Newmarket, dont Chesterford, d'où je vous écris ce soir, n'est qu'à cinq lieues. — Adieu, madame ; ajoutez à ma lettre tous mes sentiments pour vous, et vous la rendrez bien longue.

« CONSTANT. »

« Westmoreland. — Patterdale, le 27 août 1787.

« Il y a environ cent mille ans, madame, que je n'ai reçu de vos lettres, et à peu près cinquante mille que je ne vous ai écrit. J'ai tant couru à pied, à cheval et de toutes les manières, que je n'ai pu que penser à vous. Je me trouve très-mal de ce régime, et je veux me remettre à une nourriture moins creuse. J'espère trouver de vos lettres à Londres, où je serai le 6 ou 7 du mois prochain, et je ne désespère pas

---

quand il dit : « Je ne demandais qu'à me livrer à ces impressions pri-
« mitives et fougueuses qui jettent l'âme hors de la sphère com-
« mune... Je trouvais dans mon père, non pas un censeur, mais un
« observateur froid et caustique... Je ne me souviens pas, pendant
« mes dix-huit premières années, d'avoir eu jamais un entretien
« d'une heure avec lui. Ses lettres étaient affectueuses, pleines de
« conseils raisonnables et sensibles ; mais à peine étions-nous en pré-
« sence l'un de l'autre, qu'il y avait en lui quelque chose de contraint
« que je ne pouvais m'expliquer, et qui réagissait sur moi d'une ma-
« nière pénible. »

de vous voir à Colombier (1) dans environ six semaines : cent lieues de plus ou de moins ne sont rien pour moi. Je me porte beaucoup mieux que je ne me suis jamais porté : j'ai une espèce de cheval qui me porte aussi très-bien, quoiqu'il soit vieux et usé. Je fais quarante à cinquante milles par jour. Je me couche de bonne heure, je me lève de bonne heure, et je n'ai rien à regretter que le plaisir de me plaindre et la dignité de la langueur (2).

« Vous avez tort de douter de l'existence de Patterdale. Il est très-vrai que ma lettre datée d'ici était une plaisanterie; mais il est aussi très-vrai que Patterdale est une petite *town*, dans le Westmoreland, et qu'après un mois de courses en Angleterre, en Écosse, du nord au sud et du sud au nord, dans les plaines de Norfolk et dans les montagnes du Clackmannan, je suis aujourd'hui et depuis deux jours ici, avec mon chien, mon cheval et toutes vos lettres, non pas chez le curé, mais à l'auberge. Je pars demain, et je couche à Keswick, à vingt-quatre milles d'ici, où je verrai une sorte de peintre, de guide, d'auteur, de poëte, d'enthousiaste, de je ne sais quoi, qui me mettra au fait de ce que je n'ai pas vu, pour que, de retour, je puisse mentir comme un autre et donner à mes mensonges un air de famille. J'ai griffonné une description bien longue, parce que je n'ai pas eu le temps de l'abréger, de Patterdale. Je vous la garantis vraie dans la moitié de ses points, car je ne sais pas, comme je n'ai pas eu la patience ni le temps de la relire, où j'ai pu être entraîné par la manie racontante. Lisez, jugez et croyez ce que vous pourrez, et puis offrez à Dieu votre incrédulité, qui vaut mille fois mieux que la crédulité d'un autre.

---

(1) Près de Neuchâtel ; Mme de Charrière y passait la plus grande partie de l'année.

(2) Un des premiers désirs de Benjamin Constant, à son adolescence, fut de voyager seul, à pied, vivant au jour le jour comme

« J'ai quitté l'idée d'un roman en forme. Je suis trop bavard de mon naturel. Tous ces gens qui voulaient parler à ma place m'impatientaient. J'aime à parler moi-même, surtout quand vous m'écoutez. J'ai substitué à ce roman des lettres intitulées *Lettres écrites de Patterdale à Paris dans l'été de 1787*, adressées à madame de C. de Z. (Mme de Charrière de Zoel). Cela ne m'oblige à rien. Il y aura une demi-intrigue que je quitterai ou reprendrai à mon gré. Mais je vous demande, et à M. de Charrière, qui, j'espère, n'a pas oublié son fol ami, le plus grand secret. Je veux voir ce qu'on dira et ce qu'on ne dira pas, car je m'attends plus au châtiment de l'obscurité qu'à l'honneur de la critique. Je n'ai encore écrit que deux lettres ; mais, comme j'écris sans style, sans manière, sans mesure et sans travail, j'écris à trait de plume... »

« A dix-huit milles de Patterdale, Ambleside, le 31.

« Je suis resté jusqu'au 30 à Patterdale. Je n'ai point encore été à Keswick. Je n'y serai que ce soir, et j'en partirai demain matin pour continuer tout de bon ma route que les lacs du Westmoreland et du Cumberland ont interrompue. Je viens d'essuyer une espèce de tempête sur le Windermere, un lac, le plus grand de tous ceux de ce pays-ci, à deux milles de ce village. J'ai eu envie de me noyer. L'eau était si noire et si profonde (1), que la certitude d'un prompt repos me tentait

Jean-Jacques Rousseau ; mais il y avait entre l'illustre Genevois et le gentilhomme vaudois cette différence, que celui-ci trouvait à peu près partout, grâce à son nom et au crédit de sa famille, des bourses ouvertes et un accueil que le pauvre Jean-Jacques ne put jamais rencontrer au début de sa carrière. On vient de voir comment le voyage pédestre s'est transformé en promenade à cheval. Le jeune Constant pouvait bien ressentir, grâce à son imprévoyance calculée, une gêne d'un moment, mais jamais les angoisses de la misère. Sa détresse était plus ou moins factice.

(1) Parodie de ce passage célèbre de *la Nouvelle Héloïse* : « La roche est escarpée, l'eau est profonde, et je suis au désespoir !... »

beaucoup ; mais j'étais avec deux matelots qui m'auraient repêché, et je ne veux pas me noyer comme je me suis empoisonné, pour rien. Je commence à ne pas trop savoir ce que je deviendrai. J'ai à peine six louis : le cheval loué m'en coûtera trois. Je ne veux plus prendre d'argent à Londres chez le banquier de mon père. Mes amis n'y sont point. *I'll just trust to fate.* Je vendrai, si quelque heureuse aventure ne me fait rencontrer quelque bonne âme, ma montre et tout ce qui pourra me procurer de quoi vivre, et j'irai comme Goldsmith, avec une viole et un orgue sur mon dos, de Londres en Suisse. Je me réfugierai à Colombier, et de là j'écrirai, je parlementerai, et je me marierai ; puis, après tous ces *rai*, je dirai, comme Pangloss fessé et pendu : « Tout est bien. »

« A quatorze milles d'Ambleside, Kendal, 1ᵉʳ septembre.

« ... C'est une singulière lettre que celle-ci, madame, — je ne sais trop quand elle sera finie, — mais je vous écris, et je ne me lasse pas de ce plaisir-là comme des autres. — Me voici à trente milles de Keswick, où j'ai vu mon homme. — J'ai vingt-deux milles de plus à faire. Je vous écrirai de Lancaster. La description de Patterdale est dans mon porte-manteau, — et je ne puis le défaire. Je vous l'enverrai de Manchester, où je coucherai demain ; — je vais à grandes journées par économie et par impatience. — On se fatigue de se fatiguer comme de se reposer, madame. — Pour varier ma lettre, je vous envoie mon épitaphe. — Si vous n'entendez pas parler de moi d'ici à un mois, faites mettre une pierre sous quatre tilleuls qui sont entre le Désert et la Chablière (1), et faites-y graver l'inscription suivante ; — elle est en mauvais vers, et je vous prie de ne la montrer à personne tant que je

(1) Campagnes près de Lausanne, appartenant alors à la famille Constant.

serai en vie. — On pardonne bien des choses à un mort, et l'on ne pardonne rien aux vivants. —

EN MÉMOIRE

D'HENRI-BENJAMIN DE CONSTANT-REBECQUE,

Né à Lausanne en Suisse,

Le 25 nov. 1767 (1).

Mort à   , dans le comté

de

en Angleterre,

Le   septembre 1787.

D'un bâtiment fragile, imprudent conducteur.
Sur des flots inconnus je bravais la tempête.
    La foudre grondait sur ma tête,
    Et je l'écoutais sans terreur.
Mon vaisseau s'est brisé, ma carrière est finie.
J'ai quitté sans regret ma languissante vie,
J'ai cessé de souffrir en cessant d'exister.
Au sein même du port j'avais prévu l'orage ;
    Mais, entraîné loin du rivage,
A la fureur des vents je n'ai pu résister.
    J'ai prédit l'instant du naufrage,
    Je l'ai prédit sans pouvoir l'écarter.
Un autre plus prudent aurait su l'éviter.
    J'ai su mourir avec courage,
    Sans me plaindre et sans me vanter.

(1) Benjamin Constant, comme bien des gens, se trompait sur la date précise de sa naissance. Voici ce qu'on lit dans les registres de l'état civil de Lausanne : « *Benjamin Constant*, fils de noble Juste Constant, citoyen de Lausanne et capitaine au service des États-Généraux, et de feu madame Henriette de Chandieu, sa défunte femme, né le dimanche 25 octobre, a été baptisé en Saint-François, le 11 novembre 1767, par le vénérable doyen Polier de Bottens, le lendemain de la mort de madame sa mère. » Ainsi, Benjamin Constant, orphe-

« Pas tout à fait sans me vanter, pourtant, madame ; voyez l'épitaphe...

« A vingt-deux milles de Kendal, Lancaster, 1ᵉʳ *septembre.*

« Mes plans d'Amérique, madame, sont plus combinés que jamais. Si je ne me marie ni ne me pends cet hiver, je pars au printemps. J'ai parlé à plusieurs personnes au fait. Je compte aller sérieusement chez M. Adams (1), avant de quitter Londres, prendre encore de nouvelles informations ; et si le démon de la contrainte et de la défiance ne veut pas quitter mon pauvre Désert, je lui céderai la place (2). — J'emprunterai d'une de mes parentes, qui m'a déjà prêté souvent et qui m'offre encore davantage (ce n'est pas madame de Severy), huit mille francs, si elle les a, et je me ferai *farmer* dans la Virginie. N'est-il pas plaisant que je parle de huit mille francs, quand je n'ai pas six sous à moi dans le monde ?

>   Sur mon grabat je célébrais Glycère,
>   Le jus divin d'un vin mousseux ou grec,
>   Buvant de l'eau dans un vieux pot à bière.

Je cite tout de travers (3) ; mais une de vos aimables qualités est d'entendre tout bien, de quelque manière qu'on parle. Je défigure encore cette phrase, et c'est bien dommage. — Si vous vous rappelez son auteur, c'est ma meilleure amie et la plus aimable femme que je connaisse (4). Si je ne me rappe-

---

lin de mère, pouvait dire avec Jean-Jacques Rousseau : « Ma naissance fut le premier de mes malheurs. » On sent trop, en effet, qu'à tous deux la tendresse d'une mère leur a manqué.

(1) Le célèbre John Adams était alors en mission à Londres pour les États-Unis.
(2) Les ennuis domestiques de Benjamin Constant provenaient en grande partie de sa belle-mère.
(3) Voir *le Pauvre Diable* de Voltaire, d'où il tire sa réminiscence.
(4) La phrase défigurée est de Mᵐᵉ de Charrière.

lais votre amour pour la médisance, je me mettrais à la louer. Pardon, madame, — revenons à nos moutons, — c'est-à-dire à notre prochain, que nous croquons comme des loups.

« Même date, au soir. »

« Je relis ma lettre après souper, madame, et je suis honteux de toutes les fautes de style et de français ; mais souvenez-vous que je n'écris pas sur un bureau bien propre et bien vert, pour ou auprès d'une jolie femme ou d'une femme autrefois jolie (1), mais en courant, non pas la poste, mais les grands chemins, en faisant cinquante-deux milles, comme aujourd'hui, sur un malheureux cheval, avec un mal de tête effroyable, et n'ayant autour de moi que des êtres étranges et étrangers, qui sont pis que des amis et presque que des parents... »

C'est assez de ce début ; on en a plus qu'il n'en faut pour savoir le ton ; Benjamin Constant continue de ce train railleur durant bien des pages, durant quinze grandes feuilles *in-folio*. Sa caravane pourtant tire à sa fin ; il ne se tue pas, il ne meurt pas de fatigue ; il arrive par monts et par vaux chez un ami de son père, qui lui refait la bourse et le remet sur un bon pied, sa monture et lui. Bref, dans une dernière lettre datée de Londres, du 12 septembre, il annonce à Mme de Charrière, par des vers détestables (il n'en a jamais fait que de tels), qu'en vertu d'un compromis signé avec son père, il va partir pour la cour de Brunswick, et y devenir quelque chose comme lecteur ou chambellan de la duchesse ; mais il passera auparavant par le canton de Vaud et par Colombier, ce dont il a grand besoin, confesse-t-il un peu crûment ; car, à la suite de ce beau voyage sentimental, il lui faut refaire tant soit peu sa *santé* et son humeur.

(1) Ceci a bien l'air d'une épigramme échappée par la force de l'habitude. Mme de Charrière aurait pu être la mère de Benjamin Constant.

Ce qui a dû frapper dans ces premières lettres, c'est combien l'esprit de moquerie, l'absence de sérieux, l'exaltation factice, et qui tourne aussitôt en risée, percent à chaque ligne : nulle part, un sentiment ému et qui puisse intéresser, même dans son égarement; nulle part, une plainte touchante, un soupir de jeune cœur, même vers des chimères; rien de cet amour de la nature qui console et repose, rien de ce premier enchantement où Jean-Jacques était ravi, et qu'il nous a rendu en des touches si pleines de fraîcheur. Adolphe, Adolphe, vous commencez bien mal; tout cela est bien léger, bien aride, et vous n'avez pas encore vingt ans (1).

(1) A vingt ans, Benjamin Constant se considérait déjà comme bien blasé, bien vieux, et il lui échappait quelquefois de dire : *Quand j'avais seize ans*, reportant à cet âge premier ce qu'on est convenu d'appeler la jeunesse. Et puisque nous en sommes ici à ses lettres, nous nous reprocherions de ne pas en citer une écrite par lui, à l'âge de douze ans, à sa grand'mère, pendant qu'il était à Bruxelles avec son gouverneur. M. Vinet l'a donnée dans les premières éditions de son excellente *Chrestomathie*, mais il l'a supprimée, je me demande pourquoi, dans la dernière. Cette lettre est très-peu connue en France; elle peint déjà le Benjamin tel qu'il sera un jour, avec sa légèreté, sa mobilité d'émotions, ses instincts de joueur et de moqueur, et aussi avec toute sa grâce. La voici :

« Bruxelles, 19 novembre 1779.

« J'avais perdu toute espérance, ma chère grand'mère ; je croyais que vous ne vous souveniez plus de moi, et que vous ne m'aimiez plus. Votre lettre si bonne est venue très à propos dissiper mon chagrin, car j'avais le cœur bien serré; votre silence m'avait fait perdre le goût de tout, et je ne trouvais plus aucun plaisir à mes occupations, parce que dans tout ce que je fais j'ai le but de vous plaire, et, dès que vous ne vous souciez (*sic*) plus de moi, il était inutile que je m'applique (*sic*). Je disais : « Ce sont mes cousins qui sont auprès de ma grand'mère qui m'effacent de son souvenir; il est vrai qu'ils sont aimables, qu'ils sont colonels, capitaines, etc., et moi je ne suis rien encore : cependant je l'aime et la chéris autant qu'eux. Vous voyez, ma chère grand'mère, tout le mal que votre silence m'a fait : ainsi, si vous vous intéressez à mes progrès, si vous voulez que je devienne aimable, savant, faites-moi écrire quelquefois, et surtout aimez-moi malgré mes défauts ; vous me donnerez du courage et des forces pour m'en corriger, et vous me verrez tel que je veux être, et

Il est de retour en Suisse au commencement d'octobre 1787. Je crois bien qu'avant de se rendre à Lausanne il passa (et je lui en sais gré) par Colombier : il y arriva *à pied, à huit heures du soir, le 3 octobre 1787* ; lui-même a noté presque religieusement cet anniversaire. Le lendemain 4, il était à Lausanne, et il écrit aussitôt : « Enfin m'y voici, je comptais vous écrire « sur ma réception, mes amis, mes parents ; mais on me donne « une commission pour vous, madame, et je n'ai qu'un demi-« quart d'heure à moi. Mon oncle, sachant que M. de Sal-

---

tel que vous me souhaitez. Il ne me manque que des marques de votre amitié ; j'ai en abondance tous les autres secours, et j'ai le bonheur qu'on n'épargne ni les soins ni l'argent pour cultiver mes talents, si j'en ai, ou pour y suppléer par des connaissances. Je voudrais bien pouvoir vous dire de moi quelque chose de bien satisfaisant, mais je crains que tout ne se borne au physique ; je me porte bien et je grandis beaucoup. Vous me direz que, si c'est tout, il ne vaut pas la peine de vivre. Je le pense aussi, mais mon étourderie renverse tous mes projets. Je voudrais qu'on pût empêcher mon sang de circuler avec tant de rapidité, et lui donner une marche plus cadencée ; j'ai essayé si la musique pouvait faire cet effet : je joue des *adagio*, des *largo*, qui endormiraient trente cardinaux. Les premières mesures vont bien, mais je ne sais par quelle magie les airs si lents finissent toujours par devenir des *prestissimo*. Il en est de même de la danse ; le menuet se termine toujours par quelques gambades. Je crois, ma chère grand'mère, que ce mal est incurable, et qu'il résistera à la raison même ; je devrais en avoir quelque étincelle, car j'ai douze ans et quelques jours ; cependant je ne m'aperçois pas de son empire : si son aurore est si faible, que sera-t-elle à vingt-cinq ans ? Savez-vous, ma chère grand'mère, que je vais dans le grand monde deux fois par semaine ? J'ai un bel habit, une épée, mon chapeau sous le bras, une main sur la poitrine, l'autre sur la hanche ; je me tiens bien droit, et je fais le grand garçon tant que je puis. Je vois, j'écoute, et jusqu'à ce moment je n'envie pas les plaisirs du grand monde. Ils ont tous l'air de ne pas s'aimer beaucoup. Cependant le jeu et l'or que je vois rouler me causent quelque émotion. Je voudrais en gagner pour mille besoins que l'on traite de fantaisies. A propos d'or, j'ai bien ménagé les deux louis que vous m'avez envoyés l'année dernière, ils ont duré jusqu'à la foire passée ; à présent il ne me manque qu'un froc et de la barbe pour être du troupeau de saint François ; je ne trouve pas qu'il y ait grand mal : j'ai moins de besoins depuis que je n'ai plus d'argent. J'attends le jour des Rois avec

« gas (1) doit venir *enfin* chercher sa femme (2), voudrait que
« vous vinssiez avec lui. Vous trouveriez, dit-il, une famille
« toute disposée à vous aimer, à vous admirer, et, ce qui vaut
« mieux, le plus beau pays du monde. Mon manoir de Beau-
« soleil est bien petit ; mais si vous venez avec M. de Salgas,
« je vous demande la préférence sur mon oncle et sur sa ré-
« sidence plus confortable ; je le lui ai déjà déclaré. Ce n'est
« qu'une petite course, et si vous voulez m'admettre pour
« votre chevalier errant, nous retournerons ensemble à Co-
« lombier. » — Mme de Charrière vint en effet, et emmena au
retour le jeune Constant, ou du moins celui-ci l'alla rejoindre.
Ces deux mois de séjour, de maladie, de convalescence, auprès d'une personne supérieure et affectueuse, semblèrent

impatience. On commencera à danser chez le prince-ministre tous les
vendredis. Malgré tous les plaisirs que je me propose, je préférerais
de passer quelques moments avec vous, ma chère grand'mère : ce
plaisir-là va au cœur, il me rend heureux, il m'est utile. Les autres
ne passent pas les yeux ni les oreilles, et ils laissent un vide que je
n'éprouve pas lorsque j'ai été avec vous. Je ne sais pas quand je
jouirai de ce bonheur ; mes occupations vont si bien qu'on craint de
les interrompre. M. Duplessis vous assure de ses respects ; il aura
l'honneur de vous écrire. Adieu, ma chère, bonne et excellentissime
grand'mère ; vous êtes l'objet continuel de mes prières. Je n'ai d'autre bénédiction à demander à Dieu que votre conservation. Aimez-
moi toujours et faites-m'en donner l'assurance. » — On se demande
involontairement, après avoir lu une telle lettre, s'il est bien possible
qu'elle soit d'un enfant de douze ans. Quoi qu'on puisse dire, elle ne
fait, pour le ton et pour le tour d'esprit, que devancer les nôtres,
qui semblent venir exprès pour la confirmer. — (On m'assure, depuis que tout ceci est écrit, que la lettre n'est qu'un pastiche, du fait
d'un M. Châtelain, de Rolle, habile en son temps à ces sortes de supercheries et d'espiègleries.)

(1) Le baron de Salgas, gentilhomme protestant de la maison de
Pelet, dont les ancêtres avaient quitté la France à la révocation de
l'Édit de Nantes ; il avait passé des années à la cour d'Angleterre en
qualité de gouverneur d'un des jeunes princes de la maison de Hanovre.
Retiré à Rolle, dans le pays de Vaud, il y vivait étroitement lié avec
M. de Charrière.

(2) La femme de M. de Constant, la *générale* de Constant, comme
on disait.

modifier sa nature et lui communiquer quelque chose de plus calme, de plus heureux. Par malheur, l'aridité des doctrines gâtait vite ce que la pratique entre eux avait de meilleur, et on achevait, en causant, de tout mettre en poussière dans le même temps qu'on réussissait à se faire aimer. Mme de Charrière écrivait alors ses lettres politiques sur la révolution tentée en Hollande par le parti patriote, et Benjamin Constant, par émulation, se mit à tracer la première ébauche de ce fameux livre sur les religions qu'il fut près de quarante ans à remanier, à refaire, à transformer de fond en comble. L'esprit dans lequel il le conçut alors n'était autre que celui du xviiie siècle pur, c'est-à-dire un fonds d'incrédulité et d'athéisme que l'ambitieux auteur se réservait sans doute de raffiner. On lit dans une lettre de Mme de Charrière d'une date postérieure quelques détails singuliers sur cette composition primitive : « Après mon retour de Paris, dit-elle, fâchée contre
« la princesse d'Orange, j'écrivis la première feuille des
« *Observations et Conjectures politiques*, puis vinrent les autres;
« j'exigeais de l'imprimeur qu'il les envoyât, l'une après
« l'autre, à mesure qu'il les imprimait, à M. de Salgas, à
« M. Van-Spiegel, à M. Charles Bentinck. Je voulais qu'on les
« vendît à Paris comme tout autre ouvrage périodique (1).
« Benjamin Constant survint, il me regardait écrire, prenait
« intérêt à mes feuilles, corrigeait quelquefois la ponctuation,
« se moquait de quelques vers alexandrins qui se glissaient
« parfois dans ma prose. Nous nous amusions fort. De l'autre
« côté de la même table, il écrivait sur des cartes de tarots,
« qu'il se proposait d'enfiler ensemble, un ouvrage sur l'esprit
« et l'influence de la religion ou plutôt de toutes les reli-
« gions connues. Il ne m'en lisait rien, ne voulant pas,
« comme moi, s'exposer à la critique et à la raillerie. Mme de
« Staël en a parlé dans un de ses livres. Elle l'appelle *un*

---

(1) On trouve dans quelques catalogues du temps ces *Observations* attribuées à Mirabeau. Avis à M. Quérard et aux bibliographes.

« *grand ouvrage*, quoiqu'elle n'en ait vu, dit-elle, que le com-
« mencement, quelques cartes sans doute, et elle invite la
« littérature et la philosophie à se réunir pour exiger de
« l'auteur qu'il le reprenne et l'achève. Mais elle ne nomme
« point cet auteur, ne donne point son adresse, de sorte que
« la littérature et la philosophie eussent été bien embarras-
« sées de lui faire parvenir une lettre. »

Voilà de l'aigreur qui perce un peu vivement et sans but,
nous en sommes fâché pour Mme de Charrière. Le fait est que
l'ouvrage dont parlait Mme de Staël ne devait déjà plus être le
même que celui qui s'esquissait sur un jeu de cartes à Colombier. Benjamin Constant était le premier à plaisanter de ces
transformations de son éternel ouvrage, de cet ouvrage toujours continué et refait tous les cinq ou dix ans, selon les
nouvelles idées survenantes : « L'utilité des faits est vraiment
merveilleuse, disait-il de ce ton qu'on lui a connu ; voyez,
j'ai rassemblé d'abord mes dix mille faits : eh bien! dans
toutes les vicissitudes de mon ouvrage, ces mêmes faits
m'ont suffi à tout ; je n'ai eu qu'à m'en servir comme on se
sert de soldats, en changeant de temps en temps l'ordre de
bataille (1). »

Une circonstance caractéristique de cette première ébauche, c'est qu'elle ait été écrite au revers de cartes à jouer :
fatal et bizarre présage ! — On raconte qu'un jour, une nuit,
peu de temps avant la publication de l'ouvrage, quelqu'un
rencontrant Benjamin Constant dans une maison de jeu, lui
demanda de quoi il s'occupait pour le moment : « Je ne m'occupe plus que de religion, » répondit-il. Le commencement
et la fin se rejoignent (2).

---

(1) Il disait aussi, d'un tour plus vif et avec geste, en tenant et
faisant jouer entre ses doigts les *cartes* de son livre : « J'ai 30,000 faits
qui se retournent à mon commandement. »

(2) Tout à la fin, il n'avait plus d'émotion que celle de joueur ;
sa santé délabrée ne lui permettait plus même de manger ; il disait
à M. Molé qui lui demandait comment il allait : « Je mange ma

En réduisant même ces accidents, ces légèretés de propos à leur moindre valeur, en reconnaissant tout ce qu'a d'éloquent et d'élevé le livre de *la Religion* dans la forme sous laquelle il nous est venu, on a droit de dénoncer le contraste et de déplorer le contre-coup. L'esprit humain ne joue pas impunément avec ces perpétuelles ironies; elles finissent par se loger au cœur même et comme dans la moelle du talent, elles soufflent froid jusqu'à travers ses meilleures inspirations. Un je ne sais quoi circule qui avertit que l'auteur a beau s'exalter, que l'homme en lui n'est pas touché ni convaincu. Ainsi, tout ce livre de *la Religion* laisse lire à chaque page ce mot : *Je voudrais croire,* — comme le petit livre d'*Adolphe* se résume en cet autre mot : *Je voudrais aimer* (1).

Quant à la conjecture sur l'esprit originel du grand ouvrage, ce n'en est pas une, à vrai dire, et tout ce qui trahit les sentiments philosophiques de l'auteur à cette époque ne laisse pas une ombre d'incertitude. Nous en pourrions citer cent exemples; un seul suffira. Voici une lettre écrite de Brunswick à Mme de Charrière dans un moment d'expansion, de sincérité, de douleur; mais l'irrésistible moquerie y revient vite, amère et sifflante, étincelante et légère, telle que Voltaire l'aurait pu manier en ses meilleurs et en ses pires moments. Cette lettre nous représente à merveille ce que pouvaient être les interminables conversations de Colombier,

---

soupe aux herbes et je *vas* au tripot. » —MM. Laboulaye et Lanfrey n'en font pas moins un très-grand citoyen à ce même moment.

(1) En politique de même, il perce au fond de tous les écrits de Benjamin Constant un grand désir de convaincre, si toutefois l'auteur était convaincu. Après son équipée des Cent-Jours, quelques amis lui conseillèrent d'adresser un mémoire, une lettre au roi. Il fit remettre cette lettre par M. Decazes, et Louis XVIII, après l'avoir lue, le raya, de sa main, de la liste des proscrits. On lui en faisait compliment le soir : « Eh bien! votre lettre a réussi, elle a persuadé le roi. » — « Je le crois bien ; moi-même, elle m'a presque persuadé! » C'est ainsi qu'il se raillait et se calomniait à plaisir. Les hommes se font pires qu'ils ne peuvent, a dit Montaigne.

ces analyses dévorantes qui avaient d'abord tout réduit en poussière au cœur d'Adolphe.

« Ce 4 juin 1790.

« J'ai malheureusement quatre lettres à écrire, ce matin, que je ne puis renvoyer. Sans cette nécessité, je consacrerais toute ma matinée à vous répondre et à vous dire combien votre lettre m'a fait plaisir, et avec quel empressement je recommence notre pauvre correspondance, qui a été si interrompue et qui m'est si chère. Il n'y a que deux êtres au monde dont je sois parfaitement content, vous et ma femme (1). Tous les autres, j'ai, non pas à me plaindre d'eux, mais à leur attribuer quelque partie de mes peines. Vous deux, au contraire, j'ai à vous remercier de tout ce que je goûte de bonheur. Je ne répondrai pas aujourd'hui à votre lettre : lundi prochain, 7, j'aurai moins à faire, et je me donnerai le plaisir de la relire et d'y répondre en détail. Cette fois-ci, je vous parlerai de moi autant que je le pourrai dans le peu de minutes que je puis vous donner. Je vous dirai qu'après un voyage de quatre jours et quatre nuits je suis arrivé ici, oppressé de l'idée de notre misérable procès (2), qui va de mal

(1) Benjamin Constant s'était laissé marier à Brunswick, en 1789, avec une jeune personne attachée à la duchesse régnante. A cette date de juin 1790, ses tribulations conjugales n'avaient pas encore commencé. Il cherchait à faire partager à Mme de Charrière sur son mariage des illusions qu'elle paraissait peu disposée à adopter.

(2) Au moment où durait encore le premier charme, si passager, de l'union avec sa Wilhelmine, Benjamin Constant avait reçu la nouvelle foudroyante que son père, au service de Hollande, dénoncé par plusieurs officiers de son régiment, était sous le coup de graves accusations. Ces plaintes des officiers suisses contre leurs supérieurs, dans les régiments capitulés, étaient alors, comme elles le sont encore, assez fréquentes. Les ennemis que M. de Constant avait à Berne, où on lui reprochait son peu de propension et de déférence pour le patriciat régnant, travaillèrent activement à le perdre. Il y avait dans les faits qu'on lui imputait plus de désordre que de malversation réelle. Néanmoins le gouvernement hollandais, financier rigide, exigea des comptes et prit l'hésitation à les produire pour un indice de cul-

en pis, et tremblant de devoir repartir dans peu pour aller recommencer mes inutiles efforts. Je serais heureux sans cette cruelle affaire ; mais elle m'agite et m'accable tellement par sa continuité, que j'en ai presque tous les jours une petite fièvre et que je suis d'une faiblesse extrême qui m'empêche de prendre de l'exercice, ce qui probablement me ferait du bien. Je prends, au lieu d'exercice, le lait de chèvre, qui m'en fait un peu. Mon séjour en Hollande avait attaqué ma poitrine, mais elle est remise. Si des inquiétudes morales sur presque tous les objets sans exception ne me tuaient pas, et surtout si je n'éprouvais, à un point affreux que je n'avoue qu'à peine à moi-même, loin de l'avouer aux autres, de sorte que je n'ai pas même la consolation de me plaindre, une défiance presque universelle, je crois que ma santé et mes forces reviendraient. Enfin, qu'elles reviennent ou non, je n'y attache que l'importance de ne pas souffrir. Je sens plus que jamais le néant de tout, combien tout promet et rien ne tient, combien nos forces sont au-dessus de notre destination, et combien cette disproportion doit nous rendre malheureux. Cette idée, que je trouve juste, n'est pas de moi ; elle est d'un Piémontais, homme d'esprit dont j'ai fait la connaissance à La Haye, un chevalier de Revel, envoyé de Sardaigne. Il prétend que Dieu, c'est-à-dire l'auteur de nous et de nos alentours, est mort avant d'avoir fini son ouvrage ; qu'il avait les plus beaux et vastes projets du monde et les plus grands moyens ; qu'il avait déjà mis en œuvre plusieurs des moyens, comme on élève des échafauds pour bâtir, et qu'au milieu de son travail il est mort ; que tout à présent se trouve fait dans un but

---

pubilité. Des enquêtes commencèrent ; des mémoires scandaleux furent publiés contre M. de Constant, qui perdit un moment la tête, et crut devoir se dérober par une fuite momentanée à la haine de ses ennemis. En cette rude circonstance, Benjamin Constant se montra parfait de dévouement filial. Laissant toute autre préoccupation, s'arrachant d'auprès de sa jeune femme, il courut en Hollande pour faire tête à l'orage. C'est au retour de ce voyage qu'il écrit.

qui n'existe plus, et que nous, en particulier, nous sentons destinés à quelque chose dont nous ne nous faisons aucune idée ; nous sommes comme des montres où il n'y aurait point de cadran, et dont les rouages, doués d'intelligence, tourneraient jusqu'à ce qu'ils se fussent usés, sans savoir pourquoi et se disant toujours : Puisque je tourne, j'ai donc un but. Cette idée me paraît la folie la plus spirituelle et la plus profonde que j'aie ouïe, et bien préférable aux folies chrétiennes, musulmanes ou philosophiques, des Ier, VIIe et XVIIIe siècles de notre ère. Adieu ; dans ma prochaine lettre, nous rirons, malgré nos maux, de l'indignation que témoignent les stathouders et les princes de la Révolution française, qu'ils appellent l'effet de la perversité inhérente à l'homme. Dieu les ait en aide ! Adieu, cher et spirituel rouage qui avez le malheur d'être si fort au-dessus de l'horloge dont vous faites partie et que vous dérangez. Sans vanité, c'est aussi un peu mon cas. Adieu. Lundi, je joindrai le billet tel que vous l'exigez. Ne nous reverrons-nous jamais comme en 1787 et 88 ? »

On a souvent dit de Benjamin Constant que c'était peut-être l'homme qui avait eu le plus d'esprit depuis Voltaire ; ce sont les gens qui l'ont entendu causer qui disent cela, car, si distingués que soient ses ouvrages, ils ne donnent pas l'idée de cette manière ; on peut dire que son talent s'employait d'un côté, et son esprit de l'autre. Comme tribun, comme publiciste, comme écrivain philosophique, il arborait des idées libérales, il épousait des enthousiasmes et des exaltations qui le rangeaient plutôt dans la postérité de Jean-Jacques croisée à l'allemande (1). Mais ici, dans cette lettre qui n'est

(1) Par contraste avec cette lettre de 1790, il faut lire ce qu'écrivait en 1815 le même Benjamin Constant au sortir de ses entretiens mystiques avec Mme de Krüdner ; toutes les diversités de cette nature mobile en rejailliront. (Article sur Mme de Krüdner, dans la *Revue des Deux Mondes* du 1er juillet 1837, et dans mes *Portraits de Femmes*.)

qu'une conversation, cet esprit à la Voltaire nous apparaît dans sa filiation directe et à sa source, point du tout masqué encore.

Voltaire, à son retour de Prusse et avant de s'établir à Ferney, passa trois hivers à Lausanne (1756-1758); il s'y plut beaucoup, en goûta les habitants, y joua la comédie, c'était dix ans avant la naissance de Benjamin Constant; il y connut particulièrement cette famille. Sa nièce, Mᵐᵉ de Fontaine, ayant appelé en Parisienne M. de Constant un *gros Suisse* : « M. de Constant, lui répondit Voltaire tout en colère, n'est « ni Suisse ni gros. Nous autres Lausannais qui jouons la co- « médie, nous sommes du pays roman et point Suisses. Il y a « Suisses et Suisses : ceux de Lausanne diffèrent plus des « Petits-Cantons que Paris des Bas-Bretons (1). » Benjamin Constant s'est chargé de justifier aux yeux de tous le propos de Voltaire, et de faire valoir ce brevet de Français délivré à son oncle ou à son père par le plus Français des hommes.

Nous revenons au séjour de Benjamin à Colombier; il y concevait donc son livre sur les religions, il donnait son avis sur les écrits de Mᵐᵉ de Charrière et en épiloguait le style. Souvent, quoique porte à porte, dit M. Gaullieur, ils s'adressaient des messages dans lesquels ils échangeaient leurs observations de chaque heure, et continuaient sans trêve leurs conversations à peine interrompues. Bien des incidents de société y fournissaient matière. On faisait des vers satiriques sur *l'ours de Berne*, on se prêtait *les Contemporaines* de Rétif. Le Rétif était alors très en vogue à l'étranger. Le *Journal littéraire* de Neuchâtel en raffolait; l'honnête Lavater en était dupe. Ces *Contemporaines* m'ont tout l'air d'avoir eu le succès des *Mystères de Paris*. Benjamin Constant, qui en empruntait des volumes à M. de Charrière *pour se former l'esprit et le cœur*, en parlait avec dégoût, s'en moquait à son ordinaire, et

(1) Voir un piquant opuscule intitulé : *Voltaire à Lausanne*, par M. J. Olivier (1842).

ne les lisait pas moins avidement. On aura le ton par les deux billets suivants :

« ..... Je n'ai pu hier que recevoir et non renvoyer les CC. (*Contemporaines*). Je ne suis pas un Hercule, et il me faut du temps pour les expédier. En voici cinq que je vous remets aujourd'hui, en me recommandant à M. de Charrière pour la suite. C'est drôle après avoir dit tant de mal de Rétif. Mais il a un but, et il y va assez simplement ; c'est ce qui m'y attache. Il met trop d'importance aux petites choses. On croirait, quand il vous parle du bonheur conjugal et de la dignité d'un mari, que ce sont des choses on ne peut pas plus sérieuses, et qui doivent nous occuper éternellement. Pauvres petits insectes! qu'est-ce que le bonheur ou la dignité (1)? Plus je vis et plus je vois que tout n'est rien. Il faut savoir souffrir et rire, ne serait-ce que du bout des lèvres. Ce n'est pas du bout des lèvres que je désire (et que je le dis) de me retrouver à Colombier le 2 de janvier.

« H. B. »

« Je me porte bien, madame, et je me trouve bien bête de ne pas vous aller voir ; mais je résiste comme vous l'ordonnez. Mon Esculape Leschot est tout plein d'attention pour moi. Cependant je puis vous assurer que si ma tête n'est pas blanche, elle sera bientôt chauve.

« J'attends qu'on m'apporte de la cire et je continue :

« Je lis Rétif de La Bretonne, qui enseigne aux femmes à prévenir les libertés qu'elles pourraient permettre, et qui, pour les empêcher de tomber dans l'indécence, entre dans des détails très-intéressants (2), et décrit tous les mouvements

---

(1) *Qu'est-ce que le bonheur ou la dignité?* Fatale parole ! celui qui l'a dite à vingt ans ne s'en guérira jamais. — La dignité touche de bien près à la probité même : « En fait de probité, disait Duclos au précepteur d'un jeune enfant, tenez-lui la dragée très-haute ; l'usage du monde en rabat assez. »

(2) On aimerait mieux lire : *très-indécents*.

à adopter ou à rejeter. Toutes ces leçons sont supposées débitées par une femme très comme il faut, dans un *Lycée des mœurs!* Et voilà ce qu'on appelle du génie, et on dit que Voltaire n'avait que de l'esprit, et d'Alembert et Fontenelle du jargon. Grand bien leur fasse !

« Quant à moi, et malgré l'enthousiasme de votre *Mercure* indigène pour Rétif, je serai toujours rétif à l'admirer. Ma délicate sagesse n'aime pas cette indécence *ex professo*, et je me dis : « Voilà un fou bien dégoûtant qu'on devrait enfermer avec les fous de Bicêtre. » Et quand on me dira : « L'original Rétif de La Bretonne, le bouillant Rétif, etc., » je penserai : C'est un siècle bien malheureux que celui où on prend la saleté pour du génie, la crapule pour de l'originalité, et des excréments pour des fleurs ! Quelle diatribe, bon Dieu !

« Trêve à Rétif ! Votre nuit, madame, m'a fait bien de la peine. La mienne a été bonne, et tout va bien.

« Imaginez, madame, que je fais aussi des feuilles politiques ou des pamphlets à l'anglaise; les vôtres par leur brièveté m'encouragent. Il faut que je m'arrange, si je parviens à en faire une vingtaine, avec un libraire. Je lui payerai ce qu'il pourra perdre pour l'impression des trois premières. S'il continue à perdre, *basta*, adieu les feuilles ! S'il y trouve son compte, il continuera à ses frais, à condition qu'il m'enverra cinq exemplaires de chacune à Brunswick.

« Mais, pour vendre la peau de l'ours,
« Il faut l'avoir couché par terre. »

« Il est une heure et je finis : presque point de phrases.
« H. B. C. »

Pourtant il a fallu partir, il a fallu quitter ce doux nid de Colombier au cœur de l'hiver et se mettre en route pour Brunswick. Aux premières lettres de regrets et de plaintes, on sent chez le voyageur, qui a tant de peine à s'arracher, un ton inaccoutumé d'affection et de reconnaissance qui touche ; on reconnaît que ce qui a manqué surtout, en effet, à cette jeunesse d'Adolphe pour l'attendrir et peut-être la *moraliser*, ç'a été la félicité domestique, la sollicitude bienveillante des siens, le sourire et l'expansion d'un père plus confiant. Aux persécutions, aux tracasseries intérieures dont il est l'objet, on comprend ce que ce jeune cœur a dû souffrir et comment l'esprit chez lui s'est vengé. Il y a d'ailleurs dans toutes ces lettres bien de l'amabilité et de la grâce ; celle par laquelle il réclame de Mme de Charrière son audience de congé, à son passage de Lausanne à Berne, est d'un tour léger, à demi coquet, qui trahit un certain souci de plaire. Nous donnons, d'après M. Gaullieur, cette série curieuse à laquelle il ne manque pas un anneau.

« Madame,

« Je partis hier de Lausanne pour venir vous faire mes adieux ; mais je suis si malade, si mal fagoté, si triste et si laid, que je vous conseille de ne pas me recevoir (1). L'échauffement, l'ennui, et l'affaiblissement que mon séjour à Paris a laissé dans toute ma machine, après m'avoir tourmenté de temps en temps, se sont fixés dans ma tête et dans ma gorge. Un mal de tête affreux m'empêche de me coiffer ; un rhume m'empêche de parler ; une dartre qui s'est répandue sur mon visage me fait beaucoup souffrir et ne m'embellit pas. Je suis indigne de vous voir, et je crois qu'il vaut mieux m'en tenir à vous assurer de loin de mon respect, de mon attachement et de mes regrets. La sotte aventure dont vous parlez dans votre dernière lettre m'a forcé à des courses et causé des insomnies et des inquiétudes qui m'ont enflammé le sang. Un voyage de deux cent et tant de lieues ne me remettra pas,

(1) C'est ainsi qu'on parle quand on est sûr d'être reçu.

mais il m'achèvera, c'est la même chose. Je vous fais des adieux, et des adieux éternels. Demain, arrivé à Berne, j'enverrai à M. de Charrière un billet pour les cinquante louis que mon père a promis de payer dans les commencements de l'année prochaine, avec les intérêts au cinq pour cent. Je le supplie de les accepter, non pour lui, mais pour moi. En les acceptant, ce sera me prouver qu'il n'est pas mécontent de mes procédés ; en les refusant, ce serait me traiter comme un enfant ou pis.

« Si vous avez pourtant beaucoup de taffetas d'Angleterre pour cacher la moitié de mon visage, je paraîtrai. Sinon, madame, adieu, ne m'oubliez pas. »

Il obtint assurément la permission de paraître, et sans taffetas d'Angleterre encore. Le lendemain il était définitivement en route, et à chaque station il écrivait.

« Bâle.

« Je n'ai que le temps de vous dire quelques mots, car je ne couche point ici, comme je croyais. Les chemins sont affreux, le vent froid, moi triste, plus aujourd'hui qu'hier, comme je l'étais plus hier qu'avant-hier, comme je le serai plus demain qu'aujourd'hui. Il est difficile et pénible de vous quitter pour un jour, et chaque jour est une peine ajoutée aux précédentes. Je me suis si doucement accoutumé à la société de vos feuilles, de votre piano-forte (quoiqu'il m'ennuyât quelquefois), de tout ce qui vous entoure; j'ai si bien contracté l'habitude de passer mes soirées auprès de vous, de souper avec la bonne Mlle Louise, que tout cet assemblage de choses paisibles et gaies me manque, et que tous les charmes d'un mauvais temps, d'une mauvaise chaise de poste et d'exécrables chemins ne peuvent me consoler de vous avoir quittée. Je vous dois beaucoup physiquement et moralement. J'ai un rhume affreux seulement d'avoir été bien enfermé dans ma chaise ; jugez de ce que j'aurais souffert si, comme le voulaient mes parents alarmés sur ma chasteté (1)..., j'étais parti coûte que coûte. Je vous dois donc sûrement la santé et probablement la vie. Je vous dois bien plus, puisque cette vie qui est une si triste chose la plupart du temps, quoi qu'en dise M. Chaillet (2), vous l'avez rendue douce, et que vous m'avez consolé pendant deux mois du malheur d'être, d'être en société, et d'être en société avec les Marin, Guenille et compagnie ; je recompte ainsi dans ma chaise ce que je vous dois, parce que ce m'est un grand plaisir de vous devoir tant de toutes manières. Tant que vous vivrez, tant que je vivrai, je me dirai toujours, dans quelque situation que je me trouve : Il y a un Colombier dans le monde. Avant de vous connaître, je me disais : Si on me tourmente trop, je me tuerai. A présent je me dis : Si on me rend la vie trop dure, j'ai une retraite à Colombier.

« Que fait mistriss ? Est-ce que je l'aime encore ? Vous savez que ce n'est que pour vous, en vous, par vous et à cause de vous que je l'aime. Je lui sais gré d'avoir su vous faire passer quelques moments agréables, je l'aime d'être une ressource pour vous à Colombier ; mais si elle est *saucy* avec vous,

Then she may go a packing to England again.

Adieu tout mon intérêt alors, car ce n'est pas de l'amitié ; vous m'avez appris à apprécier les mots.

« Je lis en route un roman que j'avais déjà lu et dont je

---

(1) Il est évident que la famille de Benjamin Constant s'était fort alarmée de ce séjour à Colombier et y avait vu plus de mystère qu'il n'y en avait peut-être au fond ; on le croyait dans une île de Calypso, et on en voulait tirer au plus vite ce Télémaque, déjà bien endommagé d'ailleurs.

(2) Le ministre Chaillet, rédacteur du *Journal littéraire* de Neuchâtel, homme d'esprit, un peu trop admirateur de Rétif, ce qui ne l'a pas empêché de laisser cinq volumes d'édifiants sermons.

vous avais parlé : il est de l'auteur de *Wilhelmina Ahrand* (1). Il me fait le plus grand plaisir, et je me dépite de temps en temps de ne pas le lire avec vous.

« Adieu, vous qui êtes meilleure que vous ne croyez (j'embrasserais Mme de Montrond sur les deux joues pour cette expression). Je vous écrirai de Durbach après-demain, ou de Manheim dimanche.

« H. B.

« ... Dites, je vous prie, mille choses à M. de Charrière. Je crains toujours de le fatiguer, en le remerciant. Sa manière d'obliger est si unie et si *immaniérée*, qu'on croit toujours qu'il est tout simple d'abuser de ses bontés. »

« Rastadt, le 23 (février).

« Un essieu cassé au beau milieu d'une rue me force à rester ici et m'obligera peut-être à y coucher. J'en profite. Le grand papier sur lequel je vous écris me rappelle la longue lettre que je vous écrivais en revenant d'Écosse, et dont vous avez reçu les trois quarts. Que je suis aujourd'hui dans une situation différente ! Alors je voyageais seul, libre comme l'air, à l'abri des persécutions et des conseils, incertain à la vérité si je serais en vie deux jours après, mais sûr, si je vivais, de vous revoir, de retrouver en vous l'indulgente amie qui m'avait consolé, qui avait répandu sur ma pénible manière d'être un charme qui l'adoucissait. J'avais passé trois mois seul, sans voir l'humeur, l'avarice et l'amitié qu'on devrait plutôt appeler la haine, se relevant tour à tour pour me tourmenter; à présent faible de corps et d'esprit, esclave de père, de parents, de princes, Dieu sait de qui ! je vais chercher un maître, des ennemis, des envieux, et, qui pis est, des ennuyeux, à deux cent cinquante lieues de chez moi : de chez moi ne serait

(1) Il s'agit sans doute du roman de *Herman und Ulrica*.

rien ; mais de chez vous ! de chez vous, où j'ai passé deux mois si paisibles, si heureux, malgré les deux ou trois petits nuages qui s'élevaient et se dissipaient tous les jours. J'y avais trouvé le repos, la santé, le bonheur. Le repos et le bonheur sont partis ; la santé, quoique affaiblie par cet exécrable et sot voyage, me reste encore. Mais c'est de tous vos dons celui dont je fais le moins de cas. C'est peu de chose que la santé avec l'ennui, et je donnerais dix ans de santé à Brunswick pour un an de maladie à Colombier.

« Il vient d'arriver une fille française, qu'un Anglais traîne après lui dans une chaise de poste avec trois chiens ; et la fille et ses trois bêtes, l'une en chantant, les autres en aboyant, font un train du diable. L'Anglais est là bien tranquille à la fenêtre, sans paraître se soucier de sa belle, qui vient le pincer, à ce que je crois, ou lui faire quelque niche à laquelle son amant répond galamment par un... prononcé bien à l'anglaise. — Ah! petit mâtin! lui dit-elle, et elle recommence ses chansons. Cette conversation est si forte et si soutenue, que je demanderai bientôt une autre chambre, s'ils ne se taisent... *Heaven knows I do not envy their pleasures, but I wish they would leave...* (1).

« Je lis toujours mon roman : il y a une Ulrique qui, dans son genre, est presque aussi intéressante que Caliste ; vous savez que c'est beaucoup dire : le style est très-énergique, mais il y a une profusion de figures à l'allemande qui font de la peine quelquefois. J'ai été fâché de voir qu'une lettre était une flamme qui allumait la raison et éteignait l'amour, et qu'Ulrique avait vu toutes ses *joies* mangées en une nuit par un renard. Si c'était des *oies*, encore passe! Mais cela est bien réparé par la force et la vérité des caractères et des détails.

---

(1) Les mots qui suivent sont usés dans le pli du papier, mais reviennent à dire : Je ne leur demande qu'une chose, c'est de me laisser les *sombres plaisirs d'un cœur mélancolique*.

« Adieu, madame. Mille et mille choses à l'excellente Mlle Louise, à M. de Charrière et à Mlle Henriette; mais surtout pensez bien à moi. Je ne vous demande pas de penser bien de moi, mais pensez à moi. J'ai besoin, à deux cents lieues de vous, que vous ne m'oubliiez pas. Adieu, charmant Barbet. Adieu, vous qui m'avez consolé, vous qui êtes encore pour moi un port où j'espère me réfugier une fois. S'il faut une tempête pour qu'on y consente, puisse la tempête venir et briser tous mes mâts et déchirer toutes mes voiles ! »

 « Darmstadt, le 25.

« Du thé devant moi, *Flore* à mes pieds, la plume en main pour vous écrire, me revoilà comme en Angleterre, et celui qui ne peindrait que mon attitude me peindrait le même qu'alors. Mais combien mes sentiments, mes espérances et mes alentours sont changés ! A force de voir des hommes libres et heureux, je croyais pouvoir le devenir : l'insouciance et la solitude de tout un été m'avaient redonné un peu de forces. Je n'étais plus épuisé par l'humeur des autres et par la mienne. Deux mois passés à Beausoleil, trop malade en général (quoique pas de manière à en souffrir) pour qu'on pût s'attendre à beaucoup d'activité de ma part, trop retiré pour qu'on me tourmentât souvent, me disant toutes les semaines : Je monterai à cheval et j'irai à Colombier, —j'avais goûté le repos : deux mois ensuite passés près de vous, j'avais deviné vos idées et vous aviez deviné les miennes; j'avais été sans inquiétudes, sans passions violentes, sans humeur et sans amertume. La dureté, la continuité d'insolence et de despotisme à laquelle j'ai été exposé, la fureur et les grincements de dents de toute cette..., parce que j'étais heureux un instant, ont laissé en moi une impression d'indignation et de tristesse qui se joint au regret de vous quitter, et ces deux sentiments, dont l'un est aussi humiliant que l'autre est pénible, augmentent et se renouvellent à chaque instant. Je vous l'écrivais de Bâle : je serai chaque jour plus abattu et plus triste; et cela est vrai. Je me vois l'esclave et le jouet de tous ceux qui devraient être non pas mes amis (Dieu me préserve de profaner ce nom en désirant même qu'ils le fussent!), mais mes défenseurs, seulement par égard et par décence. Malade, mourant, je reste chez la seule amie que j'aie au monde, et la douceur de souffrir près d'elle et loin d'eux, ils me l'envient. Des injures, des insultes, des reproches. Si j'étais parti faible au milieu de l'hiver, je serais mort à vingt lieues de Colombier. J'ai attendu que je *pus* (1) sans danger faire un long voyage que je n'entreprenais que par obéissance, et contre lequel, si j'avais été le fils dénaturé qu'on m'accuse d'être, j'aurais, à vingt ans, pu faire des objections. J'ai voulu conserver à ce père l'ombre d'un fils qu'il pourrait (2) aimer. Vous avez vu, madame, ce qu'on m'écrivait. Je sais que je suis injuste, mais je suis si loin de vous, que je ne puis plus voir avec calme et avec indifférence les injustices des autres. Quand je suis auprès de vous, je ne pense point aux autres, et ils me paraissent très-supportables; quand je suis loin de vous, je pense à vous, et je suis forcé de m'occuper d'eux : or, la comparaison n'est pas à leur avantage.

« Je relis ma lettre et je meurs de peur de vous ennuyer. Il y a tant de tristesse et d'humeur et de jérémiades, que vous en aurez un *surfeit*, et peut-être renoncerez-vous à un correspondant de mon espèce. Je vous conjure à genoux de me supporter : ne plus vous être rien qu'une connaissance indifférente serait bien pis que les persécutions des sottes gens qui font le sujet de cette sotte lettre. Aussi faut-il avouer qu'il est bien sot à moi de tant vous en occuper. Dans une lettre à

---

(1) Que je *pusse* : on sent que Benjamin Constant n'est pas encore tout à fait naturalisé Français. Ces fautes, au reste, sont en bien petit nombre, et presque toutes les lettres autographes d'écrivains en offriraient autant. Le voyageur n'a pas pris le temps de se relire, ou, s'il s'est relu, il s'est dit : « *Qué que ça fait?* »

(2) Pouvait?

vous, pourquoi nommer Cerbère et les Furies? Mais j'ai des moments d'humeur et d'indignation qui ne me laissent pas le choix de les contenir. Je répète tous les jours plus sincèrement le vœu qui terminait ma dernière lettre, et j'attends la tempête comme un autre le port.

« A propos, madame, j'ai pensé au moyen de vous écrire de la cour où je vais tout ce que je croirai intéressant ou tout ce que j'aurai envie de vous dire. C'est à l'aide de vos petites feuilles. Je prendrai le numéro de la page, etc. (*suit un détail de chiffre*). Je vous prouverai ce que mes lettres ne doivent pas vous avoir fait soupçonner jusqu'ici, et ce qui m'est très-difficile quand je vous écris, que je sais être court. Si cependant cela vous fatigue, écrivez-moi seulement : « Plus de numéros. »

« Adieu, madame. A genoux je vous demande votre amitié et, en me relevant, une petite lettre à poste restante. En vous écrivant, je me suis calmé. Votre idée, l'idée de l'intérêt que vous prenez à moi, a dissipé toute ma tristesse. Adieu, mille fois bonne, mille fois chère, mille fois aimée. »

La moquerie pourtant et le sentiment du ridicule ne font jamais faute longtemps avec lui; tout ce qui y prête et qui passe à sa portée est vite saisi. Et en même temps on notera cette continuelle mobilité d'impressions d'un homme qui, à cet âge, semble déjà avoir vécu de tous les genres de vie, qui va devenir courtisan et chambellan, qui a peu à faire pour achever d'être le plus consommé des mondains, et qui tout d'un coup, par accès, se reprend à l'idée de ces doctes et vénérables retraites telles qu'il les a pratiquées dans ses années d'études à Erlang ou à Édimbourg; car tour à tour il a été étudiant allemand, et il s'est assis à la table à thé de Dugald Stewart.

« Gœttingue, le 28 février 1788.

« J'ai failli rester ici; le goût de l'étude m'a repris dans cette ville universitaire, et, si je n'avais couru la poste, j'eusse planté là mes projets de courtisan. — Il est encore une autre circonstance qui aurait pu déterminer mon changement de plan. J'ai fait une visite au professeur Heyne (1) et j'ai vu sa fille.

« Mon entrée chez celle-ci fait tableau : imaginez une chambre tapissée de rose avec des rideaux bleus, une table avec une écritoire, du papier avec une bordure de fleurs, deux plumes neuves précisément au milieu, et un crayon bien taillé entre ces deux plumes, un canapé avec une foule de petits nœuds bleu de ciel, quelques tasses de porcelaine bien blanche, à petites roses, deux ou trois petits bustes dans un coin ; j'étais impatient de savoir si la personne était ce que cet assemblage promettait. Elle m'a paru spirituelle et assez sensée.

« Il faut toujours faire des *allowances* à une fille de professeur allemand (2). Il y a des traits distinctifs qu'elles ne manquent jamais d'avoir : mépris pour l'endroit qu'elles habitent, plainte sur le manque de société, sur les étudiants qu'il faut voir, sur la sphère étroite ou monotone où elles se trouvent, prétention et teinte plus ou moins foncée de romanesquerie, voilà l'uniforme de leur esprit, et Mlle Heyne, prévenue de ma visite, avait eu soin de se mettre en uniforme. Mais, à tout prendre, elle est plus aimable et beaucoup moins ridicule que les dix-neuf vingtièmes de ses semblables... On parle toujours beaucoup en Allemagne de J.-J. Rousseau ; aussi ne saurais-je trop vous encourager à travailler à son Éloge (3)...

(1) Le célèbre philologue.
(2) Il veut dire qu'il faut toujours leur passer quelques travers, en prendre son parti d'avance avec elles.
(3) Mme de Charrière, en apprenant par les journaux que l'Académie française proposerait probablement l'Éloge de Jean-Jacques Rousseau pour sujet de concours, écrivit à Marmontel, secrétaire perpétuel de l'Académie, pour s'enquérir du fait. Marmontel répondit :
« Pour vous répondre, madame, il a fallu attendre et observer l'effet
« de la seconde partie des *Confessions*. La sensation qu'elle a pro-

Je vous écrirai de Brunswick ; adieu, je vous aime bien, vous le savez. »

Mme de Charrière a lieu de croire, en effet, qu'il l'aime ; si sceptique qu'elle soit de son côté, il doit lui être difficile de ne pas se laisser ébranler un moment aux témoignages multipliés qu'il lui envoie de ses regrets, de ses souvenirs. A peine arrivé à Brunswick, il lui adresse l'épître suivante, que nous donnons dans toute sa longueur, et qui ressemble à un journal, ou plutôt à un heural (1), comme ils disaient ; c'est une image intéressante et fidèle, et très-curieuse pour la rareté, de ce qu'était l'âme de Benjamin Constant à ses meilleurs moments. Nous y trouvons aussi, sauf deux ou trois points, une finesse de ton bien agréable et bien légère.

« Brunswick, le 3 mars 1788.

« Me voici enfin à ma destination. Tout à l'heure je vous ferai part de mes impressions ; mais pour l'instant je suis pressé de vous donner des nouvelles de vos compatriotes que j'extrais de la *Gazette de Brunswick*, le premier objet qui me tombe sous la main. Est-ce une prédestination ?

(*Extrait de la Gazette de Brunswick*) (2).

« Les États de Hollande ont *cédé* aux *magnanimes* représen-

---

« duite a été diverse, selon les esprits et les mœurs ; mais, en général,
« nous sommes indulgents pour qui nous donne du plaisir. Rien n'est
« changé dans les intentions de l'Académie, et Rousseau est traité
« comme la Madeleine : *Remittuntur illi peccata multa, quia dilexit*
« *multum.* » Mme de Charrière concourut, en effet, pour l'Éloge de Jean-Jacques Rousseau ; elle n'eut pas le prix. C'est un de ses points de contact avec Mme de Staël d'avoir traité le même sujet ; mais cette concurrence littéraire entre ces deux dames fut précisément une des causes de leur brouillerie. (Note de M. Gaullieur, comme le sont au reste un grand nombre des précédentes et des suivantes. Je n'avertis plus.)

(1) *Heural*, journal heure par heure.
(2) Dans ce qui suit, on devra aussi reconnaître la prédisposition

tations du stathouder et accordé une *amnistie générale*. On n'a excepté que : 1° tous les régents, membres et administrateurs de la justice qui ont *séduit* par des *promesses* ou *effrayé* par des *menaces*; 2° ceux qui ont eu des correspondances *non permises*, *unerlaubte*; 3° ceux qui ont *attiré* des troupes *étrangères* ou *abusé* du nom du *souverain*; 4° ceux qui ont *effrayé* la nation par la *fausse nouvelle* d'une *attaque* de la part du roi de Prusse ; 5° ceux qui ont *eu part* au traité de 1786 ; 6° ceux qui ont *guidé* les mécontents et *eu part* à l'assemblée de 1787 ; 7° ceux qui, tant régents que bourgeois, ont *participé* à l'expulsion des magistrats; 8° les chefs, commandants et secrétaires des corps francs ; 9° ceux qui ont *menacé indécemment* les magistrats; 10° ceux qui ont voulu rompre les digues nonobstant l'ordre du magistrat; 11° ceux qui ont *résisté* aux magistrats ; 12° ceux qui se sont emparés des portes ; 13° tous les ministres et ecclésiastiques qui ont suivi les corps francs ou *participé à l'opposition* des soi-disant patriotes (*pflichtvergessene Prediger*); 14° les directeurs et écrivains des gazettes historiques, patriotiques, etc., etc., etc.; 15° tous ceux qui se sont rendus coupables de meurtres, de *violences ouvertes* ou *d'autres excès graves*. »

« J'ai retranché toutes les épithètes, et la pièce a perdu dans ma traduction beaucoup de beautés originales. Quelle superbe amnistie ! Il n'y a pas un stathoudérien qui n'y soit compris. Quel beau supplément à la générosité et aux princes ! Cela me rappelle un psaume (1) où on célèbre tous les hauts faits du Dieu juif : il a tué tels et tels, dit-on, car sa divine bonté dure à perpétuité; il a noyé Pharaon et son armée, car sa divine bonté dure à perpétuité; il a frappé d'Égypte les

---

opposante de Benjamin Constant, ses opinions *libérales* préexistantes, ses instincts de justice politique, le tout exprimé, il est vrai, avec une parfaite irrévérence et avec cette pointe finale d'impiété qui caractérise en lui sa *période voltairienne*.

(1) Voici le mauvais goût du temps et de la jeunesse, la petite fanfaronnade d'impiété qui commence.

premiers-nés, car sa divine bonté, etc., etc., etc. Monseigneur le stathouder est un peu juif.

« 3 au soir.

« Il y a précisément quinze jours, madame, qu'à cette heure-ci, à dix heures et dix minutes, nous étions assis près du feu, dans la cuisine, Rose derrière nous, qui se levait de temps en temps pour mettre sur le feu de petits morceaux de bois qu'elle cassait à mesure, et nous parlions de l'affinité qu'il y a entre l'esprit et la folie. Nous étions heureux, du moins moi. Il y a une espèce de plaisir à prévoir l'instant d'une séparation qui nous est pénible. Cette idée, toute cruelle qu'elle est, donne du prix à tous les instants ; chacun de ceux dont nous jouissons est autant d'arraché au sort, et on éprouve une sorte de frémissement et d'agitation physique et morale qu'il serait également faux d'appeler un plaisir sans peine ou une peine sans plaisir. Je ne sais si je fais du galimatias ; vous en jugerez, mais je crois m'entendre.

« J'ai été présenté ce matin plus particulièrement à toutes les personnes à qui j'avais été présenté hier en courant. J'ai été très-bien reçu ; je croirais presque qu'ils s'ennuient,

Si l'on pouvait s'ennuyer à la cour.

« Le 4.

« J'ai pris un logement aujourd'hui, et je veux lui donner un agrément et un charme de plus en y relisant vos lettres et en vous y écrivant. J'espérais recevoir une de vos lettres aujourd'hui ; mais les infâmes chemins que le Ciel a destinés à me tourmenter et à me vexer de toute façon ont arrêté le porteur de votre lettre, j'espère, et il n'arrivera que demain matin. Pour m'en dédommager, je relis donc vos anciennes lettres, et je vous écris. Vous êtes la seule personne à qui je n'écrive pas pour lui donner de mes nouvelles, mais pour lui parler. Je vous écris comme si vous m'entendiez ; je ne pense pas du tout à la nécessité ni au moment d'envoyer ma lettre. Je l'ai parfaitement oublié hier, par exemple. Je ne songe qu'à m'occuper de vous, et de moi avec vous. Je crois que si l'on me disait que vous ne liriez ma lettre que dans un an, je vous en écrirais tout de même, tantôt quelques lignes, tantôt quelques pages, et presque avec le même plaisir. La seule différence qu'il y aurait, ce serait qu'en finissant de vous écrire, je craindrais que ma lettre ne fût une vieille guenille peu intéressante au bout de l'année ; mais, hors de là, je vous écrirais tout aussi *fleissig* (1) qu'à présent. Vous êtes si bien faite pour le bonheur de vos amis, que l'on a, lorsqu'on vous a bien connue et qu'on vous a quittée, plus de plaisir en pensant à vous que de peine en vous regrettant. Mais ce n'est qu'en vous écrivant qu'on a ce plaisir. Penser à vous dans de grandes assemblées est fort pénible et fort désobligeant pour les autres : aussi j'ai pris le parti d'avoir toujours une lettre commencée que je continue sans ordre et où je verse, jusqu'au jour du courrier, tout ce que j'ai besoin de vous dire, tantôt une demi-phrase, tantôt une longue dissertation, n'importe. Pourvu que j'écrive à celle avec qui j'ai été si heureux pendant deux courts mois, c'est assez (2).

« J'ai le plus joli appartement du monde. J'ai une chambre pour recevoir ceux qui viendront faire leur cour au gentilhomme de Son Altesse ; j'ai un petit boudoir à l'allemande où l'on ne voit pas clair, mais cela est quelquefois très-heu-

---

(1) Assidûment, régulièrement.
(2) Cette longue lettre, que celui qui l'écrivait trouvait encore trop courte à son gré, est toute chamarrée aux marges de *post-scriptum* ; en voici un qui se rapporte à cet endroit : « Vous voyez par tout ceci que je rêve et que je subtilise pour tâcher de rattraper les plaisirs passés. C'est tout comme vous : j'aime à vous ressembler, je me trouve moins seul : aussi je m'accroche aux plus petites ressemblances.

reux; j'ai une très-jolie chambre pour écrire et un clavecin mauvais, mais sur lequel je joue continuellement depuis *Pour vous j'ai soupiré, je voulus*, etc., jusqu'à *L'amant le plus tendre*, dont j'ai parfaitement oublié l'air en me souvenant parfaitement des paroles (1).

« J'ai un *bureau* (2) (je suis si accoutumé aux titres que j'avais écrit *baron*) où j'ai fait un arrangement qui me fait un plaisir extrême. Dans quelques-uns des tiroirs j'ai mis toutes les parties et introductions de mes grands et magnifiques ouvrages; dans l'un des deux autres, j'ai mis toutes vos lettres, tous vos billets et tous ceux de mon ami d'Écosse. Il s'y est aussi fourré, et je vous en demande pardon, trois billets de ma belle Genevoise, de Bruxelles. J'ai longtemps hésité, mais enfin cédé. Cette femme m'aimait vraiment, m'aimait vivement, et c'est la seule femme qui ne m'ait pas fait acheter ses faveurs par bien des peines. Je ne l'aime plus, mais je lui en saurai éternellement bon gré. Or, où mettre ses billets? Sûrement pas dans l'autre tiroir, avec les oncles, cousins, cousines et tout le reste de l'enragée boutique. Il a donc bien fallu les mettre au paradis, puisque je ne pouvais les mettre en enfer et qu'il n'y avait point de purgatoire; mais si vous les voyiez, modestement roulés et couverts d'une humble poussière, se tapir en tremblant dans les recoins obscurs de ce bienheureux tiroir, pendant que vos billets s'y pavanent et s'y étendent, vous pardonneriez aux monuments d'un amour passé d'avoir usurpé une place en si bonne compagnie.

« Le 5.

« Point de lettres de vous, madame. J'avais bien prévu, en calculant, que je ne pouvais pas en recevoir avant vendredi; mais ce calcul ne m'arrangeait pas, et j'ai éprouvé un nou-

---

(1) C'étaient des romances de Mme de Charrière.
(2) Il y a en effet une rature à ce mot.

veau dépit en apprenant ce que je savais déjà. En revanche, j'en ai reçu une de mon pauvre père, qui est bien tendre et bien triste. Votre conseil a produit un très-bon effet, et ma lettre a été fort bien reçue. Les affaires de mon père vont très-mal, à ce qu'il dit; il est bien sûr que, dans notre infâme et exécrable aristocratie, que Dieu confonde (je lui en saurais bien bon gré!) on ne peut avoir longtemps raison contre les ours nos despotes. Je n'ai jamais douté que la haine et l'acharnement de tant de puissants misérables ne finît par perdre mon père. Si jamais je rencontre l'ours May, fils de l'âne May, hors de sa tanière, et dans un endroit tiers où je serai un homme et lui moins qu'un homme, je me promets bien que je le ferai repentir de ses ourseries. Ce n'est pas le tout de calomnier, il faut encore savoir tuer ceux qu'on calomnie (1).

« Le 6.

« J'ai été hier d'office à une redoute où je me suis passablement ennuyé. Toute la cour y allait, il a bien fallu y aller. Pendant sept mortelles heures, enveloppé dans mon domino, un masque sur le nez et un beau chapeau avec une belle cocarde sur la tête, je me suis assis, étendu, chauffé, promené. « Vous ne tanze pas, monsieur le baron? — Non, ma-
« dame. — *Der Herr Kammerjunker danzen nicht* (2)? — *Nein,*
« *Eure Excellenz*. — Votre Altesse sérénissime a beaucoup

---

(1) Benjamin Constant prévoyait déjà les graves ennuis que son père allait rencontrer dans son service militaire. La jalousie des patriciens bernois contre les officiers du pays de Vaud, leurs sujets, les passe-droits et les vexations auxquelles ceux-ci étaient en butte, entrèrent pour beaucoup dans la révolution helvétique. — Les May étaient des patriciens bernois : il y avait le régiment de May, dont un May de Buren était colonel, et le père de Benjamin Constant lieutenant-colonel. — L'*ours*, on le sait, figure dans les armes de Berne.

(2) « Monsieur le chambellan ne danse pas? — Non, Votre Excellence. »

« dansé.—Votre Altesse sérénissime aime beaucoup la danse.
« — Votre Altesse sérénissime dansera-t-elle encore?—Votre
« Altesse sérénissime est infatigable. » A une heure à peu
près, je pris une indigestion d'ennui, et je m'en allai avant
les autres. Mon estomac est beaucoup plus faible que je ne
croyais; mais, en doublant peu à peu les doses, il faut espérer qu'il se fortifiera.

« Le 6 au soir.

« Que faites-vous actuellement, madame? Il est six heures
et un quart. Je vois la petite Judith qui monte et qui vous demande : Madame prend-elle du thé dans sa chambre? Vous
êtes devant votre clavecin à chercher une modulation, ou devant votre table, couverte d'un chaos littéraire, à écrire une
de vos feuilles (1). Vous descendez le long de votre petit escalier tournant, vous jetez un petit regard sur ma chambre,
vous pensez un peu à moi. Vous entrez. Mme Cooper bien passive, et Mlle Moulat bien affectée (2), vous parlent de la princesse Auguste ou des chagrins de miss Goldworthy. Vous n'y
prenez pas un grand intérêt. Vous parlez de vos feuilles ou
de votre Pénélope. M. de Charrière caresse *Jaman*; on lit la
gazette, et Mlle Louise (3) dit : Mais! mais! mais! — Moi, je
reviens d'un grand dîner, et je ne sais que diable faire. Je
pourrais bien vous écrire, mais ce serait abuser de votre patience et de celle du papier. Ma lettre, si je n'y prends garde,
deviendra un volume. Heureusement que la poste part demain. J'espère aussi que demain au soir ou après-demain
matin elle m'apportera une de vos lettres. Pour à présent, il
n'y a plus de calcul qui tienne, et petit *Persée* (4) doit pa-

(1) Toujours les feuilles sur la révolution de Hollande.
(2) Ces deux dames avaient été gouvernantes dans de grandes
maisons en Angleterre.
(3) Mlle Louise de Penthaz, sœur de M. de Charrière.
(4) C'était le cachet de Mme de Charrière.

raître, ou ce sera la faute de celle qui le porte. Charmant petit *Persée*, tu me procureras un moment bien agréable. Aussi je t'en témoignerai ma reconnaissance : j'ouvrirai avec tout le soin possible la lettre que tu fermes, pour ne pas défigurer ton joli visage. Si cette lettre pouvait être aussi longue que ce bavardage-ci ! Mais c'est ce qu'elle se gardera bien d'être. Mᵐᵉ de Charrière a des opéras, des feuilles, des *Calistes* à faire, et un pauvre diable, à deux cents lieues d'elle, ne peut manquer d'être oublié. Quand elle recevra ceci, jamais elle ne pensera à m'écrire longuement. Elle attendra le jour du courrier, elle prendra une feuille, écrira trois pages, à lignes bien larges, et l'adresse sur la quatrième. (Je vous fais réparation avec bien du plaisir et de la reconnaissance.)

« Le 7.

« Adieu, madame, je ferme ma lettre. Puissent tous les bonheurs vous suivre ! Puisse votre santé être on ne peut pas meilleure ! Puissent toutes les modulations se présenter à vous assez tôt pour ne pas vous fatiguer, et assez tard pour que vous ayez du plaisir en les trouvant ! Puissent les souverains de l'Europe (vous n'écrivez du moins jusqu'ici, à ce que je crois, que pour l'Europe et pour les nations favorisées), puissent, dis-je, les souverains de l'Europe s'éclairer en lisant vos feuilles et se conformer en partie à vos sages vues (je dis en partie, parce que, pour les dédommager d'être rois et princes, il faut bien leur laisser l'exercice de leur pouvoir et la jouissance de quelques-unes de leurs fautes) !

« Une lettre de vous ! Dieu ou le sort, ou plutôt ni Dieu ni le sort (que diable ont-ils à faire dans notre *correspondance?*), mais l'amitié soit bénie ! Comme la poste part dans une ou deux heures, je n'ai pas le temps d'y répondre ; mais je vous en remercie. Quant au conte de Mˡˡᵉ Moulat, j'en ai ri ; mais je n'ai pas pardonné à la jérémisante donzelle : pardonner, c'était bon à Colombier ; j'étais près de vous, je me souciais bien de tous ces clabaudages ! j'étais Jean qui rit, je suis Jean qui pleure, et Jean qui pleure ne pardonne pas. J'ai écrit à Mlle Marin, de Bâle et d'ici, deux petitissimes lettres, et je lui ai dit, en lui donnant mon adresse, que j'espérais qu'elle m'écrirait ici. C'est tout ce que je puis faire. Le ton de sa première lettre me guidera pour mes réponses. Quant à mon oncle, qui a eu sa part dans ces clabauderies, je lui ai aussi écrit un bref billet de Rastadt, d'où je vous écrivis aussi. Je le remercie dans ce billet des amitiés qu'il m'a faites, etc., etc., et j'ajoute : *Les inquiétudes même que vous avez eues sur mon séjour à Colombier, quoique absolument sans fondement, n'en étaient pas moins flatteuses, puisqu'elles prouvaient l'intérêt que vous daignez prendre à moi.* Voilà à peu près ma phrase, du moins quant au sens. J'en ai ri bien de mauvaise humeur en l'écrivant.

« Une chose qui me fait plaisir, c'est de voir que nous avons, pour nous dédommager de ne plus nous voir, recours aux mêmes consolations, ce qui prouve les mêmes besoins. Si vous lisez les marges de mes Grecs, je lis et conserve les adresses même des petits billets adressés chez mon Esculape.

« Une chose m'a fait rire dans votre lettre. Je la copie sans commentaire. Si c'est une naïveté, je l'aime; si c'est une raillerie, je la comprends. *Vous intéressez ici tout le monde, et M. de Ch. (Charrière) vous fait ses compliments.*

« Adieu, madame, votre lettre m'a mis *in very good and high spirits.* Puisse la mienne vous rendre le même service ! Mille choses à tout le monde, mais cent mille à l'excellente Mlle Louise. »

« Je recommence une nouvelle lettre qui partira le 11 ou le 14. Je suis toujours en compte ouvert de cette manière avec vous. C'est pour moi le seul moyen de supporter notre éloignement. »

« Adressez

A monsieur monsieur le baron DE CONSTANT, *gentilhomme à la cour de* S. A. S. *monseigneur le duc régnant.*

A BRUNSWICK. »

On croit que cette longue lettre est finie ; elle ne l'est pas encore. Benjamin Constant trouve moyen d'y ajouter de plus, aux marges, je l'ai dit, et aux moindres angles du papier, des *post-scriptum* de tous genres, sur les *feuilles* politiques de Mme de Charrière qu'il attend, sur la confiance presque absolue qu'elle peut avoir que les lettres ne seront pas ouvertes à la poste. Mais de tous ces *post-scriptum*, on ne saurait omettre celui-ci à cause de son extrême importance : « *Flore* a soutenu le voyage on ne peut pas mieux ; elle n'a point encore accouché, mais son terme avance. Dites-le à *Jaman*. Je garderai celui de ses petits qui ressemblera le plus à ce digne chien, et je ne négligerai rien pour lui donner la noble insolence de son père. »

Certes, une telle lettre, dans toute son étendue, est, à mon sens, le meilleur témoignage qu'Adolphe, quoi qu'on puisse dire, a été sensible, qu'il aurait pu l'être, qu'il était surtout parfaitement aimable et presque bon quand il s'oubliait et se laissait aller à la nature. Une telle lettre doit lui faire beaucoup pardonner.

Le post-scriptum précédent a tellement sa gravité, qu'il se rattache au début de la prochaine lettre ; il faut se donner encore pendant quelque espace l'entier spectacle de cette libre pensée qui court, qui s'ébat, qui se prend à tout sujet, qui a en un mot tout le mouvement varié d'une intime conversation. Avoir entendu causer Benjamin Constant, maintenant qu'il ne vit plus, n'est pas une chose indifférente. Eh bien ! ici, portes closes, nous l'entendons causer. « Pardonnez-moi *le style désultoire* de ma lettre, » écrit-il quelquefois à Mme de Charrière : pour nous, bien plutôt nous l'en remercions.

« Ce 9 mars.

« *Flore* a accouché avant-hier au soir de cinq petits, dont un ressemble à *Jaman*, à l'exception des taches noires de cet illustre chien sur le dos, que son fils n'a pas. Il est tout blanc et n'a de noir que les deux oreilles. Je l'ai appelé *Jaman*, du nom de son père, et je lui destine *the most liberal education*...

« Je vous prie de m'envoyer le livre de M. Necker (1) par les chariots de poste, Berne, Bâle, Francfort et Cassel. Il n'y a rien de plus aisé. Cela me coûtera peut-être un peu de port; mais, comme j'ai beaucoup plus envie que mes remarques sur cet ouvrage paraissent bientôt que je ne désire garder un louis dans ma bourse, je vous prie instamment de me l'envoyer. Si j'avais votre talent, je vous dirais : Faites brocher le livre de M. Necker, mettez-le entre deux poids pendant deux heures, déchirez la couverture et envoyez-la-moi : je la considérerai bien des deux côtés, je jugerai le livre et j'imprimerai (2).

« Mais, comme je ne l'ai pas, je vous supplie de m'envoyer vulgairement tout l'ouvrage. L'idée que vous me donnez de prendre occasion d'esquisser mes propres idées me paraît excellente. Si vous vouliez donc faire partir le *Necker* tout de suite, vous me feriez le plus grand plaisir. Dans six mois il ne sera plus temps, au lieu qu'à présent mes observations pourraient faire quelque sensation.

« On continue toujours ici à me traiter assez bien. Je dîne presque tous les jours ou à la cour régnante ou à l'une des deux autres cours. Du reste, je ne m'amuse ni ne m'ennuie. J'ai fait connaissance, aujourd'hui 10, avec quelques gens de lettres, et je compte profiter de leurs bibliothèques beaucoup

---

(1) Le livre *de l'Importance des Idées religieuses*, qui parut en 1788 : il voulait le réfuter, d'après ses idées religieuses ou anti-religieuses à lui.

(2) Il paraît que Mme de Charrière avait le talent de critiquer les livres en prenant tout juste la peine d'y jeter les yeux : « J'en ai lu dix moitiés de pages au moins, disait-elle de je ne sais quel ouvrage : ainsi, vous ne m'accuserez pas, comme à propos des *Opinions religieuses*, de juger sur la couverture du livre. »

plus que de leur conversation. Les Allemands sont lourds en raisonnant, en plaisantant, en s'attendrissant, en se divertissant, en s'ennuyant. Leur vivacité ressemble aux courbettes des chevaux de carrosse de la duchesse : *they are ever puffing and blowing when they laugh*, et ils croient qu'il faut être hors d'haleine pour être gai, et hors d'équilibre pour être poli. »

Nous supprimons (ne pouvant tout donner) une assez drôle histoire d'un professeur de français, Boutemy, un pédagogue bien arriéré, bien réfugié, et qui veut faire le Parisien du dernier genre ; il est moqué et drapé sur toutes les coutures. Benjamin Constant excellait à ce jeu-là. On sait que Mme de Staël écrivait de lui, pendant leurs excursions et leurs séjours en province : « Le pauvre Schlegel se meurt d'ennui ; Benjamin Constant se tire mieux d'affaire avec les bêtes. » Les bêtes et les sots, il avait appris de bonne heure à en tirer parti et plaisir : cette petite cour de Brunswick lui fournit une ample matière ; mais, à la façon dont il y débute, on voit qu'il n'en était plus depuis longtemps à ses premières armes.

« Le 11.

« J'ai passé mon après-dînée à faire des visites, et j'avais passé ma matinée à acheter, angliser, arranger, essayer un cheval. C'est le seul plaisir coûteux que je veuille me permettre ; encore ai-je *contrived* de le rendre aussi peu coûteux que possible : mon cheval, qui n'est pas mauvais pourtant, ne me coûte que dix louis.

« Pour en revenir à mes visites, l'exactitude allemande m'a bien tristement diverti : je dis tristement, parce que c'est comme cela qu'on se divertit dans ce pays. Il y a à la cour un grand et roide jeune homme, gentilhomme de la chambre comme moi, qui, selon l'humeur froide et inhospitalière des Brunswickois, m'avait fait une belle révérence et laissé dans mon coin, sans se soucier de moi, ce que je trouve assez naturel. Une petite dame d'honneur de la duchesse, parente de ce froid monsieur, m'ayant pris tout à coup très-vivement sous sa protection, lui recommanda de me faire faire des connaissances, et de me présenter partout où il croirait que je pourrais m'amuser. Voilà que le monsieur, depuis quatre jours, vient tous les jours à quatre heures et demie chez moi, me dit : « Monsieur, il nous faut faire des visites ; » et chapeau bas, l'épée au côté, le pauvre homme me mène dans cinq ou six maisons où nous ne sommes d'ordinaire point reçus, grelottant et glissant à chaque pas, car il continue toujours le matin à neiger, et le reste du jour à geler à pierre fendre. A six heures et demie, il me remène jusqu'à ma porte et me dit : «Monsieur, j'aurai l'honneur de *fenir* vous prendre « *temain* à quatre heures et *temie*. » Il n'y manque pas, et nous recommençons le lendemain nos froides et silencieuses expéditions.

« Je reçois une de vos lettres et j'y réponds article par article.

« Vous savez combien j'aime les détails, même des indifférents, et vous me demandez si votre *heural* me fatigue. Cette question est sans exagération la chose la plus extraordinaire que vous ayez dite, pensée ou écrite de votre vie : elle mériterait un long sermon et une plus longue bouderie; mais je suis trop paresseux pour prêcher par lettre et trop égoïste pour vous bouder. Si j'étais plus près de vous, vous n'en seriez pas quitte à si bon marché, et il y a, outre cette hérésie absurde, bien d'autres choses qui mériteraient un châtiment exemplaire. Vous êtes comme mon oncle, dont j'ai reçu, en même temps que votre lettre, une lettre bien aigre-douce, bien ironique, bien sentimentale, à laquelle j'ai répondu par une lettre de deux pages très-sérieuse, très-honnête et très-propre à me mettre avec lui sur le pied décent et poli qui convient entre des gens qui ne s'aiment qu'à leur corps défendant, pour ne pas être ou ne pas paraître, l'un insensible et un peu ingrat, l'autre entraîné par son humeur acariâtre ; — vous êtes, dis-je, comme mon oncle. Il ne veut jamais croire que je l'aime : j'ai eu beau, pendant deux grands mois, le lui dire de la manière la moins naturelle et la plus empruntée deux fois par jour, il n'en veut rien croire. Vous venez me faire semblant de croire que votre manière d'écrire m'ennuie. Vous et mon oncle, mon oncle et vous, vous mériteriez que je vous répondisse : Vous avez raison. Ce qui me fâche le plus, c'est que je crois que c'est par air. D'abord, quant à mon oncle, j'en suis très-sûr. Il fait des phrases sur mon insensibilité. *Vous avez la bonté, me dit-il, de me faire des remerciments et des compliments : ce n'était pas ce que je souhaitais de vous; nous aurions bien voulu pouvoir vous inspirer un peu d'amitié, parce que nous en avons beaucoup pour vous; mais vous n'êtes point obligé de nous la rendre; tout de même, nous vous aimerons parce que vous êtes aimable; tout de même, nous nous intéresserons tendrement à vous parce que vous êtes intéressant; je suis seulement fâché que vous vous soyez cru obligé de nous faire des remerciments; vous vous êtes donné là un moment d'ennui qui aura ajouté à votre fatigue; vous aurez maudit les parents et l'opinion des devoirs; je vous prie de ne pas nous en rendre responsables; nous sommes bien loin d'exiger et d'attendre rien.* Avouez que voilà une agréable et amicale correspondance. C'est uniquement pour avoir quelque chose à dire et un canevas sur lequel broder. Passe encore. Mon oncle et moi nous aimerions assez à nous aimer, et, comme nous ne le pouvons pas tout simplement et tout uniment, nous voulons au moins avoir l'air de nous quereller comme si nous nous aimions : Nous suppléons à la tendresse par les bouderies et les pointilleries des amants; et comme, à seize ans, je disais : *Je me tue, donc je m'amuse* (1), mon oncle et moi nous disons : Nous nous faisons d'amers reproches; les reproches sont quelquefois tendres, les nôtres ne le sont pas, mais ils pourraient l'être; donc nous nous aimons très-tendrement.

(1) Autre forme et variante de son refrain favori : ainsi, il ne s'en faisait faute dès l'âge de seize ans.

« Mais vous, madame, qui n'avez pas besoin de tordre le col à de pauvres arguments pour croire à notre amitié, pourquoi me dire : *Si mes longs et minutieux détails vous ennuient...* (1)? Vous êtes drôle avec vos minuties : c'est dommage que vos lettres ne soient pas des résumés de l'histoire romaine, et que dans ces lettres vous parliez de vous. Que n'abrégez-vous la vie d'Alexandre et de César? cela serait amusant et point minutieux.

« Le 12, à midi.

« J'arrive d'une promenade à cheval où j'ai cru cent fois me casser le cou. Il gèle toujours plus fort, et toutes les rues sont des mers de glace. Mon cheval, qui avait peur d'avancer, sautait et se cabrait, tout en glissant à chaque pas, et, pour comble de malheur, j'ai eu toute la ville à traverser. Brunswick est un cercle presque aussi exact qu'on pourrait en tracer un sur du papier. Et moi qui ne connais pas trop les rues et qui ai toujours la fureur de ne pas demander le chemin, j'ai erré ce matin au moins une heure et demie dans la ville sur ces rues glacées, et je ne me suis approché de chez moi qu'en tournoyant. Depuis les remparts, dont j'avais fait le tour, voilà comme j'ai été chez moi. 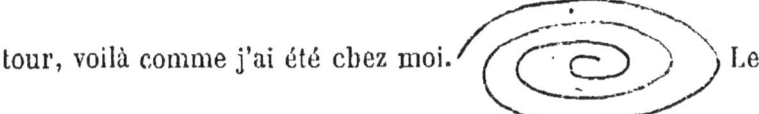 Le cheval est bon au reste, et me servira beaucoup cet été. Il est un peu vif, mais point ombrageux, et je connais tant de

---

(1) Benjamin Constant a bien de la peine à persuader à ses amis qu'il les aime; ceux-ci pressentent qu'il lui sera impossible de ne pas leur échapper bientôt. Il s'ennuie si vite, il se distrait si aisément! Mais peut-être ont-ils tort de le lui dire; il est tel blâme (lui-même l'a remarqué avec finesse) *qui ne devient juste que parce qu'il fut prématuré*. Toutes ces pages datées de Brunswick sont autant de pièces justificatives et explicatives du début d'*Adolphe*.

bêtes ombrageuses et point vives, que ce contraste me prévient en faveur de la mienne plus que je ne saurais dire (1).

« A deux heures.

« J'arrive de chez Son Excellence M. le grand-maréchal de la cour, conseiller privé et principal ministre, le baron de Münchausen, qui m'a remis ma patente de gentilhomme de la chambre ; demain je serai proclamé en cour, et toutes mes ambitions brunswickoises seront gratifiées...

« Le 13 à minuit.

« J'arrive de la cour où j'ai eu la plus singulière distraction qui ait jamais eu lieu. J'avais été depuis dix heures du matin en *staat*, tout galonné, toujours la tête et les épaules en mouvement ; et Barbet de cour était plus fatigué de ses grands tours que jamais Barbet de Colombier ne l'a été, même quand l'Académie est venue assister à quelque représentation (2). Je fis la partie d'un des princes cadets qui jouait !!! et causait !!! et je m'ennuyais suffisamment. Au milieu de la partie, j'oubliai parfaitement que j'étais à Brunswick ou plutôt que vous n'y étiez pas ; je me dis : Je reverrai cette personne (ce qu'il y a de drôle, c'est que je ne pensais pas directement à vous par votre nom, mais que je n'avais que l'idée vague d'une personne avec qui j'aimais à être, et avec laquelle je me dédom-

---

(1) Benjamin revient à diverses reprises sur ce cheval et sur les mérites qu'il lui trouve : « Mon cheval et mes projets de chevaux m'amusent et me tiennent lieu des ânes. Ce sont d'excellentes bêtes que les chevaux ; je leur veux tant, tant de bien ! ils sont si bonne compagnie ! »

(2) Ce *Barbet de Colombier* a tout l'air d'être Mme de Charrière en personne, qu'il appelle souvent de ce petit nom de *Barbet*, par allusion sans doute à la fidélité d'amitié qu'ils s'étaient promise. Mme de Charrière faisait souvent représenter chez elle de petites comédies de sa composition.

magerais de la contrainte et de la fatigue de la cour). Cette idée se fortifia, je supportais paisiblement l'ennui du jeu, l'ennui du souper, et j'attendais avec toute l'impatience imaginable le moment où je rejoindrais la personne indéterminée que je désirais si vivement. Tout d'un coup je me demandai : Mais qui est donc cette personne ? Je repassai toutes mes connaissances ici, et il se trouva que cette amie qui devait me consoler, avec qui *I was to unbosom and unburthen myself* le même soir, était *vous*, à deux cent cinquante lieues de l'endroit de mon exil. Je m'étais si fortement persuadé que je ne pouvais manquer de vous retrouver au sortir de la cour, que j'eus toute la peine du monde à me rapprivoiser avec l'idée de notre séparation et de l'immense distance où nous étions l'un de l'autre. Cette espèce de distraction me prend quelquefois. Quand je me dis : J'aurai un moment très-ennuyeux, ou je me trouverai dans un petit embarras, ou j'éprouverai une sensation désagréable, je me réponds : J'ai une personne avec qui je m'en consolerai bien vite ; et puis il se trouve que je suis à un bout du monde et que vous êtes à l'autre. Bonsoir, madame, à demain (1).

« Vous aurez ri de cette distraction qui m'a fait croire une fois que je vous retrouverais en sortant de la cour. Elle ne dure pas toujours aussi longtemps, mais elle me reprend assez fréquemment. Ce soir, en jouant au loto, j'ai pensé à vous, comme vous le croyez bien. Votre idée s'est apprivoisée, amalgamée, pour mieux dire, avec la chambre où nous étions, et,

---

(1) Tout ceci et ce qui suit est sans doute très-aimable, très-spirituel, d'un tour infiniment galant et séduisant, mais il y manque je ne sais quoi pour convaincre. On sent trop qu'au fond il s'agit, en effet, d'une personne *indéterminée*, qui n'a pas de nom, ou qui peut en changer, qui peut être aujourd'hui l'une et demain l'autre. On conçoit que de si flatteuses paroles n'aient pourtant pas persuadé celle à laquelle il les adressait. Dans toutes ces lettres, si gracieuses de ton et si fines de manière, il n'y a, après tout, ni flamme, ni jeunesse, ni amour, ni même le voile d'illusion et de poésie. Adolphe eut beau faire, il fut toujours un peu étranger à ces choses.

en me déshabillant il y a un moment, je me demandai : Mais qui ai-je donc trouvé si aimable ce soir chez la duchesse? Et, après un moment, il se trouva que c'était vous. C'est ainsi qu'à deux cent cinquante lieues de moi vous contribuez à mon bonheur sans vous en douter, sans le vouloir (1). — Mille et mille pardons encore une fois de ma vilaine lettre ; mais voyez-y pourtant combien vous me faites de peine par cette défiance continuelle ; pensez à ce que les reproches vagues et répétés entraînent de gêne, de picoteries, de peines de toute espèce. C'est comme cela que mon père et moi nous ne sommes jamais bien, et c'est aussi, je crois, de là que viennent beaucoup de mauvais ménages. On se reproche vaguement un tort indéterminé ; on s'accoutume à se le reprocher. On ne sait qu'y répondre, et ces reproches séparent et éloignent plus de maris de leurs femmes et de femmes de leurs maris que de beaucoup plus grands torts ne pourraient faire. Vous, madame, devriez-vous avoir avec moi ce ton vulgaire et si affligeant pour moi? Je vous conjure de me dire quels petits mystères vous me reprochez. Je conviendrai de tout ce qu'il y aura de vrai, et je ne vous fatiguerai pas d'une longue justification sur ce qu'il y aura de faux. Je vous dirai : « Vous vous êtes trompée, » et j'ose espérer que vous me croirez...

« Le 16, au matin.

« ... C'est après-demain seulement que vous recevrez ma première lettre. J'attends ce jour avec impatience, et toujours en me reprochant bien vivement de ne vous avoir rien écrit plus tôt. Je n'imaginais pas quelle monstrueuse lacune l'omission de deux courriers faisait à deux cent cinquante lieues l'un de l'autre. Si vous avez voulu, vous avez pu vous venger bien cruellement. Avant le 3 (si vous ne m'avez pas écrit avant la réception de ma lettre), je n'ai rien à espérer de vous. Je

(1) Toujours je ne sais quel tour de plaisanterie qui peut faire douter les cœurs un peu sceptiques.

vous avouerai que je trouve bien un peu dur que vous ayez passé tout d'un coup du charmant *heural* à une correspondance ordinaire, et que vous ne commenciez vos lettres qu'en recevant les miennes et pour les faire partir tout de suite. Si nous nous mettons à attendre mutuellement que des lettres qui restent douze jours en chemin arrivent, pour nous y répondre, ce sera une triste et mince consolation pour moi que de recevoir une fois tous les mois des lettres de trois pages, pendant que j'espérais en recevoir de six au moins toutes les semaines. Vous devriez bien me traiter aussi charitablement que le public (1). Vous lui avez écrit quinze fois en douze semaines, et vous ne voulez m'écrire que douze fois par an. — Comme je me suis fait une loi de répondre à tout ce que vous me dites ou me demandez (loi que j'espère que vous voudrez bien adopter aussi), je relis vos lettres sans ordre et répondrai à chaque article comme il se présente... *Vous ne pouvez rien cacher de votre esprit sans y perdre,* me dites-vous. Eh! qu'est-ce que j'y perdrai, je vous en prie? J'espère ne jamais passer pour un imbécile; mais, du reste, que m'importe que l'on dise : *Il afait* (2) *beaucoup de l'esprit,* ou *il afait métiokrement de l'esprit?* Croyez-vous qu'en ne paraissant pas un aigle, je paraîtrai beaucoup au-dessous de tous les oisons d'alentour? Croyez-vous qu'en me montrant autant aigle que je puis, j'en sois beaucoup plus recherché par ces oisons? Croyez-vous enfin que l'opinion que j'ai de moi-même dépende beaucoup de celle que l'on aura de moi à la cour? Je vous l'ai dit il y a longtemps, je ne veux point faire sensation, je veux végétailler décemment. Cependant je vous dirai bien en confidence que je ne suis pas parvenu à *un* atmosphère bien *imposant* (3). Il y a quelques jours que la du-

(1) L'épigramme s'échappe malgré lui, et il donne un petit coup de griffe à la femme auteur.
(2) Il *avait*, prononcé à l'allemande.
(3) Il se trompe de genre pour *atmosphère,* comme le font, au reste, beaucoup de Français eux-mêmes.

14.

chesse, en parlant du service de gentilhomme de la chambre, qui ne consiste qu'à faire asseoir les gens selon leur rang, dans l'absence du grand-maréchal, dit, à mon grand étonnement et scandale : « Ce sera bien drôle de voir Constant faire son service. » Que diable y aura-t-il donc de si drôle?... »

Au milieu de ces sottes fonctions, de ses ennuis, de ses bavardages épistolaires, il se remet à l'étude; car, qu'on ne l'oublie pas, l'étude a toujours ses heures réservées au fond de ces existences qui plus tard marqueront ; il avait entrepris une *Histoire de la Civilisation en Grèce*, il relit ses classiques sur le conseil de Mme de Charrière, laquelle les lisait elle-même dans les textes, au moins les latins. La lettre se termine ainsi par une dernière feuille datée du 17 au matin :

« ... J'ai repris mes petits Grecs qui grossissent à vue d'œil. Quand ils seront arrivés à grandeur naturelle, je les envoie dans le monde *to shift for themselves*. J'ai tout plein de ressources ; mais, comme je vous le disais vendredi, je n'en fais que peu d'usage. Suivant votre conseil, je compte prendre une heure avec un professeur ici pour relire tous mes classiques. C'est un plaisir de faire quelque chose d'utile que vous avez conseillé. Adieu, madame. Mille et mille choses à tous ceux qui veulent bien penser au *diable blanc* (1). Le petit *Jaman* est superbe, voilà pour Mlle Louise. Les sapins de ce pays-ci sont tortus, petits et vilains : je ne conseille pas à Mlle Henriette d'envoyer jamais de traîneau en prendre ici. Adieu, madame. Barbet, le plus aimé qui fut jamais au monde, adieu. »

Le moment où Benjamin Constant peut réfuter avec une

(1) C'était apparemment son sobriquet à Colombier.

entière sincérité les petites méfiances de Mme de Charrière et où il continue d'être pleinement sous le charme du souvenir est si court et si prompt à s'envoler, que nous donnerons encore quelques pages qui en sont la vive et bien affectueuse expression.

« Brunswick, ce 19 mars 1788.

« Que béni soit l'instant où mon aimable Barbet est né ! Que béni soit celui où je l'ai connu ! Que bénie soit l'*influence* perfide qui m'a fait passer deux mois à Colombier et quinze jours chez M. de Leschaux (1) ! Le courrier qui arrive ordinairement le mardi n'est arrivé qu'aujourd'hui, et, en ne recevant point de lettres de vous hier, je m'étais résigné et j'attendais vendredi avec crainte et impatience. Jugez de mon plaisir quand, à mon réveil, mon fidèle de Crousaz (2) m'a présenté le petit *Persée*.

« Il y a un bien mauvais raisonnement dans cette lettre dont je vous remercie si vivement, et je ne sais si ce raisonnement ne mériterait pas que j'étouffasse ma reconnaissance. *Dans quelques semaines, dans peu de jours peut-être, vous aurez des habitudes et des occupations avec lesquelles vous vous passerez très-bien de ces fréquentes lettres.* Qu'est-ce, s'il vous plaît, que cela veut dire ? *Aussi longtemps que vous aurez des visites à faire, des devoirs de société à remplir, des terrains à sonder, des arrangements à prendre, vous aurez besoin de mes lettres, parce que vous n'aurez pas d'intérêt assez vif pour que vous m'oubliiez ; mais quand vous aurez fait toutes vos visites, que vous n'aurez plus rien à faire, que votre curiosité, si vous en avez, sera rassasiée jusqu'au dégoût, que vous saurez d'avance ce qu'on vous dira, et que votre journée de demain sera la sœur et la jumelle la plus ressemblante de l'ennuyeuse journée d'aujourd'hui, oh ! alors je ne vous écrirai plus si souvent, parce que*

---

(1) Ou Leschot ; c'était le docteur qui logeait à côté de Colombier.
(2) Son domestique.

les vifs plaisirs de votre manière de vivre vous tiendront lieu de mon amitié. Barbet, Barbet, vous êtes bien aimable et je vous aime bien tendrement; mais vous raisonnez bien mal, et vos raisonnements me font de la peine pour vous et pour moi.

« Dites-moi un peu, singulière et charmante personne, où tend cette modestie? Croyez-vous réellement que j'aie tant de penchant à la confiance et à l'ingratitude qu'au bout de trois ou quatre semaines je me sois formé quelque douce habitude avec quelque *fraulein* allemande ou quelque *hof-dame* qui me tienne lieu de vous et de votre amitié? Croyez-vous que tant de douceur, de bonté, de charme (je ne puis exprimer autrement ce que vous avez pour moi) soit aisément remplacé et aisément oublié? Croyez-vous que, quand même je ne serais point susceptible d'amitié, quand ce serait sans reconnaissance et sans tendresse que je pense à notre séjour de deux mois ensemble, à cette espèce de sympathie qui nous unissait, à l'intérêt que vous preniez à moi malade, maussade, abandonné, exilé, persécuté, je sois assez bête pour ne pas regretter cette intelligence mutuelle de nos pensées qui circulait, pour ainsi dire, de vous à moi et de moi à vous? Est-ce un air, est-ce un ton? est-ce pour me dire quelque chose? Je suis porté à le croire. Entre beaucoup d'amis, les reproches et les doutes reviennent à mes : *Eh bien! madame?* c'est pour relever la conversation qui tombe. Mais en avons-nous besoin? Croyez, madame, que rien ne me fera moins regretter ni moins désirer votre amitié et notre réunion (voilà une sotte et singulière phrase; mais vous la comprenez, et je vous demande pardon du *croyez, madame*, et de l'équivoque). Rien ne me fera oublier combien j'ai été heureux près de vous; je ne formerai jamais d'habitude qui vous rende moins chère, et jamais occupation quelconque ne me tiendra lieu de vous. C'est pour la dernière fois que je l'écris, parce que me justifier m'afflige. J'ai un grand plaisir à vous dire : Je vous aime, mais j'ai encore plus de peine à imaginer que vous en doutez. Désormais toutes les pages où vous vous livrerez à cette défiance et à cette modestie d'acquit, je les regarderai comme blanches, et je me dirai : Mme de Charrière m'aime encore assez pour me faire savoir qu'elle ne m'a pas oublié entièrement, et pour cela elle a proprement plié une feuille de papier blanc et l'a cachetée du petit *Persée;* je lui en suis bien obligé, mais je suis bien fâché qu'elle n'ait rien eu à m'écrire, et que du papier blanc soit la marque de souvenir qu'elle ait cru devoir m'envoyer.

« Le 20 de mars et le dix-neuvième jour de mon ennuyeuse résidence dans cet ennuyeux pays. A dix heures du matin.

« Je travaille à mes petits Grecs de toutes mes forces, et je les trouve, quelque médiocres qu'ils soient, beaucoup meilleure compagnie que les gros Allemands qui m'environnent. Mais ce ne sont plus les petits Grecs que vous connaissez ; c'est un tout autre plan, un autre point de vue, d'autres objets à considérer. Ce que vous avez lu n'était qu'une traduction faite à la hâte pour plaire à mon père, et que je n'avais jamais revue, lorsqu'il voulut à toute force la faire imprimer (1). Ce que je fais sera une histoire de la ci-

---

(1) Benjamin Constant, nous apprend M. Gaullieur, avait entrepris une traduction de l'*Histoire de la Grèce*, par Gillies (*History of the ancient Greece, its Colonies and Conquests*); mais, prévenu par un autre écrivain, comme pour l'*Histoire de la Corse*, il renonça à son projet. Cependant, pour ne pas perdre entièrement le *fruit de ses veilles*, comme on dit, il se décida à publier un spécimen de sa traduction (à Londres, et à Paris chez Lejay, 1787) : « Il existe, dit-il dans sa pré-
« face, un autre ouvrage en anglais dont le sujet n'est pas moins in-
« téressant et dont les vues sont plus vastes et plus importantes, qui
« sera désormais l'objet de tous mes efforts ; je veux parler de l'*His-*
« *toire de la Décadence et de la Chute de l'Empire romain*, par M. Gib-
« bon. Mais comme il ne faut pas défigurer les chefs-d'œuvre des
« grands maîtres, je veux, avant de me livrer à ce travail, consulter
« le public et savoir si mon style et mes connaissances dans les deux

vilisation graduelle des Grecs par les colonies égyptiennes, etc., depuis les premières traditions que nous avons sur la Grèce jusqu'à la destruction de Troie, et une comparaison des mœurs des Grecs avec les mœurs des Celtes, des Germains, des Écossais, des Scandinaves, etc. Vous sentez que vos critiques sur les phrases enchevêtrées me seraient un peu inutiles; mais je vous enverrai des demi-feuilles bien serrées de mes Grecs actuels lorsqu'ils seront un peu plus avancés, et je vous demanderai les critiques les plus sévères : vous garderez les demi-feuilles, parce que vous aurez ainsi plus présent et plus net l'ensemble de tout l'ouvrage, et vous ne m'enverrez que les remarques. Je suis très-orgueilleux que M. Chaillet s'intéresse à quelque chose que je fais, et cet orgueil me rendra peut-être moins docile, mais non pas moins reconnaissant. Pourrez-vous m'envoyer le *Necker?* Cela me ferait un bien grand plaisir. Mais si cela était bien difficile et que cela vous donnât bien de la peine, ou que cela ne vous plût pas, j'y renoncerais avec regret, mais sans murmurer...

« Le 21.

« Je puis vous jurer qu'en vous supposant au milieu de Neuchâtel, dans une grande assemblée, chez Mme du Peyrou, jouant au *tricette* (?), ou dans une assemblée de savants

---

« langues pourront y suffire. C'est dans ce dessein, et non pour être
« comparé au traducteur de M. Gillies (Carra), que je publie cet
« essai. » Cet opuscule, intitulé *Essai sur les Mœurs des temps héroïques de la Grèce*, est bien certainement la première publication imprimée de Benjamin Constant. Tous les bibliographes jusqu'ici l'ont ignoré. Barbier attribue fautivement l'*Essai* à Cantwell. Quant à la traduction de Gibbon, Benjamin Constant ne sut pas non plus arriver à temps ; il fut devancé par Leclerc de Sept-Chênes et son royal collaborateur, Louis XVI ; leur premier volume parut en 1788. Gibbon, qui vivait à Lausanne, avait fort encouragé Benjamin Constant à traduire son livre, et il regretta beaucoup ce peu de fixité, qui fit manquer le jeune auteur à une sorte d'engagement envers le public.

Lausannois, au samedi de Mme de Charrière de Bavoie, vous n'aurez pas une *adequate idea* de l'ennui de cette ville. Il y a quelque chose de si morne dans son aspect même, quelque chose de si froid dans ses habitants, quelque chose de si languissant dans leur *intercourse together*, quelque chose de si *unsociable* dans leur manière de se voir ; ils n'ont ni intrigues de cour, ni intrigues de cœur, ni intrigues de libertinage ; il y a des femmes de la cour qui couchent avec leurs laquais ; il y a des *street-walkers* qui sont à l'usage des soldats et des gentilshommes de la cour qui en veulent. Il y a bien encore des filles entretenues que les Anglais, entre autres, logent, nourrissent et habillent pour aller tuer le temps ; mais toute cette tuerie de temps est si maussade, c'est avec tant de peine qu'on parvient à le tuer tout à fait, et il a des moments d'agonie si pénibles pour son bourreau ! Il y a bien aussi tous les quinze jours un opéra italien, où trois acteurs et trois actrices, dont l'une est borgne et a une jambe de bois, nous jouent des farces auxquelles personne ne comprend rien (car il n'y a pas deux personnes qui sachent l'italien ici). Il y a aussi des remparts où il y a un pied de boue, des fossés où les égouts de la ville se déchargent des deux côtés, des sentinelles à chaque pas, et on peut s'y promener et y enfoncer à cheval jusqu'à mi-jambe. Il y a aussi des Anglais qui s'enivrent et qui jouent au pharaon.

« A propos de pharaon, j'y ai joué deux fois : j'ai perdu peu de chose ; mais je crains de m'y laisser entraîner, et, pour prévenir toute séduction, je vous envoie un engagement solennel de ne plus jouer aucun jeu de hasard ni de commerce entre hommes d'ici à cinq ans. Vous verrez tout ce que j'y atteste et tout ce que j'y prends à témoin de ma résolution. Un engagement où je consens à perdre votre amitié si je le romps, je ne le violerai sûrement pas (1).

(1) Voici le texte anglais de ce singulier engagement, dont nous

« Je relis ma lettre, et dans la seconde page je vois un *de toutes mes forces*, à propos de mes Grecs, qui n'est malheureusement pas tout à fait vrai. J'y travaille, mais ce n'est pas de toutes mes forces, c'est languissamment. »

Au sein de cette *Béotie brunswickoise*, comme il l'appelle, Benjamin Constant ne tarde pourtant pas à faire quelque trouvaille de personnes assez distinguées. Il y rencontre, il y apprécie M. de Mauvillon, l'ami et le collaborateur de Mirabeau, « ou, pour mieux dire, *le seul auteur* de l'ouvrage sur la *Monarchie prussienne;* » Mme de Mauvillon elle-même est une femme de mérite et spirituelle. Mais bientôt il se dissipe ailleurs, il se répand; il s'applique à justifier les reproches de Mme de Charrière. Il a beau lui écrire encore de profondes et désespérées tristesses, comme celle-ci : « Je me suis livré à une paresse mélancolique qui m'empêche de faire des visites, et, quand j'en fais, de parler (1). En tout je

---

conservons, dit M. Gaullieur, l'original écrit sur une carte (un valet de cœur), et dûment signé. Pour qui connaît la vie ultérieure de Benjamin Constant, la pièce a tout son prix : « By all that is deemed honorable and sacred, by the value I set upon the esteem of my acquaintance, by the gratitude I owe to my father, by the advantages of birth, fortune and education, which distinguish a gentleman from a rogue, a gambler and a blackguard, by the rights I have to the friendship of *Isabella* and the share I have in it, I hereby pledge myself, never to play at any chancegame, nor at any game, unless forced by a lady, from this present date to the 1st of jan^y 1793 : which promise if I break, I confess myself a rascal, a liar, and a villain, and will tamely submit to be called so by every man that meets me. — Brunswick, the 19th of march 1788.

« H. B. DE CONSTANT. »

(1) Il est très-certain que, dans cette première partie de sa vie, Benjamin Constant était volontiers taciturne : ceux qui l'avaient vu à Lausanne et même à Colombier, et qui le revirent à Paris dans l'été de 1795, ne le trouvaient pas le même homme, tant il leur parut brillant de conversation dans le salon de Mme de Staël, tenant tête avec entrain et saillie aux personnages divers et de tous bords qui s'y

suis (je ne sais si vous ne croirez pas que je vous trompe pour mes menus plaisirs) très-malheureux. Mais enfin la vie se passe, et mourir après s'être amusé ou s'être ennuyé dix ou vingt ans, c'est la même chose. Il y a déjà quarante-quatre jours que je suis ici, et cinquante-sept que je ne vous ai pas vue. Quand il y en aura cent quatorze, ce sera toujours le double de gagné, et le tiers d'une année *will have been crept through* (1). Que font, à propos, vos pauvres petits orangers que vous vouliez planter ? l'avez-vous fait ? sont-ils venus ? vivent-ils encore ? Je ne veux pas en planter, moi. Je ne veux rien voir fleurir près de moi. Je veux que tout ce qui m'environne soit triste, languissant, fané (2).... » Il lui dit encore : « Adieu, vous que j'aime autant que je vous aimais, mais qui avez détruit la douceur que je trouvais à vous aimer, et qui m'avez arraché les pauvres restes de bonheur qui me rendaient la vie supportable. » Il cherche pourtant à retrouver ces *pauvres restes* et à ne pas tout perdre, quoi qu'il en dise. L'aveu lui en échappe à la lettre suivante qui est de sept semaines ou deux mois tout au plus après : « 9 juin 1788. Vous demandez ce que j'ai produit d'effet à la cour : je m'y

pressaient. On peut dire que jusque-là l'air et le stimulant lui manquaient. « On me demandait hier pourquoi je ne parlais pas. C'est, ai-je répondu, que rien ne m'ennuie tant que ce qu'on me dit, excepté ce que je réponds. »

(1) Cette habitude qu'a Benjamin Constant d'emprunter à l'anglais et quelquefois à l'allemand pour relever ses phrases rappelle ce qu'il dit dans *Adolphe* : « Les idiomes étrangers rajeunissent les pensées et les débarrassent de ces tournures qui les font paraître tour à tour communes et affectées. » Il use abondamment de la recette. On sent qu'à cette période de sa vie il est entre trois langues, et comme entre trois patries ; il n'a pas encore fait son choix. Cette facilité de recourir familièrement à une langue étrangère, dès qu'elle vous offre un terme à votre convenance, est attrayante, mais elle a son écueil ; il en résulte que, lorsqu'on s'y abandonne, on néglige de faire rendre à une seule langue tout ce qu'elle pourrait donner.

(2) Ces dernières paroles pourraient servir d'épigraphe à *Adolphe*, qui est, en effet, un livre triste et fané, d'une teinte grise. *Je ne veux rien voir fleurir près de moi!* le vœu a été rempli.

suis fait quatre ennemis, entre autres deux A. S. (altesses sérénissimes), par de sottes plaisanteries dans des moments de mauvaise humeur. Je m'y suis fait sept à huit amis, mais de jeunes filles, une bonne et aimable femme, voilà tout. Les circonstances ont changé mon goût : à Paris, je cherchais tous les gens d'un certain âge, parce que je les trouvais instruits et aimables ; ici, les vieux sont ignorants comme les jeunes, et roides de plus. Je me suis jeté sur la jeunesse, et, *quoi qu'on die*, je ne parle presque plus à des femmes de plus de trente ans. Au fond, quand j'y pense, tout ceci est indigne de vous et de moi : médire un peu, bâiller beaucoup, se faire par-ci par-là des ennemis, s'attacher par-ci par-là quelques jeunes filles, se voir faner dans l'indolence et l'obscurité, voir jour après jour et semaine après semaine passer, *Kammerjunker* (1), et quoi encore ? *Kammerjunker*, quelle occupation ! Enfin vous êtes au fait. *Virginibus puerisque canto.* »

Qu'il lui répète, après cela, qu'il l'aime, elle sait ce que ce mot veut dire ; c'est pour d'autres qu'il *chante* désormais. Les confidences qui suivent ne lui laisseraient guère d'illusion, si elle était femme à en garder (2). Benjamin Constant voit beaucoup dès lors une jeune personne (Wilhelmina ou *Minna*) attachée à la duchesse régnante, et songe sérieusement à l'épouser ; il mêle d'une façon étrange ces espérances nouvelles aux souvenirs de fidélité qu'il prétend garder, et il fait du tout un hommage très-bigarré à Mme de Charrière. Ainsi, après de longs détails sur sa santé, de plus en plus chétive et nerveuse : « Mon humeur, écrit-il, comme cela est tout simple, se ressent beaucoup de ces variations. Je suis

---

(1) Chambellan.
(2) Elle en gardait très-peu, il est le premier à l'attester : « Je veux faire rougir une personne que j'aime de sa disposition à prendre ma plus simple, ma plus naïve pensée pour un mensonge prémédité... » Une pensée *naïve !* elle ne pouvait admettre en lui cela.

quelquefois mélancolique à devenir fol, d'autres fois mieux, jamais gai ni même sans tristesse pendant une demi-heure. Si vous voyiez comme Minna me console, me supporte, me plaint, me calme, vous l'aimeriez. Vous l'aimez déjà, n'est-ce pas? Il y aura bientôt un an que j'arrivai à pied à huit heures du soir à Colombier, le 3 octobre 1787. J'avais de jolis moments qui m'attendaient sans que je le susse... » On se demande si c'est sans ironie qu'il poursuit de la sorte, si un nuage de germanisme, comme il arrive trop souvent en ces liaisons mixtes d'au delà du Rhin, lui dérobe à lui-même l'indélicatesse de l'accommodement, ou s'il n'y a pas dans son fait une pointe de cruauté très-française, comme de quelqu'un qui sait trop bien son Laclos.

On n'a pas les réponses de Mme de Charrière, ou du moins nous n'en avons sous les yeux que quelques-unes ; ces réponses existent pourtant, elles sont en d'autres mains. Qu'y verrait-on? Nous ne croyons pas nous tromper ni même deviner trop au hasard, en affirmant que, sur un fonds d'indulgence et sous un air d'enjouement, des accents douloureux en sortiraient. Ces lettres, d'un ton parfaitement vrai, d'une impression profondément triste, seraient celles, à coup sûr, d'une femme qui parle avec un cœur généreux et froissé, d'une pauvre personne supérieure à qui l'esprit, la distinction, la sensibilité, n'ont été qu'un tourment de plus. Benjamin Constant semble lui-même reconnaître ce qu'elle souffre lorsque, dans cette lettre où il prodigue de si équivoques épanchements, il lui échappe de dire à propos des *égards* qui sont une triste manière de réparer : « Une cruelle expérience dont je suis bien fâché que vous soyez la victime m'a trop prouvé que des égards ne suffisent pas. » Elle souffrait de bien des manières, elle manquait de secours et d'appui dans ses alentours, elle en venait à douter tout à fait d'elle-même : « Vous n'avez pas comme moi ces moments où je ne sais plus seulement si j'ai le sens commun, mais encore faudrait-il être connue et entendue ! » Et faisant allusion à ce qu'elle avait pu espérer d'être un moment pour lui, elle disait encore : « On ne veut pas seulement que quelqu'un s'imagine qu'il pouvait être aimé et heureux, nécessaire et suffisant à un seul de ses semblables. Cette illusion douce et innocente, on a toujours soin de la prévenir ou de la détruire. »

Certes, Mme de Charrière ne fut jamais pour Benjamin Constant une Ellénore ; elle n'en eut jamais la prétention, je crois ; son âge était trop disproportionné. Elle eut toujours assez de raison pour se dire, sans avoir besoin que d'autres le lui rappelassent, que si elle avait su garder, posséder presque durant ces six semaines le jeune M. de Constant, c'est qu'il était malade, qu'il ne pouvait se distraire ailleurs, qu'autrement il se serait vite ennuyé. Pourtant le cœur a des contradictions tellement inexplicables, qu'elle put amèrement souffrir de voir s'échapper sans retour ce qu'elle n'avait jamais ni espéré ni réclamé de lui. On peut dire de l'Ellénore de Benjamin Constant comme de cette Vénus de l'antiquité, qu'elle est encore moins un portrait particulier qu'un composé de bien des traits, un abrégé de bien des portraits dont chacun a contribué pour sa part. Mme de Charrière fut peut-être la première à lui faire entendre, même en l'étouffant, ce genre de reproche et de plainte, à lui faire comprendre cette souffrance qui tient à l'inégalité d'un nœud.

C'est à ce moment qu'un grave incident survint dans l'existence de Benjamin Constant. L'affaire de son père éclata en Hollande ; nous avons déjà indiqué que M. de Constant père, accusé par des officiers de son régiment, crut devoir, dans le premier instant, se dérober par la fuite à l'animadversion et aux manœuvres de ses ennemis. Cette catastrophe soudaine, dans laquelle Benjamin se montra un fils dévoué et ne songea plus qu'à défendre l'honneur de son nom, vint troubler et empoisonner les préliminaires et les premiers mois de son mariage, qui eut lieu au commencement de 1789. Il fit le voyage de La Haye ; il s'y retrouvait en présence de la famille de Mme de Charrière. Celle-ci lui donna apparemment quelque conseil trop particulier, elle crut pouvoir toucher, en amie confiante et sûre, le point douloureux ; au lieu de modérer, elle irrita. Elle reçut de La Haye la lettre la plus étrange, la plus dure, la plus offensante : « Votre manière mystérieuse d'écrire m'ennuie et me fatigue ; je n'aime pas les sibylles. Il faut parler clair ou se taire ; d'autant plus que j'ai à peine le temps de vous répondre et encore moins celui de vous deviner. Je n'ai rien à atténuer... La conduite de mon père, dans toutes ses parties, a été légale, excepté lorsque la force ouverte l'a écarté d'ici. Dans plusieurs points, elle a été infiniment méritoire. Si vous me disiez ce qu'on vous a raconté, je pourrais vous éclairer ; mais, avec votre affectation de brièveté que vous croyez si majestueuse, je ne puis rien vous dire. Sur ce, je prie Dieu qu'il vous ait en sa sainte garde, etc. Ce 14 septembre 1789. » La réponse ou le projet de réponse qu'elle lui adressait est sous nos yeux, sur le papier même et au revers de la lettre d'injure : « Faites-moi la grâce de me dire si vous êtes bien ingrat et bien mauvais, ou si vous n'êtes qu'un peu fou. Il se pourrait même que ce ne fût qu'une folie passagère, et en ce cas-là je la compterais pour peu de chose... » Suivent plus de détails qu'on n'en pourrait désirer. Elle garda cette réponse et ne l'envoya pas. Au jour de l'an 1790, Benjamin Constant lui récrivit, elle fut *transportée de plaisir;* la correspondance se rengagea dans les mois suivants (1) ; il était marié, il était occupé à suivre ce procès pour son père, ses affaires se dérangeaient ; il répondait, après avoir reçu d'elle quelque lettre de clémence et de tristesse : « Votre dernière lettre m'a fait grand plaisir, un plaisir mêlé d'amertume comme de raison, un plaisir qui fait dire à chaque mot : *C'est bien dommage !* Effectivement c'est

---

(1) Nous avons donné, à la suite de *Caliste* (édition de 1847), quelques lettres de Mme de Charrière à Benjamin Constant, dont la première se rapporte à ce moment de reprise.

bien dommage que le sort nous ait si entièrement et pour jamais séparés. Il y a entre nous un point de rapprochement qui aurait surmonté toutes les différences de goûts, de caprices, d'engouements qui auraient pu s'opposer à notre bonne intelligence ; nous nous serions souvent séparés avec humeur, mais nous nous serions toujours réunis. C'est bien dommage que vous soyez malheureuse à Colombier, moi ici ; vous malade, moi ruiné ; vous mécontente de l'indifférence, moi indigné contre la faiblesse, et si éloignés l'un de l'autre que nous ne pouvons mettre ni nos plaintes, ni nos mécontentements, ni nos dédommagements ensemble. Enfin vous serez toujours le plus cher et le plus étrange de mes souvenirs. Je suis heureux par ma femme, je ne puis désirer même de me rapprocher de vous en m'éloignant d'elle, mais je ne cesserai jamais de dire : C'est bien dommage ! Votre idée me rend toujours une partie de la vivacité que m'ont ôtée les malheurs, la faiblesse physique, et mon long commerce avec des gens dont je me défie. On ne peut pas me parler de vous sans que je me livre à une chaleur qui étonne ceux qui souvent ne m'en parlent que par désœuvrement ou faute de savoir que me dire. A des soupers où je ne dis pas un mot, si quelqu'un me parle de vous, je deviens tout autre. On dit que le Prétendant, abruti par le malheur et le vin, ne se réveillait de sa léthargie que pour parler des infortunes de sa famille... (11 mai 1790). »

Quoi qu'il en soit de cette reprise, qui dure sans interruption pendant les trois années suivantes, il y a eu, depuis la lettre de La Haye, un déchirement, un *accroc* notable dans leur liaison. Si peu idéale, si peu riche d'illusion qu'on la fasse à aucun moment, elle achève dès lors de perdre sa lueur, elle se décolore de plus en plus ; entre eux, à partir de ce jour (septembre 1789), comme entre Adolphe et Ellénore, des mots *irréparables* avaient été prononcés. Pour l'observateur, pour le moraliste qui étudie curieusement le fond des caractères, celui de Benjamin Constant ne se dessine sans doute que mieux ; ce *mélange d'égoïsme et de sensibilité*, qui se combine dans la nature d'Adolphe pour son malheur et celui des autres, n'est plus désormais masqué par rien ; il se remet à écrire à Mᵐᵉ de Charrière comme à l'esprit le plus supérieur qu'il connaisse ; il lui dit tout et plus que tout, il s'analyse et se dénonce impitoyablement lui-même, il ne craint plus d'offenser en elle cette première délicatesse ni même cette pudeur de l'amitié qu'il a violée une fois ; les confidences les plus étranges, les plus particulières, se multiplient et s'entre-croisent ; il sait être encore aimable, encore touchant par accès, spirituel toujours (1), mais aussi il ose avoir toute sa sécheresse, tout son ennui désolant ; il y a du cynisme parfois. Et ici ce n'est pas à lui que nous en ferons le reproche, c'est à elle pour l'avoir permis, pour avoir été philosophe et de son siècle au point d'oublier combien elle favorisait l'aridité de ce jeune cœur en se faisant la confidente de son libertinage d'esprit.

On n'attend pas des preuves, on a déjà des échantillons. Nous avons hâte d'arriver à la politique, qui va devenir sa distraction, son recours, et à laquelle il essaiera de se prendre pour s'étourdir. Comme explication nécessaire toutefois, comme image complète de sa situation malheureuse en ces années de Brunswick, il faut savoir que ce premier mariage qu'il venait de contracter si à la légère tourna le plus fâcheusement du monde ; que, dès juillet 1791, il en était à reconnaître son erreur ; qu'il résumait son sort en deux mots : *l'indifférence, fille du mariage, la dépendance, fille de la pauvreté;* que l'indifférence bientôt fit place à la haine ; qu'après une année de supplice, il prit le parti de tout secouer : « On se fait un mérite de soutenir une situation qui ne convient

---

(1) La jolie lettre que nous avons donnée précédemment, à l'appui de ses opinions *anti-religieuses* d'alors, et où il parle d'un chevalier de Revel qu'il a vu à La Haye, se rapporte aux premiers temps de cette reprise (4 juin 1790).

pas ; on dirait que les hommes sont des danseurs de corde. »
Le divorce était dans les lois, il y recourut ; ce n'avait été qu'à
la dernière extrémité : « Si elle eût daigné alléger le joug,
écrivait-il, je l'aurais traîné encore ; mais jamais que du mépris !... Ah ! ce n'est pas l'esprit qui est une arme, c'est le
caractère. J'avais bien plus d'esprit qu'elle, et elle me foulait aux pieds. » Le procès qui devait amener le divorce
traîna en longueur. Le 25 mars 1793, dans son impatience
d'en finir, il s'écriait : « Hymen ! Hymen ! Hymen ! quel
monstre ! » Le 31 mars, six jours après, en apprenant la décision, il écrivait : « Ils sont rompus, tous mes liens, ceux
qui faisaient mon malheur comme ceux qui faisaient ma
consolation, tous, tous ! Quelle étrange faiblesse ! Depuis plus
d'un an je désirais ce moment, je soupirais après l'indépendance complète ; elle est venue et je frissonne ! je suis comme
atterré de la solitude qui m'entoure ; je suis effrayé de ne
tenir à rien, moi qui ai tant gémi de tenir à quelque
chose... » Ainsi allait ce triste cœur mobile, ainsi va le pauvre cœur humain.

Il était temps, on le voit, que la politique vînt jeter quelque variété et quelque ressource, susciter un but, même
factice, à travers ces misères obscures où il se consumait.
Il l'aborde du premier jour avec inconséquence ; même
avant 89, il est démocrate, il rêve à dix-neuf ans la république américaine et je ne sais quel âge d'or de pureté et
d'égalité au delà des mers, tandis qu'en attendant il se ruine
de toute façon à Paris, qu'il pratique de son mieux le vers de
Voltaire :

Dans mon printemps j'ai hanté les vauriens,

et mène la vie d'un jeune patricien assez dissolu. Ces inconséquences sont ordinaires de tout temps ; elles l'étaient surtout à la veille de 89. Sa condition à Brunswick ne fait que
le rejeter plus avant dans le mépris des grands et des cours,
mais elle n'est guère propre à lui rendre cette estime sérieuse

et ce respect de l'humanité qui est pourtant le fond de toute politique généreuse et libérale. Son esprit nous étale tour à tour sur ce point toutes ses vicissitudes : « Je crois que je me livrerai à la botanique, écrit-il le 17 septembre 1790, ou à quelque science de faits. La morale et la politique sont trop vagues, et les hommes trop plats et inconséquents. Tout en prenant cette résolution, je suis à faire un ouvrage politique qui doit être achevé en un mois pour de l'argent. Je me suis mis en tête qu'avec les restes de mon esprit je pourrais payer mes dettes, et j'ai fait avec un libraire l'accord de lui faire un petit ouvrage d'environ cent pages (anonyme, comme vous le sentez bien) sur la révolution du Brabant..... » Ces projets, ces ébauches d'ouvrages démocratiques se succèdent rapidement sous sa plume et occupent ses loisirs de chambellan. Nous le retrouvons occupé plus sincèrement à réfuter Burke dans la lettre suivante, qui est bien assez jolie pour être citée en entier; elle est de sa meilleure et de sa plus voltairienne manière. Il a repris, en l'écrivant, ses *high spirits*, comme il dit.

« Ce 10 décembre 1790.

« Je relis actuellement les lettres de Voltaire. Savez-vous que ce Voltaire que vous haïssez était un bon homme au fond, prêtant, donnant, obligeant, faisant du bien sans cet amour-propre que vous lui reprochez tant ? Mais ce n'est pas de quoi il s'agit. Il s'agit qu'en relisant sa correspondance, j'ai pensé que j'étais une grande bête et une très-grande bête de me priver d'un grand plaisir parce que j'ai de grands chagrins, et de ne plus vous écrire parce que des coquins me tourmentent. C'est-à-dire que, parce qu'on me fait beaucoup de mal, je veux m'en faire encore plus, et que parce que j'ai beaucoup d'afflictions, je veux renoncer à ce qui m'en consolerait. C'est être trop dupe. Je mène ici une plate vie, et, ce qui est pis que plat, je suis toujours un pied en l'air, ne sachant s'il ne me faudra pas retourner à La Haye, pour y répéter à des gens qui ne s'en soucient guère qu'ils sont des faussaires et des scélérats. Cette perspective m'empêche de jouir de ma solitude et de mon repos, les deux seuls biens qui me restent. Elle m'a aussi souvent empêché d'achever des lettres que j'avais commencées pour vous. Ma table est couverte de ces fragments qui ont toujours la longueur d'une page, parce qu'alors je suis obligé de m'arrêter, et quelque chienne d'idée vient à la traverse ; je jette ma lettre, et je ne la reprends plus. Dieu sait si celle-ci sera plus heureuse. Je le désire de tout mon cœur. Je m'occupe à présent à lire et à réfuter le livre de Burke contre les *levellers* français. Il y a autant d'absurdités que de lignes dans ce fameux livre ; aussi a-t-il un plein succès dans toutes les sociétés anglaises et allemandes. Il défend la noblesse, et l'exclusion des sectaires, et l'établissement d'une religion dominante, et autres choses de cette nature. J'ai déjà beaucoup écrit sur cette apologie des abus, et si le maudit procès de mon père ne vient pas m'arracher à mon loisir, je pourrais bien pour la première fois de ma vie avoir fini un ouvrage. Mes *Brabançons* (1) se sont en allés en fumée, comme leurs modèles, et les 50 louis avec eux. Le moment de l'intérêt et de la curiosité a passé trop vite. Vous ne me paraissez pas démocrate. Je crois comme vous qu'on ne voit au fond que la fourbe et la fureur ; mais j'aime mieux la fourbe et la fureur qui renversent les châteaux forts, détruisent les titres et autres sottises de cette espèce, mettent sur un pied égal toutes les rêveries religieuses, que celles qui voudraient conserver et consacrer ces misérables avortons de la stupidité barbare des Juifs, entée sur la férocité ignorante des Vandales. Le genre humain est né sot et mené par des fripons, c'est la règle ; mais, entre fripons et fripons, je donne ma voix aux Mirabeau et aux Barnave plutôt qu'aux Sartine et aux Bre-

---

(1) Il s'agit de ce petit ouvrage sur la révolution du Brabant dont il parlait tout à l'heure.

teuil... Je serais bien aise de revoir Paris, et je me repens fort, quand j'y pense, d'avoir fait un si sot usage, quand j'y étais, de mon temps, de mon argent et de ma santé. J'étais, n'en déplaise à vos bontés, un sot personnage alors avec mes... et mes... etc., etc. (*Il indique deux ou trois noms de femmes.*) Je suis peut-être aussi sot à présent, mais au moins je ne me pique plus de veiller, de jouer, de me ruiner, et d'être malade le jour des excès sans plaisir de la nuit. Si une fois le hasard pouvait nous réunir à l'hôtel de la Chine, dût Schabaham (1), qui est au fond une bonne femme, et Mme Suard, qui est plus ridicule et n'est pas si bonne, nous ennuyer quelquefois !... Ma lettre est une assez plate et décousue lettre, mais mon esprit n'est pas moins plat ni moins décousu. La vie que je mène m'abrutit. Je deviens d'une paresse inconcevable, et c'est à force de paresse que je passe d'une idée à l'autre. Je voudrais pouvoir me donner l'activité de Voltaire. Si j'avais à choisir entre elle et son génie, je choisirais la première. Peut-être y parviendrai-je quand je n'aurai plus ni procès ni inquiétudes. Au reste, je m'accroche aux circonstances pour justifier mes défauts. Quand on est actif, on l'est dans tous les états, et quand on est aussi paresseux et décousu que je suis, on l'est aussi dans tous les états. Adieu. Répondez-moi une bonne longue lettre. Envoyez-moi du nectar, je vous envoie de la poussière, mais c'est tout ce que j'ai. Je suis tout poussière. Comme il faut finir par là, autant vaut-il commencer aussi par là. »

Il revient à tout moment sur cette idée du néant des efforts et de la volonté ; il répète de cent façons qu'il n'existe plus. Il y a des jours (comme dans la lettre précédente) où il le dit avec tant d'esprit et d'antithèses, que Mme de Charrière a raison de lui répondre qu'elle n'en croit rien. Il le dit d'autres

---

(1) Mme Saurin, à laquelle ils avaient donné ce sobriquet.

fois d'un ton de langueur si expressif et si abandonné (1), avec une obstination d'analyse si désespérante (2), qu'elle s'effraie pour lui et lui prodigue d'affectueux, de salutaires conseils : « N'étudiez pas, mais lisez nonchalamment des romans et de l'histoire. Lisez de Thou, lisez Tacite ; ne vous embarrassez d'aucun système ; *ne vous alambiquez l'esprit sur rien*, et peu à peu vous vous retrouverez capable de tout ce que vous voudrez exiger de vous. »

Certes, il avait bien de la peine à prendre avec sérieux et d'une manière un peu suivie à la politique, à l'histoire, et à réfuter Burke sans faiblir, celui qui écrivait dans le même moment :

« Brunswick, ce 24 décembre 1790.

« ... Plus on y pense, et plus on est *at a loss* de chercher le *cui bono* de cette sottise qu'on appelle le monde. Je ne comprends ni le but, ni l'architecte, ni le peintre, ni les figures de cette lanterne magique dont j'ai l'honneur de faire

---

(1) « ... Si je pouvais m'astreindre à suivre un régime, ma santé se remettrait, mais l'impossibilité de m'y astreindre fait partie de ma mauvaise santé ; de même que si je pouvais m'occuper de suite à un ouvrage intéressant, mon esprit reprendrait sa force ; mais cette impossibilité de me livrer à une occupation constante fait partie de la langueur de mon esprit. J'ai écrit il y a longtemps au malheureux Knecht (un ami) : *Je passerai comme une ombre sur la terre entre le malheur et l'ennui !* (17 septembre 1790.) »

(2) « (2 juin 1791.) ... Ce n'est pas comme me trouvant dans des circonstances affligeantes que je me plains de la vie : je suis parvenu à ce point de désabusement, que je ne saurais que désirer, si tout dépendait de moi, et que je suis convaincu que je ne serais dans aucune situation plus heureux que je ne le suis. Cette conviction et le sentiment profond et constant de la brièveté de la vie me fait tomber le livre ou la plume des mains, toutes les fois que j'étudie... Nous n'avons pas plus de motifs pour acquérir de la gloire, pour conquérir un empire ou pour faire un bon livre, que nous n'en avons pour faire une promenade ou une partie de whist... »

partie. Le comprendrai-je mieux quand j'aurai disparu de dessus la sphère étroite et obscure dans laquelle il plaît à je ne sais quel invisible pouvoir de me faire danser, bon gré, mal gré? C'est ce que j'ignore; mais j'ai peur qu'il n'en soit de ce secret comme de celui des francs-maçons, qui n'a de mérite qu'aux yeux des profanes. Je viens de lire les *Mémoires de Noailles*, par Millot, ouvrage écrit sagement, un peu longuement, mais pourtant d'une manière intéressante et philosophique. J'y ai vu que vingt-quatre millions d'êtres ont beaucoup travaillé pour mettre à la tête de je ne sais combien de millions de leurs semblables un être comme eux. J'ai vu qu'aucun de ces vingt-quatre millions d'êtres, ni l'être qui a été placé à la tête des autres millions, ni ces autres millions non plus, ne se sont trouvés plus heureux pour avoir réussi dans ce dessein. Louis XIV est mort détesté, humilié, ruiné; Philippe V, mélancolique et à peu près fou; les subalternes n'ont pas mieux fini; et puis voilà à quoi aboutit une suite d'efforts, du sang répandu, des batailles sans nombre, des travaux de tout genre; et l'homme ne se met pas une fois pourtant en tête qu'il ne vaut pas la peine de se tourmenter aujourd'hui quand on doit crever demain. Thompson, l'auteur des *Saisons*, passait souvent des jours entiers dans son lit, et quand on lui demandait pourquoi il ne se levait pas : *I see no motive to rise, man,* répondait-il. Ni moi non plus, je ne vois de motifs pour rien dans ce monde, et je n'ai de goût pour rien. »

Ce qui fait que Benjamin Constant est bien véritablement ce que j'ai appelé un *girondin* de nature, un inconséquent qui obéit non pas à des principes, mais à des instincts, et qui ne cherchera guère jamais dans les luttes publiques que de plus nobles émotions, c'est qu'il persiste, au milieu de ces dégoûts et de ces anéantissements, à être libéral et démocrate quand il est quelque chose. « Que la morale soit vague, que l'homme soit méchant, faible, sot et vil, et de plus destiné à n'être que tel, » il le croit très-habituellement, il ose l'écrire, et pourtant... Voici des pages beaucoup trop démonstratives de ce que nous avançons :

« Vendredi, ce 6 juillet 1791.

« ... La politique, qui est la seule chose qui pique encore un peu ma faible curiosité, me persuade plus tous les jours ces vérités affligeantes. Croiriez-vous que les gens les plus violents dans l'Assemblée nationale, ceux qui affichent le républicanisme le plus outré, sont de fait vendus à l'Autriche ? Merlin, Bazire, Guadet, Chabot, Vergniaud, le philosophe Condorcet (1), sont soudoyés pour avilir l'Assemblée, et les démarches incroyables dans lesquelles ils l'entraînent sont autant de piéges qu'ils lui tendent ; ils se déshonorent pour la déshonorer. Ce Dumouriez que je croyais fol, mais de bonne foi, est du parti des émigrés. C'est pour quelque argent qu'il a fait déclarer la guerre, qu'il sacrifie des millions d'hommes. Ces gueux-là ne sont pas même des scélérats par ambition, ou des enthousiastes de liberté : ils sont démagogues pour trahir le peuple. Cet excès d'infamie, dont j'ai vu les preuves, m'a inspiré un tel dégoût, que je n'entends plus les mots d'humanité, de liberté, de patrie, sans avoir envie de vomir... »

Nous continuons de démontrer le *pour et contre* en ce grand et mobile esprit du futur tribun :

« (1792.) Je crois bien qu'à deux cents lieues d'ici l'argument que je suis à Brunswick fait un effet superbe contre

(1) Il est inutile de remarquer qu'il se trompe au moins pour quelques-uns de ces noms ; il subit l'influence des fausses informations dont on se repaissait à Brunswick ; il va tout à l'heure se rétracter.

mon prétendu jacobinisme. Si l'on savait que je ne vais point à la cour, que je ne sors que pour me promener et pour voir Mᵐᵉ Mauvillon, qu'on ne m'invite jamais, qu'on ne me fait pas même faire mon service, enfin que je suis ici comme si je n'y étais pas, et que les démocrates prudents évitent de me voir de peur de passer pour jacobins, cet argument ferait peut-être moins d'effet... »

« (17 mai 1792.) Si nous parlons de gouvernement, je crois que vous serez contente de moi. En raisonnement, je suis encore très-démocrate, il me semble que le sens commun est bien visiblement contre tout autre système ; mais l'expérience est si terriblement contre celui-ci, que si, dans ce moment, je pouvais faire une révolution contre un certain gouvernement dont vous savez que nous n'avons guère à nous louer (1), je ne la ferais pas... »

On a, sous le Directoire, lancé contre Benjamin Constant, qui venait de se déclarer républicain en France, une imputation absurde et calomnieuse : on l'a accusé d'avoir rédigé la Proclamation du duc de Brunswick ; ce sont là de ces inventions de parti comme celle de l'assassinat d'André Chénier contre Marie-Joseph ; c'est ce qu'on appelle jeter à son adversaire un *chat-en-jambes* (2). Or nous lisons à la date du 5 novembre 1792 : « Voilà nos armées qui s'en reviennent, non pas comme elles sont allées... Voilà Longwy et Verdun, ces

(1) Celui de Berne.
(2) L'expression est de Michaud l'académicien, très-bon journaliste, mais qui aussi, comme tel, savait employer au besoin contre l'adversaire l'arme de la calomnie. Il appliqua un jour ce mot de *chat-en-jambes*, précisément à propos de l'accusation forgée par lui et par les autres écrivains royalistes sous le Directoire contre Marie-Joseph : « Ah ! disait-il en souriant et s'applaudissant, nous lui avions lâché là un fameux chat-en-jambes. » Les Sauvages aussi se servent sans scrupule de flèches empoisonnées.

deux premières et seules conquêtes, rendues aux Français, et 20,000 hommes et 28 millions jetés par la fenêtre sans aucun fruit. Quand je dis sans aucun fruit, je me trompe, car la paix va se faire, au moins entre la Prusse et la France, et c'est un grand bien... J'espère que le parti de Roland, *qui est mon idole,* écrasera les Marat, Robespierre, et autres vipères parisiennes... »

Nous retrouvons là Benjamin Constant revenu à son vrai point; il est girondin avec Roland, ou plutôt encore avec Vergniaud, avec Louvet, avec les moins puritains du parti; il abhorre Robespierre; mais, même lorsqu'il voit celui-ci menaçant, il ne rend pas les armes, il ne dit pas que tout est perdu : « Je vois beaucoup de mal (4 mai 1792), je vois une distance immense et de nombreux et profonds abîmes entre le bien et l'époque actuelle; mais il est sûr que nous marchons. Est-ce vers le bien? je l'ignore; mais je n'en désespérerai que lorsque nous nous serons arrêtés au mal. » Remarquez ce *nous* par lequel il s'associe tout à fait à la France; il me semble dans tout ceci que le politique, le tribun se dégage et commence à poindre. Il nous révèle beaucoup trop pourtant le secret du rôle politique dans le passage suivant. Il s'agit de je ne sais quel travail dont il avait raconté le projet à Mme de Charrière :

« Ce 7 juin (1792).

« ... Je vous ai déjà marqué que l'insertion ne peut avoir lieu, 1° parce que l'ouvrage n'est pas fait; 2° parce qu'il ne sera pas de nature à être inséré. Du reste, nous ne sommes pas du même avis sur les livres, et nous différons de principe. J'aimerais l'insertion pour la raison même pour laquelle vous ne l'aimez pas. Croyez-moi, nos doutes, notre vacillation, toute cette mobilité qui vient, je le crois, de ce que nous avons plus d'esprit que les autres, sont de grands obstacles au bonheur dans les relations et à la considération, qui, si elle n'est pas toujours flatteuse, est toujours utile et très-souvent nécessaire. Qu'est-ce que la considération ? Le suffrage d'un nombre d'individus qui, chacun pris à part, ne nous paraissent pas valoir la peine de rien faire pour leur plaire, j'en conviens; mais ces individus sont ceux avec qui nous avons à vivre. Il faut peut-être les mépriser, mais il faut les maîtriser, si l'on peut, et il faut pour cela se réunir à ce qui se rapproche le plus de nos vues, quitte à penser ce qu'on veut, et à le dire à une personne tout au plus, à vous; car si je ne vous avais pas, je n'aurais pas mis cette restriction. Nous sommes dans un temps d'orage, et quand le vent est si fort, le rôle de roseau n'est point agréable. Le rôle de chêne isolé n'est pas sûr, et je ne suis d'ailleurs pas un chêne. Je ne veux donc point être moi, mais être ce que sont ceux qui pensent le plus comme moi, et qui travaillent dans le même sens. Les partis mitoyens ne valent rien ; dans le moment actuel, ils valent moins que jamais. Voilà ma profession de foi, que j'abrége, parce que je suis sûr que vous ne serez jamais de mon avis, dont je ne suis guère. Réservons cette matière pour une conversation; il est impossible de s'expliquer par lettres. Quant à l'incognito, c'est très-fort mon idée de le garder. Je serai deviné, soit, mais pas convaincu... »

Ceux qui se laissent éblouir par ces grands rôles sonores et ces représentations publiques des Gracchus et des tribuns de tous les bords et de tous les temps ne sauraient trop méditer ces tristes aveux d'un homme qui, lui aussi, a été une idole et un drapeau. Je ne veux certes pas dire que tous les personnages qui obtiennent les ovations populaires soient tels, mais beaucoup le sont, et il y a une grande part de ce calcul, de cette fiction dans chacun, même dans les meilleurs (1).

(1) Dans cette même lettre, si pleine d'aveux, Benjamin Constant en fait un autre encore que nous ne pouvons manquer d'enregistrer

A de certains moments, lui-même il se relève le mieux qu'il peut, il est tenté de s'améliorer, de croire à l'inspiration morale ; il s'écrie (17 mai 1792) : « ... Une longue et triste expérience m'a convaincu que le bien seul faisait du bien, et que les déviations ne faisaient que du mal, et je combats de toutes mes forces cette indifférence pour le vice et la vertu qui a été le résultat de mon étrange éducation et de ma plus étrange vie, et la cause de mes maux. Comme elle est opposée à mon caractère, je la vaincrai facilement. Je suis las d'être égoïste, de persifler mes propres sentiments, de me persuader à moi-même que je n'ai plus ni l'amour du bien ni la haine du mal. Puisque avec toute cette affectation d'expérience, de profondeur, de machiavélisme, d'apathie, je n'en suis pas plus heureux, au diable la gloire de la satiété ! Je rouvre mon âme à toutes les impressions, je veux redevenir confiant, crédule, enthousiaste, et faire succéder à ma vieillesse prématurée, qui n'a fait que tout décolorer à mes yeux, une nouvelle jeunesse qui embellisse tout et me rende le bonheur. »

Ces reprises heureuses, ces secousses de printemps passent vite ; ils retombent, et la fin de cette année 1792 ne

---

au passage, bien qu'il n'ait pas trait à la politique. Souvent il s'était moqué avec Mme de Charrière de la littérature allemande ; Mme de Charrière, dans sa hardiesse d'idées, avait plutôt l'esprit français, le tour du xviiie siècle ; Benjamin Constant visait déjà au xixe, et il avait des instincts plus larges, plus flottants, plus aisément excités à toute nouveauté. « Un sujet de plaisanterie que nous aurons perdu, c'est la littérature allemande. Je l'ai beaucoup parcourue depuis mon arrivée. Je vous abandonne leurs poëtes tragiques, comiques, lyriques, *parce que je n'aime la poésie dans aucune langue ;* mais, pour la philosophie et l'histoire, je les trouve infiniment supérieurs aux Français et aux Anglais. Ils sont plus instruits, plus impartiaux, plus exacts, un peu trop diffus, mais presque toujours justes, vrais, courageux et modérés. Vous sentez que je ne parle que des écrivains de la première classe. » Mais ce qui est plus vrai que tout, c'est qu'*il n'aime la poésie en aucune langue.*

nous le livre pas dans une disposition plus vivante, plus ranimée : il continue de s'analyser en tous sens et de se dénoncer lui-même. Il se voit à la veille de l'arrêt de divorce, il est résolu à quitter Brunswick, il flotte entre vingt projets :

« Brunswick, ce 17 décembre 1792.

« ... Je l'ai senti à dix-huit ans, à vingt, à vingt-deux, à vingt-quatre ans, je le sens à près de vingt-six ; je dois, pour le bonheur des autres et pour le mien, vivre seul ; je puis faire de bonnes et fortes actions, je ne puis pas avoir de bons petits procédés. Les lettres et la solitude, voilà mon élément. Reste à savoir si j'irai chercher ces biens dans la tourmente française ou dans quelque retraite bien ignorée. Mes arrangements pécuniaires seront bientôt faits... Quant à ma vie ici, elle est insupportable et le devient tous les jours plus. Je perds dix heures de la journée à la cour, où l'on me déteste, tant parce qu'on me sait démocrate que parce que j'ai relevé les ridicules de tout le monde, ce qui les a convaincus que j'étais *un homme sans principes* (1). Sans doute tout cela est ma faute. Blasé sur tout, ennuyé de tout, amer, égoïste, avec une sorte de sensibilité qui ne sert qu'à me tourmenter, mobile au point d'en passer pour fol, sujet à des accès de mélancolie qui interrompent tous mes plans, et me font agir, pendant qu'ils durent, comme si j'avais renoncé à tout ; persécuté en outre par les circonstances extérieures, par mon père à la fois tendre et inquiet,... par une femme amoureuse d'un jeune étourdi, platoniquement, dit-elle, et prétendant avoir de l'amitié pour

(1) Ce sont exactement les mêmes expressions qu'au début d'*Adolphe* : « ... Je me donnai bientôt par cette conduite une grande réputation de légèreté, de persiflage, de méchanceté... On disait que j'étais un homme immoral, un homme peu sûr : deux épithètes heureusement inventées pour insinuer les faits qu'on ignore, et laisser deviner ce qu'on ne sait pas. »

moi ; persécuté par toutes les entraves que les malheurs et les arrangements de mon père ont mises dans mes affaires, comment voulez-vous que je réussisse, que je plaise, que je vive?... »

Il deviendrait fastidieux d'assister plus longuement à ces vicissitudes sans terme, mais on n'aurait pas sondé tout l'homme si nous en avions moins dit. Nous serons rapide sur ce qui nous reste à parcourir, bien que les ressources de cette correspondance ne soient pas moindres en avançant et qu'elles renaissent volontiers à chaque page. Nous trouvons Benjamin Constant à Lausanne, en juin 93 ; il y revint avec une véritable joie ; il s'étonnait de se sentir attiré vers ce beau lac et vers ces montagnes. « Il serait singulier, disait-il, et pourtant je le crois presque, que moi qui ai toujours mis une sorte de vanité à détester mon pays, je fusse atteint du *heimweh* (1). » Il revoit tout d'abord Mme de Charrière ; mais l'idéal des jours anciens ne se recommence jamais ; ce rapprochement ne se passe point sans des brouilleries nouvelles, des explications, des refroidissements à perte de vue ; on assiste aux derniers sanglots d'une amitié vive qui s'éteint, ou, pour parler plus poliment, qui s'apaise pour se régler finalement dans une affectueuse indifférence. Il revoit sa famille, ses tantes et ses cousines, qui le traitent comme un très-jeune homme sans conséquence ; il les laisse dire et les raille ; il raille les Lausannois comme il a fait les Brunswickois ; il ne ménage pas à la rencontre les émigrés français qu'il trouve installés partout comme chez eux : aucun de leurs ridicules ne lui échappe, et il n'a pas de peine à se garantir de leurs opinions. Sa ligne girondine s'établit et se dessine de plus en plus : il s'obstine à croire une république possible sans la Terreur, et il ne veut des recettes de restauration à aucun prix. Les Mallet du Pan, les Ferrand, ne sont en rien ses

---

(1) Le mal du pays.

hommes, et plus d'une de ses lettres s'exprime sur leur compte assez plaisamment (1). Pressé pourtant, persécuté de nouveau par sa famille, il repart en novembre pour cet éternel Brunswick. Arrêté à la frontière allemande par les opérations militaires, *il est heureux d'un prétexte et s'en revient.* Il ne se remet en route pour l'Allemagne qu'en avril 1794, et arrive encore une fois à sa destination ; mais cette condition de domesticité princière lui est devenue trop insupportable, il jette sa clef de chambellan, et le voilà décidément libre et de retour à Lausanne dans l'été de cette même année. C'est durant ce dernier séjour seulement, le 19 septembre, qu'il rencontre pour la première fois Mme de Staël, ou du moins qu'il fait connaissance avec elle. Il avait conçu quelques préventions contre sa personne, contre son genre d'esprit, et obéissait en cela aux suggestions de Mme de Charrière, qui était alors en froid avec *l'ambassadrice,* comme elle l'appelait (2). Une lettre de Benjamin Constant à Mme de Charrière, publiée par la *Revue Suisse* (3), a donné le récit

---

(1) « Je ne comprends pas bien, écrit-il, ce que vous voulez dire par *votre incertitude entre Ferrand et Mallet.* Je suis très-décidé, moi, et le choix ne m'embarrasse pas, car je ne veux ni de l'un ni de l'autre. Grâce au ciel, le plan de Ferrand est inexécutable. Si par le malade vous entendez la royauté, le clergé, la noblesse, les riches, je crois bien que l'émétique de Ferrand peut seul les tirer d'affaire ; mais je ne suis pas fâché qu'il n'y ait pas d'émétique à avoir. Je ne sais pas quel est le plan de Mallet. Peut-être est-ce ma faute. Je sais qu'en détail il conseille une annonce de modération, *fût-ce*, dit-il, *par prudence!* mots qui ont un grand sens, mais qui certes ne sont pas prudents. Enfin je désire que Mallet et Ferrand, Ferrand et Mallet, soient oubliés, la Convention bientôt détruite, et la république paisible. Si alors de nouveaux Marat, Robespierre, etc., etc., viennent la troubler et qu'ils ne soient pas aussitôt écrasés qu'aperçus, j'abandonne l'humanité et j'abjure le nom d'homme. »

(2) On trouve dans l'édition de *Caliste* (Paris, 1845), à la fin du volume, quelques lettres tout aimables de Mme de Staël à Mme de Charrière, qui prouvent bien que la froideur entre elles deux vint d'un seul côté.

(3) N° du 15 mars 1844.

de cette première rencontre, de ces premiers entretiens ; il ne s'y montre pas encore revenu de ses impressions antérieures : « 30 septembre 1794... Mon voyage de Coppet a assez bien réussi. Je n'y ai pas trouvé Mme de Staël, mais l'ai rattrapée en route, me suis mis dans sa voiture, et ai fait le chemin de Nyon ici (à Lausanne) avec elle, ai soupé, déjeuné, dîné, soupé, puis encore déjeuné avec elle, de sorte que je l'ai bien vue et surtout entendue. Il me semble que vous la jugez un peu sévèrement. Je la crois très-active, très-imprudente, très-parlante, mais bonne, confiante, et se livrant de bonne foi. Une preuve qu'elle n'est pas uniquement une machine parlante, c'est le vif intérêt qu'elle prend à ceux qu'elle a connus et qui souffrent. Elle vient de réussir, après trois tentatives coûteuses et inutiles, à sauver des prisons et à faire sortir de France une femme, son ennemie, pendant qu'elle était à Paris, et qui avait pris à tâche de faire éclater sa haine pour elle de toutes les manières. C'est là plus que du parlage. Je crois que son activité est un besoin autant et plus qu'un mérite ; mais elle l'emploie à faire du bien... » Ce qu'il y a d'injuste, de restrictif dans ce premier récit se corrige généreusement, trois semaines après, dans la lettre suivante, qui nous rend son impression tout entière, et qui mérite d'être connue, parce qu'elle a en elle un accent d'élévation et de franchise auquel tout ce qui précède nous a peu accoutumés, parce qu'aussi elle représente avec magnificence et précision, en face d'une personne incrédule, ce que presque tous ceux qui ont approché Mme de Staël ont éprouvé. Qu'on ne demande pas au témoin qui parle d'elle d'être tout à fait impartial, car on n'était plus impartial dès qu'on l'avait beaucoup vue et entendue.

« Lausanne, ce 21 octobre 1794.

« ... Il m'est impossible d'être aussi complaisant pour vous sur le chapitre de Mme de Staël que sur celui de M. Delaroche. Je ne puis trouver malaisé de lui *jeter*, comme vous dites, quelques éloges. Au contraire, depuis que je la connais mieux, je trouve une grande difficulté à ne pas me répandre sans cesse en éloges, et à ne pas donner à tous ceux à qui je parle le spectacle de mon intérêt et de mon admiration. J'ai rarement vu une réunion pareille de qualités étonnantes et attrayantes, autant de brillant et de justesse, une bienveillance aussi expansive et aussi cultivée, autant de générosité, une politesse aussi douce et aussi soutenue dans le monde, tant de charme, de simplicité, d'abandon dans la société intime. C'est la seconde femme que j'ai trouvée qui m'aurait pu tenir lieu de tout l'univers, qui aurait pu être un monde à elle seule pour moi : vous savez quelle a été la première. Mme de Staël a infiniment plus d'esprit dans la conversation intime que dans le monde ; elle sait parfaitement écouter, ce que ni vous ni moi ne pensions ; elle sent l'esprit des autres avec autant de plaisir que le sien ; elle fait valoir ceux qu'elle aime avec une attention ingénieuse et constante, qui prouve autant de bonté que d'esprit. Enfin c'est un être à part, un être supérieur tel qu'il s'en rencontre peut-être un par siècle, et tel que ceux qui l'approchent, le connaissent et sont ses amis, doivent ne pas exiger d'autre bonheur. »

Ce qui frappe d'abord ici, c'est combien le ton diffère de celui de tant de pages précédentes : on entre dans une sphère nouvelle ; il y a dignité, élévation. Le dirai-je ? ces qualités sont précisément ce qui manquait à la relation de Benjamin Constant et de Mme de Charrière. L'excès d'analyse, la facilité de médisance et d'ironie, une habitude d'incrédulité et d'épicuréisme, venaient corrompre à tout instant ce que cette influence pouvait avoir d'affectueux et de bon ; Mme de Charrière était le xvIII^e siècle en personne pour Benjamin Constant ; il rompit à un certain moment avec elle et avec lui. Homme singulier, esprit aussi distingué que malheureux, assemblage de tous les contraires, patriote longtemps sans patrie, initiateur et novateur jeté entre deux siècles, tenant à l'un, à l'ancien, par les racines, hélas ! et par les mœurs, visant au nouveau par la tête et par les tentatives, il fut heureux qu'à une heure décisive, un génie cordial et puissant, le génie de l'avenir en quelque sorte, lui apparût, lui apprît le sentiment, si absent jusqu'alors, de l'admiration, et le tirât des lentes et misérables agonies où il se traînait. Il eût été guéri à coup sûr par ce bienfaisant génie, s'il eût pu l'être ; il fut convié du moins et associé aux nobles efforts ; il put se créer et poursuivre le fantôme, parfois attachant, d'une haute et publique destinée.

Les opinions politiques de Benjamin Constant durant cette fin d'année 1794 se poussent, s'acheminent de plus en plus dans le sens indiqué, et concordent parfaitement avec celles qu'il produira deux ans plus tard, en 96, dans ses premières brochures :

« La politique française, écrit-il agréablement à Mme de Charrière (14 octobre 1794), s'adoucit d'une manière étonnante. Je suis devenu tout à fait talliéniste, et c'est avec plaisir que je vois le parti modéré prendre un ascendant décidé sur les jacobins. Dubois-Crancé, en promettant la paix dans un mois, si l'unanimité pouvait se rétablir dans l'assemblée, et Bourdon de l'Oise, en appelant la noblesse une classe malheureuse et opprimée qui a eu des torts, mais qui doit s'attacher à la république, oublier ses ressentiments, reprendre de l'énergie, m'ont fait une impression beaucoup plus douce que je ne l'aurais attendu d'un démocrate défiant et féroce tel que je me piquais de l'être. Je sens que je me modérantise, et il faudra que vous me proposiez anodinement une petite contre-révolution pour me remettre à la hauteur des principes... Si la paix se fait, comme je le parie, et que la république tienne, comme je le désire, je ne sais si mon voyage en Allemagne ne sera pas dérangé de cette affaire-là, et si je n'irai pas voir, au lieu des stupides Brunswickois et des pesants Hambourgeois, les nouveaux républicains,

> Ce peuple de héros et ce sénat de sages! »

Il fit en effet le voyage de Paris dans le courant de 1795 ; il y revint et s'y établit en 1796. Nous rejoignons ici le début du piquant article de M. Loève-Veimars. Benjamin Constant n'a pas vingt-neuf ans ; il passe au premier abord pour un jeune Suisse républicain et très-candide, il vient de perdre à peine son air enfantin. Quelques lettres d'un émigré rentré et ami de Mme de Charrière nous le peignent alors sous son vrai jour extérieur ; nous savons mieux que personne le dedans :

« Paris, 11 messidor (30 juin 1795.)

« J'ai vu notre compatriote Constant (1) ; il m'a comblé d'amitiés... Vous avez vu de son ouvrage dans les Nouvelles politiques du 6, 7, 8 messidor... Benjamin est de tous les muscadins du pays le plus élégant sans doute (2). Je crois que cela est sans danger pour sa fortune. On fait bien des choses avec un louis de Lausanne quand il vaut 800 francs, et que les denrées ne sont point en raison de la valeur de l'or... Il me paraît conserver ici la même existence d'esprit que M. Huber lui avait vue à Lausanne. Il ne dit rien. On ne le prend pourtant pas pour un sot... *Tout cela* voit beaucoup un jeune Riouffe, qui est auteur des *Mémoires d'un Détenu*, qui ont eu de la célébrité. Ce Riouffe est extrêmement

---

(1) L'émigré qui écrit ces lettres à Mme de Charrière s'était fait naturaliser en Suisse ; c'est pour cela qu'il dit *notre* compatriote.

(2) Tant qu'avait duré la tendre relation de Benjamin Constant avec Mme de Charrière, la toilette n'avait guère été un article de rigueur ; elle lui passait volontiers le négligé. Lorsque plus tard elle le vit devenir muscadin, elle lui dit un jour tristement : « Benjamin, vous faites votre toilette, vous ne m'aimez plus ! »

aimable... Benjamin est logé dans la rue du *Colombier*; j'ai cru voir dans ce choix un souvenir sentimental. »

« 23 messidor.

« ..... L'aimable jeune homme! car il est vraiment aimable, vu avec beaucoup de monde. Le salon de l'ambassade lui vaut mieux que le petit cabinet de Colombier. Quand on est entouré de beaucoup, on veut plaire à beaucoup et on plaît beaucoup plus. Vous ne serez pas fâché contre moi, n'est-ce pas? Si vous n'étiez pas si sauvage, que vous voulussiez rassembler dans votre cabinet vingt-cinq personnes, que l'un fût girondin, l'autre thermidorien, l'autre platement aristocrate, l'autre constitutionnel, un autre jacobin, dix autres rien, alors j'aimerais à voir Constant écouté de tous à Colombier et goûté par tous. Le salon d'ici lui va mieux. S'il n'y passait que deux heures par jour, il serait pour lui la meilleure étude. Mais, hélas! il y passe dix-huit-heures, il ne vit plus que dans ce salon, et le salon le fatigue, il n'en peut plus. Sa santé se délabre, son physique si grêle souffre déjà; cette taille, qui était tout à coup devenue élégante, reprend aujourd'hui cette courbure que Mlle Moulat (1) a si bien saisie. Il dit qu'il pense à la retraite : il soupire après la douce solitude de l'Allemagne... Je sors de chez lui. J'ai mangé des cerises avec lui,..... il s'est endormi au milieu de notre déjeuner. Nous avons reparlé de la soirée d'hier et de ce Riouffe dont je vous ai déjà parlé. Il est impossible d'avoir plus d'esprit que ce jeune homme et une expression plus heureuse. Ce jeune homme a été persécuté comme girondin, et il est l'admirateur zélé des grands talents qu'a produits ce parti. Il disputait avec un constituant sur le mérite de la gironde. Le constituant, comme de raison, l'attaquait, mais sans raison lui refusait de grands talents. Tout cela voulait dire : J'ai

(1) Elle faisait fort bien les silhouettes.

plus de talent que vous, monsieur le girondin. — Rioufle, au milieu d'une discussion très-orageuse, a ainsi analysé les révolutions de France depuis cinq ans : — « Il y a eu en France
« trois révolutions : une contre les priviléges, vous l'avez
« faite; une contre le trône, nous l'avons faite; une contre
« l'ordre social, elle fut l'ouvrage des jacobins, et nous les
« avons terrassés. Vous ébranlâtes le trône et n'eûtes pas le
« courage de le renverser. Nous soutenions l'ordre social, et
« nous le rétablissons. »

L'excellent Rioufle se donne à lui et à ses amis un rôle qui pourra bien paraître un peu flatté : on assiste là, du moins, aux conversations du jour et au premier début de Benjamin Constant dans le monde politique. De retour en Suisse dans les derniers mois de cette année (1795), il n'avait de pensée que pour les affaires publiques et pour Paris. Il fit ses premières armes de publiciste en 1796, et lança la brochure intitulée *De la Force du Gouvernement actuel et de la Nécessité de s'y rallier*. On y trouverait bien de l'ingénieux et aussi du sophisme; nous sommes trop dans le secret pour ne pas en trouver avec lui. J'aime mieux y noter une sorte de sincérité relative, un accord incontestable entre les opinions qu'il y professe et celles qu'il nourrissait depuis quelques années. Il parle comme un républicain, comme un constitutionnel franchement rattaché au régime du Directoire; mais nous n'avons plus à le suivre désormais. Pour clore le chapitre de sa relation avec Mme de Charrière, il suffira d'ajouter que celle-ci lui pardonna toujours, lui écrivit jusqu'à la fin (elle mourut en décembre 1805); il lui répondait quelquefois. Elle recevait ses lettres avec un plaisir si visible, que cela faisait dire à une personne d'esprit présente : « *Certains fils sont fins et deviennent imperceptibles, cependant ils ne rompent pas.* » Il se mêlait bien à ce commerce prolongé un peu de littérature, au moins de sa part à elle, quelques commissions pour ses ouvrages; elle le chargeait de lui trouver à Paris un libraire. Il y réussissait de temps en temps, il lui arrivait d'autres fois de garder ou de perdre les manuscrits.

La dernière lettre de lui à elle que nous ayons sous les yeux est du 26 mars 1796, à la veille de son départ pour la France dont il va devenir décidément citoyen ; elle se termine par ces mots et comme par ce cri : « Adieu, vous qui avez embelli huit ans de ma vie, vous que je ne puis, malgré une triste expérience, imaginer contrainte et dissimulante, vous que je sais apprécier mieux que personne ne vous appréciera jamais. Adieu, adieu (1) ! »

Nous n'avons pas besoin d'excuses, ce semble, pour avoir si longuement entretenu le lecteur d'une relation si singulière et si intime, pour avoir profité de la bonne fortune qui nous venait, et des lumières inattendues que cette correspondance projette en arrière sur les origines d'une existence célèbre. Benjamin Constant n'est plus à connaître désormais ; il sort de là tout entier, confessant le secret de sa nature même : *Habemus confitentem reum.* On se demande, on s'est demandé sans doute plus d'une fois comment, avec des talents si éminents, une si noble attitude de tribun, d'écrivain spiritualiste et religieux, de vengeur des droits civils et politiques de l'humanité, avec une plume si fine et une parole si éloquente, il manqua toujours à Benjamin Constant dans l'opinion une certaine considération établie, une certaine valeur et consistance morale, pourquoi il ne fut jamais pris au sérieux autant que des hommes bien moindres par l'esprit et par les services rendus. On peut répondre aujourd'hui en parfaite certitude : C'est que tout cet édifice public si brillant, si orné, était au fond destitué de principes, de fondements ; c'est que le tout était bâti sur l'amas de poussière et de cendre que nous avons vu. Il passa sa vie à faire

---

(1) La *Bibliothèque universelle de Genève* des années 1847 et 1848 a donné depuis, *in extenso*, beaucoup de ces Lettres dont on vient d'avoir l'extrait et l'esprit.

de la politique libérale sans estimer les hommes, à professer la religiosité sans pouvoir se donner la foi, à chercher en tout l'émotion sans atteindre à la passion. Il assista toujours par un coin moqueur au rôle sérieux qui s'essayait en lui ; le vaudeville de parodie accompagnait à demi-voix la grande pièce ; il se figurait que l'un complétait l'autre ; il avait coutume de dire, et par malheur aussi de croire qu'*une vérité n'est complète que quand on y a fait entrer le contraire.* Il y réussit trop constamment ; de là, malgré de nobles essors et des secousses généreuses, une ruine intime et profonde. Il a le triste honneur d'offrir le type le plus accompli de ce genre de nature contradictoire, à la fois sincère et mensongère, éloquente et aride, chaleureuse et terne, romanesque et antipoétique, insaisissable vraiment : telle qu'elle est, on n'en saurait citer aucune de plus distinguée et de plus rare. C'est bien moins le blâmer avec dureté que nous voulons en tout ceci, que l'étudier moralement et pousser jusqu'au bout l'exemple. Il a commencé à le retracer, nous achevons. Qu'on relise maintenant *Adolphe*.

15 avril 1844.

NOTE

Ce travail sur Benjamin Constant, publié d'abord en avril 1844, a eu des conséquences qu'il n'est pas inutile de noter. Il produisit de l'émotion dans le cercle charmant et distingué de l'Abbaye-aux-Bois, et Mme Récamier, qui avait été fort rigoureuse à Benjamin Constant vivant, crut devoir à sa mémoire de le justifier contre des vérités sévères. Le résultat de cette première émotion fut la Biographie de Benjamin Constant dans la *Galerie des Contemporains illustres*, par *un Homme de rien*. M. de Loménie prit en main avec courtoisie la cause de Benjamin Constant, et il fut en cela l'organe de l'Abbaye-aux-Bois. J'ai répondu quelques mots à M. de Loménie, et cette réponse peut se lire au tome III, page 373, de mes *Portraits contemporains* (1846). Mais, non satisfaite encore de cette première apologie de Benjamin Constant qu'elle avait inspirée, Mme Récamier songea à faire publier les lettres qu'elle avait reçues de cet homme distingué, autrefois fort amoureux d'elle; elle confia à cet effet un choix de ces lettres à Mme Louise Colet, qui devenait ainsi l'avocate officielle de l'ancien tribun. La publication de ces Lettres de Benjamin Constant, commencée dans le journal *la Presse* après la mort de Mme Récamier, a été interrompue par un procès dans lequel l'avocat de Mme Colet s'est fait à son tour le défenseur de Benjamin Constant contre ce qu'il appelait nos interprétations trop fines et subtiles. Certain comme je le suis d'être dans le vrai relativement à ce caractère célèbre, sur lequel j'ai recueilli nombre de témoignages intimes, j'avoue avoir éprouvé quelque impatience en entendant ce concert de choses fausses et convenues, dites et répétées par des gens qui n'étaient pas tous juges au même degré. Il est pénible de venir tout d'abord récuser le témoignage de Mme Récamier ; son raisonnement, qui est bien celui d'une femme, revient à dire : « Benjamin Constant m'a aimée, donc il était sensible. » Mais, en vérité, de ce qu'un homme a été amoureux d'une femme et l'a désirée ardemment, de ce qu'il lui a écrit mille choses vives, spirituelles et en apparence passionnées, pour tâcher de l'attendrir et de la posséder, qu'est-ce qu'on en peut raisonnablement conclure pour la sensibilité véritable de cet homme ? Ce n'est pas ce qu'on écrit *avant* qui compte. L'homme qui désire se pare de toutes ses couleurs, il veut plaire ; cela ne prouve rien. Mais quand Benjamin Constant eut échoué, que fit-il ? que dit-il, et comment jugea-t-il alors ses premiers empressements et la conduite qu'on avait tenue envers lui ? Or, nous le savons de Benjamin Constant lui-même ; voici un passage textuel tiré de son *Carnet*, que j'ai eu entre les mains, et que M. Loève-Veimars avait vu également : le passage répond à tous ces semblants de tendresse et à toutes ces déclamations sentimentales dont on n'est dupe que quand on le veut bien. Benjamin, sur ce carnet, traçait pour lui, pour lui seul, le canevas et, pour ainsi dire, la table des matières des Mémoires qu'il projetait d'écrire. Arrivé à l'année 1814, il disait (je copie toute la page sans en rien retrancher) :

« Départ avec le corps de Bernadotte pour Bruxelles, avril 1814. Départ pour Paris avec Auguste de Staël. Article du 21 avril dans les *Débats*, cet article exprimant ma façon de voir la Restauration. État de l'opinion. Constitution du Sénat repoussée. Toujours la même opposition irréfléchie, sous le Directoire, sous le Consulat, à la Restauration ; nous la retrouverons aux Cent-Jours. Pouvoir royal neutre, idée féconde tout à fait étrangère alors en France. — Jeu. Je gagne. Achat avec mon gain de la maison rue Neuve-de-Berry, première cause de mon éligibilité. — Mme Récamier se met en tête de me rendre amoureux d'elle. J'avais quarante-sept ans. Rendez-vous qu'elle me donne, sous prétexte d'une affaire relative à Murat, 31 août. Sa manière d'être dans cette soirée : *Osez !*

me dit-elle. Je sors de chez elle amoureux fou. Vie toute bouleversée. Invitation à Angervilliers. Coquetterie et dureté de Mme Récamier. Je suis le plus malheureux des hommes. Inouï qu'avec ma souffrance intérieure j'aie pu écrire un mot qui eût le sens commun. Jeu commençant à m'être défavorable, parce que je ne pense qu'à Mme Récamier. Débarquement de Bonaparte. Pas l'effet d'une conspiration, mais une conspiration à côté. 5 mars 1815. Je me jette à corps perdu du côté des Bourbons.—Mme Récamier m'y pousse.—Chateaubriand prétendait que tout serait sauvé, si on le faisait ministre de l'intérieur. Sottises des royalistes. Leur refus de rien faire pour regagner l'opinion. Je ne m'obstine que plus à repousser Bonaparte. Mon article du 19 mars. Le roi part le même jour. Bonaparte arrive le soir (20). Je me cache chez le ministre d'Amérique. Je pars pour Nantes avec un consul américain. Troubles de la Vendée. J'apprends à Ancenis que Nantes est aux bonapartistes, et Barante (le préfet) en fuite. Je retourne à Paris, 28 mars. Mme Récamier au milieu de tout cela. Entrevue avec Bonaparte, je crois le 10 avril. Travail à l'Acte additionnel. — Montlosier. Duel. Cour Bonapartiste. Publication de l'Acte additionnel. Mauvais effet sur l'opinion. Révolte universelle de cette opinion. Ma nomination au Conseil d'État, 22 avril. Indignation publique, lettres anonymes, mon entrée au Conseil d'État ; je n'y manque point. Mes entrevues avec l'Empereur. Amour au milieu de tout cela. Départ de l'Empereur pour Waterloo. Défaite. Trahison morale universelle. Abdication. Envoi à Hagueneau. Retour à Paris. Trahisons accumulées de Fouché. Mon inscription sur la liste du 24 juillet. Mémoire rédigé à tout hasard. Radiation de la liste. Dureté et indifférence de Mme Récamier durant cette espèce de persécution. Mon amour persiste. Intimité intermittente. Confidence sur Lucien et sur Auguste, le prince Auguste de Prusse. Je pars pour l'Angleterre par Bruxelles, 31 octobre 1815, etc., etc. »

Et maintenant, quand on publiera les lettres d'amour de Benjamin Constant à Mme Récamier, quand on relira la biographie flatteuse qu'il a tracée d'elle pour lui plaire et la charmer, quand on le verra prodiguer les larmes, les soupirs, faire jouer les feux follets de l'imagination et même les légères vapeurs du mysticisme (car tout est bon pour s'insinuer), on aura le revers ; on saura ce qu'il était *avant* et *après;* avant, tant qu'il eut le désir, et après, quand il eut cessé d'espérer.

MADAME DE KRÜDNER

ET

CE QU'EN AURAIT DIT SAINT-ÉVREMOND

VIE DE MADAME DE KRÜDNER, PAR M. CHARLES EYNARD

Il y a déjà plus de douze ans que la *Revue* (1) s'est occupée de Mme de Krüdner, et que nous avons classé à son rang l'auteur de *Valérie* parmi les aimables romanciers du siècle. Nous n'avions pas prétendu retracer toute l'histoire de cette femme brillante et diversement célèbre ; nous ne nous étions attaché qu'à bien saisir l'expression de sa physionomie en deux ou trois circonstances principales, et à la montrer sous son vrai jour. Ayant eu l'occasion depuis de faire réimprimer ce premier travail, nous en disions : « Comme biographie, ce simple *pastel*, dans lequel on s'est attaché à l'esprit et à la physionomie plus encore qu'aux faits, laisse sans doute à désirer ; un de nos amis, M. Charles Eynard, à qui l'on doit déjà une *Vie* du célèbre médecin Tissot, prépare depuis longtemps une

---

(1) La *Revue des Deux Mondes*, livraison du 1er juillet 1837 ; et dans les *Portraits de Femmes*. — Cette nouvelle et dernière Mme de Krüdner dément et déjoue l'autre sur quelques points ; je le regrette, mais, en ce qui me semble vrai, je n'ai jamais été à une rétractation ni à une rectification près.

biographie complète de Mme de Krüdner. Renseignements intimes, lettres originales, rien ne lui aura manqué, surtout pour la portion religieuse. Nous hâtons de tous nos vœux cette publication. »

C'est ce travail, fruit de plusieurs années d'une recherche suivie et d'un culte patient, qui paraît aujourd'hui et qui justifie amplement notre promesse. La mémoire de Mme de Krüdner est désormais assurée contre l'oubli, et, ce qui vaut mieux, contre le dénigrement facile qui naissait d'une demi-connaissance. On la suit dès le berceau, on assiste à ses jeux, à ses rêveries d'enfance, à son mariage, à sa première vie diplomatique, à ce premier débordement d'imagination qui cherchait un objet idéal, même dans son sage mari; on la voit, à Venise (1784-1786), laissant s'exalter près d'elle la passion d'Alexandre de Stakieff, le jeune secrétaire d'ambassade, dont elle fera plus tard le Gustave de *Valérie*, ne favorisant pas ouvertement cette passion, ne la partageant pas au fond, mais en jouissant déjà et certainement reconnaissante. M. Eynard établit très-bien, d'ailleurs, que Mlle de Wietinghoff, mariée à dix-huit ans au baron de Krüdner, qui avait juste vingt ans plus qu'elle, qui était veuf ou plutôt qui avait divorcé deux fois, s'efforça sérieusement de l'aimer et de trouver en lui le héros de roman qu'elle s'était de bonne heure créé dans ses rêves. C'était dans les premiers temps un parti pris chez elle d'aimer, d'admirer son mari : « On ne sait d'abord, écrivait-elle, ce qu'on aime le plus en lui, ou de sa figure noble et élevée, ou de son esprit qui est toujours agréable et qui s'aide encore d'une imagination vaste et d'une extrême culture ; mais, en le connaissant davantage, on n'hésite pas : c'est ce qu'il tire de son cœur qu'on préfère ; c'est quand il s'abandonne et se livre entièrement qu'on le trouve si supérieur. Il sait tout, il connaît tout, et le savoir en lui n'a pas émoussé la sensibilité. Jouir de son cœur, aimer et faire du bonheur des autres le sien propre, voilà sa vie. » Quoique M. de Krüdner fût un homme de mérite, sa jeune femme lui prêtait assurément dans ce portrait flatté; toute leur relation peut se résumer en deux mots : elle était romanesque, et il était positif. Ajoutons qu'il avait quarante ans quand elle en avait vingt. Durant ce séjour à Venise, « sans cesse occupée de lui, dit M. Eynard, elle passait sa vie à lui prouver sa tendresse par des attentions infructueuses à force de délicatesse. Elle entreprenait des courses lointaines et fatigantes pour lui procurer des fleurs et des fraises dans leur primeur. D'autres fois, la vue d'un danger, les caprices d'un cheval fougueux que son mari se plaisait à monter, lui causaient de si vives terreurs qu'elle en perdait connaissance... » Toutes ces recherches et ces inventions de sensibilité étaient peine perdue. Un jour, le baron de Krüdner était allé faire une visite à la campagne; vers le soir, un orage éclate. Mme de Krüdner s'inquiète; les heures s'avancent, l'orage ne cesse pas; sa tête se monte : elle se figure le sentier qui longe la Brenta envahi par les eaux, son mari luttant avec le péril; elle veut l'en arracher. La voilà sortie au milieu de la nuit, allant à la découverte, interrogeant les rares passants, puis raccourant au logis pour faire lever sa femme de chambre, et se mettant en route à l'aventure. M. de Krüdner, qu'elle finit par rencontrer, s'étonne, la rassure, la gronde : « Mais quelle folie, ma chère amie! Pouviez-vous croire que je courusse le moindre danger? Vous auriez dû vous coucher. Vous vous tuerez avec une pareille sensibilité. » M. Eynard, qui raconte très-bien cette petite scène, ajoute que ces mots pleins de raison plongeaient un poignard dans le cœur de Mme de Krüdner : « Hélas! pensait-elle, à ma place il se serait couché, et il aurait dormi! »

Elle cherchait évidemment l'amour; elle cherchait à le ressentir, surtout à l'inspirer; elle en aimait la montre et le jeu. Je suis très-frappé, en lisant M. Eynard et les pièces qu'il produit, de ce besoin et aussi de ce talent inné de Mme de Krüdner, et combien elle s'entend de bonne heure à la mise en scène du sentiment : j'en suis presque effrayé à certains endroits, quand je songe à combien de choses cet art secret a pu se mêler insensiblement depuis, sans qu'elle-même s'en rendît peut-être bien compte. Elle ne devait pourtant pas être tout à fait sans se rendre compte et sans jouir déjà de son premier succès dans cette vie de Venise; et lorsque son biographe nous l'y représente entourée, encensée du monde, *mais sans s'en apercevoir*, il la suppose un peu trop absorbée, je le crois, par son affection pour son mari. Elle ne se serait pas si bien souvenue après coup de tant de circonstances flatteuses dans *Valérie*, si elle n'y avait fait attention au moment même. Le cœur des personnes romanesques, de celles qui aiment le raffinement et l'amalgame, est capable de plus d'une attention à la fois.

Quoi qu'il en soit, il paraît bien que ce ne fut qu'à Copenhague, où elle alla en quittant Venise, que la jeune ambassadrice fut entièrement éclairée sur le genre de sentiment qu'elle avait inspiré à M. de Stakieff. Celui-ci, en sincère et véritable amant, avait pu se contenir tant qu'il avait vu l'objet de son adoration rester dans une sphère de pureté et d'innocence; mais lorsqu'en arrivant à Copenhague la jeune femme, à bout de son essai de roman conjugal et comme en désespoir de cause, se fut lancée dans les dissipations du monde et le tourbillon de la vanité, l'humble adorateur n'y tint pas, et, en prenant la résolution de s'éloigner, il fit sa déclaration, non pas à madame, mais à M. de Krüdner lui-même. « Ce qui est inexplicable, ce qui est vrai pourtant, lui écrivit-il, c'est que je l'adore parce qu'elle vous aime. Dès l'instant où vous lui seriez moins cher, elle ne serait plus pour moi qu'une femme ordinaire, et je cesserais de l'aimer. » M. de Krüdner, touché de cette lettre comme un galant homme pouvait l'être, fit avec gravité une chose imprudente : il montra cette déclaration à sa femme; et, en croyant stimuler sa vertu, il ne fit qu'irriter sa coquetterie. Dès ce jour, Mme de Krüdner se mit sur le pied de ne pouvoir rien ignorer de ce qu'on éprouvait pour elle.

Au milieu de cette vie d'excitation et d'étourdissement, se voyant atteinte de crises nerveuses et menacée d'une maladie de poitrine, Mme de Krüdner part pour Paris au mois de mai 1789 ; elle n'y était venue que tout enfant, à l'âge de treize ans : c'est donc pour la première fois qu'elle va juger de cette ville, qui était bien véritablement alors la capitale du monde. M. Eynard a très-bien résumé ces premières phases du développement de Mme de Krüdner, quand il dit : « Encore enfant, à Mittau, elle ne cherchait que l'amusement ; à Venise, son cœur parle ; à Copenhague, sa vanité s'éveille ; mais c'est à Paris que son intelligence semble réclamer ses droits. » A peine y est-elle arrivée en effet, que Mme de Krüdner recherche les savants et les gens de lettres en renom, l'abbé Barthélemy, Bernardin de Saint-Pierre. M. Eynard s'étonne trop, selon nous, du goût de la curieuse étrangère pour les *Voyages du jeune Anacharsis* et pour leur aimable auteur. Il ne paraît pas soupçonner combien ce jeune Anacharsis, qu'il appelle *un Scythe glacé*, dut paraître agréable à son début ; et quand il fait de celui qui conçut cet ingénieux ouvrage *un vieil abbé, membre de l'Académie des Inscriptions*, il méconnaît l'hôte spirituel de Chanteloup, le savant supérieur qui, entre autres choses, savait vivre, savait écrire et causer. Quant à Bernardin de Saint-Pierre, on s'explique aisément l'enthousiasme avec lequel Mme de Krüdner le chercha d'abord et l'espèce de culte qu'elle lui garda toujours. Il avait beaucoup connu autrefois en Russie le maréchal de Münnich, dont elle était la petite-fille ; mais surtout il résumait en soi, comme écrivain, les qualités et les défauts, *la forme de sentimentalité naturelle* dont elle était alors idolâtre. Avec lui, elle se disait et se croyait de plus en plus voisine de la nature, et, dans le même temps, elle trouvait moyen de faire un compte de 20,000 francs chez la marchande de modes de la Reine, Mlle Bertin.

Durant ces années et toutes celles qui suivent, M. Eynard, très-différent en cela du vulgaire des biographes, n'a nullement flatté son héroïne ; *il ne craint pas de nous la montrer* dans la contradiction et le désordre des sentiments qui l'agitent et qui, plus d'une fois, l'égarent. Il est si sûr de nous la présenter ensuite parfaitement convertie, qu'il s'inquiète peu de nous la voiler avec grâce comme pécheresse. L'avouerai-je ? en le lisant, j'ai senti la Mme de Krüdner que j'aimais perdre quelque chose de son attrait et de son mystère. M. Eynard a sans doute ajouté à l'idée qu'on peut prendre d'elle sous sa dernière forme et à son importance comme prêcheuse, mais il a ôté à son premier charme.

Dussé-je me juger moi-même et trahir mon faible, ce n'est pas précisément la sainte que je m'étais accoutumé à aimer dans Mme de Krüdner : la sainte, chez elle, je ne voudrais ni la railler ni la serrer de trop près, mais je ne puis non plus la prendre tout à fait au sérieux; la part d'illusion y est trop manifeste. Sa charité me touche, sa facilité et parfois sa puissance de parole mystique m'étonne et me séduit; mais, tout en me prêtant à la circonstance et en ayant l'air de suivre le torrent, je me réserve le sourire. Ce que décidément j'aimais dans Mme de Krüdner, c'est l'auteur et le personnage de *Valérie*, la femme du monde qui souffre, qui cherche quelque chose de meilleur, qui aura un jour sa conversion, sa pénitence, sa folie mystique; qui ne l'a pas encore, ou qui n'en a que des lueurs; qui n'a renoncé ni au désir de plaire, ni aux élégances, ni à la grâce, dernière magie de la beauté; qui se contredit peut-être, qui essaie de concilier l'inconciliable, mais qui trouve dans cette impossibilité même une nuance rapide et charmante dont son talent se décore. La prophétesse, la sainte dans le lointain ne nuisait pas, mais dans le lointain seulement. La figure de Valérie, encore belle, se détachait sur ce fond de vapeur.

Cette figure de Valérie, qui nous était surtout chère, se trouve sacrifiée chez M. Eynard, qui se soucie moins que nous de l'intérêt poétique, et qui croit que l'aimable romancier a fini par guérir radicalement de sa chimère, par obtenir en don l'entière vérité. Il raconte d'une manière intéressante, mais

intéressante à regret, en s'attachant à marquer son dégoût
et à exciter le nôtre, la grande aventure de cœur de Mme de
Krüdner, durant son séjour à Montpellier (1790), sa première
faute éclatante, sa passion pour M. de Frégeville, alors officier
brillant de hussards, et que plus tard il rencontra lieutenant-
général cassé de vieillesse. J'ai vu en tête d'une édition des
Lettres portugaises un portrait de M. de Chamilly, devenu maréchal de France, qui représentait bien ce grand et *gros*
homme dont parle Saint-Simon : M. de Chamilly était certes,
à cette époque, aussi peu romanesque d'apparence, aussi peu
ressemblant au jeune lui-même d'autrefois que dut le paraître
le général de Frégeville à M. Eynard, quand celui-ci le rencontra à l'improviste dans un salon de Paris. « Je fus présenté
au général, dit M. Eynard ; je le vis plusieurs fois et toujours
s'attendrissant au souvenir de Mme de Krüdner. Je m'étais
imposé une entière réserve sur des faits qui pouvaient humilier un vieillard... » Que l'excellent biographe me permette
de l'arrêter ici pour un simple mot : *humilier un vieillard!* et
pourquoi donc ? Je conçois le sentiment de discrétion et de
délicatesse qui fait qu'on hésite à toucher à de vieilles bles-
sures et à remuer les cicatrices d'un cœur ; mais ce mot *humilier* en pareil cas n'est pas français : tant que la dernière
source, la dernière goutte du vieux sang de nos pères n'aura
pas tari dans nos veines, tant que notre triste pays n'aura pas
été totalement *régénéré* comme l'entendent les constituants et
les sectaires, il ne sera jamais humiliant pour un homme,
même vieux, d'avoir aimé, d'avoir été aimé, fût-ce dans un
moment d'erreur. On pouvait hésiter à prononcer le nom de
Mme de Longueville devant M. de La Rochefoucauld, mais au
pis cela ne l'humiliait pas. M. Eynard me dira que c'est dans
le sens chrétien qu'il parle ; je le sais ; mais je ne voudrais
pas que, dans une vie comme celle qu'il nous expose si bien,
l'expression même la plus rigoureuse parût choquer une
nuance sociale, une nuance féminine. Je vais continuer
de lui paraître bien léger en telle matière ; mais je suis per-

suadé que Mme de Krüdner, déjà convertie, eût été choquée elle-même, au milieu de tous ses repentirs, qu'on vînt dire que l'homme qu'elle avait un jour aimé pût être *humilié* à ce souvenir.

Et puisque j'en suis sur cet ordre de critiques, je me permettrai de trouver encore que M. Eynard traite bien durement le spirituel comte Alexandre de Tilly, « un homme que ses ridicules Mémoires, dit-il, ont livré au mépris des uns et à la pitié des autres. » On a assez le droit d'être sévère pour le comte de Tilly, sans qu'il soit besoin d'en venir à ces extrémités de dédain qui passent la justice; d'autres diraient, qui blessent la charité. J'ai rencontré des gens de goût moins sévères. Les jolis Mémoires qu'a laissés Tilly peuvent bien ne pas être très-édifiants, ils ne sont certainement pas ridicules. Mais c'est au sujet du prince de Ligne surtout que M. Eynard me paraît sortir du vrai. On a dit de cet aimable vieillard qu'il n'avait jamais eu que vingt ans; il avait quatre-vingt-un ans qu'il se croyait jeune encore. Un jour, une nuit de décembre, à Vienne, après quelques heures passées dans l'attente de je ne sais quel rendez-vous, il rentra chez lui avec la fièvre, et l'idée de la mort se présenta brusquement à lui. Il essaya d'abord de chasser l'apparition funèbre, de l'exorciser gaiement; il rappela en plaisantant les vers badins que l'empereur Adrien mourant adressait à sa petite âme. Mais vers le milieu de la nuit sa tête se prit; il eut un accès de délire, durant lequel il proféra quelques mots sans suite, qui semblaient se rapporter aux propos de la veille : « Fermez la porte! va-t'en!... La voilà qui entre! mettez-la dehors, la camarde... la hideuse!... » Puis il mourut une heure après. M. Eynard n'a pas de termes assez forts pour flétrir ce qu'il appelle cette *épouvantable* mort, et il y voit un tableau *aussi lugubre que saisissant*. C'est ainsi que parlerait Nicole; c'est ainsi que Bossuet parle de l'horrible fin de Molière. Je conviendrai sans peine qu'il est de plus belles morts que celle du prince de Ligne; mais, à moins de se placer au point de vue de l'éternité (chose toujours rare), on devra convenir aussi qu'il est peu de morts plus aisées et plus douces. Évitons les exagérations. Il est deux points qui m'ont toujours choqué chez mes meilleurs amis jansénistes, c'est quand ils insistent sur la damnation des enfants morts sans baptême, et sur celle des vieillards morts sans confession. M. Eynard, qui est peut-être choqué de ces deux duretés autant que nous, n'a pas besoin à son tour, pour nous toucher, de recourir aux couleurs outrées ni aux contrastes. Pour nous convier à bien mourir, qu'il nous peigne une belle mort, et qu'il ne nous présente pas surtout comme affreuse une fin que beaucoup d'honnêtes gens non croyants seraient plutôt tentés d'envier.

Je me laisse aller à dire la vérité comme moi-même au fond je la sens. M. Eynard me le pardonnera, il m'y a presque obligé en se plaçant sur ce terrain d'exacte vérité et en m'y appelant avec lui. Je ne demande pas mieux, en général, quand je fais un portrait de femme, et, en particulier, un portrait comme celui de Mme de Krüdner, de ne pas pousser à bout les choses, de respecter le nuage et de me prêter à certaines illusions ; je crois, en cela, être fidèle encore à mon modèle. Cette discrétion devient aujourd'hui hors de propos ; M. Eynard a chassé le nuage où la figure de Mme de Krüdner se dessinait : s'il y a lieu de discuter sur quelques points avec l'excellent et complet biographe, je ne craindrai donc pas de le faire. J'ai dit qu'à l'aide de ses très-curieux documents il m'a gâté un peu mon idéal de Valérie. Je ne le lui reproche pas ; je l'en loue, tout en le regrettant. Grâce à lui, on sait maintenant à point nommé le dessous de cartes, car il y en avait un, et chacun va en juger. Mme de Krüdner, après l'éclat de son épisode avec M. de Frégeville, après avoir franchement déclaré à son mari que *le lien conjugal était rompu*, et s'être vue l'objet de sa clémence, habite le Nord pendant quelques années, et ne revient en Suisse, puis à Paris, que vers 1801, à cette époque d'une renaissance sociale universelle. Elle n'a pas alors moins de trente-sept ans ; elle les déguise avec art sous une grâce divine que les femmes mêmes sont forcées d'admirer; mais elle sent que le moment est venu d'appeler à son aide les succès de l'esprit et de prolonger la jeunesse par la renommée. C'est un parti pris chez elle ; elle était forte pour les partis pris, et son imagination ensuite, sa faculté d'exaltation et de sensibilité tenaient la gageure. La tête commençait, le cœur après entrait en jeu. Elle se dit donc qu'il est temps pour elle d'ajouter, de substituer insensiblement un attrait à un autre ; elle veut devenir célèbre par le talent, et elle ne ménage pour cette fin aucun moyen. Liée avec Mme de Staël, avec Chateaubriand, qui venait de donner *Atala*, ne négligeant point pour cela son vieil ami Saint-Pierre, accueillant les poëtes et n'oubliant pas les journalistes, elle dresse ses batteries pour atteindre du premier coup à un grand succès. Le roman de *Valérie* était à peu près achevé; elle en confiait sous main le manuscrit, elle en faisait à demi-voix des lectures; elle demandait des conseils et essayait les admirateurs. Tout était prés pour la publication désirée, quand M. de Krüdner dérangea des mesures si bien prises en mourant brusquement d'apoplexie le 14 juin 1802.

Après deux mois de deuil et de retraite à Genève, Mme de Krüdner se rendit à Lyon pour y passer l'automne et l'hiver de cette même année. Elle était déjà très-consolée ; elle revoyait peu à peu le monde, recommençait à danser cette *danse du schall* qu'elle dansait si bien, et ressongeait à Paris, son vrai théâtre. Mais elle ne voulait pas y revenir comme une simple mortelle, et puisqu'elle avait été forcée de le quitter au moment d'obtenir son succès littéraire, elle voulait que le retard servît du moins à rendre le retour plus éclatant. M. Eynard, sur ce point, ne nous laisse rien ignorer, et ce chapitre de son ouvrage est un des plus piquants que nous offre l'histoire secrète de la littérature. Mme de Krüdner se trouvait très-liée avec le docteur Gay, médecin homme d'esprit (1), et très-

---

(1) Les médecins, quand ils se mêlent d'être charlatans, ne le sont

propre au manége qu'elle désirait. Il s'agissait pour elle de revenir à Paris le plus tôt possible, sans plus tenir compte de son deuil, et en y paraissant comme forcée par ses nombreux amis et par ses admirateurs. Pour monter à souhait cette rentrée en scène, elle imagina de faire faire à Paris, par les soins du docteur Gay, des vers à sa louange dont elle envoyait de Lyon le canevas : ces vers adressés à *Sidonie* (Sidonie, c'était, comme Valérie, l'héroïne d'un de ses romans, c'était elle-même), ces vers devaient se trouver insérés comme par hasard dans quelque journal de Lyon ou de Paris. Voici, au reste, la lettre qu'elle adressait à l'habile docteur; j'en rougis pour mon héroïne, mais M. Eynard a déchiré le voile, et il est désormais inutile de dissimuler : « J'ai une autre prière à vous adresser, lui écrivait-elle; faites faire par un bon faiseur des vers pour notre amie Sidonie. Dans ces vers que je n'ai pas besoin de vous recommander, et qui doivent être du meilleur goût, il n'y aura que cet envoi : **A** *Sidonie*. On lui dira : *Pourquoi habites-tu la province? Pourquoi la retraite nous enlève-t-elle tes grâces, ton esprit? Tes succès ne t'appellent-ils pas à Paris? Tes grâces, tes talents y seront admirés comme ils doivent l'être. On a peint ta grâce enchanteresse* (1), *mais qui peut peindre ce qui te fait remarquer?* — Mon ami, c'est à l'amitié que je confie cela : je suis honteuse pour Sidonie, car je connais sa modestie; vous savez qu'elle n'est pas vaine : j'ai donc des raisons plus essentielles pour elle qu'une misérable vanité pour vous prier de faire faire ces vers, et bientôt : dites surtout qu'elle est dans la retraite, et qu'à Paris seule-

---

pas à demi; ils connaissent mieux que d'autres la trame humaine. M. Eynard cite à ce sujet le docteur Portal et son procédé si souvent raconté pour se créer, à son arrivée à Paris, une réputation et une clientèle; mais, en rapportant ce trait de charlatanisme aux premières années du siècle, il commet un anachronisme de plus de trente ans. Portal était membre de l'Académie des sciences et professeur au Collége de France dès 1770.

(1) Mme de Staël, dans le roman de *Delphine*, qui venait de paraître.

ment on est apprécié. Tâchez qu'on ne vous devine pas. Faites imprimer ces vers dans le journal du soir... Envoyez-moi bien vite le journal où cela sera imprimé... Si le journal ne voulait pas s'en charger ou qu'il tardât trop, envoyez-moi-les écrits à la main, et on les insérera ici dans un journal... » Puis vient le prêté-rendu, la récompense offerte au bon docteur, la promesse de contribuer *à lui faire acquérir* en retour *cette réputation que méritent ses talents et ses vertus* : « Oui, digne et excellent homme, j'espère bien y travailler ; j'attends avec impatience le moment où, rendue à Paris, mon temps, mes soins et mon zèle vous seront consacrés : vous me ferez connaître La Harpe, auprès duquel est déjà un de vos amis. Je travaillerai auprès de Bernardin de Saint-Pierre, de Chateaubriand, d'une foule d'étrangers de ma connaissance, et nous réussirons, *car les intentions pures réussissent toujours.* »

Là est surtout ce qui me choque, le jargon de pureté et de piété qui se mêle à de tels manéges. C'est, je le répète, ce qui m'effraie un peu pour l'avenir de Mme de Krüdner : lorsqu'on s'est livré une fois à de pareilles combinaisons et qu'on y excelle, est-on bien sûr, même en changeant de matière, de se guérir jamais? M. Eynard est de ceux qui croient qu'il y a un remède efficace et souverain par qui l'homme vraiment se régénère et parvient à se transformer du tout au tout. Des physiologistes et des moralistes plus positifs pensent seulement que celui qui a l'air de se convertir se retourne, et qu'à la bien suivre, la même nature, aux divers âges et dans les divers emplois, se retrouverait au fond jusque sous le déguisement. — Dans toutes ses lettres au docteur Gay, Mme de Krüdner continue de commander instamment les vers désirés et de varier l'inépuisable thème cher à son amour-propre ; elle continue de *faire l'article*, comme on dit : « Je vous ai prié d'envoyer des vers à Sidonie, nous les ferons insérer ici. Mais, tout en disant qu'on avait peint son talent pour la danse, il ne faut pas dire simplement *on*, mais dire : *Un pinceau savant peignit ta danse, tes succès sont connus, tes grâces sont chantées comme ton esprit, et tu les dérobes sans cesse au monde : la retraite, la solitude, sont ce que tu préfères. Là, avec la piété, la nature et l'étude, heureuse*, etc., etc...Voilà, mon cher ami, ce que je vous demande pour elle, et je vous expliquerai pourquoi. » Cependant les vers arrivent; elle en est enchantée, mais non satisfaite encore ; elle veut plus et mieux. « Je vous remercie de vos vers, ils sont charmants. Si vous pouviez, par vos relations, en avoir encore du grand faiseur Delille ? N'importe ce qu'ils diraient, ce serait utile à Sidonie. Vous savez comme je l'aime ! » Et elle ajoute, avec une crudité dont je ne l'aurais jamais crue capable : « Le monde est si bête ! C'est ce *charlatanisme* qui met en évidence et qui fait aussi qu'on peut servir ses amis. Je brûle de savoir votre projet et de travailler, comme je l'espère, de toutes mes forces à vous être utile. » Le docteur doit se tenir pour bien averti : le prix de ses services lui est à chaque instant offert comme à bout portant; qu'il soit utile avec zèle, et on le lui sera en retour. On sent le trafic. Tout cela n'est ni délicat ni beau. Dans ce même temps, Mme de Krüdner écrivait à une amie plus simple, à Mme Armand, restée en Suisse, et elle lui parlait sur le ton de l'humilité, de la vertu, en faisant déjà intervenir la Providence : « Quel bonheur, mon amie! Je ne finirais pas si je vous disais combien je suis fêtée. Il pleut des vers; la considération et les hommages luttent à qui mieux mieux. On s'arrache un mot de moi comme une faveur; on ne parle que de ma réputation d'esprit, de bonté, de mœurs. *C'est mille fois plus que je ne mérite; mais la Providence se plaît à accabler ses enfants, même des bienfaits qu'ils ne méritent pas...* » Le malin fabuliste avait dit précisément la même chose :

> . . . . Dieu prodigue ses biens
> A ceux qui font vœu d'être siens.

Ce voyage à Paris, qu'elle désire de toute son âme et qu'elle vient de provoquer, elle le présente comme une obligation sérieuse et plutôt pénible ; peu s'en faut qu'elle n'en parle presque déjà comme d'une mission sacrée : « Je regarderais comme une lâcheté, écrit-elle à Mme Armand, de ne pas produire un ouvrage qui peut être utile (son roman), et *voilà comme mon voyage à Paris devient un devoir*, tandis que mon cœur, mon imagination, tout m'entraîne au bord de votre lac où je brûle d'aller, dégoûtée du séjour de Paris, blasée sur ses succès, n'aimant que le repos et les affections douces. » En produisant de telles lettres, M. Eynard (qu'il y prenne garde) ouvre, sur l'intérieur de Mme de Krüdner, tout un jour profond qu'il suffit de prolonger désormais pour donner raison à plus d'un sceptique. M. Eynard croit qu'à une certaine heure Mme de Krüdner s'est soudainement convertie et corrigée ; pour moi, j'aurais encore plus de confiance dans la sainte, s'il ne m'avait appris si bien à connaître la mondaine. Comment ne me resterait-il pas dans l'esprit un léger nuage sur le rôle que remplira près d'elle le pasteur Empeytaz, depuis qu'on me l'a fait voir prenant si résolûment le docteur Gay pour compère ?

Dès cette époque, elle avait l'habitude de mêler Dieu à toutes choses, à celles même auxquelles sans doute il aime le moins à être mêlé. Parcourant dernièrement les papiers de Chênedollé, j'y trouvais quelques passages relatifs à Mme de Krüdner, et je remarquais qu'à cette date de 1802, dans le monde de Mme de Beaumont et de M. Joubert, on la traitait un peu légèrement (1). Mais voici une parole plus grave, que je n'ai plus aucune raison pour dérober ; elle est de M. de Lézay, de celui même qui est une des autorités qu'on invoque le plus volontiers quand il s'agit de sa fervente amie. « Lézay prétend (dit Chênedollé) que Mme de Krüdner, dans les moments les plus décisifs avec son amant, fait une prière à Dieu en disant : *Mon Dieu, que je suis heureuse ! Je vous demande pardon*

---

(1) *Revue des Deux Mondes*, livraison du 15 juin 1849, page 919 ; et dans *Chateaubriand et son Groupe littéraire*, tome II, page 254.

de l'excès de mon bonheur! Elle reçoit ce sacrifice comme une personne qui va recevoir sa communion. » Le mot est vif, il est sanglant, venant d'un ami intime ; mais il marque quelle était alors la disposition mystico-mondaine de la sainte future, ce que j'appelle l'amalgame, et le trait s'accorde bien avec les révélations que nous devons à M. Eynard sur cette époque de transition. Ai-je donc eu raison de dire que le trop de connaissance du dedans me gâtait désormais le personnage de Valérie, et que l'idéal y périssait ?

Il y a lieu pourtant de trouver que c'est bien dommage, car le talent de Mme de Krüdner, à l'heure dont nous parlons, s'était dégagé des vagues déclamations de sa première jeunesse, et devenait un composé original d'élévation et de grâce. Sa plume, comme sa personne, avait de la magie. Pendant cet automne de 1802, entre autres manières de se rappeler au public de Paris, elle eut soin de faire insérer (peut-être par l'entremise de M. Michaud, alors très-monté pour elle) quelques *pensées* détachées dans *le Mercure* (1); le rédacteur disait en les annonçant : « Les pensées suivantes sont extraites des manuscrits d'une dame étrangère, qui a bien voulu nous permettre de les publier dans notre journal. Quand on pense avec tant de délicatesse, on a raison de choisir pour s'exprimer la langue de Sévigné et de La Fayette. » Voici quelques-unes de ces pensées, qui sont en effet délicates et fines ; l'esprit du monde s'y combine avec un souffle de rêve et de poésie.

« Les gens médiocres craignent l'exaltation, parce qu'on leur a dit qu'elle pouvait avoir des suites nuisibles ; cependant c'est une maladie qu'on ne peut pas leur donner.

« Il y a des gens qui ont eu presque de l'amour, presque de la gloire, et presque du bonheur.

« On cherche tout hors de soi dans la première jeunesse ; nous faisons alors des appels de bonheur à tout ce qui existe

---

(1) 10 vendémiaire an XI.

autour de nous, et tout nous renvoie au dedans de nous-même peu à peu.

« Les âmes froides n'ont que de la mémoire; les âmes tendres ont des souvenirs, et le passé pour elles n'est point mort, il n'est qu'absent.

« Le meilleur ami à avoir, c'est le passé.

« Dire aux hommes ne suffit pas, il faut redire, et puis redire encore ; l'enfance n'écoute pas, la jeunesse ne veut pas écouter, et si la vérité est enfin accueillie, c'est que de sa nature elle est infatigable, et qu'après avoir été tant rebutée, elle trouve enfin accès par sa persévérance.

« Les âmes fortes aiment, les âmes faibles désirent.

« La vie ressemble à la mer, qui doit ses plus beaux effets aux orages.

« C'est un bel éloge à faire de quelqu'un, au milieu de la corruption du monde, que de le croire digne d'être appelé romanesque. Ce sont des titres de chevalerie où chacun ne ferait pas facilement ses preuves.

« Il y a des femmes qui traversent la vie comme ces souffles du printemps qui vivifient tout sur leur passage. »

Elle était elle-même une de ces femmes : dans le monde comme dans la pénitence, toute son ambition fut qu'on la prît pour une de ces brises vivifiantes du printemps; et quand il n'y eut plus moyen de se faire illusion sur le printemps terrestre, elle aspira, elle avisa à paraître dès ici-bas un souffle et un soupir du printemps éternel.

Ces quelques pages du *Mercure* se terminaient par cette pensée, qui exprimait à ravir son rêve et sa prétention du moment : « La mélancolie des âmes tendres et vertueuses est la station entre deux mondes. On sent encore ce que cette terre a d'attachant, mais on est plus près d'une félicité plus durable. » Cette sorte de *station* intermédiaire est précisément l'état dans lequel elle se plaisait à se dessiner alors, et dans lequel nous nous plaisions nous-même à la considérer, en nous prêtant à sa coquetterie à demi angélique. Il n'y a plus moyen, après les révélations récentes, de s'en tenir à ce demi-jour douteux entre le boudoir et le sanctuaire. Nous savons trop bien de quoi il retournait dans la coulisse, et on nous a fait toucher du doigt les ficelles.

Valérie parut en décembre 1803. « Toutes les batteries de Mme de Krüdner, dit M. Eynard, étaient montées pour saluer son apparition. Aucune ne manqua son effet. Amis dévoués, journalistes, littérateurs indépendants, adversaires, envieux, chacun à sa manière s'occupa de Mme de Krüdner et de son livre. Elle-même ne se fit pas défaut, et pendant plusieurs jours, se dévouant avec la plus persévérante ardeur à assurer son triomphe, elle courut les magasins de modes les plus en vogue pour demander incognito tantôt des écharpes, tantôt des chapeaux, des plumes, des guirlandes, des rubans *à la Valérie*. En voyant cette étrangère, belle encore et fort élégante, descendre de voiture, d'un air si sûr de son fait, pour demander les objets de fantaisie qu'elle inventait, les marchands se sentaient saisis d'une bienveillance inexprimable et d'un désir si vif de la contenter qu'il fallait bien qu'on parvînt à s'entendre... Grâce à ce manège, elle parvint à exciter dans le commerce une émulation si furieuse en l'honneur de Valérie, que pour huit jours au moins tout fut *à la Valérie*. » On est aux regrets d'apprendre de telles choses, si piquantes qu'elles soient. En les apprenant hier, une admiratrice de *Valérie*, qui avait pleuré en la lisant autrefois, disait spirituellement : « Ah! que je voudrais reprendre mes larmes ! »

Par cette page si agréablement écrite, M. Eynard nous montre que s'il avait voulu appliquer dans tout son ouvrage le même esprit de critique, il s'en fût acquitté très-finement ; mais dès qu'il aborde la vie religieuse de Mme de Krüdner, lui qui a été si adroit à pénétrer la personne mondaine, il croit tout d'abord à la sainte : il s'arrête saisi de respect, n'examinant plus, et ne voulant pas admettre que, même sur un fond incontestable de croyance et d'illusion, c'est-à-dire de sincérité, il a dû se glisser bien des réminiscences plus ou moins involontaires de ce premier jeu, bien des retours de cet ancien savoir-faire. Quand on a été une fois excellente comédienne, cela ne se perd jamais. Remarquez que dès lors elle entrait dans sa seconde veine; elle commençait à voir partout le doigt de Dieu; et, même après avoir monté de la sorte ce succès de *Valérie*, elle est toute disposée après coup à s'en émerveiller et à y dénoncer un miracle : « Le succès de *Valérie*, écrivait-elle à Mme Armand, est complet et inouï, et l'on me disait encore l'autre jour : Il y a quelque chose de *surnaturel* dans ce succès. *Oui, mon amie, le Ciel a voulu que ces idées, que cette morale plus pure se répandissent en France, où ces idées sont moins connues...* » En écrivant ainsi, elle avait déjà oublié ses propres ressorts humains, et elle rendait grâce de tout à Dieu. Mais cette facilité d'oubli et de confusion me rend méfiant pour l'avenir. Qui me répond qu'elle n'ait pas fait plus d'une fois de ces confusions, qu'elle n'ait pas eu plus tard de ces oublis-là ?

Parmi les témoignages d'admiration en l'honneur de *Valérie*, M. Eynard cite le passage d'une lettre d'Ymbert Galloix, jeune homme de Genève, mort à Paris en 1828, et il le proclame *un jeune poète plein de génie*. Puisque j'en suis aux sévérités et à montrer que M. Eynard, sur quelques points, n'a pas eu toute la critique qu'on aurait pu exiger, je noterai (et le biographe du médecin Tissot me comprendra) qu'Ymbert Galloix, que nous avons beaucoup connu et vu mourir, n'avait réellement pas de *génie*, mais une sensibilité exaltée, maladive, surexcitée, et qu'il est mort s'énervant lui-même. Il suffirait que sur quelques autres articles le biographe eût apporté la même complaisance et facilité de jugement, pour que nous eussions le droit de modifier certaines de ses conclusions.

Malgré tout, c'est chez lui désormais, et nulle part ailleurs, qu'il faut apprendre à connaître la vie religieuse de Mme de Krüdner ; journaux manuscrits, correspondance intime, entretiens de vive voix avec les principaux personnages survivants, il a tout recherché et rassemblé avec zèle, et, dans la riche matière qu'il déroule à nos yeux, on ne pourrait se plaindre, par endroits, que du trop d'abondance. Les événements de 1815 surtout, et le rôle qu'y prit Mme de Krüdner par son influence sur l'empereur Alexandre, sont présentés sous un jour intéressant, dans un détail positif et neuf, emprunté aux meilleures sources. M. Eynard a été guidé, pour le fil de cette relation délicate, par une personne d'un haut mérite, initiée dès l'origine à la confidence de Mme de Krüdner et de l'empereur, Mlle de Stourdza, depuis comtesse Edling. Sur quelques points chemin faisant, M. Eynard, qui veut bien tenir compte avec indulgence de notre ancienne esquisse de Mme de Krüdner, a pris soin d'en rectifier les traits qu'il trouve inexacts, et de réfuter aussi l'esprit un peu léger où se jouait notre crayon. Il a raison assez souvent, je le lui accorde ; en deux ou trois cas seulement, je lui demanderai la permission de ne pas me rendre à ses autorités. Par exemple, j'ai raconté une visite de Mme de Krüdner à Saint-Lazare, l'effet que la prêcheuse éloquente produisit sur ces pauvres pécheresses, la promesse qu'elle leur fit de les revoir, et aussi son oubli d'y revenir. M. Eynard s'autorise, à cet endroit, du témoignage de M. de Gérando, qui avait conduit Mme de Krüdner à Saint-Lazare, et il me réprimande doucement du sourire que j'ai mêlé à mon éloge ; mais cette critique, qu'il le sache bien, ce n'est pas moi qui l'ai faite : c'est M. de Gérando lui-même, qui, interrogé par moi, me répondit en ce sens. Il y a différentes manières d'interroger les témoins, même les plus véridiques. Quand j'interrogeai M. de Gérando sur Mme de Krüdner, cet homme de bien me répondit comme à une personne qui ne désirait à l'avance aucune réponse plus ou moins favorable, et qui se bornait à écouter avec curiosité. Quand M. Eynard l'interrogea, M. de Gérando vit en sa présence une personne qui désirait avant tout savoir tout le bien, et lui-même (qui d'ailleurs par na-

ture souriait peu) il supprima son sourire. C'est ainsi que
M. Eynard range parmi ses autorités bien des témoins qui
faisaient leurs réserves, et qui même n'épargnaient pas la
raillerie quand il leur arrivait de causer en liberté. La duchesse de Duras, qu'il a l'air de ranger parmi les adhérents,
était de ce nombre. — Dans le récit que j'ai fait du voyage
de Mme de Krüdner en Champagne, pour la grande revue de
la plaine de Vertus, M. Eynard me suppose plus d'imagination que je n'en ai en réalité; il se croit trop sûr de m'avoir
réfuté à l'aide du Journal de Mme Armand. J'ai pour garant de
mon récit un témoin oculaire, très-spirituel, appartenant à
la famille chez qui Mme de Krüdner avait logé pendant le peu
d'heures qu'elle passa en ces lieux. Ce peu d'heures avait
tout à fait suffi pour que la prédication commençât auprès
des hôtes. Les personnes enthousiastes qu'un beau zèle anime
n'y mettent pas tant de façons. A peine arrivée le soir au château où elle devait coucher, Mme de Krüdner et son monde se
mirent donc à prêcher et le maître et les gens; et, comme il
y avait menace d'orage ce soir-là, le bon gentilhomme de
campagne, qui craignait que le vent n'enlevât sa toiture, et
qui avait hâte d'aller fermer les fenêtres de son grenier, se
voyant arrêté sur l'escalier par une prédication, trouvait que
c'était mal prendre son heure. J'aurais, de la sorte, bien des
petites réponses à faire à M. Eynard; mais c'est assez d'en
indiquer l'esprit essentiel et le principe.

Là, en effet, est entre nous la dissidence, et il faut oser
l'articuler. Il croit à une transfiguration et à une régénération complète, là où je ne vois guère qu'une métamorphose.
Un spirituel et sage moraliste, Saint-Évremond, qui avait vu
en son temps bien des conversions de femmes du grand
monde, a écrit d'agréables pages pour expliquer et démêler
les secrets motifs et les ressorts qu'il continuait de suivre
sous ces changements (1). Une vie comme celle de Mme de

(1) Voir, dans les OEuvres de Saint-Évremond, la *Lettre à une dame*

Krüdner, et de la façon dont vient de l'écrire M. Eynard, serait la pièce à l'appui la plus commode dans laquelle un moraliste de l'école de Saint-Évremond et de Fontenelle trouverait à justifier son point de vue. Voici, j'imagine, à peu près comme il raisonnerait, et j'emprunterai le plus que je pourrai les paroles mêmes des maîtres :

« Les dames galantes qui se donnent à Dieu lui donnent ordinairement une âme inutile qui cherche de l'occupation, et leur dévotion se peut nommer une passion nouvelle, où un cœur tendre, qui croit être repentant, ne fait que changer d'objet à son amour (1).

« A qui voyons-nous quitter le vice dans le temps qu'il flatte son imagination, dans le temps qu'il se montre avec des agréments et qu'il fait goûter des délices? On le quitte lorsque ses charmes sont usés, et qu'une habitude ennuyeuse nous a fait tomber insensiblement dans la langueur. Ce n'est donc point ce qui plaisait qu'on quitte en changeant de vie, c'est ce qu'on ne pouvait plus souffrir; et alors le sacrifice qu'on fait à Dieu, c'est de lui offrir des dégoûts dont on cherche, à quelque prix que ce soit, à se défaire (2).

« La patience, a-t-on dit (3), est l'art d'espérer. L'art du bonheur dans la dévotion est de se donner une dernière illusion plus longue que la vie, et dont on ne puisse se détromper avant la mort.

« La vie ordinaire des hommes est semblable à celle des saints : ils recherchent tous leur satisfaction, et ne diffèrent qu'en l'objet où ils la placent (4). — Le cœur humain se retrouve partout avec les mêmes mobiles; partout c'est le désir du bien-être, soit en espoir, soit en jouissance actuelle,

---

galante qui voulait devenir dévote, et le petit Essai *Que la dévotion est le dernier de nos amours*.

(1) Saint-Évremond.
(2) *Idem.*
(3) Vauvenargues.
(4) Pascal.

et le parti qui le détermine est toujours celui où il y a le plus à gagner (1).

« La dévotion, a dit Montesquieu, est une croyance qu'on vaut mieux qu'un autre ; — ou du moins qu'on possède ce qui vaut mieux, qu'on est plus heureux, qu'on peut indiquer aux autres le chemin du plus gras pâturage. Si humble qu'on soit, l'amour-propre est flatté de cette idée de connaissance singulière et de privilége. — Une séduction secrète nous fait voir de la charité pour le prochain là où il n'y a rien qu'un excès de complaisance pour notre opinion (2).

« Mme de Krüdner flottait entre quarante et cinquante ans, âge ingrat pour les femmes, quand elle se convertit décidément : avec ses goûts tendres, avec sa complexion sentimentale et mystique, qu'avait-elle de mieux à faire? Du moment surtout qu'elle eut découvert en elle cette faculté merveilleuse de prédication qui pouvait lui rendre l'action et l'influence, tout fut dit, elle eut un débouché pour son âme et pour son talent ; sa vocation nouvelle fut trouvée. Elle n'avait jamais été une nature bien sensuelle : elle n'avait que l'ambition du cœur et l'orgueil de l'esprit. Elle avait un immense besoin que le monde s'occupât d'elle : sous une forme inattendue, ce besoin allait être satisfait. Elle aimait à parler d'amour ; ce mot chéri allait déborder plus que jamais de ses lèvres, et des foules entières affluaient déjà à ses pieds.

« Où est dans tout cela le secret mobile? C'est l'amour-propre, toujours l'amour-propre, dont le ressort se revêt, se retourne, et a l'air de jouer en sens inverse contre lui-même. Mais tout dépend en définitive du même cordon de sonnette que tire le *moi*.

« En doutez-vous ? Elle va nous l'avouer elle-même et laisser échapper son orgueil, son ivresse de sainte, sous les semblants de l'humilité : «On ne peut méconnaître, écrivait-elle

---

(1) Volney, *Voyage en Égypte et en Syrie*, tome II, chap. vii.
(2) Saint-Évremond.

« d'Aarau (en avril 1846), les grandes voies de miséricorde
« du Dieu qui veut, avant les grands châtiments, faire
« avertir son peuple et sauver ce qui peut être sauvé. *Il
« donne à tout ce monde un tel attrait pour moi, un tel besoin de
« m'ouvrir leur cœur, de me demander conseil, de me confier
« toutes leurs peines, enfin un tel amour,* qu'il n'est pas éton-
« nant que les gouvernements qui ne connaissent pas l'im-
« mense puissance que le Seigneur accorde aux plus misé-
« rables créatures qui ne veulent que sa gloire et le bonheur
« de leurs frères, n'y comprennent rien. Plus la terre s'enfuit
« sous nos pas, plus je méprise, plus je hais ce que les
« hommes ambitionnent, et *plus j'ai de pouvoir sur leur
« cœur.* » La voilà telle qu'elle était dès l'origine : régner
sur les cœurs, en se déclarant une misérable créature; voir à
sa porte *servantes et duchesses,* comme elle dit, et empereur;
se croire en toute humilité l'organe divin, l'instrument
choisi, à la fois vil et préféré, que lui faut-il de plus? et
n'est-ce pas la gloire d'amour dans son plus délicieux raffinement? »

C'est à peu près ainsi, j'imagine, que raisonnerait, en
lisant les volumes de M. Eynard, un moraliste qui saurait les
tours et les retours, les façons bizarres de la nature humaine;
mais je ne puis qu'indiquer le sens et l'intention de l'analyse, aimant peu pour mon compte à pousser à bout ces
sortes de procès. Seulement, à voir les excès de dévouement
et de charité auxquels s'épuisait de plus en plus en vieillissant cette femme fragile, il faudrait, pour être juste, conclure
avec Montesquieu : « J'appelle la dévotion une maladie du
cœur qui donne à l'âme une folie dont le caractère est le
plus aimable de tous. »

Le livre de M. Eynard est dédié *A mes amis Alfred de Fal-
loux et Albert de Rességuier,* avec une épigraphe tout onc-
tueuse tirée de saint Paul, ce qui semblerait indiquer que la
jeune Rome et la jeune Genève ne sont pas si brouillées
qu'autrefois; mais ces exceptions entre natures affables et

bienveillantes, ces avances où il entre autant de courtoisie que de christianisme, ne prouvent rien au fond. Je me plais du moins à noter ce procédé-ci à titre de bon goût et de bonne grâce.

15 septembre 1849.

M. DE RÉMUSAT

(PASSÉ ET PRÉSENT, MÉLANGES)

A voir ce que deviennent sous nos yeux certains personnages historiques célèbres, et comme tout cela se grossit et s'enlumine, se dénature ou (disent les habiles) se transfigure à l'usage de cette masse confuse et passablement crédule qu'on appelle la postérité, on se sent ramené, pour peu qu'on ait le sentiment du juste et du fin, à des sujets qui, en dehors des tumultueux concours, offrent à l'observation désintéressée un fond plus calme, un sérieux mouvement d'idées et le charme infini des nuances. Les nuances se confondent et s'évanouissent à mesure qu'on s'éloigne. Que reste-t-il alors de cet ensemble de particularités vraies qui distinguaient une physionomie vivante et qui la variaient dans un caractère unique, non méconnaissable? A quelles chances une figure dite historique n'est-elle pas soumise, sitôt qu'échappant aux premiers témoins, elle passe aux mains des commentateurs subtils, des érudits sans jugement, ou, qui pis est, des tribuns et des charlatans de place, des rhéteurs et sophistes de toutes sortes qui trafiquent indifféremment de la parole? Si nous-mêmes nous avons été témoins et que nous puissions comparer nos premières impressions sincères avec l'idole usurpatrice, le dégoût nous prend, et l'on se rejette plus que jamais vers le naturel et le réel, vers ce qui fait qu'on cause et qu'on ne déclame pas. On s'attache surtout à l'élite, à ce qui est apprécié de quelques-uns, des meilleurs, à ce qui nous fait sentir à sa source la vie de l'esprit. Heureux si on peut le rencontrer non loin de soi! Il y a, sachons-le bien, dans chaque génération vivante quelque chose qui périt avec elle et qui ne se transmet pas. Les écrits ne rendent pas tout, et, dès qu'on a affaire à des pensées délicates, le meilleur est encore ce qui s'envole et qui a oublié de se fixer. On sait qu'il y a des langues d'Orient dans lesquelles toute une portion vocale ne s'écrit point; il en est ainsi de chaque littérature. Tout ce qui a vécu d'une vie sociale un peu compliquée a son esprit à soi, son génie léger, qui disparaît avec les groupes qu'il anime. Les successeurs sont tentés d'en tenir peu de compte, même quand ils s'en portent les héritiers. Lorsque vient le lendemain, on ramasse le fruit d'hier, mais on n'a pas eu la fleur; et ce fruit même, on ne l'a pas vu, on ne l'a pas cueilli sur l'arbre dans son velouté et dans sa fraîcheur de duvet. Une fois à distance, on parle des choses en grand, c'est-à-dire le plus souvent en gros. Même lorsqu'on croit les savoir le mieux, on court risque de tomber dans des confusions qui feraient hausser les épaules à ceux dont on parle, s'ils revenaient au monde. Tel qui, dans le temps, n'aurait pas été admis à l'antichambre chez Mme de La Fayette ou chez Mme de Maintenon, est homme à célébrer intrépidement les élégances du grand siècle. Le xviiie siècle est depuis longtemps en proie à des amateurs et soi-disant connaisseurs qui n'ont pas l'air d'en distinguer les divers étages, de soupçonner ce qui, par exemple, sépare Dorat de Rulhière. L'*à-peu-près* et le *pêle-mêle* se glissent partout. Cela fait souffrir. Mais quand il s'agit de morts déjà anciens, et dont la dépouille est à tout le monde, comment venir prétendre qu'on les possède mieux, qu'on a la tradition de leur manière et la clef de leur esprit, plutôt que le premier venu qui en parlera avec aplomb et d'un air de connaissance? Avec les vivants du moins, on a des juges, des témoins de la ressemblance, un cercle rapproché qui peut dire si, au milieu de tout ce qu'on a sous-entendu ou peut-être omis, on a pourtant touché l'essentiel, et si l'on a saisi l'idée, l'air du personnage.

Aujourd'hui donc, en dépit de ce qu'il y a d'un peu plat ou d'un peu gros dans les vogues du jour, consolons-nous avec un des hommes qui sont le plus faits pour intéresser et pour piquer la curiosité de ceux qui ont le plaisir d'être leurs contemporains ; car s'il a beaucoup écrit, il n'a publié qu'une moitié de ses œuvres et n'a livré qu'une des faces de son talent ; car, eût-il tout publié, il aurait encore plus d'idées qu'il n'en aurait produit dans ses livres. Il est le libre causeur par excellence ; il a de l'ancienne société le ton, le goût, les façons déliées, avec tous les principes (y compris les conséquences) de la nouvelle ; il a de bonne heure épousé et professé les doctrines généreuses de son temps, et il n'en a pris aucun lieu commun. A dix-huit ans il était le plus précoce et le plus formé des esprits sérieux, et il se retrouve le plus jeune à cinquante.

M. Charles de Rémusat est né à Paris sous le Directoire (14 mars 1797); ses parents tenaient à l'ancien régime par les manières, par les habitudes, mais sans aucun de ces liens de naissance ou de préjugé qui enchaînent. Nous avons dit et montré ailleurs quelle était sa mère (1). Le jeune enfant grandit auprès d'elle dans une liberté aimable, dans une familiarité qui l'initiait aux réflexions de cette femme distinguée, sur laquelle il devait bientôt agir à son tour. Cette enfance heureuse se pourrait presque comparer à une promenade dans laquelle un très-jeune frère rejoint, à pas inégaux, sa sœur aînée qui lui fait signe et qui l'attend. Pour le jeune Rémusat, le salon précéda le collége. Il y entendait parler de bien des choses, surtout de littérature, de Corneille et de Racine, de Geoffroy et de Voltaire, des Grecs et des Ro-

(1) Voir l'article sur Mme de Rémusat (*Portraits de Femmes*).

mains, de tout ce dont on causait volontiers alors, après les excès de la Révolution, avant le réveil de 1814, à l'ombre du soleil de l'Empire, « à cette époque, nous dit-il, *où l'on avait de l'esprit, mais où l'on ne pensait pas.* »

Penser, en effet, c'est n'être jamais las, c'est recommencer toujours, et l'on avait horreur de rien recommencer. Après de telles secousses, la société tout entière fait comme un homme qui a éprouvé de grands malheurs et qui n'aspire plus qu'au repos, aux douceurs d'une vie commode, et, s'il se peut, agréablement amusée. Les plus délicats se rejettent sur les distractions de l'esprit; mais du fond des choses, il en est question aussi peu que possible; on craindrait de rouvrir l'abîme et d'y revoir les monstres.

Cette tiédeur d'opinion, cette paresse et presque cette peur de penser, du moment qu'il s'en rendit compte, devint une des antipathies du jeune homme et l'ennemi principal qu'il se plut tout d'abord à harceler. Ce fut comme le premier but de son sarcasme et de son dédain, dès que sa propre nature se déclara; ce fut le jeu de ses premières armes. Depuis lors, et sous quelque forme qu'il l'ait retrouvée, il n'a cessé de guerroyer contre, de combattre cette lâche indifférence, et il ne lui fait pas plus de grâce sous sa lourde et matérielle enveloppe de 1847 que sous sa légèreté frivole de 1817. A l'élégance près, c'est bien la même à ses yeux; et lorsque tant d'autres, et des plus vaillants, se sont lassés à la peine et ont renoncé dans l'intervalle, il semble avoir conservé contre elle sa jeune et chevaleresque ardeur. C'est que M. de Rémusat, par instinct comme par doctrine, croit que la stagnation est mortelle à la nature de l'homme; il pense qu'elle corrompt autant qu'elle ennuie, et il prendrait volontiers pour sa devise cette parole du grand promoteur Lessing, laquelle peut se traduire ainsi : « Si l'Être tout-puissant, tenant dans une main la vérité, et de l'autre la recherche de la vérité, me disait : *Choisis,* je lui répondrais : O Tout-Puissant, garde pour toi la vérité, et laisse-moi la recherche de la vérité. » — Marcher vaillamment et toujours, dût-on même ne jamais arriver, c'est encore après tout une haute destination de l'homme (1).

Mais, si précoce que fût le jeune Rémusat, nous l'avons un peu devancé. Un jour il sort assez à contre-cœur du salon de sa mère, et le voilà qui entre au collège. Il fit d'excellentes études au Lycée Napoléon, sans pourtant obtenir plus de deux accessits au Concours. Durant la dernière année, en rhétorique, il avait eu d'assez grands succès en discours français pour être le candidat le plus désigné à la couronne universitaire; mais les événements politiques de 1814 lui firent quitter le collège avant la fin de l'année. Ce fut un autre brillant élève de la même classe, M. Dumon, qui remporta le prix.

Tout en suivant ses études, le jeune homme, on le pense bien, ne s'y astreignait pas. Son esprit sortait du cadre et se jouait à droite et à gauche sur toutes sortes de sujets. Pourtant il était, durant ce temps-là, sous la direction spéciale d'un maître bien docte et de la bonne école, M. Victor Le Clerc. M. Le Clerc a composé, comme chacun sait, de savants ouvrages; il en a fait de spirituels. M. de Rémusat peut en partie s'ajouter à ces derniers (2). Sous ce régime d'une instruction forte qui laissait subsister l'élan naturel, il se développait sans contrainte; tout en acquérant un solide fonds d'études, son esprit se tenait au-dessus et s'émancipait. Mais il a dû à cette nourriture première, si bien donnée et si bien reçue, son goût marqué pour les nobles sources de l'antiquité, sa

---

(1) Voir, pour les curieux, et comparer avec le mot de Lessing l'épigramme xxxiiie de Callimaque, et aussi ce que dit Pascal de la *chasse* et du *lièvre* : « On n'en voudroit pas s'il étoit offert. »

(2) Comme souvenir littéraire du temps de cette éducation, j'ai entre les mains une rare brochure, un petit poëme (*Lysis*) censé trouvé par un jeune Grec sous les ruines du Parthénon, et dont M. J. V. Le Clerc se donnait pour éditeur (chez Delalain, 1814). Ce poëme est, en quelque sorte, dédié par l'épilogue à Mme de Rémusat la mère : Θεὰ γὰρ ἦ μοί γ' ἐλπὶς ἡδεῖ' εὔφερε.... C'est ainsi que les Ménage, les Boivin et les La Monnoye avaient autrefois célébré Mme de La Fayette ou Mme d'Aguesseau.

connaissance approfondie de la plus belle et de la plus étendue des langues politiques, cet amour pour Cicéron qui est comme synonyme du pur amour des lettres elles-mêmes; et, quelques années après (1821), il payait à M. Le Clerc sa dette classique, en traduisant pour la grande édition de l'Orateur romain le traité *De Legibus*. Une préface, non-seulement érudite, mais philosophique, d'un ordre élevé, y met en lumière les divers systèmes des anciens sur le principe du droit, et témoigne d'un esprit devenu maître en ces questions, et qui s'entend avec Chrysippe comme avec Kant.

Dès le collége une vocation chez lui s'était déclarée très-vive. Il faisait des vers, surtout des chansons. J'en ai parcouru tout un recueil manuscrit, duquel je ne me crois permis de rien détacher. Les premières remontent à 1812. Le jour qu'il a quinze ans, le jour qu'il en a dix-sept, il chante, il jette au vent son gai refrain à travers les grilles du lycée, dans les courts intervalles du tambour. Il parcourt sa vie passée et note déjà ce qu'il appelle ses *âges*. Sa jeune veine a, pour tous les événements qui l'émeuvent, des couplets très-naturels et très-aimables. Quelquefois c'est une épître à la Gresset qu'il adresse à sa mère du fond de sa *pédantesque guérite;* il vient de lire *la Chartreuse*. Quelquefois c'est une romance plaintive qui s'échappe, ou bien quelque élégie inspirée par le sentiment, et qui me rappelle sans trop d'infériorité la belle pièce de Parny sur *l'absence*. Mais la forme habituelle et facile pour lui, celle à laquelle il revient de préférence et qui se présente d'elle-même, c'est la chanson. Plus tard, dans un article sur Béranger, il nous en a donné la théorie d'après nature. Dans cette page charmante, il n'a eu qu'à se ressouvenir et à nous raconter son propre secret :

« Mais qui mieux que l'auteur lui-même, nous dit-il, ressent cette harmonie mutuelle du langage et du chant? Demandez-lui compte de son travail, à peine saura-t-il vous en faire le récit. Un jour, pourra-t-il vous dire, il se trouvait dans une disposition vague de rêverie et d'émotion, il éprouvait le besoin d'adoucir un chagrin ou de fixer un plaisir. Des sensations à peine commencées se pressaient en lui, des images informes et riantes passaient devant ses yeux. Peu à peu il s'anime davantage ; une image plus précise se retrace à lui, et il veut la saisir et la chanter. Ou bien c'est un sentiment qui se prononce et qui bientôt demande et inspire une expression poétique et musicale ; peut-être un air connu, dans un secret accord avec sa disposition présente, vient comme par hasard errer sur ses lèvres et lui dicte un refrain qui semble traduire la note par la parole ; parfois enfin quelques mots fortuitement rassemblés, qui représentent une image, qui forment un vers, lui viennent à l'esprit, et bientôt rappellent un air qui les relève et les anime. Alors la chanson commence ; on l'écrit presque sans la juger, avec peine ou facilité, mais toujours avec une sorte d'émotion, une certaine accélération dans le mouvement du sang, qui, tant qu'elle dure, fait l'illusion du talent et ressemble à la verve. Sûrement ici *l'art et le bon sens*, recommandés par Boileau *même en chanson*, jouent leur rôle, et surtout à présent que le style de ce petit poëme doit être si travaillé et la composition si remplie. Mais, malgré le soin de l'élégance, de la propriété, de la rime, jamais le poëte ne rentre complétement dans son sang-froid ; l'émotion première persiste ; l'air sans cesse fredonné, le refrain sans cesse redit, suffisent pour la soutenir, et la chanson, eût-elle coûté tout un jour de travail, semble toujours faite d'un seul jet. On ne sait quelle douceur s'attache à cette sorte de composition si frivole, si commune, si peu estimée. On rendrait mal cet oubli de toutes choses et de soi-même où elle jette un instant celui qui s'y livre, cette rêverie, ce trouble, cet abandon où l'âme, uniquement préoccupée d'une image, d'un sentiment, d'une sensation même, perd un moment le souvenir et la prévoyance, et se berce elle-même du chant qui lui échappe. Encore une fois on croirait qu'il y a dans la chanson quelque chose qui vient apparemment de la musique, et qui donne à un divertissement de l'esprit la vivacité d'un plaisir des sens. Peut-être l'imagination seule opère-t-elle ce prestige, l'imagination qui sait tout embellir, la douleur qu'elle adoucit, comme le plaisir qu'elle relève.... »

Doué de la sorte et sentant comme il sentait, il était impossible qu'il contînt sa chanson aux simples sujets d'amour ou de table et à la camaraderie de collége (1); les intérêts de gloire, de patrie, les événements publics, devaient y retentir aussi, et, en un mot, lui qui chantait depuis 1812, devait naturellement, inévitablement, entrevoir et pressentir dans ses refrains les mêmes horizons que découvrait vers le même temps Béranger. C'est en effet ce qui arriva. Sa chanson adolescente était en train de se transformer, d'enhardir son aile, quand la publication du premier recueil de Béranger, à la fin de 1815, vint faire une révolution dans l'art et dans son esprit : « Je ne crois pas, nous dit M. de Rémusat, qu'aucun ouvrage d'esprit m'ait causé une émotion plus vive que la chanson *Rassurez-vous, ma mie, ou Plus de politique.* » De lui-même il en avait fait une à cette époque, dans le même sentiment, intitulée *Dernière Chanson, ou le 20 novembre* (1815) (2). Une autre intitulée *le Vaudeville politique,* et dans laquelle il retrace toute l'histoire du noël satirique en

(1) Bon nombre des plus anciens couplets de M. de Rémusat furent composés pour un dîner de camarades de collége, auquel assistaient tous les mois MM. Victor Le Clerc, Naudet, Odilon Barrot, Germain et Casimir Delavigne, M. Scribe à partir de 1817, etc., etc.
(2) Ce mois néfaste de novembre 1815 fut l'époque du procès de Ney, du procès de Lavalette, du projet de loi sur les juridictions prévôtales présenté à la Chambre des députés par le duc de Feltre, du projet d'*amnistie* avec *catégories* proposé par M. de La Bourdonnaye. Le procès de M. de Lavalette commença le 20 novembre, et celui du maréchal Ney le 21. — Le refrain du jeune Rémusat était presque le même que celui de Béranger, par exemple :

> Mais comment offrir à nos belles
> Des cœurs flétris, des bras vaincus ?
> Nos chants seraient indignes d'elles :
> *Français, je ne chanterai plus !*

Mais ici le refrain allait dans le sens direct du couplet. Le refrain de Béranger, au contraire, qui tombait presque dans les mêmes termes, allait en sens inverse du reste des paroles, et de ce contraste sortait l'amère ironie :

> Oui, ma mie, il faut vous croire,
> Faisons-nous d'obscurs loisirs :
> Sans plus songer à la gloire,

18.

France, montre à quel point il comprit dès le premier jour le rôle de la *chanson représentative*.

Cette émotion qu'éprouvait le jeune homme, ce premier tressaillement qui, dans une pensée depuis si sérieuse et si diversement remplie, a laissé une trace si vive, qu'était-ce donc? C'était surprise et joie de voir réalisée à l'improviste une forme de ce qu'il avait lui-même plus confusément rêvé, c'était de rencontrer sous cette forme légère un idéal déjà à demi connu. Chaque fois qu'un génie favorisé trouve ainsi à point une de ces inspirations fécondes qui doivent pénétrer et remuer une époque, il arrive d'ordinaire qu'au début plus d'un esprit distingué se reconnaît en lui, et s'écrie, et le salue aussitôt comme un frère aîné qui ouvre à ses puînés l'héritage. Ce génie heureux ne fait qu'achever le premier et devancer avec éclat ce que plusieurs autres cherchaient tout bas et soupçonnaient à leur manière. De quelque nouveau monde qu'il s'agisse, petit ou grand, quand le Christophe Colomb le découvre, bien d'autres étaient déjà en voie de le chercher. Ainsi Béranger, ainsi Lamartine, dans les œuvres premières qui, seules encore, quoi qu'ils fassent, resteront l'honneur original de leur nom, apparurent comme l'organe soudain et comme la voix d'un grand nombre qui crurent tout aussitôt reconnaître et qui applaudirent en eux des échos redoublés de leurs propres cœurs. Tout concert unanime est à ce prix. Cette explication que je crois vraie, si elle intéresse jusqu'à un certain point les admirateurs dans la gloire du poëte admiré, n'ôte pourtant rien, ce me semble, à la beauté du sentiment, et elle ramène le génie humain à ce qu'il devrait être toujours, à une condition de fraternité généreuse et de partage.

> Dormons au sein des plaisirs.
> Sous une ligue ennemie
> Les Français sont abattus :
> Rassurez-vous, ma mie,
> Je n'en parlerai plus.

J'ai cru devoir insister sur ce premier coin de l'esprit de
M. de Rémusat. Chacun plus ou moins a son défaut qu'il
avoue et son défaut qu'il cache, et ce dernier le plus souvent
n'est pas le moindre. Chez quelques-uns, il en est ainsi des
talents : on a son talent public, avoué, et son talent confidentiel, intime, lequel, chez les gens d'esprit, n'est jamais le
moins piquant, ni surtout le moins naturel. Ceux qui n'ont
connu de M. de Lally-Tolendal que ses plaidoyers pathétiques
et ses effusions oratoires, et qui n'ont pas entendu ses délicieux *pots-pourris* tout pétillants de gaieté, n'ont vu que le
personnage et n'ont pas su tout l'homme. L'esprit de M. de
Rémusat se manifeste sans doute avec bien de la diversité
dans ses écrits présentement publiés ; on l'apprécie tout à la
fois comme critique, comme philosophe, comme moraliste
non moins élevé qu'exquis et pénétrant ; mais il y a autre
chose encore, il y a en lui un certain artiste rentré qui n'a
pas osé ou daigné se produire, ou plutôt il n'y a rien de rentré, car il s'est, de tout temps, passé toutes ses fantaisies d'imagination, il s'est accordé toutes ses veines. Seulement il n'a
pas mis le public dans sa confidence ; il a fait avec ses bonnes
fortunes littéraires comme l'élégiaque conseille de faire en
des rencontres plus tendres :

> Qui sapit, in tacito gaudeat ille sinu ;

il a été discret et heureux avec mystère, ou du moins il n'a
laissé courir et s'ébattre ces enfants de son plaisir que dans
un petit nombre de cercles enviés qui en ont joui avec lui. Les
anciens avaient de ces propos charmants qui ne se tenaient
qu'à la fin des banquets, entre soi, *sub rosá,* comme ils disaient, et qui ne se répétaient pas au dehors. Une partie du
talent de M. de Rémusat ne s'est ainsi produite, en quelque
sorte, que *sous la rose*. Voilà une manière d'épicuréisme qu'il
faut dénoncer. Il en est résulté que ceux à qui un heureux
hasard n'a pas fait entendre quelqu'une de ses jolies chan-

sons, par exemple *le Guide, le Néophyte doctrinaire;* — que ceux surtout qui n'ont pas assisté aux lectures de sa pièce d'*Abélard,* où cette vivacité première se retrouve, associée à de hautes pensées, à de la passion profonde et à un puissant intérêt dramatique, ne le connaissent pas encore tout entier. Nous tâchons ici, sans indiscrétion, de trahir une partie de ce qui se dérobe, et de hâter l'heure où ce rare esprit se verra forcé de se livrer à tous dans tout son talent.

Le jeune Rémusat était encore au collége qu'une autre vocation bien autrement grave, mais aussi irrésistible chez lui, se prononçait. Son goût semblait ne le porter d'abord que vers la littérature proprement dite, vers l'érudition grecque et latine; l'histoire en particulier l'attirait peu. Il se plaisait à traduire pour s'exercer au style; la forme le préoccupait plus que le fond, et il se sentait même une sorte de prévention contre la pensée et les systèmes. Mais tout d'un coup, étant en seconde, il entra un jour par curiosité dans la classe de philosophie. La philosophie formait alors un cours accessoire et facultatif pour les élèves de seconde et pour ceux de rhétorique. Un M. Fercoc, homme distingué, ami de M. de La Romiguière et resté plus condillacien que lui, y enseignait d'une manière attachante Locke et Condillac, avec un certain reflet moral et sentimental du *Vicaire savoyard.* Le jeune homme fut aussitôt saisi d'un attrait invincible; il était venu par curiosité, il revint par amour, et se jeta à corps perdu dans cette source nouvelle de connaissances. Méthode, opinions, il embrassa tout avec ardeur. Il eut aussitôt du succès, et obtint, dès cette année, une mention de philosophie au Concours. C'est de cette époque, dit-il, qu'il commença à penser, à contracter un goût constant pour la philosophie, et qu'il prit l'habitude d'employer pour son propre compte les procédés analytiques recommandés dans l'école expérimentale.

Cette impression si vive, cette émotion presque passionnée qu'il est assez rare d'éprouver en entrant dans une classe de philosophie, il l'a rendue plus tard en quelque manière dans la personne de son Abélard (1) entrant pour la première fois dans l'école du cloître ; mais Abélard, du premier jour, y entrait en conquérant, pour détrôner Guillaume de Champeaux, et lui il resta d'abord, et encore assez longtemps après, le disciple fervent et condillacien de cette première école. Ce ne fut qu'à quelques années de là qu'il se retourna contre elle. Et même lorsqu'il l'eut abandonnée, même depuis qu'il a marqué si haut sa place parmi les défenseurs d'un autre système, prenez garde ! si on insiste sur de certains points, si on appuie, on retrouve aisément en lui un fond de philosophie du xviiie siècle.

On ne retrouve pas moins, à l'occasion, un ancien fond de libéralisme beaucoup plus net et plus marqué, s'il m'est permis de le dire, que chez aucun des hommes distingués qui ont passé par la nuance doctrinaire. C'est que M. de Rémusat à son début, et de 1814 à 1818, fut d'abord un libéral pur et simple, sans tant de façons. Sur ce fond solide et uni il a, depuis, brodé toutes sortes de délicatesses ; un esprit comme le sien ne saurait s'en passer. Mais dès qu'on se met à appuyer, dès qu'une circonstance le presse, la fibre première a tressailli : on a l'ami franc et résolu de la liberté et le philosophe qui tire la pensée comme une arme, en jetant le fourreau.

Dans toute nature éminente, pour la bien connaître, l'étude des origines et de la formation importe beaucoup ; ici elle est plus essentielle que jamais, quand il s'agit de quelqu'un dont le premier caractère a été une maturité prodigieusement précoce, et qui, bien que si multiple et si fin dans ses éléments, se montrait déjà à vingt ans ce qu'il est aujourd'hui. Dans la préface de ses récents *Mélanges* (2), M. de Rémusat a tracé quelque chose de cette histoire, mais il l'a fait d'une ma-

---

(1) L'Abélard du drame.
(2) Page 23.

nière plutôt abstraite, en la généralisant et en l'étendant à ses jeunes amis d'alors et à ses contemporains ; il a évité le *je* aussi soigneusement que les philosophes d'autrefois l'évitaient ; on dirait qu'il a eu peur du *moi*. Nous prendrons sur nous de le lui restituer ici.

Il sortait donc du collége et il entrait décidément dans le monde, l'année même de la Restauration ; il avait tout juste dix-sept ans. Son horizon politique en*était au crépuscule. La Restauration le rendit subitement libéral ; il lui sembla qu'un voile tombait de devant ses yeux et que la Révolution s'expliquait pour lui. Cet éveil fut si puissant, que l'amertume de la victoire de l'étranger s'en adoucit un peu dans son cœur, et que le souvenir de cette époque lui est demeuré surtout comme celui d'une émancipation intellectuelle : « C'est pour cela, dit-il avec ce tour d'esprit qui est le sien et où le sérieux et la raillerie se mêlent, c'est pour cela que je n'ai jamais eu un grand fonds d'aigreur contre la Restauration ; je lui savais gré en quelque sorte de m'avoir donné les idées que j'employais contre elle. »

Il faudrait se bien représenter ici la physionomie du monde où vivaient ses parents, une variété du grand monde, aimable, polie, distinguée de manières et de goût, mais fort tempérée d'idées, et sans mouvement à cet égard, sans initiative. Enfant de ce monde-là, pour avoir grandi au milieu, pour y être né, il en a tout naturellement le ton, la légèreté, la causerie sur tout sujet, le sentiment du ridicule ; mais il fait tout bas ses réserves ; il a ses idées de *derrière la tête* (comme les appelle Pascal), et il ne les dit pas. Voltairien, libéral, métaphysicien *in petto*, croyant à la vérité, disposé à écrire, il sent très-bien que ce n'est point là le lieu pour étaler toutes ces choses de nature si vive et si entière, et qui vont mal avec la transaction perpétuelle dont la bonne grâce sociale se compose : « C'était son plaisir, nous dit-il, son orgueil, que de sentir fermenter secrètement en lui les idées et même les passions du siècle, au milieu de ces salons conservateurs, à opinions royalistes et religieuses modérées, mais superficielles. » De cette philosophie, en particulier, qu'il avait trop à cœur pour la risquer devant tous, il aurait dit volontiers alors ce que le poëte a dit du culte de la muse :

My shame in crowds, my solitary pride!

Lui, il aurait plutôt montré ses chansons, bien sûr qu'on les lui aurait plus facilement pardonnées.

Cependant, même à cette époque de travail solitaire et de logique presque absolue, même avant aucune initiation doctrinaire, cette fine nature était toute seule assez avertie, assez curieuse d'impartialité et assez difficile sur les conclusions, pour s'efforcer de concilier ses idées avec la modération véritable, et pour se garder de ce qu'avaient naturellement d'âpre et d'un peu grossier la politique et la philosophie révolutionnaires. C'était à la fois instinct d'un goût délicat, ennemi du commun, et sentiment d'un esprit équitable, qui tient compte des choses. Aussi, en même temps qu'il n'hésitait pas à mettre ses principes au-dessus des dynasties et des gouvernements, le jeune démocrate philosophe savait s'interdire l'espérance de rien renverser pour la pure satisfaction de ses principes, et il ne rejetait pas le vœu honorable qu'on pût *ramener peu à peu le fait,* comme on disait, *sous l'empire du droit.* En un mot, il s'évertuait à concilier dans sa pensée les institutions avec les théories. A aucune époque (c'est une justice qu'il peut se rendre), il n'a regardé le renversement comme un but ; mais il l'a toujours accepté comme une chance.

Qu'une remarque ici, une conjecture me soit permise. Le monde même où il vivait, et contre lequel il était en garde, dut, ce me semble, l'aider en ce travail de modération plus que l'éminent jeune homme ne le crut peut-être. Habitant en quelque sorte dans deux atmosphères, il portait et gardait, sans y songer, de l'une dans l'autre. Il serait injuste de ne juger un milieu que par l'endroit où l'on s'en sépare, et d'omettre tout ce qu'il nous a insensiblement communiqué. La tiédeur d'opinions de la société pouvait sans doute l'impatienter souvent, l'irriter même un peu, et il aspirait à des régions plus franches ; mais aussi, à peine rentré dans cet air plus vif de l'intelligence pure, il conservait un liant que l'école ne connut jamais, il cherchait un tempérament, il concevait des distinctions, des transitions, qui étaient autant de ressouvenirs de ce qu'il venait de quitter. L'homme d'esprit et l'homme du monde gardaient encore à vue le théoricien, et le sentiment du réel ne l'abandonnait pas. Dans ce monde d'ailleurs qu'il savait si bien, et parmi les amis particuliers de sa mère, se trouvaient deux hommes qu'il ne saurait avoir été indifférent à aucun bon esprit d'avoir connus et pratiqués dès la jeunesse. Ceux qui n'ont eu l'honneur d'aborder que tard M. Molé et M. Pasquier peuvent bien apprécier tout ce qu'on apprend à les voir et à les entendre, et que la théorie moderne ne supplée pas. Sans me permettre d'entrer ici dans les différences qui les caractérisent et en laissant de côté ce qu'il y a de particulier dans chacun d'eux, j'avoue pour mon compte avoir ignoré jusque-là, avant de l'avoir considéré dans leur exemple, ce que c'est que la justesse d'esprit en elle-même, cette faculté modérée, prudente, vraiment politique, qui ne devance qu'autant qu'il est nécessaire, mais toujours prête à comprendre, à accepter sagement, à aviser, et qui, après tant d'années, se retrouve sans fatigue au pas de tous les événements, si accélérés qu'ils aient pu être. Entouré de leur amicale bienveillance, prenant part à leur intimité, le jeune Rémusat, bien que poussé par sa nature à se chercher d'autres guides, dut gagner dans ce commerce un fonds de notions réelles, d'observations précises, qui servaient de point d'appui à la contradiction même, et qu'étaient loin de posséder, de soupçonner au départ, tous ceux qui, comme lui, allaient à la découverte. Ainsi informé et prémuni, il eut beau se lancer ensuite, il eut de l'abstraction, jamais du vague; il eut de l'audace, et il ne donna pas dans l'aventure.

Si rien n'est plus rare et plus profitable dans la jeunesse que d'apprendre à faire cas du jugement et de l'esprit de ceux dont on ne partage pas les opinions, rien aussi n'est calmant comme de voir ses propres opinions rencontrer quelque alliance et quelque bon accord autour de soi. M. de Rémusat éprouva de cette consolation en vivant dans la société de M. de Barante. Cet esprit élevé et fin, et qui a droit d'être difficile sur la qualité des autres, finit par le distinguer; il trouvait que c'était dommage qu'ainsi doué on ne fît rien, c'est-à-dire qu'on n'écrivît pas. Il lui ouvrit un premier jour sur les idées politiques ou même littéraires de la société de Coppet, et le jeune homme s'aperçut avec joie qu'il existait encore un lieu où le libéralisme était d'assez bonne compagnie, où se retrouvait quelque chose du mouvement de 89, et que ses opinions n'étaient point exclusivement reléguées dans les écoles ou les estaminets. Cela l'éclaira, dit-il, et par là même le modéra.

Il écrivait déjà beaucoup et pour lui seul. Tout en faisant son droit (1814-1817), il composa un certain roman de *Sidney*, dont le patriote de ce nom était le héros; il y avait déposé toutes ses idées sur la politique, la société, la vie, l'amour, et il en dit un peu sévèrement peut-être, sans nous mettre à même de le vérifier, que c'était une vraie déclamation. Mais les pages sur *la jeunesse* (1817), qui ouvrent les volumes de *Mélanges*, nous le représentent bien à cette date, dans sa lutte muette contre la société, aspirant à un idéal non encore défini, avec le sentiment d'une supériorité qui cherche son objet, avec une amertume d'ironie qui se retourne contre elle-même. Ce qui est surtout curieux à noter, c'est combien déjà il se juge, il se gourmande, il se châtie; tout ce qu'on serait tenté de lui opposer, il est le premier à se le dire, et bien plus durement et bien plus finement aussi.» On le sent, cette roideur d'un premier stoïcisme est dès lor

en voie de se détendre, de même que ce style, déjà tout
formé et si subtil, s'assouplira. L'auteur nous peint là un
Cléon qu'il a l'air de copier d'après nature. Tous, plus ou
moins, nous avons ainsi en nous un premier type que nous
aimons à détacher, à figurer en l'exagérant un peu, à faire
poser devant nous et devant les autres ; nous y jetons nos
qualités, nos défauts ; nous le caressons, nous le malmenons
et finissons le plus souvent, dans notre impatience de *tout
ou rien*, par l'immoler de désespoir et le faire mourir. Qu'on
se rassure pourtant : Cléon ne meurt pas ; il se transforme en
vivant, il se perfectionne, il fait presque tout ce qu'il a dit
qu'il ne fera pas, et son portrait, longtemps après retrouvé,
ne paraît plus à nos yeux surpris qu'un des profils évanouis
de notre jeunesse. En le revoyant, on ne peut que s'écrier
comme Montaigne devant ses anciens portraits : *C'est moi, et
ce n'est plus moi !*

« Ne vous obstinez pas, concluait le peintre de *Cléon* en
s'adressant aux jeunes gens, à poursuivre un *je ne sais quoi
plus grand* que vous-mêmes ou que votre époque ; ou, si vous
voulez absolument chercher quelque chose de grand, sachez
quoi. » Pour lui, il ne tarda plus guère à le savoir. L'ouvrage
posthume de Mme de Staël sur la Révolution parut ; il l'émut
vivement et lui causa un véritable enthousiasme. Un dernier
rideau se leva de devant ses yeux, et ce nouveau monde politique et philosophique, qu'il n'avait encore vu que dans les
nuages, se dessina désormais comme une terre promise et
comme une conquête. On peut dire que sa formation complète et définitive date de ce moment, et qu'en posant le
livre, tout l'homme en lui se sentit achevé.

Nous avons affaire à un esprit de nature très-complexe, et
dans laquelle est entré déjà plus d'un élément. Une leçon
métaphysique de M. Fercoc l'a ému, comme elle eût pu faire
pour un Malebranche naissant ; une chanson l'a fait tressail-
lir, comme s'il était une de ces choses légères et sacrées dont
parle Platon, et voilà que l'intelligence politique le saisit

comme un futur émule des Fox et des Russell. Nous ne prétendons pas compter dans cette riche et fine organisation toutes les impressions et les influences; mais nous tenons évidemment les principales, celles qui, en se croisant, ont formé la trame subtile, *tres imbris torti radios*...

Toutes les idées et les vues que lui suggéra la lecture du livre de Mme de Staël, il les écrivit pour lui seul d'abord; mais, un jour, dans l'été de 1818, se trouvant à la campagne (1), il remit le morceau à M. de Barante, qui le questionnait sur ses études. M. de Barante en fut très-frappé, et dit qu'il le voulait garder pour le donner comme article à M. Guizot, qui dirigeait alors les *Archives*. Peu après (2), l'article parut en effet sous ce titre : *De l'influence du dernier ouvrage de madame de Staël sur la jeune opinion publique;* il était précédé de quelques lignes dues à la plume de M. Guizot :

« Nous avons rendu compte, disait-on, du dernier ouvrage de Mme de Staël; nous n'avons pas hésité à affirmer qu'il exercerait une grande et salutaire influence. Nous avons dit que cette influence se ferait surtout sentir dans cette jeune génération, l'espoir de la France, qui naît aujourd'hui à la vie politique, que la Révolution et Bonaparte n'ont ni brisée ni pervertie, qui aime et veut la liberté sans que les intérêts ou les souvenirs du désordre corrompent ou obscurcissent ses sentiments et son jugement, à qui, enfin, les grands événements dont fut entouré son berceau ont déjà donné, sans lui en demander le prix, cette expérience qu'ils ont fait payer si cher à ses devanciers. Qu'il nous soit permis d'apporter ici, à l'appui de notre opinion, un exemple que nous ne saurions nous empê-

---

(1) Au château du Marais, chez Mme de La Briche, belle-sœur de la célèbre Mme d'Houdetot et belle-mère de M. le comte Molé. C'est au Marais aussi que, l'année précédente, il avait lu, pour la première fois, quelque chose de lui, le morceau sur *la jeunesse*, qui commence les *Mélanges*. Sur cette société d'un goût délicat, il n'avait pas craint de faire le premier essai d'une production de son esprit; mais, pour le morceau politique sur Mme de Staël, il ne s'ouvrit qu'à M. de Barante.

(2) *Archives philosophiques, politiques et littéraires*, tome V, 1818.

cher de trouver fort remarquable ; c'est le petit écrit qu'a inspiré à un jeune homme la lecture de l'ouvrage de Mme de Staël ; sans doute les semences que contient cet ouvrage trouveront rarement une terre aussi promptement, aussi richement féconde. Mais l'exemple n'en a que plus de valeur ; ce qui a pu exciter dans un esprit naturellement distingué tant d'idées saines, tant de sentiments nobles, ne manquera pas, à coup sûr, de les propager dans un grand nombre d'autres esprits. Ces sentiments et ces idées forment déjà notre atmosphère morale, et il faut que les gouvernements s'y placent aussi, car, hors de là, il n'y a point d'air vital. »

Suivaient les pages sur la *Révolution française* qu'on peut lire en partie reproduites au tome Ier des *Mélanges* (1). L'article fit du bruit, et même un peu de scandale, dans les cercles où vivait le jeune auteur. Il y avait à cela plusieurs raisons, et non pas toutes frivoles. Le fils jugeait l'Empire, et ses parents l'avaient servi. Depuis la Restauration, M. de Rémusat père était préfet, le fils lui-même semblait destiné alors à une carrière au sein de l'ordre établi (2). Juger de si haut le régime d'hier, tracer si décidément la marche à celui d'aujourd'hui, c'était une grande hardiesse assurément dans un jeune homme. Et puis faire un article de journal! passe encore si c'eût été une chanson. En revanche, M. Auguste de Staël cherchait, pour le remercier, l'admirateur de sa mère ; Mme de Broglie lui écrivait pour l'appeler ; M. Guizot l'attirait chez lui, et M. Royer-Collard qu'il y rencontrait un soir, et devant qui on parlait de je ne sais quel ouvrage nouveau, se prit à dire de ce ton qu'on lui connaît : *Je ne le relirai pas*, et se retournant aussitôt vers le jeune Rémusat : *Je vous ai relu, monsieur* (3).

(1) Pages 92-102.
(2) M. Molé, à ce moment ministre de la marine, l'avait admis à travailler dans la Direction des Colonies.
(3) M. Royer-Collard lui-même avait reçu une vive impression de cet ouvrage posthume de Mme de Staël ; jusque-là il avait toujours eu contre elle d'assez fortes préventions ; mais en lisant ces *Considéra-*

Chacun a son destin qui, tôt ou tard, se fait jour : *fata viam invenient*. Cela est vrai des individus comme des empires. Voilà donc M. de Rémusat auteur, et le voilà du groupe doctrinaire. Son étoile l'y conduisait. C'était bien le monde qui lui convenait le mieux comme exercice et développement de la pensée, un monde aussi ennemi du commun populaire que du convenu des autres salons, qui ne craint point les idées, pas même les systèmes; où tout fait question, où tout se discute, s'analyse, se généralise; où l'esprit n'a pas trop de tous ses replis, ni l'entendement de toutes ses formes; où les lectures solides, les considérations élevées se résument toujours et s'aiguisent en une rédaction ingénieuse ; où cette *ingéniosité* de tour est un cachet non moins distinctif que la haine du médiocre. On a depuis appliqué la qualification de *doctrinaire* à tant de choses et à tant de gens, que c'est à faire pitié, quand on sait combien ce terme se restreignait primitivement à une élite, presque à une secte d'esprits éminents qui ne se pouvaient confondre avec les plus proches. Le gros public n'en fait jamais d'autres; mais c'est assurément la plus lourde injure qu'il ait pu infliger aux vrais doctrinaires que de les envelopper dans cet à-peu-près. Durant les dernières années, quand il entendait prodiguer l'appellation devenue banale, M. Royer-Collard disait : « Que veulent-ils parler de doctrinaires ? Ce que je sais, c'est que nous étions trois d'abord, M. de Serre, Camille Jordan et moi. » Sans remonter si haut, sans nous reporter à cet âge presque mythologique du parti doctrinaire, nous trouvons, au moment où M. de Rémusat y fit son entrée, que la tête du groupe se composait exactement de M. Royer-Collard, du duc de Broglie, de M. de Barante et de M. Guizot. En se liant avec tous, et plus particulièrement encore avec M. Guizot, dont il se plaît à dire

---

tions si hautes, si viriles et à la fois si prudentes, *sur la Révolution française*, il rendit les armes et s'avoua vaincu. Le doyen du groupe ne sentit pas autrement que le plus jeune initié.

qu'aucun esprit n'a plus agi sur le sien, M. de Rémusat garda, comme on peut croire, sa propre originalité. Bien jeune, il apportait des idées et même des convictions déjà faites, un fonds de *pure gauche* en politique, le culte philosophique de la raison et de la vérité ; il se *doctrinarisa* pour la forme et pour l'agrément.

Dans le même temps, sa métaphysique s'éclairait d'un nouveau jour en rencontrant celle de M. Cousin, et tout d'abord il marqua dans l'école philosophique au premier rang des amateurs, en attendant qu'il y fît sa place comme un maître. Cette veine plus tard se retrouvera.

Une question se présente qu'autant vaut peut-être agiter ici et qu'aussi bien nous ne saurions éluder. En présence d'une nature si complexe, mais si loyale et si franche, qu'avons-nous après tout à craindre de pousser jusqu'au bout l'étude? Et d'ailleurs, sous l'œil d'un esprit si clairvoyant, n'est-ce pas le seul digne hommage? M. de Rémusat a certes en lui du sceptique, il a du railleur, et de plus il aime la vérité, et il eut à de certains jours, il a pour elle de ces *merveilleux amours* dont parle Cicéron après Platon. Or lequel des deux en lui domine? lequel, en définitive, se rencontre le plus avant pour qui le sonde? Est-ce le fond solide ou l'ondoyant? Vous croyez que c'est l'ondoyant ; mais n'y a-t-il pas un fond plus solide par-delà? Vous croyez que c'est le solide ; mais n'y a-t-il point par-delà un fond plus fuyant encore? Là est le nœud du problème. Qui peut dire ce dernier mot des autres? Le sait-on soi-même de soi? Souvent (si je l'osais dire) il n'y a pas de fond véritable en nous, il n'y a que des surfaces à l'infini.

En nous tenant pourtant à notre objet, que voyons-nous? qu'avons-nous vu déjà? Jeune homme, il aimait la métaphysique, et tout à côté il faisait des chansons ; il avait ses opinions, ses idées chères, intimes, et tout à côté il les analysait, il s'en rendait compte. Dans cette mesure, nous le possédons au complet, ce me semble. Tel il est, tel il sera. Chez lui, la chanson, ou, si vous aimez mieux, la raillerie fine s'en va accoster la métaphysique, la prendre sous le bras dans ses heures de récréation, si bien qu'on ne sait par moments laquelle devance et a le pas sur l'autre. Et d'autre part l'analyse aussi, l'inexorable analyse, accoste toujours sa conviction ou sa passion, et l'observe et la décompose chemin faisant, au point de la déconcerter, si celle-ci n'était bien ferme et bien décidée à persister *quand même.* Tout cela marche et coexiste sans se détruire. Figurons-nous bien le cortége : la plus pénétrante des analyses à droite, la plus fine des railleries à gauche; et pourtant il y a une ardeur, une conviction qui, chez cette nature élevée, a la force de cheminer entre ce double accompagnement.

On le comprend toutefois, pour atteindre jusqu'ici à toute sa destinée, soit politique, soit littéraire, pour remplir, comme on dit, tout son mérite, qu'a-t-il manqué à une supériorité si constante? Rien qu'un défaut peut-être. Mais, certainement, une qualité de moins aurait mis ses autres qualités plus à l'aise. Elles se sont tenues en échec l'une l'autre. Et qu'importe? dirons-nous, et dira comme nous quiconque ne se règle pas sur le *paraître.* Ce qui a pu nuire ainsi à l'entier développement extérieur et à l'effet solennel de l'ensemble aura tourné plus sûrement au profit de la distinction exquise, de la connaissance infinie et de l'agrément. Il y a en un seul plusieurs hommes qui pensent, qui jouent, qui s'animent, qui se prennent à partie, qui se répondent, (chose plus rare !) qui vous écoutent et qui vous répondent aussi, et le tout fait une réunion délicieuse, *totam suavissimam gentem,* disait Voltaire en parlant de la plus aimable des sociétés philosophiques de sa jeunesse.

Quoi qu'il en soit de ce charme intérieur, M. de Rémusat a beaucoup agi au dehors, beaucoup influé, beaucoup écrit, sans parler de l'avenir ouvert qui lui reste. Voyons-le à l'œuvre dans le passé; il s'y est mis de bonne heure, et voilà près de trente ans. Son début fut du côté de la politique. Depuis la fin de 1816, la Restauration marchait dans le sens de la Charte et se rapprochait lentement du libéralisme. L'ordonnance du 5 septembre, en brisant la Chambre de 1815, avait rendu au gouvernement de Louis XVIII la liberté de son action. Pendant les quatre années qui suivirent, il y eut une tentative sérieuse, sincère, pour poser les bases du régime constitutionnel, et le mettre en équilibre au milieu des violences des partis. Ce furent même, à les envisager de loin, les seules années durant lesquelles la Restauration aurait pu réellement se fonder par ses propres mains et s'affermir. Le ministère Villèle, en venant, dès 1821, reprendre à sa manière l'œuvre de la Chambre de 1815 et en se prolongeant six ans, perdit tout ; il mit la méfiance et la désaffection dans tous les rangs. Il n'y eut plus, après ce long et détestable ministère, qu'une courte halte sous M. de Martignac, une halte en apparence triomphante, mais inquiétée au fond et compromise par le souvenir de tout ce qui avait précédé. Le terrain était miné sous les pieds, et, quoique l'atmosphère générale des esprits fût alors fort calmée et presque libre d'orages, une Cour aveugle ne le croyait pas, et on ne croyait guère en elle. La Restauration se divise donc naturellement en deux portions, celle qui précède le ministère Villèle, et celle qui en provient. M. de Rémusat, qui prit une part si brillante aux luttes de la seconde moitié et qui fut, vers la fin, un des chefs de la jeune garde militante, combattit aussi dans la période antérieure comme un actif et vaillant soldat. Le premier ministère de M. de Richelieu, en se dissolvant de lui-même à la fin de 1818, avait fait place au cabinet présidé par M. Dessoles, qui fut le plus libéral de tous ceux de la Restauration. Le jeune Rémusat y devint ministériel, et ce fut son seul temps de ministérialisme avant 1830. Tout récemment lié par son article des *Archives* avec les chefs doctrinaires qui étaient les conseillers intimes du cabinet, il suivit M. Guizot, alors directeur général à l'intérieur, et pendant toute l'année 1819 il servit de sa plume une politique qui tendait à réaliser ses vœux. On l'employa utilement à ces sortes d'écrits destinés à la circonstance, et qui ne lui survivent pas. De cette quantité de publications officielles ou semi-officielles, exposés de motifs, brochures explicatives des projets de loi, etc., etc., nous n'en indiquerons qu'une sur la *responsabilité des ministres,* et une autre sur la *liberté de la presse.* Cette dernière, qui avait pour objet de motiver et d'appuyer les projets de loi présentés sur la définition des délits de presse et sur leur mode de jugement par le jury (1), se recommande encore aujourd'hui par des idées générales très-hautes, très-fermes, exprimées non sans éclat. Il m'est impossible d'y rien noter de juvénile, si ce n'est peut-être une certaine forme condensée, un enchaînement parfois si serré qu'il peut paraître obscur, en un mot une légère exagération de la maturité. L'auteur y embrasse et y résume d'un coup d'œil philosophique les différentes phases par lesquelles a passé la liberté de la presse en France. L'opinion sur ce chapitre devança toujours les lois, et les éluda. Ce fut seulement dans la première moitié du xviiie siècle que l'opinion commença à devenir une puissance :

« Dès cette époque, disait M. de Rémusat, la liberté de penser, suite naturelle de cette oisiveté de la civilisation, qui, suspendant le cours des passions violentes, force l'esprit à se replier sur lui-même, à scruter ses propres conceptions, et remet ainsi les croyances sous le contrôle du raisonnement ; la liberté de penser, gênée par la double barrière que lui opposaient le pouvoir et l'usage, cherchait de toutes parts une issue, impatiente de se produire au dehors. Comme elle aspirait à la notoriété, elle ne tarda pas à regretter l'absence de la liberté d'écrire et s'efforça de la rejoindre partout où elle eut l'espoir de la trouver. Quoique celle-ci ne fût nulle part établie, chaque État cependant la recélait par rapport aux États voisins. Il suffisait, pour en jouir, de passer deux fois la frontière ; la pensée qui sortait

---

(1) Voici le titre exact : *De la Liberté de la Presse, et des Projets de loi présentés à la Chambre des Députés dans la séance du lundi 22 mars* 1819.

manuscrite revenait imprimée dans son pays natal. Un livre hardi était alors poursuivi comme contrebande, et les auteurs cherchaient moins à éluder les tribunaux que la douane.

« La prohibition produisit son effet ordinaire ; elle encouragea la fraude. La France fut couverte d'ouvrages, dont le plus grand mérite était d'être défendus. L'impossibilité de les saisir tous amena quelque tolérance, et les exceptions se multiplièrent, malgré les édits et les arrêts ; car les ministres, qui se piquaient d'être à la mode, se montrèrent moins rigoureux que le parlement. La prohibition ne servait, en effet, que l'ordre établi, dont on commençait à se soucier très-peu ; la liberté plaisait à la bonne compagnie, la première puissance de cette époque. Les livres qui flattaient son esprit furent donc accueillis avec empressement. Tel qui en requérait la lacération eût rougi de ne pas les avoir dans sa bibliothèque, et plus d'un lisait par goût les pages qu'il faisait brûler par convenance. »

On ne saurait mieux dire ni rendre plus fidèlement l'esprit d'un siècle. L'auteur rapporte à M. Turgot l'honneur d'avoir l'un des premiers, le premier peut-être, fait entrer la publicité *dans ce qu'on avait jusqu'alors assez singulièrement nommé les affaires publiques.* L'abbé Morellet, *un écrivain que l'on a toujours rencontré,* disait M. de Rémusat, *dans la route de la vérité et de la justice* (1), avait composé, en 1764, des *réflexions sur les avantages de la liberté d'écrire et d'imprimer sur les matières de l'administration;* son livre ne put être imprimé que dix ans après, sous le ministère de M. Turgot. Depuis lors, et malgré les efforts restrictifs, la liberté politique de la presse ne cessa de gagner du terrain : elle existait de fait au moment de la convocation des États-généraux. Proclamée alors plutôt que constituée, elle partagea, sous les régimes qui suivirent, le sort de toutes les autres libertés ; la faction dominante se l'adjugea, et elle devint un des priviléges du plus fort.

(1) Notez ces traces directes du xviiie siècle, plus marquées que ne les admet en général l'école doctrinaire.

« Toujours est-il vrai de dire, ajoutait l'auteur, que, même alors, en qualité d'instrument de publicité, la presse fut regardée comme un moyen de gouvernement, et le dernier maître qui a possédé la France le reconnut lui-même à son tour. Dans le grand nombre des nécessités politiques qu'impose le temps où nous vivons, il n'y en a guère qui aient échappé à sa pénétration, hors la nécessité d'être juste. Véritable usurpateur des forces de la société, il s'en arrogea l'emploi pour s'en approprier le bénéfice, espèce de grand monopole qu'il voulut étendre sur l'Europe entière. C'est ainsi que, remarquant la puissance actuelle de la presse, il la confisqua au profit de son empire, et la contraignit à devenir complice de son système de déception ; mais cet abus même indique qu'en cela, comme en tout, il comprit son siècle ; et la preuve qu'il le comprit, c'est qu'il ne chercha pas moins à le corrompre qu'à le comprimer. Non content d'effrayer par la force, d'entraîner par le succès, d'éblouir par la gloire, il jugea qu'il fallait encore s'adresser à l'esprit des hommes et le séduire ; il se mit à plaider lui-même, dans *le Moniteur*, la cause qu'il gagnait avec son épée. Je ne sache pas de signe plus frappant de la nature du temps où nous sommes, que cette obligation où se crut un conquérant de se faire sophiste ; singulière combinaison, qui semble à la fois une insulte et un hommage à la raison humaine ! »

Poursuivant ses déductions, l'auteur s'appliquait à montrer que la liberté reconnue aux citoyens de communiquer entre eux et de prendre acte de leurs opinions (ce qui, dans un grand empire, ne peut se faire que par la presse) était le seul moyen de créer une pensée commune fondée sur un commun intérêt, de hâter la formation des masses, et, en dissipant les fantômes nés du conflit des souvenirs, d'éclairer la société entière sur son état réel, sur les forces qui avaient grandi et s'étaient développées chez elle en silence ; pour les faire tout aussitôt apparaître, il ne fallait qu'un gouvernement libre : *la Restauration,* disait-il vivement, *a mis la France au grand jour*.

Et repoussant les évocations du passé qui défigurent le présent et qui empêchent de le reconnaître dans ce qu'il a d'essentiel et de nouveau, il signalait cet autre genre d'illusion tournée vers l'avenir, et qui consiste à rêver toujours au delà, à chercher plus loin vaguement ce que déjà l'on possède si l'on sait bien en user : « Est-il donc si difficile, concluait-il, « de voir ce qui est, et de sentir qu'il n'y a plus lieu d'ap- « préhender des événements qui sont aujourd'hui con- « sommés, ni de désirer des résultats qui maintenant sont « obtenus ? »

C'est ainsi qu'il cherchait à convaincre la Restauration du bienfait qu'elle recélait et à le lui faire rendre sans contrainte. Le publiciste éclairé dégageait à merveille les idées et les intérêts ; mais alors on avait à compter avec les passions.

Toujours et partout on a plus ou moins à compter avec elles, avec les entêtements ou avec les rêves, avec un faux imprévu qui déjoue. Lorsqu'on est jeune, qu'on a l'esprit élevé comme le cœur, et qu'on croit à la raison universelle, si clairvoyant et si avisé d'ailleurs qu'on puisse être, on est d'abord tenté de se dire que la sottise humaine a fait son temps et que le règne du vrai commence, tandis qu'en réalité cette sottise ne fait que changer de costume avec les âges, et que, sous une forme ou sous une autre, elle est notre contemporaine toujours.

M. de Rémusat, jeune, luttait contre de semblables idées, et, toutes les fois que l'occasion s'en représente, nous le retrouvons qui lutte encore. Il n'admet pas que l'humanité soit dupe. Qui mieux que lui, avec sa finesse, sait pénétrer les préjugés et les travers de son temps, ceux de l'espèce même? Il se fait assurément toutes les objections. Et pourtant il a foi, il se confie volontiers en l'instinct public, en la raison croissante des masses. Ce n'est pas pour la forme, c'est en conscience que cet esprit d'élite fait appel au vœu des majorités, qu'il leur accorde non-seulement une puissance de fait, mais comme une faculté de justesse. Il est bien peu d'hommes, depuis vingt-cinq ans, dont le libéralisme ne se soit usé, découragé ou perverti ; le sien a tenu bon et a gardé de sa flamme. Chez un esprit de cette qualité, c'est une sorte de phénomène. On peut dire de lui qu'il a une religion politique.

Nous en retrouverions l'idée et presque le dogme proclamé dans une brochure, la première à laquelle il ait mis son nom, et qu'il publia en 1820 sous le titre : *De la Procédure par jurés en matière criminelle*. Le ministère de 1819 préparait sur cette matière une loi, dont M. de Broglie, déjà le plus savant des légistes politiques, était l'inspirateur. Une commission avait été nommée ; M. de Rémusat, qui en faisait partie comme secrétaire, évoqua à lui la question et composa une espèce d'ouvrage, de traité, qui avait pour but d'éclairer et de sonder l'opinion, mais qui ne parut qu'au lendemain de la circonstance et d'un air de théorie.

Dans les premières pages, l'auteur trace à la politique, *à la science de la société* (comme il la définit), une sorte de voie moyenne entre l'utopie et l'empirisme, entre l'idée pure et la pratique trop réelle :

« Si la politique, disait-il, ne voit dans les événements que de vaines formes, dans les noms propres que de vains signes, elle ne sait qu'inventer des lois chimériques pour un monde supposé ; si elle n'aperçoit ici-bas que des accidents et des individus, elle gouverne le monde par des expédients : placée entre la République de Platon et le Prince de Machiavel, elle rêve comme Harrington ou règne comme Charles-Quint. »

S'attachant à dégager le droit sous le fait et à maintenir la part de la raison à travers le hasard, il estime qu'à toutes les époques de la civilisation il est possible et il serait utile de revendiquer la vérité, mais cela lui paraît surtout vrai du temps présent :

« On peut juger diversement le passé, dit-il, mais on doit du moins reconnaître que le temps présent a cet avantage que nulle idée n'a la certitude d'être inutile : la raison n'est plus sans espérance ; comme une autre, elle a ses chances de fortune. Si elle n'est pas sûre de vaincre, toujours peut-elle se présenter dans la lice. Comme le berger de Virgile, la liberté l'a regardée tard, mais enfin la liberté est venue et ne l'a point trouvée oisive comme lui. »

Libertas, quæ sera tamen respexit inertem.

On reconnaît là une de ces allusions classiques comme les aime la plume de M. de Rémusat. L'ingénieuse finesse du talent littéraire se décèle jusque dans ces matières un peu sombres (1).

Continuant de plaider la cause de la raison émancipée et des conséquences toutes nouvelles qui en découlent, il pose d'une façon absolue certains principes, il se complaît à dérouler certaines maximes générales qu'il est piquant, après tant d'années, de pouvoir confronter avec les résultats et de contrôler :

« Les événements, écrivait-il, semblent avoir préparé la France pour l'application des théories, et les faits ont en quelque sorte travaillé pour les principes. Jamais société ne s'est trouvée, pour ainsi dire, dans une disposition plus rationnelle. Les opinions ne demandent aujourd'hui qu'à devenir des lois, et ces lois n'ont point à briser des habitudes, des préjugés, des intérêts, toutes ces entraves inévitables et souvent légitimes qui gênent presque en tous lieux l'essor de la vérité. Telle est notre situation, que ce qui exposerait d'autres peuples nous rassure : nous attendons comme une garantie ce qu'ils

(1) C'est ainsi qu'au début de sa brochure sur *la Liberté de la Presse* il montrait cette liberté invoquée tour à tour de chaque parti dans la disgrâce, mais le plus souvent repoussée des mêmes gens sitôt qu'ils la voient paraître : « Au triste accueil qu'elle reçoit
« d'eux, disait-il, on serait tenté de penser qu'ils l'invoquaient
« comme le bûcheron de la fable invoquait la Mort ; elle ne les aide
« qu'à recharger leur fardeau, et ils la prient de repartir. » Ce genre d'agrément détourné est un des cachets de sa manière.

ambitionneraient comme une conquête ; l'esprit de conservation sollicite chez nous ce que réclame ailleurs l'esprit de nouveauté. La liberté politique n'est plus pour nous une affaire de goût, mais de calcul... Loin d'exposer aucune existence, elle les tranquillise toutes ; loin d'irriter les passions, elle les pacifie... Encouragée par cette disposition générale des esprits, la pensée individuelle se sent à l'aise et ne craint plus de se livrer à elle-même ;... sur quelque point de l'ordre politique qu'elle se porte, elle trouve presque toujours qu'elle a été prévenue par l'opinion, disons mieux, par l'instinct public, qui d'avance signale les abus, dénonce les besoins, demande les réformes. La tâche des publicistes en devient plus facile ; il ne s'agit plus pour eux de deviner, mais d'entendre ; ils ne provoquent plus, ils répondent. »

Il fallait être doué à la fois d'une grande puissance de discernement et d'abstraction pour voir ainsi à la fin de 1819. Le fait est que si l'on peut se figurer le corps social d'alors sans les accidents et les symptômes qui masquaient sa disposition fondamentale, il demandait plutôt à être traité dans ce sens ; mais ces accidents, ces symptômes ne faisaient-ils pas une complication grave, qui devenait par moments l'objet principal et qui contrariait la méthode pure ? En essayant d'appliquer directement leurs principes sous le ministère Dessoles, en se préoccupant plus des choses que des hommes, et en se persuadant trop que le rôle de l'*homme d'État* se réduisait désormais à celui de *législateur,* des esprits éclairés tinrent-ils assez de compte de toute cette situation réelle, et n'eurent-ils pas trop de confiance en un malade qui n'était pas assez calmé ? Ils discernaient avec une rare supériorité de coup d'œil le fond du tempérament du malade, qui était excellent, mais ils faisaient abstraction de la fièvre qui lui restait, et dont les accès allaient redoubler. Ils se flattaient d'interroger le pays indépendamment des partis ; les partis s'en mêlèrent et répondirent. L'élection de l'abbé Grégoire, par exemple, ne nous effraie pas aujourd'hui, mais elle ne pouvait point ne pas effrayer les régnants d'alors, et elle semblait un défi que devaient exploiter avec fureur ceux qui avaient pour cri : *la Charte et les honnêtes gens*. La division se mit dans le cabinet et au sein du groupe doctrinaire lui-même. L'assassinat du duc de Berry trancha le nœud et rejeta loin la mise en œuvre des théories. Le second ministère de M. de Richelieu, en essayant de s'interposer dans cette crise, et en le faisant avec une sincérité, avec un dévouement incontestables de la part de plusieurs d'entre ses membres, ne put que retarder par des biais et mitiger par des palliatifs un résultat prévu. La santé de Louis XVIII, qui s'affaissait à vue d'œil et entraînait sa volonté, la fixité étroite et opiniâtre du comte d'Artois, qui convoitait cette fin de règne, c'étaient là des données matérielles et presque fatales dans la politique du moment, et tout l'art humain n'y pouvait rien. Il arriva donc en définitive ce qui arrive si souvent dans les choses humaines : la raison n'eut pas tout à fait tort, elle ne fut qu'en partie déjouée. *Elle eut, comme une autre, ses chances de fortune,* selon que le remarquait spirituellement M. de Rémusat, c'est-à-dire qu'elle obtint dix ans plus tard, et par l'auxiliaire d'un fait instantané, un régime dont la société eût réclamé l'application graduelle et ménagée dix ans plus tôt. Mais, le jour où les réformes furent conquises, la société, de nouveau remuée, n'y répondit pas comme elle aurait fait en temps plus utile. Des passions nouvelles se dessinèrent; des désirs confus, un vague malaise ont succédé, qui, chez une nation mobile, sont peut-être pires que les passions mêmes. Ces ennuis et ces désirs compliquent la situation présente, tout comme les passions d'alors compliquaient cette disposition *rationnelle* d'autrefois; et si l'on voulait prêter l'oreille aujourd'hui à *l'instinct public* pour savoir au juste ce qu'il demande, on serait vraiment fort embarrassé de le dire et de lui répondre. Et c'est ainsi que le règne de la raison s'ajourne toujours.

Ces réflexions s'adressent bien plutôt à la théorie doctrinaire primitive qu'à M. de Rémusat lui-même, dont j'ai indiqué les diversités particulières ; mais, dans cet écrit de 1820, il a payé un plus large tribut que partout ailleurs au pur doctrinarisme pour le fond comme pour la forme. Si l'ensemble de l'ouvrage prouve une grande force d'analyse, le style, par son caractère abstrait et scientifique, y jure un peu avec ce que cet élégant esprit a naturellement de souple et de dispos jusque dans sa fermeté.

Ajoutons pour mémoire un écrit sans nom d'auteur, composé pendant les orages de la loi des élections, en juin 1820 (1), et distribué aux Chambres, et l'on aura idée de la part très-active que prit M. de Rémusat à la politique dans cette première période de la Restauration. Une chanson de lui, pleine de sentiment, intitulée *le Retour ou le mois de juin* 1820, nous le montrerait abandonnant, abjurant à cette heure une querelle qu'il jugeait désespérée, et se retournant vers des dieux plus indulgents :

> Je le sens trop, les jours de mon jeune âge
> A de faux dieux étaient sacrifiés ;
> Deux ans d'erreur m'ont enfin rendu sage,
> Et la raison me ramène à tes pieds.

Mais c'est dans la littérature que nous devons suivre seulement et saluer son retour.

Un mot pourtant encore, avant de prendre congé avec lui de cette première époque. M. de Rémusat a beaucoup de projets pour l'avenir ; de ce nombre il en est un très-simple, très-facile à réaliser, et qui mérite bien d'occuper sa plume quelque matin : c'est de tracer un portrait de M. de Serre, de cette figure si élevée, si intéressante, de cet orateur à la *voix noble et pure*, et qui, même lorsqu'il se trompait, ne cédait qu'à des illusions généreuses. En revenant sur un sujet si bien connu de lui, M. de Rémusat retrouverait ses jeunes im-

(1) Sous ce titre : *Amendements à la loi des élections.*

pressions, ses premières flammes, et il les saurait tempérer de cette lumière plus adoucie qui naît de la perspective. Ce serait une occasion heureuse de résumer et de concentrer autour d'une figure brillante tant de souvenirs personnels devenus sitôt de l'histoire (1).

Même en 1819, et dans le moment où il se livrait le plus à l'entraînement politique, M. de Rémusat n'avait pas tout à fait laissé la littérature. C'est en cette année que fut fondé *le Lycée*, où Charles Loyson et M. Villemain l'appelèrent. Les opinions exprimées dans ce recueil étaient en général classiques, mais modérées, ouvertes, conciliantes; elles avaient une couleur de centre droit littéraire. M. de Rémusat y forma une sorte de côté gauche. Les deux articles qu'il a recueillis dans ses *Mélanges* (sur *Jacopo Ortis* et sur *la Révolution du théâtre*) (2) nous le montrent, dès l'entrée, critique aguerri et résolu novateur. Les pages dans lesquelles il compare ensemble Werther et René, à l'occasion du héros très-secondaire de Foscolo, sont d'un voisin de cette famille et qui s'est autrefois assez inoculé de ces maladies pour ne plus s'arrêter au coloris littéraire et pour ne s'attacher qu'au germe caché. Le passage sur René pourtant doit sembler sévère, en ce que, pour le juger, il commence par dépouiller une nature poétique de tous ses rayons. Quant aux pages de pronostic sur la

---

(1) M. Royer-Collard me fit l'honneur une fois de me parler de M. de Serre, son ami, « le seul homme, disait-il, avec qui il ait vécu « durant des années en intimité et en communication parfaite, pro- « fonde. Camille Jordan n'était pas un esprit aussi sérieux, c'était « plutôt un homme charmant et du monde. Mais M. de Serre! sé- « rieux, imagination, éloquence, il avait tout; il y joignait seule- « ment la faculté de se faire des illusions. C'est ce qui l'a perdu à la » fin. Il a cru sincèrement qu'il allait sauver la monarchie, et il a « rompu avec ses antécédents. — Il s'étonnait que je ne le suivisse « pas, ajoutait M. Royer-Collard : *Moi*, lui ai-je dit, *je ne suis pas,* « *je reste*. Mais je ne lui en ai jamais voulu. Il y avait entre nous de « *l'ineffaçable*. »

(2) J'en note un troisième, qui n'a pas été recueilli, sur les *OEuvres de madame de Staël* (*Lycée*, tome III, page 156).

révolution du théâtre, on y sent, à travers toutes les politesses, un témoin hardi et ennuyé qui, pour peu que cela traîne, est tout prêt à se mettre de la partie, et qui, en attendant, harcèle avec grâce les retardataires. Quelle plus fine et plus piquante raillerie que celle qu'il fait de ces honnêtes bourgeois de la république des lettres, gens à idées rangées, bornés d'ambition et de désirs, satisfaits du fonds acquis, et trouvant d'avance téméraire qu'on prétende y rien ajouter!
« Ce sont, dit-il en demandant pardon de l'expression, des
« *esprits retirés*, qui ne produisent et n'acquièrent plus; mais
« ils ont cela de remarquable qu'ils ne peuvent souffrir que
« d'autres fassent fortune. » Relevant le besoin de nouveauté qui partout se faisait sourdement sentir, et qui s'annonçait par le dégoût du *factice* et du *commun*, *ces deux grands défauts de notre scène* : « Qu'il paraisse, s'écriait-il, une imagination
« indépendante et féconde, dont la puissance corresponde à
« ce besoin et qui trouve en elle-même les moyens de le sa-
« tisfaire, et les obstacles, les opinions, les habitudes ne
« pourront l'arrêter. » Bien des années se sont écoulées depuis, non pas sans toutes sortes de tentatives, et le génie, le génie complet, évoqué par la critique, n'a point répondu : de guerre lasse, un jour de loisir, M. de Rémusat s'est mis, vers 1836, à faire un drame d'*Abélard*, qui, lorsqu'il sera publié (car il le sera, nous l'espérons bien), paraîtra probablement ce que la tentative moderne, à la lecture, aura produit de plus considérable, de plus vrai et de plus attachant. Avoir su trouver l'intérêt, l'émotion, la bonne plaisanterie, l'*action* enfin, dans la dialectique, dans les catégories, dans la scolastique, le détour assurément doit sembler original et neuf. Il est curieux de suivre tout ce dont est capable un grand esprit piqué au jeu, et de voir, en désespoir de cause, la philosophie se faisant drame, la critique, à ce degré de puissance, devenue créatrice. Mais n'anticipons point le moment.

Les doctrinaires disgraciés, après s'être donné la satisfaction de voir tomber le second ministère Richelieu et d'y aider pour leur part, revinrent à la littérature, à la philosophie, à l'histoire ; ils reportèrent leur mouvement d'idées dans ces champs féconds où ils étaient maîtres, et où les défauts de leur politique devenaient presque des qualités de leur étude. Dans toutes les branches, excepté la poésie, ils laissèrent des traces profondes, et contribuèrent plus que personne à fertiliser la dernière moitié de la Restauration, de même que leur rentrée en masse aux affaires après juillet 1830, en voulant doter le régime actuel de sa politique, l'a trop déshérité de la haute culture intellectuelle.

M. de Rémusat suivit ou devança ces divers mouvements du groupe avec activité, avec aisance et à son plaisir. On vient de le voir préludant au mouvement romantique dans *le Lycée*. Il apprenait l'allemand pour lire Kant, et il s'en servit pour traduire avec son ami, M. de Guizard, le théâtre presque entier de Goethe (1), dans la collection des *Théâtres étrangers*. On trouverait dans ce même recueil des notices de lui sur quelques-unes des pièces de Goethe, ainsi que sur *le 24 Février* de Werner, sur l'*Emilia Galotti* de Lessing (1821-1822). — C'était le moment où il faisait pour l'édition de Cicéron, publiée par M. Victor Le Clerc, la traduction du *De Legibus* dont nous avons parlé. La remarquable préface qu'il mit en tête, à côté du cachet métaphysique moderne dont elle est empreinte, offre des traces de sa préoccupation politique récente. En montrant le parti aristocratique dont était Cicéron, il songe évidemment au *côté droit* arrivant aux affaires, et il peint l'un dans l'autre, trait pour trait (2).

---

(1) Tout le théâtre, — hors le *Faust*, traduit par M. de Sainte-Aulaire.

(2) « Point de nouveauté si nécessaire et si légitime, écrivait-il,
« qu'ils ne crussent de leur devoir de repousser ; point d'usage reçu,
« point d'abus même, pourvu qu'il fût ancien, qu'on ne les vît s'ef-
« forcer à tout prix de conserver ou de restaurer. *L'antiquité, la sa-
« gesse de leurs pères*, étaient pour eux la règle infaillible. Ils ne né-
« gligeaient aucune occasion d'assurer le moindre droit, le moindre

Cependant, à la fin de 1821, M. de Rémusat avait perdu sa mère ; un des premiers actes du ministère Villèle fut de destituer son père : le jeune homme se trouva tout à fait libre. Si dans les trois dernières années, en effet, il s'était émancipé politiquement, il ne l'avait fait encore que dans une certaine mesure et avec des égards pour les désirs respectés. Il put désormais se jeter sans balancer dans l'opposition militante. Tout en conservant des liens intimes avec les doctrinaires, il suivit plus hardiment la pente de son âge et de ses opinions qui l'inclinaient vers la gauche.

Les *Tablettes* se fondèrent (1823) ; il a raconté, dans l'article sur M. Jouffroy, comment ce recueil périodique devint le point de réunion des trois groupes, des trois *pelotons,* comme il les appelle, qui formaient le corps de la jeune milice : 1° M. Thiers et son ami Mignet, ne faisant qu'un à eux deux et semblant plusieurs ; 2° M. Jouffroy et les proscrits de l'École normale ; 3° enfin, les volontaires sortis des salons, et Parisiens pour la plupart. Dans le portrait qu'il a tracé de ces derniers (1), il s'est peint lui-même avec une grande vérité, sauf un point seulement : quand il dit de la troisième classe de combattants, qu'ils étaient *moins populaires que les uns,* que les jeunes historiens de la Révolution française, il a raison ; mais quand il ajoute qu'ils étaient *moins originaux que les autres,* c'est-à-dire que l'élite universitaire, il fait trop bon marché de ce qu'il possède. Et qu'est-ce donc que cette fusion de qua-

---

« privilége à l'ordre sénatorial et au corps des patriciens, comme
« aux défenseurs des mœurs et des lois du passé. Le maintien ou le
« rétablissement du gouvernement aristocratique, le retour à ce qu'ils
« regardaient comme l'ancien régime, était leur seul effort et leur
« unique doctrine. Elle aurait pu se réduire à ces deux mots : *les*
« *douze Tables et les honnêtes gens.* » (Préface du *De Legibus,*
page 15.) Pour bien entendre l'allusion, il faut se rappeler la devise
royaliste du *Conservateur* et de *la Monarchie selon la Charte.*

(1) « Dans une région sociale différente, des hommes du même âge, etc., etc. » (Voir au tome II des *Mélanges,* page 204.) C'est de même qu'à la page 202, sous figure collective, il a peint expressément M. Thiers.

lités et de nuances sans nombre, sinon la plus rare et la plus distinguée des originalités?

En prenant décidément la plume comme une épée, pour ne la plus quitter qu'au lendemain de la victoire, celui qui se faisait franchement journaliste crut devoir justifier de ses motifs auprès de ses amis du monde, toujours prompts à se scandaliser. L'article intitulé *Du choix d'une opinion,* qui contient une véritable profession de principes, s'adressait aux salons bien plus qu'au public. C'est en ce sens qu'il le faut lire et comprendre aujourd'hui. Ces *Mélanges,* ainsi interprétés, sont une suite de chapitres composant des *mémoires intellectuels.*

« Qu'on cesse donc de s'étonner, écrivait M. de Rémusat en terminant, si ceux que tourmente l'amour de ce qu'ils croient la justice ont consacré publiquement leur voix à répandre dans tous les cœurs le sentiment qui les anime. Ni les injures de la malveillance, ni le blâme des indifférents, ni les anxiétés de l'amitié timide, ne sauraient leur persuader qu'ils n'aient point *choisi la meilleure part.* Et de quel prix serait la vie, avec les passions qui la corrompent et les chagrins qui la désolent, de quel intérêt serait la société que l'erreur égare et que la force ravage, sans le besoin de chercher la vérité et le devoir de la dire? De quoi serviraient à l'homme ces notions ineffaçables, qu'il trouve en lui-même, de son origine et de sa fin, si elles ne donnaient à sa destinée les caractères d'une mission?... La liberté, la dignité nationale, cette conséquence de la liberté, de la dignité de l'espèce humaine, est une croyance assez grande et assez belle pour remplir un cœur et relever toute une vie... »

Voilà des accents. Ils trouvaient alors écho dans toutes les jeunes âmes. C'était un moment plein de solennité que celui où l'on consacrait ainsi à une juste cause un feu et un talent qu'on croyait inépuisables comme elle. Cela était vrai en politique, en littérature, en art, en tout.

Le temps a marché, et il s'est trouvé (chose remarquable!) que les causes que l'on épousait ont moins duré que la vie des hommes, moins que leur jeunesse même, moins que leur talent! Si l'on prenait des noms propres parmi les plus éminents de nos jours en religion, en poésie comme en politique, on serait frappé de cette rapidité avec laquelle les sujets et les trains d'idées se sont usés en peu d'espace. Il a fallu de la sorte, pour les esprits infatigables, comme une suite de relais successifs, et tel, sa vie durant, se trouve avoir eu deux ou trois idées tuées sous lui. Autrefois les choses allaient moins vite ; les régimes politiques, aussi bien que les restaurations morales, moins battus en brèche, se maintenaient d'ordinaire au delà d'une vie; il n'y avait pas tant de ces changements à vue sur la scène du monde. Les grandes intelligences avaient devant elles de longues carrières où se développer. Elles s'y enfermaient bien souvent; dans tout ce qui les entourait, elles trouvaient plutôt alors trop de garanties contre elles-mêmes. Nous sommes tombés aujourd'hui dans l'inconvénient contraire. Les barrières ayant été renversées et les hauteurs rasées, tout le monde est en plaine, l'air du dehors excite, l'examen pénètre partout; le pour et le contre sollicitent chaque matin ; à ce jeu, l'esprit s'aiguise vite, en même temps que les convictions s'épuisent. Les grands talents surtout sont comme aux abois et ne savent que devenir ; à bout de leurs premiers motifs, et depuis que les grandes causes ont fait défaut, ils cherchent des thèmes. Ils en trouvent d'étranges parfois, car ils en prennent partout, et chez le voisin et jusque chez l'ancien adversaire. Il en résulte les plus singuliers mélanges (1). A ne voir que certaine surface, on pourrait se croire arrivé, dans l'ordre des esprits, à un carnaval de Venise universel.

Non pas tout à fait universel. Il est des intelligences qui résistent, qui protestent contre cette défaillance ou cette mobilité d'alentour, et ne se laissent pas volontiers entamer.

---

(1) « De nos jours, disait un railleur, Jurieu aurait fini par souper à la guinguette avec Chaulieu, et Fénelon n'aurait pas manqué de filer un système humanitaire avec Ninon. »

M. de Rémusat est de ceux du moins qui ne sauraient se faire à l'indifférence en matière de vérité; c'est sous cette forme plutôt philosophique qu'il combat le mal présent. Lui qui comprend tout et qui est tenté d'excuser beaucoup, lui dont souvent le goût s'amuse et qui, à ce prix, deviendrait peut-être trop indulgent, il a ses points fixes, ses hauteurs naturelles où il se reprend en idée. Il continue, en toute rencontre, de porter respect aux pensées et aux vœux de sa jeunesse.

En ce temps-là, on était loin de la promiscuité d'opinions; les camps restaient tranchés; chacun combattait sous son drapeau et savait que l'adversaire en avait un qu'il fallait ravir. C'était l'heure aussi des nobles amitiés, des intimes alliances. Dans cette collaboration des *Tablettes*, M. de Rémusat connut M. Thiers, et se trouva aussitôt lié avec lui d'un lien beaucoup plus étroit qu'il ne semblait. Quand les *Tablettes* disparurent, M. Thiers essaya de fonder avec M. Mignet un autre recueil périodique, et il vint trouver d'abord M. de Rémusat en lui disant : « Sachez que je ne ferai jamais rien sans vous demander d'en être. » Et il a tenu parole depuis en toute occasion. Cette sorte d'avance et d'attention honore celui de qui elle partait et qui ne la prodigue pas. C'est ici le goût vif de l'esprit pour l'esprit, qui se déclare, car on peut certes avoir de l'esprit autrement, et sous bien des formes différentes, et justes et fines; mais en prenant le mot comme jet, comme source, comme fertilité continuelle, il n'est pas d'homme en France qui, d'emblée et à tout propos, ait plus d'esprit que ces deux-là. Joignez-y M. Cousin.

Dans cette prompte alliance pourtant, ainsi formée, de M. Thiers à M. de Rémusat, indépendamment du seul esprit, il y avait encore un sentiment public élevé, une chaleur de bonne intelligence politique qui s'y joignait et qui scella le lien.

Je n'énumérerai pas les divers articles que M. de Rémusat donna aux *Tablettes* et qu'il n'a pas recueillis. J'y relève seulement une sorte de manifeste romantique sous le nom de *Revue des théâtres* qui fit du bruit. De tels articles d'initiative, à cette date, eurent beaucoup d'effet. Bien des lettrés alors plus en vue, et qui occupaient le devant de la scène, s'en tinrent pour avertis et se mirent au pas. Combien de gens distingués de ce temps-ci qui se croient les chefs du mouvement, qui le sont jusqu'à un certain point, et qui ont été traînés à la remorque depuis vingt-cinq ans dans leurs jugements littéraires! M. de Rémusat, par sa critique hardie et inventive, ou par sa conversation qui en tenait lieu, a été un de ces constants remorqueurs, et que le plus souvent le public n'apercevait pas.

Très-partagé encore au commencement de 1824 par l'activité politique, secrétaire du comité directeur des élections générales et se multipliant sous l'influence de ce comité dans les divers journaux de la gauche, il se retrouva tout d'un coup disponible après les élections de cette année qui laissèrent sur le carreau le parti libéral, déjà bien blessé par la guerre d'Espagne et par l'éclat du carbonarisme. Il fallut cesser de s'occuper de politique active; il revint à la philosophie et à la littérature. C'est alors (dans l'automne de 1824) que *le Globe* fut fondé. Il s'y porta avec sa richesse d'idées, avec son expérience et son tact qui corrigeait l'âpreté de certaines autres plumes vaillantes. Une partie de la contribution littéraire et philosophique qu'il y fournit, mais un simple choix seulement et qu'il aurait pu beaucoup étendre, remplit la seconde moitié du premier volume des *Mélanges*.

Ce qui caractérise la critique littéraire de M. de Rémusat, c'est à la fois la finesse et l'étendue. Pour être un parfait critique sans prédilection ni prévention exclusive, le plus sûr serait, je crois l'avoir dit ailleurs (1), de n'avoir en soi que la

(1) Dans l'article sur M. Magnin, *Portraits contemporains* (1846), tome II, page 314.

faculté judiciaire, avec absence de tout talent spécial qui vous constituerait juge et partie : ainsi se réaliserait la souveraine balance. Ou bien, si le critique se mêle une fois d'avoir ses talents d'auteur, oh! alors il n'a guère qu'une manière de s'en tirer : qu'il n'ait pas un talent seul, mais qu'il les ait tous, au moins en germe. C'est le vrai moyen de comprendre tout ce qu'on juge, presque en homme du métier et sans les inconvénients du métier. Le parfait critique, ainsi considéré, serait donc celui qui aurait la faculté d'être tour à tour, ne fût-ce qu'un moment, artiste dans tous les genres, et de nous offrir en lui l'amateur universel. Tel est aussi M. de Rémusat. Voyez plutôt : s'il se prend à la chanson, il n'a qu'à se ressouvenir pour nous raconter comment elle naît; s'il parle d'élégie, il a tout bas soupiré la sienne; s'il apprécie le drame, il l'a pratiqué et a eu ses répétitions à son usage ; en philosophie, il est expert. Ainsi nous le trouvons le critique le plus ouvert et le plus sympathique, pénétrant les objets et s'en détachant, d'une impartialité qui n'est pas de l'indifférence, et qui n'est qu'une sensibilité très-étendue et rapidement diverse.

Sur les hommes en particulier, sur les auteurs, il se prononce peu et ne tranche pas. Sa politesse, son goût d'homme du monde, lui ont de tout temps interdit les jugements trop directs et qui entrent dans le vif ; mais, sous forme abstraite, il jette bien des choses. Sur l'auteur des *Méditations,* par exemple, il en a dit qui étaient fort justes et dont toutes ne sont pas si démenties qu'on le pourrait croire; il ne s'agirait que de les prolonger et de les poursuivre, sans se laisser arrêter à la superficie des métamorphoses.

Quand *le Globe* se fit politique, la collaboration de M. de Rémusat devint très-active; quand ce fut un journal quotidien, il en écrivit peut-être les deux tiers. La chute du ministère Villèle avait rouvert le champ à la presse libre ; l'avénement du ministère Polignac l'arma tout entière. A la première idée qu'il eut de fonder *le National,* M. Thiers, docile à cette sym-

pathie secrète que nous avons dite, fit part de son projet à
M. de Rémusat, en lui offrant d'être sur le même pied que
lui-même. M. de Rémusat se croyait lié au *Globe.* On essaya
un moment de voir si l'on ne pourrait pas réunir les deux
entreprises; mais, sans parler des questions de personnes, il
y avait des divergences de principes sur quelques points, notamment en économie politique. Il fut donc convenu qu'on
irait chacun de conserve, sans se nuire et comme pouvant se
réunir un jour. Je ne m'attacherai pas à suivre M. de Rémusat dans cette polémique de 1829-1830; sa vie de journaliste,
il en convient, a été excessivement active, et il est des instants où il le regrette, se disant que ce qu'il a peut-être
donné de mieux est perdu et oublié dans ces catacombes.
C'est à lui de voir s'il ne pourrait pas faire un jour pour sa
critique politique ce qu'il a fait pour sa critique littéraire
dans ces deux volumes, c'est-à-dire sauver et rassembler les
principales pages en les éclairant. Au reste, si l'homme littéraire en lui a des regrets, l'homme politique n'en doit point
avoir; car ses articles d'alors ont eu tout leur effet, ils ont
été des actes. Dans les manifestations de presse qui donnèrent
le signal à la révolution de juillet, M. de Rémusat compta de
la façon la plus marquée, la plus directe. Il prêta résolûment
la main à M. Thiers dans la réunion des journalistes du 26,
et poussa aux décisions irrévocables. *Le Globe* du mardi 27,
qui publiait les ordonnances avec la protestation, commençait par ces mots : *Le crime est consommé;...* tout ce numéro
du *Globe* est de lui. Il a fait encore en partie un *Globe-affiche*
publié et placardé le jeudi. Si l'on ajoute un article du lendemain, où le nom du duc d'Orléans est présenté comme
offrant (moyennant garanties) une solution possible, on aura
son dernier mot de ce côté. Depuis lors il n'a plus écrit dans
le Globe, ni dans aucun journal quotidien politique.

La vie publique de M. de Rémusat, depuis 1830, ne nous
appartient plus; elle tient à un ordre de choses qui n'a pas
atteint son développement et qui est, si l'on peut ainsi parler,

en cours d'exécution. Allié de Casimir Périer et de La Fayette, tour à tour il paya tribut à ces deux alliances ; mais par doctrine, par goût, il semble qu'il penche plutôt du côté de la dernière. Toute son ambition, après juillet, était de devenir député. Ce point obtenu, placé au cœur du mouvement politique, ami personnel de tous les hommes dirigeants, il fut longtemps avant de se décider aux fonctions officielles ; même quand il appuie et quand il conseille le pouvoir, c'est encore le rôle libre qui lui va le mieux. Une première fois sous-secrétaire d'État à l'intérieur dans le ministère du 6 septembre (1836), puis ministre avec M. Thiers dans le cabinet du 1er mars (1840), il est sorti de là de cet air de bonne grâce et d'aisance qui ne surprend personne, et on n'a pas même l'idée de louer en lui le désintéressement, tant cette élévation de cœur lui semble facile. C'est depuis ces cinq années seulement, et dans son loisir très-animé, qu'il a publié les ouvrages préparés ou composés auparavant : 1° ses *Essais de philosophie* (1842) ; 2° *Abélard* (1845) ; 3° un *Rapport* lu à l'Académie des sciences morales sur la *philosophie allemande*, qui forme tout un volume (1845) ; 4° enfin les mélanges sous le titre de *Passé et présent* (1847). Nous dirons quelque chose de ceux de ces ouvrages dont nous n'avons point parlé.

On voit combien la philosophie est allée prenant chaque jour plus de place dans ses études ; ce qui avait été longtemps un culte secret a fini par éclater. Il s'y était fort remis durant la trêve de 1824 à 1828 ; mais sa philosophie alors était surtout de la métaphysique politique. Il rêvait, soit par manière d'examen critique, soit sous forme de traité dogmatique, une réfutation de M. de Bonald, de M. de La Mennais, surtout de l'*Essai sur l'Indifférence*. Ce qu'il a écrit, nous dit-il, de notes, de plans d'ouvrages ou de projets de chapitres, en ce sens, est considérable. Il a même fait, 1° un examen suivi et page à page, avec critique et discussion, du livre de M. de La Mennais, travail qui ne fournirait pas moins de deux volumes ; 2° un *Essai sur la nature du Pouvoir*, qui est un livre terminé. En même temps, il traduisait et extrayait Kant. — En 1832, au lendemain du ministère Périer et pendant les ravages du choléra, sentant le besoin d'une occupation forte, il se remit à Kant, comme on se mettrait à la géométrie. Il fut conduit par cette étude à faire plusieurs mémoires détachés, qui pouvaient cependant se ranger dans un certain ordre, et il songea à rallier le tout au moyen d'une introduction. C'est ainsi que se formèrent ses deux volumes d'*Essais,* qui, souvent repris ou quittés, selon le mouvement des affaires publiques, parurent enfin dans l'hiver de 1842, et ouvrirent à l'auteur les portes de l'Académie des sciences morales en remplacement de Jouffroy.

Dans cette suite d'*Essais* qui s'enchaînent assez exactement, M. de Rémusat s'applique à démontrer que la philosophie existe ; qu'elle est une science ayant pour objet les idées essentielles de l'intelligence humaine ; qu'une critique attentive et sévère des grands systèmes philosohiques modernes fournit déjà la méthode et les principales données ; qu'une conciliation raisonnée entre Descartes, Reid et Kant, constitue, à proprement parler, l'éclectisme moderne. Puis, après avoir réfuté quelques systèmes exclusifs sortis du dernier siècle, l'auteur aborde sur deux ou trois questions, tant spéciales que générales, l'analyse du fond, et nous montre à l'œuvre cette science à laquelle il voudrait nous convertir. Enfin, rassemblant dans un dernier Essai toutes ses forces contre le scepticisme, contre cet ennemi intime dont il peut dire : *Nous nous sommes vus de près,* le poursuivant dans ses divers genres et à travers ses plus récents déguisements, sous sa forme pratique et positive comme dans son raffinement mystique, il cherche à le convaincre de contradiction, d'inconséquence, et à maintenir jusqu'au sein du grand inconnu qui nous assiége quelques vérités fondamentales. Toute cette tentative est noble, grave, prudemment menée et pas à pas ; M. de Rémusat, en instituant le rôle de la raison, prêche d'exemple ; et j'ai entendu remarquer sans ironie que ce livre d'*Essais* est peut-être le seul livre de philosophie et de métaphysique où l'on ne rencontre jamais rien qui effarouche le bon sens.

Un grand talent littéraire recommande l'ensemble de l'ouvrage ; l'Introduction, les Essais I et XI, sont des morceaux d'un travail achevé et où l'on peut admirer ce mélange de l'abstraction et de l'imagination dans le style, originalité singulière de M. de Rémusat. Une foule de vues justes, indépendantes de la philosophie même, portent sur l'époque présente et ouvrent des jours sur l'état des esprits. Dans son Introduction, comme dans son Essai final, l'auteur se montre avec raison très-préoccupé de ce sensualisme pratique qui envahit la société française, disposition fort différente du système dit *sensualiste,* lequel s'alliait très-bien, chez les philosophes du dernier siècle, avec de hautes qualités morales et avec des vertus. Aujourd'hui on étale moins ses vrais principes ; au besoin on en a même de solennels pour les jours de montre ; l'époque est à la fois épicurienne de fait et ampoulée de langage. La postérité aura fort à faire pour y démêler le réel. Elle trouvera de bons indices dans cette fin des *Essais* de M. de Rémusat.

L'Essai VIII, qui traite du *jugement* considéré à la fois comme opération et comme faculté de l'esprit, est bien technique, mais je dois dire qu'il a paru à des juges excellents un parfait modèle de la saine méthode analytique fortement appliquée. Ajouterai-je que ces mêmes juges, qui estiment cet Essai la perfection même, trouvent que tout à côté, dans les deux morceaux suivants, l'auteur s'est trop ingénié à toutes tortes de démonstrations et de questions concernant la matière et l'esprit ? M. de Rémusat a beau faire, sa curiosité se porte aisément aux limites, et lorsqu'elle signale les écueils, elle aime pourtant à s'y pencher. Il est de ceux qui, même s'ils avaient saisi la vérité, ne sauraient ni ne voudraient peut-être pas uniquement s'y tenir, et qui regarderaient encore derrière pour voir s'il n'y a pas autre chose de caché.

Benjamin Constant disait qu'il avait sur chaque sujet *une idée de plus* qui faisait déborder le reste. M. de Rémusat, lui aussi, de quoi qu'il s'agisse, n'est jamais sans cette *idée de plus;* mais, bien autrement sérieux et soucieux du vrai, il tient bon; il combine les principes et le caractère ; la digue est ferme, élevée ; qu'importe ? l'esprit trouve encore moyen de passer par-dessus.

L'ouvrage sur *Abélard*, qui contient une admirable vie de ce philosophe et un exposé définitif de son épineuse doctrine, exige quelque explication préalable et nous oblige à revenir un peu sur le passé. M. de Rémusat, avons-nous dit, eut toujours un goût vif pour les drames, et il en a écrit plusieurs qui n'ont été ni représentés ni imprimés. C'est en 1824, si je ne me trompe, dans l'été qui suivit la défaite électorale, qu'étant seul à la campagne, assez ennuyé, il se mit à improviser ses deux coups d'essai en ce genre; le premier, *le Croisé ou le Fief*, dont la scène était au moyen âge, se ressentait d'*Ivanhoé* et un peu de *Goetz de Berlichingen*. L'autre, intitulé *l'Habitation de Saint-Domingue ou l'Insurrection,* lui avait été suggéré par des recueils sur la traite qu'il compulsait pour M. de Broglie ; l'idée philanthropique prit tout d'un coup la forme de son Toussaint-Louverture. Tout cela s'exécuta très-vite, très-lestement ; chaque drame avait cinq actes; les dix actes furent enlevés en douze jours : ce qui fait un acte par jour, et, après chaque drame, un jour pour se relire. On ne saurait entrer d'un pied plus léger dans la rapidité romantique. Pendant l'hiver de 1824-1825, ces drames, lus dans le salon de Mme de Broglie, de Mme de Catelan, eurent beaucoup de succès et furent des espèces de *lions* de la saison. L'auteur ne se laissa pourtant pas entraîner à la tentation de les livrer au grand jour. Facile de talent, difficile de goût, il se disait que, pour les œuvres d'imagination, il ne faut produire que de l'excellent. Et puis la pensée politique le retint aussi ; il avait droit de pressentir son avenir, il pouvait être ministre un jour ; c'était inutile de rien publier que ce qui serait compatible avec cette carrière-là. Il jouit donc de son succès de société et remit ses drames en portefeuille. Cependant, ayant pris goût au jeu, il se passa encore la fantaisie de faire une *Saint-Barthélemy* (1826), dans le genre des scènes publiées cette même année par M. Vitet (1).

Maintenant on comprend sans peine comment, en 1836, l'auteur, se retrouvant de loisir, médita d'abord le vrai drame et d'y développer une sérieuse pensée philosophique. Il agitait en lui une question très-familière à quiconque réfléchit, et qu'il était appelé plus que tout autre à se poser : « Que devient la nature morale de l'homme dans un temps où l'intelligence prévaut sur tout le reste ? » Seulement, pour traduire en action cette lutte et lui donner tout son relief, il s'agissait de la rejeter dans le passé et de la personnifier dans quelque figure historique connue, dans un homme célèbre en qui l'esprit, supérieur au caractère, aurait eu à lutter et contre lui-même et contre le monde d'alentour. Il s'agissait, en un mot, de trouver un grand précurseur à cette disposition générale d'aujourd'hui. C'est dans cette veine d'idées que M. de Rémusat, jetant un jour les yeux, à un coin de rue, sur une affiche de spectacle, vit l'annonce d'une pièce d'*Héloïse et Abélard,* qu'on donnait à l'*Ambigu-Comique;* il se dit à l'instant : *Voilà l'homme que je cherchais,* et il se mit au drame d'*Abélard.*

Le drame fait et achevé, il devint ministre, et ce ne fut qu'au sortir de là qu'il put essayer des lectures, vers le temps précisément où il publiait ses *Essais de philosophie.* Il ne hait pas ces sortes de diversions qui donnent le change à la curiosité oisive et qui déjouent la louange banale. A cause de sa publication, on allait se croire obligé dans le monde de lui parler philosophie à tout propos, et, par égard pour les gens,

(1) Dans un article du *Globe* (6 juin 1829), M. de Rémusat appréciait la *Mort d'Henri III* de M. Vitet : là encore le critique savait d'original le secret du genre, et il en avait causé très au long avec lui-même auparavant.

il se mit à lire son *Abélard*. Le succès fut grand, prodigieux ; durant deux hivers l'intérêt se soutint, et la conversation vécut presque uniquement là-dessus ; mais, cette fois, ce n'était pas un intérêt passager dû à la nouveauté du genre, à la vivacité de quelques tableaux ; le sérieux du fond, l'amusant du détail, l'ampleur et la variété du développement, le caractère passionné et dramatique qui pénétrait jusque dans les portions les plus élevées du sujet, tout attestait une œuvre durable. L'auteur fut mis en demeure de publier.

Il s'y préparait ou en avait l'air, et, pour s'en donner le prétexte, il se mit à faire des recherches plus particulières sur les ouvrages et sur les doctrines d'Abélard. Il voulait adjoindre cette introduction au drame, comme s'il y avait eu besoin d'un passse-port auprès des érudits et des personnes graves ainsi, se disait-il, Raynouard avait annexé aux *Templiers* une dissertation sur le procès de l'Ordre ; mais peu à peu il se trouva avoir fait un nouvel ouvrage qui ne cadrait plus de tout point avec le premier, et qui surtout ne pouvait lui servir d'accompagnement. Il fallait les deux *à part* et à la fois, ou bien il fallait choisir entre les deux. L'auteur se trouvait placé dans une perplexité piquante : d'un côté, tous ses talents secrets et son culte le plus cher, la philosophie, résumés dans une œuvre étendue, attachante, et où il donnait enfin son entière mesure ; de l'autre, sa philosophie encore, mais toute nue et appliquée dans sa mâle austérité à une investigation difficile. Il fut sévère ; entre ses amis, il alla consulter et il écouta le plus sévère, le seul rigoureux peut-être (1) ; il sacrifia l'œuvre de l'imagination. Mais non ; il ne peut l'avoir sacrifiée, il l'a seulement dérobée. Isaac n'est pas mort ; Iphigénie tôt ou tard reparaîtra.

Lorsque M. Mérimée publia son théâtre de *Clara Gazul*, il n'avait pas encore vu l'Espagne, et je crois qu'il lui est depuis échappé de dire que s'il l'avait vue auparavant, il n'au-

---

(1) M. de Broglie.

rait pas imprimé son ouvrage. Il aurait eu grand tort, et nous y aurions tous perdu. Il est de ces premières inspirations que l'observation elle-même ne remplace pas. Quand M. de Rémusat se fut mis à étudier de près la scolastique et à lire au long les traités originaux, il a pu ainsi se dégoûter un moment de son premier Abélard et le trouver moins ressemblant que celui qu'il restaurait de point en point. Le premier Abélard, en effet, était surtout deviné, et c'est bien pour cela qu'il a la vie.

Au reste, l'auteur n'est pas précisément dégoûté de cet Abélard premier-né ; il en rougirait plutôt comme d'un brillant délit romanesque et comme d'une licence heureuse, car il ne peut ignorer au fond que c'est ce qu'il a fait de mieux, et il a raison s'il le pense. Je remarquerai pourtant que le premier livre de l'ouvrage imprimé, celui qui contient la *vie d'Abélard*, est peut-être supérieur au drame comme perfection. M. de Rémusat n'a rien travaillé autant que cette *vie*, et pour le style, et pour l'exactitude. La rigueur érudite s'y combine avec la pensée, avec l'imagination, avec l'émotion même, et le style, expression et résultat de tant d'alliances, forme une sorte de métal de Corinthe, dans lequel on n'est guère habitué à voir resplendir les statues redressées du Moyen-Age ; mais rien n'est de trop pour l'incomparable Héloïse. Après cela, le drame d'Abélard est plus complet, plus vaste, et donne seul l'idée entière de M. de Rémusat, auteur et homme. L'artiste enhardi (car il y est devenu artiste) a pris en quelque sorte des portions, des démembrements de lui-même, et les a personnifiés dans des êtres distincts ; il leur a prêté non-seulement ses facultés, mais ses désirs, ses rêves. Tout cela vit et se meut sous des costumes tranchés, dans des physionomies originales, où le ton de l'époque est suffisamment observé. La nôtre pourtant se reconnaît au travers. Le dernier mot d'Abélard mourant qu'on entend à peine, est : *Je ne sais*. Le dogmatique, comme le sceptique, en revient à ce suprême *Que sais-je ?* C'est sur ce fatal et sincère aveu que finit ce drame, où s'agite la raison humaine. Les diverses solutions du mystérieux problème y sont tour à tour comprises et mises en présence, mais aucune n'y apparaît la meilleure ni la vraie. Ce qui en ressort, c'est le besoin qu'a cette raison humaine d'aller en avant toujours et d'aspirer vers la vérité, coûte que coûte, dût-elle ne jamais l'atteindre et rencontrer pour tout prix le martyre. Ce moderne Abélard, en ses heures d'angoisse, a de l'antique Prométhée.

Mais, à côté d'Abélard, il y a les écoliers ; à côté du maître, de celui qui cherche l'émancipation sérieuse de l'esprit, il y a ceux qui préludent à la légère et en gaussant. On rencontre surtout au premier rang et l'on ne peut s'empêcher d'aimer un certain *Manegold*, un charmant et vaillant écolier, qui par gageure, au sortir d'une nuit passée à la taverne, est le premier à entrer dans la classe en criant : *En avant et du nouveau!* qui, narguant l'anachronisme, fait des chansons déjà, comme, trois siècles plus tard, en fera Villon, et dont l'esprit, même aux instants sérieux, a l'air (passez-moi le mot) de *polissonner* toujours. Imaginez un drôle spirituel et dévoué tel qu'il s'en présente en France à chaque insurrection intellectuelle ou autre, un enfant de Paris malgré son nom alsacien, aide-de-camp prédestiné pour toutes les journées de barricades. Manegold précède Abélard en chantant. En France, la chanson précède volontiers le raisonnement. Elle l'a aussi précédé, si nous nous en souvenons bien, au sein de l'esprit de M. de Rémusat.

Et tandis que l'écolier libertin chante tout plein d'ivresse et de folie, le maître se lève, jeune aussi et beau, mais au front pâle : « Folâtre jeune homme, est-ce que tu ne sais pas que tout est sérieux?... » Écoutez! c'est l'Abélard éternel, la voix triste et grave que toute haute intelligence porte en soi.

Ce Manegold traverse et anime heureusement tout le drame ; il est tout à fait absent dans la *vie* imprimée d'Abélard. L'érudition n'a point de prise sur ces évocations-là, et la fantaisie qui les crée se retrouve plus vraie que la science. Mais je m'aperçois que, si je n'y prends garde, je me laisse aller à parler de ce qui n'est point connu du public. Je coupe court et je me résume en répétant que si l'Abélard qu'on a (la *vie* imprimée) est plus parfait comme ouvrage, l'Abélard-drame, qu'on aura un jour, paraîtra une plus vraie et plus entière expression du talent que nous nous sommes ici efforcé de peindre.

Le *Rapport* lu à l'Académie des sciences morales sur la *philosophie allemande*, et qui forme tout un volume, sort de notre compétence. La préface, où l'auteur a rassemblé les points principaux de l'examen et a présenté la génération des divers systèmes, de Kant à Hégel, est fort appréciée des gens du métier. C'est dans le temps de ce travail et des discussions approfondies d'où il est né, que M. de Rémusat a passé définitivement lui-même à l'état de maître et d'homme du métier, au lieu d'amateur très-distingué qu'il était auparavant. Est-ce donc qu'en philosophie, comme en bien des choses, il n'y aurait pas moyen, avec quelque avantage, de rester amateur toujours,

> Ami de la vertu, plutôt que vertueux ?

Il est temps d'arriver au succès public le plus brillant, au jour de triomphe et de soleil de M. de Rémusat; je veux parler de son discours de réception à l'Académie française. Dès que M. Royer-Collard eut disparu, une sorte de suffrage rapide et de murmure universel désigna à l'instant M. de Rémusat pour lui succéder et pour le célébrer. Dans un temps où chacun se croit des titres à toute espèce d'héritage, il ne s'éleva pas un seul concurrent. N'est-ce pas là un unique hommage rendu à la mémoire du mort et aussi au talent approprié du vivant? M. de Rémusat répondit hautement à cette attente. La séance du 7 janvier 1847 restera mémorable entre celles du même genre. Le successeur de Royer-Collard fut éloquent, égal à son sujet, le dominant presque, et s'y mouvant avec aisance et grandeur. Il eut, tant qu'il le fallut, de l'élévation, il eut de la grâce. On a remarqué que tout est bien touché dans ce discours, hormis peut-être l'éloquence parlementaire de M. Royer-Collard, qui aurait pu être caractérisée plus sensiblement. A côté de l'orateur grave et presque auguste (1), pourquoi n'aurait-on pas dessiné, par exemple, M. de Serre, son grand ami, l'orateur passionné, qui faisait naturellement pendant? Dans une circonstance autre qu'une solennité académique, il y aurait eu sans doute manière de prendre autrement le sujet, une manière plus expressive et plus réelle; c'eût été de ne pas donner tant de place et de saillie aux considérations historiques, aux diverses époques de la Révolution, et de s'attacher plus uniquement d'abord à la figure de M. Royer-Collard, à ce personnage original, mordant, élevé, mais *abrupt,* en un mot d'éteindre les fonds historiques et d'accuser à tout moment d'avantage le profil singulier. Ce que M. de Rémusat a si bien fait vers la fin, on aurait pu le faire durant tout le morceau, et c'eût été, biographiquement, plus vivant. Mais l'éloge oratoire a sa loi, sa convenance, son choix à faire entre les divers traits, et M. de Rémusat a su, en les indiquant, les adoucir, les idéaliser avec finesse, les subordonner à la majesté. Et puis l'orateur était dans son élément et dans son droit en ne négligeant pas une occasion si naturelle de juger les époques successives de notre histoire contemporaine. Il a parlé de toutes, et de la Restauration en particulier, avec impartialité, avec générosité même. Après les charmantes définitions qu'il avait données de M. Royer-Collard comme

(1) « Respondit Cornelius Tacitus eloquentissime et, quod eximium orationi ejus inest, σεμνῶς. » Ce que Pline dit là de Tacite avocat et orateur, on le pourrait appliquer à M. Royer-Collard, excepté le *respondit*. M. Royer-Collard à la tribune ne parlait qu'en premier et ne répondait pas.

homme et comme écrivain, je ne sais si je me trompe, mais j'aurais préféré qu'il terminât sans rentrer dans cette thèse générale, plus que douteuse, de l'alliance de la philosophie et de la politique, sans se croire tenu de faire la péroraison obligée. Voilà (pour varier la monotonie de la louange) les seules observations du lendemain sur un discours dont l'ensemble et toutes les parties ont constamment réussi auprès de l'assemblée la plus choisie et la plus attentive. Ç'a été là un de ces beaux jours où le talent, au moment où il la reçoit, justifie magnifiquement sa couronne.

Une étude du genre de celle-ci a ses limites, et un portrait n'est pas un tableau. C'est encore moins une description à l'infini et un catalogue détaillé des moindres productions. Nous nous arrêtons sans avoir épuisé notre sujet. M. de Rémusat en est un des plus fertiles, on l'a vu, et qui sait trop bien se multiplier pour qu'on n'ait pas l'occasion de le retrouver maintes fois en avançant. Il a plusieurs plans d'ouvrages pour l'avenir, et ceux qu'il ne prévoit pas seront peut-être les principaux. Mais, quoi qu'il publie ou de tout nouveau ou de composé déjà, il ne fera certainement par ses écrits qu'entrer en possession de la place qui lui est dès longtemps reconnue dans l'opinion. Le lieu qu'il tient est au premier rang parmi les esprits de cet âge ; il l'étend chaque jour, et, pour l'agrandir encore, il n'a qu'à le faire tout à fait égal à son mérite. Au reste, il aura beau se soustraire par portions et vouloir se dérober, il est de ceux qui laisseront plus de trace qu'ils ne se l'imaginent et que les contemporains eux-mêmes ne le pensent. La vraie supériorité, jointe à la finesse, survit à bien des renommées bruyantes. On se remet à l'écouter, à lui découvrir des grâces nouvelles, quand on est las du convenu ou du trop connu. Son autorité gagne à n'être point de profession. Et pour ceux mêmes qui se mêlent ici de juger M. de Rémusat et de l'expliquer aux autres, un de leurs précieux titres pourrait bien être un jour s'ils avaient eu, à leur début, l'honneur d'être remarqués et publiquement recommandés par lui (1).

1er octobre 1847.

(1) M. de Rémusat voulut bien parler dans *le Globe*, en 1828, de mon premier ouvrage, le *Tableau de la Poésie française au XVIe siècle*.

CHARLES LABITTE

> « La mort a dépouillé ma jeunesse en pleine récolte...
> J'étais au comble de la muse et de l'âge en fleur, — hélas !
> et voilà que je suis entré tout savant dans la tombe, tout
> jeune dans l'Érèbe ! »
>
> (Épigramme de l'*Anthologie*, édit. Palat., VII, 558.)

Le moment est venu de rendre ce que nous devons à la mémoire du plus regretté de nos amis littéraires et du plus sensiblement absent de nos collaborateurs (1). Sa perte cruelle a été si imprévue et si soudaine, qu'elle a porté, avant tout, de l'étonnement jusque dans notre douleur, bien loin de nous laisser la liberté d'un jugement. Et aujourd'hui même que le premier trouble a eu le temps de s'éclaircir et que rien ne voile plus l'étendue du vide, ce n'est pas un jugement régulier que nous viendrons essayer de porter sur celui qui nous manque tellement chaque jour et dont le nom revient en toute occasion à notre pensée. Le public lui-même a perdu en M. Charles Labitte plus que ceux qui en sont le mieux assurés ne sauraient le lui dire. Les personnes qui, sans connaître notre ami, l'ont lu pendant dix années et l'ont suivi dans ses productions fréquentes et diverses, qui

---

(1) Ce morceau a été écrit pour la *Revue des Deux Mondes* et pour acquitter en quelque sorte la dette commune.

l'ont trouvé si facile et souvent si gracieux de plume, si riche de textes, si abondant et presque surabondant d'érudition, qui ont goûté son aisance heureuse à travers cette variété de sujets, ceux mêmes auxquels il est arrivé d'avoir à le contredire et à le combattre, peuvent-ils apprendre sans surprise et sans un vrai mouvement de sympathie que cet écrivain si fécond, si activement présent, si ancien déjà, ce semble, dans leur esprit et dans leur souvenir, est mort avant d'avoir ses vingt-neuf ans accomplis? Il était à peine mûr de la veille; il était à cette plénitude de la jeunesse où la saison des fruits commence à peine d'hier et où quelques tours de soleil achèveront, où l'on n'a plus enfin qu'à produire pour tous ce qu'on a mis tant de labeur et de veilles à acquérir pour soi. Il s'était perfectionné, depuis les trois dernières années, de la manière la plus sensible pour qui le suivait de près. Le jugement qu'il avait toujours eu net et prompt s'affermissait de jour en jour; il avait acquis la solidité sous l'abondance, et cette solidité même, qui eût amené la sobriété, tournait à l'agrément. Il n'y aurait qu'à retrancher et à resserrer un peu pour que l'étude sur *Marie-Joseph Chénier* devînt un morceau de critique biographique achevé de forme autant qu'il est complet de fond. L'article sur *Varron* est un modèle parfait de ce genre d'érudition et de doctrine encore grave, et déjà ménagé à l'usage des lecteurs du monde et des gens de goût; l'étude sur *Lucile* également; et nous pourrions citer vingt autres articles gracieux et sensés, et finement railleurs, qui attestaient une plume faite, et si nombreux que de sa part, sur la fin, on ne les comptait plus. Mais, encore un coup, il n'avait pas vingt-neuf ans, et si mourir jeune est beau pour un poëte, s'il y a dans les premiers chants nés du cœur quelque chose d'une fois trouvé et comme d'irrésistible qui suffit par aventure à forcer les temps et à perpétuer la mémoire, il n'en est pas de même du prosateur et de l'érudit. La poésie est proprement le génie de la jeunesse; la critique est le produit de l'âge mûr. Poëte ou penseur, on peut être rayé bien avant l'heure et ne pas disparaître tout entier. Cependant, parmi les noms les plus habituellement cités de ces victimes triomphantes, n'oublions pas que Vauvenargues avait trente-deux ans, qu'Étienne de La Boétie en avait trente-trois : ces deux ou trois années de grâce accordées par la nature sont tout à cet âge. Mais un critique, un érudit, mourir à vingt-neuf ans! Qu'on cherche dans l'histoire des lettres à appliquer cette loi sévère aux hommes les plus honorés et qui, en avançant, ont conquis l'autorité la plus considérable comme organes du goût ou comme truchements spirituels de l'érudition, aux La Harpe, aux Daunou, aux Fontenelle, à Bayle lui-même! Que ceci du moins demeure présent, non pour commander l'indulgence, mais pour maintenir la simple équité, quand il s'agit d'un écrivain si précoce, si laborieux, si continuellement en progrès, et qui, au milieu de tant de fruits, tous de bonne nature, en a produit quelques-uns d'excellents.

Charles Labitte était né le 2 décembre 1816 à Château-Thierry. Son père, qui y remplissait les fonctions de procureur du roi, passa peu après en cette même qualité au tribunal d'Abbeville, où il s'est vu depuis fixé comme juge. Le jeune enfant fut ainsi ramené dès son bas âge dans le Ponthieu, patrie de sa mère, et c'est là qu'il fut élevé sous l'aile des plus tendres parents et dans une éducation à demi domestique. Il suivait ses classes au collége d'Abbeville ; il passait une partie des étés à la campagne de Blangermont près Saint-Pol, et, durant cette adolescence si peu assujettie, il apprenait beaucoup, il apprenait surtout de lui-même. Je ne puis m'empêcher de remarquer que cette libre éducation, si peu semblable à la discipline de plus en plus stricte d'aujourd'hui, sous laquelle on surcharge uniformément de jeunes intelligences, est peut-être celle qui a fourni de tout temps aux lettres le plus d'hommes distingués : l'esprit, à qui la bride est laissée un peu flottante, a le temps de relever la tête et de s'échapper çà et là à ses vocations naturelles.

L'érudition de Charles Labitte y gagna un air d'agrément et presque de gaieté qui manque trop souvent à d'autres jeunes éruditions très-estimables, mais de bonne heure contraintes et comme attristées. Au reste, s'il lisait déjà beaucoup et toutes sortes de livres, il ne se croyait pas encore voué à un rôle de critique ; il eut là de premiers printemps qui sentaient plutôt la poésie, et j'ai sous les yeux une suite de lettres écrites par lui dans l'intimité durant les années 1832-1836, c'est-à-dire depuis l'âge de seize ans jusqu'à celui de vingt, dans lesquelles les rêveries aimables et les vers tiennent la plus grande place. Ces lettres sont adressées à l'un de ses plus tendres amis, M. Jules Macqueron, qui faisait lui-même d'agréables vers ; Labitte lui rend confidences pour confidences, et il y mêle d'utiles conseils littéraires : l'instinct du futur critique se retrouverait par ce coin-là. Nous ne citerons rien des vers mêmes : ils sont faciles et sensibles, de l'école de Lamartine ; mais c'est plutôt l'ensemble de cette fraîche floraison qui m'a frappé, comme d'une de ces prairies émaillées au printemps où aucune fleur en particulier ne se détache au regard, et où toutes font un riant accord. Il y a aussi des surabondances de larmes que je ne saurais comparer qu'à celles des sources en avril. Les journées n'étaient pas rares pour lui où il pouvait écrire à son ami, après des pages toutes remplies d'effusions : « Je suis dans un jour où je vois « tout idéalement et douloureusement, et enfin, s'il m'est « possible de m'exprimer ainsi, *lamartinement*. » Faisant allusion à quelque projet de poëme ou d'élégie, où il s'agissait de peindre un souvenir qui datait de l'âge de douze ans (ils en avaient seize), il écrivait à la date de juin 1832 :

« Mais revenons au souvenir. Cette idée seule d'une ten-
« dresse enfantine (dont tu ris maintenant avec raison, et qui
« cependant pourrait servir de matière à de jolis vers) est
« gracieuse et vraie. Les souvenirs les plus doux de la vie
« sont en effet les souvenirs du cœur. Quand on ramène sa

« pensée à ses premières années et qu'on veut revenir sur les
« traces que l'on a déjà parcourues, il n'y a rien qui éclaire
« davantage ces époques flottantes et vagues qu'un amour
« d'enfant venu avant l'âge des sens. C'est un point lumineux
« dans ce demi-jour des premières années où tout est con-
« fondu, plaisirs, espérances, regrets, et où les souvenirs
« sont brouillés et incertains, parce qu'aucune pensée ne les
« a gravés dans la mémoire; amour charmant qui ne sait pas
« ce qu'il veut, qui se prend aux yeux bleus d'une fille
« comme le papillon aux roses du jardin par un instinct de
« nature, par une attraction dont il ne sait point les causes
« et dont il n'entrevoit pas la portée; innocent besoin d'ai-
« mer, qui plus tard se changera en un désir intéressé de
« plaire et de se voir aimé; passion douce et sans violence,
« rêve en l'air; première épreuve d'une sensibilité qui se
« développera plus tard ou qui plutôt s'éteindra dans des
« passions plus sérieuses; petite inquiétude de cœur qui
« tourmente souvent un jeune écolier, un de ces enfants
« aux joues roses que vous croyez si insouciant, mais qui
« déjà éprouve des agitations inconnues, qui étouffe, qui
« languit, qui se sent monter au front des rougeurs aux-
« quelles la conscience n'a point part. » — La grâce facile
où se jouera si souvent la plume de Charles Labitte se dessine déjà dans cette page délicate où je n'ai pas changé un
mot.

Un caractère digne d'être noté honore en mille endroits
ces premiers épanchements d'une vie naturelle et pure : ce
sont les sentiments de croyance et de moralité, si familiers,
ce semble, à toute jeunesse qu'on ne devrait point avoir à
les relever, mais si rares (nous assure-t-on) chez les générations venues depuis Juillet, qu'elles sont vraiment ici un
trait distinctif. Charles Labitte, à cet âge heureux, les possédait dans toute leur sève. Lui, dont plus tard les convictions
politiques ou philosophiques n'eurent guère d'occasion bien
directe de se produire et semblaient plutôt ondoyer parfois

d'un air de scepticisme sous le couvert de l'érudition, il croyait vivement à l'amour, surtout à l'amitié, à l'immortalité volontiers, à la liberté toujours, à la patrie, à la grandeur de la France, à toutes ces choses idéales qu'il est trop ordinaire de voir par degrés pâlir autour de soi et dans son cœur, mais qu'il est impossible de sauver, même en débris, après trente ans, lorsqu'on ne les a pas aimées passionnément à vingt.

Il achevait sa philosophie à Abbeville en 1834, et faisait un premier voyage à Paris dans l'été de cette même année, pour y prendre son grade de bachelier-ès-lettres. Après un court séjour, il y revenait à l'entrée de l'hiver, sous prétexte d'y faire son droit, mais en réalité pour y tenter la fortune littéraire. Il arrivait cette fois pourvu de vers et de prose, de canevas de romans et de poëmes, de comédies, d'odes, que sais-je? de toute cette superfluité première dont il s'échappait de temps en temps quelque chose dans le *Mémorial d'Abbeville*, mais de plus muni d'articles de *haute* critique comme il disait en plaisantant, et surtout du fonds qui était capable de les produire. C'est dès lors que je le connus. Ce jeune homme de dix-huit ans, élancé de taille, et dont la tête penchait volontiers comme légèrement lassée, blond, rougissant, se montrait d'une timidité extrême; après une visite où il avait écouté longtemps, parlé peu, il vous écrivait des lettres pleines de naturel et d'abandon : plume en main, il triomphait de sa rougeur. Il vit beaucoup dans ces premiers temps Mme Tastu, à laquelle il adressa des vers. Il voyait aussi plus que tout autre son excellent parent et son patron naturel, M. de Pongerville, dont il était neveu à la mode de Bretagne, et qu'il se plaisait à nommer son *oncle*. Dans une visite qu'il fit à Londres dans l'automne de 1835, il lui adressait, comme au prochain traducteur du *Paradis Perdu*, une pièce de vers datée de Westminster et intitulée *le Tombeau de Milton*.

Mais c'était la critique qui le partageait déjà et qui allait l'enlever tout entier. Il s'était fort lié avec son compatriote M. Charles Louandre, fils du savant bibliothécaire d'Abbeville, et les deux amis avaient projeté de concert une *Histoire des Prédicateurs du Moyen-Age.* Cette seule idée était déjà d'une vue pénétrante : c'était comprendre qu'une telle histoire présenterait beaucoup plus d'intérêt qu'on ne pouvait se le figurer au premier abord. La prédication, en ces âges fervents, représentait et résumait à certains égards le genre d'influence qu'on a vue en d'autres temps se diviser entre la presse et la tribune. Les deux amis poussèrent vivement les préparatifs de leur commune entreprise ; ils lurent tout ce qui était imprimé en fait de vieux sermonnaires, ils abordèrent les manuscrits, et, même lorsque l'idée d'une rédaction définitive eut été abandonnée, ils durent à cette courageuse invasion au cœur d'une rude et forte époque de connaître les sources et les accès de l'érudition, d'en manier les appareils comme en se jouant, et d'avoir un grand fonds par-devers eux, un vaste réservoir où ils purent ensuite puiser pour maint usage. Vers le même moment, Charles Labitte concevait, seul, un autre projet plus riant et qui eût été pour lui comme le délassement de l'autre, un livre sur le règne de Louis XIII et où devaient figurer Voiture, Balzac, Chapelain, l'hôtel Rambouillet, etc. ; une grande partie des matériaux amassés ont paru depuis en articles dans la *Revue de Paris* et ailleurs. Tout ce confluent d'études se pressait dans les premiers mois de 1836 et avant que notre ami eût accompli ses vingt ans. Il avait à cette heure renoncé définitivement aux vers, et sa voie de curiosité critique était trouvée. En échangeant une veine pour l'autre, il porta aussitôt dans cette dernière une ardeur, un sentiment passionné et presque douloureux, qu'on n'est pas accoutumé à y introduire à ce degré. Il semblait étudier non pas pour connaître seulement et pour apprendre, mais pour échapper à un dégoût de la vie. Ce dégoût n'était-il que l'effet même et le contre-coup d'une excessive étude ? n'était-il que cette satiété, cette lassitude incurable qui sort de toute chose humaine où l'on a touché le fond, quelque chose de pareil au *medio de fonte leporum,* admirable cri de ce Lucrèce tant aimé de notre ami ? Quelle qu'en fût la cause, l'étude passionnée à laquelle se livrait Charles Labitte et d'où il tirait pour nous tant d'agréables productions, lui était à la fois un plaisir et une source de mort. Il étudiait sans trêve, à perte d'haleine, jusqu'à extinction de force vitale et jusqu'à évanouissement. Ses yeux, qui lui refusaient souvent le service, ne faisaient qu'accuser alors l'épuisement des centres intérieurs et crier grâce, en quelque sorte, pour le dedans. Il en résulta de bonne heure des crises fréquentes, passagères, que recouvraient vite les apparences de la santé et les couleurs de la jeunesse ; mais lui ne s'y trompait pas : « Je n'ai pas deux jours de bons sur dix (écrivait-il de Paris à M. Jules Macqueron, le 30 décembre 1835) ; mon pauvre ami, ma santé est à peu près perdue, et il est fort probable, du moins d'après les données de l'art, que mon pèlerinage sera court. Je dirais tant mieux, si je n'avais ni amis ni parents. Ne crois pas que je me drape ici en *poitrinaire* ou en *malade languissant*. J'ai ma conviction là-dessus, et il est bien rare que ces sortes de convictions trompent. Il y a ici pendant que je t'écris, vis-à-vis de moi, un jeune homme de Savoie, docteur en médecine, qui me donne tous ses soins. Si nous nous trouvons un jour réunis tous à Paris, j'espère te le faire connaître. » — Une telle tristesse était certainement disproportionnée aux causes appréciables ; la science elle-même n'aurait pu trouver de quoi justifier ces pressentiments ; c'était la lassitude de la vie qui parlait en lui.

Le premier article de quelque étendue par lequel il débuta véritablement dans les lettres est celui de *Gabriel Naudé*, qui parut dans la *Revue des Deux Mondes* le 15 août 1836. Il ne faisait là dès l'abord que se placer sous l'invocation de son véritable patron. Gabriel Naudé est bien le patron, en effet, de ceux qui avant tout lisent et dévorent, qui parlent de tout ce qu'ils ont lu, et chez qui l'idée ne se présente que de biais en quelque sorte, ne se faufile qu'à la faveur et sous le couvert des citations. L'article que Charles Labitte lui consacrait, et qui n'offrait encore ni l'ordre ni même toute l'exactitude auxquels il atteindra plus tard, ressaisissait du moins et rendait vivement la physionomie du modèle ; le vieil esprit gaulois y débordait en jeune séve. On sentait que ce débutant d'hier s'était abouché de longue main avec ces hommes d'autrefois dont il parlait : il avait reçu d'eux le souffle, il avait la tradition.

La tradition ! chose essentielle et vraiment sacrée en littérature, et qui serait en danger de se perdre chez nous, si quelques-uns, comme élus et fidèles, n'y veillaient sans cesse et ne s'appliquaient à la maintenir ! Qu'arrive-t-il en effet, et que voyons-nous de plus en plus dans la foule *écriveuse* qui nous entoure ? On aborde inconsidérément les époques, on brouille les personnages, on confond les nuances en les bigarrant. A quoi bon tant de soins ? Pourquoi ceux qui ne se font de la littérature qu'un instrument, et qui ne l'aiment pas en elle-même, y regarderaient-ils de si près ? Et quant à ceux qui sont dignes de l'aimer et qui lui feraient honneur par de vrais talents, l'orgueil trop souvent les entête du premier jour ; sauf deux ou trois grands noms qu'ils mettent en avant par forme et où ils se mirent, les voilà qui se comportent comme si tout était né avec eux et comme s'ils allaient inaugurer les âges futurs. Il y aurait profit à se le rappeler toutefois ; penser beaucoup et sérieusement au passé en telle matière et le bien comprendre, c'est véritablement penser à l'avenir : ces deux termes se lient étroitement et correspondent entre eux comme deux phares. Pour moi, ce me semble, il n'est qu'une manière un peu précise de songer à la postérité quand on est homme de lettres : c'est de se reporter en idée aux anciens illustres, à ceux qu'on préfère, qu'on admire avec prédilection, et de se demander : « Que diraient-ils de moi ? à quel degré daigneraient-ils m'admettre ? S'ils me connaissaient, m'ouvriraient-ils leur cercle, me reconnaîtraient-ils comme un des leurs, comme le dernier des leurs, le plus humble ? » Voilà ma vue *rétrospective* de postérité, et celle-là en vaut bien une autre (1). C'est une manière de se représenter cette postérité vague et fuyante sous des traits connus et augustes, de se la figurer dans la majesté reconnaissable des ancêtres. On a l'air de tourner le dos à la postérité, et on agit plus sûrement en vue d'elle que si on la voulait anticiper directement et en saisir le fantôme. Celui de tous les peuples qui a le plus songé à la gloire et qu'elle a le moins trompé, celui de tous les poëtes qu'elle a couronné comme le plus divin, les Grecs et Homère, appelaient la postérité et les générations de l'avenir ce qui est *derrière* (οἱ ὀπίσω), comme s'ils avaient réellement tourné le dos à l'avenir, et du passé ils disaient ce qui est *devant*.

Notre ami avait toujours ce grand passé littéraire devant les yeux ; il aimait ces choses désintéressées en elles-mêmes et s'y absorbait avec oubli. Nous ne le suivrons point ici pas à pas dans la série d'articles qu'il laissa échapper durant les premières années, et qui n'étaient que le trop-plein de ses études constantes. Son fonds acquis sur les sermonnaires du Moyen Age lui fournit matière à de piquantes appréciations de Michel Menot et des autres prédicateurs dits *macaroniques*. Il donna nombre de morceaux sur l'époque Louis XIII. En même temps, par ses portraits de M. Raynouard et de Népomucène Lemercier, il abordait avec bonheur ce genre délicat de la biographie contemporaine, et contribuait pour sa part à l'élargir.

(1) Il faut voir la même idée rendue comme les anciens savaient faire, c'est-à-dire en des termes magnifiques, au XIIIᵉ chapitre du *Traité du Sublime* qui a pour titre : « Suppose-toi en présence des plus éminents écrivains. » Longin (ou l'auteur, quel qu'il soit) y fait admirablement sentir, et par une gradation majestueuse, le rapport qui unit le tribunal de la postérité à celui des grands prédécesseurs. — Ne pas s'en tenir à la traduction de Boileau. — Racine, dans sa préface de *Britannicus*, a usé aussi, en se l'appliquant, de la pensée de Longin : « Que diraient Homère et Virgile s'ils lisaient ces vers ? Que dirait Sophocle s'il voyait représenter cette scène ?.... »

Autrefois il existait deux sortes de notices littéraires : l'une toute sèche et positive, sans aucun effort de rhétorique et sans étincelle de talent, la notice à la façon de Goujet et de Niceron, aussi peu agréable que possible et purement utile ; elle gisait reléguée dans les répertoires, tout au fond des bibliothèques : et puis il y avait sur le devant de la scène et à l'usage du beau monde la notice élégante, académique et fleurie, *l'éloge ;* ici les renseignements positifs étaient rares et discrets, les détails matériels se faisaient vagues et s'ennoblissaient à qui mieux mieux, les dates surtout osaient se montrer à peine : on aurait cru déroger. J'indique seulement les deux extrémités, et je n'oublie pas que dans l'intervalle, entre le Niceron et le Thomas, il y avait place pour l'exquis mélange à la Fontenelle. Pourtant, chez celui-ci même, l'extrême sobriété faisait loi. On a tâché de nos jours (et M. Villemain le premier) de fondre et de combiner les deux genres, d'animer la sécheresse du fait et du document, de préciser et de ramener au réel le panégyrique. Ce genre, ainsi développé et déterminé, a parcouru en peu d'années ses divers degrés de croissance, et Charles Labitte, on peut le dire, l'a poussé au dernier terme du complet dans une ou deux de ses biographies, dans celle de *Marie-Joseph Chénier* particulièrement. Il était infatigable à féconder un champ qui, en soi, a l'air si peu étendu, et à en tirer jusqu'à la dernière moisson. Il ne se bornait pas aux simples faits principaux ni à l'analyse des ouvrages, ni même à la peinture de la physionomie et du caractère ; il voulait tout savoir, renouer tous les rapports du personnage avec ses contemporains, le montrer en action, dans ses amitiés, dans ses rivalités, dans ses querelles ; il visait surtout à ajouter par quelque page inédite de l'auteur à ce qu'on en possédait auparavant. Qu'il n'ait pas été quelquefois entraîné ainsi au delà du but et n'ait pas un peu trop disséminé ses recherches, au point d'avoir peine ensuite à les resserrer et à les ressaisir dans son récit, je n'essaierai nullement de le nier ; mais il n'a pas moins poussé sa trace originale et vive, il n'a laissé à la paresse de ses successeurs aucune excuse ; et il ne sera plus permis après lui de faire les notices écourtées et sèches que quand on le voudra bien. Pour montrer cependant à quel point dans son esprit tout cela se rapportait à des cadres élevés, et quel ensemble il en serait résulté avec le temps, je veux donner ici, tel qu'on le trouve dans ses papiers, le plan d'un ouvrage en deux volumes, où seraient entrés, moyennant corrections, plusieurs des morceaux déjà publiés. Le critique supérieur se fait sentir dans ce simple tracé où les détails ne masquent rien. Nous livrons le brillant programme à remplir à quelques-uns de nos jeunes vivants ; mais nul, on peut l'affirmer, ne saura exploiter dans toute leur abondance les ressources que Charles Labitte y embrassait déjà.

LES POËTES DE LA RÉVOLUTION ET DE L'EMPIRE.

PREMIER VOLUME.

I. — Introduction. — Situation des Lettres sous Louis XVI, — De la poésie léguée à la génération de 89 par le xviiie siècle, ou *les Jardins* de Delille, les *Odes* de Le Brun et les *Élégies* de Parny. — Vue générale des Lettres pendant la Révolution et sous Bonaparte. — Influence réciproque des événements et des écrits.

II. — Beaumarchais, ou la transition de Voltaire à la Révolution. (Fragments inédits de *Figaro*. — Lettres autographes de Beaumarchais, etc.)

III. — Marie-Joseph Chénier, ou l'École de Voltaire en présence de la Révolution et de l'Empereur. (Lettres inédites, etc.)

IV. — Michaud, ou l'influence de Delille et le royalisme dans la presse. (Berchoux et *la Quotidienne*.)

V. — Andrieux, ou la Comédie et le Conte pendant la Révolution. (Lettres inédites.) — Il y faudrait faire entrer Picard, Collin d'Harleville, dont Andrieux est l'Aristarque.

VI. — Étienne, ou la Comédie sous l'Empire. — Origine du Libéralisme de la Restauration. (Lettres inédites.)

SECOND VOLUME.

VII. — Raynouard, ou la Tragédie nationale aboutissant à l'érudition, — *les Templiers* et les Troubadours. (Documents inédits. — Extraits de ses Mémoires autographes. — Vers manuscrits.)

VIII. — Ducis, ou l'initiation au théâtre étranger. (Ducis grand épistolaire. — Ses poésies annoncent Lamartine.) — Originalité d'*Abufar*. — Shakspeare et les romantiques. (Lettres inédites.)

IX. — Lemercier, ou le précurseur des innovations. — Il est le prédécesseur de Victor Hugo, son successeur à l'Académie. (Pièces de théâtre inédites de sa jeunesse et du temps de la Révolution ; lettres autographes.)

X. — André Chénier, ou retour à l'Antiquité. — Influence sur l'école nouvelle par l'édition de 1819. (Vers inédits. — Documents nouveaux.)

XI. — Millevoye, ou la transition à Lamartine. (D'après les manuscrits et papiers de sa famille.)

XII. — Geoffroy, ou la Critique pendant la Révolution et sous l'Empire. — Histoire du *Journal des Débats*.

CONCLUSION.

Résumé sur l'ensemble de cette époque littéraire. — Bernardin de Saint-Pierre, Mme de Staël et Chateaubriand. — Les *Méditations* de Lamartine et *l'Indifférence* de Lamennais. — Les deux Poésies en présence.

Après avoir été chargé quelque temps d'un cours d'histoire au collége de Charlemagne et à celui d'Henri IV, Charles Labitte avait été envoyé à la Faculté de Rennes par M. Cousin (avril 1840), pour y remplir, provisoirement d'abord, la chaire de littérature étrangère, dont il devint plus tard titulaire. Ses études, déjà si étendues, durent à l'instant s'élargir encore; il fallut suffire en peu de semaines à ces nouvelles fonctions, et faire face à un enseignement imprévu. Ces brusques et vigoureuses expéditions, où l'on pousse à toute bride la pensée, sont comme la guerre, et elles dévorent aussi bien des esprits. Le jeune professeur partit pour Rennes, non sans s'être auparavant muni des conseils et des bons secours de M. Fauriel, le maître et le guide par excellence en ces domaines étrangers. Du premier jour, il aborda résolûment son sujet par les hauteurs et par les sources, c'est-à-dire par Dante et par les origines de *la Divine Comédie*. On a le résultat de ces leçons dans un curieux travail (*la Divine Comédie avant Dante* (1), où il expose toutes les visions mystiques analogues, tirées des légendaires et hagiographes les plus obscurs. M. Ozanam et lui semblaient s'être piqués d'émulation pour creuser et épuiser la veine étrange. On a dit de cette spirituelle dissertation, devenue l'une des préfaces naturelles du pèlerinage dantesque, que c'était *une histoire complète de l'infini* tel qu'on se le figurait en ces âges crépusculaires : « Hélas (2)! trois ans à peine s'étaient écoulés, et lui-même allait être initié à ces secrets de la mort, où il semble que, par un triste pressentiment, il s'était plu à s'arrêter avec une curiosité mélancolique. » Il allait savoir le dernier mot (s'il est permis!) de la vie terrestre, de cette sorte de vision aussi qu'on a non moins justement appelée *le songe incompréhensible.*

Obligé, d'après les conditions universitaires, d'obtenir le grade de docteur-ès-lettres, Charles Labitte prit pour sujet de thèse une période fameuse de notre histoire politique, ou du moins un point de vue dominant dans cette période, et qui

---

(1) *Revue des Deux Mondes*, livraison du 1er septembre 1842.
(2) J'emprunte ici les paroles de M. Charles Louandre, dans son article du *Journal d'Abbeville* (30 septembre 1845).

s'étendit aussitôt sous sa plume jusqu'à former le volume intitulé *De la Démocratie chez les Prédicateurs de la Ligue* (1841). En s'arrêtant à ce choix ingénieux et qui n'était pas sans à-propos dans le voisinage de la Sorbonne, l'auteur ne faisait qu'isoler et développer une des branches de cet ancien premier travail, resté inachevé, sur les sermonnaires. C'en était peut-être le plus piquant épisode, et notre ami l'a élevé aux proportions d'un ouvrage dont il sera tenu compte dorénavant par les historiens. L'esprit de la Ligue, pour être parfaitement saisi dans toute sa complication et démêlé dans ses directions diverses, avait besoin de s'éclairer du jour rétrospectif qu'y jette la Révolution de 89 ; il ne s'agit que de ne pas abuser des rapprochements. Si jamais la chaire s'est vue réellement l'unique ou du moins le principal foyer de ce qui a depuis alimenté la presse et la tribune aux époques révolutionnaires, ce fut bien alors en effet ; c'est de la chaire que partait le mot d'ordre, que se prônait et se commentait, au gré de la politique, le bulletin des victoires ou des défaites; quand il fallut faire accepter aux Parisiens la désastreuse nouvelle d'Ivry, le moine Christin, prêchant à deux jours de là, en fut chargé, et il joua sa farce mieux que n'aurait pu le plus habile et le plus effronté des *Moniteurs*. Il réussit bien mieux qu'aucun article du *Moniteur* n'a jamais fait, il laissa son public tout enflammé et résolu à mourir. Suivre les phases diverses de la chaire à travers la Ligue, c'est comme qui dirait écrire l'histoire des clubs ou des journaux pendant la Révolution française, c'est à chaque moment tâter le pouls à cette révolution le long de sa plus brûlante artère. Charles Labitte comprit dans toute leur étendue les ressources de son sujet, et s'il y avait une critique à lui adresser à cet endroit, ce serait de les avoir épuisées. Que de lectures ingrates, fastidieuses, monotones, il lui fallut dévorer pour nous en rapporter quelque parcelle ! De tous les genres littéraires qui sont tous capables d'un si énorme ennui, le plus ennuyeux assurément est le genre *parénétique*, autrement dit *le sermon;*

il trouve moyen d'ennuyer, même lorsqu'il est bon ; ici il était relevé par les passions politiques, mais elles n'y ajoutaient le plus souvent qu'un surcroît de dégoût et des vomissements de grossièretés. Combien de fois, à propos de ce déluge d'oraisons, d'homélies, de controverses, sur lesquelles il opérait, et qui remontaient de toutes parts sous sa plume, l'auteur dut ressentir et étouffer en lui ce sentiment de trop-plein qu'il ne peut contenir à l'occasion des cent cinquante-neuf ouvrages du curé Benoît (de Saint-Eustache) : *C'est l'ennui même!* Ce sont là de ces cris du cœur qui échappent parfois à l'érudit. Eh bien ! l'esprit vif et léger de notre ami triompha le plus habituellement de l'épaisseur du milieu. Les vues neuves et perspicaces, les choses bien saisies et bien dites, abondent et viennent égayer le courant du détail à travers la juste direction de l'ensemble. Quelques assertions trop rapides et par-ci par-là contestables (1) n'affectent point cette justesse générale du sens. On a, de nos jours, fort raisonné théoriquement de la Ligue, et ç'a été une mode, chez plus d'un historien paradoxal comme chez nos jeunes catholiques cavaliers, ou chez nos jacobins néo-catholiques, de se déclarer subitement ligueurs. Que vous dirai-je ? on est ligueur en théorie, et on trouve les idylles de Fontenelle très-poétiques, comme on a la barbe en pointe ; il ne faut pas disputer des goûts ni des dilettantismes. Charles Labitte, qui était un esprit resté naturel parmi les jeunes (qualité des plus rares aujourd'hui), dans le livre utile où il apporte toutes

---

(1) Celle-ci par exemple : « Il avait fallu répondre à la Ligue par de gros livres, comme le *De Regno* de Barclay ; il suffit au contraire, pour désarçonner la Fronde, des plaisanteries érudites de Naudé dans le *Mascurat*. » Le gros pamphlet de Naudé put être utile à Mazarin auprès de quelques hommes de cabinet et de quelques esprits réfléchis ; mais si la Fronde n'avait jamais reçu d'autre coup de lance, elle aurait tenu longtemps la campagne. — La plume de l'auteur, en ce passage et dans quelques autres, a couru plus vite que la pensée.

sortes de preuves nouvelles en aide à la saine tradition, fait justice de ces travers en sens opposé. Il ressort clairement de ce renfort de pièces à l'appui que si la Ligue recélait à certains égards quelques idées d'avenir, elle en représentait encore plus de fixement stupides et d'irrévocablement passées ; que si, dans ses hardiesses de doctrine, elle anticipait quelques articles du catéchisme de 1793, elle en reproduisait encore plus de la théocratie du xiie siècle ; qu'enfin elle était fanatique en religion autant qu'anti-nationale en politique. La conclusion de Charles Labitte ne diffère donc en rien de la solution pratique qui a prévalu, de celle de la *Satyre Ménippée* et des honnêtes gens d'alors, parlementaires et bourgeois ; il donne franchement dans cette religion *politique* des L'Hospital et des Pithou, qu'on peut bien se lasser à la longue de trouver toujours juste comme Aristide, mais qui n'en reste pas moins juste pour cela. Je veux citer le passage excellent où il la définit le mieux :

« Cette sage honnêteté, dit-il (1), cette modération dont les politiques se piquaient, remontait jusqu'à Érasme, mais à *Érasme modifié par L'Hospital*. L'illustre chancelier fut en effet, par conscience et par supériorité, on l'a très-bien dit, ce que l'auteur des *Colloques* avait été par circonspection et par finesse d'esprit. Le bon sens d'Érasme, la probité de L'Hospital, ce fut là le double programme de ces politiques d'abord raillés par tout le monde, de ce *tiers-parti* « auquel, dit « d'Aubigné, les réformés croyoient aussi peu qu'au troisième lieu, « qui est le purgatoire. » Mais laissez faire le temps, laissez les passions s'amortir, laissez l'esprit français, avec sa logique droite, se retrouver dans ce pêle-mêle, et ce parti grandira, et on saura les noms des magistrats intègres qui l'appuient : Tronson, Édouard Molé, de Thou, Pasquier, Le Maistre, Guy Coquille, Pithou, Loisel, Montholon, l'Estoile, de La Guesle, Harlay, Séguier, Du Vair, Nicolaï ; *on devinera les auteurs de la Ménippée*, Pierre Le Roy, Passerat, Gillot, Rapin, Florent Chrestien, Gilles Durant, honnêtes représen-

(1) Page 105.

tants de la bourgeoisie parisienne. Les ligueurs modérés, comme Villeroy et Jeannin, se rangeront même un jour sous ce drapeau qui deviendra celui de Henri IV et de Sully. »

Voilà le vrai, le sens commun en pareille matière, et Charles Labitte l'a su rafraîchir de toutes sortes de raisons neuves et revêtir de textes peu connus. Cet honorable ouvrage, et la préface qu'il mit depuis à la publication de la *Satyre Ménippée* (1), lui valurent des attaques, parmi lesquelles je ne m'arrêterai qu'à la plus sérieuse, à celle qui touche un point d'histoire saillant et délicat.

Pendant que Charles Labitte écrivait son volume sur la Ligue, le gouvernement faisait imprimer pour la première fois (dans la collection des Documents historiques) les *Procès-verbaux des États généraux*, réputés séditieux, *de* 1593 ; cette publication, confiée à M. Auguste Bernard, déjà connu par ses recherches sur les *D'Urfé*, fut exécutée avec beaucoup de soin, d'exactitude et de conscience, qualités qui distinguent cet investigateur laborieux. Notre ami, toujours bienveillant et en éveil, s'était empressé à l'avance, dans une note de son volume, de signaler la prochaine publication de M. Bernard : « Elle comblera, avait-il dit (2), une lacune fâcheuse dans les annales de nos grandes assemblées. L'histoire politique n'aurait pas seule à profiter de cette publication ; ce serait la meilleure pièce justificative de la *Satyre Ménippée*. » Mais le recueil des *Procès-verbaux* ne répondit pas, du moins dans la pensée de l'éditeur, à cette dernière promesse. Selon M. Auguste Bernard, en effet, ces registres, qui paraissaient si tardivement au jour et qui encore ne paraissaient que mutilés, loin de venir comme pièce à l'appui de la *Ménippée*, en étaient bien plutôt une sorte de réfutation et de démenti perpétuel. M. Bernard accordait à ces pauvres États tant conspués beau-

(1) Dans l'édition de la Bibliothèque-Charpentier, 1841.
(2) Page 158.

coup plus de crédit qu'on n'avait fait jusqu'alors, et il y avait dans ce penchant de sa part autre chose que de la prévention d'éditeur : il s'y mêlait des vues plus réfléchies. Une note de sa préface (1) recommandait expressément le pamphlet du *Maheustre et du Manant*, testament de la Ligue à l'agonie et dernier mot du parti des *Seize*. Ce pesant écrit était bien en tout le contre-pied de la *Satyre Ménippée*; des deux pamphlets, c'était le rival et le vaincu dans ce combat du frelon et de l'abeille. Mais M. Bernard y voyait, non sans raison, un précis historique très-net de la naissance, des progrès et des différentes péripéties de la Ligue ; il y voyait, d'un coup d'œil moins juste à mon sens, la ligne principale et comme la grande route de l'histoire à ce moment ; ce n'en était plus au contraire qu'un sentier escarpé et perdu, qui menait au précipice. En général, l'éditeur des *Procès-verbaux de* 1593 accordait à l'assemblée des États de la Ligue un caractère *national* et *incontesté*, fait pour surprendre ceux qui avaient été nourris de la vieille tradition française. Les accusations de vénalité, qui sont restées attachées aux noms des principaux meneurs, lui paraissaient *sans base*, faute apparemment d'être consignées aux procès-verbaux. Ces opinions de l'éditeur, qui se décelaient déjà dans l'introduction mise en tête du Recueil, éclatèrent surtout dans un article critique fort rude qu'il lança peu après (2) contre la *Satyre Ménippée* et contre la *Notice* qu'y avait jointe Charles Labitte.

Ce dernier, sans répondre à ce qui lui était personnel, reprit en main la discussion et la mena vigoureusement dans un article de cette *Revue*, intitulé *Une Assemblée parlementaire en* 1593 (3). Moi-même, longtemps préoccupé de cette question de la *Ménippée*, j'ai besoin d'ajouter ici dans l'intérêt de notre ami quelques raisons subsidiaires qu'il eût pu donner

(1) Page xxxiv.
(2) Dans la *Revue de la Province et de Paris*, 30 septembre 1842.
(3) Livraison du 15 octobre 1842.

pour se défendre. Le cas que je fais de M. Auguste Bernard et l'autorité qu'il s'est acquise sur le sujet me serviront d'excuse, si je me prends directement à son opinion, qui rallierait au besoin plus d'un partisan. Et puis il s'agit de la *Ménippée*, du *roi des pamphlets*, comme on l'a nommée ; il s'agit de savoir si ce brillant exploit de l'esprit français a usurpé son renom et sa victoire.

Je ne puis m'empêcher d'abord de remarquer l'espèce de superstition ou de pédanterie (on l'appellera comme on voudra) qui devient une des manies de ce temps-ci : c'est de vouloir tout traiter et tout remettre en question à l'aide de pièces dites positives, de documents et de procès-verbaux. En réalité pourtant, on a beau chercher à se le dissimuler, plus on s'éloigne des choses, et moins on en a connaissance, j'entends la connaissance intime et vive ; tous ces *je ne sais quoi* que les contemporains possédaient et qui composaient la vraie physionomie s'évanouissent ; on perd la tradition pour la lettre écrite. On se met alors à attacher une importance extrême, disproportionnée, à certaines pièces matérielles que le hasard fait retrouver, à y croire d'une foi robuste, à en tirer parti et à les étaler avec une sorte de pédanterie (c'est bien le mot) ; moins on en sait désormais, et plus on a la prétention d'y mieux voir. Je prie qu'on veuille bien ne pas se méprendre sur ma pensée et n'y rien lire de plus que je ne dis : ce ne sont pas le moins du monde les estimables recherches en elles-mêmes que je viens blâmer ; personne au contraire ne les prise plus que moi quand l'esprit s'y contient à son objet ; je parle simplement des conclusions exagérées qu'on y rattache. Or, il n'y a qu'une manière de se tenir en garde contre l'abus, c'est de faire toujours entrer la tradition pour une grande part dans ses considérations, et de ne pas la supprimer d'un trait sous prétexte qu'on n'a plus de moyen direct et matériel d'en vérifier tous les éléments. L'éditeur des *Procès-verbaux* de 1593 s'étonne de ne pas les trouver d'accord avec la parodie de la *Satyre Ménippée* : s'il s'attendait à cette conformité dans le sens réel et *légal*, il avait là une prévention par trop naïve. La *Satyre Ménippée* nous rend l'*esprit* même des États, leur rôle turbulent et burlesque; elle simule une sorte de séance *idéale* qui les résume tout entiers. Certainement, cette séance-là, qu'Aristophane aurait volontiers signée comme greffier, n'a pu être relatée au procès-verbal; il n'y a donc rien de surprenant qu'on ne l'y trouve pas. Pour des séances plus précises et définies, ne sait-on pas d'ailleurs combien les procès-verbaux, en leur enregistrement authentique et sous leur sérieux impassible, ont une manière d'être inexacts et, dans un certain sens, de mentir? Assistez à telle séance de la Chambre des députés, ou écoutez celui qui en sort tout animé de l'esprit des orateurs et vous en exprimant l'émotion, les péripéties, les jeux de scène, et puis lisez le lendemain le procès-verbal de cette séance : cela fait-il l'effet d'être la même chose? lequel des deux a menti?

Mais la *Satyre Ménippée* ne vint qu'après les États; elle ne parut (sauf la petite brochure du *Catholicon* qu'on met en tête et qui a précédé en date), elle ne parut, objecte-t-on, qu'aussitôt après l'entrée de Henri IV à Paris, après le 22 mars 1594; on achevait de l'imprimer à Tours quand cette entrée eut lieu, elle partit sur le temps; ce fut une pièce du *lendemain*, les hommes de la *Ménippée* sont des hommes du *lendemain*. Que dirait-on de quelqu'un qui viendrait confondre *la Parisienne* avec *la Marseillaise*? Et voilà ce qu'on a fait pourtant au profit du trop célèbre pamphlet, lorsqu'on a complaisamment répété la phrase du président Hénault : « Peut-être la *Satyre Ménippée* ne fut guère moins utile à Henri IV que la bataille d'Ivry; le ridicule a plus de force qu'on ne croit. »

Je résume les objections que M. Auguste Bernard opposait à Charles Labitte. Sans entrer ici dans une discussion de dates qui avait déjà été très-bien éclaircie par Vigneul-Marville, et que semblent avoir réglée définitivement MM. Leber et Brunet, on peut répondre sans hésiter : Non, les hommes de la *Satyre Ménippée* n'étaient point des hommes du lendemain (1), et cette œuvre de leur part ne fut point une attaque tardive, ni le coup de pied à ce qui était à terre. Et d'abord il paraît constant, nonobstant chicanes, que le premier petit écrit dont se compose cette Satyre farcie (l'écrit intitulé *la Vertu du Catholicon*) fut imprimé réellement en 1593, avant la chute de la Ligue ; il n'est pas moins certain, pour peu qu'on veuille réfléchir, que tous ces quatrains railleurs, ces *plaisantes rimes*, épîtres et complaintes, que la *Ménippée* porte avec elle, coururent imprimées ou manuscrites, et durent être placardées, colportées au temps même des événements qui y sont tournés en ridicule. La *Satyre Ménippée* ne fit que ramasser et enchâsser ces petites pièces qui étaient en circulation ; elle rallia en un gros ces troupes légères qui avaient donné séparément.

Il y a plus : je me suis amusé à parcourir les historiens contemporains et auteurs de mémoires, de Thou, d'Aubigné, Cheverny, Le Grain (2) ; tous, au moment où ils parlent de la tenue des États de 1593 et durant cette tenue même, mentionnent la *gaie satyre* et *farce piquante* qu'en firent ces *bons et gentils esprits* et ces *plumes gaillardes*, l'honneur de la France. Je n'irai pas jusqu'à conjecturer d'après cette entière concordance qu'il y eut dès lors, et dans les derniers mois de 1593, des copies manuscrites qui coururent (ce qui n'aurait

---

(1) Voir ce qui est dit dans la *Satyre* même, ou du moins dans le *Discours de l'imprimeur*, contre les gens du lendemain : « J'en vois d'autres qui n'ont bougé de leurs maisons et de leurs aises, à déchirer le nom du roy et des princes du sang de France tant qu'ils ont pu, et qui, ne pouvant plus résister à la nécessité qui les pressoit, pour avoir eu deux ou trois jours devant la réduction de leur ville quelque bon soupir et sentiment de mieux faire, sont aujourd'hui néanmoins ceux qui parlent plus haut, etc., etc. »

(2) Voir de Thou, *Histoire*, livre cv, année 1593 ; — d'Aubigné, *Histoire universelle*, tome III, livre III, chapitre 13 ; — Cheverny, *Mémoires d'État*, à l'année 1593 ; — Le Grain, *Décade*, même année.

rien d'ailleurs que d'assez vraisemblable); j'admets tout à fait que, de la part de ces historiens si bien informés, c'est là un léger anachronisme résultant d'une association d'idées involontaire. Qu'en conclure? Si, quand l'imprimé parut, tout le monde se récria de la sorte avec transport et adopta par acclamation l'amusante parodie comme vérité, en l'antidatant légèrement et lui attribuant un effet rétroactif, c'est que les honnêtes gens étaient si las de ces horreurs et de ces calamités prolongées, étaient si heureux de retrouver exprimé avec éclat et vigueur ce qu'ils pensaient et se disaient à l'oreille depuis longtemps, qu'ils se prirent à n'en faire qu'un seul écho, en le reportant tant soit peu en arrière par une confusion irrésistible : glorieux et légitime anachronisme, qui prouve d'autant plus pour l'effet moral de la *Ménippée*. Les contemporains eux-mêmes antidatent et font la faute : quel plus bel hommage! Tout atteste que l'action de l'heureux pamphlet fut immense sur l'opinion à travers la France encore soulevée. Si de nos jours, à propos d'un autre pamphlet royaliste bien différent, qui n'exprimait que l'étincelante colère et les représailles d'un écrivain de génie, un moment homme de parti avant d'être l'homme de la France, — si Louis XVIII pourtant a pu dire de la brochure intitulée *De Buonaparte et des Bourbons,* apparue sur la fin de mars 1814, qu'*elle lui avait valu une armée,* Henri IV n'aurait-il pas pu dire plus justement la même chose de sa bonne Satyre nationale? La phrase du président Hénault ne signifie que cela; c'est un de ces mots spirituels qui rendent avec vivacité un résultat et qui font aisément fortune en France. On ne prend de tels mots au pied de la lettre que quand on y met peu de bonne volonté. En résumé, tous les procès-verbaux du monde publiés ou inédits ne prouveront jamais : 1° que les États de 1593 n'aient pas été la *Cour du roi Petaud;* 2° que la *Satyre Ménippée* n'ait pas été bien et dûment comparée (toute proportion gardée) à la bataille d'Ivry, non pas si vous voulez à la troupe d'avant-garde, mais à cette cavalerie qui, survenant toute fraîche le soir d'une victoire, achève l'ennemi qui fuyait.

Au moment où Henri IV fit son entrée en ce Paris longtemps rebelle, à ce beau jour du printemps de 1594, il y eut un essaim de grosses abeilles qui sortit on ne sait pas bien d'où, et peut-être, comme on croit, d'un coin de la Cité, d'auprès le jardin de M. le Premier Président ; elles marchaient et voletaient devant les lis (1), donnant au visage et dans les yeux des ligueurs fuyards : ce fut la *Ménippée* même. Les lis alors étaient d'accord avec l'honneur et avec l'espoir de la France. Depuis, quand ils méritèrent d'être rejetés, un autre gros d'abeilles se vit, qui piqua en sens inverse et les harcela longtemps avec gloire : à deux siècles de distance, le rôle national est le même ; la *Ménippée* et la chanson de Béranger sont deux sœurs.

Viendra-t-on maintenant nous préconiser le *Dialogue du Maheustre et du Manant*, l'opposer *rationnellement,* comme on dit, à la *Ménippée,* lui subordonner celle-ci, en insinuant qu'elle ne devrait reparaître qu'à la suite et dans le cortége de l'autre ? En France, tant qu'il y aura du bon sens, de telles énormités ne se sauraient souffrir. Ce pamphlet du *Maheustre* et du *Manant* (2), très-curieux à titre de renseignement historique, est lourd, assommant, sans aucun sel. Le

(1) Et si l'on trouvait que je vais bien loin, en appliquant cette gracieuse image à une production quelque peu rabelaisienne, qu'on se rappelle, entre autres, ce riant et beau passage : « Le Roy que nous demandons est déjà fait par la nature, né au vrai parterre des fleurs de lys de France, rejeton droit et verdoyant du tige de saint Louis. Ceux qui parlent d'en faire un autre se trompent et ne sauroient en venir à bout : on peut faire des sceptres et des couronnes, mais non pas des roys pour les porter ; on peut faire une maison, non pas un arbre ou un rameau verd... »

(2) Le *maheustre*, ainsi nommé par une sorte de sobriquet, représente l'homme d'armes ou le noble sans conviction bien profonde et passé sous les drapeaux du roi de Navarre ; le *manant* représente le franc paroissien de Paris, le ligueur-*ultrà*, et qui serait, au besoin, plus catholique que le pape.

Manant est un ergoteur, un procureur fanatique comme Crucé ; ce *Manant* n'a rien du véritable esprit français, rien de notre paysan, de notre *Jacques Bonhomme*, ni de notre *badaud* de Paris malin et mobile. Il raisonne avec une idée fixe, avec cette logique opiniâtre qui mène à l'absurde, qui aboutirait en deux temps à l'Inquisition et à 93. Il n'est, après tout, que l'organe des Seize ; ce pamphlet a tout l'air d'une vengeance sournoise décochée par les Seize *in extremis* contre les faux frères du parti et contre Mayenne. C'est comme qui dirait une apologie de la portion la plus exagérée et la plus *pure* de la Commune de Paris, qui aurait paru à la veille du 9 thermidor. En ce qui est du sentiment démocratique avancé dont on serait tenté par moments de faire honneur à l'auteur et à sa faction, prenez bien garde toutefois et ne vous y fiez guère : il y a quelque chose qui falsifie à tout instant cette inspiration de bon sens démocratique, qui le renfonce dans le passé et qui l'opprime, c'est l'idée catholique fanatique, l'idée romaine-espagnole (1). Non, dans l'ordre naturel, la *Satyre Ménippée* ne saurait venir (comme paraît le désirer M. Bernard) à la queue du *Maheustre* et du *Manant* ; ce *Manant* reste une excentricité par rapport à l'esprit de la France, tandis que la *Ménippée* est bien au cœur de cet esprit : c'est elle qui mène le triomphe.

Quant aux noms des auteurs anonymes du généreux pamphlet, M. Bernard ne chercha pas moins querelle à notre ami, qui n'était coupable que d'avoir suivi, dans le partage des rôles, les données constamment transmises, et de s'y être joué, comme on fait en lieu sûr, avec quelque complaisance. — Mais qui nous prouve que Pithou a réellement écrit la harangue de d'Aubray, que Passerat et Nicolas Rapin ont fait

(1) Voir notamment les pages 556, 557 (au tome III, édition de la *Ménippée* de Le Duchat, 1709), dans lesquelles quelques bonnes vérités sur la noblesse sont contre-pesées tout à côté par les plus serviles soumissions au clergé : les unes ne s'y peuvent séparer des autres.

les vers, que Florent Chrestien...? Oh! pour le coup, il y a le témoignage universel, la tradition consacrée. Que si M. Auguste Bernard exige absolument qu'on lui produise, après plus de deux siècles, un acte notarié et un procès-verbal authentique en faveur de ces noms, il peut se flatter d'avoir gain de cause; mais, faute de ce certificat, auprès de tous ceux qui entendent le mot pour rire, et qui savent encore saisir au vol la voix de la Renommée, cette chose jadis réputée divine et légère, la gloire de Pithou, de Rapin et de Passerat, n'y perdra rien.

C'est assez insister sur ce principal épisode de la vie littéraire de notre ami. Ainsi Charles Labitte trouvait moyen vers le même temps de faire excursion jusque par delà les sources mystiques de Dante, et de se rabattre en pleine Beauce, au cœur de nos glèbes gauloises. Pourtant cette vie de Rennes, loin de Paris, et malgré tous les dédommagements des amitiés qu'il s'était formées, coûtait à ses goûts; il ne tarda pas à désirer de nous revenir. Je trouve dans une lettre de lui, datée des derniers temps de son séjour à Rennes (fin de février 1842) et adressée à ce même ami d'enfance, M. Jules Macqueron, un touchant tableau de sa disposition intérieure. On en aimera la sincérité parfaite du ton, rien d'exagéré, une tristesse tempérée, si j'ose dire, de bonne humeur et de résignation : à vingt-six ans, cette tristesse-là compte plus que bien des violents désespoirs à vingt. On n'y sera pas moins frappé des nobles croyances qui subsistaient debout en lui, même en ses jours d'abattement :

« Quelques indulgentes et illustres amitiés qui me restent fidèles, écrivait-il à son ami en songeant sans doute à MM. Villemain et Cousin qui lui témoignaient un attachement véritable, — un peu de persévérance et d'amour des lettres, voilà les éléments de mon mince avenir. Quoi qu'il arrive d'ailleurs, mon cher Jules, mon ambition ne sera jamais déçue. Ce que j'en ai n'est pour moi qu'un moyen factice d'occuper les heures et de distraire le dégoût de toutes choses par l'activité. Il y a un mot de Bossuet (ou de Fénelon) qui dit : « L'homme *s'agite*, et Dieu le mène. » Tout le secret de la vie est là ; il faut s'étourdir par l'action. De jour en jour, d'ailleurs, j'ai moins la peur d'être détrompé, et ma philosophie se fait toute seule. Je me suis aperçu que le bonheur, comme il faut l'entendre, n'est autre chose, quand on n'en est plus aux idylles, que le parti pris de s'attendre à tout et de croire tout possible. La vie n'est qu'une auberge où il faut toujours avoir sa malle prête. Cette théorie, qui est triste au fond, n'altère en rien ma bonne humeur. Elle me donne le droit de ne plus croire qu'à très-peu de choses, de me fier aux idées plutôt qu'aux hommes, de rire des sots, de mépriser les fripons de toute nuance, de me réfugier plus que jamais dans l'idéale sphère du vrai, du beau, du bien, et d'avoir à cœur encore les bonnes, les vieilles, les excellentes amitiés de quelques fidèles. La beauté dans l'art, la moralité en politique, l'idéalisme en philosophie, l'affection au foyer…, il n'y a rien après. Je ne donnerais pas une panse d'*a* de tout le reste. »

On voit qu'en faisant bon marché de bien des choses et en jetant à la mer une partie de son bagage, au moment où il entrait dans ce détroit de la seconde jeunesse, la noble nature de notre ami ne se dépouillait pourtant qu'autant qu'il le fallait : il savait garder au moral le plus essentiel du viatique.

M. Tissot, qui avait connu Charles Labitte chez M. de Pongerville et qui, sans préjugé d'école, sachant aimer le talent et la jeunesse, avait été gagné à cette vivacité gracieuse, lui ménagea un honorable motif de retour et de séjour à Paris, en l'adoptant pour son suppléant au Collége de France. C'est dans cette position que Charles Labitte a passé les deux ou trois dernières années. Des fonctions si nouvelles le rejetèrent à l'instant dans l'étude de l'antiquité ; et comme il ne faisait rien à demi, comme il portait en toute veine son insatiable besoin de recherches et de lectures complètes, il devint en très-peu de temps un érudit classique des plus distingués ; mais s'étonnera-t-on que la vie se consume à cette succession rapide de coups de collier imprévus, à ces entrées en campagne avant l'heure et à ces marches forcées de l'intelligence ?

Que sera-ce si l'on ajoute qu'une fois présent à Paris, il redevint le plus utile et le plus fréquent à cette *Revue*, la ressource habituelle en toute rencontre, d'une plume toujours prête à chaque à-propos, innocemment malicieuse, et tout égayée et légère au sortir des doctes élucubrations?

Son ardeur d'application à l'antiquité et à la poésie latine marque l'heure de la maturité de son talent, et elle contribua sans nul doute à la déterminer. Le génie romain en particulier, grave et sobre, était bien propre, par son commerce, à perfectionner cette heureuse nature, à l'affermir et à la contenir, à lui communiquer quelque chose de sa trempe, et à lui imprimer de sa discipline. Dans les derniers temps de son enseignement, Charles Labitte avait fini par triompher d'une certaine timidité qui lui restait en présence du public, et le succès, de plus en plus sensible, qu'il recueillait autour de lui, l'excitait dans cette voie où le conviaient d'ailleurs tant de sérieux attraits. On a imprimé plusieurs des discours d'ouverture prononcés par lui, et dans lesquels, pour le tour des idées et la forme de l'érudition, il semblait d'abord marcher sur la trace de cet autre agréable maître M. Patin ; puis, bientôt, par des articles approfondis sur des auteurs de son choix, il dégagea sa propre originalité, il la porta dans ces sujets anciens, en combinant, autant qu'il était possible à cette distance, la biographie et la critique, en poussant l'une en mille sens à travers l'autre. Les érudits, en définitive, étaient satisfaits, les gens instruits trouvaient à y apprendre, et tout esprit sérieux avait de quoi s'y plaire; la conciliation était à point. Les deux articles sur *Varron* et sur *Lucile* (1) résolvaient entièrement la question du genre ; l'auteur n'avait plus qu'à poursuivre et à en varier les applications. Et que n'eût-il pas fait en peu d'années à travers ce fonds toujours

(1) Livraisons de la *Revue* du 1ᵉʳ août et du 1ᵉʳ octobre 1845.

renaissant, que n'en eût-il pas tiré avec son talent dispos, sa facilité d'excursion et son abondance d'aperçus? Ses papiers nous révèlent l'étendue de ses plans ; les titres seuls en sont ingénieux, et attestent l'invention critique : il avait préparé un article sur *les Femmes de la Comédie latine,* particulièrement sur celles de Térence, et un autre intitulé *la Tristesse de Lucrèce.* Ce dernier projet nous touche surtout, en ce que notre ami s'y montre à nous comme ayant sondé plus avant qu'il ne lui semblait habituel les dégoûts amers de la vie et le problème de la mort. Il voyait dans le poëte romain, non pas un aride représentant de l'épicuréisme, mais une victime superbe de l'anxiété : « Fièvre du génie, disait-il, désordonnée, mais géométrique ; ne vous y fiez pas : sous ces lignes sévères, il y a du trouble. » Il disait encore : « C'est le dernier cri de la poésie du passé. A la veille du Calvaire, elle prophétise le *oui* par le *non ;* elle prouve le trouble, l'attente, le désir d'une solution. C'est un Colomb qui se noie avant d'arriver, ou plutôt qui s'en retourne. — Ajax en révolte s'écriait : *Je me sauverai malgré les Dieux;* et Lucrèce : *Je m'abimerai à l'insu des Dieux.* » Il s'attachait, dans la lecture du livre, à dessiner l'âme du poëte, à ressaisir les plaintes émues que le philosophe mettait dans la bouche des adversaires, et qui trahissaient peut-être ses sentiments propres ; il relevait avec soin les affections et les expressions modernes, cet ennui qui revient souvent, ce *veternus,* qui sera plus tard l'*acedia* des solitaires chrétiens, le même qui engendrera, à certain jour, l'*être invisible* après lequel courra Hamlet, et qui deviendra enfin la *mélancolie* de René. Ce suicide final qu'on raconte de Lucrèce ne lui semblait peut-être qu'un retour d'accès d'un mal ancien : « L'air d'autorité, écrivait-il, ne suffit pas à déguiser ses terreurs ; voyez, il s'en revient pâle comme Dante ; l'armure déguise mal l'émotion du guerrier. » Il croyait discerner, sous cet athéisme dogmatique, comme sous la foi de Pascal, le démon de la *peur.* Je n'oserais affirmer que toutes ces vues soient parfaitement exactes et conformes à la réalité : en général, on est tenté de s'exagérer les angoisses des philosophes qui se passent des croyances que nous avons ; on les plaint souvent bien plus qu'ils ne sont malheureux. Quiconque a traversé, dans son existence intellectuelle, l'une de ces phases d'incrédulité stoïque et d'épicuréisme élevé, sait à quoi s'en tenir sur ces monstres que de loin on s'en figure. Si Lucrèce nous rend avec une saveur amère les angoisses des mortels, nul aussi n'a peint plus fermement et plus fièrement que lui la majesté sacrée de la nature, le calme et la sérénité du sage ; à ce titre auguste, le pieux Virgile lui-même, en un passage célèbre, le proclame heureux : *Felix qui potuit rerum*, etc... Quoi qu'il en soit cependant de l'énigme que le poëte nous propose, et si tant est qu'il y ait vraiment énigme dans son œuvre, c'était aux expressions de trouble et de douleur que s'attachait surtout notre ami ; le livre III, où il est traité à fond de l'âme humaine et de la mort, avait attiré particulièrement son attention ; dans son exemplaire, chaque trait saillant des admirables peintures de la fin est surchargé de coups de crayon et de notes marginales, et il s'arrêtait avec réflexion sur cette dernière et fatale pensée, comme devant l'inévitable perspective : « Que nous ayons vécu peu de jours, ou que nous ayons poussé au delà d'un siècle, une fois morts, nous n'en sommes pas moins morts pour une éternité ; et celui-là ne sera pas couché moins longtemps désormais, qui a terminé sa vie aujourd'hui même, et celui qui est tombé depuis bien des mois et bien des ans :

> Mors æterna tamen nihilominus illa manebit;
> Nec minus ille diu jam non erit, ex hodierno
> Lumine qui finem vitaï fecit, et ille
> Mensibus atque annis qui multis occidit ante. »

Notre ami était donc en train d'attacher ses travaux à des sujets et à des noms déjà éprouvés, et les moins périssables de tous sur cette terre fragile ; il voguait à plein courant dans la vie de l'intelligence ; des pensées plus douces de cœur et d'avenir s'y ajoutaient tout bas, lorsque tout d'un coup il fut saisi d'une indisposition violente, sans siége local bien déterminé, et c'est alors, durant une fièvre orageuse, qu'en deux jours, sans que la science et l'amitié consternées pussent se rendre compte ni avoir prévu, sans aucune cause appréciable suffisante, la vie subitement lui fit faute ; et le vendredi 19 septembre 1845, vers six heures du soir, il était mort quand il ne semblait qu'endormi.

« Il est mort, s'écriait Pline en pleurant un de ses jeunes
« amis (1), et ce qui n'est pas seulement triste, mais lamen-
« table, il est mort loin d'un frère bien-aimé, loin d'une
« mère, loin des siens... *procul a fratre amantissimo, procul a*
« *matre*... Que n'eût-il pas atteint, si ses qualités heureuses
« eussent achevé de mûrir ! De quel amour ne brûlait-il pas
« pour les lettres ! que n'avait-il pas lu ! combien n'a-t-il pas
« écrit ! *Quo ille studiorum amore flagrabat! quantum legit!*
« *quantum etiam scripsit !* » Toutes ces paroles ne sont que rigoureusement justes appliquées à Charles Labitte, et celles-ci le sont encore (2), que je détourne à peine : « Fidèle à la tra-
« dition, reconnaissant des aînés et même des maîtres (pour
« mieux le devenir à son tour), qu'il ressemblait peu à nos
« autres jeunes gens ! Ceux-ci savent tout du premier jour,
« ils ne reconnaissent personne, ils sont à eux-mêmes leur
« propre autorité : *statim sapiunt, statim sciunt omnia,... ipsi*
« *sibi exempla sunt;* tel n'était point Avitus... » Nous pourrions continuer ainsi avec les paroles du plus ingénieux des anciens bien mieux qu'avec les nôtres, montrer cette ambition honorable que poursuivait notre ami, non point l'*édilit* comme Julius Avitus, mais la pure gloire littéraire qu'il avait tout fait pour mériter, et dont il était sur le point d'être investi... *et honor quem meruit tantum.* Pourtant nous nous

---

(1) Lettre ix du livre V.
(2) Lettre xxiii du livre VIII.

garderions d'ajouter que tous ces fruits de tant d'espérance s'en sont allés avec lui, *quæ nunc omnia cum ipso sine fructu posteritatis aruerunt*. Non, tout de lui ne périra point ; quelques-uns de ses écrits laisseront trace et marqueront son passage. Oh ! que du moins les Lettres qu'il a tant aimées le sauvent ! Et tâchons nous-mêmes, nous qui l'avons si bien connu, de les cultiver assez pour mériter d'arriver jusqu'au rivage, et pour y déposer en lieu sûr ce que nous portons de plus cher avec nous, la mémoire de l'ami mort dans la traversée et enseveli à bord du navire !

1er mai 1846.

RÉCEPTION DE M. LE Cte ALFRED DE VIGNY

A L'ACADÉMIE FRANÇAISE.

M. ÉTIENNE.

C'est Patru, on le sait, qui le premier introduisit à l'Académie la mode du discours de réception. Il s'avisa, à son entrée (1640), d'adresser un si beau remerciment à la Compagnie, qu'on obligea tous ceux qui furent reçus depuis d'en faire autant. Toutefois ces réceptions n'étaient point publiques; les compliments n'avaient lieu qu'à huis clos, et il se faisait ainsi bien des frais d'esprit et d'éloquence en pure perte. Ce fut Charles Perrault, beaucoup plus tard, qui fit faire le second pas et qui décida la publicité : « Le jour de ma réception (1671), dit-il en ses agréables *Mémoires,* je fis une harangue dont la Compagnie témoigna être fort satisfaite, et j'eus lieu de croire que ses louanges étoient sincères. Je leur dis alors que, mon discours leur ayant fait quelque plaisir, il auroit fait plaisir à toute la terre, si elle avoit pu m'entendre; qu'il me sembloit qu'il ne seroit pas mal à propos que l'Académie ouvrit ses portes aux jours de réception, et qu'elle se fît voir dans ces sortes de cérémonies lorsqu'elle est parée... Ce que je dis parut raisonnable, *et d'ailleurs la plupart s'imaginèrent que cette pensée m'avoit été inspirée par M. Colbert* (1); ainsi tout le monde s'y ran-

(1) Perrault était près de lui comme premier commis.

gea. » Le premier académicien qu'on reçut après lui et qu'on reçut en public (janvier 1673) fut Fléchier, digne d'une telle inauguration. Perrault, qui mettait les modernes si fort au-dessus des anciens, comptait parmi les plus beaux avantages de son siècle cette cérémonie académique, dont il était le premier auteur. « On peut assurer, dit-il, que l'Académie changea de face à ce moment; de peu connue qu'elle étoit, elle devint si célèbre, qu'elle faisoit le sujet des conversations ordinaires. » — Perrault, en effet, avait bien vu; cet homme d'esprit et d'invention, ce bras droit de M. Colbert, qui jugeait si mal Homère et Pindare, entendait le moderne à merveille; il avait le sentiment de son temps et de ce qui pouvait l'intéresser; il trouva là une veine bien française, qui n'est pas épuisée après deux siècles; on lui dut un genre de spectacle de plus, un des mieux faits pour une nation comme la nôtre, et l'on a pu dire sans raillerie que, si les Grecs avaient les Jeux olympiques et si les Espagnols ont les combats de taureaux, la société française a les réceptions académiques.

Les discours de réception se ressentirent de la publicité dès le premier jour : « Mais j'élève ma voix insensiblement, disait Fléchier, et je sens qu'animé par votre présence, par le sujet de mon discours (*l'éloge de Louis XIV*), par la majesté de ce lieu (*le Louvre*), j'entreprends de dire foiblement ce que vous avez dit, ce que vous direz avec tant de force... » Dès ce moment, le ton ne baissa plus; la dimension du remercîment se contint pourtant dans d'assez justes limites, et la harangue, durant bien des années, ne passa guère la demi-heure. Le fameux discours de Buffon lui-même, qui fut une sorte d'innovation par la nature du sujet, n'excéda en rien les bornes habituelles. On commençait vers la fin du siècle à viser à l'heure. M. Daunou remarquait, à propos du discours de réception de Rulhière, que, succédant à l'abbé de Boismont, il avait voulu donner à son morceau une étendue à peu près égale à celle d'un sermon de cet abbé. Garat, recevant Parny,

parut long dans un discours de trois quarts d'heure. Mais, de
nos jours, les barrières trop étroites ont dû céder ; les usages
de la tribune ont gagné insensiblement, et l'on s'est donné
carrière. En même temps que les compliments au cardinal de
Richelieu, au chancelier Séguier et à Louis XIV, s'en sont
allés avec tant d'autres choses, le fond des discours s'est
mieux dessiné : celui du récipiendaire est devenu plus simple
(plus simple de fond, sinon de ton) ; après le compliment de
début et la révérence d'usage, le nouvel élu n'a qu'à raconter et à louer son prédécesseur. Quant à la réponse du directeur, elle est double : il reçoit, apprécie et loue avec plus ou
moins d'effusion l'académicien nouveau, et il célèbre l'ancien. En devenant plus simples dans leur sujet, les discours
sont aussi devenus plus longs ; les hors-d'œuvre, au besoin, n'y
ont pas manqué : l'Empire et l'Empereur ont pourvu aux effets
oratoires, comme précédemment avait fait Louis XIV ; le
plus souvent même, on n'a pu les éviter, et la biographie des
hommes politiques ou littéraires est venue, bon gré, mal gré,
se mêler à ce cadre immense. Ç'a été tout naturellement le
cas aujourd'hui dans cette séance, l'une des plus remplies et
des plus neuves qu'ait jusqu'ici offertes l'Académie française
à la curiosité d'un public choisi ; M. le comte Molé devait
recevoir M. le comte Alfred de Vigny, lequel venait remplacer M. Étienne. On avait là, par le seul hasard des noms,
tous les genres de diversité et de contraste dans la mesure
qui est faite pour composer le piquant et l'intérêt. La séance
promettait certainement beaucoup ; elle a tenu tout ce qu'elle
promettait.

Par suite de la loi de progrès que nous avons signalée tout
à l'heure, le discours de réception du nouvel académicien se
trouve être le plus long qui ait jamais été prononcé à l'Académie jusqu'à ce jour. Est-il besoin d'ajouter aussitôt qu'il a
bien d'autres avantages ? On sait les hautes qualités de M. de
Vigny, son élévation naturelle d'essor, son élégance inévitable d'expression, ce culte de l'art qu'il porte en chacune de

ses conceptions, qu'il garde jusque dans les moindres détails de ses pensées, et qui ne lui permet, pour ainsi dire, de se détacher d'aucune avant de l'avoir revêtue de ses plus beaux voiles et d'avoir arrangé au voile chaque pli. Dès le début de son discours, il a tracé dans une double peinture, pleine de magnificence, le caractère des deux familles, et comme des deux races, dans lesquelles il range et auxquelles il ramène l'infinie variété des esprits : la première, celle de tous les penseurs, contemplateurs ou songeurs solitaires, de tous les amants et chercheurs de l'idéal, philosophes ou poëtes ; la seconde, celle des hommes d'action, des hommes positifs et pratiques, soit politiques, soit littéraires, des esprits critiques et applicables, de ceux qui visent à l'influence et à l'empire du moment, et qu'il embrasse sous le titre général d'*improvisateurs*. Cette dernière classe m'a paru fort élargie, je l'avoue, et dans des limites prodigieusement flottantes, puisqu'elle comprendrait, selon l'auteur, tant d'espèces diverses, depuis le grand politique jusqu'au journaliste spirituel, depuis le cardinal de Richelieu jusqu'à M. Étienne ; mais certainement, lorsqu'il retraçait les caractères de la première famille, et à mesure qu'il en dépeignait à nos regards le type accompli, on sentait combien M. de Vigny parlait de choses à lui familières et présentes, combien, plus que jamais, il tenait par essence et par choix à ce noble genre, et à quel point, si j'ose ainsi parler, l'auteur d'*Éloa* était de la maison quand il révélait les beautés du sanctuaire.

M. Étienne, lui, n'était pas du tout du sanctuaire, et une illusion de son ingénieux panégyriste a été, à un certain moment, d'essayer de l'y rattacher, ou, lors même qu'il le rangeait définitivement dans la seconde classe, d'employer à le peindre des couleurs encore empruntées à la sphère idéale et qui ressemblent trop à des rayons. Pindare, ayant à célébrer je ne sais lequel de ses héros, s'écriait au début : « Je te frappe de mes couronnes et je t'arrose de mes hymnes... » Quand le héros est tout à fait inconnu, le poëte peut, jusqu'à un certain point, faire de la sorte, il n'a guère à craindre d'être démenti ; mais quand il s'agit d'un académicien d'hier, d'un auteur de comédies et d'opéras-comiques auxquels chacun a pu assister, d'un rédacteur de journal qu'on lisait chaque matin, il y a nécessité, même pour le poëte, de condescendre à une biographie plus simple, plus réelle, et de rattacher de temps en temps aux choses leur vrai nom. Cette nécessité, cette convenance, qui est à la portée de moindres esprits, devient quelquefois une difficulté pour des talents supérieurs beaucoup plus faits à d'autres régions. On a dit de Montesquieu qu'on s'apercevait bien que l'aigle était mal à l'aise dans les bosquets de Gnide : nous sera-t-il permis de dire que l'auteur d'*Éloa* a souvent dû être fort empêché en voulant déployer ses ailes de cygne dans la biographie de l'auteur de *Joconde* et des *Deux Gendres*? De là bien des contrastes singuliers, des transpositions de tons, et tout un portrait de fantaisie. Nous avons beaucoup relu M. Étienne dans ces derniers temps ; nous en parlerons très-brièvement en le montrant tel qu'il nous paraît avoir réellement été.

Il possédait, dit M. de Vigny, une qualité bien rare, et que Mazarin exigeait de ceux qu'il employait : *il était heureux.* C'est là un trait juste, et nous nous hâtons de le saisir. Oui, M. Étienne était heureux ; il avait l'humeur facile, le talent facile, la plume aisée, une sorte d'élégance courante et qui ne se cherche pas. On a beaucoup parlé de la littérature de *l'Empire,* et on range sous ce nom bien des écrivains qui ne s'y rapportent qu'à peu près : M. Étienne en est peut-être le représentant le plus net et le mieux défini. Il a exactement commencé avec ce régime, il l'a servi officiellement, il y a fleuri, et s'il s'est très-bien conservé sous le suivant et durant les belles années du libéralisme, il a toujours gardé son premier pli. Né en 1778 dans la Haute-Marne, venu à Paris sous le Directoire, il était de cette jeunesse qui n'avait déjà plus les flammes premières, et qui, tout en faisant ses gaietés, attendait le mot d'ordre qui ne manqua pas. Attaché de bonne heure à Maret, duc de Bassano, il prêtait sa plume à ce premier commis de l'Empereur, en même temps qu'il amusait le public par ses jolies pièces ; de ce nombre, le petit acte de *Brueys et Palaprat,* en vers, dénota une intention littéraire assez distinguée (1807). Le succès prodigieux de l'opéra-féerie de *Cendrillon* tenait encore la curiosité en éveil, lorsqu'on annonça quelques mois après (août 1810) la représentation des *Deux Gendres;* l'une de ces pièces en cinq actes et en vers qui, à cette époque propice, étaient des solennités attendues et faisaient les beaux jours du Théâtre-Français. La réussite des *Deux Gendres* mit le comble à la renommée de M. Étienne ; l'attention publique au dedans n'était alors distraite par rien, et les journaux n'avaient le champ libre que sur ces choses du théâtre. A ce court lendemain du mariage de l'Empereur et dans les deux années de silence qui précédèrent la dernière grande guerre, il y eut là, en France, autour de M. Étienne, une vogue littéraire des plus animées, et finalement une mêlée des plus curieuses et des plus propres à faire connaître l'esprit du moment. Reçu à l'Académie française en novembre 1811, à l'âge de trente-trois ans; dans l'intime faveur des ministres Bassano et Rovigo ; rédacteur en chef officiel du *Journal de l'Empire,* remplissant la scène française et celle de l'Opéra-Comique par la variété de ses succès, connu d'ailleurs encore par les joyeux soupers du *Caveau* et par des habitudes légèrement épicuriennes, on se demandait quel était l'avenir de ce *jeune homme* brillant, au front reposé, au teint vermeil; s'il n'était (comme quelques-uns le disaient) que le plus fécond et le plus facile des paresseux, un enfant de Favart ; s'il ne faisait que préluder à des œuvres dramatiques plus mûres, et où il s'arrêterait dans ces routes diverses qu'il semblait parcourir sans effort. Le temps d'arrêt n'était pas loin. M. Étienne devait à son bonheur même d'avoir des envieux et des ennemis ; le bruit se répandit que la pièce des *Deux Gendres* n'était pas de lui, ou du moins qu'il avait eu pour la composer des secours tout particuliers, une ancienne comédie en vers. On exhuma *Conaxa;* c'était le titre de la pièce qui avait, disait-on, servi de matière et d'étoffe aux *Deux Gendres*. Ce que cette découverte excita de curiosité, ce que cette querelle enfanta de brochures, d'explications, de révélations pour et contre, ne saurait se comprendre que lorsqu'on a parcouru le dossier désormais enseveli ; on en ferait un joli chapitre qui s'intitulerait bien : *Un épisode littéraire sous l'Empire*. Cette querelle et l'importance exagérée qu'elle acquit aussitôt est une des plus grandes preuves, en effet, du désœuvrement de l'esprit public à une époque où il était sevré de tout solide aliment. C'est bien le cas de dire que les objets se boursouflent dans le vide. La discussion se prenait où elle pouvait.

Entre les innombrables brochures publiées alors, quatre pièces principales suffisent pour éclairer l'opinion et fixer le jugement : 1° la *préface* explicative que M. Étienne mit en tête de la quatrième édition des *Deux Gendres;* 2° la *Fin du procès des* Deux Gendres, écrite en faveur de M. Étienne, par Hoffman ; 3° et 4° les deux plaidoiries adverses de Lebrun-Tossa, intitulées *Mes Révélations* et *Supplément à mes Révélations*. Toutes grossières et sans goût, toutes rebutantes que se trouvent ces dernières pièces, elles ne sont pas autant à mépriser qu'on est tenu de le faire paraître dans un Éloge public. Il résulte clairement du débat que M. Étienne avait reçu de M. Lebrun-Tossa, son ami alors et son collaborateur en perspective, non pas *un projet de canevas*, mais une véritable pièce en trois actes et en vers, presque semblable en tout à celle qui est imprimée sous le titre de *Conaxa*, et qu'il en tira, comme c'est le droit et l'usage de tout poëte dramatique admis à reprendre son bien où il le trouve, une comédie en cinq actes et en vers, appropriée aux mœurs et au goût de 1810, marquée à neuf par les caractères de l'ambitieux et du philanthrope, et qui mérita son succès. Le seul tort de M. Étienne fut de ne pas avouer tout franchement la nature de ce secours qu'il avait reçu, et de compter sur la discrétion

de Lebrun-Tossa, dont l'amour-propre était mis en jeu :
« Quoi! s'écriait celui-ci dans un apologue assez plaisant,
vous ne me devez qu'*un projet de canevas* (le mot est bien
trouvé), c'est-à-dire *un échantillon d'échantillon,* tandis que
c'est *trois aunes de bon drap d'Elbeuf* que je vous ai données! »
Je résume en ces quelques mots ce qui se noie chez lui dans
un flot interminable de digressions et d'injures.

Le coup cependant était porté ; la faculté d'invention devenait suspecte et douteuse chez M. Étienne ; il essaya, en 1813,
de poursuivre sa voie dans la comédie de l'*Intrigante,* qui
n'eut que peu de représentations, et que quelques vers susceptibles d'allusions firent interrompre. Il nous est impossible, nous l'avouons, d'attacher à cette pièce le sens profond
et grave que M. de Vigny y a découvert. Il parle du *grand cri*
qui s'éleva dans Paris à cette occasion : nous qui, en qualité
de critique, avons l'oreille aux écoutes, nous n'avons nulle
part recueilli l'écho de ce grand cri. M. Molé a lui-même dû
rabattre énergiquement ce qu'il y a d'exagéré en certain tableau d'une représentation à Saint-Cloud, dans laquelle il se
serait passé des choses formidables, des choses qui rappelleraient quasi le festin de Balthasar. Tout cela rentre dans le
coloris fabuleux. Le peintre, en voyant ainsi, tenait à la main
la lampe merveilleuse. Littérairement, cette pièce de *l'Intrigante* nous paraît faible, très-faible ; et ici, après avoir relu
celle des *Deux Gendres* infiniment supérieure, après nous
être reporté encore aux autres productions dramatiques de
M. Étienne, nous sommes plus que jamais frappé du côté défectueux qui compromet l'avenir de toutes, même de celle
qui est réputée à bon droit son chef-d'œuvre. Le langage de
M. Étienne, quand il parle en vers, est facile, coulant, élégant, comme on dit, mais d'une élégance qui, sauf quelques
vers heureux (1), devient et demeure aisément commune. Ce

(1) On en a retenu et l'on en cite encore quelques-uns dans *les
Deux Gendres* :

Ceux qui dînent chez moi ne sont pas mes amis...;

manque habituel de vitalité dans le style, ce néant de l'expression a beau se déguiser à la représentation sous le jeu agréable des scènes, il éclate tout entier à la lecture. Le faible ou le commun, qui se retrouve si vite au delà de la première couche chez cet auteur spirituel, a été, en général, l'écueil de la littérature de son moment. Que d'efforts il a fallu pour s'en éloigner et remettre le navire dans d'autres eaux ! Il n'a pas suffi pour cela de faire force de rames, on a dû employer les machines et les systèmes. Doctrinaires et romantiques y ont travaillé à l'envi ; ils y ont réussi, on n'en saurait douter, mais non pas sans quelque fatigue évidemment, ni sans quelques accrocs à ce qu'on appelait l'esprit français. Je faisais plus d'une de ces réflexions, à part moi, durant ce riche discours tout semé et comme tissu de poésie, et je me demandais tout bas, par exemple, ce que penserait l'élégance un peu effacée du défunt en s'entendant louer par l'élégance si tranchée de son successeur.

La chute de l'Empire coupa court, ou à peu près, à la carrière dramatique de M. Étienne ; la Restauration le fit publiciste libéral à la *Minerve* et au *Constitutionnel*. La première formation du parti libéral serait piquante à étudier de près, et, dans ce parti naissant, nul personnage ne prêterait mieux à l'observation que lui. D'anciens amis de Fouché ou de Rovigo, des bonapartistes mécontents, en se mêlant à d'autres nuances, devinrent subitement les meneurs et, je n'hésite pas à le croire, les organes sincères d'une opinion publique qui les prit au sérieux et à laquelle ils sont restés fidèles. Mais, au début, c'était assez singulier : quand ils attaquaient le ministère Richelieu comme trop peu libéral, ceux qui con-

---

et à propos d'un écrit du gendre philanthrope :

> Vous y plaignez le sort des nègres de l'Afrique,
> Et vous ne pouvez pas garder un domestique...

On pourrait ainsi en glaner un certain nombre encore dans *les Deux Gendres*, presque pas un dans *l'Intrigante*.

naissaient les masques avaient droit de sourire. Dans la première de ses *Lettres sur Paris* (1), M. Étienne s'écriait : « Il est des hommes qui voudraient garder, sous une monarchie constitutionnelle, des institutions créées pour un gouvernement absolu. Insensés, qui croient pouvoir allier la justice et l'arbitraire, le despotisme et la liberté! Ils sont aussi déraisonnables qu'un architecte qui, voulant changer une prison en maison de plaisance, se bornerait à refaire la façade de l'édifice, et qui conserverait les cachots dans l'intérieur du bâtiment. » Ne dirait-on pas que quelques années auparavant, au plus beau temps de son crédit et de sa faveur, quand il siégeait en son cabinet du ministère, M. Étienne était dans une prison? Ne pressons pas trop ces contrastes ; lui-même il eut le tact d'apporter du ménagement et de la forme jusque dans son opposition, et, malgré l'odieuse radiation personnelle qui aurait pu l'irriter, sa tactique bien conduite sut toujours modérer la vivacité par le sang-froid et par des habitudes de tenue. Ses *Lettres sur Paris* eurent un grand, un rapide succès ; ce fut son dernier feu de talent et de jeunesse ; depuis ce temps, M. Étienne vécut un peu là-dessus, et, à part les rédactions d'adresse à la Chambre dans les années qui suivirent 1830, on ne rattache plus son nom à aucun écrit bien distinct. Il rédigeait *le Constitutionnel*, et se laissa vivre de ce train d'improvisation facile et de paresse occupée qui semble avoir été le fond de ses goûts et de sa nature. Dans son insouciance d'homme qui savait la vie et qui n'aspirait pas à la gloire, il n'a pas même pris le soin de recueillir ses Œuvres éparses et de dire : *Me voilà*, à ceux qui viendront après (2). Cet avenir, tel qu'il le jugeait, devait d'ailleurs avoir pour lui peu de charmes. M. Molé a relevé chez M. de Vigny un mot qui semblerait indiquer, de la part de M. Étienne, une sorte de concession faite en dernier lieu

---

(1) *La Minerve*, tome Ier, page 82.
(2) La famille de M. Étienne s'est occupée depuis de publier le recueil de ses principales Œuvres.

aux idées littéraires nouvelles. M. Étienne n'en fit aucune, en effet, ni aux idées, ni aux individus; si quelque chose même put troubler la philosophie de son humeur, ce fut l'approche et l'avénement de certains noms qui ne lui agréaient en rien; l'antipathie qu'il avait pour eux serait allée jusqu'à l'animosité, s'il avait pu prendre sur lui de haïr. On lui rend aujourd'hui plus de justice qu'il n'en rendait : il eut des talents divers dont la réunion n'est jamais commune; jeune, il contribua pour sa bonne part aux gracieux plaisirs de son temps; plus tard, s'armant d'une plume habile en prose, il fut utile à une cause sensée, et il reste après tout l'homme le plus distingué de son groupe littéraire et politique.

En esquissant sous ces traits l'idée que je me fais de M. Étienne, j'ai assez indiqué les points sur lesquels je me sépare, comme critique, des appréciations de M. de Vigny. Je sais tout ce que permet ou ce qu'exige le genre du discours académique, même avec la sorte de liberté honnête qu'il comporte aujourd'hui : aussi n'est-ce point d'avoir trop loué son prédécesseur que je ferai ici un reproche à l'orateur-poëte; mais je trouve qu'il l'a par endroits loué autrement que de raison, qu'il l'a loué à côté et *au-dessus*, pour ainsi dire, et qu'il l'a, en un mot, transfiguré. Son élévation, encore une fois, l'a trompé; sa haute fantaisie a prêté des lueurs à un sujet tout réel; c'est un bel inconvénient pour M. de Vigny de ne pouvoir, à aucun instant, se séparer de cette poésie dont il fut un des premiers lévites, et dont il est apparu hier aux yeux de tous comme le pontife fidèle, inaltérable. Cet inconvénient (car c'en est un) a été assez racheté, dans ce discours même, par la richesse des pensées, par le précieux du tissu et tant de magnificence en plus d'un développement.

M. le comte Molé a répondu au récipiendaire avec la même franchise que celui-ci avait mise dans l'exposé de ses doctrines. C'est un usage qui s'introduit à l'Académie, et que, dans cette mesure, nous ne saurions qu'approuver. Une contradiction polie, tempérée de marques sincères d'estime, est encore un hommage : n'est-ce pas reconnaître qu'on a en face de soi une conviction sérieuse, à laquelle on sent le besoin d'opposer la sienne? Notre siècle n'est plus celui des fades compliments ; la vie publique aguerrit aux contradictions, elle y aguerrit même trop : qu'à l'Académie du moins l'urbanité préside, comme nous venons de le voir, à ces oppositions nécessaires, et tout sera bien. Les peaux les plus tendres (et quelles peaux plus tendres que les épidermes de poëtes!) finiront peut-être par s'y acclimater.

Il y a toujours beaucoup d'intérêt, selon moi, à voir un bon esprit, un esprit judicieux, aborder un sujet qu'on croit connaître à fond, et qui est nouveau pour lui. Sur ce sujet qui nous semble de notre ressort et de notre métier, et sur lequel, à force d'y avoir repassé, il nous est impossible désormais de retrouver notre première impression, soyez sûr que cet esprit bien fait, nourri dans d'autres habitudes, longtemps exercé dans d'autres matières, trouvera du premier coup d'œil quelque chose de neuf et d'imprévu qu'il sera utile d'entendre, surtout quand ce bon esprit, comme dans le cas présent, est à la fois un esprit très-délicat et très-fin.

Ce qu'il trouvera, ce ne sera pas sans doute ce que nous savons déjà sur la façon et sur l'artifice du livre, sur ces études de l'atelier si utiles toujours, sur ces secrets de la forme qui tiennent aussi à la pensée : il est bien possible qu'il glisse sur ces choses, et il est probable qu'il en laissera de côté plusieurs ; mais sur le fond même, sur l'effet de l'ensemble, sur le rapport essentiel entre l'art et la vérité, sur le point de jonction de la poésie et de l'histoire, de l'imagination et du bon sens, c'est là qu'il y a profit de l'entendre, de saisir son impression directe, son sentiment non absorbé par les détails et non corrompu par les charmes de l'exécution ; et s'il s'agit en particulier de personnages historiques célèbres, de grands ministres ou de grands monarques que le poëte a voulu peindre, et si le bon esprit judicieux et fin dont nous parlons a vu de près quelques-uns de ces personnages mêmes, s'il a vécu dans leur familiarité, s'il sait par sa propre expérience ce que c'est que l'homme d'État véritable et quelles qualités au fond sont nécessaires à ce rôle que dans l'antiquité les Platon et les Homère n'avaient garde de dénigrer, ne pourra-t-il point en quelques paroles simples et saines redonner le ton, remettre dans le vrai, dissiper la fantasmagorie et le rêve, beaucoup plus aisément et avec plus d'autorité que ne le pourraient de purs gens de lettres entre eux?

Et c'est pourquoi je voudrais que les éminents poëtes, sans cesser de l'être, tissent plus de frais que je ne leur en vois faire parfois pour mériter le suffrage de ce que j'appelle les *bons esprits*. Trop souvent, je le sais, la poésie dans sa forme directe, et à l'état de *vers*, trouve peu d'accès et a peu de chances favorables auprès d'hommes mûrs, occupés d'affaires et partis de points de vue différents. Aussi n'est-ce point de la sorte que je l'entends : gardons nos vers, gardons-les pour le public, laissons-leur faire leur chemin d'eux-mêmes; qu'ils aillent, s'il se peut, à la jeunesse; qu'ils tâchent quelque temps encore de paraître jeunes à l'oreille et au cœur de ces générations rapides que chaque jour amène et qui nous ont déjà remplacés. Mais sur les autres sujets un peu mixtes et par les autres œuvres qui atteignent les bons esprits dont je parle, dans ces matières qui sont communes à tous ceux qui pensent, et où ces hommes de sens et de goût sont les excellents juges, prouvons-leur aussi que, tout poëtes que nous sommes, nous voyons juste et nous pensons vrai : c'est la meilleure manière, ce me semble, de faire honneur auprès d'eux à la poésie, et de lui concilier des respects; c'est une manière indirecte et plus sûre que de rester poëtes jusqu'au bout des dents, et de venir à toute extrémité soutenir que *nos vers sont fort bons*. Ainsi l'homme d'imagination plaidera sa cause sans déployer ses cahiers, et il évitera le reproche le plus sensible à tout ami de l'idéal, celui d'être taxé de rêve et de chimère.

Mais je m'éloigne, et le discours de M. Molé, où rien n'est hors d'œuvre, me rappelle à cette séance de tout à l'heure, qui avait commencé par être des plus belles et qui a fini par être des plus intéressantes. On définirait bien ce discours en disant qu'il n'a été qu'un enchaînement de convenances et une suite d'à-propos. Les applaudissements du public l'ont assez prouvé. Le directeur de l'Académie a laissé tomber au début quelques paroles de douleur et de respect sur la tombe de M. Royer-Collard, « sur cette tombe qui semble avoir voulu se dérober à nos hommages ; » puis il est entré dans son sujet. M. Étienne nous a été montré dès l'abord tel qu'on le connaissait, un peu embelli peut-être dans sa personne, selon les lois de la perspective oratoire, mais justement classé à titre d'esprit comme un élève de Voltaire. Puis sont venues les rectifications : M. Molé les a faites avec netteté, avec vigueur, et d'un ton où la conviction était appuyée par l'estime. Non, l'excès même du despotisme impérial n'amena point cette fuite panique des *familles françaises* dont avait parlé le poëte à propos de *l'Intrigante;* non, les familles nobles ne redoutaient point tant alors le contact avec le régime impérial, et trop souvent on les vit solliciter et ambitionner de servir celui qu'elles haïssaient déjà. M. Molé n'a point dit tout, il s'est borné à remettre dans le vrai jour. Ce n'est point, en effet, par des traits isolés et poussés à l'extrême que se peignent des époques tout entières ; il faut de l'espace, des nuances, et considérer tous les aspects. Peu s'en était fallu que, dans le discours du récipiendaire, M. Étienne, à propos toujours de cette *Intrigante* si singulièrement agrandie, ne fût présenté comme un héros et un martyr d'indépendance, comme un *frondeur* de l'Empire, comme un audacieux qui exposait ses places : M. Molé a fait remarquer qu'*heureusement*, d'après M. de Vigny lui-même, *il n'en perdit aucune*, et que lorsqu'en 1814 il refusa de livrer sa pièce à ceux qui voulaient s'en faire une arme contre le prisonnier de l'île d'Elbe, il crut rester *fidèle* et non pas se montrer *généreux*. C'est qu'en effet il est de ces choses qu'on ne peut entendre sans laisser échapper un mot de rappel : elles sont comme une fausse note pour une oreille juste. Oh ! quand on a la voix belle, pourquoi ne pas chanter juste toujours ?

Arrivant à l'éloge même du récipiendaire, et en se plaisant à reconnaître tout l'éclat de ses succès, le directeur a cru devoir excuser ou du moins expliquer les retards que l'Académie mettait dans certains choix, et l'espèce de quarantaine que paraissaient subir au seuil certaines renommées. M. de Vigny avait provoqué cette sorte d'explication, en indiquant expressément lui-même (je ne veux pas dire en accusant) la lenteur qui ne permettait à l'Académie de se recruter parmi les générations nouvelles qu'à de *longs intervalles*. Et ici il me semble qu'il n'a pas rendu entière justice à l'Académie. Depuis, en effet, que l'ancienne barrière a été forcée par l'entrée décisive de M. Victor Hugo, je ne vois pas que le groupe des écrivains plus ou moins novateurs ait tant à se plaindre ; et, pour ne citer que les derniers élus, qu'est-ce donc que M. de Rémusat, M. Vitet, M. Mérimée, sinon des représentants eux-mêmes, et des plus distingués, de ces générations auxquelles M. de Vigny ne les croit point étrangers sans doute ? Ce n'est donc plus à de *grands intervalles*, mais en quelque sorte coup sur coup, que l'Académie leur a ouvert ses rangs. Elle est tout à fait hors de cause, et on n'en saurait faire qu'une question de préséance entre eux.

Une omission éclatante s'offrait au milieu du tableau que M. de Vigny venait de tracer de notre régénération littéraire, il avait négligé M. de Chateaubriand ; M. Molé s'en est emparé avec bonheur, avec l'accent d'une vieille amitié et de la justice ; il a ainsi renoué la chaîne dont le nouvel élu n'avait su voir que les derniers anneaux d'or.

Il y a longtemps qu'on ne parle plus du cardinal de Richelieu à l'Académie, lui que pendant plus d'un siècle on célébrait régulièrement dans chaque discours : cette fois la rentrée du cardinal a été imprévue, elle a été piquante ; *Cinq-Mars* en fournissait l'occasion et presque le devoir. M. Molé n'y a pas manqué ; le ton s'est élevé avec le sujet ; la grandeur méconnue du cardinal était vengée en ce moment non plus par l'académicien, mais par l'homme d'État.

Je ne veux pas épuiser l'énumération : le morceau sur l'Empereur à propos de *la Canne de jonc*, le morceau sur la Terreur à propos des descriptions de *Stello*, ont été vivement applaudis. L'éloge donné en passant à l'*Histoire du Consulat* de M. Thiers a paru une délicate et noble justice. En un mot, le tact de M. Molé a su, dans cette demi-heure si bien remplie, toucher tous les points de justesse et de convenance : son discours répondait au sentiment universel de l'auditoire, qui le lui a bien rendu.

En parlant avec élévation et chaleur du sentiment de l'admiration, de cette source de toute vie et de toute grandeur morale, M. Molé s'est appuyé d'une phrase que M. de Vigny a mise dans la bouche du capitaine Renaud, pour conclure, trop absolument, je le crois, que l'auteur était en garde contre ce sentiment et qu'il s'y était volontairement fermé. M. de Vigny, tel que nous avons l'honneur de le connaître, nous paraît une nature très-capable d'admiration, comme toutes les natures élevées, comme les natures véritablement poétiques. Seulement, de très-bonne heure, il paraît avoir fait entre les hommes la distinction qu'il a posée au commencement de son discours : il a mis d'une part les nobles songeurs, les *penseurs*, comme il dit, c'est-à-dire surtout les artistes et les poëtes, et d'autre part il a vu en masse les hommes d'action, ceux qu'il appelle les *improvisateurs*, parmi lesquels il range les plus grands des politiques et des chefs de nations. Or, son admiration très-réelle, mais très-choisie, il la réserve presque exclusivement pour les plus glorieux du premier groupe, et il laisse volontiers au vulgaire l'admiration qui se prend aux personnages du second. Il est même allé jusqu'à penser qu'il y avait une lutte établie et comme perpétuelle entre les deux races ; que celle des *penseurs* ou poëtes, qui avait pour elle l'avenir, était opprimée dans le présent, et qu'il n'y avait de refuge assuré que dans le culte persévérant et le commerce solitaire de l'idéal. Longtemps il s'est donc tenu à part sur sa colline, et, comme je le lui disais un jour, il est rentré avant midi dans sa *tour d'ivoire*. Il en est sorti toutefois, il s'est mêlé depuis aux émotions contemporaines par son drame touchant de *Chatterton* et par ses ouvrages de prose, dans lesquels il n'a cessé de représenter, sous une forme ou sous une autre, cette pensée dont il était rempli, l'idée trop fixe du désaccord et de la lutte entre l'artiste et la société. Ce sentiment délicat et amer, rendu avec une subtilité vive, et multiplié dans des tableaux attachants, lui a valu des admirateurs individuels très-empressés, très-sincères, parmi cette foule de jeunes talents plus ou moins blessés dont il épousait la cause et dont il caressait la souffrance. Il a excité des transports, il a eu de la gloire, bien que cette gloire elle-même ait gardé du mystère. Une veine d'ironie pourtant, qui, au premier coup d'œil, peut sembler le contraire de l'admiration, s'est glissée dans tout ce talent pur, et serait capable d'en faire méconnaître la qualité poétique bien rare à qui ne l'a pas vu dans sa forme primitive : *Moïse*, *Dolorida*, *Éloa*, resteront de nobles fragments de l'art moderne, de blanches colonnes d'un temple qui n'a pas été bâti, et que, dans son incomplet même, nous saluerons toujours.

Mais, quels que soient les regrets, pourquoi demeurer immobile? Pourquoi sans cesse revenir tourner dans le même cercle, y confiner sa pensée avec complaisance, et se reprendre, après plus de quinze ans, à des programmes épuisés? M. Molé, parlant au nom de l'Académie, a donné un bel exemple : « Le moment n'est-il pas venu, s'est-il écrié en finissant, de mettre un terme à ces disputes? A quoi serviraient-elles désormais?... Je voudrais, je l'avouerai, voir adopter le programme du *classique, moins les entraves;* du *romantique, moins le factice, l'affectation et l'enflure.* » Voilà le mot du bon sens. Le jour où le directeur de l'Académie, homme classique lui-même, proclame une telle solution, n'en faut-il pas conclure que le procès est vidé et que la cause est entendue? Dans toute cette fin de son discours, M. Molé s'est livré à des réflexions pleines de justesse et d'application : ce n'était plus un simple et noble amateur des lettres qui excelle à y toucher en passant, il en parlait avec autorité, avec conscience et plénitude. On avait plaisir, en l'écoutant, à retrouver le vieil ami de Chateaubriand et de Fontanes, celui à qui M. Joubert adressait ces lettres si fructueuses et si intimes, un esprit poli et sensé qui, dans sa tendre jeunesse, parut grave avant d'entrer aux affaires, et qui toujours se retrouve gracieux et délicat en en sortant.

1ᵉʳ février 1846.

RÉCEPTION DE M. VITET

A L'ACADÉMIE FRANÇAISE.

Ce n'était pas seulement le souvenir si vif de la dernière séance et de ses piquantes péripéties qui avait attiré cette fois une affluence plus considérable encore, s'il se peut, sous la coupole désormais trop étroite de l'Institut : le sujet lui-même était bien fait pour exciter une curiosité si empressée, et il l'a justifiée complétement. A M. Soumet, à un poëte des plus féconds et des plus brillants, placé aux confins de l'ancienne et de la moderne école, succédait M. Vitet, l'un des écrivains qui ont le plus contribué comme critiques à l'organisation et au développement des idées nouvelles dans la sphère des arts, un de ceux qui avaient le plus travaillé à mettre en valeur la forme dramatique de l'histoire et à la dégager des voiles de l'antique Melpomène ; homme politique des plus distingués, il se trouvait en présence d'un homme d'État chargé de le recevoir sur un terrain purement littéraire. L'illustre président du 15 avril avait ainsi à parler de la question romantique et de Lesueur, et l'auteur des *Barricades* devait aborder ce qui assurément y ressemble le moins, la dernière tragédie de *Clytemnestre*. Ce sont là de ces mélanges agréablement tempérés comme les désire et comme au besoin les combinerait le genre académique, dont le triomphe, pour une bonne part, se compose toujours de la difficulté vaincue. Elle l'a été, cette fois, de la manière la plus heureuse, et d'autant mieux que la solution en a été toute pacifique. C'était là une difficulté de plus dans la disposition d'un public en éveil, qui n'aime rien tant qu'à voir la politesse relevée de malice, et qui s'accoutumerait volontiers à en aller chercher des exemples à l'Académie, sauf à doubler la dose et à faire l'étonné en sortant (1). Mais ce même public, s'il aime un grain ou deux de malice, goûte encore plus la diversité ; et pour lui, l'accord, quand il est juste, peut aussi avoir son piquant.

Le discours de M. Vitet a été large, brillant, facile, d'une ordonnance lumineuse ; les parties en sont aisément liées, et le tout semble disposé de telle sorte que l'air et le jour y circulent. L'orateur a été ample, ce qui n'est pas la même chose que d'être long ; sous l'élégance de l'expression et le nombre de la période, il a fait entrer toutes les pensées essentielles, et la bonne grâce de la louange n'a mis obstacle dans sa bouche à aucune réserve sérieuse. Empêché par les lois mêmes de la célébration et de la *transformation* académique de serrer son sujet de trop près, l'ayant toujours en présence, mais à distance, il s'est élevé sans en sortir. Il a rassemblé et distribué ses remarques critiques par considérations générales, il les a laissées planer en quelque sorte. Dans son morceau sur l'influence méridionale, sur la sonorité harmonieuse et un peu vaine de la langue et de la mélopée des troubadours, dans les hautes questions qu'il a posées sur les conditions d'une véritable et vivante épopée, dans sa définition brillante et presque flatteuse du peintre *exclusif* et du coloriste, il s'est montré un juge supérieur jusqu'au sein du panégyrique, et en même temps la plus religieuse amitié n'a pas eu un moment à se plaindre ; car s'il a eu le soin de maintenir et comme de suspendre ses critiques à l'état de théorie, il a mis le nom à chacun de ses éloges.

(1) C'est ce qui était arrivé pour la séance de réception de M. de Vigny ; le public y avait supposé et mis, à l'instant même, beaucoup plus de malice qu'il n'y en avait eu au fond.

M. Soumet en méritait beaucoup en effet. Poëte d'un vrai talent, doué par la nature de qualités riches et rares, amoureux de la gloire immortelle et capable de longues entreprises, il ne lui a manqué peut-être au début qu'une de ces disciplines saines et fortes qui ouvrent les accès du grand par les côtés solides, et qui tarissent dans sa source, et sans lui laisser le temps de grossir, la veine du faux goût. Je ne me risquerai pas à repasser en ce moment sur des traits qui ont été touchés à la fois avec discrétion et largeur. Il n'y aurait, après tout ce qui a été dit, qu'une manière de rajeunir le sujet, ce serait de le prendre d'un peu près et de l'étudier plus familièrement. Sans doute, et c'est là un des signes les plus distinctifs de M. Soumet, il était et il restait poëte en toute chose ; cette noble passion des beaux vers, qu'on a si bien caractérisée en lui, ne le quittait jamais ; elle faisait son enchantement au réveil, son entretien favori durant le jour, elle embellissait jusqu'à ses songes, et on aurait pu appliquer à cette vie toute charmée et enorgueillie des seules muses le vers de Stace, comme sa devise la plus fidèle :

Pieriosque dies et amantes carmina somnos.

Il avait un don qui aide fort au bonheur de qui le possède, et qui simplifie extrêmement ce monde d'ici-bas, la faculté de répandre et d'exhaler la poésie comme à volonté. Cette vapeur idéale des contours, qui d'ordinaire, pour naître et pour s'étendre, a besoin de la distance et de l'horizon, il la portait et la voyait autour de lui jusque dans les habitudes les plus prochaines. Entre la réalité et lui, c'était comme un rideau léger, mais suffisant, à travers lequel tout se revêtait aisément de la couleur de ses rêves. Il était de ceux enfin qu'il ne siérait pas, même pour être vrai, de vouloir trop dépouiller de ce manteau aux plis flottants dont il aimait à draper ses figures et dont lui-même on l'a vu marcher enveloppé. Tout cela reste juste, et pourtant dans la vie réelle, dans l'exacte

ressemblance, les choses ne se passent jamais tout à fait ainsi :
M. Soumet avait ses contrastes, et il serait intéressant de les
noter. M. de Rességuier a dit de lui dans une épître :

> Et c'est peu qu'ils soient beaux les vers, ils sont charmants.

Cela était plus vrai de l'homme même, aimable, imprévu,
d'un sourire fin, parfois d'une malice gracieuse et qui n'altérait en rien l'exquise courtoisie ni la parfaite bienveillance.
Il y aurait encore d'autres traits frappants, singuliers, où revivrait la personne du poëte : j'ai regret de n'y pouvoir insister.
Martial a dit dans une excellente épigramme, en s'adressant
au lecteur épris des belles tragédies et des poëmes épiques
de son temps : « Tu lis les aventures d'Œdipe, et Thyeste couvert de soudaines ténèbres, et les prodiges des Médées et des
Scyllas ; laisse-moi là ces monstres... Viens-t'en lire quelque
chose dont la vie humaine puisse dire : *Cela est à moi*. Tu ne
trouveras ici ni Centaures, ni Gorgones, ni Harpies : nos
pages à nous sentent l'homme :

> Qui legis Œdipodem caligantemque Thyesten,...
> Hoc lege quod possit dicere vita : *Meum est*.
> Non hic Centauros, non Gorgonas Harpyiasque
> Invenies ; hominem pagina nostra sapit. »

Dans l'intérêt même des poëtes généreux et déçus qui, en
des âges tardifs, ont visé à recommencer ces grandes gloires,
une fois trouvées, des Sophocle et des Homère, dans l'intérêt
de ceux qui étaient comme Ponticus du temps de Properce,
ou comme M. Soumet du nôtre, je voudrais du moins qu'on
pût les peindre au naturel tels qu'ils furent, et que cette
réalité qu'on chercherait vainement dans leurs œuvres majestueuses se retrouvât dans l'expression entière de leur physionomie, car la physionomie humaine a toujours de la réalité. Ils y perdraient peut-être un peu en éloges généraux,

en hommages traditionnels, mais ils gagneraient en originalité ; ils se graveraient dans la mémoire de manière à ne s'y plus confondre avec personne, et quand ils sont surtout de la nature de M. Soumet, en les connaissant mieux, on ne les en aimerait que davantage (1).

Puisque je viens de citer Martial, je le citerai encore ; j'y pensais involontairement, tandis qu'on célébrait et (qui plus est) qu'on récitait avec sensibilité les vers touchants de *la*

---

(1) M. Soumet avait beaucoup de jolis mots, plus d'une épigramme sous air de madrigal. A son ami le poëte Guiraud qui faisait d'assez beaux vers, mais qui bredouillait en les récitant : « Prends garde, Guiraud, lui disait Soumet : tu es comme les dieux, tu te nourris d'ambroisie, tu manges la moitié de tes vers. » Au même qui, dans une discussion, en était venu à forcer le ton sans s'en apercevoir : « Guiraud, lui disait-il, tu parles si haut qu'on ne t'entend pas. » Il disait de son gendre, en le présentant comme un homme savant et qui parlait peu : « C'est un homme de mérite, *il se tait en sept langues!* »
— Soumet était caressant et malin, un peu creux d'idées, voulant par moments faire croire à je ne sais quelle métaphysique qu'il ne possédait pas, très-aimable quand il ne parlait que de vers, pourtant très-comédien toujours, même dans les moindres circonstances de la vie, ne s'étant jamais consolé de la fuite de la jeunesse, et en prolongeant l'illusion jusqu'à la fin. Il ne pouvait se faire à l'idée de n'être plus le *beau Soumet*, et il donnait aux longues boucles de sa perruque des airs de chevelure adolescente. — Il n'avait en tout que sept ou huit ouvrages dans sa bibliothèque, Homère, l'Énéide, Dante, Camoëns, le Tasse, Milton, et *la Divine Épopée,* laquelle, selon lui, tenait lieu de toutes les épopées précédentes, et dispensait de toutes les épopées futures. En fait de poëme épique, il n'y avait plus qu'à tirer l'échelle après lui. Au-dessus de ces sept ou huit volumes qui tenaient sur un seul rayon, on voyait, en manière de trophée, une *plume d'aigle* donnée par Émile Deschamps, et avec laquelle Soumet était censé avoir écrit son poëme ; il vous la montrait sans sourire ; mais bientôt toutes ces solennités d'apparat ne tenaient pas, et quelque plaisanterie soudaine, quelque frivolité spirituelle venait plutôt trahir le trop peu de sérieux du fond. Ce peu de sérieux s'étendait à tout. A Baour-Lormian qui se plaignait d'être aveugle, il disait : « Quoi ! La Motte a été aveugle, Homère a été aveugle, Delille a été aveugle, Milton a été aveugle, et Lormian veut y voir ! » — Voilà une note bien peu académique, mais qui n'en est pas moins vraie et de toute exactitude (1851).

Pauvre fille; ce n'est qu'une courte idylle, et voilà qu'entre toutes les œuvres du poëte elle a eu la meilleure part des honneurs de la séance. Martial, s'adressant à un de ses amis qui préférait les grands poëmes aux petites pièces, lui disait : « Non, crois-moi, Flaccus, tu ne sais pas bien ce que c'est que des épigrammes (1), si tu penses que ce ne sont que jeux et badinages. Est-il plus sérieux, je te le demande, ne se joue-t-il pas bien davantage, celui qui vient me décrire le festin du cruel Térée ou la crudité de ton horrible mets, ô Thyeste?... Nos petites pièces, au moins, sont exemptes de toute ampoule; notre muse ne se renfle pas sous les plis exagérés d'une creuse draperie. — Mais, diras-tu, ce sont pourtant ces grands poëmes qui font honneur dans le monde, qui vous valent de la considération, qui vous classent. — Oui, j'en conviens, on les cite, on les loue sur parole, mais on lit les autres :

Confiteor : laudant illa, sed ista legunt. »

Ainsi, qu'a-t-on lu l'autre jour? qu'a-t-on récité? l'humble et touchante idylle de 1814. Le poëte eût-il été satisfait? Je n'ose en répondre : « Vous louez douze vers pour en tuer douze mille, » ne put-il s'empêcher de dire un jour à quelqu'un qui revenait devant lui avec complaisance sur cette idylle première; il disait cela avec sourire et grâce, comme il faisait toujours, mais il devait le penser un peu. Que son Ombre se résigne pourtant, qu'elle nous pardonne du moins si ces quelques vers de sa jeunesse sont restés gravés préférablement dans bien des cœurs.

Le fait est que M. Soumet a eu plus d'une manière : la première atteignit son plein développement dans *Saül* et dans *Clytemnestre*; la seconde, de plus en plus vaste et qui se res-

(1) Prenez *épigrammes*, non dans le sens particulier de Martial, mais dans le sens plus général de *petites pièces*, y compris les *idylles*, comme les anciens l'entendaient d'ordinaire.

sentait des exemples d'alentour, qui y puisait des redoublements d'émulation et des surcroîts de veine, ne se déclara en toute profusion que par *la Divine Épopée.* On ne l'apprécierait exactement qu'en se permettant de détacher et de discuter quelques-uns des brillants tableaux dont elle est prodigue. Malgré les différences extrêmes dans le degré de croissance et d'épanouissement, une même remarque s'appliquerait toutefois aux deux manières. Saint François de Sales ne se hasardait jamais à dire d'une femme qu'elle était belle, il se contentait de dire qu'elle était *spécieuse* : mot charmant et prudent qui se pourrait détourner sans effort pour qualifier le genre de beauté propre à cette poésie séduisante.

Mais à quoi bon repasser tout à côté sur ce que M. Vitet a touché avec tant de supériorité et d'aisance ? Un bon sens élevé, éloquent, règne dans tout ce discours si bien pensé et si littéraire par l'expression comme par l'inspiration. Le nouvel académicien a fait preuve de tact comme de reconnaissance dans l'hommage qu'il a trouvé moyen de rendre à la mémoire de M. Jouffroy. C'est à lui en effet que M. Vitet se rattache de plus près dans le mouvement qui poussait, il y a plus de vingt ans, les jeunes hommes d'alors, comme ils s'appelaient, dans des voies d'innovation studieuse et de découverte. En ce premier partage des rôles divers qui se fit entre amis, selon les vocations et les aptitudes, M. Vitet eut pour mission d'appliquer aux beaux-arts les principes de cette psychologie qui venait enfin, on le croyait, d'être rendue à ses hautes sources : qu'il parlât musique, qu'il traitât d'architecture surtout, comme plus tard de peinture, il multiplia et fit fructifier en tous sens la branche féconde. En fait d'architecture, il a été l'un des premiers chez nous qui ait promulgué des idées générales et produit une théorie historique complète de génération pour les époques du moyen âge : sur ces points-là, bien des notions, aujourd'hui vulgaires, viennent de lui. Le chapitre littéraire à part qu'il mérite dans l'histoire de ces années, nous espérons bien le lui consacrer à

loisir ; mais aujourd'hui, c'est un peu trop fête pour cela, et
il y a trop de distractions alentour. Ce qui l'a distingué de
bonne heure, ç'a été le talent de généraliser et de peindre les
idées critiques ; il y met dans l'expression du feu, de la lumière, et une verve d'élégante abondance. Son morceau sur
Lesueur doit se classer en ce genre comme le chef-d'œuvre de
sa maturité. Quant à ses *Scènes de la Ligue,* elles eurent leur
à-propos et leur hardiesse dans la nouveauté, et elles ont
gardé de l'intérêt toujours. La censure d'alors interdisant
au drame tout développement historique un peu vrai et
un peu profond, on se jeta dans des genres intermédiaires,
on louvoya, on fit des proverbes et des comédies en volume ;
c'est ce qui s'appelle peloter en attendant partie : je ne sais
si la partie est venue, ou plutôt je sais comme tout le monde
qu'au théâtre elle n'a pas été gagnée. M. Vitet, au reste,
se hâtait de déclarer, à l'exemple du président Hénault,
qu'il ne prétendait nullement faire œuvre de théâtre ; il ne
voulait que rendre à l'histoire toute sa représentation exactement présumable et sa vivante vraisemblance. Ce genre-là,
tel que je me le définis, c'est une espèce de *vignette continue*
qui règne au bas du texte, et qui sert à illustrer véritablement le récit. Le président Hénault et Rœderer l'avaient
déjà tenté ; le premier, qui ne nous paraît grave à distance
qu'à cause de son titre de magistrat et de sa *Chronologie,*
mais qui était certes le plus dameret des historiens et
l'homme de Paris qui soupait le plus (1), se trouvait être
avec cela un homme vraiment d'esprit, et la préface de son
François II fait preuve de beaucoup de liberté d'idées. Il eut
d'ailleurs la justesse de reconnaître tout d'abord que, dans
ce genre mixte, où l'auteur n'est ni franchement poëte dra-

(1) On sait les vers de Voltaire. — Voir encore sur lui le jugement de d'Alembert et ses propres lettres dans le volume intitulé *Correspondance inédite de madame Du Deffand* (2 vol., 1809); l'opinion de d'Alembert sur le président s'y peut lire au tome I, pages 232 et 251.

matique ni historien, mais quelque chose entre deux, on pouvait très-bien réussir, sans qu'il y eût pour cela une grande palme à cueillir au bout de la carrière : l'auteur n'a devant lui, disait-il, ni la gloire des Corneille, ni celle des Tite-Live. Or, c'est un inconvénient toujours de s'exercer dans un genre qui, n'étant que la lisière d'un autre ou de deux autres, reste nécessairement secondaire, qui ne se propose jamais le *sublime* en perspective, et qui ne permet même pas de l'espérer. Il ne serait pas impossible, nous le croyons, d'arriver à donner le sentiment réel, vivant et presque dramatique de l'histoire, par l'excellence même du récit ; et, au besoin, les belles pages narratives par lesquelles M. Vitet a comblé les intervalles de sa trilogie nous le prouveraient. Ajoutons qu'il n'a pas moins montré tout ce que le genre intermédiaire pouvait rendre, et qu'il l'a poussé à sa limite d'ingénieuse perfection dans la seconde surtout de ses pièces, les *États de Blois*.

Au discours du récipiendaire, l'un des plus élevés et des plus généreux qu'on ait entendus, M. le comte Molé a répondu, au nom de l'Académie, avec le goût qu'on lui connaît. Cette faveur du public à laquelle il est accoutumé et qui avait accueilli avidement son précédent discours, qui avait comme saisi ce discours au premier mot, si bien que c'était à croire (pour employer l'expression du moment) qu'on venait de lâcher l'écluse, — cette faveur ne lui a point fait défaut cette fois sur une surface plus unie et dans des niveaux plus calmes. M. Molé a cru qu'il était à propos de commencer par quelques considérations sur la puissance de l'esprit en France, et il a trouvé à cette puissance des raisons fines. Lorsqu'il a ensuite abordé son sujet, on a senti, à la façon dont il l'a traité, qu'il aurait pu même ne point chercher d'abord à l'élargir. Il a rendu au talent et aux œuvres de M. Vitet une éclatante et flatteuse justice. A un moment, lorsqu'il a dit, par allusion à M. Soumet, qui avait été auditeur sous l'Empire : « L'Empereur n'eût pas manqué sans doute de vous nommer auditeur, » il a fait sourire le récipiendaire lui-même. On aurait à noter d'autres mots gracieux. M. Vitet a donné sur les jardins une théorie spirituelle et grandiose, qui les rattache à l'architecture encore ; M. Molé ne trouverait à y opposer, a-t-il dit, que le « *for intérieur* du promeneur pensif et solitaire, auquel notre vie, notre civilisation active et compliquée fait chercher, avant tout, le calme, le silence et la fraîcheur. » Analysant avec détail le beau travail sur Lesueur et sur les révolutions de l'art, insistant sur l'accord mémorable avec lequel ces trois jeunes gens, Poussin, Champagne et Lesueur, se dégagèrent du factice des écoles et vinrent retremper l'art dans le sentiment intérieur et dans la nature, le directeur de l'Académie a fait entendre de nobles et bien justes paroles : « Constatons-le, a-t-il dit, ces trois hommes étaient de mœurs pures, d'une âme élevée ; tout en eux était d'accord. C'est une source abondante d'inspiration que l'honnêteté du cœur, que le désintéressement de la vie. L'artiste ou l'écrivain n'ont, après tout, qu'eux-mêmes à confier à leur pinceau ou à leur plume. On ne puise qu'en soi-même, quoi qu'on fasse, et l'on ne met que son âme ou sa vie sur sa toile ou dans ses écrits. »

Cette dernière vérité a une portée plus grande et une application plus rigoureuse qu'on n'est tenté de se le figurer, lorsqu'on est artiste de métier et qu'on croit avant tout à la puissance propre du talent et à une certaine verve de la nature. La nature et son impulsion primitive sont beaucoup, j'admettrai même qu'elles sont tout en commençant ; mais l'usage qu'on en fait et le ménagement de la vie deviennent plus importants à mesure qu'on avance vers la maturité, et, dans ce second âge, le caractère définitif du talent, sa forme dernière se ressent profondément de l'arriéré qu'on porte avec soi et qui pèse, même quand on s'en aperçoit peu. Il est assez ordinaire, on le sait, d'être bon dans la première partie de la vie ; cette première bonté tient à la nature, à la jeunesse, à ce superflu de toutes choses qu'on sent au dedans de soi ; on a de quoi prêter et rendre aux autres. Ce qui est plus rare et plus méritoire, c'est la bonté dans la seconde moitié de la vie, une bonté active, éclairée, le cœur qui se perfectionne en vieillissant : cela prouve qu'on a fait bon usage de la première part et qu'on n'a pas mésusé du premier fonds. Cette seconde bonté qui est durable, définitive, qui tient au développement de l'être moral à travers les pertes des années, est à la fois une vertu et une récompense. De même, pour le talent de l'artiste et du poëte, je dirai qu'il y a une certaine générosité inhérente qui lui est assez ordinaire dans la jeunesse ; mais le développement ultérieur qu'il prendra dépend étroitement de l'usage du premier fonds. Si l'artiste a mal vécu, s'il a vécu au hasard, au seul gré de son caprice et de son plaisir, qu'arrive-t-il le plus souvent lorsqu'il a dépensé ce premier feu, cette première part toute gratuite de la nature ? Pour un ou deux peut-être, doués d'une élévation naturelle qui résiste et d'un goût à l'épreuve qui a l'air plutôt de s'aiguiser, qu'arrive-t-il de la plupart en ce qui est de l'œuvre et de la production même ? Ou bien le talent insensiblement s'altère, non point dans les détails du métier (il y devient souvent plus habile), mais dans le choix des sujets, dans la nature des données et des images, dans le raffinement ou le désordre des tableaux. S'il a conscience du mal secret qu'il enferme en soi, et de sa gestion mauvaise, aura-t-il la force, aura-t-il seulement la pensée d'y échapper ? il est des talents jactancieux qui se font gloire d'étaler et de produire au jour les tristes objets dont ils ont rempli leur vie. Il en est de plus dignes en apparence, qui croient pouvoir dissimuler, et qui, pour cela, ne trouvent rien de mieux que de renchérir du côté de l'exagéré et de la fausse grandeur. Il en est de plus timorés, qui répugnent à mentir aussi bien qu'à se trahir, et qui arrivent bientôt à se taire, car ils n'ont plus rien de bon à dire ou à chanter. En un mot, la clef de bien des destinées poétiques, à ce second âge de développement, se trouverait dans cette relation étroite avec la vie. Qu'on se demande, au contraire, où n'irait pas un talent vrai, fortifié par des habitudes saines, et recueilli, au sortir de la jeunesse, au sein d'une vertueuse maturité. Manzoni le savait bien, lorsqu'il rappelait ce mot à Fauriel : « L'imagination, quand elle s'applique aux idées morales, se fortifie et redouble d'énergie avec l'âge au lieu de se refroidir. » Racine, après des années de silence, en sort un jour pour écrire *Athalie*.

Mais je m'aperçois que je m'éloigne, et que j'abuse de la permission de moraliser. On m'excusera du moins si j'y ai trouvé un texte naturel à l'occasion d'une séance littéraire aussi judicieuse, aussi régulièrement belle, et des plus honorables pour l'Académie.

1ᵉʳ avril 1846.

LETTRES DE RANCÉ

ABBÉ ET RÉFORMATEUR DE LA TRAPPE,

Recueillies et publiées par M. Gonod, bibliothécaire de la ville de Clermont-Ferrand.

Est-ce pour faire amende honorable, pour faire pénitence d'avoir publié les charmants Mémoires inédits de Fléchier sur les Grands-Jours, que le même savant éditeur nous donne aujourd'hui les Lettres de Rancé? Le fait est que ces agréables Mémoires, dont nous avons rendu compte dans ce journal en nous y complaisant (1), qui ont été lus ici de chacun avec tant d'intérêt et qui ont singulièrement rajeuni et, pour tout dire, ravivé la renommée sommeillante d'un grave prélat, ont causé dans le pays d'Auvergne un véritable scandale. On a essayé de nier leur authenticité, comme si de tels récits s'inventaient à plaisir, et comme si une langue aussi exquise et aussi polie se retrouvait ou se fabriquait à volonté après le moment unique où elle a pu naître. Puis on s'est rejeté sur le tort qu'une semblable publication faisait à la mémoire de Fléchier, et on s'est porté pour vengeur de sa gloire officielle, comme si, après tout à l'heure deux siècles, il y avait une meilleure recommandation auprès d'une postérité blasée que de parvenir à l'intéresser encore, à l'instruire avec agré-

(1) Dans le *Journal des Débats.* Voir aussi au tome III, page 239, des *Portraits contemporains et divers.*

ment et à faire preuve auprès d'elle des diverses sortes de qualités qui brillent dans cet écrit familier, esprit d'observation, grâce, ironie et finesse. Enfin on a fait jouer les grosses batteries, et on a crié bien haut à l'*immoralité* et à l'*irréligion*. Le clergé et la noblesse d'Auvergne se sont mis à guerroyer contre le livre, la noblesse surtout ; car on se rappelle qu'elle ne fait pas une très-belle figure dans les Grands-Jours. De loyaux militaires, d'anciens officiers de cavalerie se sont piqués d'honneur ; ils sont venus, plume en main, discuter le plus ou moins de convenance des historiettes racontées par le jeune abbé dans la société de Mme de Caumartin et s'inscrire en faux contre ses plus insinuantes malices. Ce serait à n'y pas croire, si nous n'avions sous les yeux une brochure par laquelle M. Gonod a jugé à propos de répondre à ces pauvretés qui ont fait orage dans le pays ; nous ne savions pas que l'Auvergne fût si loin de Paris encore. Ce qu'il y a de plus fâcheux, c'est qu'on nous assure que l'éditeur, pour couper court à ces criailleries de chaque matin, a pris le parti de retirer le plus d'exemplaires qu'il a pu de la circulation. L'ensemble de cette petite tracasserie est un trait de mœurs locales au xixe siècle. Nous savions bien que le succès des *Mémoires de Fléchier* avait été grand ; nous ne nous doutions pas qu'il eût été tellement à point et de circonstance.

Tant il y a que M. Gonod nous procure aujourd'hui une lecture tout à fait irréprochable et sévère, en nous donnant les *Lettres de Rancé*. L'ouvrage de M. de Chateaubriand a ramené la curiosité publique sur ce grand et saint personnage ; la publication de M. Gonod achèvera de la satisfaire. Qu'on ne s'attende ici à rien de brillant, à rien de flatteur ni même d'agréable, à rien de ce que le talent, ce grand enchanteur, va évoquer à distance et deviner ou créer plutôt que de s'en passer. On a dans ces lettres le véritable Rancé tout pur, parlant en personne, simplement, gravement, avec une tristesse monotone, ou avec une joie sans sourire qui ressemble à la tristesse elle-même et qui ne se déride jamais. On sent, en lisant ces paroles unies et en s'approchant de près du personnage, combien il y avait peu, dans la religion toute réelle et pratique de ce temps-là, de cette poésie que nous y avons mise après coup pour accommoder l'idée à notre goût d'aujourd'hui et pour nous reprendre à la croyance par l'imagination. Il y avait, même du temps de Rancé, de ces gens du monde curieux et assez zélés qui allaient volontiers passer vingt-quatre heures à la Trappe et qui s'en faisaient une partie de dévotion. On serait très-aisément disposé ainsi de nos jours ; on irait faire volontiers un pèlerinage dont on parlerait longtemps ensuite, et dont on raconterait au public les moindres circonstances et les *impressions;* mais il y a dans l'idée de durée attachée à une telle vie quelque chose qui effraie, qui glace et qui rebute ; or ce quelque chose, on le ressent inévitablement à chaque page des lettres du réformateur de la Trappe. Rien de moins poétique, je vous assure, rien de moins littéraire dans le sens moderne du mot, et j'ajouterai presque comme une conséquence immédiate, rien de plus véritablement humble et de plus sincère.

Les lettres recueillies par M. Gonod sont de différentes dates et adressées à plusieurs personnes ; sauf un très-petit nombre, elles se divisent naturellement en trois parts : 1° celles à l'abbé Favier, l'ancien précepteur de Rancé ; 2° celles à l'abbé Nicaise, de Dijon, l'un des correspondants les plus actifs du xvııe siècle, et qui tenait assez lieu à Rancé de gazette et de *Journal des Savants;* 3° celles à la duchesse de Guise, fille de Gaston d'Orléans et l'une des âmes du dehors qui s'étaient rangées sous la direction de l'austère abbé.

Quoique les lettres adressées à l'abbé Favier soient, au moins au début, d'une date très-antérieure à la conversion et à la réforme de Rancé, on y chercherait vainement quelque trace de ses dissipations mondaines et de ses brillantes erreurs. Le jeune abbé se contentait, en ces années fougueuses, d'obéir à ses passions, sans en faire parade par lettres : ce sont d'ailleurs de ces choses qu'on n'a guère coutume d'aller raconter à son ancien précepteur. Celui-ci avait laissé le jeune abbé en train de fortes études et de thèses théologiques ; il se le figurait toujours sous cet aspect : « Vous avez trop bonne « opinion de ma vocation à l'état ecclésiastique, lui écrivait « Rancé : pourvu qu'elle ait été agréable à Dieu, c'est tout « ce que je désire... » On a beau relire et presser les lettres de cette date, on y trouve de bons et respectueux sentiments pour son ancien précepteur, un vrai ton de modestie quand il parle de lui-même et de ses débuts dans l'école ou dans la chaire, de la gravité, de la convenance, mais pas le plus petit bout d'oreille de l'amant de Mme de Montbazon.

Après la mort de cette dame et pendant les premiers temps de la retraite que fit Rancé à sa terre de Veretz, il se développe un peu plus et laisse entrevoir à son digne précepteur quelque chose de l'état de son âme : « Les marques de votre « souvenir m'étant infiniment chères, lui écrit-il à la date « du 17 juillet 1658, j'ai lu vos deux lettres avec tous les « sentiments que je devois, quoique je me sois vu si éloigné « de ce que vous imaginez que je suis, qu'assurément j'y ai « trouvé beaucoup de confusion. Je vous supplie de ne me la « pas donner si entière une autre fois, et de croire que, hors « une volonté fort foible de m'attacher aux choses de mon « devoir plutôt qu'à celles qui n'en sont pas, il n'y a rien en « moi qui ne soit tout à fait misérable et qui ne soit digne « de votre compassion bien plus que de votre estime. » C'est en ces termes voilés, mais significatifs pour nous, plus significatifs peut-être qu'ils ne l'étaient pour le bon abbé Favier, que Rancé donne les premiers signes de son repentir. Ce repentir de sa part est d'autant plus sérieux et plus sûr qu'il ne vient pas s'étaler en vives images, et qu'il ne se plaît point à repasser avec détail sur les traces des faiblesses d'hier. En général, Rancé coupe court aux paroles ; il va au fait, et le fait pour lui, c'est l'*éternité* à laquelle il rapporte toutes choses. Cela rend les lettres qu'on écrit plus simples, mais ne contribue pas à les rendre variées. L'éternité est un grand fond sombre qui supprime sur les premiers plans toutes les figures.

Le temps de sa retraite à Veretz se marque par quelques traits plus adoucis et par quelques expressions de contentement, si ce mot est applicable à une nature comme celle de Rancé : « Je vis chez moi assez seul. Je ne suis vu que de très-« peu de gens, et toute mon application est pour mes livres « et pour ce que j'imagine qui est de ma profession. J'y « trouve assez de goût pour croire que je ne m'ennuierai « point de la vie que je fais... » Mais, après cette sorte d'étape et ce premier temps de repos, Rancé se relève et se met en marche pour une pénitence infatigable et presque impitoyable, à l'envisager humainement : « Je vous assure, Mon-« sieur, écrit-il à l'abbé Favier (24 janvier 1670), que depuis « que l'on veut être entièrement à Dieu et dans la séparation « des hommes, la vie n'est plus bonne que pour être détruite ; « et nous ne devons nous considérer que *tanquam oves occisio-« nis.* » A côté de ces austères et presque sanglantes paroles, on ne peut qu'être d'autant plus sensible aux témoignages constants de cette affection toujours grave, toujours réservée, mais de plus en plus profonde avec les années, qu'il accorde au digne vieillard, son ancien maître ; les jours où, au lieu de lui dire Monsieur, il s'échappe jusqu'au *très-cher Monsieur*, ce sont les jours d'effusion et d'attendrissement.

Une pensée historique ressort avec évidence de la lecture de ces lettres de Rancé et jusque du sein de la réforme qu'il tente avec une énergie si héroïque : c'est que le temps des moines est fini, que le monde n'en veut plus, ne les comprend ni ne les comporte plus. Cela est vrai de l'aveu de Rancé lui-même, et il nous l'exprime à sa manière, quand il dit (lettre du 3 octobre 1675) : « Puisque vous voulez savoir des nou-« velles de notre affaire, je vous dirai, quelque juste qu'elle « fût, qu'elle a été jugée entièrement contre nous ; et, pour « vous parler franchement, ma pensée est que l'Ordre de « Cîteaux est rejeté de Dieu ; qu'étant arrivé au comble de

« l'iniquité, il n'étoit pas digne du bien que nous prétendions
« y faire, et que nous-mêmes, qui voulions en procurer le
« rétablissement, ne méritions pas que Dieu protégeât nos
« desseins ni qu'il les fît réussir. » il revient en plusieurs endroits sur cette idée désespérée ; son jugement sur son Ordre est décisif : *les ruines mêmes,* s'écrie-t-il, *en sont irréparables.* Et que ne dirait-il pas des autres Ordres s'il se permettait également d'en juger ? Il avait résigné à l'abbé Favier son abbaye de Saint-Symphorien-lez-Beauvais, dont ce dernier ne savait trop que faire. Le peu de religieux qui y restaient vivaient avec scandale : « D'y en mettre de réformés, lui écri-
« vait Rancé, cela n'est plus possible ; les réformes sont
« tellement décriées, et en partie par la mauvaise conduite
« des religieux, qu'on ne veut plus souffrir qu'on les intro-
« duise dans les lieux où il n'y en a point. Ce sont nos pé-
« chés qui en sont cause. » (Lettre du 14 septembre 1689).
— Ainsi le grand siècle, ce siècle de Louis XIV que nous nous figurons de loin comme fervent, était à bout des moines, et cela de l'aveu du plus saint et du plus pur des réformateurs monastiques du temps. La différence profonde qui, dans le sentiment de Rancé et d'après l'institution rigoureuse de l'Église, devait distinguer les moines proprement dits d'avec le corps du clergé séculier, s'effaçait de plus en plus dans les esprits et n'était plus parfaitement comprise, même des estimables Sainte-Marthe, même des vénérables Mabillon. Aussi on s'aperçoit, dans tout le cours de cette correspondance, à quel point Rancé fit *scandale de sainteté* à son époque.

« *Nous vivons,* écrivait-il encore (à l'abbé Nicaise), *nous
« vivons dans des siècles plus prudents et plus sages,* je dis de
« la sagesse du monde, et non pas de celle de Jésus-Christ. »
Depuis tantôt deux siècles que cette prudence et cette sagesse tout humaines n'ont fait que croître, l'anachronisme du saint réformateur n'est pas devenu moins criant. C'est une réflexion qui ne se peut étouffer en le lisant, et qui en entraîne à sa suite beaucoup d'autres.

Les lettres de Rancé à l'abbé Nicaise, sans avoir un intérêt de lecture bien vif, en ont un très-réel pour l'histoire littéraire du temps. Cet abbé Nicaise, que Rancé avait connu durant son voyage de Rome, était, comme on sait, le plus infatigable écriveur de lettres, le nouvelliste par excellence et l'entremetteur officieux entre les savants de tous les pays; c'était un Brossette avec beaucoup plus d'esprit et de variété; il ne résistait pas à l'idée de connaître un homme célèbre et d'entretenir commerce avec lui. Une fois en relation suivie avec M. de la Trappe, il ne lâcha plus prise, et force fut bien au solitaire de continuer une correspondance où la curiosité faisait violence à la charité. Au reste, si l'abbé Nicaise attira plus d'une affaire à son grave et sombre correspondant par les indiscrétions qu'il commit, il lui rendait en revanche mille bons offices, et, pour peu que Rancé eût voulu informer le monde de ses sentiments véritables sur tel ou tel point en litige, il n'aurait eu qu'à s'en rapporter à lui. Ayant fait un voyage à la Trappe dans le printemps de 1687, l'abbé Nicaise n'eut rien de plus pressé que d'en dresser une Relation pour la donner au public. Dès que Rancé fut informé de son dessein, il lui écrivit pour le prier de *passer la brosse* sur tout ce qui le concernait; cette lettre du 17 juillet est d'une humiliation de ton, d'un abaissement d'images qui sent plus l'habitué du cloître que l'homme de goût : non content de s'y comparer à un animal (*sicut jumentum factus sum*), Rancé trouve que c'est encore un trop beau rôle pour lui dans le paysage, et il descend l'échelle en ne voulant s'arrêter absolument qu'à l'insecte et à l'araignée. Si les esprits malins croyaient remarquer quelque contradiction entre cette première lettre et celle de septembre suivant, dans laquelle on donne à l'abbé Nicaise quelques notes et renseignements à l'avantage de la Trappe, il est bon de savoir (ce que M. Gonod a remarqué) que la fin de cette lettre n'est pas de Rancé, mais de son secrétaire, M. Maine; et si on recourt en effet à la Relation imprimée de l'abbé Nicaise, on y trouvera aux dernières pages

les renseignements mêmes de cette lettre mis en œuvre et rapportés à M. Maine, ce qui prouve que ce passage un peu glorieux de la correspondance est bien de lui. Au reste, quelque temps après, Rancé pris pour juge reçut la Relation manuscrite de son ami; il la lut sans dégoût, et il lui en écrivit agréablement et assez au long, non sans y insinuer quelques conseils qui ont probablement été suivis : « J'ai lu
« avec plaisir, disait-il, les marques de votre estime et de votre
« amitié ; vous m'y faites, à la vérité, jouer un personnage
« que je ne mérite point, et on auroit peine à m'y recon-
« noître. Cependant, comme il est difficile de se voir peint
« en beau sans en prendre quelque complaisance, j'appré-
« hende avec raison que je n'y en aie pris plus qu'il n'appar-
« tient à un mort, et que vous n'ayez en cela donné une
« nouvelle vie à mon orgueil et à ma vanité, et je vous en
« dis ma coulpe. » Voilà qui est de l'homme d'esprit resté tel sous le froc, de celui dont Nicole disait qu'il avait un *style de qualité*. Le reste de la lettre appelle pourtant sur les lèvres un sourire involontaire, lorsqu'on voit Rancé entrer assez avant dans le détail de ce que l'abbé Nicaise *aurait pu* dire. C'est toujours un rôle délicat de donner des conseils sur un ouvrage dans lequel on se trouve loué, soit que, comme M. de La Rochefoucauld, on revoie d'avance l'article que Mme de Sablé écrivait pour le *Journal des Savants* sur le livre des *Maximes*, soit qu'ici, comme Rancé, on soit simplement consulté par l'auteur sur la *Relation d'un voyage à la Trappe*, et qu'on lui suggère quelque idée de ce dont il serait plus à propos de parler : « *Comme, par exemple, du nouvel air que vous respirâtes* en arrivant dans la terre où habitent des gens qui font précisément et uniquement dans le monde ce qu'ils sont obligés d'y faire, etc., etc.; *faire un petit éloge de la solitude et des solitaires*, autant que le peu de moments que vous les avez vus vous ont permis de les connoître, etc., etc. »

Hâtons-nous de corriger ce que notre remarque semblerait avoir d'un peu railleur et enjoué, en déclarant qu'à part ce passage, rien dans cette correspondance n'accuse le moindre vestige subsistant d'amour-propre mondain ni de vanité. Rancé s'y montre aussi mort que possible à tous les mouvements et à tous les bruits du dehors, et aux disputes même où il est en jeu. C'est bien là véritablement celui qui a le droit de se rendre avec sincérité ce témoignage : « Ce que je puis « vous dire, Monsieur, c'est qu'il y a longtemps que les « hommes parlent de moi comme il leur plaît ; cependant « *ils ne sont pas venus à bout de changer la couleur d'un seul* « *de mes cheveux.* » L'abbé Nicaise, toujours aux aguets et le nez au vent, met bien des fois la patience du saint à l'épreuve et agace en quelque sorte sa curiosité. La plupart des nouvelles qu'il commente, ou des ouvrages qu'il préconise (voulant toujours savoir le jugement qu'on en porte), n'arrivent point jusqu'à la Trappe ; Rancé se tue à le lui dire avec douceur, avec tranquillité : « Nous n'avons vu ni même ouï par- « ler d'aucun des livres dont vous m'écrivez. La république « des lettres ne s'étend point dans des lieux où elle sait « qu'elle n'a que des ennemis, occupés sans cesse à désap- « prendre ou à oublier ce que la curiosité leur avoit fait re- « chercher, pour renfermer toute leur application et leur « étude dans le seul livre de Jésus-Christ. » Chaque fois que l'incorrigible Nicaise recommence, Rancé réitère cette profession d'oubli : « Tous les livres dont vous me parlez ne « viennent point jusqu'à nous, parce qu'on les regarde « comme perdus et *comme jetés dans un puits d'où il ne doit* « *rien revenir.* » Le bon abbé Nicaise ne se décourage point pourtant ; à défaut des ouvrages d'autrui, il enverra les siens propres, et il espère apprendre du moins ce qu'on en pense. Passe encore quand l'abbé archéologue soumet au saint homme l'*explication d'un ancien tombeau* et des symboles ou inscriptions qui le recouvrent ; cela donne sujet du moins à son austère ami de moraliser en ces hautes paroles : « Les « hommes, lui écrit Rancé à cette occasion, sont à plaindre « en bien des choses, mais particulièrement dans la vanité

« de leurs tombeaux. Quel rapport entre ces enrichissements, « cette sculpture si achevée, et cette cendre, cette poussière à « laquelle tous ces ornements, quelque précieux qu'ils puis- « sent être, ne donnent ni rehaussement ni valeur ? Ces pa- « roles du plus excellent de tous les livres après l'Écriture « sainte me reviennent, et je ne puis m'empêcher de vous « les dire : *Disce humiliari, pulvis atque cinis.* Voilà, Monsieur, « la pensée la plus naturelle et la plus utile que puisse nous « donner la vue du plus superbe de tous les tombeaux. » Sur quoi l'abbé Nicaise, en vrai littérateur qu'il est, s'empare des paroles mêmes de Rancé pour en faire un nouvel *enrichissement* à son tombeau et à sa dissertation; il n'a garde de laisser tomber de si magnifiques pensées sans en profiter comme auteur, sinon comme homme. C'est ainsi que Balzac, si l'on s'en souvient, profitait des paroles de Saint-Cyran. Mais il y a mieux : le même Nicaise ne s'avise-t-il pas, un autre jour, de composer une *Dissertation sur les Sirènes, ou Discours sur leur forme et figure,* et d'envoyer son écrit tout droit à la Trappe ? Oh ! pour le coup, Rancé ne put s'empêcher de sourire, et on surprend ce mouvement de physionomie, chez lui si rare, à travers les simples lignes de sa réponse : « J'ai jeté les yeux sur votre ouvrage des *Sirènes,* mais « je vous avoue que je n'ai osé entrer avant dans la matière. « Toutes les espèces fabuleuses se sont réveillées, et j'ai re- « connu que je n'étois pas encore autant mort que je le « devrois être. C'est une pensée qui a été suivie de beaucoup « de réflexions ; voilà comme quoi on profite de tout. »

Les lettres à l'abbé Nicaise, à part ces éclairs passagers, sont d'ailleurs remplies de pensées graves, élevées, fondamentales, de fréquents rappels à *ce moment qui doit décider pour jamais de nos aventures.* Il y a un endroit qui m'a paru un charmant exemple de ce qu'on peut appeler *l'euphémisme chrétien* : il s'agit de la mort, comme toujours ; mais Rancé évite d'en prononcer le nom, tout en y voulant tourner et comme apprivoiser l'esprit un peu faible de son ami, qui est vieux et, de plus, malade en ce moment. Après lui avoir donc proposé les choses d'en haut comme les seules qui méritent d'être désirées, il ajoute : « C'est un sentiment dont vous devez être rempli dans tous les temps, *mais particulièrement quand nous sommes plus près de ressentir le bonheur qu'il y a de les avoir aimées.* » Est-il une manière plus douce et plus insinuante de dire : *à mesure que nous sommes plus près de la mort ?* Les anciens disaient, quand ils voulaient faire allusion à cet instant : *Si quid minus feliciter contigerit.* Aux seuls chrétiens comme Rancé il appartient de renchérir avec vérité sur cette délicatesse d'expression, et de dire, pour rendre en plein la même chose : *Si quid felicius contigerit.* C'est qu'en effet, à ne considérer que ce passage fatal, la perspective entière est retournée. Horace dit de la mort : *In æternum exilium*, partir pour l'éternel exil ; et le chrétien dit : S'en retourner *dans la patrie éternelle.* Toute la différence des points de vue est là (1).

Quoiqu'à la simple lecture ces lettres de Rancé, si on n'y prend pas garde, semblent uniformes, et toutes assez semblables entre elles, on en extrairait quantité de belles et grandes pensées ; j'en ai déjà donné plus d'une et je les ai détachées ainsi à dessein, car, comme elles sont dans un fond sombre, il est presque nécessaire de les offrir à part pour les faire remarquer. Quelle plus haute pensée, par exemple, que celle-ci, qui pourrait servir comme d'épigraphe et de devise à la vie du grand réformateur : « Il faut faire de ces œuvres et de ces actions qui subsistent indépendamment des passions différentes des hommes ! » — Et quelle délicatesse encore dans cet autre mot qui décèle une tendresse d'âme subsistante sous la dure écorce : « Ce seroit une chose bien douce d'être tellement dans l'oubli, que l'on ne vécût plus que dans la mé-

(1) Ce passage, lu dans le *Journal des Débats* par Mme Swetchine, a passé depuis dans ses *Pensées* et a été imprimé sous son nom. Erreur bien flatteuse pour nous ! (Voir *Madame Swetchine, sa Vie et ses OEuvres*, tome II, page 207.

moire de ses amis! » Remarquez que cet oubli profond de la part du monde, joint au souvenir fidèle de la part des amis, est la conciliation parfaite qu'embrasse le vœu du solitaire. L'amitié trouve moins son compte dans ce vers ancien si souvent cité :

> Oblitusque meorum, obliviscendus et illis,

vers où il ne faudrait pas voir d'ailleurs la pensée d'Horace, mais une boutade d'un moment.

Les lettres à la duchesse de Guise sont toutes d'édification, nobles, assez développées, sobres pourtant. Ce dernier caractère se retrouve partout dans la correspondance de Rancé ; même lorsqu'il prend la plume, je l'ai dit, il va sans cesse au but, il coupe court aux phrases. Parlant de la mort de M. de Nocé, pénitent de qualité et l'un des ermites voisins de la Trappe, il écrit à Mme de Guise, qui le questionnait : « Il n'y a point, Madame, de circonstances brillantes dans la « mort du solitaire. Son passage a été paisible et tranquille... « D'agonie, il n'en eut point, et on s'aperçut seulement qu'il « cessoit de vivre parce qu'il ne respiroit plus. Dieu ne vou- « lut pas qu'il dît rien de remarquable, parce que cela « abrége les Relations. » *Abréger, abréger* les choses qui passent, c'est là le sentiment permanent de Rancé ; il n'aperçoit aucune branche inutile sans y porter à l'instant la serpe ou la cognée.

Cela même nous avertit de ne pas trop prolonger en parlant de lui ; il y aurait beaucoup à dire encore sur sa polémique avec Mabillon, dont on peut suivre ici toutes les phases, sur ses relations si constantes et si unies avec Bossuet ; mais c'est assez indiquer l'intérêt sérieux de cette publication. Nous aurions voulu que les notes fussent plus fréquentes et plus courantes au bas des pages. Quand on a du goût comme M. Gonod, on se méfie de son érudition et on craint de trop dire. Il en est résulté qu'il n'a pas toujours dit assez; le lecteur a besoin d'être guidé à chaque pas plus qu'on n'imagine. Il est une foule d'allusions qui fuient et qu'on aurait pu atteindre par d'habiles conjectures. A certains endroits, sous des désignations un peu vagues, il me semblait entrevoir de loin Leibniz (pag. 105, 108, 113), à d'autres Bayle (pag. 152); M. Gonod aurait peut-être eu moyen d'éclaircir et de fixer ces aperçus lointains. Nous nous permettons de les lui recommander, si le recueil en vient à une seconde édition.

Indépendamment de l'histoire littéraire, celle de la langue n'est pas sans avoir à profiter ou du moins à glaner dans les Lettres de Rancé. Le style, en sa mâle nudité, offre des singularités intéressantes, des expressions qui sentent leur propriété première, des locutions françaises, mais vieillies et toutes voisines du latin. Ainsi, quand Rancé nous dit que le Père Mabillon a fait un petit traité *très-recherché et très-exact*, ce mot *recherché* est pris en bonne part, *exquisitus*. On aurait plus d'une remarque à faire en ce genre. Mais que dirait Rancé de voir que nous songions au Dictionnaire de l'Académie en le lisant? C'est pis que n'eût fait l'abbé Nicaise (1).

29 septembre 1846.

(1) J'avais déjà parlé de Rancé à propos de sa Vie par M. de Chateaubriand (Voir au tome 1er, page 36, des *Portraits contemporains*); depuis j'ai reparlé de Rancé tout à fait à fond, au tome III de *Port-Royal*, pages 532 et suiv.

MÉMOIRES

DE

MADAME DE STAAL-DELAUNAY

PUBLIÉS PAR M. BARRIÈRE

Nous sommes décidément le plus rétrospectif des siècles; nous ne nous lassons pas de rechercher, de remuer, de déployer pour la centième fois le passé. En même temps que l'activité industrielle et l'invention scientifique se portent en avant dans toutes les voies vers le nouveau et vers l'inconnu, l'activité intellectuelle, qui ne trouve pas son aliment suffisant dans les œuvres ni dans les pensées présentes, et qui est souvent en danger de tourner sur elle-même, se rejette en arrière pour se donner un objet, et se reprend en tous sens aux choses d'autrefois, à celles d'il y a quatre mille ans ou à celles d'hier : peu nous importe, pourvu qu'on s'y occupe, qu'on s'y intéresse, que l'esprit et la curiosité s'y logent, ne fût-ce qu'en passant. De là ces réimpressions sans nombre qui remettent sous les yeux ce que les générations nouvelles ont hâte d'apprendre, ce que les autres sont loin d'avoir oublié. Aujourd'hui, un homme d'esprit bien connu de nos lecteurs (1), M. Barrière, publie un choix fait avec

---

(1) Des lecteurs du *Journal des Débats* dans lequel écrit M. Barrière, et où cet article sur Mme de Staal-Delaunay fut d'abord inséré.

goût parmi les nombreux Mémoires du xviiie siècle, depuis la Régence jusqu'au Directoire ; c'est une heureuse idée, et qui permettra de revoir au naturel une époque déjà passée pour plusieurs à l'état de roman.

Voilà, si je compte bien, la troisième fois depuis 1800 que la vogue et la publication se tournent aux Mémoires de ce temps-là. Le premier moment de reprise a été celui même de la renaissance de la société, sous le Consulat et aux premières années de l'Empire. C'est alors que le vicomte de Ségur publia les Mémoires de Bezenval, que M. Craufurd publia ceux de Mme du Hausset, et qu'on vit paraître cette suite de petits volumes chez le libraire Léopold Collin : *Lettres de MMmes de Villars, de Tencin, de Mlle Aïssé*, etc., etc. Le second moment a été sous la Restauration ; ici l'intérêt historique et politique dominait. On vit de longues séries complètes de Mémoires sur le xviiie siècle et sur la Révolution française ; M. Barrière y eut grande part comme éditeur. Aujourd'hui, dans ce retour de vogue, ce n'est plus que d'un intérêt de goût qu'il s'agit, et, selon nous, cette indifférence curieuse n'est pas la disposition la moins propice pour bien juger, pour rectifier ses anciennes impressions et s'en faire de définitives.

Mme de Staal méritait à bon droit d'ouvrir la série, car c'est avec elle que commencent véritablement le genre et le ton propres aux femmes du xviiie siècle. Un maître éloquent, M. Cousin, dans l'esquisse pleine de feu qu'il a tracée des femmes du xviie, leur a décerné hautement la préférence sur celles de l'âge suivant ; je le conçois : du moment qu'on fait intervenir la grandeur, le contraste des caractères, l'éclat des circonstances, il n'y a pas à hésiter. Qu'opposer à des femmes dont les unes ont porté jusque dans le cloître des âmes plus hautes que celles des héroïnes de Corneille, et dont les autres, après toutes les vicissitudes et les tempêtes humaines, ont eu l'heur insigne d'être célébrées et proclamées par Bossuet ? Pourtant comme, en fait de personnes du sexe, la force et la grandeur ne sont pas tout, je ne saurais pour ma part pousser la préférence jusqu'à l'exclusion. Ni les femmes du xvi⁰ siècle elles-mêmes, bien qu'elles aient eu le tort d'être effleurées par Brantôme, ni celles du xviii⁰, bien que ce soit l'air du jour de leur être d'autant plus sévère qu'elles passent pour avoir été plus indulgentes, ne me paraissent tant à dédaigner. De quoi s'agit-il en effet, sinon de grâce, d'esprit et d'agrément (je parle de cet agrément qui survit et qui se distingue à travers les âges)? Or l'élite des femmes, à ces trois époques, en était abondamment et diversement pourvue. Cette diversité me rappelle le charmant conte des *Trois Manières*, dont chacune, auprès des Athéniens de Voltaire, réussit à son tour; et s'il y avait une quatrième manière de plaire, il ne faudrait pas lui chercher querelle. Je pousserais même la licence jusqu'à ne pas exclure du concours tout d'emblée les femmes du xix⁰ siècle, si le moment de les juger était venu. Mais n'en demandons pas tant pour le quart d'heure, tenons-nous à Mme de Staal-Delaunay et à notre sujet.

Puisque, à propos de femmes, j'ai prononcé ce mot de siècle (terme bien injurieux), on me passera encore d'insister sur quelques distinctions que je crois nécessaires, et sur le classement, autre vilain terme, mais que je ne puis éviter. Les femmes du xvi⁰ siècle, ai-je dit, ont été trop mises de côté dans les dernières études qu'on a faites sur les origines de la société polie : Rœderer les a sacrifiées à son idole, qui était l'hôtel Rambouillet. On reviendra, si je ne me trompe, à ces femmes du xvi⁰ siècle, à ces contemporaines des trois Marguerite, et qui savaient si bien mener de front les affaires, la conversation et les plaisirs : « J'ai souvent entendu des fem« mes du premier rang parler, disserter avec aisance, avec « élégance, des matières les plus graves, de morale, de poli« tique, de physique. » C'est là le témoignage que déjà rendait aux femmes françaises un Allemand tout émerveillé, qui a écrit son itinéraire en latin, et à une date (1616) où l'hôtel Rambouillet ne pouvait avoir encore produit ses résultats (1). Quoi qu'il en soit, le xvii° siècle s'ouvre bien en effet avec Mme de Rambouillet, de même qu'il se clôt avec Mme de Maintenon. Le xviii° commence avec Mme la duchesse du Maine et avec Mme de Staal, de même qu'on en sort par l'autre Mme de Staël et par Mme Roland : je mets ce dernier nom à dessein, car il marque tout un avénement, celui du mérite solide et de la grâce s'introduisant dans la classe moyenne, pour y avoir sa part croissante désormais. Je sais combien le vrai goût et le plus fin a été longtemps l'apanage presque exclusif du monde aristocratique ; combien, à certains égards, et malgré tant de changements survenus, il en est encore un peu ainsi. Il ne devient pas moins évident que plus on va, et plus l'amabilité sérieuse, la distinction du fond et du ton se trouvent naturellement compatibles avec une condition moyenne ; et le nom de Mme Roland signifie tout cela. A partir d'elle on a commencé à posséder comme un droit ce qui n'était guère auparavant qu'une audace et une usurpation. Les femmes du xviii° siècle proprement dit, dont le type primitif s'est transmis sans altération depuis la duchesse du Maine, et à travers ces noms si connus de Mme de Staal-Delaunay, de MM^mes de Lambert, du Deffand, de la maréchale de Luxembourg, de Mme de Coislin, de Mme de Créquy, jusqu'à Mme de Tessé et à la princesse de Poix, peuvent pourtant se partager elles-mêmes en deux moitiés assez distinctes, celles d'avant Jean-Jacques et celles d'après. Toutes les dernières, les femmes d'après Jean-Jacques, c'est-à-dire qui ont essuyé son influence et se sont enflammées un jour pour lui, ont eu une veine de *sentiment* que les précédentes n'avaient point cherchée ni connue. Celles-ci, les femmes du xviii° siècle antérieures à Rousseau (et Mme de Staal-Delaunay en offre l'image la plus accomplie et la plus fidèle), sont purement des élèves de La Bruyère ; elles l'ont lu de bonne

(1) Cet Allemand, qui s'appelait *Juste Zinzerling*, a publié son voyage sous ce titre : *Jodoci Sinceri Itinerarium Galliæ...*, 1616.

heure, elles l'ont promptement vérifié par l'expérience. A ce livre de La Bruyère, qui semble avoir donné son cachet à leur esprit, ajoutez encore, si vous voulez, qu'elles ont lu dans leur jeunesse *la Pluralité des Mondes* et *la Recherche de la Vérité*.

Mme de Staal commence donc le xviiie siècle, dans la série des écrivains-femmes, aussi nettement que Fontenelle l'a fait dans son genre. Elle était née bien plus tôt qu'on ne croit et que ne l'ont dit tous les biographes. Un érudit à qui l'on doit tant de rectifications de cette sorte, M. Ravenel, a éclairci ce point, qui ne laisse pas d'être important dans l'appréciation de la vie de Mlle Delaunay. Je l'appelle Mlle Delaunay par habitude, car (autre rectification de M. Ravenel) (1) elle ne se nommait pas ainsi : son père s'appelait *Cordier*; mais, ayant été obligé de s'expatrier pour quelque cause qu'on ne dit pas, il laissa en France sa femme jeune et belle qui reprit son nom de famille (*Delaunay*), et la fille, à son tour, prit le nom de sa mère qui lui est resté. La jeune Cordier-Delaunay naquit à Paris le 30 août 1684, et non pas en 1693, comme on l'a cru généralement. Elle se trouvait ainsi de neuf ans plus âgée qu'on ne l'a supposé ; non pas qu'elle ait dissimulé son âge ; elle n'indique point, il est vrai, dans ses Mémoires, la date précise de sa naissance (les dates, sous la plume des femmes, c'est toujours peu élégant); mais elle mentionne successivement dans le récit de sa jeunesse certaines circonstances historiques qui pouvaient mettre sur la voie. Il résulte de ces neuf années de plus qu'elle a *sans les paraître*, que le temps qu'elle passe au couvent et avant son entrée à la petite cour de Sceaux remplit toute la durée de sa première jeunesse; qu'elle a vingt-sept ans bien sonnés lorsqu'elle entre chez la duchesse du Maine, et qu'elle est déjà une personne faite qui pourra souffrir de sa condition nouvelle, mais qui n'y prendra aucun pli que celui de la contrainte. Il suit aussi de cette forte avance, qu'elle avait

---

(1) *Journal de la Librairie*, 1836, feuilleton n° 35, page 3.

trente-cinq ans lors de ses amours à la Bastille avec le chevalier de Ménil, et qu'elle ne se maria enfin avec le baron de Staal que dans sa cinquante et unième année. De là, durant le cours de cette existence dont la fleur fut si courte et si vite envolée, on voit combien les choses vinrent peu à point, et l'on comprend mieux dans ce ferme et charmant esprit, cet art d'ironie fine, ce ton d'enjouement sans gaieté qui naît de l'habitude du contre-temps.

Un mot souvent cité de Mme de Staal donnerait à croire que ses Mémoires n'ont pas toute la sincérité possible. *Je ne me suis peinte qu'en buste*, répondit-elle un jour à une amie qui s'étonnait à l'idée qu'elle eût tout dit. Le mot a fait fortune, et il a fait tort aussi à la véracité de l'auteur. C'est, selon nous, bien mal le comprendre et tirer trop de parti d'un trait avant tout spirituel. Mme de Staal était une personne vraie, et son livre est un livre vrai dans toute l'acception du mot : ce caractère y paraît empreint à chaque ligne. Après cela, que sur certains points délicats et réservés elle n'ait pas tout dit : que, par exemple, ses amours à la Bastille avec le chevalier de Ménil aient été poussés encore un peu plus loin qu'elle n'en convient, il n'y a rien là que d'assez vraisemblable, et raisonnablement on ne saurait demander à une femme, sur ce chapitre, d'être plus sincère, sans la forcer à devenir inconvenante. Le lecteur, ce semble, peut faire sans beaucoup d'effort le reste du chemin, pour peu qu'il en ait envie. Lemontey a cherché grande malice dans quelques mots d'elle sur l'abbé de Chaulieu, lorsqu'elle le va voir en sortant de la Bastille, et qu'elle le trouve si différent de ce qu'il était par le passé : « Il étoit déjà fort mal, dit-elle, de la maladie dont il mourut trois semaines après. Je le vis, et je remarquai combien, dans cet état, *ce qui nous est inutile nous devient indifférent.* » Lemontey (1) croit apercevoir dans ces quelques mots une révélation qui échappe; c'est

---

(1) Dans sa Notice sur Chaulieu.

être bien fin. Mais de quelque utilité que cette personne d'esprit ait pu être dans un autre temps à l'abbé de Chaulieu plus que septuagénaire, ce n'est pas sur ce genre d'aveu que je fais porter le plus ou moins de sincérité d'un auteur femme dans les Mémoires qu'elle écrit. Cette sincérité est d'un autre ordre; elle consiste dans les sentiments qu'on exprime, dans l'ensemble des jugements et des vues; ne pas se louer directement ni indirectement, ne pas se surfaire, ne pas s'embellir; s'envisager soi et autrui à un point juste et l'oser montrer. Et quel livre réussit mieux que celui de Mme de Staal à rendre exactement cette parfaite et souvent cruelle justesse d'observation, ce sentiment inexorable de la réalité? C'est elle qui a dit cette parole durable : « Le vrai est comme il peut, et n'a de mérite que d'être ce qu'il est. » Aussi ses Mémoires sont au contraire des romans qu'on rêve, et ils vont comme la vie, en s'attristant.

Une âme noble, élevée et stoïque jusqu'en ses faiblesses, un esprit ferme et délié s'y marquent en traits nets et fins. On y admire une sûreté d'idées et de ton qui ne laisse pas d'effrayer un peu ; il y a si peu de superflu qu'on est tenté de se demander s'il y a tout le nécessaire. Le mot de sécheresse vient à l'esprit; mais, à la réflexion, on est réduit à se dire, dans la plupart des cas, que c'est tout simplement parfait et définitif. Jamais sa plume ne tâtonne, jamais elle n'essaie sa pensée; elle l'arrête et l'emporte du premier tour. Il y a bien de la force dans ce peu d'effort. Pline le Jeune a coutume, dans l'éloge qu'il fait de certains écrivains, d'unir ensemble, comme se tenant étroitement entre elles, deux qualités, *vis, amaritudo,* cette *vigueur* qui naît et se trempe d'une secrète *amertume* ; Mlle Delaunay (on peut citer du latin en parlant de celle qui faillit devenir Mme Dacier) possédait cette vigueur-là. Fréron, rendant compte des Mémoires dans son *Année littéraire* (1), a très-bien remarqué qu'on peut lui

(1) Tome VI, de l'année 1755, page 221.

appliquer à elle-même ce qu'elle a dit de la duchesse du Maine : « Son esprit n'emploie ni tours, ni figures, ni rien « de tout ce qui s'appelle invention. Frappé vivement des « objets, il les rend comme la glace d'un miroir les réfléchit, « sans ajouter, sans omettre, sans rien changer. » Selon moi pourtant, la comparaison du miroir ne grave pas assez pour ce qui est de M¹¹ᵉ Delaunay; le trait des objets, dès qu'elle les a réfléchis, reste comme passé à une légère *eau-forte*. Grimm, dans sa *Correspondance* (15 août 1755), louant également ces Mémoires, dit que, « la prose de M. de Voltaire à part, il n'en connaît pas de plus agréable que celle de Mᵐᵉ de Staal. » C'est vrai; pourtant cette prose, bien que d'une netteté si agréable et si neuve, ne ressemble point à celle de Voltaire, la seule véritablement courante et légère. La simplicité de diction de Mᵐᵉ de Staal est tout autrement combinée. Mais que fais-je? A quoi bon m'aller inquiéter de Grimm et de ses à-peu-près, lorsque, dans les volumes de la plus délicate et de la plus délicieuse littérature qu'ait jamais produite la Critique française, nous possédons le jugement et la définition qu'a donnée M. Villemain de cette manière et de cette nuance de style dont Mᵐᵉ de Staal nous offre la perfection?

En ce qui touche la personne, l'illustre critique s'est montré plus sévère; il a cru voir jusqu'à travers les peintures railleuses de la femme d'esprit ce qu'il appelle *le pli de sa condition* : « C'est une soubrette de cour, mais une soubrette. » M¹¹ᵉ Delaunay a-t-elle mérité ce piquant revers? et ce *caractère indélébile de femme de chambre*, comme elle le qualifie amèrement, est-il donc si indélébile qu'il la suive jusque dans les productions de sa pensée? Rien de moins fondé, selon moi, qu'un semblable jugement, rien de plus injuste. Nous avons vu qu'il était déjà tard pour elle lorsqu'elle entra chez la duchesse du Maine, et que ce n'était plus une si jeune fille ni si aisée à déformer. Sa première éducation avait été solide, recherchée, brillante; ce couvent de Saint-Louis à

Rouen, où elle passa ses plus belles années, était « comme un petit État où elle régnoit souverainement. » Elle aussi, elle avait eu sa cour, sa petite cour de Sceaux dans ce couvent de Saint-Louis où M. Brunel, M. de Rey, l'abbé de Vertot étaient à ses pieds, et où ces bonnes dames de Grieu n'avaient d'yeux que pour elle : « Ce qu'on faisoit pour moi me coûtoit si peu, dit-« elle, qu'il me sembloit être dans l'ordre naturel. Ce ne « sont que nos efforts pour obtenir quelque chose, qui nous « en apprennent la valeur. Enfin j'avois acquis, quoique in-« finiment petite, tous les défauts des grands : cela m'a servi « depuis à les excuser en eux. » Ainsi élevée, ainsi traitée jusqu'à l'âge de vingt-six ans sur le pied d'une perfection et d'une merveille, lorsqu'elle tomba plus tard en servitude, ce fut comme une petite Reine déchue, et elle en garda les sentiments, « persuadée qu'il n'y a que nos propres actions qui « puissent nous dégrader, » dit-elle; aucun fait de sa vie n'a démenti cette généreuse parole. L'inconvénient pour elle de sa première éducation et de cette culture exclusive, c'eût été plutôt, comme elle l'indique assez véridiquement, d'offrir une teinture scientifique un peu marquée, d'aimer à régenter, à *documenter* toujours quelqu'un auprès de soi, comme cela est naturel à une personne qui a lu l'*Histoire de l'Académie des Sciences*, et qui a étudié la géométrie. Encore faudrait-il observer, dans la plupart des passages qu'on cite à l'appui de ce défaut, que c'est elle-même qui s'y dénonce à plaisir et qui fait gaiement les honneurs de sa personne. Plus d'un lecteur, à ces endroits, n'a pas vu qu'il y a chez elle un sourire.

Le commencement des Mémoires est d'une grâce infinie et tient du roman ; c'est ainsi que la vie se dessine d'abord *avant le charme cessé*, avant l'illusion évanouie. Le séjour au château de Silly chez une amie d'enfance, l'arrivée du jeune marquis, son indifférence naturelle, la scène de la charmille entre les deux jeunes filles qu'il entend sans être vu, sa curiosité qui s'éveille bien plus que son désir, l'émotion de celle qui s'en croit l'objet, son empire toutefois sur elle-même, la promenade en tête à tête où l'astronomie vient si à propos, et cette jeune âme qui goûte l'austère douceur de se maîtriser, cette suite légère compose tout un roman touchant et simple, un de ces souvenirs qui ne se rencontrent qu'une fois dans la vie, et où le cœur lassé se repose toujours avec une nouvelle fraîcheur. Ce ne sont que des riens, mais comme ils sont vrais, comme ils tiennent aux fibres secrètes, à celles de chacun ! « Le sentiment qui a gravé ces petits faits « dans ma mémoire m'en a conservé, dit l'auteur, un sou- « venir distinct. » Même en les dépeignant, voyez comme sa sobriété se retrouve ! elle ne se permet qu'une esquisse pure et discrète, un trait délicieux et encore arrêté, fidèle expression de ce sentiment trop contraint ! M. de Silly pourtant est bien l'homme qu'elle a le plus véritablement aimé. Avec quelle vivacité passionnée elle nous fait assister à son premier départ ! « Mlle de Silly fondoit en larmes quand il nous « dit adieu ; je dérobai les miennes à ses regards plus curieux « qu'attendris ; mais lorsqu'il eut disparu, je crus avoir cessé « de vivre. Mes yeux accoutumés à le voir ne regardoient « plus rien. Je ne daignois parler, puisqu'il ne m'entendoit « pas ; *il me semble même que je ne pensois plus.* » Notons ce dernier trait ; il rappelle le vers de Lamartine s'adressant à la Nature :

Un seul être vous manque, et tout est dépeuplé.

Mais chez Mlle Delaunay la gradation finit par la *pensée*. Cette absence de la pensée est le plus violent symptôme, en effet, pour une âme de philosophe, pour quiconque a commencé par dire : *Je pense, donc je suis.* Ce qu'elle ajoute ne prête pas moins à l'observation : « Son image fixe remplissoit unique- « ment mon esprit. Je sentois cependant que chaque instant « l'éloignoit de moi, et *ma peine prenoit le même accroissement* « *que la distance qui nous séparoit.* » Nous surprenons ici le défaut ; cette peine qui croît en *raison directe* de la distance, c'est plus que du philosophe, c'est bien du géomètre ; et nous concevons que M. de Silly ait pu dire à sa jeune amie dans une lettre qu'elle nous transcrit : « Servez-vous, je vous « prie, des expressions les plus simples, et surtout ne faites « aucun usage de celles qui sont propres aux sciences. » En homme du monde, et plein de tact, il avait mis d'abord le doigt sur le léger travers.

Ce ne sont là, du reste, que des intentions, à temps réprimées, qui affectent à peine une diction exquise et de la meilleure langue. Quand le marquis revient peu après à Silly, la fleur du sentiment avait déjà reçu en elle quelque dommage ; la réflexion avait parlé. Ce fut donc un printemps bien court dans la vie de Mlle Delaunay que ces premiers mois d'enchantement ; le parfum en fut pourtant assez profond pour remplir son âme durant ces jeunes années les plus exposées, et pour la préserver alors de toute autre atteinte. Elle avait bien vingt-trois ou vingt-quatre ans déjà, lorsqu'elle vit pour la première fois M. de Silly, et il en avait trente-six ou trente-sept. Son caractère ambitieux et sec parut se dessiner de plus en plus en avançant ; Grimm prétend qu'il était pédant et peu aimable ; il nous apprend que des mécomptes d'ambition lui troublèrent finalement la tête, au point qu'il se jeta par une fenêtre et se tua. Mme de Staal avait glissé sur cet affreux détail ; mais elle l'avait trouvé aimable jusque dans les dernières années, et, malgré les erreurs de l'intervalle, elle n'avait pas cessé de rester soumise à l'ancien prestige. Elle poussa même l'amitié, dans une violente crise de passion qui le bouleversa, jusqu'à l'assister à titre de *médecin-moraliste*, je ne trouve pas de terme plus approprié : les lettres qu'elle lui écrit tiennent à la fois du directeur et du médecin. Elles sont d'une expérience consommée, d'une haute sagesse, et charmantes encore jusque dans le suprême désabusement. Comme tous les vrais médecins, elle sait bien mieux l'état véritable du malade que les moyens d'y remédier ; elle n'y peut opposer que des palliatifs, et elle-même

alors elle le dirigeait vers l'ambition : « J'avois bien espéré,
« lui écrivait-elle, du temps et de l'absence ; mais il semble
« qu'ils n'ont rien produit, et que même le mal est empiré.
« La seule ressource que j'imagine seroit une occupation
« forte et satisfaisante par la dignité de l'objet : l'amour n'en
« a point de telles. Je voudrois que l'ambition vous en pût
« offrir. Vous n'êtes pas fait pour vivre sans passions ; de
« légers amusements ne peuvent nourrir un cœur aussi
« dévorant que le vôtre. Tâchez donc de trouver un objet
« plus vaste que sa capacité, sans cela vous éprouverez tou-
« jours les dégoûts qu'inspire tout ce qui est médiocre. »
C'est ainsi qu'elle le jugea jusqu'à la fin. Était-ce un reste
d'illusion ? — M. de Silly mourut le 19 novembre 1727 ; il
était lieutenant-général des armées du Roi (1).

Si M. de Silly nous représente le héros de la première partie des Mémoires, celui de la seconde est certainement M. de
Maisonrouge, ce lieutenant de roi à la Bastille, le parfait modèle des passionnés et délicats amants. Il est bien à Mme de
Staal, qui l'avait si cruellement sacrifié à ce maussade chevalier de Ménil, de l'avoir en même temps vengé d'elle par
l'intérêt qu'elle répand sur lui et par le coloris affectueux
dont elle l'environne. Hélas ! au moment où elle apprécie le
mieux le dévouement et les mérites du pauvre Maisonrouge,
c'est l'autre encore qu'elle regrette ; avec une âme si ferme,
avec un esprit si supérieur, misérable jouet d'une indigne
passion, elle fuit qui la cherche, et cherche qui la fuit,
selon l'éternel *imbroglio* du cœur. Oh ! que cela lui donnait
bien le droit de dire, comme plus tard, et revenue des orages, elle l'écrivait dans une lettre à M. de Silly : « N'en dé-
« plaise à Mme de..., qui traite l'amour si méthodiquement,
« chacun y est pour soi, et le fait à sa guise. Je suis étonnée
« qu'une personne si vénérable ne regarde pas les passions

---

(1) Il faut voir sur M. de Silly l'admirable note de Saint-Simon
dans ses additions au *Journal* de Dangeau, tome X, page 110.

« comme des égarements d'esprit, qui ne sont point suscep-
« tibles de l'ordre qu'on y veut admettre. Je trouve les pré-
« ceptes ridicules sur cette matière, et j'aimerois presque
« autant qu'on voulût mettre en règle la manière dont les
« frénétiques doivent extravaguer. »

J'ai dit de Mme de Staal qu'elle était comme le premier élève de La Bruyère, mais un élève devenu l'égal du maître ; nul écrivain ne fournirait autant qu'elle de pensées neuves, vraies, irrécusables, à ajouter au chapitre *des Femmes*, de même qu'elle a passé plus de trente ans de sa vie à pratiquer et à commenter le chapitre *des Grands*. Elle les observait à l'aise et aussi à ses dépens dans cette petite cour de Sceaux, absolument comme on observe de gros poissons dans un petit bassin : « Les Grands, écrivait-elle à Mme du Deffand, à force
« de s'étendre, deviennent si minces qu'on voit le jour au
« travers : c'est une belle étude de les contempler, je ne sais
« rien qui ramène plus à la philosophie. »

Les scènes avec la duchesse de La Ferté et les aventures à Versailles sont d'un excellent comique et du meilleur goût, du plus franc, du plus simple ; cela va de pair avec la plaisanterie des *Mémoires de Grammont*. Les premières séances comme femme de chambre à la toilette de la duchesse du Maine sont aussi fort plaisantes. Dans cet art enjoué de raconter, Mme de Staal est *classique*, et définitivement, si elle se jugeait aujourd'hui, elle n'aurait pas tant à se plaindre du sort. Elle n'a point été aimée de qui elle aurait voulu, elle n'a pas eu sa jeunesse remplie à souhait, elle a souffert : beaucoup d'autres sont ainsi, mais elle a eu avec les années la satisfaction de la pensée et les jouissances réfléchies de l'observation ; elle a vu juste, et il lui a été donné de le rendre. Si elle a manqué plus d'un à-propos de destinée, elle a rencontré du moins celui de l'esprit, de la langue et du goût. Ses moindres mots sont entrés dans la circulation de la société et dans les richesses d'esprit de la France. Il y a plus : par sa noble conduite dans une conspiration chétive, elle aura désormais une ligne dans toute histoire. Combien d'hommes politiques qui se croient de grands hommes, et qui s'agitent toute leur vie, n'en obtiendront pas tant!

Cette satisfaction tardive, ce triomphe posthume furent achetés bien cher sans doute. La correspondance de Mme de Staal avec Mme du Deffand trahit les misères du fond sous la forme toujours agréable; on y suit l'habitude de l'esprit et l'ironique gaieté persistant à travers une existence sans plaisir et comblée d'ennui. Les scènes railleuses où apparaissent Mme du Châtelet et Voltaire jettent au passage une variété pleine d'éclat. Cette correspondance est la vraie conclusion des Mémoires. Quoi qu'en ait dit un critique (Fréron), Mme de Staal a bien fait de ne pas les prolonger et de ne pas s'étendre sur les années finissantes. Il est un degré d'expérience et de connaissance du fond, passé lequel il n'y a plus d'intérêt à rien, pas même au souvenir; il faut se hâter, à cet endroit-là, de tirer la barre, et fermer à jamais le rideau. Qu'aurait-on dorénavant à dire au monde, là où l'on en est à se dire à soi-même : « De quoi peut-on véritablement se soucier quand « on y regarde de près? *Nous ne devons nos goûts qu'à nos* « *erreurs.* Si nous voyions toujours les choses telles qu'elles « sont, loin de nous passionner pour elles, à peine en pour- « rions-nous faire le moindre usage. » C'est ce qu'écrivait Mme de Staal dans l'intimité, et en ses meilleurs jours elle ajoutait : « Ma santé est assez bonne, ma vie douce, et, à l'en- « nui près, je suis assez bien. Cet ennui consiste à ne rien « voir qui me plaise, et à ne rien faire qui m'amuse; mais « quand le corps ne souffre pas et que l'esprit est tranquille, « on doit se croire heureux (1). »

Un jour, après sa sortie de la Bastille et avant de s'être tout à fait résignée au joug, Mlle Delaunay avait projeté de s'en retourner vivre à son petit couvent de Saint-Louis à Rouen; où elle avait passé ses seules années de bonheur. Elle y fit

(1) Lettres au marquis de Silly.

un petit voyage, mais s'en revint au plus vite. Les femmes du xviie siècle, après les orages du monde, retournent volontiers au couvent et y meurent; les femmes du xviiie ne le peuvent plus.

Après les lettres à Mme du Deffand, celles de Mme de Staal à M. d'Héricourt, moins traversées de saillies, donnent une idée peut-être plus triste encore et plus vraie de sa manière finale d'exister. Sa santé diminue, sa vue baisse, et pour peu qu'elle vive, elle est en train de devenir tout à fait aveugle comme son amie Mme du Deffand. Cependant les sujétions, les dégoûts auprès d'une princesse dont les caprices ne s'embellissent pas en vieillissant, rendent insupportable un lien qu'on ne parvient point à briser; il faut traîner jusqu'au bout sa chaîne. *Je vois les maux,* dit-elle, *et je ne les sens plus.* C'est là son dernier oreiller. A un retour de printemps, il lui échappe ce mot terrible : « Quant à moi, je ne m'en « soucie plus (de printemps!); je suis si lasse de voir des « fleurs et d'en entendre parler, que j'attends avec impa- « tience la neige et les frimas. » Il n'y a plus rien après une telle parole.

Elle avait soixante-six ans, lorsqu'elle mourut le 15 juin 1750. A peine la duchesse du Maine fut-elle morte à son tour, qu'on se disposa à publier les Mémoires : ils parurent en 1755; on n'attendit même pas que le baron de Staal eût disparu. On n'y regardait pas de si près en ce temps-là, quand il s'agissait de s'assurer les plaisirs de l'esprit. Le livre obtint aussitôt un prodigieux succès. Fontenelle pourtant, qui vivait encore, fut très-surpris en le lisant : « J'en suis fâché pour elle, dit-il; je ne la soupçonnois pas de cette petitesse. Cela est écrit avec une élégance agréable, mais cela ne valoit guère la peine d'être écrit. » Trublet lui répondait que toutes les femmes étaient de cet avis, mais que tous les hommes n'en étaient pas. Trublet avait raison, et Fontenelle se trompait; il était trop voisin de ces choses qu'il trouvait petites, pour en bien juger. Ces Mémoires, en effet, sont une image fidèle de la vie. Nous n'avons personne été élevés au couvent, nous n'avons pas vécu à la petite cour de Sceaux; mais quiconque a ressenti les vives impressions de la jeunesse, pour voir presque aussitôt ce premier charme se défleurir et la fraîcheur s'en aller au souffle de l'expérience, puis la vie se faire aride en même temps que turbulente et passionnée, jusqu'à ce qu'enfin cette aridité ne soit plus que de l'ennui, celui-là, en lisant ces Mémoires, s'y reconnaît et dit à chaque page : C'est vrai. Or, c'est le propre du vrai de vivre, quand il est revêtu surtout d'un cachet si net et si défini. Huet (l'évêque d'Avranches) nous dit qu'il avait coutume, chaque printemps, de relire Théocrite sous l'ombrage renaissant des bois, au bord d'un ruisseau et au chant du rossignol : il me semble que les Mémoires de Mme de Staal pourraient se relire à l'entrée de chaque hiver, à l'extrême fin d'automne, sous les arbres de novembre, au bruit des feuilles déjà séchées.

21 octobre 1846.

L'ABBÉ PREVOST

ET LES BÉNÉDICTINS (1).

La vie de l'abbé Prevost fut, on le sait, romanesque comme ses écrits. Entré adolescent chez les Jésuites, il en sortit pour être soldat ; puis il y rentra comme novice, pour en sortir encore ; il revint aux armes, il les quitta de nouveau, et parut vouloir *faire une fin*, en prenant l'habit de bénédictin en 1721. Malgré tant d'aventures, il n'avait pas vingt-cinq ans, et sa jeunesse commençait à peine. Durant les sept années qu'il passa dans la docte Congrégation de Saint-Maur, il dissimula de son mieux, il fit effort sur lui-même ; mais la nature l'emporta, et il rompit ses liens par une fuite éclatante en 1728. C'est à cette époque de son séjour dans l'Ordre et de sa sortie que se rapportent quelques pièces qu'il nous a été permis de recueillir. Elles se trouvent aux manuscrits de la Bibliothèque du Roi dans les paquets de dom Grenier (n° 5 du 15e paquet); elles nous ont été signalées par un investigateur instruit, M. Damiens, et nous devons à MM. les conservateurs de la Bibliothèque l'autorisation de les publier.

Lorsque Prevost se décida à sortir de la Congrégation de Saint-Maur, il ne songeait d'abord qu'à se retirer à Cluny, où

(1) Cet article complète à quelques égards celui que nous avons déjà donné sur l'abbé Prevost, et qui se trouve au tome I des *Portraits littéraires*. — On est encore revenu sur lui au tome IX des *Causeries du Lundi*.

la règle était moins austère ; il voulait simplement, comme il va nous le dire, quitter la Congrégation pour *passer dans le grand Ordre,* changer de branche au sein du même Ordre. Mais les choses tournèrent autrement. Le bref de translation qu'il avait obtenu de Rome, et qui devait être publié, ou, selon les termes canoniques, *fulminé* à Amiens, se trouva brusquement accroché et resta sans effet. Prevost, qui n'avait pas été informé de ce contre-temps et qui crut la chose faite, sortit, le jour convenu, de Saint-Germain-des-Prés : « Il se rendit au jardin du Luxembourg, nous dit son biographe (1), où on l'attendoit avec un habit ecclésiastique. La métamorphose se fit dans ce jardin. L'habit monacal fut renvoyé à Saint-Germain-des-Prés... Il avoit laissé dans sa cellule trois lettres pour le Père général, le Père prieur, et un religieux de ses amis. » C'est une des deux premières lettres qui a été conservée dans les paquets de dom Grenier, et que nous donnons ici. Cet adieu de Prevost à son supérieur le peint au naturel et plus au complet qu'on ne l'a vu nulle part encore ; on y sent percer, à travers les termes d'un respect fort dégagé, un accent d'ironie et une pointe de menace qui a son piquant, et qu'on n'est pas accoutumé de trouver sous sa plume. Mais lisons d'abord, nous raisonnerons après :

« Mon Révérend Père,

« Je ferai demain ce que je devrois avoir fait il y a plusieurs années, ou plutôt ce que je devrois ne m'être jamais mis dans la nécessité de faire ; je quitterai la Congrégation pour passer dans le grand Ordre. De quoi m'avisois-je, il y a huit ans, d'entrer parmi vous ? et vous, mon Révérend Père, ou vos prédécesseurs, de quoi vous avisiez-vous de me recevoir ? Ne deviez-vous pas prévoir, et moi aussi, les peines que nous ne manquerions pas de nous causer tôt ou tard, et les extrémités fâcheuses où elles pourroient aboutir ? J'ai eu chez vous de justes sujets de chagrin ; la démarche que je vais faire vous chagrinera peut-être aussi : voyons de quel côté est l'injustice.

(1) En tête des *Pensées* de l'abbé Prevost, 1764.

« Il est certain, mon Révérend Père, que je me suis conduit dans la Congrégation d'une manière irréprochable. Si j'ai des ennemis parmi vous, je ne crains pas de les prendre eux-mêmes à témoin. Mon caractère est naturellement plein d'honneur. J'aimois un corps auquel j'étois attaché par mes promesses; je souhaitois d'y être aimé; et, fait comme je suis, j'aurois perdu la vie plutôt que de commettre quelque chose d'opposé à ces deux sentiments. J'ai d'ailleurs les manières honnêtes et l'humeur assez douce; je rends volontiers service; je hais les murmures et les détractions; je suis porté d'inclination au travail, et je ne crois pas vous avoir déshonoré dans les petits emplois dont j'ai été chargé. Par quel malheur est-il donc arrivé qu'on n'a jamais cessé de me regarder avec défiance dans la Congrégation, qu'on m'a soupçonné plus d'une fois des trahisons les plus noires, et qu'on m'en a toujours cru capable, lors même que l'évidence n'a pas permis qu'on m'en accusât? J'ai des preuves à donner là-dessus qui passeroient les bornes d'une lettre, et, pour peu que chacun veuille s'expliquer sincèrement, l'on conviendra que telle est à mon égard la disposition de presque tous vos religieux. J'avois espéré, mon Révérend Père, que la grâce que vous m'aviez faite de m'appeler à Paris pourroit effacer des préventions si injustes, ou qu'elle les empêcheroit du moins d'éclater. Cependant on m'écrit de province qu'un visiteur, se vantant à table d'avoir contribué à m'y faire venir, en a donné pour raison que j'y serois moins dangereux qu'autre part, et qu'il falloit d'ailleurs tirer de moi tout ce qu'on peut du côté des sciences, puisqu'il seroit contre la prudence de me confier des emplois. Un séculier, homme d'honneur et de distinction, m'a assuré, par un billet écrit exprès, qu'il avoit entendu dire à peu près la même chose à Votre Révérence. Vous conviendrez, mon Révérend Père, que cela est piquant pour un honnête homme. Tout autre que moi se croiroit peut-être autorisé à vous marquer son ressentiment par des injures; mais, je vous l'ai déjà dit, ce n'est pas mon caractère. Trouvez bon seulement que j'évite par ma retraite une persécution que je mérite si peu. Quittons-nous sans aigreur et sans violence. J'ai perdu chez vous, dans l'espace de huit ans, ma santé, mes yeux, mon repos, personne ne l'ignore; c'est être assez puni d'y avoir demeuré si longtemps. N'ajoutez point à ces peines celles que j'aurois à souffrir si j'apprenois que vous voulussiez vous opposer aux démarches que je fais pour m'en délivrer. Je vous déclare que vos oppositions seroient inutiles par les sages mesures que j'ai su prendre. Je vous respecte beaucoup, mais je ne vous crains nullement, et peut-être pourrois-je me faire craindre si vous en usiez mal; car autant je suis disposé à rendre justice à la Congrégation sur ce qu'elle a de bon, autant devez-vous compter que je relèverois vivement ses endroits foibles si vous me poussiez à bout, ou si j'apprenois seulement que vous en eussiez le dessein. Ne me forcez point à vous donner en spectacle au public. On pourroit faire revivre les *Provinciales* : il est injuste que les Jésuites en fournissent toujours la matière, et vous jugeriez si je réussis dans ce style-là. Je compte, mon Révérend Père, que sans en venir à ces extrémités, qui ne feroient plaisir ni à vous ni à moi, vous voudrez bien consentir au changement de ma condition. Vous avez reçu si respectueusement la Constitution, que je ne saurois douter que vous ne receviez de même un bref qui vient de la même source. Faites-moi la grâce de m'écrire un mot à Amiens, sous cette simple adresse : *A M. Prevost, pour prendre à la poste;* ou, si vous aimez mieux, prenez la peine d'adresser votre lettre à M. d'Ergny, grand pénitencier et chanoine, mon parent, qui voudra bien me la remettre. Vous n'ignorez pas d'ailleurs le *petita et non obtenta*. J'ai l'honneur d'être, avec bien du respect, mon Révérend Père, votre très-humble et très-obéissant serviteur,

« PREVOST, B.

» Lundi, 18 octobre (1728).

« Je ne crois pas qu'on se plaigne de la manière dont je suis sorti de Saint-Germain. Je n'ai pas même emporté mes habits. Un honnête homme doit l'être jusque dans les bagatelles. Vous m'avez entretenu pendant huit ans; je vous ai bien servi : ainsi, autant tenu, autant payé. »

Prevost se croit parfaitement en règle par l'effet du bref qui le concerne et qu'il suppose déjà publié par l'évêque d'Amiens; aussi il plaisante et pousse la raillerie jusqu'à l'offensive. Il rappelle aux supérieurs de la Congrégation leur faiblesse dans l'affaire de la Constitution *Unigenitus* : « *Vous avez reçu si respectueusement la Constitution, que je ne saurois douter que vous ne receviez de même un bref qui vient de la même source.* » Il ne craint pas de montrer le bout de l'escopette, de laisser entrevoir au besoin, si on l'y force, toute une série de *Provinciales* nouvelles, déjà en embuscade, et prêtes à faire feu sur les rangs de la Congrégation : « *Il est injuste*, dit-il, *que les Jésuites en fournissent toujours la matière.* » Prevost a du faible pour les Jésuites, quoiqu'il les ait deux fois quittés. Dans une autre lettre qu'on va lire, on verra qu'il a pratiqué l'une de leurs maximes, et que s'il a prononcé à haute voix la formule de ses vœux comme bénédictin, il se vante d'y avoir ajouté tout bas les *restrictions intérieures* qui devaient un jour l'autoriser à les rompre. En comprenant d'ailleurs que Prevost, de l'humeur dont on le connaît, a dû avoir inévitablement à se plaindre des préventions et des tracasseries monacales, on ne saurait juger que ces préventions aient été tout à fait sans motif et sans fondement : il se chargeait lui-même de les justifier par l'issue. On l'avait soupçonné d'être dangereux ; mais ne prouvait-il pas lui-même qu'il pouvait aisément le devenir ? Sans prétendre peser les torts, on sent qu'il y avait entre la vie monastique et lui de ces incompatibilités d'humeur qui devaient s'accumuler à la longue et finir par un éclatant divorce.

Cette lettre de Prevost était encore signée *Prevost, B.* Il se croyait toujours *bénédictin.* Lorsqu'il apprit que son plan avait manqué et qu'il se trouvait dans la situation d'un fugitif que personne ne protégeait, il songea à sa sûreté personnelle très-compromise. Il n'avait voulu que changer de branche, mais, la dernière branche lui faisant défaut, il prit son grand vol, et, comme on dit, la clef des champs. Réfugié en Hollande, il s'y mit à vivre des faciles productions d'une plume qui était déjà toute taillée. C'est de là que, trois ans après, il écrivait la lettre suivante à l'un de ses anciens amis de la Congrégation de Saint-Maur, dom de La Rue, savant éditeur d'Origène. Dans cette lettre tout amicale, le côté affectueux, aimable et obligeant de l'abbé Prevost se développe avec grâce. On rentre ici dans les tons qui lui sont habituels, et dont il n'était précédemment sorti que par nécessité.

« Mon Révérend Père,

« Comme mon changement ne regarde que l'enveloppe et qu'il n'y en a aucun dans mes sentiments ni dans le fond de mon caractère, je conserve toujours chèrement la mémoire de mes anciens amis, et je suis en Hollande le même qu'à Paris à l'égard de tous ceux à qui je dois de l'estime et de la reconnoissance. Je souhaiterois, par le même principe, qu'ils conservassent aussi pour moi quelque chose de leur ancienne amitié. Vous êtes, mon Révérend Père, un de ceux que je serois le plus ravi de voir dans ces sentiments. Je n'ai jamais pensé là-dessus de deux façons, et M. le docteur Walker a pu vous rendre témoignage que j'ai célébré mille fois votre mérite dans les meilleures compagnies de Londres avec tout le zèle qu'inspirent la vérité et l'amitié. Je fais la même chose en Hollande, où j'ai l'avantage d'être vu aussi de fort bon œil de tout ce qu'il y a de personnes de distinction. On y attend impatiemment votre Origène, et je vous assure que, dans le grand nombre de lieux où j'ai quelque accès, la moitié de sa réputation y est déjà bien établie. J'ai toujours été persuadé, mon Révérend Père, qu'on ne risque rien à vous louer beaucoup, et que les effets ne peuvent que faire honneur à mon jugement quand votre ouvrage paroîtra. En attendant, s'il y avoit quelque chose en quoi je pusse vous rendre mes services, soit ici, soit en Angleterre, où j'ai toujours d'étroites relations, je vous offre mes soins avec une sincérité qui se fera connoître encore mieux dans l'occasion. Je les offre de même à vos amis, qui ont été autrefois les miens, à dom Lemerault, à dom Thuillier, et je les prie de croire qu'il n'entre que de l'estime et de l'affection dans mes offres. C'est avec beaucoup de chagrin que je me suis vu privé ici du plaisir de voir dom Thuillier. Je n'appris son arrivée qu'après son départ, et je fus très-affligé d'entendre dire à plusieurs personnes qu'il étoit parti avec l'opinion que j'avois évité à dessein de lui parler et de le voir. Le Ciel m'est témoin que c'eût été pour moi une très-vive satisfaction, et que j'ai fort regretté de l'avoir perdue. Quelle raison aurois-je eue de le fuir? Je vis, grâce au ciel, sans reproche ; tel en Hollande qu'à Paris, point dévot, mais réglé dans ma conduite et dans mes mœurs, et toujours inviolablement attaché à mes vieilles maximes de droiture et d'honneur. J'espère les conserver jusqu'au tombeau. Qu'on me rende un peu de justice, on conviendra que je n'étois nullement propre à l'état monastique, et tous ceux qui ont su le secret de ma vocation n'en ont jamais bien auguré. S'il y a quelque chose à me reprocher, c'est d'avoir rompu mes engagements ; mais est-on bien sûr que j'en aie jamais pris d'indissolubles? Le Ciel connoît le fond de mon cœur, c'en est assez pour me rendre tranquille. Si les hommes le connoissoient comme lui, ils sauroient que de malheureuses affaires m'avoient conduit au noviciat comme dans un asile, qu'elles ne me permirent point d'en sortir aussitôt que je l'aurois voulu, et que, forcé par la nécessité, je ne prononçai la formule de mes vœux qu'avec toutes les restrictions intérieures qui pouvoient m'autoriser à les rompre. Voilà le mystère. Les hommes en jugent à leur façon, mais ma conscience me répond que le Ciel en juge autrement, et cela me suffit. Cependant j'avoue que le respect humain auroit été capable de me retenir dans mes chaînes, si je n'eusse fait réflexion que la moitié du monde vaut bien l'autre, et que la même démarche qui me feroit peut-être perdre quelque estime en France m'en attireroit beaucoup en Angleterre et en Hollande. C'est ce que j'éprouve heureusement. On sait faire ici quelque distinction entre ceux qui se mettent au large par esprit de débauche et ceux qui ne cherchent qu'à vivre dans une honnête et paisible liberté. J'en ai des preuves tous les jours dans les marques d'amitié et de considération que je reçois de tout le monde. Je vis donc avec beaucoup de tranquillité et d'agréments. L'étude fait ma principale occupation. Je compte de donner incessamment le 1er tome de M. de Thou, il est fini ; mais je suis bien aise d'attendre l'édition latine d'Angleterre. Je suppose néanmoins qu'elle ne tardera pas trop longtemps; car on me presse beaucoup de faire paroître la mienne. J'ai travaillé mes notes avec beaucoup de soin, et je me flatte que cela donnera quelque avantage à ma traduction sur celle dont on nous menace à Paris.

« Je vous souhaite, mon Révérend Père, une parfaite santé et beaucoup de contentement, et je forme ce souhait avec la même sincérité de cœur que vous m'avez connue lorsque nous demeurions sous le même toit. Permettez que je salue ici très-humblement dom Thuillier, dom Lemerault, dom Du Plessis, dom Montfaucon, et tous ceux d'entre vos RR. PP. qui ne me haïssent point. Si vous voulez m'employer à quelque chose pour votre service, mon adresse est *A M. d'Exiles, chez M. Neaulme, sur la place de la Cour, à La Haye.* J'ai l'honneur d'être avec toute l'estime possible, mon Révérend Père, votre très-humble et très-obéissant serviteur,

« L. PREVOST.

« A La Haye, 10 novembre 1731. »

La naïveté avec laquelle Prevost confesse à son ami ses *restrictions intérieures*, ménagées à travers ses vœux, et s'en autorise comme d'une précaution toute simple, est bien propre à faire sourire ; l'élève de La Flèche s'y découvre ingénument. Ce qui paraîtra plus digne d'un homme, c'est cette réflexion si juste, que *la moitié du monde vaut bien l'autre*, et que ce qu'on perd dans l'opinion sur une rive de l'Escaut, on le regagne en estime sur l'autre rive. « Plaisante justice qu'une rivière borne ! » a dit Pascal après Montaigne ; Prevost le redit après tous deux. Chez lui pourtant la réflexion ne venait qu'à la suite de l'action et à titre d'excuse ; il obéissait avant tout à l'entraînement.

On trouve d'assez curieux renseignements sur sa personne et sur sa situation vers cette époque de sa vie, dans le récit du *Voyage littéraire* de Jordan. Ce Français de Berlin, qui visita en 1733 Paris et Londres, rencontra dans cette dernière ville Prevost, et avec son style plat il le peint sous des traits assez fidèles : « Je trouvai ce même jour, dit-il, M. Pre-
« vost d'Exiles. C'est un homme fin qui joint à la connoissance
« des belles-lettres celle de la théologie, de l'histoire et de la
» philosophie. Il a de l'esprit infiniment, et surtout *cet esprit*
« *de développement* si nécessaire dans les matières métaphy-
« siques. Tout le monde connoît les agréments de son style.
« Je ne parlerai point de sa conduite, ni d'*une action crimi-*
« *nelle* dont il s'est rendu coupable à Londres; cela ne me
« regarde point. Je ne le considère que par rapport à ses ta-
« lents. Cela n'est-il pas excusable dans un voyageur ? »

Prevost a du malheur ; voilà cette terrible accusation de Lenglet-Dufresnoy, cette accusation au criminel, qui reparaît chez un honnête étranger, chez un homme de cette *autre*

moitié du monde, auprès de laquelle il comptait si bien trouver grâce. Au reste, Jordan n'est pas en défense contre l'éloquent abbé ; il se laisse gagner à ses manières civiles, au charme abondant de cette parole qu'on voit d'ici se dérouler ; et à quelques pages plus loin, on lit dans le courant du Journal : « J'eus une conversation fort agréable avec M. Pre-
« vost, que l'on trouve tous les jours plus aimable, savant et
« spirituel. Il travaille à l'*État des Sciences en Europe*. Il est
« très-capable de réussir dans un pareil ouvrage, et de nous
« donner une belle histoire revêtue de tous les agréments de
« la diction. » Puis, le comparant à Voltaire qui est en train de composer son *Siècle de Louis XIV*, et qu'il nous représente comme *un jeune homme maigre, qui paraît attaqué de consomption*, l'honnête Jordan souhaite à l'un plus de santé et à l'autre plus d'aisance. La correspondance de Voltaire nous montre en effet que Prevost, dans un de ces moments de gêne auxquels il était si sujet (juin 1740), prit sur lui de recourir à l'opulent poëte, non sans lui faire, comme critique, des offres de service en retour.

Au tome VI du *Pour et Contre* (1735), parlant du *Voyage* de Jordan qui venait de paraître, Prevost touche quelques mots de l'accusation, à la fois vague et grave, dont il s'y voit l'objet ; mais, soit qu'il se sente la conscience moins nette, soit que les compliments mêlés à ce mauvais propos l'aient amolli, il répond moins vivement qu'il n'avait fait, l'année précédente, à Lenglet-Dufresnoy : « Je me suis attendu, depuis
« mon retour en France, dit-il, à ces galanteries de MM. les
« protestants, et je ne suis pas fâché d'avoir occasion de
« m'expliquer sur la seule manière dont je veux y répondre.
« S'ils prétendent décrier mon caractère, je défie la calomnie
« la plus envenimée de faire impression sur les personnes de
« bon sens dont j'ai l'honneur d'être connu. S'ils en veulent
« à mes foiblesses, je leur passe condamnation, et ils me
« trouveront toujours prêt à renouveler l'aveu que j'ai déjà
« fait au public. Qu'ils les déguisent après cela sous toutes

« sortes de formes, je leur aurai beaucoup d'obligation s'ils
« peuvent contribuer à augmenter mon repentir. » On ne
peut certes rien de plus humble et de plus fait pour désarmer ; cette action *criminelle* commise à Londres, et qui n'empêchait pas le coupable d'y séjourner, était, je l'espère, quelque délit amoureux, un de ces crimes qui, après tout, laissent
subsister l'honnête homme (1).

C'était le moment où s'imprimait *Manon Lescaut.* Remarquez bien que l'exact Berlinois n'a gardé d'en parler, tandis
qu'il s'étend sur les mérites scientifiques et métaphysiques de
l'abbé Prevost, et sur un livre soi-disant sérieux dont on ne
sait même plus s'il a jamais été achevé. Les contemporains,
surtout les plus gens de poids et les plus appliqués, ne laissent
pas d'être sujets à ces petites bévues-là.

En revanche, celui-ci nous apprend encore que Prevost
s'est donné le plaisir, dans ses *Mémoires d'un Homme de qualité,* de faire des portraits de ses anciens confrères de Saint-Maur, et de les loger dans la bibliothèque du monastère de
Saint-Laurent à l'Escurial. Il est dommage qu'on n'ait pas la
clef des noms, mais on sent bien que le romancier peint ici
d'après ses souvenirs. Ce supérieur général, grossier, sans
naissance, sans mérite, aux manières dures, et qui ne fait
nul cas des savants parce qu'il ignore jusqu'aux premiers
éléments des sciences, n'est autre peut-être que celui à qui
Prevost adressait cette lettre railleuse et à demi menaçante en
partant ; je le soupçonne fort d'être le général de la Congrégation de Saint-Maur, dom Alidon en personne. Les autres
portraits qui suivent, plus fins, plus nuancés et assaisonnés

(1) J'indique, un peu à regret, pour ceux qui veulent tout savoir,
les anecdotes sur l'abbé Prevost qui se trouvent au tome III, page 149
et suiv. des *Mélanges historiques, satiriques...* de Bois-Jourdain. On y
voit qu'il fut un moment arrêté à cause d'une mauvaise affaire qui
lui arriva étant en Angleterre. On y trouve ce petit portrait de
l'homme au physique : « Ce moine défroqué est toujours habillé
comme un officier de cavalerie. Il a un extérieur sage, modeste et
prévenant. »

de malice, sont évidemment d'après nature. Le père *Erasmos*, qui unit en lui deux hommes si divers, si dissemblables, tour à tour savant aimable et moine bourru, nous apparaît plein de vie dans sa singularité ; de tels originaux se copient et ne s'inventent pas. Tout à côté on rencontre le père *Tirman*, qui a de l'esprit et de l'érudition ; « mais, comme il n'a pas la tête des plus fortes, on craint qu'à force de la charger la voiture ne se brise. » Il serait piquant de savoir à quel docte confrère des De La Rue et des Montfaucon s'appliquaient ces divers signalements. On mettrait ainsi des physionomies distinctes à des figures qui de loin nous semblent toutes les mêmes, et d'une ennuyeuse monotonie sous le froc.

Si les bénédictins avaient laissé de ces vivants souvenirs chez Prevost, il est à croire qu'il en avait laissé aussi dans son passage parmi eux ; mais la trace ne s'en est point conservée. Cet ancien ami, par exemple, dom De La Rue, à qui il écrivit une lettre si affectueuse, sur quel ton lui fit-il réponse ? et osa-t-il même se compromettre jusqu'à lui répondre ? La note officielle que l'on garda du transfuge dans les registres de la Communauté, si l'on daigna en garder une, dut être à peu près dans le genre de celle-ci, que nous trouvons chez dom Grenier :

« Dom Prevost, dit d'Exiles, surnom emprunté, après avoir été successivement deux fois jésuite et deux fois soldat, fit profession dans la Congrégation de Saint-Maur en 1721. Son père, procureur du Roi à Hesdin, assista à sa profession ; la veille, il lui avoit donné les avis salutaires qu'un père respectable pouvoit donner à un fils : il lui tint ce propos entre autres, en présence de la Communauté de Saint-Wandrille, si je ne me trompe, que s'il manquoit de son vivant aux engagements qu'il étoit parfaitement libre de contracter ou de ne pas contracter, il le chercheroit par toute la terre pour lui brûler la cervelle. Dom Prevost commença à faire connoître son goût pour les lettres par une pièce contre les amours du Régent. Mais il la supprima lui-même, avant que les supérieurs en fussent instruits, par un quiproquo heureux et pour son auteur et pour le corps dont il étoit membre. Il professa à Saint-Germer avec applaudissement. »

Avoir *professé à Saint-Germer avec applaudissement,* c'était là l'épisode qui protégeait un peu sa mémoire de ce côté du cloître. Chaque canton du monde tour à tour met la gloire dans ce qui l'intéresse et ce qui le sert. La note précédente fournirait d'ailleurs une nouvelle preuve, s'il en était besoin, de l'absurdité d'une anecdote qui courut dans le temps. On avait raconté que Prevost, jeune, au sortir du collége, avait eu une liaison amoureuse dans sa ville natale, et qu'un jour son père étant venu lui faire une scène chez sa maîtresse qu'il avait maltraitée, l'amant en fureur avait précipité du haut d'un escalier le bonhomme, qui, sans accuser personne, était mort des suites de sa chute : on prétendait expliquer de la sorte la brusque vocation du coupable et son entrée chez les bénédictins. Un petit-neveu de l'abbé Prevost avait démenti cette anecdote par une lettre adressée à la *Décade philosophique* (20 thermidor an XI); il lui avait suffi de rappeler que le père de l'abbé Prevost n'était mort qu'en 1739, c'est-à-dire à une date où son fils, âgé de quarante-deux ans, avait eu le temps de sortir du cloître et d'épuiser bien d'autres aventures. Dans la note précédente, nous voyons que, loin que ce soit le fils qui tue le père, c'est le père qui menace de tuer son fils, dans le cas où celui-ci viendrait à rompre ses vœux. Ces Prevost avaient la parole vive comme l'imagination, mais avec eux beaucoup de choses se passaient en paroles (1).

Les méchants propos qui avaient poursuivi Prevost durant

(1) L'anecdote de l'abbé Prevost, parricide sans le vouloir, peut se lire dans les *Mémoires d'un Voyageur qui se repose,* de Dutens (tome II, page 282); elle est mise dans la bouche de l'abbé Barthélemy causant à Chanteloup. Ce serait l'abbé Prevost qui, dans un souper d'amis, aurait lui-même le premier raconté l'anecdote que répétait l'abbé Barthélemy. C'est une suite d'*on dit* et de propos de table ou de salon, pour amuser.

la partie orageuse de sa vie ne respectèrent pas toujours sa mémoire. Collé, au tome III de son *Journal* (décembre 1763), annonçant la mort du grand romancier, s'exprime sur son compte en termes bien durs, bien flétrissants; mais il en parle d'après d'anciens ouï-dire et en homme qui ne paraît point l'avoir personnellement connu. Il suffirait, pour combattre le mauvais effet des paroles de Collé, et pour prouver que Prevost resta digne jusqu'à la fin de la société des honnêtes gens, d'opposer le témoignage de Jean-Jacques, qui, dans ses *Confessions* (partie II, livre VIII), parle de l'abbé qu'il avait beaucoup vu, comme d'un homme très-aimable, très-simple; Jean-Jacques seulement ajoute qu'on ne retrouvait pas dans sa conversation le coloris de ses ouvrages. Ce feu, cette vivacité que Jordan lui avait vue à Londres vingt ans auparavant, avait sans doute diminué avec l'âge; les fatigues d'une vie nécessiteuse, et tour à tour agitée ou abandonnée, devaient à la longue se faire sentir et produire des sommeils. Il y avait du La Fontaine chez l'abbé Prevost. Peintre immortel de la passion, mais surtout peintre naïf, cette naïveté survivait sans doute chez lui aux autres traits et dominait dans sa personne. C'est dans ses ouvrages (et je l'ai fait ailleurs) qu'il convient de prendre une entière et véritable idée de son esprit et de son âme. Lui-même il a dit avec un mélange de satisfaction et d'humilité qui n'est pas sans grâce : « On se peint, dit-on, dans ses écrits; cette réflexion serait « peut-être trop flatteuse pour moi. » Il a raison; et pourtant cette règle de juger de l'auteur par ses écrits n'est point injuste, surtout par rapport à lui et à ceux qui, comme lui, joignent une âme tendre et une imagination vive à un caractère faible; car si notre vie bien souvent laisse trop voir ce que nous sommes devenus, nos écrits nous montrent tels du moins que nous aurions voulu être.

3 juillet 1847.

M. VICTOR COUSIN

COURS DE L'HISTOIRE DE LA PHILOSOPHIE MODERNE, 5 VOL. IN-18.

M. Cousin a eu une heureuse idée, celle de revoir, de retrouver en quelque sorte son Cours de 1815 à 1820, et de le donner au public aussi fidèlement qu'il a pu le ressaisir, mais sans se faire faute au besoin de suppléer l'éloquent professeur de ce temps-là par le grand écrivain d'aujourd'hui. Ce premier Cours, en effet, qui marquait l'éclatant début de M. Cousin dans la carrière de l'enseignement, ne subsistait jusqu'à présent que dans des rédactions d'anciens élèves qu'on avait pris soin de recueillir et de publier, il y a quelques années. En s'y reportant lui-même à son tour, en repassant sur ses anciennes traces, le maître vient d'y répandre la lumière qui est inséparable de sa plume comme de sa parole ; il n'a pu sans doute rendre à ces premiers canevas tout le développement et tout le souffle qui s'est évanoui avec l'improvisation même ; mais il a su y mettre partout la précision, la netteté, l'élégance, indépendamment de quelques riches et neuves portions dont il les a relevés ; il a su faire enfin de cette suite de volumes sérieux un sujet de vive et intéressante lecture.

On y saisit bien à son point de départ et à son origine la moderne école philosophique qui est devenue plus tard l'éclectisme, et qui n'était encore à ce moment que le spiritualisme. Je regrette presque pour elle qu'elle n'ait pas gardé ce premier nom qui, en la spécifiant d'une manière moins distinctive, la définissait pourtant avec largeur et vérité. Il est toujours piquant de revenir après des années sur des œuvres d'esprit, sur des écrits ou des discours qui ont eu un grand éclat et ont exercé une influence décisive. Le plus souvent cette vive action s'est produite dans des circonstances toutes particulières et sur des questions très-déterminées. Ainsi ces leçons de 1815 à 1820, qui firent véritablement révolution dans la philosophie française, n'avaient ni l'étendue ni la généralité dont M. Cousin a fait preuve depuis, et pourtant elles ont plus agi peut-être qu'aucune des portions subséquentes de son enseignement. C'est qu'alors toute parole portait coup, et entrait pour ainsi dire dans le vif. Ce qui a pu sembler depuis partie gagnée était d'abord un combat pied à pied, et chaque point à emporter voulait un assaut.

Il faut bien se représenter l'état des doctrines en France au moment où M. Cousin, âgé de vingt-quatre ans à peine, monta dans la chaire de M. Royer-Collard et agita le flambeau. La philosophie du dix-huitième siècle, malgré la reprise catholique de 1803, semblait fermement assise : cette philosophie qui avait parcouru toutes ses phases et pénétré toutes les sphères, évincée du monde politique par l'Empire, irritée bien plutôt qu'effrayée du rétablissement des autels, restait maîtresse en théorie. Elle dominait les sciences physiques et s'y appuyait ; elle siégeait aux plus hautes régions de l'astronomie avec Laplace ; elle régnait à l'Institut par les brillants travaux de Cabanis, surtout par les analyses rigoureuses et en apparence définitives de Tracy ; en morale, elle était arrivée à rédiger son Catéchisme avec Saint-Lambert et Volney. A vrai dire, quand une philosophie en est arrivée là, quelles qu'aient pu être sa valeur et sa vérité au point de départ, il est temps qu'elle finisse et soit détrônée ; car toute philosophie, digne de ce nom, n'existe qu'à la condition d'être sans cesse en question, sur le qui-vive, et de recommencer toujours. Il y a même des moments où j'ai tant de respect pour la philosophie, que je crois qu'elle n'existe véritablement que chez celui qui la trouve, et qu'elle ne saurait ni se transmettre ni s'enseigner. Quoi qu'il en soit, la doctrine du xviiie siècle en était à ce moment extrême et définitif où l'on se croit le plus sûr de soi et où l'on est le plus près d'être frappé. Dans l'enseignement public, elle n'était guère de nature à être ouvertement et franchement professée. Un homme d'esprit, aimable, disert, légèrement sceptique, s'était avisé d'un compromis heureux qui, sans satisfaire les idéologues sévères, n'était pas fait non plus pour les alarmer. M. La Romiguière avait trouvé un biais élégant et juste qui parait aux difficultés et pourvoyait aux convenances. C'était un système honorable, spécieux, surtout bien rédigé, et l'on aime tant les bonnes rédactions en France ! Ceux qui croyaient qu'il faut aux jeunes gens une philosophie quelconque comme une rhétorique, n'avaient rien de mieux à demander et devaient être contents. Mais l'esprit humain ne se comporte pas ainsi ; il est impatient et même un peu séditieux de sa nature, il ne sait pas se tenir tranquille au gré des régnants. M. Royer-Collard le premier s'insurgea ; ce ne fut pourtant pas une attaque de front. En 1811, cet esprit original, appelé à professer au sein de la Faculté des Lettres, prit position sur une question très-particulière à l'école écossaise, et il en tira parti pour renouveler l'observation psychologique. Son enseignement circonscrit, profond et analytique, forma des maîtres ; mais à M. Cousin il était réservé d'enflammer à la fois et les jeunes maîtres et le jeune public. En montant en 1815 dans la chaire de M. Royer-Collard, M. Cousin mit d'abord le pied dans la trace exacte de son respectable devancier ; il se rattacha comme lui à Reid, mais il n'était pas homme à s'y tenir. L'esprit de M. Cousin, en effet, est aussi empressé par nature à s'étendre, que celui de M. Royer-Collard était appliqué à se restreindre ; ce dernier mit toujours une bonne moitié de sa force à contenir l'autre moitié. C'était une habitude chrétienne et port-royaliste qu'il avait retenue, même alors qu'il se confiait dans la souveraineté de la raison. Aussi l'éclectisme, qui tint toujours à honneur de le proclamer et de le révérer, eut-il sans doute, en certains moments, quelque peine à lui faire accepter toutes les aventures et les conquêtes dont l'éclat devait être reversible jusque sur lui. Le Christophe Colomb ne fut en rien désavoué cette fois; mais il put bien avoir besoin de toute sa piété ingénieuse et révérencieuse pour que l'on consentît, sans trop gronder, à recevoir de ses mains un monde.

On distingue avec précision dans ce premier Cours par quelle racine principale l'enseignement de M. Cousin se rattache à celui de M. Royer-Collard, et à quel endroit juste il s'en sépare et s'émancipe pour faire tige à son tour. Dès le premier jour, et lors même que la jeune parole n'aspire encore qu'à continuer celle du grave prédécesseur, on y sent courir un principe d'ardeur et de zèle qui était de nature à se communiquer aussitôt et à électriser les esprits. « Elle ne « s'élève pas encore bien haut, a dit M. Cousin de cette phi- « losophie première, mais on sent qu'elle a des ailes. » Elle en eut en effet dès sa naissance ; dans ce premier Discours d'ouverture du 7 décembre 1815, où Reid très-amplifié apparaît comme un grand régénérateur et comme celui qui est venu mettre fin au règne de Descartes, dans ce Discours où éclatent à tout instant une parole et un souffle plus larges que la méthode même qui y est proclamée, on croit entendre encore les applaudissements qui durent saluer cette péroraison pathétique par laquelle, au lendemain des Cent-Jours et avant l'expiration de cette brûlante année, le métaphysicien ému se laissait aller à adjurer la jeunesse d'alors : « C'est à ceux de vous dont l'âge se rapproche du « mien que j'ose m'adresser en ce moment ; à vous qui for- « merez la génération qui s'avance ; à vous l'unique soutien, « la dernière espérance de notre cher et malheureux pays. « Messieurs, vous aimez ardemment la patrie : si vous voulez

« la sauver, embrassez nos belles doctrines. Assez longtemps
« nous avons poursuivi la liberté à travers les voies de la ser-
« vitude. Nous voulions être libres avec la morale des esclaves.
« Non, la statue de la Liberté n'a point l'intérêt pour base, et
« ce n'est pas à la philosophie de la sensation et à ses petites
« maximes qu'il appartient de faire les grands peuples... »
Ainsi la liberté politique était invoquée en aide de la liberté
morale par une sorte d'association et d'alliance naturelle qui
n'était pas une confusion.

Ce qui me frappe avant tout, ce qui m'intéresse singulièrement dans ces premiers développements de la philosophie
de M. Cousin, c'est bien moins encore le fond des doctrines
sur lesquelles un esprit naturellement sceptique comme le
mien se sent peu en mesure de prononcer, que le talent même
dont chacun peut se convaincre, et dont l'empreinte brille
à mes yeux tout d'abord. Ce talent individuel, avec son caractère, devient le fait auquel je m'attache à travers la généralité des choses qu'il embrasse, et où certainement il se
réfléchit.

Je dirai ici tout ce que je pense sur ces premiers programmes que se tracent à eux-mêmes les grands talents, et je ne
ferai pas ma théorie plus profonde qu'elle ne l'est. Selon
moi, au moment où nous entrons sur la scène de la vie, c'est
surtout l'instinct et le sentiment des facultés que nous portons en nous qui détermine, à notre insu, la manière dont
nous voyons et dont nous entamons les choses. Par exemple,
celui qui se sent poëte désire que son époque soit un siècle
de poésie, et il le croit aisément. Celui qui est trempé pour
la politique, pour les combats de tribune, juge volontiers
qu'une grande époque de luttes est arrivée, et il le prend
sur ce ton; ainsi plus ou moins de tous. C'est surtout,
en un mot, l'emploi de nos facultés intérieures que, sans
nous en rendre compte, nous cherchons au dehors dans
les choses, et qui nous dirige jusque dans la vue que nous
en tirons. Que si cette vue, d'ailleurs, concorde assez

bien avec les circonstances éparses, si seulement ces circonstances s'y prêtent et que le talent soit doué d'assez de puissance, non pas pour les créer (à lui seul il n'y suffirait pas), mais pour les rallier en faisceau, il en résulte les grands succès.

C'est ce qui arriva pour l'éclectisme. Le mot et la chose se trouvent dans un Discours d'ouverture de 1816, et M. Cousin en fit la matière expresse de son enseignement dès 1817. Il a donc raison de revendiquer l'initiative de cette méthode de philosophie qu'il combina avec celle de son illustre prédécesseur. Il eut avant tout autre parmi nous, et sans avoir besoin de l'emprunter à personne, l'idée de compléter et d'animer la méthode psychologique, celle de l'analyse intérieure, par la recherche historique. L'inspiration première de l'éclectisme est en effet bien d'accord avec les instincts naturels et le génie propre de M. Cousin. Après avoir construit et organisé dans de larges cadres la science du *moi* que son prédécesseur s'était borné à approfondir sur quelques points essentiels, M. Cousin s'est hâté aussitôt d'y pratiquer des jours et, en quelque sorte, des fenêtres sur toutes les façades. Qui dit éclectisme suppose la curiosité des opinions du dehors et le goût des voyages intellectuels. 1816 se trouvait un moment bien choisi pour inoculer ce goût en France à l'élite de la jeunesse. C'était l'heure où l'on allait commencer à sortir de chez soi, non plus pour se combattre, mais pour se connaître.

Aussi, malgré les premiers étonnements et les hauts cris que soulève toute idée nouvelle, l'éclectisme, servi par la belle parole et l'infatigable activité de son promoteur, a fait fortune avec les années, et son nom est devenu celui même de l'école philosophique moderne. J'ai paru regretter précédemment que ce nom ait prévalu au point d'éclipser celui de spiritualisme qui s'appliquait mieux au fond et à la nature des idées. Pour les esprits superficiels et qui jugent sur l'étiquette, l'éclectisme n'a souvent paru désigner qu'un procédé extérieur qui va par le monde, quêtant et glanant les vérités à droite et à gauche, sans les avoir avant tout approfondies en soi. Dans cette prévention légère on ne tient nul compte de cette autre méthode et de cette doctrine d'analyse et de description intérieure qu'institua M. Royer-Collard, que M. Cousin, en 1816, élargit et exposa, dont M. Jouffroy, depuis, avait fait son vaste et presque unique domaine, et qui n'a cessé de fournir à M. Damiron un champ d'observations intimes et délicates. Quel que soit le jugement à porter sur l'ensemble de cette science et sur les hautes prétentions qu'elle élève, elle n'est pas représentée dans l'idée vulgaire qui s'attache au mot d'éclectisme. Ajoutons vite que ce dernier aspect n'a prévalu si complétement que parce qu'il est le plus riche, le plus brillant et le plus saisissable pour le grand nombre des esprits. Comme toute étude d'ailleurs qui porte sur l'histoire, l'éclectisme a sa réalité, indépendante même de la philosophie particulière à laquelle il s'appuie. Quand on ne le considérerait, après tout, que comme une méthode historique pour aborder l'examen des systèmes de philosophie dans le passé, il faudrait reconnaître qu'il a produit de positifs et féconds résultats. L'antiquité dans ses grandes écoles, le Moyen-Age et la Scolastique, la Renaissance et les hardis rénovateurs italiens, ont été successivement mis en lumière, interprétés selon leur véritable esprit ; et dans ces voies diverses où s'avance chaque jour une studieuse élite, on retrouve partout à l'origine le passage lumineux, le signal et l'impulsion du maître.

La publication du Cours de 1817 nous montre l'éclectisme à son premier état et sous sa première forme. Il n'était pas tel alors que plus tard, lorsque nous le revîmes en 1828, enhardi par les voyages, perçant jusqu'à l'Orient et embrassant la conquête du monde. En 1817 il en était à son essai tout nouveau et à sa sortie du nid. Il ne se proposait pour premier horizon que la tournée du xviiie siècle ; mais il la fit tout d'abord complète, avec largeur, avec précision, avec cette aisance supérieure qui présage les destinées. Ne faisant remonter la philosophie, comme science, que jusqu'à Descartes, le jeune professeur la voyait s'égarant presque aussitôt et ressaisissant seulement la vraie méthode au commencement du dernier siècle, mais avec des préventions exclusives dans les différentes écoles qui s'étaient alors partagé l'Angleterre, la France et l'Allemagne : « Le temps, disait-il, « qui recueille, féconde, agrandit les moindres germes de « vérité déposés dans les plus humbles analyses, frappe sans « pitié, engloutit les hypothèses, même celles du génie. Il « fait un pas, et les systèmes arbitraires sont renversés ; les « statues de leurs auteurs restent seules debout sur leurs « ruines. La tâche de l'ami de la vérité est de rechercher les « débris utiles qui en subsistent et peuvent servir à de nou- « velles et plus solides constructions. » Après avoir essayé cette méthode, un peu timidement encore, sur les principaux successeurs de Descartes, M. Cousin commença de l'appliquer dans toute son étendue aux trois grandes écoles du xviiie siècle, aux Écossais, à Condillac, à Kant. Telles qu'on les peut lire aujourd'hui, sous cette forme de révision sévère, la suite de leçons où figurent successivement tant de noms célèbres dans l'ordre philosophique ou moral, Helvétius, Saint-Lambert, Hutcheson, Smith, est d'un aimable autant que sérieux intérêt. M. Cousin a pris soin de compléter et d'orner, avec sa curiosité littéraire actuelle, ses vues fidèlement reproduites d'alors : des biographies neuves donnent la main aux analyses; il en résulte pour des parties entières de ce Cours (je demande pardon du terme de l'éloge) un ensemble tout à fait charmant. Chacun a pu lire d'ailleurs, soit dans la *Revue des Deux Mondes*, soit dans le *Journal des Débats*, de grands extraits pleins d'élévation et d'éloquence sur Dieu, sur le mysticisme, sur le beau. En récrivant de la sorte ces morceaux pour tout le monde, M. Cousin les a heureusement purgés de quelques expressions trop spéciales, et qui sentaient l'école. Les premiers *Fragments philosophiques* n'étaient pas entièrement exempts de cette manière. On éprouvait quelquefois un regret, lorsqu'on lisait M. Cousin dans ces divers essais de sa jeunesse et qu'on avait l'honneur de le connaître : cet esprit si libre, si étendu, si dégagé des formes, n'était pas de tout point représenté dans ces expositions premières ; je ne sais quel mélange d'école y nuisait. La publication présente a des portions considérables qui satisfont à un de nos vœux les plus anciens et les plus chers : le talent littéraire de M. Cousin s'y déploie sans rien s'imposer qui le contrarie.

Il y a quelques écrivains de notre temps, en très-petit nombre, qui ont un don bien rare, ou plutôt une heureuse incapacité : ils ont beau écrire en courant et improviser, ils ne sont jamais en danger de rien rencontrer qui soit contre le goût et le génie de la langue. Aucun de ces mots, aucune de ces formes si aisément habituelles de nos jours, ne se présente sous leur plume; il semble vraiment qu'ils auraient, pour les trouver, à faire autant d'efforts que d'autres en devraient mettre à les éviter. Qu'il y a peu d'écrivains pareils! dira-t-on. J'en citerai pourtant. Dans la presse quotidienne, tel était Carrel, plume toujours française et d'une netteté certaine, si rapide, si enflammée qu'elle fût. Pourquoi ne dirai-je pas que, tout à côté d'ici (1), la plume excellente de notre ami M. de Sacy est, à sa manière, douée de qualités littéraires également fermes et sûres? il peut laisser courir son expression de chaque jour, aucune ambiguïté suspecte ne viendra s'y mêler : en parlant sa langue forte et saine, il ne fait que parler celle de sa maison (*gentilitium hoc illi*, disait Pline le Jeune). Eh bien! M. Cousin de même, dans l'ordre oratoire ou dans les développements de l'écrivain, n'a qu'à se laisser aller à sa pente et comme à son torrent : s'il ne se préoccupe d'aucune démonstration philosophique

(1) Dans le *Journal des Débats* où j'écrivais cet article.

trop spéciale, il trouvera d'emblée, il parlera ou écrira avec plénitude et de source cette belle langue du xviie siècle qui fait l'objet de nos regrets et de nos admirations. Cette langue même, cette prose d'un si grand air, avec l'amplitude de ses tours et jusque dans les détails de son vocabulaire, semble naturellement la sienne, et, toutes les fois qu'il lui est arrivé de mêler du Kant au Malebranche, c'est qu'il l'a bien voulu.

Pascal a dit : « Il y en a qui parlent bien et qui n'écrivent « pas bien. C'est que le lieu, l'assistance les échauffe, et tire « de leur esprit plus qu'ils n'y trouvent sans cette chaleur. » Les professeurs célèbres qui ont porté si haut l'honneur de l'enseignement en France sous la Restauration, ont prouvé qu'ils savaient unir en eux ces deux arts qui peuvent très-bien se séparer. Ces Cours nourris et brillants qui nous avaient instruits et charmés au pied de la chaire de M. Villemain, nous les avons retrouvés dans une lecture attachante et solide, à la fois semblable et nouvelle. Aujourd'hui voilà M. Cousin qui revient également sur ses premières traces, pour les fixer et pour se perfectionner, selon le cachet des talents véritablement littéraires. Aussi cet esprit de feu qui avait animé sa parole publique ne lui a pas fait défaut dans la solitude du cabinet, et l'ancien travail refondu en est ressorti très-vivant.

Et pour que l'aperçu ne soit pas trop incomplet, notez qu'ici, chez M. Cousin, il n'y a pas seulement le professeur et l'orateur qui fait concurrence à l'écrivain, il y a le causeur, celui que vous savez, de tous les jours, de toutes les heures. Or, on a pu le remarquer en maint exemple, la plupart des hommes qui ont tant de verve en causant, qui l'ont pour ainsi dire à la minute, la dissipent et ne retrouvent pas, en écrivant, les mêmes couleurs. M. Cousin est du petit nombre dont le talent suffit à la double dépense, que dis-je ? dont la double dépense suffit à peine au talent, tant celui-ci est actif, abondant, intarissable.

Entre les illustres professeurs qui, dans les jours laborieux d'alors, maintinrent à eux trois, au cœur des écoles, l'indépendance et la dignité de la pensée, il en est un autre que personne assurément n'oublie et qu'il m'est inutile de nommer (1). De celui-là, qui échappe pour le moment à l'appréciation littéraire, mais qu'une curiosité respectueuse ne saurait, même à ce seul titre, s'empêcher de suivre en silence et d'observer, il me suffira de dire qu'il a eu cela de particulier et d'original, que, trempé encore plus expressément par la nature pour les luttes et pour les triomphes de l'orateur, il y a de plus en plus aguerri et assoupli sa parole : cette netteté, ce nerf, cette décision de pensée et d'expression qu'il a sans relâche développés et qu'il porte si hautement dans les discussions publiques, toutes ces qualités ardentes et fortes, il semble que ce soit plutôt l'orateur encore qui, chez lui, les communique et les confère ensuite à l'écrivain; et si l'on pouvait en telle matière traiter un contemporain si présent comme on ferait un grand orateur de l'antiquité, on aurait droit de dire à la lettre que c'est sur le marbre de la tribune, et en y songeant le moins, qu'il a poli, qu'il a aiguisé son style.

Me voilà bien loin ; je ne voulais aujourd'hui que caractériser en termes généraux la publication rétrospective de M. Cousin, faire valoir, comme elle le mérite, cette révision patiente et vive qui témoigne d'un grand respect pour le public et d'un noble souci de l'avenir. En revoyant cette première partie du Cours ainsi rajustée et heureusement rajeunie, on pouvait se demander si les leçons de 1828-1829, que nous possédons saisies et fixées par la sténographie, mais saisies au vol et dans toute la rapidité de l'improvisation, si ces leçons, jusqu'ici très-goûtées et plus que suffisantes, n'allaient pas souffrir quelque peu du voisinage et réclamer de l'auteur une retouche légère à leur tour. Mais nous avions à peine

(1) M. Guizot, alors ministre, et de fait chef du Cabinet.

le temps de former ce vœu, que M. Cousin l'a déjà devancé, et la seconde série est en train de paraître avec les perfectionnements que nous lui souhaitions, quand notre lenteur achève seulement de s'acquitter envers la première.

2 avril 1847.

SUR

L'ÉCOLE FRANÇAISE D'ATHÈNES

On a récemment parlé d'un projet qui honorerait à la fois le Gouvernement français et le Gouvernement grec : il s'agirait d'établir un lien régulier entre l'Université de France et la patrie renaissante des Hellènes, de mettre en rapport l'étude du grec en France avec cette étude refleurie au sein même de la Grèce, d'instituer en un mot une sorte de concordat littéraire entre notre pays latin et la terre d'Athènes. Le ministre de l'Instruction publique, à qui toutes les pensées généreuses conviennent si naturellement (1), n'a pas négligé celle-ci entre tant d'autres; il a envoyé en Grèce un savant conseiller de l'Université, M. Alexandre, pour aviser aux moyens d'exécution ; les effets de cette mission ne se feront sans doute pas attendre. Nous ne dirons quelque chose ici que de l'idée elle-même et des avantages qui en pourraient résulter, si elle est, comme nous l'espérons, interprétée dans sa vraie mesure et exécutée conformément à l'esprit.

Cette idée d'aller rechercher à sa source la connaissance, le goût et l'inspiration la plus sûre de l'antiquité grecque a dû naître dans plusieurs esprits, du jour où le Gouvernement de la Grèce offrait toutes les garanties de sécurité, de civilisation renaissante et d'avenir. Il y a quelques années déjà

(1) M. de Salvandy.

qu'à Paris M. Coletti, alors ministre résident; M. Piscatory, non ministre encore, mais philhellène de tout temps, M. Eynard, si attaché aux destinées du pays auquel son nom est inséparablement lié, et quelques autres personnes encore s'en entretenaient avec intérêt et comme d'un vœu réalisable. Deux ordres de considérations se présentaient presque à la fois et venaient se combiner entre elles.

On va d'ordinaire étudier la peinture et l'architecture en Italie, c'est bien : la peinture y vit tout entière dans ses chefs-d'œuvre les plus éclatants et les plus accomplis; l'architecture y règne dans ses plus majestueux développements. Celle-ci pourtant n'est pas là à ce degré de pureté et de simplicité première qui constitue la perfection classique; cette perfection sans trace d'effort et sans surcharge aucune, il faut la chercher sous le ciel d'Athènes, dans la beauté idéale et légère des temples, dans l'admirable et discret accord des lignes monumentales avec les lignes naturelles du paysage et des horizons. En un mot, si Rome est justement le foyer tout trouvé d'une école de peinture, le centre le plus naturel pour l'architecture est Athènes. Ajoutez que de là on serait mieux à portée d'explorer dans tous les rayons, depuis le fond du Péloponèse jusqu'aux plages d'Ionie, ce sol vierge qui est bien loin, comme celui d'Italie, d'avoir tout rendu.

Quant à la langue, à la philologie, les considérations se pressent, elles concourent au même point, elles viennent en quelque sorte aboutir au même lieu comme à un centre tout désigné de lumière et de perfectionnement. Nous estimons trop l'Université de France, nous avons une trop haute idée des esprits supérieurs, des maîtres illustres qu'elle a produits et qu'elle possède, et de ceux, plus jeunes, qui aspirent à les continuer, pour ne pas exprimer ici ce que nous croyons la vérité : l'Université n'a pas été sans préjugés et sans prévention dans l'étude du grec ancien et à l'égard de la Grèce moderne. Les Grecs modernes y ont bien été de leur faute pour quelque chose. Ceux-ci en général (le grand Coray à part), se sentant après tout les fils de la vraie race, ont trop négligé l'érudition proprement dite ; ils se sont trop conduits comme les descendants d'une grande famille ruinée, mais qui, fiers de parler la langue de leur nourrice, la langue de leur maison, s'y tiennent et négligent les autres sources d'instruction et les autres moyens d'éclaircissement comme n'étant proprement qu'à l'usage des étrangers. Les érudits d'autre part, ceux qui l'étaient devenus uniquement par le labeur et par les livres, ont rendu aux Grecs modernes et à leurs prétentions exclusives la monnaie de leur dédain, et le désaccord s'est maintenu. Un signe extérieur (et l'empire des signes est grand) contribuait à l'entretenir. La prononciation du grec telle qu'elle était en vigueur dans l'ancienne Université, et qu'elle l'est encore dans la nôtre, paraissait aux Grecs modernes tout à fait barbare ; le fait est qu'elle peut être commode pour les dictées de versions grecques que les professeurs font aux écoliers, mais elle ne saurait se donner raisonnablement pour l'écho fidèle de la plus harmonieuse des langues. L'ancienne Université y tenait pourtant par principes ; lorsque des amateurs instruits, comme Guys dans ses *Lettres sur la Grèce*, protestaient contre cette routine si pleine de cacophonie, les savants de profession, comme Larcher, s'efforçaient de démontrer que ce n'était pas routine, mais raison, et ils répondaient, sans se déconcerter, aux exemples tirés de la tradition, qu'après la prise de Constantinople par les Turcs, les savants grecs qui s'étaient réfugiés en Italie y avaient porté *leur prononciation vicieuse*. Voilà ce que nous nous permettons d'appeler des préjugés ; mais ce n'est là qu'un détail, et le désaccord qui se rapportait à la prononciation en couvrait d'autres qui tenaient au fond des choses.

Il est temps que cette mésintelligence cesse, ou plutôt elle a déjà cessé auprès des esprits éclairés, et il n'y a plus qu'un pas à faire pour régler l'union. Et à qui donc devrait-on l'introduction, la naturalisation de la langue grecque en Occident, sinon à ces savants des xiv⁰ et xv⁰ siècles, aux Chryso-loras, aux Théodore Gaza, aux Chalcondyle, aux Lascaris, à ceux enfin qui arrivaient tout pleins, comme d'hier, des antiques trésors, qui les possédaient par héritage et par usage, en vertu d'une tradition bien prolongée sans doute, mais *in-interrompue?* L'interruption littéraire dans la Grèce moderne ne date que du xv⁰ siècle ; depuis lors la langue, en tombant à la merci du simple peuple, s'est amoindrie, s'est appauvrie, et a subi la loi des idiomes qui se décomposent ; elle a conservé pourtant beaucoup de son vocabulaire, de ses tours et de son harmonie. Pour les gens du pays qui y reviennent par l'étude, il n'est rien de plus naturel et de plus aisé que de ressaisir le sens et le génie de l'ancienne langue. Dans une foule de cas, ils n'ont qu'à se ressouvenir, à faire acte d'une analogie rapide ; ils n'ont pas cessé en effet, même dans ce fleuve diminué, de tenir, si l'on peut dire, le fil du courant. Pour bien savoir et bien sentir dans ses moindres nuances, pour bien articuler dans ses accents le grec ancien, il n'est rien de tel encore que d'être Grec moderne. Sans se croire tout à fait au temps où le savant Philelphe épousait une femme grecque pour mettre la dernière main à son érudition et se polir à la langue jusque dans son ménage, on peut se dire que, du moment que la Grèce renaît aux doctes et sérieuses études de son passé, elle est plus voisine que nous du but et infiniment plus près de redevenir vivante. S'il s'agissait de bien entendre et de goûter l'ancien français de Villehardouin, dont je suppose qu'on eût été séparé par quelque grande catastrophe sociale et quelque conquête, le plus sûr serait encore d'être Français, et, un peu d'étude aidant, on se trouverait aisément en avance à cet effet sur le plus docte des Germains. •

Il semble que le résultat indiqué par ces considérations diverses, c'est qu'une *École française*, instituée à Athènes pour un certain nombre de jeunes *architectes* et de jeunes *philologues*, concilierait à la fois les intérêts de l'art et ceux de l'érudition. Pourquoi, aux élèves qui se seraient signalés dans les concours d'architecture, ne joindrait-on pas quelques-uns des élèves sortant de l'École normale, qui auraient également mérité cette distinction, et qui se destineraient d'une manière plus spéciale à l'enseignement des Lettres grecques en France? Nous n'avons pas à rédiger ici de projet, mais simplement à appeler l'attention sur une idée que l'esprit élevé de M. de Salvandy a été le premier à accueillir, à mettre en avant, et qui semblerait presque en voie d'exécution, si l'on en jugeait d'après les démarches préliminaires. Nous dirions même que nous aurions peur des projets trop rédigés à l'avance, et qui anticiperaient sur l'expérience par la théorie ; car notez que la théorie ici, ce serait probablement la routine. Il y a là quelque chose de bon, de grand peut-être, d'essentiellement fécond à tenter. Dans notre siècle positif, et avec nos habitudes, si excellentes d'ailleurs, de bon ordre administratif et de contrôle constitutionnel, on n'est guère disposé à rien essayer, à rien proposer qu'après des espèces de plans et de devis parfaitement rigoureux en apparence, et que la pratique ne laisse pas de déjouer souvent. Les commissions de la Chambre aiment d'avance, en chaque projet qui leur est déféré et pour lequel on leur demande assistance, à voir des résultats nets, et, s'il est possible, des produits ; on aime enfin à rentrer tôt ou tard dans ses fonds. Rien de plus juste, et c'est là un des bienfaits, une des garanties habituelles du régime sous lequel nous vivons. Dans le cas présent toutefois, il y a une pensée supérieure qui doit dominer. Une telle école d'art et de langue instituée à Athènes serait avant tout un germe ; utile dans le présent, elle le deviendrait surtout dans l'avenir. L'important serait bien moins d'abord dans tel ou tel règlement de détail que dans l'esprit qui animerait la fondation, et dans le choix de l'homme appelé à la diriger sur les lieux, et qui devrait savoir l'approprier, l'étendre, la modifier selon l'expérience même. On pourrait, ce semble, commencer simplement, ne fonder qu'un assez petit nombre de places d'élèves; l'essentiel serait de commencer, et de se confier pour le développement à une terre qui a toujours rendu au centuple ce qu'on y a semé de généreux.

Qu'on se figure cinq ou six jeunes gens d'élite sous la conduite d'un maître à la fois artiste et érudit, sous une direction telle que M. Letronne ou M. Raoul-Rochette dans leur jeunesse l'auraient pu si parfaitement donner : de pareilles conditions réunies sont difficiles à rencontrer sans doute, elles ne sont pas introuvables pourtant dans les rangs rajeunis de l'Université ou de l'Institut. Chaque année, après les études qui auraient pu se suivre sur place, il y aurait un voyage destiné à quelques explorations d'art ou au commentaire vivant d'un auteur ancien; la moindre promenade aurait son objet. Les chœurs d'*Œdipe* lus à Colone ; et ceux d'*Ion* à Delphes; les odes de Pindare étudiées en présence des lieux célébrés ; un grand historien suivi pied à pied sur le théâtre des guerres qu'il raconte ; l'Arcadie parcourue, Xénophon en main, à la suite d'Épaminondas victorieux, ce seraient là des études parlantes qui résoudraient, j'en réponds, plus d'une difficulté géographique ou autre, née dans le cabinet. Mais surtout on en rapporterait, avec la connaissance précise, une intelligence animée, la vie et le charme qui se communiquent ensuite et qui sont le vrai flambeau des Lettres. Les inscriptions, chemin faisant, y trouveraient leur compte ; et bien d'autres choses avec elles.

Si nous n'avons pas à tracer ici de programme à une noble pensée, nous ne prétendons pas non plus en présenter un idéal anticipé ; ce que nous voudrions, ce serait, en remerciant M. de Salvandy de son heureuse initiative, de l'y encourager, si ce mot nous est permis, et de maintenir, pour peu qu'il en fût besoin, l'idée première dans sa libre et large voie d'exécution : ce qui rapetisserait, ce qui réduirait trop cette idée, ce qui la ferait rentrer dans les routines ordinaires, en compromettrait par là même la fécondité et en tuerait l'avenir. Au reste, l'envoyé du ministre est allé, et a vu de ses yeux ; il a dû rapporter des impressions vives. Le ministre de France à Athènes, M. Piscatory, aura été consulté, et sa parole comptera pour beaucoup, sans nul doute, dans une détermination à ce point intéressante pour le pays qu'il possède si bien. Le nombre des personnes qui ont visité la Grèce s'accroît chaque jour, et leur impression à toutes est que ce jeune État régénéré est dans une veine croissante d'activité et de progrès ; nul autre État n'a eu plus à faire et n'a plus fait en vingt-cinq ans. Il n'y a jamais eu, nous disent de bons témoins, tant de passé, de présent et d'avenir dans un si petit espace. C'est là qu'il s'agit de jeter avec un peu de confiance, et sans trop marchander, une idée, une institution généreuse. Qu'en sortira-t-il ? Avec tant de bonnes conditions en présence, nous verrons bien (1).

(1) Cet article fut inséré dans le *Journal des Débats* du 25 août 1846. Le vœu qu'il exprimait s'est réalisé. L'Ordonnance royale qui instituait l'École Française d'Athènes parut peu de temps après (13 septembre).

M. RODOLPHE TOPFFER

Cinq ans à peine s'étaient écoulés depuis que, dans la *Revue des Deux Mondes*, nous annoncions, pour la première fois, M. Topffer alors peu connu en France (1), et, dans le *Journal des Débats* du 13 juin 1846, nous avions à écrire les lignes suivantes :

« M. Rodolphe Topffer, ce romancier sensible et spirituel, ce dessinateur plein de naturel et d'originalité, dont les *Nouvelles* et les *Voyages* avaient obtenu, dans ces dernières années, tant de succès parmi nous, vient de mourir à Genève, après une longue et cruelle maladie, le 8 juin, à l'âge de quarante-sept ans... » Et, après quelques détails biographiques rapides, nous ajoutions : « Pendant assez longtemps le nom de M. Topffer et sa vogue n'avaient pas franchi le bassin de son cher Léman ; sans ambition, vivant de la vie domestique, dirigeant une institution qui ne faisait qu'élargir pour lui le cercle de la famille, il ne voyait dans ses écrits, comme dans ses croquis, que des jeux et des délassements avec lesquels il se contentait de charmer ou d'amuser ce qui l'entourait. Pourtant sa réputation s'était étendue insensiblement ; les belles éditions qu'avait données ici M. Dubochet, et pour lesquelles l'éditeur s'était procuré le concours d'habiles artistes et particulièrement de l'excellent paysagiste genevois Calame, avaient nationalisé en France le nom de l'auteur.

(1) Voir au tome II des *Portraits contemporains*.

M. Topffer, sans rien changer à sa vie modeste, avait fini par percer, par obtenir son rang, et il jouissait avec douceur des suffrages de cette estime publique qui, même de loin, ne séparait pas en lui l'homme de l'artiste et de l'écrivain. C'est à ce moment de satisfaction légitime et de plénitude, comme il arrive trop souvent, que sa destinée est venue se rompre : une maladie cruelle a, durant des mois, épuisé ses forces et usé son organisation avant l'heure, mais sans altérer en rien la sérénité de ses pensées et la vivacité de ses affections. La douleur profonde qu'il laisse à ses amis de Genève sera ressentie ici de tous ceux qui l'ont connu, et elle trouvera accès et sympathie auprès de ces lecteurs nombreux en qui il a éveillé si souvent un sourire à la fois et une larme. »

Mais c'est trop peu dire, et ceux qui l'ont lu, qui l'ont suivi tant de fois dans ces excursions alpestres dont il savait si bien rendre la saine allégresse et l'âpre fraîcheur, ceux qui le suivront encore avec un intérêt ému dans les productions dernières où se jouait jusqu'au sein de la mort son talent de plus en plus mûr et fécond, ont droit à quelques particularités intimes sur l'écrivain ami et sur l'homme excellent. L'exemple d'une telle destinée d'artiste est d'ailleurs trop rare, et, malgré la terminaison précoce, trop enviable, en effet, pour qu'on n'y insiste pas un peu. Avoir vécu, dès l'enfance et durant la jeunesse, de la vie de famille, de la vie de devoir, de la vie naturelle ; avoir eu des années pénibles et contrariées sans doute, comme il en est dans toute existence humaine, mais avoir souffert sans les irritations factices et les sèches amertumes ; puis s'être assis de bonne heure dans la félicité domestique à côté d'une compagne qui ne vous quittera plus, et qui partagera même vos courses hardies et vos généreux plaisirs à travers l'immense nature ; ne pas se douter qu'on est artiste, ou du moins se résigner en se disant qu'on ne peut pas l'être, qu'on ne l'est plus ; mais le soir, et les devoirs remplis, dans le cercle du foyer, entouré d'enfants et d'écoliers joyeux, laisser aller son crayon comme au hasard, au gré de l'observation du moment ou du souvenir ; les amuser tous, s'amuser avec eux; se sentir l'esprit toujours dispos, toujours en verve; lancer mille saillies originales comme d'une source perpétuelle ; n'avoir jamais besoin de solitude pour s'appliquer à cette chose qu'on appelle un art; et, après des années ainsi passées, apprendre un matin que ces cahiers échappés de vos mains et qu'on croyait perdus sont allés réjouir la vieillesse de Goëthe, qu'il en réclame d'autres de vous, et qu'aussi, en lisant quelques-unes de vos pages, l'humble Xavier de Maistre se fait votre parrain et vous désigne pour son héritier : voilà quelle fut la première, la plus grande moitié de l'existence de Topffer. La seconde moitié n'est pas moins heureuse ni moins simple : quand la célébrité fut venue, il resta le même ; rien ne fut changé à ses habitudes, à ses pensées. Si l'étude réfléchie s'y mêla un peu plus peut-être, s'il surveilla un peu plus du coin de l'œil ce qui avait d'abord ressemblé à de pures distractions, on ne s'en aperçut pas auprès de lui : il demeura l'homme du foyer, de l'institution domestique, le maître et l'ami de ses élèves. On me dit, à propos de ces élèves, qu'ils ne voulaient jamais aller en vacances, tant il les attachait et les captivait par cette éducation vive, libre, naturelle, pourtant solide, sans mollesse ni gâterie. Ce merveilleux talent d'artiste ne se réservait en rien pour le public, et il continuait de se dépenser *en nature* autour de lui. Lui, de son côté, il y trouvait son compte en expérience continuelle, en observation naïve. Quand on est moraliste et qu'on n'observe que des hommes faits, on court risque de tourner au La Rochefoucauld et au La Bruyère ; si le regard se reporte au contraire sur une jeunesse honnête et chaque jour renouvelée, on garde la fraîcheur du cœur jusque dans la connaissance du fond, la consolation dans les mécomptes, une vue plus juste de la nature morale dans ses ressources et dans son ensemble. Je ne sais qui a dit que l'expérience dans certains esprits ressemble à l'eau amassée d'une citerne : elle ne tarde pas à se corrompre. Pour Topffer, l'expérience ressemblait plutôt à une source courante et sans cesse variée sous le soleil.

Ainsi, heureux et sage, la célébrité n'avait introduit aucune agitation étrangère dans sa vie, aucune ambition dans son âme. Au dernier jour, comme il y a vingt ans, voué tout entier à ce qu'il appelait *le charme obscur des affections solides,* on l'eût vu accoudé, le soir, entre son vénérable père, sa digne compagne, ses nombreux enfants et quelques amis de choix, confondre le sérieux dans la gaieté, et faire éclore la leçon en passe-temps. Il continuait de vivre et de jouer sous ces mille formes que lui dictait un secret instinct; le crayon jouait sous ses doigts, et la saillie accompagnait le crayon, comme un air qu'on sait suit naturellement les paroles. Aussi, malgré ses souffrances des derniers temps, malgré les douleurs si légitimes et si inconsolables qu'il laisse en des cœurs fidèles, pourrait-on se risquer à trouver que cette fin même est heureuse, et que sa destinée tranchée avant l'heure a pourtant été complète, si un père octogénaire ne lui survivait : les funérailles des fils, on l'a dit, sont toujours contre la nature quand les parents y assistent.

Depuis quelques années, la santé de Topffer, longtemps florissante, paraissait décliner sans qu'il en sût la cause. Il n'accusait que ses yeux, dont l'état de douleur s'aggravait et ne laissait pas de l'alarmer. En 1842, il fit avec son pensionnat son dernier grand voyage alpestre au mont Blanc et au Grimsel. Nous en avons sous les yeux le récit et les dessins, que M. Dubochet se propose de publier comme un tome second des *Voyages en zigzag.* Jamais, selon nous, Topffer n'a mieux fait et n'a été davantage lui-même. Il semblait, dès le jour du départ, se dire que ce voyage serait le dernier; il embrassait, pour ainsi dire, d'une dernière et plus vivifiante étreinte cette grande nature dont il comprenait si bien les moindres accidents, les sévérités ou les sourires, *l'âpreté d'un roc,* comme il dit, *la grâce d'une brous-*

saille. Son triple talent d'observateur de caractères, de paysagiste expressif et d'humoriste folâtre, s'y croise et s'y combine presque à chaque page ; le pressentiment fatal à demi voilé s'y fait jour aussi : « Cette fois, en déposant le bâton de voyageur, nous dit-il, celui qui écrit ces lignes se doute tristement qu'il ne sera pas appelé à le reprendre de sitôt... Pour voyager avec plaisir, il faut pouvoir tout au moins regarder autour de soi sans précautions gênantes, et affronter sans souffrance le joyeux éclat du soleil. Tel n'est pas son partage pour l'heure. Que si, par un bienfait de Dieu, cette infirmité de vue n'est que passagère, alors, belles montagnes, fraîches vallées, bois ombreux, alors, rempli d'enchantement et de gratitude, jusqu'aux confins de l'arrière-vieillesse il ira vous redemander cet annuel tribut de vive et sûre jouissance que, depuis tantôt vingt ans (1), vous n'avez pas cessé une seule fois de lui payer ! »

En novembre 1843, il écrivait à une personne de Paris, et pourquoi ne le dirais-je pas tout simplement ? il m'écrivait à moi-même ces lignes aimables et familières, dans lesquelles il s'exagérait beaucoup trop sans doute la nature du service dont il parlait ; mais, même à ce titre, elles me sont précieuses, elles m'honorent, elles me vengeraient au besoin de certains reproches qu'on me fait parfois de m'aller prendre d'abord à des talents moins en vue ; elles le peignent enfin dans sa modestie sincère et dans sa façon allègre de porter ses maux :

« Bonjour,... monsieur, vous ne me reconnaissez point ! Je suis cet enfant de Genève dont vous voulûtes bien être parrain dans le temps. J'étais bien petit alors, et je ne suis pas plus grand aujourd'hui ; néanmoins je ne vous ai point ou-

---

(1) C'est, en effet, de 1823 que datait la première excursion pédestre de Topffer. Lorsqu'on aura publié ce dernier voyage de 1842, on aura sous les yeux la série de toutes ses courses depuis 1837. Il restera encore à publier quelques-unes de celles d'auparavant, qu'il avait également disposées pour l'impression.

blié, et c'est pourquoi, bien que je n'aie rien à vous dire, je n'éprouve pas que le silence soit l'expression convenable de la bonne amitié que je vous porte et de la reconnaissance que je vous ai vouée, à vous et à M. de Maistre, mon autre parrain (1).

« Que vous dirai-je donc, monsieur, n'ayant rien à vous dire ? Je vous dirai que M. R... m'a apporté des compliments que vous lui aviez remis pour moi et qui m'ont fait un bien grand plaisir. Il avait eu l'avantage, M. R..., de vous aller voir. Sur quoi je me suis informé auprès de lui de choses qui me tiennent à cœur. Devinez lesquelles ? vous ne le pourriez pas. « Si vous êtes abordable, si vous êtes un homme avec « lequel un provincial, qui irait à Paris, pourrait, tel quel, « au coin du feu, s'entretenir bonnement, sans lorgnon ni « manchettes ; si vous êtes, etc., etc... » Sur tous ces points, M. R... m'a édifié si bien, et tout s'est trouvé être tellement à mon gré, qu'il n'y a aucun doute que je me promets d'aller quelque jour frapper à votre porte, monsieur, et vous demander la faveur d'un bout de soirée employé en causeries. Comme j'ai les yeux dans un état misérable, et que les docteurs inclinent de plus en plus vers un temps de repos complet et récréatif, j'espère les amener à m'ordonner de faire une pointe en Angleterre et un séjour à Paris que je n'ai pas revu depuis 1820 et que j'aimerais revoir de la même façon, c'est-à-dire perdu, flâneur, et, dans toute cette population entassée, connaissant seulement trois personnes choisies.

« Figurez-vous, monsieur, combien je suis malheureux : depuis près d'un an condamné à ne presque pas lire par mes

(1) C'est bien à M. Xavier de Maistre, et à lui seul, que convient ce titre de *parrain* que lui donnait Topffer. C'est à M. de Maistre que nous dûmes nous-même de mieux fixer notre attention sur celui qu'il adoptait si ouvertement. M. de Maistre, qui vit à cette heure en Russie et qui s'y défend de son mieux, dit-il, contre l'âge et le climat, octogénaire comme le père de Topffer, aura eu la douleur, lui aussi, de voir disparaître ce filial héritier.

yeux, à ne presque pas écrire aussi. Restent des leçons à donner : c'est une façon pas mauvaise de tuer le temps, mais ce n'est rien de plus. J'en suis à avoir envie d'apprendre à fumer : l'on dit qu'enveloppé de ces bouffées odorantes, les heures coulent vagues et rêveuses, et qu'avec de l'habitude on devient stagnant comme un Turc. Sûrement vous ne fumez pas, sans quoi je vous prierais de me dire bien franchement ce qu'il en est de cette doctrine, et si elle est fondée en raison... »

Malgré cette fatigue d'organes, il ne travaillait pas moins, quoi qu'il en dit ; il ne travaillait que plus, et comme s'il eût voulu combler les instants. Calame, le sévère paysagiste, qui le premier abordait par son pinceau les hautes conquêtes alpestres tant rêvées par son ami, venait dîner les dimanches d'hiver avec lui ; entre ces deux hommes de franche nature, auxquels se joignait quelquefois M. Topffer le père, non moins passionné qu'eux pour son art, c'était des joutes de dessins, de lavis, qui produisaient dans la soirée une foule de vivantes pages. On peut juger des *Réflexions et menus propos* qui s'y mêlaient et qui donnaient le motif, par le morceau de Topffer sur le *paysage alpestre*, inséré dans la *Bibliothèque de Genève* vers ce temps (1). C'est en 1844 que l'état de maladie se déclara décidément et devint sérieux. Topffer venait à peu près de terminer le roman de *Rosa et Gertrude*, dont la donnée et les situations lui avaient été suggérées par un rêve, et qu'il composa d'abord tout d'une haleine. Il alla prendre les eaux de Lavey. Son séjour à ces tristes bains produisit un charmant cahier de paysages qui fut publié au bénéfice des pauvres baigneurs de l'endroit. Ces bains d'ailleurs n'avaient produit aucun résultat ; l'affaiblissement, la maigreur augmentaient ; une fatigue insurmontable enchaînait déjà le malade sur un canapé. Son courage, plus fort que ses misères, tenait bon, et ses collègues de

(1) Septembre 1843.

l'Académie le virent jusqu'au terme des cours se traîner à son devoir (1). Pour la première fois il renonça à son voyage annuel avec sa jeune bande, et il allait partir pour son cher Cronay (2), petit bien de famille appartenant à sa femme, où il se réjouissait de passer les vacances, quand le voile se déchira. Je ne fais que transcrire ici les témoignages les plus proches (3). Ce n'était pas des yeux que venait son mal, mais d'un gonflement redoutable de la rate et du foie. Il fallut sur-le-champ partir pour Vichy. Il ressentit d'abord, en y arrivant, une grande impression de solitude ; le bruit et la vanité qui, jusque dans la maladie, continuent de faire la vie apparente de ces grands rendez-vous, l'offusquaient ; il avait, si l'on ose le dire, quelques préventions un peu exagérées contre ce qu'il appelait notre beau monde ; nature *genuine*, comme disent les Anglais, il avait avant tout horreur du factice ; mais il ne tarda pas à s'y lier d'un commerce en tout convenable à son caractère et à son esprit avec quelques personnes qui lui prodiguèrent un intérêt affectueux, et particulièrement avec M. Léon de Champreux, de Toulouse : « J'ai rarement vu, nous écrit M. de Champreux, autant de naïveté et de bonhomie réunies à un esprit plus piquant, plus original ; chaque parole dans sa conversation était un trait ; mais, bon et affectueux par-dessus tout, sa plaisanterie était toujours inoffensive. Rien, même dans ses écrits, ne peut donner idée du charme de son intimité. Les horribles douleurs qu'il endurait n'altéraient en rien son égalité d'humeur, et, entre deux plaintes sur ce qu'il souffrait, il laissait échapper une de ces adorables saillies qui en faisaient un homme tout à fait à part. »

La fin du séjour à Vichy fut triste, le retour fut lamentable : après quelques jours pourtant, il sembla que le mal

(1) Il y était professeur de *belles-lettres générales* depuis 1832.
(2) Près d'Yverdun.
(3) Je les dois à M. Sayous, parent et ami de Topffer, et qui l'a si bien connu par l'esprit et par le cœur.

avait un peu cédé, et l'ardeur du malade pour le travail aurait pu même donner à croire qu'il était guéri. Durant ces mois d'automne et d'hiver (1844-1845), on le vit dessiner, en le refondant, M. Cryptogame, composer et publier son *Histoire d'Albert* en scènes, à la plume, puis son *Essai de Physiognomonie*. Après quoi il reprit la suite de son *Traité du lavis à l'encre de Chine (Menus-Propos d'un Peintre Genevois)* et en acheva une partie assez considérable et complétement inédite, dans laquelle, remuant et discutant à sa manière les plus intéressantes questions de l'esthétique, il a écrit, nous assurent de bons juges, des pages bien neuves et les plus sérieuses qui soient sorties de sa plume. Son ambition n'était pas de proposer une nouvelle théorie après toutes celles des philosophes; c'était en peintre et pour sa satisfaction comme tel, et pour l'intelligence de son art adoré, qu'il s'appliquait depuis des années à ce genre d'écrits, y revenant chaque fois avec une force d'application nouvelle. Ce qui redoublait son zèle en réjouissant son âme, c'était de voir que la nouvelle école de paysage, florissante à Genève, marchait hardiment dans cette voie dont il avait été, lui, comme un pionnier infatigable : cette haute couronne alpestre si belle de simplicité, de magnificence et de grandeur, il lui semblait qu'un art généreux, en la reproduisant, allait en doter deux fois sa patrie.

Ainsi il cherchait instinctivement dans ses travaux favoris, dans la poursuite de ses projets les plus chers, une défense énergique contre la tristesse qui menaçait de l'abattre. Dans la conversation même, il s'animait très-vite; l'intérêt des idées qu'elle faisait naître le rendait complétement à son état naturel, et jamais son entretien n'était sans quelques-uns de ces traits amusants, inattendus, qui lui étaient particuliers. Mais au fond, depuis la fatale découverte et la perspective mortelle, quelque chose de grave et de résigné, de religieux sans mots ni phrases du sujet, dominait dans sa pensée et se révélait indirectement dans ses discours par une plus grande douceur et une plus grande indulgence de jugement. Dès cette époque, le journal où il consignait les détails relatifs à ses affaires privées se remplit de pensées personnelles, qui permettraient de suivre l'enchaînement de ses impressions, de ses alarmes, de ses espérances, de ses consolations aussi. Ce journal est aux mains de M. Vinet, qui en saura tirer le miel savoureux et la salutaire amertume.

Mais pourquoi prolonger ces longs mois d'agonie? ils ne furent bientôt plus pour Topffer qu'une suite de pertes graduelles, de déchirements avant-coureurs. Vers la fin de l'hiver il dut renoncer à son pensionnat, dont le fardeau lui avait jusque-là été si léger. Quittant avec un serrement de cœur sa chère maison de la promenade Saint-Antoine, il alla à Mornex, tiède village du Salève, se préparer à un second voyage de Vichy. Avant de partir, il eut la douleur de voir mourir sa mère. Au retour de Vichy (août 1845) après divers essais de séjour aux champs, il revint à Genève. Hors d'état d'écrire, ou du moins de composer, encore moins de dessiner, il imagina alors de *peindre*, ce qu'il pouvait faire dans une posture encore possible. Appuyé sur les deux bras de son fauteuil, un petit chevalet placé devant lui, il peignait avec ardeur, avec un bonheur qui fut le dernier de sa vie; c'était la première fois, depuis un ou deux essais tentés à l'âge de dix-huit ans, qu'il lui arrivait de peindre à l'huile. Ses yeux, qui s'étaient opposés dès sa jeunesse à ce qu'il continuât, il n'avait plus à les ménager désormais, et il leur demandait comme une dernière sensation d'artiste ce jeu, cette harmonie des couleurs vers laquelle il se sentait irrésistiblement appelé; il s'enivrait d'un dernier rayon. Calame venait lui donner des conseils, et les petits tableaux assez nombreux qu'il a exécutés durant ces deux mois à peine attestent quelle était sa profonde vocation native. Mais bientôt cette dernière diversion cessa; et dès lors, durant les mois et les semaines du rapide déclin, il n'y aurait plus à noter que les délicatesses de son âme toujours ouverte et sensible à tout, les soins tendrement ingénieux d'une admirable épouse, la sollicitude unanime de tout ce qui l'approchait, jusqu'à ce qu'enfin à son tour, accompagné de la cité tout entière qui lui faisait cortége, ce qui restait de lui sur la terre s'achemina, le 11 juin, *vers cette dernière allée de grands hêtres qui mènent au Champ du repos.* C'est ainsi que lui-même nous les a montrés autrefois dans son gai récit de *la Peur;* c'est ainsi qu'il y revenait plus mélancoliquement dans son dernier roman de *Rosa et Gertrude.*

Il y a pour nous à dire quelque chose de ce roman qu'on va lire (1), et qui ne jurera en rien avec le récent souvenir funèbre. C'est une douce histoire, touchante, simple, savante pourtant de composition et sans en avoir l'air. Un bon pasteur y tient la plume et y garde jusqu'au bout la parole, M. Bernier, digne collègue de M. Prévère. Un jour, dans une rue écartée de Genève, par un temps de bise, en allant porter des consolations à un agonisant, M. Bernier a rencontré deux jeunes filles innocemment rieuses, qui se tenaient par le bras et se garaient de leur mieux contre les bouffées du vent. Comment il s'intéresse au premier aspect à ces deux jeunes personnes étrangères, comment il les remet dans leur chemin qu'elles avaient perdu, comment il les rencontre de temps en temps et se trouve peu à peu et sans le vouloir mêlé à leur destinée : tout cela est raconté avec une simplicité et un détail ingénu qui finit par piquer la curiosité elle-même. Le bon pasteur, dans son récit, garde parfaitement le ton qui lui est propre, et rien ne le fait s'en départir jamais. On peut dire de lui ce que l'auteur a dit de certains dessinateurs d'après nature, qu'il réussit à exprimer ses vues et ses impressions « sinon habilement, du moins avec une naïveté sentie, avec une gaucherie fidèle. » L'habileté est de la part de l'auteur qui se cache si bien derrière. Il y a un vrai charme

---

(1) Ces pages ont été écrites pour être publiées d'abord en tête du roman même.

à ce parler du bon vieillard, chez qui la candeur est toujours éclairée par la charité et par les lumières de l'Évangile. Si l'auteur a voulu montrer dans ce ministre (et il l'a voulu en effet) combien avec un esprit juste, avec un cœur pur et droit, exercé par la pratique chrétienne, guidé par les inspirations de l'Écriture, et muni d'une vigilance et d'une observation continuelles, on peut se trouver en fin de compte plus avisé que les malicieux, plus habile que les habiles, et véritablement un maître prudent et consommé dans les traverses les plus délicates de la vie comme dans les choses du cœur, il a complétement réussi. Les singuliers embarras de M. Bernier, chargé des deux nouvelles ouailles qu'il s'est données, ses tribulations croissantes et toujours consolées, depuis le moment où il sort de l'hôtel au milieu des rires en les tenant chacune sous un bras, jusqu'au jour où il les recueille chez lui dans sa propre chambre et où la grossesse de la pauvre Rosa se déclare, ces incidents survenant coup sur coup et l'un à l'autre enchaînés sont touchés avec un art secret, et ménagés avec une conduite qui fait l'intérêt du fond. Le Doyen de Killerine, ou le révérend Primerose, dans des situations analogues, ont une teinte assez prononcée de ridicule, que l'excellent M. Bernier sait mieux éviter. On sourit de lui, mais on n'a que le temps de sourire. Cet homme simple, et dont le lecteur croit devancer parfois la sagacité, se trouve toujours au niveau de chaque crise et la fait tourner à bien. Il y a des scènes parfaitement belles, celle, par exemple, du départ improvisé de M. Bernier, lorsque, tout sanglant de la chute qu'il vient de faire, il monte, de force et d'adresse, dans la voiture où le baron de Bulow enlevait les deux amies. Le moment où Gertrude lui apprend la grossesse de Rosa et où son premier sentiment, au milieu du surcroît d'anxiété qui lui en revient, est d'aller à la jeune mère et de la bénir, arrache des larmes par sa sublimité simple. Toutes les scènes qui se rapportent à la mort de Rosa sont d'une haute beauté morale ; il sera sensible à tout lecteur que celui qui les a si bien conçues et représentées travaillait, lui aussi, en vue du sujet même, c'est-à-dire du suprême instant et qu'il peignait *d'après nature*.

Il y a quelques défauts dans la forme, dans le style, et nous les dirons sincèrement. Topffer, on le sait, a une langue à lui; il suit à sa manière le procédé de Montaigne, de Paul-Louis Courier. Profitant de sa situation excentrique en dehors de la capitale, il s'était fait un mode d'expression libre, franc, pittoresque, une langue moins encore genevoise de dialecte que véritablement *composite*; comme l'auteur des *Essais*, il s'était dit : « C'est aux paroles à servir et à suivre, et que le gascon y arrive, si le françois n'y peut aller. » Cette veine lui est heureuse en mainte page de ses écrits, de ses voyages; il renouvelle ou crée de bien jolis mots. Qui n'aimerait chez lui, par exemple, l'âne qui *chardonne*, le gai voyageur qui *tyrolise* aux échos? Mais le goût a parfois à souffrir aussi de certaines duretés, de rocailles, pour ainsi dire, que rachètent bientôt après, comme dans une marche alpestre, la pureté de l'air et la fraîcheur. On rencontre de ces duretés ainsi rachetées dans le charmant récit de *Rosa et Gertrude*. En voulant conserver à M. Bernier le ton exact d'un ministre évangélique, l'auteur a, en quelques endroits, multiplié les termes familiers aux réformés, et qui ne les choquent pas comme étant tirés des vieilles traductions de la Bible qu'ils lisent journellement. Cela, pour nous, ne laisse pas de heurter et de faire disparate en plus d'un lieu; il y aurait eu certainement moyen, sans rien altérer, de mieux fondre. En nous permettant, même en ce moment, cette libre critique, nous avons voulu témoigner l'entière sincérité de notre jugement et nous maintenir le droit de dire bien haut, comme nous nous plaisons à le faire, que l'histoire de *Rosa et Gertrude* est une des lectures les plus douces, les plus attachantes et les plus saines qui se puissent goûter.

1ᵉʳ octobre 1846.

MORT DE M. VINET [1]

Le canton de Vaud et la Suisse française viennent de perdre leur écrivain le plus distingué, l'un de ceux qui faisaient le plus d'honneur à notre littérature. M. Alexandre Vinet est mort le 4 mai (1847) à Clarens; il n'avait guère que cinquante ans. Profondément estimé en France de tous ceux qui avaient lu quelques-uns de ses morceaux de morale et de critique dans lesquels une pensée si forte et si fine se revêtait d'un style ingénieux et savant, il laisse un vide bien plus grand que la place même qu'il occupait, et il serait impossible de donner idée de la nature d'une telle perte à quiconque ne l'a pas vu au sein de ce monde un peu extérieur à la France, mais si étendu et si vivant, dont il était l'une des lumières. En Allemagne, en Angleterre, en Écosse, M. Vinet était connu, consulté; le protestantisme dans ses différentes formes, et à proportion que la forme y offusquait moins l'esprit, le vénérait comme un des maîtres et des directeurs les plus consommés dans la science et dans la pratique évangéliques. Ce n'était pourtant pas un théologien que M. Vinet. Il n'avait rien de ce que ce titre fait d'abord supposer, rien surtout de dogmatique; et c'est en moraliste principalement, c'est par les voies pratiques du cœur qu'il avait approfondi la foi. Le plus modeste, le plus humble des hommes, il offrait en lui cette

---

[1] Cet article et le suivant doivent se joindre à celui que j'ai précédemment consacré à M. Vinet, et qui se trouve au tome II des *Portraits contemporains*.

union si rare d'une expérience clairvoyante et précise, et d'une naïveté d'impressions, d'une sorte d'enfance merveilleusement conservée; cela donnait à sa personne, à sa conversation, un grand charme, que sa parole écrite ne rendait pas. Comme orateur, comme professeur, il avait également une puissance, une spontanéité de mouvement, un jet qui était dans sa nature, et que l'écrivain en lui s'interdisait. Toutes ses qualités précises et fines ont passé dans ses écrits; mais il restera de lui une plus haute encore et plus chère idée à ceux qui l'ont entendu. Si nous avions besoin d'une autorité pour appuyer notre sentiment, nous ne craindrions pas d'invoquer celle même de M. le duc de Broglie, qui, dans les séjours de chaque année à Coppet, recherchait et goûtait vivement ses entretiens.

En laissant de côté ce qu'il a publié depuis vingt ans sur des questions religieuses familières à son pays bien plus qu'au nôtre, on aura encore dans M. Vinet un critique littéraire du premier ordre, et c'est à ce titre qu'il nous touche particulièrement. Il n'est pas un prosateur ni un poëte de renom parmi nos contemporains dont M. Vinet n'ait examiné et pesé les ouvrages; le plus grand nombre de ses articles ont paru dans *le Semeur*, signés de simples initiales. Chateaubriand, Mme de Staël, Lamartine, Victor Hugo, Béranger, plusieurs de nos historiens, enfin presque tous nos illustres ont tour à tour fixé l'attention du plus scrupuleux et du plus bienveillant des juges; il a même consacré quelques-uns de ses Cours d'Académie à une suite de leçons régulières sur la littérature française du XIXe siècle. L'ensemble de ces travaux, que l'amitié, nous l'espérons, se fera un devoir de recueillir, formerait l'ouvrage le plus ingénieux et le plus complet sur ce sujet délicat. La distance où il vivait du monde de Paris aidait et enhardissait M. Vinet dans son rôle de juge; il ne connaissait personnellement aucun de ceux dont il avait à parler; leurs livres seuls lui arrivaient, et il en tirait ses conclusions jusqu'au bout avec sagacité, avec discrétion, et en penchant plutôt, dans le doute, pour l'indulgence. Indulgence même n'est pas ici le vrai mot, et c'est charité qu'il faudrait dire. Oui, il y avait en ce temps-ci un critique sagace, précis, clairvoyant, et, quand il le fallait, sévère, qui obéissait en tous ses mouvements à un esprit chrétien de charité. Il en est résulté à de certains moments, sous sa plume, des pages pleines de pathétique et d'effusion.

Mais ce n'était pas aux contemporains seulement que M. Vinet réservait l'application de sa haute faculté critique. Nos moralistes, nos sermonnaires, ont exercé plus d'une fois son analyse. Montaigne, La Rochefoucauld, La Bruyère, Bourdaloue, lui ont fourni le sujet de considérations neuves et pénétrantes. Pascal surtout était son auteur de prédilection et d'étude; les publications récentes qui ont réveillé la curiosité autour de ce grand nom avaient été pour M. Vinet une occasion naturelle de développer ses propres vues, et d'exposer dans Pascal l'homme et le chrétien. On n'a rien écrit sur ce sujet de plus intimement vrai et de plus justement senti. La totalité des articles de M. Vinet sur Pascal, si on les réunissait dans un petit volume, présenterait, selon moi, les conclusions les plus exactes auxquelles on puisse atteindre sur cette grande nature tant controversée. Au reste, si M. Vinet comprenait si bien Pascal, il ne sentait pas moins vivement les esprits d'une autre famille, et il y eut un jour où lui, l'un des pasteurs du christianisme réformé, il songea à écrire l'Histoire de saint François de Sales. Et c'était le même homme qui, dans la *Revue Suisse*, laissait échapper les pages les plus aimables et les plus fraîches sur *Robinson Crusoé*.

Les dernières années de M. Vinet ont été remplies de peines sensibles, et il est à croire que sa vie en a été abrégée. On ne sait pas assez en France qu'il y a eu en février 1845, dans le petit canton de Vaud, une révolution du genre de celle dont Genève s'est vue le théâtre en octobre 1846, mais une révolution plus radicale et sans aucun contre-poids. Ce petit canton heureux et florissant, qui depuis quinze ans était un modèle d'ordre, de bien-être, de culture intellectuelle et morale, a été brusquement bouleversé. Quand on voit renverser au nom de la démocratie une république qui possédait déjà à très-peu près le suffrage universel, on se demande ce qu'on peut vouloir y introduire de nouveau, et quel genre de *progrès* avouable il existe par delà? En fait, c'a été dans le canton de Vaud le triomphe brutal de la force et des cupidités grossières mises en lieu et place de l'esprit, du droit et de la liberté. Quelques hommes plus éclairés, et d'autant plus infidèles, je ne dirai pas à leur conscience, mais à leur intelligence, menaient à l'assaut la plèbe aveugle (1). Par un juste instinct, la violence s'attaqua d'abord à ce qu'il y avait de plus moral et de plus intellectuel. Le corps des pasteurs et le corps académique furent les premiers frappés. M. Vinet personnellement était résigné à tous les sacrifices; mais, bien qu'il plaçât autre part que dans le monde sa patrie véritable, il dut souffrir et saigner au dedans pour sa chère patrie vaudoise ainsi ravagée et rabaissée. Lorsque nous venions parler, il y a quelques mois, de la mort de Rodolphe Topffer, enlevé à la veille même de la révolution de Genève, nous aurions pu dire qu'il y avait eu une opportunité du moins dans cette mort si prématurée, et, rappelant d'immortels et classiques passages, nous aurions pu, sans parodie, nous écrier qu'il n'avait pas eu du moins la douleur de voir le Sénat assiégé et les magistrats réduits par les armes : *Non vidit*

(1) M. Druey, par exemple, homme d'une intelligence puissante et un peu grossière, d'une forte éducation allemande, une espèce de sanglier hégélien : les autres étaient purement socialistes et radicaux dans le sens politique et non philosophique. Mais le cours des destinées humaines est tel, et l'ironie des événements, l'indifférence du sort est si parfaite en soi et si profonde que, de cette révolution essentiellement mauvaise dans son principe, est sorti, après quelque temps, un nouvel état de choses paisible, animé et assez reflorissant pour qu'à dix-sept ans de distance, et en nous relisant aujourd'hui, cet excès de plaintes nous étonne un peu nous-même et amène sur nos lèvres un triste sourire (1864).

obsessam Curiam et clausum armis Senatum... En parlant de la sorte, nous n'aurions rien dit d'exagéré. Le cadre ici était petit, mais le patriotisme ne se mesure pas au cadre. Il n'est point de petites patries, et le cœur surtout n'y bat ni moins vite ni moins fort que dans les grandes. M. Vinet n'a pas eu le même bonheur que Topffer ; il a vu son cher pays en proie aux violents, la culture de quinze années détruite en un jour, ses meilleurs amis dispersés ; il a bu tout le calice d'amertume dont était capable sa nature tendre, et il est à croire que, tout en sentant qu'il en souffrait et qu'il en mourait, sa belle âme en tirait un nouveau sujet de rendre grâces et de bénir. Je demande pardon, en parlant de lui, d'emprunter presque son langage ; mais quel autre moyen de faire comprendre un ordre de pensées si loin de nous ?

17 mai 1847.

ÉTUDES SUR BLAISE PASCAL

PAR M. A. VINET.

Il s'est établi depuis quelques années un vrai concours sur Pascal. Le docteur Reuchlin dans son ouvrage sur Port-Royal, l'Académie française en proposant l'Éloge de l'auteur des *Pensées*, M. Cousin par son célèbre Mémoire qui mettait l'ancien texte en question, M. Faugère par son Édition nouvelle, d'autres encore, ont ouvert une controverse à laquelle ont pris part les critiques étrangers les plus compétents : Néander à Berlin, la *Revue d'Édimbourg* par un remarquable article de janvier 1847 (1), sont entrés dans la lice : il n'a pas fallu moins que la Révolution de Février pour mettre fin au tournoi. Aujourd'hui le débat peut être considéré comme à peu près clos; et, sans parler de l'état des esprits qui ont assez à faire ailleurs, toutes les raisons, tous les arguments sont sortis tour à tour, tellement que la question semble épuisée.

Un des volumes les plus faits pour conduire à une conclusion satisfaisante est certainement celui que les amis de M. Vinet viennent de recueillir, et qui se compose des leçons et des articles qu'il a donnés en différents temps sur ce sujet. Personne n'a pénétré plus avant que M. Vinet dans la nature morale de Pascal, et n'a fait voir plus sensiblement que

(1) L'auteur de cet article est M. Henry Rogers.

sous le héros chrétien il y avait l'*homme*. Pour ceux qui lisent les *Pensées*, le génie de l'écrivain a quelquefois donné le change sur la méthode et sur le fond. L'éclat soudain de cette vive parole, l'impétuosité et presque la brusquerie du geste et de l'accent, font croire à quelque chose d'excessif, et même de maladif, qui tient à une singularité de nature. On se sent en présence d'un individu extraordinaire. Le travail de M. Vinet consiste à montrer qu'en mettant à part la qualité si incomparable du talent, tout homme a dans Pascal un semblable et un miroir, s'il sait bien s'y regarder. Il y a un Pascal dans chaque chrétien, de même qu'il y a un Montaigne dans chaque homme purement naturel. Creusez en vous-même, étudiez et sondez votre propre duplicité, plongez en tous sens au fond de l'abîme de votre cœur, et vous n'y trouverez pas autre chose que ce que Pascal vous a rendu en des traits si énergiques et si saillants. La théologie de l'auteur des *Pensées*, à la bien voir et en la dégageant des accessoires qui n'y tiennent pas essentiellement, porte en plein sur la nature morale de l'homme ; c'est là sa force et son honneur. On pourait dire de M. Vinet lui-même, considéré dans son œuvre et dans sa vie, qu'il offrait en quelque sorte l'image d'un Pascal réduit et modéré, d'un Pascal plus aisément *circoncis* dans ses essors et dans ses désirs, mais dont le centre moral était le même et dont le cœur était comme taillé sur le cœur de l'autre.

J'indique l'esprit du travail de M. Vinet ; il serait difficile d'analyser ici une série de leçons et d'articles critiques qui sont déjà des analyses. Une idée qui est particulière à M. Vinet et à ses amis, et que les théologiens protestants ont volontiers accueillie, c'est que les *Pensées* de Pascal, dans l'état où les a mises la controverse récente, et ramenées plus que jamais à l'état de purs fragments grandioses et nus, sont par là même plus propres à un genre de démonstration chrétienne qui prend l'individu au vif, et peuvent devenir la base d'une apologétique véritable, tout entière fondée sur la nature humaine. Sans me permettre de contredire cette vue, qui se lie étroitement à la croyance, je ferai seulement remarquer que tel n'était point exactement le dessein primitif de Pascal, et que, tout en insistant au début sur les preuves morales intérieures, il n'aurait rien négligé, dans son ouvrage, de ce qui pouvait saisir l'imagination des hommes et déterminer indirectement leur persuasion. Il n'aurait point sans doute, comme le fit plus tard l'illustre auteur du *Génie du Christianisme,* porté ses principales couleurs sur le côté magnifique ou touchant du catholicisme, considéré surtout dans ses rapports avec la société ; il n'aurait pas cependant négligé les grandeurs et les beautés aimables de la religion. Son livre, en un mot, s'il l'avait exécuté comme il l'avait conçu, n'aurait pas été seulement destiné aux moralistes et aux penseurs ; il aurait eu pour objet d'acheminer et d'entraîner tout un peuple moins relevé de lecteurs par l'attrait, par le mouvement graduel et l'émotion presque dramatique d'une marche savamment concertée. La nouvelle apologétique qu'on pourrait déduire des *Pensées* de Pascal, telles qu'on les possède actuellement, ne saurait s'adresser en réalité qu'à un petit nombre d'esprits et de cœurs méditatifs ; et elle mériterait moins le nom d'*apologétique* que de s'appeler tout simplement une forte étude morale et religieuse faite en présence d'un grand modèle.

Quelque nom qu'on lui donne, cette étude ne peut s'entreprendre désormais en compagnie d'un auxiliaire plus utile et plus sûr que ne l'est M. Vinet, d'un guide connaissant mieux les profondeurs du monde moral, ses défilés étroits et ses détours, ses abîmes et même ses orages cachés.

Ce volume publié par les amis de M. Vinet n'est que le premier de ceux qui paraîtront successivement, et qui nous offriront les Œuvres complètes du savant et pieux auteur. Les volumes suivants contiendront quelques parties d'un Cours qui embrassait la littérature du dix-septième siècle et celle du dix-huitième. Les moralistes français y sont l'objet d'un examen approfondi, et l'on pourra reconnaître dans le critique qui les juge le coup d'œil de leur égal et de leur pareil. Parlant du grand sermonnaire Bourdaloue, et de son existence cachée, en apparence si calme, si régulière, et d'où il ne nous est parvenu qu'une parole éloquente, M. Vinet a dit : « Quels Mémoires seraient plus intéressants que ceux de ce religieux, s'il eût pu songer à les écrire? Voir, c'est vivre, et Bourdaloue, ayant beaucoup vu, a beaucoup vécu. Et que savons-nous encore s'il ne vécut que par les yeux? Sa robe n'était pas cette doublure de chêne ou ce triple airain à travers lequel aucun dard ne peut pénétrer jusqu'au cœur. Le mouvement de ses artères n'était pas aussi calme et aussi régulier que l'ordonnance de ses discours. Bourdaloue était vif, il était prompt, impatient peut-être ; quelques mots de son biographe, qui paraît l'avoir bien connu, laissent entrevoir qu'il y avait de la fougue dans son tempérament, et que, dans l'art de maîtriser son cœur, il déploya plus de force encore que dans l'art de maîtriser sa pensée. La régularité sévère, la facture savante d'une œuvre d'art n'est qu'au regard superficiel le signe d'un équilibre imperturbable de l'âme; les plus passionnés sont quelquefois les plus austères, et la force qui règle peut avoir le même principe que la passion qui entraîne et que l'enthousiasme qui crée. » — Si M. Vinet disait cela de Bourdaloue par manière de conjecture, on peut le lui appliquer plus sûrement à lui-même : il était de ceux qui vivent d'une vie complète au dedans, et qui, sans rien laisser éclater, arrivent à savoir par expérience tout ce qu'il a été donné à l'homme de sentir.

Je lui ai dû, pour mon compte, une des plus vives et des plus sérieuses impressions que j'aie éprouvées, et que ce nom de Bourdaloue réveille en moi. Il y a neuf ans (1), je reve-

(1) Juin 1839.

nais de Rome, — de Rome qui était encore ce qu'elle aurait
dû toujours être pour rester dans nos imaginations la ville
éternelle, la ville du monde catholique et des tombeaux.
J'avais vu dans une splendeur inusitée cette reine superbe :
Saint-Pierre m'avait apparu avec un surcroît de baldaquins
et d'or, avec de magnifiques tentures et des tableaux où figu-
raient les miracles d'un certain nombre de nouveaux saints
qu'on venait de canoniser. J'avais admiré surtout, d'un
des balcons du Vatican, les horizons lointains d'Albano, vers
quatre heures du soir. En présence de l'Apollon du Belvédère,
j'avais vu notre guide, l'excellent sculpteur Fogelberg (1), qui
le visitait presque chaque jour depuis vingt ans, laisser échapper une larme ; et cette larme de l'artiste m'avait paru, à
moi, plus belle que l'Apollon lui-même. Un bateau à vapeur
me transporta en deux jours de Civita-Vecchia à Marseille, et
de là je courus à Lausanne, où j'étais six jours après avoir
quitté Rome. Le lendemain de mon arrivée, au matin,
j'allai à la classe de M. Vinet pour l'entendre, — une pauvre
classe de collége, toute nue, avec de simples murs blanchis
et des pupitres de bois. Il y parlait de Bourdaloue et de
La Bruyère. L'Écossais Erskine (le même qu'a traduit la duchesse de Broglie) était présent comme moi. J'entendis là une
leçon pénétrante, élevée, une éloquence de réflexion et de
conscience. Dans un langage fin et serré, grave à la fois et
intérieurement ému, l'âme morale ouvrait ses trésors. Quelle
impression profonde, intime, toute chrétienne, d'un christianisme tout réel et spirituel ! Quel contraste au sortir des
pompes du Vatican, à moins de huit jours de distance ! Jamais
je n'ai goûté autant la sobre et pure jouissance de l'esprit, et
je n'ai eu plus vif le sentiment moral de la pensée.

Aujourd'hui tout cela n'est que souvenir ; tant de choses
ont péri, tant d'autres sont en train de s'abîmer en se trans-

(1) Le sculpteur suédois Fogelberg est mort à Trieste le 21 décembre 1854.

formant, que c'est à peine convenable de venir ainsi rappeler ce qui est déjà si loin de nous. — Remercions du moins, en courant, les amis et les éditeurs de M. Vinet de recueillir ce qu'il avait laissé d'épars, et engageons-les, malgré tout, à continuer de nous donner ce qui reste de son précieux héritage.

Octobre 1848.

J'ai tant de fois parlé de M. Vinet, que j'ai peut-être le droit de mettre ici une lettre de lui, la première que j'ai reçue et qui m'est si honorable. Elle servira en même temps à bien fixer le point de départ de nos rapports, sur lesquels des critiques estimables (M. Saint-René Taillandier entre autres) ont parlé un peu au hasard. Je n'ai pas besoin de faire remarquer que, dans la lettre qu'on va lire, M. Vinet se montre d'une modestie excessive, et qui va jusqu'à l'humilité. C'était une de ses faiblesses ou, comme on le voudra, de ses vertus. Dans un premier voyage que j'avais fait en Suisse pendant l'été de 1837, j'avais appris à le connaître (sans le voir personnellement) et à l'apprécier. A mon retour à Paris, je m'empressai de donner à la *Revue des Deux-Mondes* une étude dont il était le sujet et qui parut le 15 septembre 1837 (1). C'est à cette occasion que M. Vinet m'écrivit :

« Monsieur, on vient de m'envoyer la livraison de la *Revue des Deux-Mondes*, où se trouve l'article que vous avez bien voulu me consacrer. Il me serait difficile de vous exprimer tous les sentiments que j'ai éprouvés en le lisant ; je ne les démêle pas très-bien moi-même. Je ne veux pas vous dissimuler l'espèce d'effroi qui m'a saisi en me voyant tirer du demi-jour qui me convenait si bien vers une lumière si vive et si inattendue ; ce sentiment est excusable : il y va de trop pour moi, sous toutes sortes de sérieux rapports, d'être jugé avec une si extrême bienveillance dans un article dont vous êtes l'auteur et que vous avez signé. Il faudrait un bien grand fonds d'humilité pour en prendre facilement et vite mon parti. Cependant, monsieur, je ferais tort à la vérité, si je ne disais pas que j'ai éprouvé, au milieu de ma confusion, un vif plaisir, et je me ferais tort à moi-même si je dissimulais ma reconnaissance, qui a été plus vive encore. et qui a fait la meilleure partie de mon plaisir. C'en est un encore, dût-il en coûter à l'amour-propre (et certes vous avez trop ménagé le

(1) Voir au tome II des *Portraits contemporains*.

mien), que de se voir étudié avec un soin si attentif; tant d'attention ressemble un peu à de l'affection ; et quel profit d'ailleurs n'y a-t-il pas à être l'objet d'une si pénétrante critique? Vous semblez, monsieur, confesser les auteurs que vous critiquez; et vos conseils ont quelque chose d'intime comme ceux de la conscience. Je ferais plaisir peut-être à votre esprit de délicate observation, si je vous disais le secret historique de certains défauts de mon style et même de certaines erreurs de mon jugement. Mais vous m'avez trop généreusement donné de votre temps pour que je veuille vous en dérober; et j'aime mieux, monsieur, employer le reste de cette lettre à vous dire combien, sous d'autres rapports que ceux qui frapperont tout le monde, il m'est précieux d'avoir un moment arrêté votre attention. La mienne s'attache à vous depuis longtemps, c'est-à-dire à vos ouvrages; et quoique vous m'accusiez avec douceur de juger des hommes par leurs livres, je veux bien vous donner lieu de me le reprocher encore, et vous avouer que c'est votre pensée intime, votre vrai *moi*, qui m'attache souvent dans vos écrits. Il me semble qu'après beaucoup d'éloges un peu de sympathie doit vous plaire; j'offre la mienne à l'emploi que vous faites de votre talent, qui ne s'est pas contenté d'intéresser l'imagination et d'effleurer l'âme, mais qui veille aux intérêts sacrés de la vie humaine ; et moi, qu'une espérance sérieuse a pu seule faire écrivain, je suis heureux que vous ayez reconnu en moi cette intention, que vous l'ayez aimée ; et j'accepte avec reconnaissance les vœux par où vous terminez votre article. Oui, je désire être lu, et je vous remercie de m'avoir aidé à l'être; il ne m'est pas permis d'être modeste aux dépens de la cause que je sers; d'ailleurs on verra bientôt, si l'on y regarde, que ces doctrines, qui font la vraie valeur de mon livre, ne sont pas à moi.

« J'apprends, monsieur, que notre Lausanne espère obtenir de vous un Cours de littérature pour cet hiver, et ce Cours aura pour sujet *Port-Royal!* Il y a longtemps que je me réjouissais de vous lire ; avec quel intérêt ne vous entendrai-je pas sur une école que je connais trop peu, mais qui m'est si chère par le peu que j'en connais!

« Veuillez agréer, monsieur, avec mes remerciements, l'hommage de ma considération respectueuse,

Vinet.

« Montreux, 27 septembre 1837. »

RELATION INÉDITE

DE

LA DERNIÈRE MALADIE

DE LOUIS XV.

La pièce suivante est de celles qui appartiennent au genre de Suétone, de Dangeau et de Burchard ; c'est un feuillet des historiens de l'*Histoire Auguste*, une page de Procope ou de Lampride, page précieuse, bien qu'elle soit incomplète et à moitié déchirée. L'auteur, appelé par les devoirs de sa haute charge domestique à assister à la dernière maladie de Louis XV, en note tous les détails et les alentours avec cette vérité entière et inexorable qui ne fait grâce de rien ; le sentiment qui l'anime n'est pas une curiosité pure, et, dans ce qui semblerait même repoussant, sa probité s'inspire à une source plus haute : témoin de l'agonie d'un monarque et d'une monarchie, il veut flétrir ce qui en a corrompu la sève et ce qui en pourrit le tronc. Ainsi ce grave personnage, Du Vair, ne craignait pas de raconter à Peiresc, qui les a notées, les particularités les plus infamantes des règnes de Charles IX et de Henri III. C'est de la sorte seulement qu'on s'explique bien la chute des vieilles races, et la facilité avec laquelle, au jour soudain des colères divines et populaires, l'orage les déracine, sans que la voix tardive des sages, sans que les intentions les plus pures des innocentes victimes, puissent rien conjurer.

Qu'était-ce que Louis XV? On l'a beaucoup dit, on ne l'a pas assez dit : le plus nul, le plus vil, le plus lâche des cœurs de roi. Durant son long règne énervé, il a accumulé comme à plaisir, pour les léguer à sa race, tous les malheurs. Ce n'était pas à la fin de son règne seulement qu'il était ainsi ; la jeunesse elle-même ne lui put jamais donner une étincelle d'énergie. Tel on le va voir au sortir des bras de la Dubarry, dans les transes pusillanimes de la maladie et de la mort, tel il était avant la Pompadour, avant sa maladie de Metz, avant ces vains éclairs dont la nation fut dupe un instant et qui lui valurent ce surnom presque dérisoire de *Bien-aimé*. Il existe un petit nombre de lettres curieuses de Mme de Tencin au duc de Richelieu, écrites dans le courant de 1743 ; informée par son frère, le cardinal, de tout ce qui se passe dans le Conseil, cette femme spirituelle et intrigante en instruit le duc de Richelieu, alors à la guerre. Rien que ses propres phrases textuelles ne saurait rendre l'idée qu'elle avait du roi ; il est bon d'en citer quelque chose ici comme digne préparation à la scène finale qui eut lieu trente ans plus tard.

« Versailles, 22 juin 1743... Il faudrait, je crois, dit-elle, écrire à Mme de La Tournelle (Mme de Châteauroux) pour qu'elle essayât de tirer le roi de l'engourdissement où il est sur les affaires publiques. Ce que mon frère a pu lui dire là-dessus a été inutile : c'est, comme il vous l'a mandé, parler aux rochers. Je ne conçois pas qu'un homme puisse vouloir être nul, quand il peut être quelque chose. Un autre que vous ne pourrait croire à quel point les choses sont portées. Ce qui se passe dans son royaume paraît ne pas le regarder : il n'est affecté de rien ; dans le Conseil, il est d'une indifférence absolue ; il souscrit à tout ce qui lui est présenté. En vérité, il y a de quoi se désespérer d'avoir affaire à un tel homme. On voit que, dans une chose quelconque, son goût apathique le porte du côté où il y a le moins d'embarras, dût-il être le plus mauvais. » Et plus loin : « Les nouvelles de la Bavière sont en pis... On prétend que le roi évite même d'être instruit de ce qui se passe, et qu'il dit qu'il vaut encore mieux ne savoir rien que d'apprendre des choses désagréables. C'est un beau sang-froid! » Elle rappelle au duc de Richelieu la démarche que tenta Frédéric au commencement de la guerre : ce prince engageait la France à attaquer la reine de Hongrie au centre, en même temps que, lui, il entrerait en Silésie. « Vous devez vous ressouvenir que, quand vous vous fîtes annoncer à Choisy, dans un moment où il était en tête-à-tête avec Mme de La Tournelle pour lui faire part des propositions du roi de Prusse, il ne montra aucun empressement pour recevoir l'envoyé, qui voulait lui parler sans conférer avec les ministres. Ce fut vous qui le pressâtes de vous donner une heure pour le lendemain; vous fûtes étonné vous-même, mon cher duc, du peu de mots qu'il articula à cet envoyé, et de ce qu'il était comme un écolier qui a besoin de son précepteur. Il n'eut pas la force de se décider; il fallut qu'il recourût à ses Mentors... Le roi de Prusse jugeait Louis XV d'après lui;... mais il avait mal vu, et ne tarda point d'abandonner un allié dont il reconnaissait la nullité, quand il eut retiré tous les avantages qu'il attendait de la campagne. »

Le roi ira-t-il ou non à l'armée? Il fallut monter à cet effet toute une machine : « Mon frère, écrit Mme de Tencin, ne serait pas très-éloigné de croire qu'il serait très-utile de l'engager à se mettre à la tête de ses armées. Ce n'est pas qu'entre nous il soit en état de commander une compagnie de grenadiers; mais sa présence fera beaucoup; le peuple aime son roi par habitude, et il sera enchanté de lui voir faire une démarche qui lui aura été soufflée. Ses troupes feront mieux leur devoir, et les généraux n'oseront pas manquer si ouvertement au leur... » On touche là les ficelles de la campagne tant célébrée de 1744.

Nous pourrions multiplier ces citations accablantes : « Rien dans ce monde ne ressemble au roi, » écrit-elle en le résumant d'un mot. Tel était Louis XV dans toute sa force et dans toute sa virilité, à la veille de ce qu'on a appelé son héroïsme : ce qu'il devint après trente années encore d'une mollesse croissante et d'un abaissement continu, on le va voir lorsque, dans sa peur de la mort, il tirera la langue quatorze fois de suite pour la montrer à ses quatorze médecins, chirurgiens et apothicaires (1).

On ne peut s'empêcher de penser, à bien regarder la situation de la France au sortir du ministère du cardinal de Fleury, que si le duc de Choiseul et Mme de Pompadour elle-même n'étaient venus pour s'entendre et redonner quelque consistance et quelque suite à la politique de la France, la révolution, ou plutôt la dissolution sociale, serait arrivée trente ans plus tôt, tant les ressorts de l'État étaient relâchés ! Et la nation, les hommes de 89, qui se formaient à l'amour du bien public, à l'aspect de toutes ces bassesses, n'auraient pas été prêts pour ressaisir les débris de l'héritage et donner le signal d'une ère nouvelle.

Il y avait, rappelons-le pour ne pas être injuste dans notre sévérité, il y avait, au sein de ce Versailles d'alors et de cette Cour si corrompue, un petit coin préservé, une sorte d'asile des vertus et de toutes les piétés domestiques dans la personne et dans la famille du Dauphin, père de Louis XVI. Ce prince estimable et tout ce qui l'entourait, sa mère, son épouse, ses royales sœurs, toute sa maison, faisaient le contraste le plus absolu et le plus silencieux aux scandales et aux intrigues du reste de la Cour. Il serait touchant de rap-

---

(1) Ce que j'ai lu de plus favorable à Louis XV est dans un petit écrit intitulé : *Portraits historiques de Louis XV et de Mme de Pompadour*, faisant partie des *œuvres posthumes de Charles-Georges Leroy, pour servir à l'histoire du siècle de Louis XV*; Paris, chez Valade, imprimeur, rue Coquillière, an X (1802). L'auteur, qui avait eu l'occasion de voir continuellement Louis XV dans ses chasses dont il était lieutenant, parle de ce roi d'un ton de vérité plutôt bienveillante ; mais il insiste autant que personne sur sa timidité; sa défiance de lui-même, son impuissance totale de s'appliquer, et cette inertie, cette apathie incurable qui ne fit que croître avec les années.

procher les détails de sa fin prématurée, et sa mort si courageusement chrétienne, de la triste agonie du roi son père. On raconte qu'à son dernier automne (1765), ayant désiré revoir à Versailles le bosquet qui portait son nom et dans lequel s'était passée son enfance, il dit avec pressentiment, en voyant les arbres à demi dépouillés : « Déjà la chute des feuilles ! » Et il ajouta aussitôt: « Mais on voit mieux le ciel ! » Nous avons en ce moment sous les yeux une suite d'anecdotes et de particularités intéressantes sur ce fils de Louis XV, qu'a rassemblées M. Varin, conservateur à la bibliothèque de l'Arsenal, et nous y reviendrons peut-être quelque jour; mais aujourd'hui il nous a paru utile de présenter isolément, et sans correctif, le spectacle d'une mort beaucoup moins belle, et qui, dans ses détails les plus domestiques (c'est le lot des monarchies absolues), appartient de droit à l'histoire.

Le Dauphin, fils de Louis XV, quelque hommage qu'on soit disposé à rendre à ses qualités et à ses vertus, n'était pas de ceux desquels on peut dire autrement que par une fiction de poëte : *Tu Marcellus eris* ; tout en lui révèle un saint, mais c'était un roi qu'il eût fallu à la monarchie et à la France. Louis XVI, héritier des vertus de son père, ne sut pas être ce roi, et rien n'autorise à soupçonner que le père lui-même, s'il eût vécu, eût été d'étoffe à l'être. Il reste clair pour tous qu'avec Louis XV mourant, la monarchie était condamnée déjà, et la race retranchée. Voyons donc comment Louis XV était en train de mourir.

On ne dira pas : Voilà comment meurent les voluptueux, car les voluptueux savent souvent finir avec bien de la fermeté et du courage. Louis XV ne mourut pas comme Sardanapale, il mourut comme mourra plus tard Mme Dubarry, laquelle, on le sait, montée sur l'échafaud, se jetait aux pieds du bourreau en s'écriant, les mains jointes : « Monsieur le bourreau, encore un instant ! » Louis XV disait quelque chose de tel à toute la Faculté assemblée.

Et quel était donc celui qui va épier et prendre ainsi sur le fait les pusillanimités et les misères du maître durant sa maladie suprême ? Dans cette ancienne monarchie, les rois et les grands ne songeaient pas assez à qui ils se révélaient ainsi dans leur déshabillé et dans leur ruelle. Parmi cette foule de courtisans qui se livraient au torrent de chaque jour, et qui songeaient à profiter de ce qu'ils observaient sans le dire, il se rencontrait parfois des écrivains et des peintres, des moralistes et des hommes. Qu'on relise les surprenantes et incomparables pages de Saint-Simon où revivent les scènes si contrastées de la mort du grand Dauphin : les princes avaient parfois de tels historiographes à leur Cour sans s'en douter. Les Condé logeaient dans leur hôtel La Bruyère. La duchesse du Maine avait parmi ses femmes cette spirituelle Delaunay qui a écrit : « Les grands, à force de s'étendre, deviennent si minces, qu'on voit le jour au travers ; c'est une belle étude de les contempler, je ne sais rien qui ramène plus à la philosophie. » Et encore : « Elle (la duchesse du Maine) a fait dire à une personnne de beaucoup d'esprit que *les princes étaient en morale ce que les monstres sont dans la physique : on voit en eux à découvert la plupart des vices qui sont imperceptibles dans les autres hommes.* » C'est en effet dans cet esprit qu'il faut étudier les grands, surtout depuis qu'on a appris à connaître les petits : ce n'est pas tant comme grands que comme hommes qu'il convient de les connaître. De tout autres qu'eux à leur place auraient fait plus ou moins de même. La vraie morale à en tirer, c'est, sans s'exagérer le présent, et tout en y reconnaissant bien des grossièretés et des vices, de ne jamais pourtant regretter sérieusement un passé où de telles monstruosités étaient possibles, étaient inévitables dans l'ordre habituel.

L'homme qui a écrit les pages qu'on va lire n'est pas difficile à deviner et à reconnaître : son grand-père (lui-même nous l'indique) était collègue d'un duc de Bouillon durant la maladie du roi à Metz, en 1744, et le voilà qui se trouve à son tour côte à côte d'un duc de Bouillon dans cette maladie royale de 1774. Il nomme chacun des principaux seigneurs qui sont en fonction autour de lui, et s'en distingue ; il n'est donc ni le grand-chambellan (M. de Bouillon), ni le premier gentilhomme de la chambre (M. d'Aumont) ; ce ne peut être que leur égal, le grand-maître de la garde-robe en personne, M. le duc de Liancourt, qui avait alors la survivance du duc d'Estissac, son père, et qui en exerçait la charge ; c'est celui même que tout le monde a connu et vénéré sous le nom de duc de La Rochefoucauld-Liancourt, et qui n'est mort qu'en mars 1827. Voilà le témoin, un des plus vertueux citoyens, un homme de 89, tel qu'il s'en préparait à cette époque dans tous les rangs, et particulièrement au sein de la jeune noblesse éclairée et généreuse. De pareils spectacles, il faut en convenir, étaient bien propres à exciter de nobles cœurs et à leur donner la nausée des basses intrigues. Si l'on veut connaître le duc de La Rochefoucauld-Liancourt, sa vie est partout, son souvenir revit dans de nombreuses institutions de bienfaisance. Ce fut lui qui, grâce à cette même charge de grand-maître de la garde-robe, pénétrant de nuit jusqu'à Louis XVI, le faisant réveiller pour lui apprendre la prise de la Bastille, et lui entendant dire comme première parole : *C'est une révolte !* lui répondit : *Non, Sire, c'est une révolution !* Tel est l'homme qui, jeune et condamné par les devoirs de sa charge à subir le spectacle des derniers moments de Louis XV, eut l'idée de nous en faire profiter. Ami de M. de Choiseul, ennemi du ministère d'Aiguillon et de la maîtresse favorite, il eût pu dire aux approches du danger, comme Saint-Simon à la nouvelle de la mort de Monseigneur : « La joie néanmoins perçoit à travers les réflexions momentanées de religion et d'humanité par lesquelles j'essayois de me rappeler. » A nos yeux comme aux siens, est-il besoin d'en avertir ? de pareils récits et les turpitudes mêmes où ils font passer ont un sens sérieux : la nécessité et la légitimité de 89 sont au bout, comme une conséquence irrécusable. La scène où l'on réveille Louis XVI est le contre-coup fatal de celles où, quinze ans auparavant, on suivait la fin honteuse de Louis XV. L'enseignement historique ressort avec toute sa gravité. C'est dans cette conviction qu'en livrant ces pages au public, nous sommes assuré de ne manquer en rien ni à la mémoire ni à la pensée de celui qui les a écrites.

Nous reproduisons la copie qui est entre nos mains, sans chercher à y apporter même la correction, ni à plus forte raison, l'élégance. M. Lacretelle, qui fut attaché au duc de Liancourt, comme secrétaire intime pendant les premières années de la Révolution, a raconté, dans un intéressant chapitre de ses *Dix années d'épreuves,* comment on vivait à Liancourt, en cette sorte de paradis terrestre, et quelles occupations rurales, bienfaisantes ou littéraires y variaient les heures : « Après de laborieuses recherches, écrit M. Lacretelle, après avoir dépouillé une vaste et touchante correspondance, il (le duc de Liancourt) rédigeait ses Mémoires (1), les soumettait à ma critique, à ma révision. J'avoue que ce fut d'abord pour moi une torture que de chercher des embellissements à un travail tout uni, mais parfaitement conforme au sujet. Mon style me paraissait à moi-même trop ambitieux et trop fleuri. Je voyais bien que l'auteur en portait tout bas le même jugement. Il me dit un jour : *Ma prose fait tache dans la vôtre.* Ce compliment plus ou moins sincère fut pour moi un avertissement d'user avec réserve de mon métier de polisseur. Plus j'y mis de discrétion et d'économie, et mieux nous nous entendîmes. » Nous ne nous sommes pas même cru en droit de nous permettre ce soin si sobre ; à part un ou deux endroits où la copie était évidemment fautive, nous en avons respecté tout le négligé. Cette copie provient de celle que possède la Bibliothèque de l'Arsenal, et qui, perdue dans la masse des papiers de M. de Paulmy, a été récemment retrouvée par M. Varin.

15 février 1846.

(1) Ils ont, par malheur, été détruits.

MÉMOIRES SUR LA MORT DE LOUIS XV

La maladie d'un roi, d'un roi qui a une maîtresse, et une c.... pour maîtresse, d'un roi dont les ministres et les courtisans n'existent que par cette maîtresse, dont les enfants sont opposés d'intérêts et d'inclination à cette maîtresse, est une trop grande époque pour un homme qui vit et qui est destiné à vivre à la Cour, pour ne pas mériter toutes ses observations. C'est d'ailleurs un événement à peu près unique dans la vie, et qui sert plus qu'aucun autre à la connaissance parfaite de cette classe d'hommes qu'on appelle courtisans. Destiné, comme je l'étais, à voir un jour le roi malade, je m'étais toujours proposé de suivre avec la plus grande attention toute la scène de sa maladie, et tous les différents mouvements qu'elle devait produire. L'idée que j'avais avec toute la Cour de l'effet que ferait sur le roi le second accès de fièvre, rendait à ma curiosité ce moment intéressant. Il me l'était d'ailleurs encore plus par le renvoi, que je regardais comme certain, de sa maîtresse, et par la chute d'un ministre, et d'un ministre odieux, qui devait être la suite nécessaire du renvoi de cette maîtresse. La santé du roi, le soin qu'il en avait, sa vigueur, paraissaient devoir éloigner cet événement, quand tout à coup il arriva au moment où on s'y attendait le moins.

Le mercredi 27 avril (1) au matin, le roi, étant à Trianon de la veille, se sentit incommodé de douleurs de tête, de frissons et de courbature. La crainte qu'il avait de se constituer malade, ou l'espérance du bien que pourrait lui faire l'exercice, l'engagea à ne rien changer à l'ordre qu'il avait donné la veille. Il partit en voiture pour la chasse; mais, se sentant plus incommodé, il ne monta pas à cheval, resta en carrosse, fit chasser, se plaignit un peu de son mal, et revint à Trianon vers les cinq heures et demie, s'enferma chez Mme Dubarry, où il prit plusieurs lavements. Il n'en fut guère soulagé, et quoiqu'il ne mangeât rien à souper, et qu'il se couchât de fort bonne heure, il fut plus tourmenté pendant la nuit des douleurs qu'il avait ressenties pendant le jour, et auxquelles se joignirent des maux

(1) 1774.

de reins. Lemonnier (1) fut éveillé pendant la nuit; il trouva de la fièvre. L'inquiétude et la peur prirent au roi; il fit éveiller Mme Dubarry. Cependant cette inquiétude du roi ne paraissait encore point fondée, et Lemonnier, qui connaissait sa disposition naturelle à s'effrayer de rien, regardait cette inquiétude plutôt comme un effet ordinaire d'une telle disposition que comme le présage d'une maladie. Il voyait avec les mêmes yeux les douleurs dont le roi se plaignait, et en rabattait dans son esprit les trois quarts, toujours par le même calcul. Voilà ce qui arrive toujours aux gens douillets; ils sont comme les menteurs : à force d'avoir abusé de la crédulité des autres, ils perdent le droit d'être crus quand ils devraient réellement l'être. Mme Dubarry, qui connaissait le roi comme Lemonnier, pensait comme lui sur la réalité des douleurs dont le roi se plaignait et s'inquiétait, mais regardait comme un avantage pour elle les soins qu'elle pourrait lui rendre, et l'occupation qu'elle pourrait lui montrer avoir de lui. La bassesse de M. d'A..... (2) la servit parfaitement dans cette circonstance. Ce plat gentilhomme de la chambre, au mépris de son devoir, renonça au droit qu'il avait d'entrer chez le roi, d'en savoir des nouvelles lui-même, de le servir, pour empêcher d'entrer ceux qui avaient le même droit que lui, et pour laisser le roi malade passer honteusement la journée à un quart de lieue de ses enfants, entre sa maîtresse et son valet de chambre. C'est là où commence l'histoire des plates et viles bassesses de M. d'Aumont; elles tiendront quelque place dans ce récit Il est de cette lâche espèce d'hommes qui n'ont pas même le courage d'être bas et vils pour leurs intérêts, et dont la platitude est toujours au service de celui qui a l'apparence de la faveur.

Cependant il était trois heures, et personne n'avait encore pu pénétrer chez le roi. On n'en savait qu'imparfaitement des nouvelles, et par celles qui transpiraient on jugeait le roi seulement incommodé d'une légère indisposition. Mme Dubarry en avait fait part à M. d'Aiguillon, qui était à Versailles, et avait, d'après ses conseils, formé le projet de faire rester le roi à Trianon tant que durerait cette incommodité. Elle passait par

---

(1) Premier médecin ordinaire.
(2) Le duc d'Aumont, premier gentilhomme de la chambre, qui était d'*année* en 1774.

ce moyen plus de temps seule auprès de lui, et plus que tout encore elle satisfaisait son aversion contre M. le Dauphin, M™° la Dauphine et Mesdames, en écartant le roi d'eux, et rendait vis-à-vis de lui leur conduite embarrassante. L'incertitude où était Lemonnier de la suite de cette incommodité, l'embarras dont était dans une chambre aussi petite le service du roi, le scandale et l'indécence dont ce séjour prolongé devait être, rien ne pouvait déranger M™° Dubarry de ce projet déraisonnable et indécent, conçu pour narguer la famille royale. M. d'Aumont s'y prêtait de toute sa bassesse, et n'avait même mandé à personne l'état du roi, pour faciliter à cette femme le parti qu'elle voudrait prendre. La famille royale n'en était même pas instruite par lui, mais elle l'était d'ailleurs; et n'osant pas venir, comme elle l'aurait voulu, pénétrer dans son intérieur pour savoir de ses nouvelles, elle se bornait à désirer qu'on le déterminât à revenir à Versailles. La Martinière (1), sur la nouvelle de l'incommodité du roi, qui s'était répandue, avait accouru à Trianon, et y trouva le parti pris d'y faire rester le roi jusqu'à sa parfaite guérison, que l'on jugeait devoir être dans deux ou trois jours, cette incommodité n'étant alors jugée qu'une forte indigestion. Quelque désir qu'eût Lemonnier de faire revenir le roi à Versailles, il n'avait pas la force de s'opposer à la volonté de M™° Dubarry. Sa position, et plus encore son caractère, l'engageaient à tout ménager, et, ne voulant rien mettre contre lui, il ne pouvait pas avoir cette conduite franche et assurée, cette décision ferme et inébranlable qu'a l'honnêteté désintéressée. Le caractère brusque et décidé de La Martinière lui donnait cette force. Ce vieux serviteur du roi avait, depuis qu'il lui était attaché, pris l'habitude de lui parler avec une liberté qui tenait de la familiarité, et même souvent de l'indécence. Il ne s'était jamais adressé qu'au roi pour tout ce qu'il avait obtenu de lui, et avait pris sur son esprit un ascendant qui le faisait réussir dans tout ce qu'il lui demandait, et qui même l'en faisait craindre. Il s'était, quatre ans auparavant, opposé à l'arrivée de M™° Dubarry. Il savait qu'il lui déplaisait et, sans s'en embarrasser, il n'agissait pas plus contre elle qu'en sa faveur. La résolution où il trouva le roi de demeurer à Trianon ne l'empêcha pas de travailler fortement à l'en détourner, et il y réussit avec facilité; car le roi, qui n'avait

(1) Premier chirurgien du roi.

jamais eu dans sa vie que la volonté des autres, n'avait pas plus la sienne dans ce moment. Il fut donc décidé, malgré le désir obstiné de Mme Dubarry, que le roi partirait pour Versailles dès que les carrosses qu'on avait envoyé chercher seraient arrivés. Pour donner une idée de la manière brusque et souvent grossière dont La Martinière parlait au roi, je rapporterai que le roi, déterminé à suivre son avis, lui disait, en lui parlant de sa maladie et de la diminution journalière de ses forces : « *Je sens qu'il faut enrayer.* » — « *Sentez plutôt,* lui répliqua La Martinière, *qu'il faut dételer.* »

M. de Beauvau, M. de Boisgelin, M. le prince de Condé, qui, par le manége de M. d'Aumont dont j'ai parlé, n'avaient pas encore pu voir le roi de la journée, le virent enfin à quatre heures ; et quoiqu'ils le trouvassent très-affaissé, très-inquiet et très-plaignant, ils jugèrent son état moins inquiétant et moins douloureux qu'il ne le disait, toujours par la connaissance de sa pusillanimité. Cependant les voitures étaient arrivées, et le roi s'était laissé porter dans son carrosse, se plaignant toujours beaucoup de mal de tête, de maux de reins, de maux de cœur. Ses plaintes continuelles, ses inquiétudes, sa profonde tristesse, confirmèrent M. de Beauvau et les autres dans l'opinion qu'ils avaient de sa faiblesse et de sa peur ; et il n'y avait personne à Trianon ou à Versailles qui imaginât encore que l'incommodité du roi pût être le commencement d'une maladie. Cependant tout Paris fut averti que le roi avait resté dans son lit jusqu'à quatre heures, qu'il était revenu en robe de chambre et au pas de Trianon, et qu'il s'était couché en arrivant. Tous les princes, tous les grands officiers arrivèrent ; j'arrivai comme les autres, mais sans beaucoup d'empressement, parce que je voulais voir, avant de partir de Paris, une *personne* qui me tenait plus au cœur que le roi et toute la Cour, et que par parenthèse je ne vis pas (1). Je trouvai à mon arrivée le roi couché. Lemonnier, que je vis, me dit qu'il espérait, comme tout le monde, que la fièvre du roi cesserait dans la nuit, mais que son affaissement lui faisait craindre que non, et qu'alors le lendemain matin il lui demanderait du secours et de choisir un renfort de méde-

---

(1) Une *personne*, c'est-à-dire une maîtresse. Les plus vertueux ont leur côté faible et leur coin chatouilleux. M. de La Rochefoucauld-Liancourt avait été galant dans sa jeunesse, et il n'est pas fâché de le faire sentir.

cins. J'appris aussi que la famille royale, qui était venue le voir à son arrivée, n'y était restée qu'un instant, et que le roi lui avait dit qu'il l'enverrait chercher quand il voudrait la voir. Tout cela était l'effet des persécutions de Mme Dubarry, qui, enragée du retour du roi à Versailles, voulait se renfermer avec lui autant qu'il serait possible, et en exclure ses enfants. Quand je dis que Mme Dubarry voulait, j'entends que M. d'Aiguillon voulait; car cette femme, comme les trois quarts de celles de son espèce, n'avait jamais eu de volonté. Toutes ses volontés se bornaient à des fantaisies, et toutes ses fantaisies étaient des diamants, des rubans, de l'argent. L'hommage de toute la France lui était à peu près indifférent. Elle était ennuyée de toutes les affaires dont son odieux favori voulait qu'elle se mêlât, et n'avait de plaisir qu'à gaspiller en robes et en bijoux les millions que la bassesse du contrôleur général lui fournissait avec profusion ; soit crainte, soit goût, soit faiblesse, elle était entièrement livrée aux volontés despotiques de M. d'Aiguillon, qui, s'en étant servi quatre ans plus tôt pour se tirer des horreurs d'un procès criminel, l'avait employée depuis pour l'aider à se venger de tous ses ennemis, c'est-à-dire de tous les gens honnêtes, et pour se servir de tout le crédit qu'elle avait sur la faiblesse apathique du roi. Il lui avait conseillé de tenir le roi à Trianon ; il la pressait actuellement de s'enfermer le plus souvent avec lui, et d'en écarter les princes et Mesdames. Il lui conseillait aussi de s'appliquer à ne faire appeler que tard ceux qui avaient droit d'entrer chez le roi et d'obtenir de lui qu'il les fît sortir de bonne heure. Il voulait qu'il ne fût livré qu'à elle et à ceux qu'elle y introduirait. Le roi, comme je l'ai dit, avait déjà fait acte de soumission en disant à ses enfants de ne pas revenir sans qu'il les envoyât chercher. Il l'avait fait encore en n'appelant ses grands-officiers à Trianon qu'à quatre heures, et en les congédiant à neuf heures et demie ; et voilà vraisemblablement ce qui se serait passé pendant le cours de la maladie du roi, si elle se fût prolongée sans devenir plus grave.

Je quittai donc Lemonnier, après en avoir appris l'état du roi, et après avoir su que lui-même en était exclu par Mme Dubarry, qui y était actuellement renfermée seule, ou avec M. d'Aiguillon. Cependant la fièvre se soutint dans la nuit avec assez de force, il y eut même de l'augmentation ; les douleurs de tête devinrent plus fortes, et nous apprîmes à huit heures du matin qu'on allait saigner le roi. Cette saignée avait été ordonnée par Lemonnier, d'accord avec La Martinière. Nous apprîmes aussi qu'on avait été chercher à Paris Lorry et Bordeu. Lemonnier, suivant son projet de la veille, avait demandé au roi du secours, et l'avait prié de choisir ceux des médecins qu'il désirait appeler en consultation. Il a dit n'en avoir proposé aucun, et cela est vrai ; le roi les avait choisis l'un et l'autre, toujours d'après Mme Dubarry. L'un était son médecin, l'autre l'était de M. d'Aiguillon ; et celui-ci avait engagé la maîtresse à déterminer le roi à ce choix, espérant se servir d'eux, suivant ses besoins, dans le cours de la maladie. Lassonne fut aussi appelé ; mais comme il était médecin de Mme la Dauphine, il le fut purement du choix de Lemonnier. La nouvelle de la saignée fit arriver tous les courtisans ; ceux qui avaient des charges, ceux qui n'en avaient pas, tout accourut, et le cabinet se trouva bientôt rempli de gens qui désiraient savoir des nouvelles du roi et n'avaient aucun moyen de s'en procurer. Il ne sortait encore presque personne de la chambre, et ceux qui en sortaient ne parlaient pas ; on ne disait rien. Cependant, la saignée du roi faite, la fièvre subsistante, les médecins appelés, tout cela annonçait que l'on craignait une maladie, et donnait un grand champ aux spéculations de toute la Cour. Mme Dubarry persistait à croire que la fièvre du roi ne durerait certainement que vingt-quatre heures encore ; elle voyait ce que M. d'Aiguillon lui faisait voir, et toujours, d'après ses conseils, se bornait à retarder l'appel des entrées et à occuper physiquement le roi d'elle. Les gens de son parti voyaient, comme elle, impossibilité à ce que le roi fût malade, et regardaient cette petite incommodité comme un moyen qui servirait encore à augmenter son crédit... Les ennemis de M. d'Aiguillon, au contraire, et ceux de Mme Dubarry, désirant que quelques accès de fièvre répétés inquiétassent assez le roi pour lui faire recevoir les sacrements, le voyaient déjà assez malade pour ne pas douter que leurs désirs ne fussent absolument accomplis. Chacun croyait ce qu'il voulait croire, et chacun croyait également sans fondement. Tandis que ce grand intérêt occupait toute la Cour, M. d'Aumont ne perdait pas de vue ses prétentions et le désir d'étendre et d'augmenter ses droits de gentilhomme de la chambre. Ce désir, qui lui était commun avec tous ses camarades, se montrait en lui d'une manière plus ridicule et plus grossière, parce qu'à la bassesse plate et vile qui, comme je le dis, était la base de son caractère, il joint une bêtise et une bonne opinion de lui

qui en fait l'ornement. Il avait entendu dire que, pendant la
maladie du roi à Metz, M. de Richelieu s'était enfermé seul avec
lui et avait interdit la porte à M. de Bouillon et à mon grand-
père, qui avaient eu l'un et l'autre la faiblesse de souscrire à
cette volonté ridicule de M. le maréchal. Il voulait suivre le
même plan ; mais il avait affaire à gens qui connaissaient toutes
ses prétentions, qui se tenaient en garde contre elles, et qui,
sans vouloir augmenter leurs droits, étaient déterminés à n'en
rien laisser attaquer. Telles étaient les dispositions de mon
père, les miennes, celles de M. de Boisgelin (1) ; c'étaient aussi
celles de M. de Bouillon (2), et nous nous étions tous proposé
de ne laisser pénétrer ni rester aucun gentilhomme de la chambre
dans l'intérieur du roi sans que nous y fussions avec eux.
M. d'Aumont s'occupait aussi de reculer les entrées, c'est-à-dire
de ne laisser entrer les personnes qui avaient droit d'entrer
dans une chambre que dans celle qui la précédait ; par ce moyen,
il laissait libre et sans bruit la salle du conseil, qui précédait
immédiatement la chambre du lit, et cet arrangement était raisonnable. Cependant MM. les capitaines des gardes, et nommément M. de Beauvau et M. le duc d'Ayen, s'en formalisèrent
d'une manière qui me parut ridicule ; car ce changement, en
procurant plus de tranquillité au roi, n'attentait nullement à
leurs droits, et ne les confondait pas avec plus de monde, puisque
la chambre où l'on plaçait leurs entrées était interdite à tous
ceux qui ne les avaient pas. M. de Beauvau, d'ailleurs très-
facile à vivre dans l'ordre ordinaire de la société, est ce qu'on
appelle susceptible dans les choses qui tiennent à sa charge.

Cependant il était midi, et les médecins venaient d'arriver.
On appela à la fin la garde-robe, et nous trouvâmes le roi entouré d'une foule de médecins et de chirurgiens, les question-
nant avec une faiblesse et une inquiétude inexprimables sur la
marche de sa maladie, sur leur opinion de son état, et sur les
remèdes qu'ils lui donneraient dans tel ou tel cas. Les médecins
le rassuraient, caractérisant sa maladie de fièvre catarrheuse ;
mais ils montraient plus d'inquiétude dans la manière dont ils le
traitaient que dans leurs paroles. Ils avaient déjà annoncé
qu'ils feraient une seconde saignée à trois heures et demie, et
même une troisième dans la nuit, ou dans la journée du lende-

---

(1) Le comte de Boisgelin, l'un des maîtres de la garde-robe.
(2) Le duc de Bouillon, grand-chambellan.

main, si la seconde ne débarrassait pas le mal de tête. Le roi, dont les questions répétées avaient poussé les médecins à lui faire cette réponse, s'en montrait fort mécontent. « *Une troisième saignée*, disait-il, *c'est donc une maladie ! Une troisième saignée me mettra bien bas, je voudrais bien qu'on ne fît pas une troisième saignée. Pourquoi cette troisième saignée ?* » Les rois ne peuvent rien dire qui ne soit répété et même interprété. Ses propos sur la troisième saignée coururent bientôt Versailles. Ils nous avaient frappés en les entendant ; ils firent le même effet sur tous ceux qui les apprirent, et le sentiment général fut de conclure qu'une troisième saignée prouverait au roi qu'il était bien malade, et le déterminerait au renvoi de Mme Dubarry. Ici on avait toujours entendu dire qu'une troisième saignée devait faire recevoir les sacrements ; et, suivant la disposition favorable ou contraire à la maîtresse, chacun craignait ou espérait de la voir ordonner. Comme le parti de ceux qui désiraient l'expulsion de Mme Dubarry et de ses vils sectateurs n'était en général composé que de gens honnêtes, il se bornait à désirer tout ce qui pouvait en hâter le moment, mais ne formait à cet égard aucunes intrigues. Il n'en était pas de même du vil parti qui la soutenait : accoutumé aux menées sourdes, à des intrigues basses et enveloppées, il était déterminé à les employer dans une occasion réellement intéressante. On entoura donc les médecins, on les chambra ; on fit envisager aux honnêtes, ou à ceux qu'on croyait tels, combien le roi avait été frappé de l'idée de cette troisième saignée, combien il se croirait malade s'il se la voyait faire, et quel était le danger de la peur pour un homme de cette faiblesse et de cette pusillanimité. On parlait plus clair à ceux que l'on croyait moins honnêtes, et on leur montrait que la troisième saignée allait faire recevoir les sacrements, renvoyer Mme Dubarry, et par conséquent qu'ils s'en feraient, en l'ordonnant, une ennemie irréconciliable, car on ne mettait jamais en doute qu'elle ne revînt bientôt après. Les Dubarry, les d'Aiguillon, les d'Aumont, les Richelieu, les Bissy, employaient leur éloquence, mettaient en jeu tous leurs moyens pour persuader la Faculté, et en étaient venus à bout. La médecine de Bordeu et de Lorry est assez complaisante, et se prête volontiers aux fantaisies des malades. Les conseils des courtisans leur firent en cette occasion un grand effet ; ils renoncèrent à reparler de cette saignée.

Lemonnier était trop politique pour ne pas, dans cette circonstance, être de l'avis des autres ; Lassonne et Lieutaud, dé-

terminés à renoncer à cette troisième saignée, remirent pourtant
après la seconde saignée à en prononcer. Les chirurgiens furent,
comme toujours, de l'avis des médecins, et il fut question de
procéder à la saignée qu'on avait ordonnée à midi. Le parti qui
désirait tous les moyens qui feraient chasser Mme Dubarry et tous
ses plats courtisans (et j'étais un des plus actionnés dans ce
parti) s'efforçait de savoir exactement tout ce qui se faisait dans
l'autre, mais se bornait à cela. La prudence lui interdisait toutes
démarches; car le renvoi de cette femme étant nécessairement
lié à un plus grand danger du roi, il eût été maladroit et dangereux de rien montrer de l'envie qu'on en avait. La lâcheté des
médecins qui les avait fait renoncer à l'idée d'une troisième
saignée si la seconde ne produisait pas un assez grand soulage-
ment, ne les empêchait pas de penser qu'elle serait vraisemblablement nécessaire; mais ils s'étaient engagés, et, pour satisfaire à la fois leur parole et leur conscience, ils prirent le parti
de faire faire la seconde saignée tellement abondante, qu'elle
pût tenir lieu d'une troisième. En conséquence, on tira au roi
la valeur de quatre grandes palettes. Les rois doivent être accoutumés à voir leur gloire et leur santé être le jouet de l'in-
trigue et de l'intérêt de tout ce qui les entoure. Le roi se montra
encore bien *lui* pendant et avant cette saignée; sa peur, sa pusillanimité étaient inconcevables; il fit venir du vinaigre qu'il
fit mettre sous son nez, disant à la vue du chirurgien qu'il allait
se trouver mal, se faisant soutenir par quatre personnes, et donnant son pouls à tâter à la Faculté, et faisant à chaque instant
les mêmes questions aux médecins sur sa maladie, sur les
remèdes, sur son état. « *Vous me dites que je ne suis pas mal, et
que je serai bientôt guéri,* leur disait-il, *mais vous n'en pensez
pas un mot; vous devez me le dire.* » Ceux-ci protestaient de dire
la vérité, et le roi ne s'en plaignait, n'en geignait, n'en criait
pas moins. Sa peur et ses craintes n'étaient pas celles de l'inquiétude bien intéressante (?), mais celles d'une faiblesse lâche
et révoltante. Son mal de tête, qui n'avait pas cédé à la première
saignée, ne cédait pas plus à la seconde, et il se répandait dans
Versailles, à la grande satisfaction des uns et au grand chagrin
des autres, que le roi entrait dans une grande maladie. Le roi,
inquiet et souffrant, ne parlait que de lui quand il parlait,
mais parlait peu. Il avait, vers les cinq heures, envoyé chercher
ses enfants, qui étaient venus passer auprès de son lit une demi-
heure, sans en entendre et sans lui dire une parole. Il n'aurait

pas pensé à se procurer cette visite, si L......, qui voulait lui en procurer une autre, ne lui eût pas proposé d'aller chercher ses enfants. L......(1), premier valet de chambre du roi, livré, comme M. d'Aumont, à Mme Dubarry, joignait sa bassesse à la sienne, pour la servir quand il le pouvait, et avait fait à cet égard de grands projets pour cette occasion. Quoique L...... soit un homme vil et sans honneur, il ne faut pas confondre sa bassesse avec celle de M. d'A.....; elle est d'un caractère un peu plus noble, au moins plus hardi. C'est une espèce de fou qui ne manque pas d'esprit, à qui les caresses de Mme Dubarry et la confiance du roi dans cet horrible rapport avaient tourné la tête, qui se croyait un personnage, un homme à crédit, que cette idée disposait à tout faire pour l'avantage de cet indigne fripon, mais qui au moins était capable de mettre plus de force et plus d'intrépidité dans ses infamies; homme d'ailleurs d'une crapule indécente, d'une déraison choquante et d'une insolence brutale. Il voyait avec chagrin que les princes du sang et les grands-officiers remplissaient la chambre du roi, et qu'ils ne la quittaient pas, empêchant Mme Dubarry d'y arriver. M. d'Aumont n'en était pas plus content; il avait promis à M. d'Aiguillon de faciliter fréquemment les visites de Mme la comtesse; il tint son petit conseil avec L......, et le détermina en conséquence à venir nous dire à tous dans la chambre que le roi voulait être seul.

Je ne croyais pas alors que son motif fût la bassesse et l'envie de produire Mme Dubarry; je n'y voyais que le projet de nous éconduire pour rester seul avec le roi, prétention de droits; et quoique tout le monde à peu près fût déjà sorti, je tins bon et lui répondis : Que si le roi voulait que je sorte, il me l'ordonnerait, mais qu'en attendant j'allais rester. M. de Bouillon vint à mon secours et dit la même chose, et les gens qui étaient sortis, nous voyant rester, rentrèrent aussi. Je jouis alors de m'être opposé avec succès à cette prétention de M. d'Aumont. J'ai bien plus joui depuis, quand j'ai su le vrai motif de sa conduite, d'avoir empêché la visite qu'il voulait favoriser. Cependant le roi était gisant dans son lit, n'ayant nul désir de voir celle que M. d'Aumont avait tant à cœur de lui amener, et n'ouvrant la bouche, dans l'état d'affaissement où il était, que pour geindre et parler de lui à la Faculté. La quantité de médecins dont il était entouré m'avait, dans le commencement de la journée, apitoyé

(1) Laborde, qui fut aussi fermier-général.

pour lui. Quatorze personnes, dont chacune a le droit d'approcher et de visiter un malade, me paraissaient un vrai supplice. Mais le roi n'en jugeait pas ainsi ; et, outre que l'habitude l'empêchait de s'apercevoir de cette importunité, qui aurait été pour tout autre insoutenable, l'inquiétude et la peur la lui rendaient précieuse. La Faculté était composée de six médecins, cinq chirurgiens, trois apothicaires ; il aurait voulu en voir augmenter le nombre. Il se faisait tâter le pouls six fois par heure par les quatorze ; et quand cette nombreuse Faculté n'était pas dans la chambre, il appelait ce qui en manquait pour en être sans cesse environné, comme s'il eût espéré qu'avec de tels satellites la maladie n'oserait pas arriver jusqu'à Sa Majesté. Je n'oublierai jamais que Lemonnier lui ayant dit qu'il était nécessaire qu'il fît voir sa langue, et le lit n'étant ouvert que de façon à laisser approcher à la fois l'un deux, il la tira d'un pied appuyant ses deux mains sur ses yeux, que la lumière incommodait, et la laissa tirée plus de six minutes, ne la retirant que pour dire après l'examen de Lemonnier : « A vous, Lassonne ; » et puis : « A vous, Bordeu ; » et puis : « A vous, Lorry, » etc. ; et puis, et puis, enfin jusqu'à ce qu'il eût appelé l'un après l'autre tous ses docteurs, qui témoignaient chacun à leur manière la satisfaction qu'ils avaient de la beauté et de la couleur de ce précieux et royal morceau. Il en fut de même un moment après, pour son ventre, qu'il fallut tâter ; et il fit défiler chaque médecin, chaque chirurgien, chaque apothicaire, se soumettant avec joie à la visite, et les appelant toujours l'un après l'autre et par ordre. Mais ces visites se faisaient en prenant bien garde que le roi ne vît la lumière qui l'avait déjà incommodé, et dont il s'était plaint une fois. On mettait la main devant, et on ne laissait arriver les rayons que sur la partie que l'on voulait éclairer. Un garçon de la chambre avait été chargé de ce soin ; son attention n'était jamais en défaut. Il la poussait même plus loin que l'exactitude, et je dirai en passant comment elle nous procura une scène ridicule et plaisante. Il fut question de donner un lavement au roi. On le traîna à grand'peine sur le bord de son lit, et là on le posta dans l'attitude convenable à la circonstance, c'est-à-dire le visage enfoncé dans un oreiller, et le derrière à découvert et en position. La Faculté, rangée autour du lit, fit place, en se mettant en haie, au maître apothicaire, qui arrivait la canule à la main, suivi du garçon apothicaire qui portait respectueusement le corps de la seringue, et du garçon de la chambre qui portait la lumière destinée naturellement à éclairer la scène. M. Forgeot (c'est le nom du maître apothicaire), placé avantageusement, allait poser et mettre en place la canule, quand tout à coup le garçon de la chambre, voyant que la lumière qu'il porte donne en plein sur le derrière royal, et imaginant apparemment que son effet peut être dangereux pour la santé ou au moins la commodité de Sa Majesté, arrache avec précipitation de dessous le bras d'un médecin un chapeau, et le place entre la bougie et le lieu où M. Forgeot dirigeait toute son attention. J'aurais peine à peindre la colère servile et méprisante de l'apothicaire, à qui cette éclipse avait fait manquer son coup, l'étonnement des médecins, l'indignation du petit garçon apothicaire, et l'envie de rire de la partie de l'assemblée heureusement placée pour être témoin de cette scène. Cette histoire ridicule peut servir à faire connaître l'empressement peu réfléchi, l'exactitude machinale des subalternes, que la plus profonde vénération n'abandonne jamais.

Cependant les médecins n'étaient pas contents de l'effet de leur remède, et l'accablement continuel du roi et les autres accidents leur faisaient craindre une fièvre maligne. Ils disaient cependant encore que la maladie était une fièvre humorale, mais consultaient fréquemment entre eux, et se laissaient voir inquiets. Bordeu avait été chez Mme Dubarry, et lui avait annoncé une grande maladie pour le roi. Lorry avait dit à M. d'Aiguillon que l'état du roi pouvait devenir inquiétant ; mais la maîtresse et son favori n'en croyaient encore rien et n'en voulaient rien croire. L'inquiétude commençait pourtant à se répandre dans tout Versailles ; chacun commençait aussi à se faire un plan de conduite pour le cours de la maladie : je fis celui de veiller le roi, et de le soigner de ma présence tant qu'elle durerait. On avait toujours dit, et avec assez de raison, que je le servais fort à ma commodité, et on avait voulu me faire de cette légèreté un grand démérite à ses yeux ; mais son apathie, qui lui rendait tout indifférent, l'avait empêché de s'en choquer, et j'avais usé plus que personne de cette facilité que l'on admirait en lui pour les gens qui l'approchaient, et qui n'était que l'effet de la plus complète indifférence. Cependant je ne voulais pas, dans le moment où il était malade, ne pas le soigner aussi bien et mieux que les autres ; je croyais mon devoir attaché à ne le quitter que le temps absolument nécessaire pour mon repos ou mes repas. J'y voyais aussi mon intérêt, car j'acquérais par une conduite assidue pendant sa maladie, et par dix nuits passées auprès de son lit, le droit de reprendre après sa guérison mon train ordinaire de vie. J'étais déterminé aussi à cette conduite par le désir et le projet d'observer de près un événement aussi curieux, et de démêler les intrigues qu'il ferait nécessairement naître en abondance. Voilà quels étaient mon plan et mes motifs. Je me proposais aussi la plus grande retenue dans mes propos, et de ne rien faire paraître de l'envie que j'avais de tout ce qui pouvait amener le renvoi de la maîtresse et du ministre, sans cependant me permettre d'affecter jamais aucun sentiment contraire. Il était déjà dix heures du soir. Le roi avait été changé de son grand lit dans un petit, pour la commodité de son service; son affaissement, ses douleurs, sa pesanteur augmentaient, et, malgré l'opinion qu'on avait de sa faiblesse et de sa peur, il paraissait bien évidemment qu'il commençait une grande maladie. Tout Versailles en était persuadé, excepté ceux qui ne voulaient pas l'être. Les médecins l'étaient comme tout le monde, et leur silence l'annonçait ; ils ne parlaient qu'entre eux, et remettaient encore au lendemain à vouloir prononcer sur le caractère de la maladie. La famille royale, fort inquiète, était revenue après son souper voir le roi, et se préparait à rester tard dans la chambre à côté pour voir le commencement de la nuit, quand tout à coup la lumière, approchée du visage du roi sans la précaution ordinaire, éclaira son front et ses joues, où l'on aperçut des rougeurs. Les médecins qui entouraient le lit, à la vue de ces rougeurs qui étaient déjà des boutons élevés sur la peau, se regardèrent entre eux avec un accord et un étonnement qui fut l'aveu de leur ignorance. Lemonnier voyait le roi depuis deux jours avec des maux de reins, de l'affaissement, des maux de cœur; les quatre autres voyaient depuis midi les symptômes augmentés, et aucun, même en tâtant le pouls, ne s'était douté que la maladie pût être la petite vérole. Tout le monde le vit dans ce moment, et il était inutile d'être médecin pour en être convaincu. Ceux-ci sortirent de la chambre du roi, et l'annoncèrent à la famille royale en disant qu'enfin on savait ce qu'était la maladie, qu'elle était bien connue, que le roi était préparé à merveille, et que cela irait bien. Le premier soin de tout le monde fut d'engager M. le Dauphin, qui n'avait jamais eu la petite vérole, à quitter l'appartement; Mme la Dauphine l'emmena. M. le comte de Provence, M. le comte d'Artois et leurs femmes sortirent aussi; Mesdames seules restèrent. Elles n'avaient pas eu plus la petite vérole que M. le Dauphin, et en avaient peur : elles ne voulurent pas se rendre aux représentations que nous leur fîmes, et se montrèrent inébranlables dans le projet qu'elles avaient formé de ne point abandonner leur père. On aura peine à croire que cet acte de piété filiale ait excité aussi peu qu'il l'a fait l'intérêt public. Les gens qui en parlaient se contentaient de dire que c'était bien, mais les trois quarts n'en parlaient ni n'y pensaient ; et cette indifférence, ce froid pour une action réellement aussi belle, aussi touchante, que l'on eût tant goûtée et vantée de particuliers, ne venait pas de l'occupation où était toute la Cour de la maladie du roi ; elle n'était produite que par la plate et mince existence de Mesdames, que l'on connaissait sans envie du bien, sans âme, sans caractère, sans franchise, sans amour pour leur père. On fut persuadé que c'était pour faire parler d'elles, ou machinalement, qu'elles se soumettaient à un danger aussi évident. Leur oisiveté ordinaire fit croire à quelques-uns que c'était pour se donner une occupation ; d'autres crurent que MM^{mes} de Narbonne et de Durfort, célèbres ouvrières en intrigues, avaient poussé MM^{mes} Adélaïde et Victoire à cette conduite, dont elles espéraient retirer dans la suite l'intérêt ; et que quant à Mme Sophie, qui était une manière d'automate, aussi nulle pour l'esprit que pour le caractère, elle avait, selon sa coutume, suivi par apathie la volonté et le projet de ses sœurs. Mais la meilleure raison encore du peu d'effet que faisait sur l'esprit de la Cour et de Paris la conduite véritablement respectable de Mesdames, c'était l'objet de leur sacrifice. Le roi était tellement avili, tellement méprisé, particulièrement méprisé, que rien de ce qu'on pouvait faire pour lui n'avait droit d'intéresser le public. Quelle leçon pour les rois ! Il faut qu'ils sachent que, comme nous sommes obligés malgré nous de leur donner des marques extérieures de respect et de soumission, nous jugeons à la rigueur leurs actions, et nous nous vengeons de leur autorité par le plus profond mépris, quand leur conduite n'a pas pour but notre bien et ne mérite pas notre admiration ; et, en vérité, il n'était pas besoin de rigueur pour juger le roi comme il l'était par tout son royaume.

Revenons à la maladie. La manière dont les médecins avaient annoncé à Mesdames la petite vérole du roi leur parut, non pas un présage, mais une assurance de guérison. Elles répétèrent qu'il était bien préparé, citant cinq ou six exemples de gens de soixante-dix ans qui avaient eu la petite vérole, et allèrent se

30.

coucher persuadées que le roi était en bon état, puisqu'il avait la petite vérole. Quelques personnes de l'intérieur prirent aussi part à cette joie, et presque tout le monde se dit dans le premier moment : « Voilà qui va bien ; c'est l'affaire de neuf jours et d'un peu de patience. » Je n'étais point de l'avis de tout le monde, et, sans dire le mien, je dis à Bordeu : « *Écoutez ces messieurs qui sont charmés parce que le roi a la petite vérole.* » — « Sandis ! dit Bordeu, *c'est apparemment qu'ils héritent de lui. La petite vérole à soixante-quatre ans, avec le corps du roi, c'est une terrible maladie.* » Il me quitta pour aller annoncer cette triste antienne à Mme Dubarry, qui n'avait pas vu le roi de la journée, et qu'il effraya infiniment en lui disant à peu près les mêmes choses qu'il m'avait dites. Peut-être lui fit-il le danger moins fort qu'il ne me l'avait fait ; mais il m'a toujours assuré lui avoir dit, à cette première visite, qu'il n'y avait préparation qui tînt, et que l'inquiétude de tout ce qui s'intéressait au roi devait être fort considérable. Pendant que Bordeu était chez Mme Dubarry, on agitait, dans une chambre auprès de celle du roi, si on lui dirait ou si on lui cacherait qu'il avait la petite vérole. Mesdames, en s'en allant coucher, s'étaient reposées, pour la décision de cette question, sur notre prudence, et s'en rapportaient à notre avis et à celui des médecins. Je fus appelé comme les autres à ce conseil, que je trouvai composé de toute la Faculté, hors Bordeu, de M. de Bouillon, de M. d'Aumont, de M. de Villequier. Les avis étaient assez partagés. Les médecins disaient beaucoup de mots sans prononcer rien qui conclût, et voulaient que nous décidassions. M. d'Aumont, plus verbeux que personne, faisait plus de phrases ; mais, plus timide et plus sot, il n'était d'aucun avis ; son fils (1) était un peu plus décidé pour qu'on cachât absolument au roi la nature de son mal, et M. de Bouillon voulait qu'on ne lui laissât rien ignorer. M. d'Aumont même se recordait à cet avis, car M. de Bouillon parlait plus fort, et c'est toujours ce qui entraîne les sots. J'étais le plus jeune, et, outre le peu de désir que j'avais de parler, ma jeunesse m'interdisait de donner mon avis sans qu'on me le demandât. Je fus interpellé, et je dis que je ne mettais point en doute que si le roi apprenait qu'il avait la petite vérole, cette nouvelle ne fût pour lui le coup de la mort. Je parlai de sa peur, de sa faiblesse, que

---

(1) Le duc de Villequier.

je donnai pour motif de mon opinion, et je conclus avec fermeté à ce qu'on ne lui dit pas. On verra bien aisément que je donnais l'avis qui était le moins selon mes désirs ; mais il était selon ma conscience, et j'aurais été coupable de soutenir celui de M. de Bouillon, dont pourtant je désirais l'exécution, puisqu'en donnant au roi la certitude qu'il avait une maladie aussi dangereuse, il le déterminait à recevoir les sacrements et à renvoyer tout cet odieux tripot, toute cette infâme et honteuse clique. D'ailleurs, je trouvais, au dedans de moi, assez juste que le roi, qui n'avait jamais dans sa vie goûté plus délicieusement aucun plaisir que celui d'inquiéter tous les gens qui l'entouraient sur leur santé, de leur annoncer la mort future ou prochaine, savourât d'avance, à son tour, la sienne, et se minât d'inquiétude. Je vis mon avis prévaloir, non sans regret, mais sans remords, et j'en aurais eu beaucoup de ne l'avoir pas donné, quoiqu'encore une fois je fusse très-contrarié de le voir suivi. Il fut donc décidé qu'on ne parlerait point au roi du caractère de sa maladie, qu'on ne la lui nommerait point, mais qu'on ne l'empêcherait pourtant pas de la deviner, si le traitement qu'on lui ferait et les boutons qui se multiplieraient lui en donnaient connaissance.

Cependant la joie qu'avaient eue MM. de Bouillon et d'Aumont, en apprenant que le roi avait la petite vérole, ne dura pas longtemps. Leur espérance ou plutôt leur certitude d'une guérison prochaine ne tarda pas à s'évanouir, et ils s'aperçurent, après quelques moments de réflexion, qu'un vieillard de plus de soixante ans, qui a la petite vérole, ne se porte pas bien, et est dans quelque danger. D'ailleurs, l'état du roi était même plus fâcheux que ne l'est communément à cette époque celui de ceux qui ont cette maladie. Son affaissement continuait ; il se plaignait de douleurs sourdes de tête, et l'agitation était excessive malgré l'abattement. Il ne parlait pas, et avait les yeux fixes et hagards. La fièvre, qui était toujours très-considérable, augmentait fréquemment et par bouffées, et Lemonnier, qui le veillait, en disant qu'il était comme il devait être, avait bien l'air de ne pas dire ce qu'il pensait. J'aurais dès lors été fort effrayé de l'état du roi si j'avais pris quelque intérêt à la conservation de ses jours. Son affaissement, le peu d'inquiétude qu'il témoignait, lui qui était l'homme du monde le plus douillet et le plus penaud, me paraissaient la preuve la plus décisive du danger de son état à ajouter au danger seul de la nature de sa maladie.

MM. d'Aumont et de Bouillon, qui veillaient comme moi, se montraient d'une grande inquiétude. Ils se donnaient l'un et l'autre pour aimer le roi tendrement, et s'entretenaient toujours de ses rares et sublimes qualités. Leur conversation était souvent interrompue par de tendres et profonds soupirs, par des sanglots, par des gémissements, et quelquefois aussi par des moments de sommeil ; car heureusement leur inquiétude et leur douleur ne leur ôtaient pas toute faculté de dormir. Sur le matin, et dans les moments où ils voyaient avec plus d'effroi l'état du roi, M. de Bouillon, qui, tout en pleurant, venait de s'éveiller, regarda tendrement La Martinière, et lui avançant les deux bras : « *Vous voyez bien cela,* lui dit-il, *mon cher La Martinière, ce sont mes deux bras, c'est certainement ce que j'aime le plus au monde; eh bien! s'il les fallait pour sauver la vie du roi, je vous dirais : Mon ami, coupez-les-moi tous les deux; c'est un si bon maître!* » Il est bon de remarquer, en passant, que ce si bon maître, que ce pauvre M. de Bouillon aimait tant, ne lui parlait jamais, disait toujours que c'était une triste et plate espèce, et lui avait, trois ou quatre ans auparavant, fait défendre, à la réquisition de son père, de paraître à la Cour, après en avoir dit tout le mal que l'on peut dire de quelqu'un. Il faut ajouter aussi que ce tendre serviteur du roi, qui l'aimait tant depuis vingt-quatre heures qu'il était malade, venait le voir environ huit jours par an quand il était en santé. Il y a des gens qui sont nés valets; je crois que, sans calomnie, on peut ranger M. de Bouillon dans cette classe, et cela est assez simple, si, comme on le dit, il est fils d'un frotteur. M. d'Aumont ne restait pas court aux expressions de douleur et de regret de M. de Bouillon ; il enchérissait encore en assurance de dévouement, et, à l'offre que faisait l'autre de ses chers bras, il marquait peu d'étonnement, et disait, avec un verbiage emphatique et que j'aurais peine à rendre, que si au lieu d'une vie il en avait quatre, il les perdrait pour racheter celle du roi avec une satisfaction et un bonheur inimaginables, quoiqu'il priât d'observer qu'il était fort heureux dans ce monde. J'entendais cette scène dans un coin, près de ces messieurs, et, trouvant ma sensibilité bien au-dessous de la leur, je me taisais, et me contentais de ne pas rire. Cependant les médecins étaient arrivés pour la consultation, et, d'après l'état du roi et le compte de la nuit, ils avaient opiné pour les vésicatoires; ils avaient été mis, et quoiqu'en général ces messieurs ne disent pas leur avis, ils paraissaient peu contents. M. le duc d'Orléans, M. le prince de Condé, M. de Penthièvre, s'étaient déterminés à garder le roi et à s'enfermer avec lui. M. le duc de Chartres s'était retiré pour rester avec M. le Dauphin, pour le voir quand il le pourrait, et M. le duc de Bourbon avait suivi son exemple. La nuit du roi, qui avait été mauvaise, fut dite dans Versailles encore plus mauvaise qu'elle n'avait été réellement, et, hors M. d'Aiguillon, tout le monde croyait le roi à deux jours de sa mort. La joie était grande parmi les ennemis de sa maîtresse ; on la voyait chassée dans la journée, on voyait tout le tripot dispersé, anéanti, écrasé, et chacun, se forgeant à son gré sa chimère la plus agréable, voyait le ministère présent succédé par lui ou par ses amis. M. le Dauphin, qui s'était montré triste et inquiet la veille au soir, le paraissait encore davantage le matin. Il s'était, ainsi que Mme la Dauphine et ses frères, renfermé dans son plus petit intérieur, et à son service près, qu'il voyait seulement à l'heure de son lever et de son coucher, il vivait en famille ; il voyait aussi un demi-quart d'heure, à midi et demi, les princes qui ne voyaient pas le roi. Voilà comme il a passé le temps de la maladie. Il allait avec une grande exactitude aux prières des quarante heures, toujours avec une très-bonne contenance, avec un air réellement abattu, et ne prenait part à rien en public.

La nouvelle de la petite vérole fut se répandre à Paris, et chacun dans ce premier moment ne douta pas que le roi ne succombât à cette maladie. L'effet était bien différent dans le peuple que trente ans auparavant, où le même roi, malade à Metz, aurait réellement trouvé dans sa capitale un millier d'hommes assez fous pour sacrifier leur vie pour sauver la sienne, et où tout son peuple, d'une voix unanime, lui avait donné, on ne sait pas trop pourquoi, le beau nom de *Bien-aimé,* dont il n'a jamais senti la douceur et le prix. Sa philosophie avait fait de grands progrès depuis cette époque, et la conduite avilie du roi, les infamies qui avaient été faites en son nom et auxquelles sa faiblesse apathique s'était prêtée, avaient fort aidé à cette philosophie. On ne voyait point dans Paris de gens inquiets courir, s'empresser, s'arrêter, pour savoir de ses nouvelles. Tout avait l'air calme et tranquille, et tout était joyeux et content. Quoique ce sentiment fût le même à Versailles, l'air d'inquiétude y était plus général ; c'est d'abord le pays du déguisement, et si le déguisement est permis dans un cas, c'est bien dans celui où quand on peut, sans blesser l'honneur, cacher ce qu'on pense, on ne peut pas le faire paraître sans étourderie et sans courir le risque à peu près sûr d'une Bastille éternelle. On parlait déjà, quoique vaguement, des sacrements dans tout le château ; on disait que le roi, qui avait tant de religion, allait les demander dès qu'il se verrait bien malade, ce qui ne pourrait pas manquer d'arriver bientôt. Mesdames en étaient persuadées, et avaient l'air de le désirer. Elles en parlaient ainsi, et attendaient le moment où la piété de leur père lui ferait désirer cette consolation dans sa maladie. Quelque ferme que l'on soit dans son opinion, quand on y attache un grand prix, et quelque raison que l'on croie avoir de l'être, on la voit encore avec plaisir être celle des autres, et cette idée y confirme davantage. Telle était la position où se trouvaient dans ce moment les ennemis du tripot ; la connaissance qu'ils avaient du goût du roi pour les sacrements, de son idée sur l'efficacité d'un acte de contrition, et sur le besoin qu'il en avait, leur persuadait bien qu'on touchait au moment où son amour pour la religion, ou son envie de donner un bon exemple en ce genre, allaient lui faire demander son confesseur ; mais leur opinion, partagée par Mesdames, la leur rendait encore plus certaine. Ils nageaient dans la joie, et cette joie n'était troublée alors par aucune inquiétude. La tranquillité n'était pas aussi entière en haut. Bordeu y était monté dans la matinée, et avait fort effrayé la maîtresse. Il lui avait dit dans ce moment que le roi était assez mal, que sa maladie prenait une mauvaise tournure, et qu'il lui conseillait de prendre ses arrangements pour partir bientôt, et pour partir d'elle-même, sans attendre qu'elle fût renvoyée. La manière de Bordeu est tranchante, assez franche, même quelquefois dure. Il était médecin de Mme Dubarry depuis sa naissance, et l'avait vue dans toutes les différentes époques de sa vie. Il l'amusait par ses contes et par sa gaieté, et avait alors plus de crédit que personne sur son esprit. C'est encore assez le propre des filles : les confidences qu'elles sont obligées de faire à leur médecin leur donnent presque toujours une entière confiance en eux, et on en voit peu n'en pas raffoler. Les conseils de Bordeu lui firent dans le moment assez d'impression ; mais comme elle était fille dans toute l'acception du terme, et que les filles ne réfléchissent ni ne calculent, et n'ont aucune suite, après avoir un instant pleuré, elle dit qu'elle verrait, et parut peu inquiète de la santé du roi. Ce que je rapporterai de l'intérieur de Mme Dubarry dans tout le cours de ce récit, je le tiens de Bordeu, qui m'a toujours assuré me dire la vérité. Elle ne tarda pas de faire part à M. d'Aiguillon de sa conversation, et de l'inquiétude où elle était. Celui-ci était instruit de son côté par Lorry, et plus encore par M. d'Aumont, de l'état du roi, des inquiétudes de la nuit et de l'opinion générale. Soit qu'il affectât de n'y vouloir pas prendre part, soit que le si grand intérêt... (*Le reste manque dans la copie.*)

Note. — Cette Relation avait été imprimée en 1846, à un très-petit nombre d'exemplaires. En la reproduisant ici, je n'ai eu qu'un but, c'est de montrer dans un frappant et hideux tableau comment les monarchies finissent, comment elles sont atteintes en quelque sorte de gangrène sénile. Louis XIV avait dit, dans ses Instructions au Dauphin, une belle parole trop méconnue par son indigne petit-fils : « Les empires, mon fils, ne se conservent que comme ils s'acquièrent : c'est-à-dire par la vigueur, par la vigilance et par le travail. »

PENSÉES

On me permettra de terminer ce volume comme j'ai fait déjà pour quelques-uns des volumes précédents, je veux dire par quelques Pensées familières qui s'adressent moins au public des lecteurs qu'à des habitués et à des amis.

I

(Près d'Aigues-Mortes, 1839.)

Mon âme est pareille à ces plages où l'on dit que saint Louis s'est embarqué : la mer et la foi se sont depuis longtemps, hélas! retirées, et c'est tout si parfois, à travers les sables, sous l'aride chaleur ou le froid mistral, je trouve un instant à m'asseoir à l'ombre d'un rare tamarin.

II

(Marseille, 1839.)

A quoi suis-je sensible désormais? à des éclairs : l'autre jour j'en eus un bien doux. Nous voguions le soir hors du port, nous allions rentrer : une musique sortit, elle était suivie d'une quarantaine de petites embarcations qu'elle enchaînait à sa suite et qui la suivaient en silence et en cadence. Nous suivîmes aussi. Le soleil couché n'avait laissé de ce côté que quelques rougeurs; la lune se levait et montait déjà pleine et ronde : *la Réserve* et les petits lieux de plaisance aussi bien que les fanaux du rivage s'illuminaient. Cette musique ainsi encadrée et bercée par les flots nous allait au cœur : « Oh ! rien n'y manque, m'écriai-je en montrant le ciel et l'astre si doux. » — « Oh ! non ! rien n'y manque ! » répéta après moi la plus jeune, la plus douce, la plus timide voix de quinze ans, celle que je n'ai entendue que ce soir-là, que je n'entendrai peut-être jamais plus. Je crus sentir une intention dans cette voix si fine de jeune fille : je crus (Dieu me pardonne !) qu'une pensée d'elle venait droit au poëte, et je répétai encore, en effleurant cette fois son doux œil bleu : « *Non ! rien.* » — Et, semblables à ces échos de nos cœurs, les sons déjà lointains de la musique mouraient sur les flots.

III

(1839.)

Ce soir, 31 mai, en descendant du Vésuve à cinq heures et demie, admirable vue du golfe : fines projections des îles sur une mer blanche, sous un ciel un peu voilé; ineffable beauté ! découpures élégantes; Capri sévère, Ischia prolongée, les bizarres et gracieux chaînons de Procida; le cap Misène isolé avec sa langue de terre mince et jolie, le château de l'Œuf en petit l'imitant, le Pausilippe entre deux doucement jeté : en tout un grand paysage de lointain, dessiné par Raphaël. — Oh ! vivre là, y aimer quelqu'un, et puis mourir !

IV

J'aime encore beaucoup à respirer les fleurs, mais je n'en cueille plus.

V

Pourquoi je ne fais plus de romans? — L'imagination pour moi n'a jamais été qu'au service de ma sensibilité propre. Écrire un roman pour moi, ce n'était qu'une manière indirecte d'aimer et de le dire.

VI

(A 44 ans.)

La nature est admirable, on ne peut l'éluder. Depuis bien des jours, je sens en moi des mouvements tout nouveaux. Ce n'est plus seulement une femme que je désire, une femme belle et jeune, comme toutes celles que j'ai précédemment désirées. Celles-là plutôt me répugnent. Ce que je veux, c'est une femme toute jeune et toute naissante à la beauté; je consulte mon rêve, je le presse, je le force à s'expliquer et à se définir : cette femme dont le fantôme agite l'approche de mon dernier printemps, est une toute jeune fille. Je la vois ; elle est dans sa fleur, elle a passé quinze ans à peine; son front plein de fraîcheur se couronne d'une chevelure qui amoncelle ses ondes, et qui exhale des parfums que nul encore n'a respirés. Cette jeune fille a le velouté du premier fruit. Elle n'a pas seulement cette primeur de beauté ; si je me presse pour dire tout mon vœu, ses sentiments par leur naïveté répondent à la modestie et à la rougeur de l'apparence. Qu'en veux-je donc faire? et si elle s'offrait à moi, cette aimable enfant, l'oserais-je toucher, et ai-je soif de la flétrir? Je dirai tout : oui, un baiser me plairait, un baiser plein de tendresse; mais surtout la voir, la contempler, rafraîchir mes yeux, ma pensée, en les reposant sur ce jeune front, en laissant courir devant moi cette âme naïve; parer cette belle enfant d'ornements simples où sa beauté se rehausserait encore, la promener les matins de printemps sous de frais ombrages et jouir de son jeune essor; la voir heureuse : voilà ce qui me plairait surtout et ce qu'au fond mon cœur demande. Mais qu'est-ce? tout d'un coup le voile se déchire, et je m'aperçois que ce que je désirais sous une forme équivoque est quelque chose de naturel et de pur, c'est un regret qui s'éveille, c'est de n'avoir pas à moi, comme je l'aurais pu, une fille de quinze ans qui ferait aujourd'hui la chaste joie d'un père et qui remplirait ce cœur de voluptés permises, au lieu des continuels égarements. Ma prévoyance, il y a quinze ans, n'y a point songé, ou j'ai résisté à la Nature qui tout bas me l'insinuait, et la Nature aujourd'hui me le rappelle.

Nos goûts vicieux et dépravés ne sont le plus souvent que des indications naturelles faussées et détournées de leur vrai sens.

VII

Comme Salomon et comme Épicure, j'ai pénétré dans la philosophie par le plaisir. Cela vaut mieux que d'y arriver péniblement par la logique, comme Hegel ou comme Spinosa.

VIII

Il y a des hommes qui ont l'*imagination catholique* (indépendamment du fond de la croyance) : ainsi Chateaubriand, Fontanes ; les pompes du culte, la solennité des fêtes, l'harmonie des chants, l'ordre des cérémonies, l'encens, tout cet ensemble les touche et les émeut. — Il y en a d'autres qui (raisonnement à part) ont la *sensibilité chrétienne*, et je suis de ce nombre. Une vie sobre, un ciel voilé, quelque mortification dans les désirs, une habitude recueillie et solitaire, tout cela me pénètre, m'attendrit et m'incline insensiblement à croire.

IX

Je suis arrivé dans la vie à l'indifférence complète. Que m'importe, pourvu que je fasse *quelque chose* le matin, et que je sois *quelque part* le soir !

X

Je ne demande plus aux hommes qu'une chose : c'est de me laisser beaucoup de temps à moi, beaucoup de solitude, et pourtant de se prêter quelquefois encore à mon observation.

XI

La pensée est la superfluité de la vie : dans la jeunesse, on peut la mener de front avec les autres dépenses du dedans ; mais plus tard elle devient incompatible avec l'excès ou même avec l'usage des plaisirs.

XII

Chaque jour je change; les années se succèdent, mes goûts de l'autre saison ne sont déjà plus ceux de la saison d'aujourd'hui ; mes amitiés elles-mêmes se dessèchent et se renouvellent. Avant la mort finale de cet être mobile qui s'appelle de mon nom, que d'hommes sont déjà morts en moi !

Tu crois que je parle de moi personnellement, Lecteur ; mais songe un peu, et vois s'il ne s'agit pas aussi de toi.

XIII

(Après avoir lu les *Époques de la Nature* de Buffon :)

Tout est changement et mobilité : la danseuse Cerrito détrône Taglioni, Verdi fait taire Donizetti ; chacun a le cri à son tour, *il grido*, comme disait Dante ; c'est ainsi que l'antique Ninive n'est plus que ruine et bas-reliefs indéchiffrables ; c'est ainsi que quand l'amiral Wrangel visite la haute Sibérie, il trouve le silence de la mort dans ces contrées qui furent, selon Buffon, les premières florissantes du globe et le berceau touffu des antiques colosses. Contrée, empire, ou individu, ou monde, chacun a eu son jour ; et que ce jour ait eu des milliers d'années, ou des milliers de jours, ou des milliers de minutes, il est passé sans retour, et une fois passé, ce n'est plus qu'un point bientôt imperceptible dans la durée infinie.

XIV

L'ensemble des illusions morales au sein desquelles habitent la plupart des hommes ressemble à cette coupole étoilée du firmament qui nous fait l'effet d'être notre dôme sur la terre. Ce n'est pas faux, mais ce n'est pas vrai non plus de la façon dont il nous semble. C'est une apparence qui console, qui enchante et repose et appuie le regard.

XV

Je suis l'esprit le plus brisé et le plus rompu aux métamorphoses. J'ai commencé franchement et crûment par le xviii⁰ siècle le plus avancé, par Tracy, Daunou, Lamarck et la physiologie : là est mon fond véritable. De là je suis passé par l'école doctrinaire et psychologique du *Globe*, mais en faisant mes réserves et sans y adhérer. De là j'ai passé au romantisme poétique et par le monde de Victor Hugo, et j'ai eu l'air de m'y fondre. J'ai traversé ensuite ou plutôt côtoyé le Saint-Simonisme, et presque aussitôt le monde de La Mennais, encore très-catholique. En 1837, à Lausanne, j'ai côtoyé le Calvinisme et le Méthodisme, et j'ai dû m'efforcer à l'intéresser. Dans toutes ces traversées, je n'ai jamais aliéné ma volonté et mon jugement (hormis un moment dans le monde de Hugo et par l'effet d'un charme), je n'ai jamais engagé ma croyance, mais je comprenais si bien les choses et les gens que je donnais *les plus grandes espérances* aux sincères qui voulaient me convertir et qui me croyaient déjà à eux. Ma curiosité, mon désir de tout voir, de tout regarder de près, mon extrême plaisir à trouver le vrai relatif de chaque chose et de chaque organisation m'entraînaient à cette série d'expériences, qui n'ont été pour moi qu'un long Cours de physiologie morale.

XVI

En philosophie comme en amour, il est de ces esprits grossiers qui vont droit au fait, ils pensent aussitôt à réaliser ; c'est supprimer le plus délicat des plaisirs, qui est de connaître le vrai, de le goûter, et de savoir qu'il s'altère aussitôt qu'on le veut mettre en action parmi les hommes. Le vrai, c'est le secret de quelques-uns. En un mot, j'aime à filer lentement l'idée comme le sentiment ; c'est là la parfaite philosophie, comme c'est le parfait amour. Il faut être philosophe comme Hamilton, et non pas comme Condorcet.

XVII

De ce que la vie serait en définitive (ce que je crois) une partie qu'il faut toujours perdre, il ne s'ensuit point qu'il ne faille pas la jouer de son mieux et tâcher de la perdre le plus tard possible.

XVIII

Je pense sur la critique deux choses qui semblent contradictoires et qui ne le sont pas :

1° Le critique n'est qu'un homme *qui sait lire, et qui apprend à lire aux autres* ;

2° La critique, telle que je l'entends et telle que je voudrais la pratiquer, est une *invention*, une *création* perpétuelle.

XIX

Ce que j'ai voulu en critique, ç'a été d'y introduire une sorte de *charme* et en même temps plus de *réalité* qu'on n'en mettait auparavant, en un mot, de la *poésie* à la fois et quelque *physiologie*.

XX

Je n'ai plus qu'un plaisir, j'analyse, j'herborise, je suis un naturaliste des esprits. — Ce que je voudrais constituer, c'est *l'histoire naturelle littéraire*.

XXI

Il y a lieu plus que jamais aux jugements qui tiennent au vrai goût, mais il ne s'agit plus de venir porter des jugements de rhétorique. Aujourd'hui, l'histoire littéraire se fait comme l'histoire naturelle, par des observations et par des collections.

XXII

On a besoin de renouveler, de rafraîchir perpétuellement son observation et sa vue des hommes, même de ceux qu'on connaît le mieux et qu'on a peints, sans quoi l'on court risque de les oublier en partie et de les imaginer en se ressouvenant.

— Nul n'a droit de dire : « *Je connais les hommes.* » Tout ce qu'on peut dire de juste, c'est : « *Je suis en train de les connaître.* »

XXIII

Assembler, soutenir et mettre en jeu à la fois dans un instant donné *le plus de rapports*, agir en masse et avec concert, c'est là le difficile et le grand art, qu'on soit général d'armée, orateur ou écrivain. Il y a des généraux qui ne peuvent assembler et manœuvrer plus de dix mille hommes, et des écrivains qui ne peuvent manier qu'une ou tout au plus deux idées à la fois.

Il y a des écrivains qui ressemblent au maréchal de Soubise dans la guerre de Sept Ans : quand il avait toutes ses troupes rassemblées sous sa main, il ne savait qu'en faire, et il les dispersait de nouveau pour mieux se faire battre. Je connais ainsi des écrivains qui, avant d'écrire, congédient la moitié de leurs idées, et qui ne savent les exprimer qu'une à une : c'est pauvre. C'est montrer qu'on est embarrassé de ses ressources mêmes.

XXIV

L'homme ne fait jamais, en définitive, que ce à quoi il est obligé. Ceux qui ont la parole si prompte et si sûre sont tentés de rester un peu superficiels et de ne pas creuser les pensées.

Ceux qui, en tout sujet, ont par l'éloquence une grande route toujours ouverte, se croient dispensés de fouiller le pays.

XXV

De même qu'un arbre pousse inévitablement du côté d'où lui vient la lumière et développe ses branches dans ce sens, de même l'homme, qui a l'illusion de se croire libre, *pousse* et se porte du côté où il sent que sa faculté secrète peut trouver jour à se développer. Celui qui se sent le don de la parole se persuade que le gouvernement de tribune est le meilleur, et il y tend ; et ainsi de chacun. En un mot, l'homme est instinctivement conduit par sa faculté à se faire telle ou telle opinion, à porter tel ou tel jugement, et à désirer, à espérer, à agir en conséquence.

XXVI

On peut avoir un idéal plus grand que soi, mais chacun fait commencer le joli au point où il sait atteindre lui-même.

XXVII

La bonne chère, le goût et le choix qu'on y porte, est souvent un signe de délicatesse au moral. Le goût s'applique volontiers aux deux ordres ; l'abbé Gédoyn l'a très-bien remarqué : « Le goût, à proprement parler, emporte l'idée de je ne sais quelle matérialité. » Il y entre une part de sens. Le mot *judicium* des Latins a une acception plus étendue et un peu plus abstraite que notre mot *goût*. — Les gens d'esprit qui, à table, mangent au hasard et engloutissent pêle-mêle, avec une sorte de dédain, ce qui est nécessaire à la nourriture du corps (et j'ai vu la plupart des doctrinaires faire ainsi), peuvent être de grands raisonneurs et de hautes intelligences, mais ils ne sont pas des *gens de goût*.

XXVIII

Je ferai aux hommes politiques de l'École doctrinaire et métaphysique un reproche qui étonnera au premier abord ceux qui les connaissent : c'est d'avoir trop peu d'amour-propre. Ces esprits, dans les théories sophistiquées et superfines qu'ils appliquent au gouvernement de la société, supposent trop que le commun des hommes leur ressemblent. L'humanité est plus grossière et plus forte en appétits que cela ; c'est comme si l'on voulait juger de l'ensemble d'une végétation rustique par quelques fleurs panachées de la serre du Luxembourg.

XXIX

(Après une séance de la Chambre des Pairs :)

Qui n'a pas vu une armée de braves en complète déroute, ou une assemblée politique qui se croyait sage, mise hors de soi par quelque discours passionné, ne sait pas à quel point il reste vrai que l'homme au fond n'est qu'un animal et un enfant. — (O éternelle enfance du cœur humain !)

XXX

Si l'on va au delà des jeux éphémères de la littérature actuelle, qui encombrent le devant de la scène et qui gênent la vue, il y a en ce temps-ci un grand et puissant mouvement dans tous les sens, dans toutes les sciences. Notre XIXe siècle, à la différence du XVIIIe, n'est pas dogmatique ; il semble éviter de se prononcer, il n'est pas pressé de conclure ; il y a même de petites réactions superficielles qu'il a l'air de favoriser en craignant de les combattre. Mais, patience ! sur tous les points on est à l'œuvre ; en physique, en chimie, en zoologie, en botanique, dans toutes les branches de l'histoire naturelle, en critique historique, philosophique, en études orientales, en archéologie, tout insensiblement change de face ; et le jour où le siècle prendra la peine de tirer ses conclusions, on verra qu'il est à cent lieues, à mille lieues de son point de départ. Le vaisseau est en pleine mer ; on file des nœuds sans compter ; le jour où l'on voudra relever le point, on sera tout étonné du chemin qu'on aura fait.

XXXI

En critique, j'ai assez fait l'avocat, faisons maintenant le juge.

XXXII

Puisqu'il faut avoir des ennemis, tâchons d'en avoir qui nous fassent honneur : « L'envie et la médisance l'ont déjà attaqué; *il a eu les faux esprits pour ennemis, c'est une bonne marque.* » Lord Bolingbroke a écrit cela de l'abbé Alari ; tâchons qu'on le puisse dire de nous.

XXXIII

Ce serait encore une gloire, dans cette grande confusion de la société qui commence, d'avoir été les derniers des délicats. — Soyons les derniers de notre ordre, de notre ordre d'esprits.

XXXIV

Il faut du loisir pour l'agrément de la vie; les esprits qui ont toute leur charge ne sauraient avoir de douceur.

XXXV

J'avais une *manière*; je m'étais fait à écrire dans un certain tour, à caresser et à raffiner ma pensée ; je m'y complaisais. La Nécessité, cette grande muse, m'a forcé brusquement d'en changer : cette Nécessité qui, dans les grands moments, fait que le muet parle et que le bègue articule, m'a forcé, en un instant, d'en venir à une expression nette, claire, rapide, de parler à tout le monde et la langue de tout le monde : je l'en remercie.

FIN DU TOME TROISIÈME

TABLE DES MATIÈRES

DU TROISIÈME VOLUME

	PAGES.
Avertissement.	1
Théocrite	3
Virgile et Constantin le Grand, par M. J.-P. Rossignol.	45
François Ier poëte	55
Le chevalier de Méré, ou de l'Honnête homme au XVIIe siècle.	85
Mademoiselle Aïssé	130
Benjamin Constant et madame de Charrière.	185
Madame de Krüdner et ce qu'en aurait dit Saint-Évremond.	286
M. de Rémusat	310
Charles Labitte	364
Réception de M. le comte Alfred de Vigny à l'Académie française. M. Étienne.	396
Réception de M. Vitet à l'Académie française.	414
Lettres de Rancé.	426
Mémoires de madame Staal-Delaunay.	439
L'abbé Prevost et les Bénédictins.	455
M. Victor Cousin. — Cours de l'Histoire de la Philosophie moderne	468
Sur l'École française d'Athènes.	480
M. Rodolphe Topffer.	487
Mort de M. Vinet	500
Études sur Pascal, par M. Vinet	505
Relation inédite de la dernière maladie de Louis XV	512
Pensées.	540

FIN DE LA TABLE

Paris. — Imp. de P.-A. BOURDIER et Cie, rue Mazarine, 30.

MÊME LIBRAIRIE

RÉIMPRESSION DES CLASSIQUES LATINS DE LA COLLECTION PANCKOUCKE
Format grand in-18 jésus — 3 fr. 50 cent. le volume.

1. **ŒUVRES COMPLÈTES D'HORACE.** Nouv. édit., précédée d'une *Étude* ; par H. Rigault. 1 vol.
2. **ŒUVRES COMPLÈTES DE SALLUSTE.** Traduction par Dunozoir. Nouv. édition, revue par MM. Charpentier et F. Lemaistre ; précédée d'un nouveau travail sur Salluste, par M. Charpentier. 1 vol.
3. **ŒUVRES CHOISIES D'OVIDE** (les Amours, l'Art d'aimer, etc.). Nouv. édit, revue par F. Lemaistre, précédée d'une *Étude*, par M. J Janin. 1 vol.
4. **ŒUVRES DE VIRGILE.** Nouv. édit., revue par M. F. Lemaistre, et précédée d'une *Étude* sur Virgile par M. Sainte-Beuve, 1 vol. Par exception. . 4 fr. 50
5-8. **ŒUVRES COMPLÈTES DE SÉNÈQUE LE PHILOSOPHE.** Nouvelle édition, revue par MM. Charpentier et F. Lemaistre. . . . . . 4 vol.
9. **CATULLE, TIBULLE ET PROPERCE,** traduits par MM. Héguin de Guerle, Valatour et Genouille. Nouv. édit., revue par M. Valatour. 1 vol.
10. **CÉSAR** (Commentaires), tr. par M. Artaud. 1 vol.
11. **ŒUVRES COMPLÈTES DE PÉTRONE,** traduites par M. Héguin de Guerle. . . . . 1 vol.
12. **ŒUVRES COMPLÈTES DE QUINTE CURCE,** avec la traduction de MM. Aug. et Alph. Trognon, revue avec le plus grand soin par M. Pessonneaux, professeur au lycée Napoléon. . . . 1 vol.
13. **ŒUVRES COMPLÈTES DE JUVÉNAL.** Trad. de Dusaulx, revue par MM. Jules Pierrot et F. Lemaistre. . . . . 1 vol.
14. **ŒUVRES CHOISIES D'OVIDE. — Les Fastes, les Tristes.** Nouvelle édition, revue par M. E. Pessonneaux. . . . . 1 vol.
15-20. **ŒUVRES COMPLÈTES DE TITE LIVE.** Traduites par MM. Liez, Dubois, Verger et Corpet. Nouv. édit., revue par MM. E. Pessonneaux, Blanchet et Charpentier ; précédée d'une *Étude* par M. Charpentier. . . . . 6 vol.
21. **ŒUVRES COMPLÈTES DE LUCRÈCE,** avec la traduction de Lagrange ; revue avec le plus grand soin, par M. Blanchet. . . . . . . 1 vol.
22. **LES CONFESSIONS DE SAINT AUGUSTIN.** Traduction française d'Arnauld d'Andilly, très-soigneusement revue et adaptée pour la première fois au texte latin, avec une introduction par M. Charpentier. 1 vol. Par exception. . 4 fr. 50
23. **ŒUVRES COMPLÈTES DE SUÉTONE.** Traduction de la Harpe, refondue avec le plus grand soin par M. Cabaret-Dupaty. . . . 1 vol.
24-25. **ŒUVRES COMPLÈTES D'APULÉE,** traduites en français par M. Victor Bétolaud. Nouvelle édition, entièrement refondue. . . . . 2 vol.
26. **ŒUVRES COMPLÈTES DE JUSTIN,** traduites par MM. J. Pierrot et E. Boitard. N. édit., revue par M. Pessonneaux. . . . . . . 1 vol.
27. **ŒUVRES CHOISIES D'OVIDE. — Les Métamorphoses.** Nouvelle édition, revue par M. Cabaret-Dupaty, avec une préface par M. Charpentier. 1 fort vol. Par exception. . . . 4 fr. 50
28-29. **ŒUVRES COMPLÈTES DE TACITE.** Traduction de Dureau-Delamalle, revue par M. Charpentier. . . . . 2 vol.
30. **LETTRES DE PLINE LE JEUNE,** traduites par de Sacy et J. Pierrot. Nouvelle édit. revue par M. Cabaret-Dupaty. . . . . 1 vol.
31-32. **ŒUVRES COMPLÈTES D'AULU-GELLE.** Nouvelle éd., revue par MM. Charpentier et Blanchet. . . . . 2 vol.
33-35. **QUINTILIEN.** Œuvres complètes, traduites par M. C. V. Ouizille. Nouvelle édition revue par M. Charpentier. . . . . 3 vol.
36. **TRAGÉDIES DE SÉNÈQUE,** Trad. par E. Greslou. Nouvelle édition revue par M. Cabaret Dupaty. . . . . 1 vol.
37-38. **VALÈRE MAXIME.** Œuvres complètes, trad. de C. A. F. Frémion. Nouv. édition revue par M. Paul Charpentier. . . . . . . 2 vol.
39. **LES COMÉDIES DE TÉRENCE,** traduction nouv. par M. Victor Bétolaud. 1 très-fort vol. Par exception. . . . . 4 fr. 50
40-41. **MARTIAL.** Œuvres complètes, avec la trad. de MM. V. Verger, N. A. Dubois et J. Mangeart. Nouvelle édition, revue avec le plus grand soin, par M. F. Lemaistre et M. N. A. Dubois, et précédée des *Mémoires de Martial*, par M. Jules Janin. 2 vol.
42. **FABLES DE PHÈDRE,** traduites en français, par M. Panckoucke, suivies des œuvres d'Avianus, de Denys Caton, de Publius Syrus, traduites par Levasseur et J. Chenu. Nouvelle édition, revue par M. E. Pessonneaux, et précédée d'une *Étude*, par M. Charpentier. . . . . 1 vol.

En préparation : Cicéron, Cornélius Népos, Florus, Lucain, etc., etc.

BIBLIOTHÈQUE LATINE-FRANÇAISE
PUBLIÉE PAR M. C. L. F. PANCKOUCKE
Au lieu de 7 fr.; net, 3 fr. 50 le vol. in-8, pap. des Vosges, non mécanique
PREMIÈRE SÉRIE

Œuvres complètes de Cicéron, 36 vol. — Œuvres complètes de Tacite, 7 vol. — Œuvres complètes de Quintilien, 6 vol. — Justin, 2 vol. — Florus, 1 vol. — Velleius Paterculus, 1 vol. — Valère Maxime, 5 vol. — Pline le Jeune, 3 vol. — Juvénal, 2 vol. — Perse, Turnus, Sulpicia, 1 vol. — Ovide, Métamorphoses, 3 vol. — Lucrèce, 2 vol. — Claudien, 2 vol. — Valerius Flaccus, 1 vol. — Stace, 4 vol. — Phèdre, 1 vol.

SECONDE SÉRIE. — Les auteurs désignés par un * sont traduits pour la première fois en français.
Poetæ Minores : Arbonius*, Calpurnius*, Eucheria, Gratius Faliscus, Lupercus Servastus*, Nemesianus, Pentadius*, Sabinus*, Valerius Cato*, Vestricius Spurinna* et le *Pervigilium Veneris*, 1 vol. — Jornandès, 1 vol. — Censorinus*, Julius Obsequens, Lucius Ampellius, 1 vol. — Ausone, 2 vol. — Pomponius Mela, Vibius Sequester*, Ethicu Ister*, P. Victor*, 1 vol. — R. Festus Avienus, Cl. Rutilius Numatianus, etc., 1 vol. — Varron, 1 vol. — Eutrope, Messala Corvinus*, Sextus Rufus, 1 vol. — Palladius*, 1 vol — Histoire Auguste, 3 vol. — Columelle 3 vol. — C. Lucilius, Lucilius Junior, Saleius Bassus, Cornelius Severus, Avianus*, Dionysius Caton, 1 vol. — Priscianus*, Serenus Sammonicus*, Macer*, Marcellus*, 1 vol. — Macrobe, 3 vol. — Sextus Pompeius Festus*, 2 vol. — C. J. Solin, 1 vol. — Vitruve, 2 vol. — Frontin, 1 vol. — Sextus Aurelius Victor, 1 vol.

Il existe encore trois ou quatre collections complètes de la Bibliothèque latine, 211 vol., au prix de 1,200 fr.

Paris. — Imprimerie de P.-A. Bourdier et Cᵉ, rue Mazarine, 30

www.ingramcontent.com/pod-product-compliance
Lightning Source LLC
Chambersburg PA
CBHW070836230426
43667CB00011B/1819